Deutscher Caritasverband (Hg.)

AVR

Richtlinien für Arbeitsverträge in den Einrichtungen des Deutschen Caritasverbandes

Stand: 19. März 2026

LAMBERTUS

caritas

Die Arbeitsvertragsrichtlinien enthalten bei der Bezeichnung von Personen aus Gründen der besseren Lesbarkeit durchgängig die männliche Form. Soweit im Text das Wort Mitarbeiter verwendet wird, beruht dies ausschließlich auf sprachlichen Überlegungen; die Mitarbeiterinnen und anderen Personen in den einzelnen Einrichtungen des Deutschen Caritasverbandes sind darin eingeschlossen.

www.lambertus.de

Bezugsquelle:
Lambertus-Verlag GmbH
Karlstraße 40
D-79104 Freiburg
Telefon: 0761-368 25 25
Fax 0761-368 25 33
www.lambertus.de
info@lambertus.de

Herausgeber:
Deutscher Caritasverband e.V.,
Referat Arbeits- und Tarifrecht
Postfach 420, 79004 Freiburg

Satz: Reemers Publishing Services GmbH, Krefeld
Druck: Druckerei Franz X. Stückle, Ettenheim

ISBN 978-3-7841-3841-1

Vorwort

Sehr geehrte Leserinnen und Leser,

in den Händen halten Sie die bewährte gebundene Textausgabe der Arbeitsvertragsrichtlinien der Caritas (AVR) mit Stand vom 19. März 2026.

Im Juni 2025 hat die Bundeskommission der Arbeitsrechtlichen Kommission (AK) den ersten Teilbeschluss zur Allgemeinen Tarifrunde 2025 gefasst. Hiernach wurden für alle Mitarbeitenden der Caritas, die nach den Anlagen 2, 2d, 2e, 31 bis 33 zu den AVR beschäftigt sind, Entgeltsteigerungen beschlossen. Die Tabellenentgelte erhöhten sich in zwei Schritten: Zum 1. Juli 2025 um 3 % (mind. jedoch 110,00 € mtl.) und zum 1. Februar 2026 um weitere 2,8 %. Zudem erfolgten Erhöhungen bei den Vergütungen für die Auszubildenden und Studierenden (je 75,00 € zum 1. Juli 2025 und 1. Februar 2026) sowie bei der Schicht- und Wechselschichtzulage. Die Regionalkommission NRW erhöhte ebenfalls die Ausbildungsvergütung für Auszubildende in der praxisintegrierten Ausbildung zum Kinderpfleger.

Parallel dazu wurden im Rahmen der Tarifrunde Ärzte die ärztlichen Grundvergütungen, Bereitschaftsdienstentgelte und der Einsatzzuschlag im Rettungsdienst in drei Schritten angehoben, und zwar zum 1. Juli 2025 um 4 %, zum 1. Dezember 2025 um weitere 4 % und zum 1. März 2026 erneut um 2 %. Zukünftige Steigerungen ergaben sich ferner bei der ärztlichen Schicht- und Wechselschichtzulage sowie bei den Zuschlägen für kurzfristige Änderungen im Dienstplan. Im Bereich der Regionalkommission NRW erfolgte der erste Schritt zur Erhöhung der Tarifentgelte zum 1. November 2025 (um 4%), zum 1. Dezember 2025 (um 2%) und zum 1. März 2026 (um 2%). Zur Kompensation erhielten Ärzte und Ärztinnen im Bereich der Regionalkommission NRW für den November 2025 eine Einmalzahlung.

Zur Deckung des Personalbedarfs beschloss die Bundeskommission für den Bereich des Sozial- und Erziehungsdienstes (Anlage 33 zu den AVR) eine bis zum 31. Dezember 2027 befristete Zulage für Kita-Leitungskräfte und deren Stellvertretungen, die Erhöhung der Gruppenleiterzulage sowie eine Neufassung der Eingruppierung bei nicht erfüllten Ausbildungsvorrausetzungen. Die Aussetzung des Akkreditierungserfordernisses für Studiengänge an einer staatlich (anerkannten) Hochschule wurden bis zum 31. Dezember 2029 verlängert.

Weitere Anpassungen betrafen u. a. die Sonderregelungen zur Berechnung der Weihnachtszuwendung (Anmerkung 2 zu Abschnitt XIV der Anlage 1 zu den AVR) und der Jahressonderzahlung (§ 16 Abs. 3 der Anlagen 31 und 32, § 15 Abs. 3 der Anlage 33 zu den AVR) in der Region Ost. Diese Sonderregelungen wurden infolge der Vergütungsangleichung der bisherigen Tarifgebiete Ost und West in der Region Ost angepasst bzw. sind weggefallen.

In der Dezember-Sitzung 2025 hat die Bundeskommission die Aufwertung der Eingruppierung von Hebammen in den Anlagen 31 und 32 zu den AVR beschlossen.

Schließlich wurden in das Buch der Beschluss der Zentralen Arbeitsrechtlichen Kommission (ZAK) vom 13. November 2025 betreffend der Änderung der „Gesamtregelung zur Befristung von Dienstverhältnissen" sowie die von der 25. Delegiertenversammlung – vor allem in verfahrensrechtlicher Sicht – geänderte Ordnung der Arbeitsrechtsrechtlichen Kommission des Deutschen Caritasverbandes e. V. mit aufgenommen.

Für den Herausgeber

Andreas Unrau

Freiburg, im März 2026

Inhaltsübersicht

Inhaltsübersicht

Vorwort ... 3

AVR

Allgemeiner Teil ... 11
Anlage 1: Vergütungsregelung ... 28
Anlage 1a: Überleitungsregelungen zu Anlage 1 ... 57
Anlage 1b: Besitzstandsregelungen zu Anlage 1 ... 59
Anlage 1c: Prämie zur Abmilderung des schnellen Anstiegs der Verbraucherpreise ... 62
Anlage 2: Vergütungsgruppen für Mitarbeiter (allgemein) ... 64
Anlage 2d: Vergütungsgruppen für Mitarbeiter im Sozial- und Erziehungsdienst ... 102
Anlage 2e: Vergütungsgruppen für Mitarbeiter im Rettungsdienst/ Krankentransport ... 118
Anlage 3: Regelvergütung für die unter die Anlagen 2, 2d und 2e fallenden Mitarbeiter ... 125
Anlage 5: Arbeitszeitregelung ... 130
Anlage 5a: Sonderregelung zur Arbeitszeitregelung ... 144
Anlage 5b: Mobilzeit durch Dienstvereinbarung ... 149
Anlage 5c: Langzeitkonto ... 152
Anlage 6: Überstundenregelung ... 153
Anlage 6a: Zeitzuschläge Überstundenvergütung ... 155
Anlage 7: Ausbildungsverhältnisse ... 157
Anlage 7b: Besondere Regelungen für Praktikanten ... 191
Anlage 8: Zusätzliche Altersversorgung ... 195
Anlage 9: Vermögenswirksame Leistungen ... 211
Anlage 11: Ordnung über die Gewährung von Beihilfen in Krankheits-, Geburts- und Todesfällen ... 214
Anlage 11a: Geburtsbeihilfe ... 215
Anlage 13: Bestimmungen über Umzugskostenvergütung und Trennungsgeld ... 216
Anlage 13a: Bestimmungen über Reisekostenerstattung ... 217
Anlage 14: Erholungsurlaub, Urlaubsgeld, Sonderurlaub ... 218
Anlage 16: Jubiläumszuwendung ... 229
Anlage 17a: Altersteilzeit und flexible Altersarbeitszeit ... 231
Anlage 19: Modellprojekte ... 237
Anlage 20: Besondere Regelungen für Mitarbeiter in Inklusionsbetrieben ... 238

Anlage 21: Besondere Regelungen für Lehrkräfte ... 241
Anlage 21a: Lehrkräfte in der Altenpflege sowie im Gesundheits- und Sozialwesen ... 245
Anlage 23: Besondere Regelungen für Fahrdienste ... 259
Anlage 25: Übergangsregelungen für caritative Träger, die das Tarifrecht des öffentlichen Dienstes anwenden ... 262
Anlage 30: Besondere Regelungen für Ärztinnen und Ärzte ... 263
Anlage 31: Besondere Regelungen für Mitarbeiter im Pflegedienst in Krankenhäusern ... 289
Anlage 32: Besondere Regelungen für Mitarbeiter im Pflegedienst in sonstigen Einrichtungen ... 333
Anlage 33: Besondere Regelungen für Mitarbeiter im Sozial- und Erziehungsdienst ... 376

Zentrale Arbeitsrechtliche Kommission (ZAK)

ZAK-Beschlüsse ... 428
- Entgeltumwandlung ... 428
- Ordnung für den Arbeitsschutz im liturgischen Bereich ... 430
- Kinderbezogene Entgeltbestandteile ... 431
- Arbeitsvertragsformular ... 432
- Arbeitsvertragliche Folgen bei Dienstgeberwechsel ... 432
- Gesamtregelung zur Befristung ... 433

Ordnungen

Grundordnung des kirchlichen Dienstes ... 440
Ordnung der Arbeitsrechtlichen Kommission des Deutschen Caritasverbandes e.V. ... 448
- Wahlordnung der Mitarbeiterseite gemäß § 4 Abs. 4 der Ordnung der Arbeitsrechtlichen Kommission des Deutschen Caritasverbandes ... 468
- Entsendeordnung für die Vertreter(innen) der Gewerkschaften gemäß § 5 Abs. 8 der Ordnung der Arbeitsrechtlichen Kommission des Deutschen Caritasverbandes e.V. ... 473
- Wahlordnung der Dienstgeberseite gemäß § 6 Abs. 6 der Ordnung der Arbeitsrechtlichen Kommission des Deutschen Caritasverbandes ... 476
- Verfahrensregelung zu Änderungen der Ordnung der Arbeitsrechtlichen Kommission nach § 10 Abs. 2 Ziffer 13 der Satzung des Deutschen Caritasverbandes e. V. 482

Rahmenordnung für eine Mitarbeitervertretungsordnung ... 485

Stichwortverzeichnis

A bis Z ... 531

AVR

Allgemeiner Teil

Inhalt

§ 1	Wesen der Caritas, Dienstgemeinschaft	11
§ 2	Geltungsbereich	12
§ 2a	(weggefallen)	12
§ 3	Ausnahmen vom Geltungsbereich	12
§ 4	Allgemeine Dienstpflichten	13
§ 5	Besondere Dienstpflichten	13
§ 5a	Verschwiegenheitspflicht und Aussagegenehmigung in seelsorgerischen Angelegenheiten	14
§ 6	Personalakten	14
§ 7	Einstellung	15
§ 8	Ärztliche Untersuchungen während des Dienstverhältnisses	15
§ 8a	Einholung eines erweiterten Führungszeugnisses während des Dienstverhältnisses	15
§ 9	Versetzung und Abordnung	16
§ 9a	Arbeitszeit	16
§ 9b	Arbeitsversäumnis	16
§ 10	Arbeitsbefreiung	16
§ 10a	Fort- und Weiterbildung	19
§ 11	Beschäftigungszeit	19
§ 11a	Dienstzeit	20
§ 11b	Ausschlussfrist zu § 11 und § 11a	21
§ 12	Dienstbezüge	21
§ 12a	Fürsorge bei Krankheit	21
§ 13	Erholungsurlaub	21
§ 14	Ordentliche Kündigung	21
§ 15	Sonderregelung für unkündbare Mitarbeiter	22
§ 16	Außerordentliche Kündigung	23
§ 17	Schriftform der Kündigung	23
§ 18	Beendigung des Dienstverhältnisses wegen verminderter Erwerbsfähigkeit	23
§ 19	Sonstige Beendigung des Dienstverhältnisses	24
§ 20	Zeugnis	25
§ 21	Schutzkleidung, Dienstkleidung	26
§ 22	Schlichtungsverfahren	26
§ 23	Ausschlussfrist	27
§ 24	Einsatz von Leiharbeitnehmerinnen und Leiharbeitnehmern	27

§ 1 Wesen der Caritas, Dienstgemeinschaft

(1) [1]Die Caritas ist eine Lebens- und Wesensäußerung der katholischen Kirche. [2]Die dem Deutschen Caritasverband angeschlossenen Einrichtungen dienen dem gemeinsamen Werk christlicher Nächstenliebe. [3]Dienstgeber und Mitarbeiter bilden eine Dienstgemeinschaft und tragen gemeinsam zur Erfüllung der Aufgaben

Lebens- und Wesensäußerung

Dienstgemeinschaft

der Einrichtung bei. [4]Die Mitarbeiter haben den ihnen anvertrauten Dienst in Treue und in Erfüllung der allgemeinen und besonderen Dienstpflichten zu leisten.

Dienstgeber

(2) Der Treue des Mitarbeiters muss von Seiten des Dienstgebers die Treue und Fürsorge gegenüber dem Mitarbeiter entsprechen.

(3) Auf dieser Grundlage regeln sich alle Beziehungen zwischen Dienstgeber und Mitarbeiter.

§ 2 Geltungsbereich

Einrichtungen

(1) Die AVR finden Anwendung in allen in der Bundesrepublik Deutschland gelegenen Einrichtungen und Dienststellen, die dem Deutschen Caritasverband angeschlossen sind.

Mitarbeiter

(2) Die AVR gelten für alle Mitarbeiter mit Ausnahme der in § 3 AT genannten.

Anmerkung:
Besondere diözesane Regelungen werden durch die AVR nicht berührt.

§ 2a (weggefallen)

§ 3 Ausnahmen vom Geltungsbereich

Die AVR gelten nicht für:

beeinträchtigte Leistungsfähigkeit

(a) Mitarbeiter, deren Leistungsfähigkeit infolge einer körperlichen, geistigen, seelischen oder sonstigen Behinderung beeinträchtigt ist und deren Rehabilitation oder Resozialisierung durch Beschäftigungs- und Arbeitstherapiemaßnahmen angestrebt wird;

Betreuung

(b) Mitarbeiter, die nicht in erster Linie aus Gründen der Erwerbstätigkeit beschäftigt werden, sondern vorwiegend zu ihrer Betreuung, sofern die Anwendung der AVR nicht ausdrücklich schriftlich vereinbart ist;

zumutbare Tätigkeit

(c) Mitarbeiter, die Tätigkeiten nach § 11 Abs. 3 SGB XII ausüben;

fortdauernder Förderungsbedarf

(d) Mitarbeiter mit fortdauerndem Förderungsbedarf, die sich zu Beschäftigungsbeginn in einer öffentlich geförderten Beschäftigungsmaßnahme (z.B. nach SGB II, SGB III) befinden und im Rahmen von Maßnahmen der Beschäftigung und/oder Qualifizierung zur Erlangung eines Arbeitsplatzes und/oder Erhaltung der Beschäftigungsfähigkeit eine fachliche und/oder sozialpädagogische Anleitung erhalten;

Ausbildung außerhalb Anlage 7

(e) Mitarbeiter, die für einen festumgrenzten Zeitraum ausschließlich zu ihrer Vor-, Aus- oder Weiterbildung beschäftigt werden, sofern diese öffentlich gefördert wird und nicht Anlage 7anzuwenden ist;

Einzelvertrag

(f) leitende Ärzte (Chefärzte) und vergleichbare leitende Mitarbeiter, wenn ihre Arbeitsbedingungen einzelvertraglich besonders vereinbart sind oder werden;

Dienstbezüge über AVR

(g) Mitarbeiter, die über die höchste Vergütungsgruppe der AVR hinausgehende Dienstbezüge erhalten.

§ 4 Allgemeine Dienstpflichten

Dienst in der katholischen Kirche

(1) Der Dienst in der katholischen Kirche fordert vom Dienstgeber und vom Mitarbeiter die Bereitschaft zu gemeinsam getragener Verantwortung und vertrauensvolle Zusammenarbeit unter Beachtung der Eigenart, die sich aus dem Auftrag der Kirche und ihrer besonderen Verfasstheit ergibt.

kirchliche Gesetze

(2) Bei der Erfüllung der dienstlichen Aufgaben sind die allgemeinen und für einzelne Berufsgruppen erlassenen kirchlichen Gesetze und Vorschriften zu beachten.

Bezug zur Grundordnung

(3) Die Grundordnung des kirchlichen Dienstes ist Bestandteil des Dienstverhältnisses.

fachliches Können

(4) [1]Jeder Mitarbeiter hat seine beruflichen Fähigkeiten und Erfahrungen nach bestem Können bei der Erfüllung des ihm übertragenen Dienstes einzusetzen. [2]Er soll jederzeit bemüht sein, sein fachliches Können zu erweitern. [3]Er hat die für seinen Arbeitsbereich bestehenden Gesetze und Verwaltungsbestimmungen und daneben die durch Dienstanweisungen oder Anordnungen seiner Vorgesetzten gegebenen Weisungen zu beachten.

Ordnungen der Einrichtung

(5) Die Dienstordnung sowie die Haus- und Heimordnung sind für jeden Mitarbeiter verbindlich.

§ 5 Besondere Dienstpflichten

Verschwiegenheit

(1) Das Gebot der Verschwiegenheit in allen dienstlichen Angelegenheiten besteht nicht nur während des Dienstverhältnisses, sondern auch nach dessen Beendigung.

Nebentätigkeit

(2) [1]Die Ausübung einer Nebentätigkeit ist zulässig. [2]Über die Aufnahme einer Nebentätigkeit ist der Dienstgeber zu unterrichten. [3]Eine Nebentätigkeit ist unzulässig, wenn dadurch die Arbeitskraft der Mitarbeiter oder berechtigte Interessen des Dienstgebers erheblich beeinträchtigt werden. [4]In diesem Fall kann der Dienstgeber eine Nebentätigkeit untersagen bzw. die Erlaubnis zur Nebentätigkeit einschränken.

Beteiligung an Weiterbildung

(3) [1]Die Mitarbeiter sind grundsätzlich verpflichtet, sich auf Verlangen des Dienstgebers in zumutbarem Umfang an der Weiterbildung der Mitarbeiter und am Unterricht an den Schulen des Dienstgebers zu beteiligen.

[2]In akademischen Lehrkrankenhäusern sind die Ärzte im Rahmen ihres Dienstes verpflichtet, sich an der praktischen Ausbildung der Medizinstudenten in dem Krankenhaus zu beteiligen. [3]Das gilt auch für sonstige Mitarbeiter, die an der Ausbildung auf Anordnung des Dienstgebers beteiligt werden.

Ärzte

[4]Die Ärzte sind verpflichtet, ärztliche Bescheinigungen auszustellen und auf Anordnung des Dienstgebers im Rahmen einer zugelassenen Nebentätigkeit des leitenden Arztes oder für einen Belegarzt des Krankenhauses ärztlich tätig zu werden.

Rettungsdienst

[5]Die ärztlichen Mitarbeiter und die Mitarbeiter im Pflegedienst sind verpflichtet, am Rettungsdienst im Notarztwagen oder Rettungshubschrauber teilzunehmen, wenn das Krankenhaus Träger oder Beteiligter des Rettungsdienstes ist.

Belohnungen und Geschenke

(4) [1]Der Mitarbeiter darf Belohnungen und Geschenke in Bezug auf seine dienstliche Tätigkeit nur mit Zustimmung des Dienstgebers annehmen. [2]Werden dem Mitarbeiter Belohnungen und Geschenke in Bezug auf seine dienstliche Tätigkeit

angeboten, so hat er dies dem Dienstgeber unverzüglich und unaufgefordert mitzuteilen.

Sparsamkeit [3]Pflegliche Behandlung des Eigentums der Einrichtung und Sparsamkeit in seiner Verwendung gehören zu den selbstverständlichen Pflichten.

Haftung (5) [1]Wenn der Mitarbeiter seine Dienstpflicht vorsätzlich oder grob fahrlässig verletzt, so haftet er dem Dienstgeber für den dadurch entstandenen Schaden nach Maßgabe der gesetzlichen Bestimmungen. [2]Beim Rettungsdienst im Notarztwagen oder Rettungshubschrauber (Absatz 3 Satz 5) ist der Mitarbeiter in Fällen, in denen kein grob fahrlässiges und kein vorsätzliches Handeln vorliegt, von etwaigen Haftungsansprüchen freizustellen.

§ 5a Verschwiegenheitspflicht und Aussagegenehmigung in seelsorgerischen Angelegenheiten

Seelsorge (1) [1]Angelegenheiten, die einem Mitarbeiter im Zusammenhang mit seelsorgerischen Tätigkeiten oder zu seelsorgerischen Zwecken anvertraut wurden, unterliegen auch dann der Verschwiegenheit, wenn dieser nicht ausdrücklich zur Seelsorge beauftragt ist. [2]Dies gilt auch über den Bereich eines Dienstgebers hinaus sowie nach Beendigung des Dienstverhältnisses.

Geheimhaltung (2) [1]Absatz 1 gilt nicht, soweit Tatsachen mitgeteilt werden, die offenkundig sind oder ihrer Bedeutung nach keiner Geheimhaltung bedürfen. [2]Eine Verpflichtung, geplante Straftaten anzuzeigen, bleibt von Absatz 1 unberührt.

Genehmigung (3) [1]Ein Mitarbeiter, der vor Gericht oder außergerichtlich über Angelegenheiten, für die Absatz 1 gilt, aussagen oder Erklärungen abgeben soll, bedarf hierfür der Genehmigung. [2]Dies gilt auch dann, wenn die Voraussetzungen des § 54 Strafprozessordnung (StPO) oder § 376 Zivilprozessordnung (ZPO) nicht erfüllt sind. [3]Die Genehmigung erteilt der Dienstgeber oder, wenn das Dienstverhältnis beendet ist, der letzte Dienstgeber. [4]Hat sich der Vorgang, der den Gegenstand der Äußerung bildet, bei einem früheren Dienstgeber ereignet, darf die Genehmigung nur mit dessen Zustimmung erteilt werden.

Zeugenaussage (4) [1]Die Genehmigung, als Zeuge auszusagen, soll nur zum Schutz des Seelsorgegeheimnisses versagt werden. [2]Ist der Mitarbeiter Partei oder Beschuldigter in einem gerichtlichen Verfahren oder soll sein Vorbringen der Wahrnehmung seiner berechtigten Interessen dienen, darf die Genehmigung auch dann, wenn die Voraussetzungen des Satzes 1 erfüllt sind, nur versagt werden, wenn die dienstlichen Rücksichten dies unabweisbar erfordern. [3]Wird sie versagt, ist dem Mitarbeiter der Schutz zu gewähren, den er zur Vertretung seiner Interessen benötigt.

§ 6 Personalakten

Personalakte (1) Für jeden Mitarbeiter ist eine Personalakte zu führen.

Einsicht (2) [1]Der Mitarbeiter hat ein Recht auf Einsicht in seine vollständigen Personalakten. [2]Er kann von seinen Personalakten Abschriften verlangen.

Anhörung (3) [1]Der Mitarbeiter muss zu Beschwerden und Behauptungen jeder Art, die für ihn ungünstig sind oder ihm nachteilig werden können, vor Aufnahme in die Personalakten gehört werden. [2]Seine Äußerungen sind zu den Personalakten zu nehmen.

§ 7 Einstellung

(1) [1]Der Mitarbeiter wird durch den Rechtsträger der Einrichtung (Dienstgeber) oder den von diesem Bevollmächtigten eingestellt. [2]Der Dienstvertrag wird vor Dienstbeginn schriftlich unter Verwendung eines Musterdienstvertrages des Deutschen Caritasverbandes abgeschlossen.

Dienstvertrag

[3]Mehrere Dienstverhältnisse zu demselben Dienstgeber dürfen nur begründet werden, wenn die jeweils übertragenen Tätigkeiten nicht in einem unmittelbaren Sachzusammenhang stehen. [4]Andernfalls gelten sie als ein Dienstverhältnis.

(2) [1]Zusätzliche Vereinbarungen bedürfen zu ihrer Gültigkeit der Schriftform. [2]Sie können gesondert gekündigt werden, soweit das in den AVR vorgesehen oder einzelvertraglich vereinbart ist.

zusätzliche Vereinbarungen

(3) [1]Die Einstellung setzt die persönliche Eignung und die notwendigen Kenntnisse und Fähigkeiten, in der Regel die erforderliche Fachausbildung, voraus. [2]Der Dienstgeber kann die Vorlage eines ärztlichen Zeugnisses von einem Arzt seines Vertrauens verlangen.

ärztliches Zeugnis

(4) [1]Die ersten sechs Monate des Dienstverhältnisses sind Probezeit, sofern im Dienstvertrag nicht auf eine Probezeit verzichtet oder eine kürzere Probezeit vereinbart worden ist oder der Mitarbeiter im unmittelbaren Anschluss an ein erfolgreich abgeschlossenes Lehr- oder Ausbildungsverhältnis bei demselben Dienstgeber eingestellt wird. [2]Während der Probezeit kann das Dienstverhältnis beiderseits ohne Angabe von Gründen mit einer Frist von einem Monat zum Monatsende schriftlich gekündigt werden.

Probezeit

(5) Bei Antritt des Dienstes ist der Mitarbeiter auf treue und gewissenhafte Erfüllung seines Dienstes und die Einhaltung der Verschwiegenheit zu verpflichten.

Dienstantritt

§ 8 Ärztliche Untersuchungen während des Dienstverhältnisses

(1) Der Dienstgeber kann bei gegebener Veranlassung durch einen Arzt seines Vertrauens feststellen lassen, ob der Mitarbeiter dienstfähig und/oder frei von ansteckenden Krankheiten ist.

Ärztliches Attest zur Arbeitsfähigkeit

(2) [1]Entstehen dem Mitarbeiter aus vom Dienstgeber angeordneten ärztlichen Untersuchungen Kosten, sind sie vom Dienstgeber zu übernehmen. [2]Das Ergebnis der ärztlichen Untersuchung ist dem Mitarbeiter auf seinen Antrag bekannt zu geben.

Kosten

(3) Gesetzliche Vorschriften, die den Mitarbeiter verpflichten oder berechtigen, sich ärztlich untersuchen zu lassen, bleiben unberührt.

Gesetze

§ 8a Einholung eines erweiterten Führungszeugnisses während des Dienstverhältnisses

Soweit die Einholung eines erweiterten Führungszeugnisses gesetzlich vorgeschrieben und vom Dienstgeber angeordnet ist, werden die dafür entstehenden Kosten im laufenden Dienstverhältnis vom Dienstgeber getragen.

Kosten

§ 9 Versetzung und Abordnung

Versetzung
Abordnung

(1) [1]Der Mitarbeiter kann im Rahmen seiner vertraglich vorgesehenen Tätigkeit aus dienstlichen oder betrieblichen Gründen in eine andere Einrichtung desselben Dienstgebers unter Wahrung des Besitzstandes versetzt oder bis zu sechs Monaten abgeordnet werden.[2] Vor der Versetzung oder Abordnung ist der Mitarbeiter zu hören. [3]Zu einer Versetzung, die mit der Zuweisung eines anderen dienstlichen Wohnsitzes verbunden ist, ist die Zustimmung des Mitarbeiters erforderlich.

persönliche Gründe

(2) Von einer Versetzung oder Abordnung des Mitarbeiters soll Abstand genommen werden, wenn sie ihm aus persönlichen Gründen nicht zumutbar ist (z.B. mit Rücksicht auf seine Familie).

Probezeit

(3) Während der Probezeit (§ 7 Abs. 4 AT) ist eine Versetzung oder Abordnung nur mit Zustimmung des Mitarbeiters zulässig.

Zuweisung

(4) Die Zuweisung eines anderen Arbeitsplatzes in derselben Einrichtung ist keine Versetzung oder Abordnung im Sinne der Absätze 1 bis 3.

§ 9a Arbeitszeit

Arbeitszeit
Anlage 5, 30-33

[1]Die Arbeitszeit aller Mitarbeiter bestimmt sich nach den Arbeitszeitregelungen der Anlagen 5, 21 und 30 bis 33. [2]Daneben sind die Überstundenregelungen in den Anlagen 6, 21 und 30 bis 33 und die Bestimmungen über die Zeitzuschläge und die Überstundenvergütung in den Anlagen 6a, 21 und 30 bis 33 zu beachten.

§ 9b Arbeitsversäumnis

Arbeitszeitversäumnis

[1]Ein Fernbleiben vom Dienst, soweit es nicht durch Krankheit bedingt ist, bedarf vorheriger Zustimmung des Dienstgebers. [2]Wenn die rechtzeitige Einholung der Zustimmung nicht möglich war, hat der Mitarbeiter seinen Dienstvorgesetzten unverzüglich über die Gründe des Fernbleibens zu unterrichten und die nachträgliche Genehmigung einzuholen. [3]Bei nichtgenehmigtem Dienstversäumnis kann eine entsprechende Kürzung der Dienstbezüge (Abschnitt II der Anlage 1) und der in Monatsbeträgen festgelegten Zulagen für die versäumte Zeit oder eine Anrechnung auf den Erholungsurlaub erfolgen, wobei jedoch der gesetzliche Mindesturlaub nicht unterschritten werden darf. [4]Außerdem kann sie die Kündigung des Dienstverhältnisses nach sich ziehen.

§ 10 Arbeitsbefreiung

Grundsatz

(1) Persönliche Angelegenheiten hat der Mitarbeiter außerhalb der Arbeitszeit zu erledigen.

Fälle der Arbeitsbefreiung

(2) Als Fälle des § 616 BGB, in denen der Mitarbeiter unter Fortzahlung der Dienstbezüge (Abschnitt II der Anlage 1) und der in Monatsbeiträgen festgelegten Zulagen in nachstehend genanntem Ausmaß von der Arbeit freigestellt wird, gelten nur die folgenden Anlässe:

a)	Umzug aus dienstlichem oder betrieblichem Grund an einen anderen Ort	1 Arbeitstag	Umzug
b)	Niederkunft der Ehefrau, Lebenspartnerin im Sinne des Lebenspartnerschaftsgesetzes oder der in ehe- oder lebenspartnerschaftsähnlicher Gemeinschaft lebenden Lebensgefährtin	1 Arbeitstag	Niederkunft
c)	Tod des Ehegatten, des Lebenspartners im Sinne des Lebenspartnerschaftsgesetzes oder des in ehe- oder lebenspartnerschaftsähnlicher Gemeinschaft lebenden Lebensgefährten, eines Kindes oder Elternteils	2 Arbeitstage	Tod eines Angehörigen
d)	Kirchliche Eheschließung des Mitarbeiters	1 Arbeitstag	Eheschließung
e)	Taufe, Erstkommunion, Firmung und entsprechende religiöse Feiern eines Kindes des Mitarbeiters	1 Arbeitstag	Taufe, Erstkommunion, Firmung
f)	Kirchliche Eheschließung eines Kindes des Mitarbeiters	1 Arbeitstag	
g)	Schwere Erkrankung		schwere Erkrankung
	aa) eines Angehörigen, soweit er in demselben Haushalt lebt	1 Arbeitstag im Kalenderjahr	
	bb) eines Kindes, das das 14. Lebensjahr noch nicht vollendet hat, wenn im laufenden Kalenderjahr kein Anspruch nach § 45 SGB V besteht oder bestanden hat	bis zu vier Arbeitstagen im Kalenderjahr	
	cc) einer Betreuungsperson, wenn der Mitarbeiter deshalb die Betreuung seines Kindes, das das 8. Lebensjahr noch nicht vollendet hat oder wegen körperlicher, geistiger oder seelischer Behinderung dauernd pflegebedürftig ist, übernehmen muss.	bis zu vier Arbeitstagen im Kalenderjahr	
	Eine Freistellung erfolgt nur, soweit eine andere Person zur Pflege oder Betreuung nicht sofort zur Verfügung steht und der Arzt in den Fällen der Doppelbuchstaben aa) und bb) die Notwendigkeit der Anwesenheit des Mitarbeiters zur vorläufigen Pflege bescheinigt. Die Freistellung darf insgesamt fünf Arbeitstage im Kalenderjahr nicht überschreiten.		
h)	Ärztliche Behandlung des Mitarbeiters, wenn diese nach ärztlicher Bescheinigung während der Arbeitszeit erfolgen muss.	erforderliche nachgewiesene Abwesenheitszeit einschließlich erforderlicher Wegezeiten	ärztliche Behandlung

staatsbürgerliche Pflichten

(3) [1]Bei Erfüllung allgemeiner staatsbürgerlicher Pflichten nach deutschem Recht, soweit die Arbeitsbefreiung gesetzlich vorgeschrieben ist und soweit die Pflichten nicht außerhalb der Arbeitszeit, gegebenenfalls nach ihrer Verlegung, wahrgenommen werden können, besteht der Anspruch auf Fortzahlung der Dienstbezüge (Abschnitt II der Anlage 1) und der in Monatsbeträgen festgelegten Zulagen nur insoweit, als der Mitarbeiter nicht Ansprüche auf Ersatz dieser Bezüge geltend machen kann. [2]Die fortgezahlten Bezüge gelten in Höhe des Ersatzanspruchs als Vorschuss auf die Leistungen der Kostenträger. [3]Der Mitarbeiter hat den Ersatzanspruch geltend zu machen und die erhaltenen Beträge an den Dienstgeber abzuführen.

besondere Anlässe

(4) Der Dienstgeber kann aus anderen besonderen Anlässen als den in Abs. 2 Buchstaben a bis h genannten Arbeitsbefreiung unter Fortzahlung der Dienstbezüge (Abschnitt II der Anlage 1) und der in Monatsbeträgen festgelegten Zulagen bis zu drei Tagen gewähren, sofern die dienstlichen und betrieblichen Verhältnisse es zulassen.

Exerzitien

(5) Der Mitarbeiter, der im Einverständnis mit dem Dienstgeber an Exerzitien teilnimmt, erhält hierfür im Kalenderjahr bis zu drei Arbeitstage Arbeitsbefreiung unter Fortzahlung der Dienstbezüge (Abschnitt II der Anlage 1) und der in Monatsbeträgen festgelegten Zulagen.

Fortbildungen

(6) [1]Der Mitarbeiter, der im Einverständnis mit dem Dienstgeber an fachlichen Fortbildungskursen teilnimmt, erhält hierfür im Kalenderjahr bis zu fünf Arbeitstage und, wenn er regelmäßig mehr als fünf Arbeitstage in der Woche arbeitet, bis zu sechs Arbeitstage Arbeitsbefreiung unter Fortzahlung der Dienstbezüge (Abschnitt II der Anlage 1) und der in Monatsbeträgen festgelegten Zulagen.

(RK Nord, NRW, Mitte, BW, Bayern): [2]Diese ist auf einen gesetzlichen Anspruch auf Bildungsurlaub anzurechnen.

(RK Ost): [2]Für Mitarbeiter im Gebiet der Regionalkommission Ost erhöht sich der Anspruch auf Arbeitsbefreiung um einen weiteren Tag. [3]Diese ist auf den gesetzlichen Anspruch auf Bildungsurlaub anzurechnen.

Mitglieder der AK

(7) [1]Die Mitglieder der Arbeitsrechtlichen Kommission erhalten für ihre Tätigkeit Arbeitsbefreiung unter Fortzahlung der Dienstbezüge (Abschnitt II der Anlage 1) und der in Monatsbeträgen festgelegten Zulagen. [2]Die Mitglieder von Schlichtungsstellen gemäß § 22 AT AVR erhalten für die Teilnahme an deren Verhandlungen und die Mitglieder von Organen der Versorgungseinrichtungen der Mitarbeiter erhalten für die notwendige Dauer der Abwesenheit Arbeitsbefreiung unter Fortzahlung der Dienstbezüge (Abschnitt II der Anlage 1) und der in Monatsbeträgen festgelegten Zulagen.

Teilnahme an Prüfungsgremien und Organen der SV

[3]Zur Teilnahme an Sitzungen von Prüfungs- und von Berufsbildungsausschüssen nach dem Berufsbildungsgesetz sowie für eine Tätigkeit in Organen von Sozialversicherungsträgern kann den Mitgliedern Arbeitsbefreiung unter Fortzahlung der Dienstbezüge (Abschnitt II der Anlage 1) und der in Monatsbeiträgen festgelegten Zulagen gewährt werden, sofern nicht dringende dienstliche oder betriebliche Interessen entgegenstehen.

(8) Soweit in einer diözesanen KODA-Regelung eine Arbeitsbefreiung für die Teilnahme an Tagungen von Vereinigungen im Sinne des Artikel 10 der Grundordnung des kirchlichen Dienstes besteht, hat der Mitarbeiter in einer Einrichtung mit Sitz in dieser Diözese einen Anspruch auf entsprechende Freistellung in demselben Umfang.

Arbeitsbefreiung ohne Dienstbezüge

(9) In begründeten Fällen kann bei Verzicht auf die Dienstbezüge kurzfristige Arbeitsbefreiung gewährt werden, wenn es die dienstlichen und betrieblichen Verhältnisse gestatten.

Anmerkung:
Als Zulagen, die in Monatsbeträgen festgelegt sind, gelten auch Monatspauschalen der in § 2 Abs. 3 der Anlage 14 genannten Bezüge.

§ 10a Fort- und Weiterbildung

(1) Wird ein Mitarbeiter auf Veranlassung und im Rahmen der Qualitätssicherung oder des Personalbedarfs des Dienstgebers fort- oder weitergebildet, werden, sofern keine Ansprüche gegen andere Kostenträger bestehen, vom Dienstgeber

Freistellung und Finanzierung der Maßnahme

a) dem Mitarbeiter, soweit er freigestellt werden muss, für die notwendige Fort- oder Weiterbildungszeit die bisherigen Dienstbezüge Abschnitt II der Anlage 1 fortgezahlt und

b) die Kosten der Fort- oder Weiterbildung getragen.

(2) [1]Der Mitarbeiter ist verpflichtet, dem Dienstgeber die Aufwendungen für eine Fort- oder Weiterbildung im Sinne des Absatzes 1 zu ersetzen, wenn das Dienstverhältnis auf Wunsch des Mitarbeiters oder aus einem von ihm zu vertretenden Grunde endet. [2]Für jeden vollen Monat der Beschäftigung nach dem Ende der Fort- oder Weiterbildung werden 1/36 des Aufwendungsbetrages erlassen.

Erstattung der Aufwendungen

[3]Eine Rückzahlungsverpflichtung besteht nicht, wenn die Mitarbeiterin wegen Schwangerschaft oder wegen Niederkunft in den letzten drei Monaten kündigt oder einen Auflösungsvertrag geschlossen hat.

[4]In besonders gelagerten Fällen kann von der Rückzahlungsregelung zugunsten des Mitarbeiters abgewichen werden.

§ 11 Beschäftigungszeit

(1) [1]Beschäftigungszeit ist die bei demselben Dienstgeber in einem Dienstverhältnis zurückgelegte Zeit, auch wenn sie unterbrochen worden ist.

Beschäftigungszeit

[2]Zeiten einer Teilzeitbeschäftigung werden voll angerechnet.

[3]Ist der Mitarbeiter aus seinem Verschulden oder auf seinen eigenen Wunsch aus dem Dienstverhältnis ausgeschieden, so gelten vor dem Ausscheiden liegende Zeiten nicht als Beschäftigungszeit, es sei denn, dass er das Dienstverhältnis wegen eines mit Sicherheit erwarteten Personalabbaus oder wegen Unfähigkeit zur Fortsetzung der Arbeit infolge einer Körperbeschädigung oder einer in Ausübung oder infolge seiner Arbeit erlittenen Gesundheitsbeschädigung aufgelöst hat oder die Nichtanrechnung der Beschäftigungszeit aus sonstigen Gründen eine unbillige Härte darstellen würde.

(2) [1]Übernimmt ein Dienstgeber eine Einrichtung im Geltungsbereich der AVR oder in einem anderen Tätigkeitsbereich der katholischen Kirche, so werden dem Mitarbeiter die bei der Einrichtung zurückgelegten Zeiten nach Maßgabe des Absatzes 1 als Beschäftigungszeit angerechnet. [2]Bei Übernahme einer Einrichtung aus einem anderen Tätigkeitsbereich können die bei dieser Einrichtung zurückgelegten Zeiten ganz oder teilweise als Beschäftigungszeit angerechnet werden, wenn in dieser Einrichtung den AVR entsprechende Regelungen gelten.

Vorbeschäftigungszeiten

(3) Bei dem Mitarbeiter, der am 31. Dezember 1987 schon und am 1. Januar 1988 noch in einem Dienstverhältnis gemäß Absatz 1 Satz 1 steht, gilt Absatz 1 Satz 2 in der ab 1. Januar 1988 geltenden Fassung, wenn der Mitarbeiter bis zum 31. Dezember 1989 nachweist, dass aufgrund dieser Vorschrift zusätzliche Beschäftigungszeiten anzurechnen sind.

zusätzliche Beschäftigungszeiten

Übergangsregelung zu § 11 Abs. 1 AT:
Innerhalb des über den 31. März 1991 hinaus fortbestehenden Dienstverhältnisses eines Mitarbeiters bleibt die vor dem 1. April 1991 erreichte Beschäftigungszeit unberührt.

§ 11a Dienstzeit

Dienstzeit

(1) [1]Die Dienstzeit umfasst die Beschäftigungszeit und die nach den Absätzen 2 bis 5 anzurechnenden Zeiten einer früheren Beschäftigung, soweit diese nicht schon bei der Berechnung der Beschäftigungszeit berücksichtigt sind. [2]Für die Anrechnung nach den Absätzen 2 bis 5 gilt § 11 Abs. 1 Satz 2 AT entsprechend.

anzurechnende Zeiten

(2) Anzurechnen sind die Zeiten, die ein Mitarbeiter in einem Dienstverhältnis im Tätigkeitsbereich des Deutschen Caritasverbandes oder eines ihm angeschlossenen Mitgliedes oder in einem anderen Tätigkeitsbereich der katholischen Kirche verbrachte.

unbillige Härte

(3) [1]Die in Absatz 2 aufgeführten Zeiten werden nicht angerechnet, wenn der Mitarbeiter aus seinem Verschulden oder auf eigenen Wunsch aus dem Dienstverhältnis ausgeschieden ist. [2]Dies gilt nicht, wenn der Mitarbeiter im Anschluss an das bisherige Dienstverhältnis zu einer anderen Einrichtung desselben Dienstgebers oder zu einem anderen Dienstgeber im Tätigkeitsbereich des Deutschen Caritasverbandes oder eines ihm angeschlossenen Mitgliedes oder in einem anderen Tätigkeitsbereich der katholischen Kirche übergetreten ist, oder wenn er das Dienstverhältnis wegen eines mit Sicherheit erwarteten Personalabbaus oder wegen Unfähigkeit zur Fortsetzung der Arbeit infolge einer Körperbeschädigung oder in Ausübung oder infolge seiner Arbeit erlittenen Gesundheitsbeschädigung aufgelöst hat, oder die Nichtanrechnung eine unbillige Härte darstellen würde.

(4) Die Zeit anderer beruflicher Tätigkeiten kann ganz oder teilweise angerechnet werden, wenn die Tätigkeit Voraussetzung für die Einstellung war.

(5) Anzurechnen sind ferner

a) die Zeiten erfüllter Dienstpflicht in der Bundeswehr, Zeiten des zivilen Ersatzdienstes nach dem Gesetz über den zivilen Ersatzdienst und Zeiten des Zivildienstes nach dem Zivildienstgesetz, sowie Zeiten einer Tätigkeit als Entwicklungshelfer, soweit diese vom Wehr- oder Zivildienst befreit, sowie in der DDR erbrachte Zeiten des Grundwehrdienstes, des Wehrersatzdienstes, soweit dieser die Zeit des Grundwehrdienstes betrug, sowie Haftzeiten wegen Verweigerung des Wehrdienstes und eine daran anschließende Ableistung des Grundwehrdienstes der DDR,

b) die im Soldatenverhältnis in der Bundeswehr zurückgelegten Zeiten, soweit sie nicht nach Buchstabe a anzurechnen sind; Absatz 3 Sätze 1 und 2 sind sinngemäß anzuwenden.

Anmerkung:
Der Tätigkeit im Bereich der katholischen Kirche im Sinne von § 11a AT steht gleich eine Tätigkeit in der evangelischen Kirche, in einem Diakonischen Werk oder in einer Einrichtung, die dem Diakonischen Werk angeschlossen ist.

Übergangsregelung zu § 11a AT:
Innerhalb des über den 31. März 1991 hinaus fortbestehenden Dienstverhältnisses eines Mitarbeiters bleibt die vor dem 1. April 1991 erreichte Dienstzeit unberührt.

§ 11b Ausschlussfrist zu § 11 und § 11a

Nachweis anrechnungsfähiger Zeiten

[1]Der Mitarbeiter hat die anrechnungsfähigen Beschäftigungs- und Dienstzeiten innerhalb einer Ausschlussfrist von drei Monaten nach Aufforderung durch den Dienstgeber nachzuweisen. [2]Zeiten, für die der Nachweis nicht fristgemäß erbracht wird, werden nicht angerechnet. [3]Kann der Nachweis aus einem vom Mitarbeiter nicht zu vertretenden Grunde innerhalb der Ausschlussfrist nicht erbracht werden, so ist die Frist auf einen vor Ablauf der Ausschlussfrist zu stellenden Antrag zu verlängern.

§ 12 Dienstbezüge

Dienstbezüge Anlage 1

Die Dienstbezüge bestimmen sich nach dem Abschnitt II der Anlage 1.

§ 12a Fürsorge bei Krankheit

Krankenbezüge Anlage 1

Wer durch Krankheit oder Unfall dienstunfähig wird, erhält Krankenbezüge nach Maßgabe der Anlage 1.

§ 13 Erholungsurlaub

Erholungsurlaub Anlage 14

Die Ansprüche der Mitarbeiter auf Erholungsurlaub, Urlaubsgeld und Sonderurlaub regeln sich nach Anlage 14.

§ 14 Ordentliche Kündigung

ordentliche Kündbarkeit

(1) Befristete und unbefristete Dienstverhältnisse können von beiden Vertragsparteien ordentlich gekündigt werden.

Kündigungsfristen

(2) Die Kündigungsfrist beträgt für den Dienstgeber und den Mitarbeiter in den ersten zwölf Monaten des Dienstverhältnisses einen Monat zum Monatsschluss. Darüber hinaus beträgt sie für den Dienstgeber und Mitarbeiter bei einer Beschäftigungszeit

a)	bis zu fünf Jahren	6 Wochen
b)	von mindestens fünf Jahren	3 Monate
c)	von mindestens acht Jahren	4 Monate
d)	von mindestens zehn Jahren	5 Monate
e)	von mindestens zwölf Jahren	6 Monate

zum Schluss des Kalendervierteljahres.

(3) (weggefallen)

Änderungskündigung

(4) [1]Kündigt der Dienstgeber das Dienstverhältnis und bietet er dem Mitarbeiter die Fortsetzung des Dienstverhältnisses zu geänderten Arbeitsbedingungen an (Änderungskündigung), so finden die Kündigungsfristen nach Absatz 2 und Absatz 3 uneingeschränkt Anwendung. [2]Der Mitarbeiter kann eine Änderungskündigung unter dem Vorbehalt annehmen, dass die Änderung der Arbeitsbedingungen nicht sozial ungerechtfertigt ist. [3]Diesen Vorbehalt muss der Mitarbeiter dem Dienstgeber innerhalb der Kündigungsfrist, spätestens jedoch innerhalb von drei Wochen nach Zugang der Änderungskündigung schriftlich erklären. [4]Der Vorbehalt erlischt, wenn der Mitarbeiter nicht fristgerecht das Arbeitsgericht anruft.

Unkündbarkeit (Voraussetzungen)

(5) Nach einer Beschäftigungszeit (§ 11 AT) von 15 Jahren bei demselben Dienstgeber, frühestens jedoch nach dem vollendeten 40. Lebensjahr des Mitarbeiters, ist eine ordentliche Kündigung durch den Dienstgeber ausgeschlossen, soweit nicht § 15 AT etwas anderes bestimmt.

§ 15 Sonderregelung für unkündbare Mitarbeiter

Unkündbarkeit (Einrichtungsänderung)

(1) Dem grundsätzlich unkündbaren Mitarbeiter kann vom Dienstgeber außer nach § 16 Abs. 2 AT gekündigt werden, wenn der Mitarbeiter nicht weiterbeschäftigt werden kann, weil die Einrichtung, in der er tätig ist,

a) wesentlich eingeschränkt oder

b) aufgelöst wird.

Unkündbarkeit (Folgen allgemein)

(2) [1]Liegen keine Kündigungsgründe nach § 15 Abs. 1 AT oder § 16 Abs. 2 AT vor, ist dem Dienstgeber eine Kündigung des Dienstverhältnisses aus anderen Gründen nicht gestattet. [2]Der Dienstgeber kann jedoch beim Vorliegen sonstiger wichtiger Gründe das Dienstverhältnis zum Zwecke der Herabgruppierung des Mitarbeiters um eine Vergütungs- bzw. Entgeltgruppe kündigen. [3]Sonstige wichtige Gründe sind dann gegeben, wenn eine Weiterbeschäftigung des Mitarbeiters zu den bisherigen Vertragsbedingungen aus dienstlichen Gründen nachweisbar nicht möglich ist oder der Mitarbeiter dauernd außerstande ist, diejenigen Arbeitsleistungen zu erbringen, die er nach seinem Dienstvertrag zu erbringen hat und die nachweislich für die Einstufung in seine Vergütungs- bzw. Entgeltgruppe maßgebend sind.

Unkündbarkeit (Leistungsminderung)

(3) [1]Eine Kündigung nach den Bestimmungen des Absatz 1 Buchstabe a und Absatz 2 ist ausgeschlossen, wenn bei dem Mitarbeiter eine Leistungsminderung eingetreten ist, die durch einen Arbeitsunfall oder eine anerkannte Berufskrankheit im Sinne der §§ 8 und 9 SGB VII verursacht wurde, sofern die Leistungsminderung nicht auf einer vorsätzlichen oder grobfahrlässigen Handlung oder Unterlassung des Mitarbeiters beruht. [2]Eine Kündigung ist auch dann ausgeschlossen, wenn eine Leistungsminderung auf einer durch langjährige Beschäftigung verursachten Abnahme der körperlichen oder geistigen Kräfte und Fähigkeiten nach einer Beschäftigungszeit (§ 11 AT) von mindestens 20 Jahren beruht und der Mitarbeiter das 55. Lebensjahr vollendet hat.

Unkündbarkeit (Fristen)

(4) [1]Die Kündigung eines grundsätzlich unkündbaren Mitarbeiters (§ 14 Abs. 5 AT) nach den Bestimmungen des § 15 AT ist nur mit einer Frist von sechs Monaten zum Schluss eines Kalendervierteljahres zulässig. [2]Lehnt der Mitarbeiter die Fortsetzung des Dienstverhältnisses zu den ihm angebotenen geänderten Ver-

tragsbedingungen ab, so gilt das Dienstverhältnis mit Ablauf der Kündigungsfrist als vertragsgemäß aufgelöst (§ 19 Abs. 2 AT).

§ 16 Außerordentliche Kündigung

(1) [1]Beim Vorliegen eines wichtigen Grundes im Sinne des § 626 BGB kann das Dienstverhältnis von beiden Vertragsparteien ohne Einhaltung einer Kündigungsfrist gekündigt werden. [2]Ein wichtiger Grund liegt insbesondere vor bei Vertrauensbrüchen oder groben Achtungsverletzungen gegenüber Angehörigen der Dienstgemeinschaft, leitenden Personen oder wesentlichen Einrichtungen der Katholischen Kirche, bei schweren Vergehen gegen die Sittengesetze der Kirche oder die staatliche Rechtsordnung oder bei sonstigen groben Verletzungen der sich aus den AVR ergebenden Dienstpflichten.

außerordentliche Kündbarkeit

[3]Eine Kündigung des Dienstverhältnisses aus wichtigem Grund ist zulässig, wenn Tatsachen vorliegen, aufgrund derer dem Kündigenden unter Berücksichtigung aller Umstände des Einzelfalles und unter Abwägung der Interessen des Dienstgebers und des Mitarbeiters die Fortsetzung des Dienstverhältnisses bis zum Ablauf der Kündigungsfrist (§ 14 AT) oder bis zu der vereinbarten Beendigung des Dienstverhältnisses (§ 19 Abs. 1, 3 und 4 AT) nicht zugemutet werden kann.

wichtiger Grund

[4]Die Kündigung kann nur innerhalb von zwei Wochen erfolgen. [5]Die Frist beginnt mit dem Zeitpunkt, in dem der Kündigungsberechtigte von den für die Kündigung maßgebenden Tatsachen Kenntnis erlangt. [6]Der Kündigende muss dem anderen Teil auf Verlangen den Kündigungsgrund unverzüglich schriftlich mitteilen.

(2) Einem Mitarbeiter, dem gegenüber nach § 14 Abs. 5 AT die ordentliche Kündigung grundsätzlich ausgeschlossen ist, kann aus einem in seiner Person oder in seinem Verhalten liegenden wichtigen Grunde fristlos gekündigt werden.

Unkündbarkeit (Gründe in der Person / im Verhalten)

(3) [1]Das Dienstverhältnis nach § 16i SGB II kann gemäß § 16i Abs. 6 SGB II in den dort genannten Fällen von beiden Vertragsparteien ohne Einhaltung einer Kündigungsfrist gekündigt werden. [2]Absatz 1 Sätze 4 bis 6 finden entsprechend Anwendung.

Kündigung ohne Einhaltung einer Kündigungsfrist

§ 17 Schriftform der Kündigung

[1]Kündigungen bedürfen zu ihrer Wirksamkeit der Schriftform. [2]Kündigt der Dienstgeber das Dienstverhältnis nach Ablauf der Probezeit (§ 7 Abs. 4 AT), soll er in dem Kündigungsschreiben den Kündigungsgrund angeben.

Schriftform

§ 18 Beendigung des Dienstverhältnisses wegen verminderter Erwerbsfähigkeit

(1) [1]Das Dienstverhältnis endet mit Ablauf des Monats, in dem der Bescheid eines Trägers der gesetzlichen Rentenversicherung (Rentenbescheid) zugestellt wird, wonach der Mitarbeiter voll oder teilweise erwerbsgemindert ist. [2]Der Mitarbeiter hat den Dienstgeber von der Zustellung des Rentenbescheids unverzüglich zu unterrichten.[3]Beginnt die Rente erst nach der Zustellung des Rentenbescheids, endet das Dienstverhältnis mit Ablauf des dem Rentenbeginn vorangehenden Ta-

volle Erwerbsminderung

ges. [4]Liegt im Zeitpunkt der Beendigung des Dienstverhältnisses eine nach § 175 SGB IX erforderliche Zustimmung des Integrationsamtes noch nicht vor, endet das Dienstverhältnis mit Ablauf des Tages der Zustellung des Zustimmungsbescheids des Integrationsamtes. [5]Das Dienstverhältnis endet nicht, wenn nach dem Bescheid des Rentenversicherungsträgers eine Rente auf Zeit gewährt wird. [6]In diesem Fall ruht das Dienstverhältnis für den Zeitraum, für den eine Rente auf Zeit gewährt wird; beginnt die Rente rückwirkend, ruht das Dienstverhältnis ab dem ersten Tag des Monats, der auf den Monat der Zustellung des Rentenbescheids folgt. [7]Der Dienstgeber teilt dem Mitarbeiter schriftlich mit, ob und zu welchem Zeitpunkt das Dienstverhältnis endet oder ruht. [8]Bei einer Beendigung des Dienstverhältnisses hat die schriftliche Mitteilung mindestens zwei Wochen vor dem Beendigungszeitpunkt zu erfolgen.

teilweise Erwerbsminderung

(2) Im Falle teilweiser Erwerbsminderung endet bzw. ruht das Dienstverhältnis nicht, wenn der Mitarbeiter nach seinem vom Rentenversicherungsträger festgestellten Leistungsvermögen auf seinem bisherigen oder einem anderen geeigneten und freien Arbeitsplatz weiterbeschäftigt werden könnte, soweit dringende dienstliche bzw. betriebliche Gründe nicht entgegenstehen, und der Mitarbeiter innerhalb von zwei Wochen nach Zugang der Mitteilung des Dienstgebers nach Absatz 1 Satz 7 seine Weiterbeschäftigung schriftlich beantragt.

Bescheid einer Versorgungseinrichtung einer Berufsgruppe

(3) Die Absätze 1 und 2 finden entsprechende Anwendung, wenn eine Erwerbsminderung oder eine Berufsunfähigkeit durch Bescheid einer öffentlich-rechtlichen Versicherungseinrichtung oder Versorgungseinrichtung einer Berufsgruppe festgestellt wird, deren Mitgliedschaft bei einem angenommenen Vorliegen der persönlichen Voraussetzungen die Voraussetzungen der Befreiung von der Versicherungspflicht nach §§ 6 Abs. 1 Nr. 1 und 231 SGB VI erfüllen würde oder eine solche Befreiung erfolgt ist.

§ 19 Sonstige Beendigung des Dienstverhältnisses

Befristung

(1) Befristete Dienstverhältnisse enden ohne Kündigung mit Ablauf des Zeitraumes, für den sie eingegangen sind, sofern nicht vorher eine Vertragsverlängerung schriftlich vereinbart worden ist.

Auflösungsvertrag

(2) Das Dienstverhältnis kann im gegenseitigen Einverständnis jederzeit durch einen Auflösungsvertrag beendigt werden.

Altersrente vor Erreichen der Regelaltersgrenze

(2a) [1]Der Mitarbeiter, der beabsichtigt, eine Altersrente im Sinne des § 33 Abs. 2 SGB VI für einen Zeitpunkt zu beantragen, in dem er die Regelaltersgrenze (§ 35 Satz 2 SGB VI i.V.m. § 235 SGB VI) noch nicht erreicht, und deswegen sein Dienstverhältnis beenden will, kann von seinem Dienstgeber verlangen, dass er mit dem Mitarbeiter die Inhalte eines Auflösungsvertrages, insbesondere den Beendigungszeitpunkt, erörtert mit dem Ziel, dass ein Auflösungsvertrag abgeschlossen wird. [2]Macht der Mitarbeiter hierzu einen Vorschlag, hat der Dienstgeber zu diesem Vorschlag zeitnah Stellung zu nehmen.

Erreichen der Regelaltersrente

(3) Das Dienstverhältnis endet, ohne dass es einer Kündigung bedarf, mit Ablauf des Monats, in dem der Mitarbeiter das Alter der Regelaltersgrenze (§ 35 Satz 2 SGB VI i.V.m. § 235 SGB VI) vollendet.

(4) [1]Erfolgt während des laufenden Dienstverhältnisses für den Mitarbeiter anstatt der Versicherung bei der gesetzlichen Rentenversicherung die Versicherung bei einer öffentlich-rechtlichen Versicherungseinrichtung oder Versorgungseinrichtung einer Berufsgruppe, deren Mitgliedschaft bei einem angenommenen Vorliegen der persönlichen Voraussetzungen die Voraussetzungen der Befreiung von der Versicherungspflicht nach §§ 6 Abs. 1 Nr. 1 und 231 SGB VI erfüllen würde oder für die eine solche Befreiung erfolgt ist, finden Absatz 3 und Absatz 5 mit der Maßgabe Anwendung, dass an die Stelle der Regelaltersgrenze diejenige Altersgrenze tritt, mit der der Mitarbeiter nach der Satzung oder den sonstigen Versicherungsbestimmungen dieser Versorgungseinrichtung ein nicht vorgezogenes Altersruhegeld (Altersrente) beanspruchen kann. [2]Der Mitarbeiter ist verpflichtet, dem Dienstgeber die diese Bestimmung enthaltende jeweils gültige Satzung oder sonstige Versicherungsbestimmung in der jeweils geltenden Fassung in Textform zur Verfügung zu stellen. [3]Besteht für den Mitarbeiter gleichzeitig eine Versicherung bei der gesetzlichen Rentenversicherung z.B. aus einer Vorbeschäftigung, verbleibt es bei der Regelaltersgrenze, sofern der Mitarbeiter dies innerhalb der letzten drei Jahre vor deren Erreichen in Textform unter Nachweis der Versicherung beantragt hat. [4]Ist der Mitarbeiter während des laufenden Dienstverhältnisses zwar in der gesetzlichen Rentenversicherung mit laufenden Beiträgen versichert und es besteht gleichzeitig eine Anwartschaft bei einer in Satz 1 genannten Versorgungseinrichtung, so gilt die in Satz 1 genannte Altersgrenze dieser Versorgungseinrichtung, sofern der Mitarbeiter dies innerhalb der letzten drei Jahre vor Erreichen der Regelaltersgrenze in Textform unter Nachweis der Anwartschaft beantragt hat. [5]Der Dienstgeber bestätigt in Textform Anträge nach den Sätzen 3 und 4. [6]Liegt in den Fällen des Satzes 1 oder des Satzes 4 die in Satz 1 genannte Altersgrenze der Versorgungseinrichtung höher als die Regelaltersgrenze, so gilt bei Anwendung dieser höheren Altersgrenze der Beendigungszeitpunkt als auf die höhere Altersgrenze hinausgeschoben i.S.d. § 41 Satz 3 SGB VI.

Beendigung bei Versicherung in einer Versorgungseinrichtung einer Berufsgruppe

(5) [1]Endet das Dienstverhältnis nach Absatz 3 mit Erreichen der Regelaltersgrenze, so können Dienstgeber und Mitarbeiter während des Dienstverhältnisses durch schriftliche Vereinbarung den Beendigungszeitpunkt, ggf. auch mehrfach, hinausschieben. [2]Erfolgt die erstmalige Vereinbarung über die Fortsetzung des Dienstverhältnisses erst nach Erreichen der Regelaltersgrenze des Mitarbeiters, soll das Dienstverhältnis verändert fortgesetzt werden oder erfolgt die Einstellung des Mitarbeiters erst nach dessen Erreichen der Regelaltersgrenze, kann auf schriftlichen Antrag des Mitarbeiters das Dienstverhältnis befristet werden. [3]Sofern die Befristung wegen der Personal- und Nachwuchsplanungen des Dienstgebers erfolgt, werden diese dem Mitarbeiter in angemessener Form schriftlich mitgeteilt. [4]Eine Befristung im Sinn der Sätze 2 und 3 setzt den Bezug einer Altersrente als Vollrente oder den Anspruch des Mitarbeiters auf eine solche Rente voraus.

Weiterbeschäftigung nach Erreichen der Regelaltersgrenze

Vgl. dazu Beschluss der BK vom 20. Juni 2024 i.V.m. Ersetzende Entscheidung des Vermittlungsausschusses ZAK vom 22. Januar 2024 „Gesamtregelung zur Befristung“ Nr. 8.

§ 20 Zeugnis

[1]Jeder Mitarbeiter hat nach Beendigung des Dienstverhältnisses Anspruch auf Ausstellung eines Zeugnisses durch den Dienstgeber oder seinen Bevollmächtigten. [2]Er kann in begründeten Fällen ein vorläufiges Zeugnis verlangen.

Zeugnis

Zwischenzeugnis

§ 21 Schutzkleidung, Dienstkleidung

Schutzkleidung

(1) [1]Soweit das Tragen von Schutzkleidung gesetzlich vorgeschrieben oder vom Dienstgeber angeordnet ist, wird sie unentgeltlich gestellt. [2]Sie bleibt Eigentum des Dienstgebers.

Dienstkleidung

(2) [1]Soweit das Tragen von Dienstkleidung vom Dienstgeber angeordnet ist, wird sie unentgeltlich gestellt. [2]Sie bleibt Eigentum des Dienstgebers.

Reinigung

(3) Die Reinigung der Schutzkleidung und der Dienstkleidung erfolgt auf Kosten der Einrichtung.

§ 22 Schlichtungsverfahren

diözesane Schlichtungsstelle

(1) Dienstgeber und Mitarbeiter sind verpflichtet, bei Meinungsverschiedenheiten, die sich bei der Anwendung der AVR oder aus dem Dienstverhältnis ergeben, zunächst die bei dem zuständigen Diözesancaritasverband errichtete Schlichtungsstelle anzurufen, der es obliegt, aufgetretene Streitfälle zu schlichten.

Zentrale Schlichtungsstelle

(2) [1]Die Schlichtungsstelle kann Fragen von grundsätzlicher Bedeutung der beim Deutschen Caritasverband errichteten Zentralen Schlichtungsstelle zur Begutachtung vorlegen. [2]Die Zentrale Schlichtungsstelle ist unmittelbar zuständig für solche Meinungsverschiedenheiten, an denen ein Diözesancaritasverband beteiligt ist.

(3) Bei Meinungsverschiedenheiten zwischen Dienstgeber und einem Mitarbeiter der Zentrale des Deutschen Caritasverbandes wird unter Vermittlung des Erzbischofs von Freiburg eine besondere Schlichtungsstelle gebildet.

Einbeziehung der AVR

(3a) [1]Die Schlichtungsstellen nach den Absätzen 1 bis 3 sind auch für die Entscheidungen bei Streitigkeiten über die ordnungsgemäße Einbeziehung der AVR nach Art. 9 Abs. 5 Satz 1 2. Alternative GrO zuständig. [2]Die Mitgliedschaft in der Arbeitsrechtlichen Kommission kann keinen Ausschlussgrund für die Wahrnehmung einer Aufgabe in einer Schlichtungsstelle darstellen. [3]Der Erlass oder die Änderung einer Schlichtungsordnung bedarf der Zustimmung der Bundeskommission mit der Mehrheit ihrer Mitglieder gemäß § 16 Abs. 2 Satz 1 AK-O.

Arbeitsgericht

(4) Die Behandlung eines Falles vor der Schlichtungsstelle schließt die fristgerechte Anrufung des Arbeitsgerichtes nicht aus.

Anmerkung:

Zustimmung der Bundeskommission

1. Die Bundeskommission kann die Entscheidung nach Absatz 3a auf einen beschließenden Ausschuss übertragen, der mit der Mehrheit der Mitglieder des Ausschusses Beschlüsse fasst.
2. [1]Absätze 1 bis 3 wirken für Meinungsverschiedenheiten zwischen Dienstgebern und Mitarbeitern, wenn die Zustimmung zu ab dem 1. Januar 2023 erlassenen oder geänderten Schlichtungsordnungen nach Absatz 3a Satz 3 erfolgt ist. [2]Für bis zum 19. Oktober 2023 erlassene oder geänderte Schlichtungsordnungen finden diese bis zu einer Beschlussfassung über die Zustimmung nach Absatz 3a Satz 3 Anwendung.
3. Das in Absatz 3a beschriebene Verfahren wird von der Bundeskommission bis spätestens zum 31. Oktober 2026 evaluiert.

AT

§ 23 Ausschlussfrist

Ausschlussfrist

(1) [1]Ansprüche aus dem Dienstverhältnis verfallen, wenn sie nicht innerhalb einer Ausschlussfrist von sechs Monaten nach Fälligkeit vom Mitarbeiter oder vom Dienstgeber in Textform geltend gemacht werden, soweit die AVR nichts anderes bestimmen. [2]Diese Ausschlussfrist gilt nicht für die Haftung aufgrund Vorsatzes, für Schäden aus der Verletzung des Lebens, des Körpers oder der Gesundheit oder für Ansprüche des Mitarbeiters, die kraft Gesetzes dieser Ausschlussfrist entzogen sind.

Geltendmachung des Anspruchs

(2) Für denselben Sachverhalt reicht die einmalige Geltendmachung des Anspruches aus, um die Ausschlussfrist auch für später fällig werdende Leistungen unwirksam zu machen.

§ 24 Einsatz von Leiharbeitnehmerinnen und Leiharbeitnehmern

Leiharbeit

[1]Mitarbeiter, die an Einrichtungen und Dienststellen innerhalb des Geltungsbereiches nach dem Arbeitnehmerüberlassungsgesetz überlassen werden, dürfen abweichend von § 1 Abs. 1b S. 1 AÜG bis zu fünf Jahren überlassen werden, wenn für sie mindestens die Vergütungsregelungen der AVR in ihrer jeweils gültigen Fassung zur Anwendung kommen. [2]Die betreffenden Mitarbeiter dürfen dabei gleichzeitig nicht schlechter gestellt werden als für die Einrichtung und Dienststelle des Entleihers vergleichbare Mitarbeiter des Entleihers geltenden wesentlichen Arbeitsbedingungen einschließlich des Arbeitsentgeltes, § 8 Abs. 1 AÜG.

Anlage 1: Vergütungsregelung

Inhalt

I	Eingruppierung	28
Ia	Anrechnung von Zeiten auf die Zeit einer Bewährung, Tätigkeit, Berufstätigkeit oder Berufsausübung auf die in den Tätigkeitsmerkmalen der Anlagen 2 bis 2d geforderten Zeiten	29
Ib	Vorübergehende Ausübung einer höherwertigen Tätigkeit	30
Ic	Eingruppierung bei nicht erfüllter Ausbildungsvoraussetzung	31
II	Dienstbezüge	31
IIa	Dienstbezüge teilzeitbeschäftigter Mitarbeiter	32
IIb	(kein Abdruck wegen Fristablauf)	32
IIc	*(RK Nord):* (kein Abdruck wegen Fristablauf)	32
III	Regelvergütung	32
IV	Dozenten und Lehrkräfte	36
V	Kinderzulage	36
VI	(weggefallen)	39
VII	Wechselschicht- und Schichtzulage	39
VIIa	Wohn- und Werkstattzulage	40
VIIb	Einmalzahlung Wohn- und Werkstättenzulage	41
VIII	Sonstige Zulagen	41
VIIIa	Besondere Zulage	43
IX	Sachbezüge	43
IXa	Werkdienstwohnungen	44
X	Zusatzbestimmungen zu den Bezügen	44
XI	Vergütung für Sonderleistungen der Mitarbeiter	46
XII	Krankenbezüge	47
XIIa	Anzeige- und Nachweispflichten	50
XIIb	Forderungsübergang bei Dritthaftung	51
XIII	Zusätzliche Altersversorgung	52
XIV	Weihnachtszuwendung	52
XV	Zuwendungen im Todesfall	55

I Eingruppierung

Tätigkeitsmerkmale

(a) [1]Die Eingruppierung des Mitarbeiters richtet sich nach den Tätigkeitsmerkmalen der Anlagen 2, 2d, 2e, 21a, 30, 31, 32 und 33. [2]Der Mitarbeiter erhält Vergütung nach der Vergütungs- bzw. Entgeltgruppe, in die er eingruppiert ist.

Eingruppierungsautomatik

(b) [1]Der Mitarbeiter ist in der Vergütungs- bzw. Entgeltgruppe eingruppiert, deren Tätigkeitsmerkmalen die gesamte von ihm nicht nur vorübergehend auszuübende Tätigkeit entspricht.

„gesamte auszuübende Tätigkeit"

[2]Die gesamte auszuübende Tätigkeit entspricht den Tätigkeitsmerkmalen einer Vergütungs- bzw. Entgeltgruppe, wenn zeitlich mindestens zur Hälfte Arbeitsvorgänge anfallen, die für sich genommen die Anforderungen eines Tätigkeitsmerkmals oder mehrerer Tätigkeitsmerkmale dieser Vergütungs- bzw. Entgeltgruppe erfüllen. [3]Kann die Erfüllung einer Anforderung in der Regel erst bei der Betrachtung mehrerer Arbeitsvorgänge festgestellt werden (z.B. vielseitige Fachkenntnis-

se), sind diese Arbeitsvorgänge für die Feststellung, ob diese Anforderung erfüllt ist, insoweit zusammen zu beurteilen.

[4]Werden in einem Tätigkeitsmerkmal mehrere Anforderungen gestellt, gilt das in Satz 2 bestimmte Maß, ebenfalls bezogen auf die gesamte auszuübende Tätigkeit, für jede Anforderung.

[5]Ist in einem Tätigkeitsmerkmal ein von Satz 2 bis 4 abweichendes zeitliches Maß bestimmt, gilt dieses.

[6]Ist in einem Tätigkeitsmerkmal als Anforderung eine Voraussetzung in der Person des Mitarbeiters bestimmt, muss auch diese Anforderung erfüllt sein.

Tätigkeitskombinationen

(c) Tätigkeitskombinationen, die in den Anlagen 2, 2d, 2e, 21a, 30, 31, 32 und 33 genannt sind, gelten als ein Tätigkeitsmerkmal, mit der Maßgabe, dass in diesen Fällen nicht nach Absatz b Sätze 2 und 3 zu prüfen ist, welche der kombinierten Tätigkeiten überwiegt.

Angabe im Dienstvertrag

(d) Die Vergütungs- bzw. Entgeltgruppe des Mitarbeiters ist im Dienstvertrag anzugeben.

Ia Anrechnung von Zeiten auf die Zeit einer Bewährung, Tätigkeit, Berufstätigkeit oder Berufsausübung auf die in den Tätigkeitsmerkmalen der Anlagen 2 bis 2d geforderten Zeiten

Ist in einem Tätigkeitsmerkmal die Eingruppierung oder die Zahlung einer Vergütungsgruppenzulage bzw. Zulage von der Zurücklegung einer Zeit der Bewährung, Tätigkeit, Berufstätigkeit oder Berufsausübung abhängig, erfolgt die Anrechnung der Zeit nach folgenden Grundsätzen:

Anrechnung von Teilzeitbeschäftigung

(a) Zeiten einer Teilzeitbeschäftigung werden auf die im Tätigkeitsmerkmal geforderten Zeiten entsprechend ihrer Bezeichnung voll angerechnet.

Unterbrechungen möglich

(b) [1]Zeiten einer Bewährung, Tätigkeit, Berufstätigkeit oder Berufsausübung müssen nicht ununterbrochen zurückgelegt sein. [2]Die Zeiten einer Unterbrechung sind jedoch nicht auf die im Tätigkeitsmerkmal geforderten Zeiten der Bewährung, Tätigkeit, Berufstätigkeit oder Berufsausübung anzurechnen.

Anrechnung von Unterbrechungszeiten

(c) Folgende Zeiten einer Unterbrechung sind auf die im Tätigkeitsmerkmal geforderten Zeiten anzurechnen: Zeiten eines Urlaubs nach den §§ 3 und 4 der Anlage 14, des § 10 Abs. 3 der Anlage 14 in der bis zum 31. Dezember 1995 gültigen Fassung und nach dem Neunten Sozialgesetzbuch, Zeiten einer Dienstbefreiung nach § 10 Abs. 2 und 3 AT, Zeiten einer Freistellung zur Fort- und Weiterbildung nach § 10a AT, Zeiten einer Dienstunfähigkeit nach Abschnitt XII Abs. b der Anlage 1 bis zu 26 Wochen, in den Fällen des Abschnitts XII Abs. d Satz 3 der Anlage 1 bis zu 28 Wochen und Zeiten der Beschäftigungsverbote nach dem Mutterschutzgesetz.

Erfüllung der Bewährungszeit

(d) [1]Ist in einem Tätigkeitsmerkmal die Eingruppierung von der Erfüllung einer Bewährungszeit abhängig, so ist das Erfordernis der Bewährung erfüllt, wenn sich der Mitarbeiter während der vorgeschriebenen Bewährungszeit den in der ihm übertragenen Tätigkeit auftretenden Anforderungen gewachsen gezeigt hat. [2]Die Anforderungen ergeben sich aus dem Tätigkeitsmerkmal, dessen Voraussetzungen die dem Mitarbeiter übertragene Tätigkeit erfüllt und die der Vergütungsgruppe entspricht, in die der Mitarbeiter eingruppiert ist.

Anrechnung von Zeiten im Geltungsbereich der AVR

(e) Auf die im Tätigkeitsmerkmal geforderten Zeiten der Bewährung, Tätigkeit, Berufstätigkeit oder Berufsausübung sind alle im Geltungsbereich der AVR verbrachten Zeiten in dem für das Aufrücken jeweils maßgebenden Tätigkeitsmerkmal zusammenzurechnen.

und vergleichbaren Vergütungssystemen im kirchlichen Bereich

(f) Dies gilt auch für Zeiten, die bei vergleichbarer Tätigkeit und entsprechender Eingruppierung in einem den AVR vergleichbaren Vergütungssystem im sonstigen Tätigkeitsbereich der katholischen Kirche, der evangelischen Kirche, in einem Diakonischen Werk oder in einer Einrichtung, die dem Diakonischen Werk angeschlossen ist, verbracht worden sind.

außerhalb verbrachte Berufsjahre

(g) Außerhalb der genannten Bereiche verbrachte Berufsjahre können bei vergleichbarer Tätigkeit und entsprechender Eingruppierung auf die vorgenannten Zeiten entsprechend ihrer Benennung angerechnet werden.

anderweitige berufliche Tätigkeiten

(h) Eine anderweitige berufliche Tätigkeit kann ganz oder teilweise angerechnet werden, wenn die Tätigkeit Voraussetzung für die Einstellung war und dies im Dienstvertrag vereinbart wird.

Vergütungserhöhung ab Monat der Höhergruppierung

(i) [1]Der Mitarbeiter ist nach Ablauf der im Tätigkeitsmerkmal geforderten Zeit einer Bewährung, Tätigkeit, Berufstätigkeit oder Berufsausübung höhergruppiert. [2]Die sich aus der Höhergruppierung ergebende Vergütung erhält der Mitarbeiter vom Beginn des Monats an, in dem die Höhergruppierung wirksam wird.

Anmerkung zu Absatz a: (kein Abdruck wegen Fristablauf)

Ib Vorübergehende Ausübung einer höherwertigen Tätigkeit

persönliche Zulage bei vorübergehender Tätigkeit

(a) [1]Wird dem Mitarbeiter vorübergehend eine andere Tätigkeit übertragen, die den Tätigkeitsmerkmalen einer höheren als seiner Vergütungs- bzw. Entgeltgruppe entspricht, und hat er sie mindestens einen Monat ausgeübt, erhält er für den Kalendermonat, in dem er mit der ihm übertragenen Tätigkeit begonnen hat, und für jeden folgenden vollen Kalendermonat dieser Tätigkeit eine persönliche Zulage.

persönliche Zulage bei vertretungsweiser Tätigkeit

[2]Wird dem Mitarbeiter vertretungsweise eine andere Tätigkeit übertragen, die dem Tätigkeitsmerkmal einer höheren als seiner Vergütungs- bzw. Entgeltgruppe entspricht und hat die Vertretung länger als drei Monate gedauert, erhält er nach Ablauf dieser Frist eine persönliche Zulage für den letzten Kalendermonat der Frist und für jeden folgenden vollen Kalendermonat der weiteren Vertretung. [3]Bei der Berechnung der Frist sind bei mehreren Vertretungen Unterbrechungen von weniger als jeweils drei Wochen unschädlich. [4]Auf die Frist von drei Monaten sind Zeiten der Ausübung einer höherwertigen Tätigkeit nach Satz 1 anzurechnen, wenn die Vertretung sich unmittelbar anschließt oder zwischen der Beendigung der höherwertigen Tätigkeit und der Aufnahme der Vertretung ein Zeitraum von weniger als drei Wochen liegt.

Bemessung aus Unterschiedsbetrag

(b) Die persönliche Zulage bemisst sich aus dem Unterschied zwischen den Dienstbezügen (Abschnitt II), die dem Mitarbeiter bei einer Höhergruppierung in die höhere Vergütungs- bzw. Entgeltgruppe zustehen würde, und den Dienstbezügen (Abschnitt II), die ihm in der Vergütungs- bzw. Entgeltgruppe zustehen, in die er eingruppiert ist.

Anrechnung auf Bewährungszeit

(c) [1]Ist Mitarbeitern vorübergehend eine höherwertige Tätigkeit übertragen worden, und wird ihnen im unmittelbaren Anschluss daran eine Tätigkeit derselben höheren Entgeltgruppe dauerhaft übertragen, werden sie hinsichtlich der Stufenzuordnung so gestellt, als sei die Höhergruppierung ab dem ersten Tag der vorübergehenden Übertragung der höherwertigen Tätigkeit erfolgt. [2]Unterschreiten bei Höhergruppierungen nach Satz 1 die Dienstbezüge (Abschnitt II der Anlage 1) die Summe aus den Dienstbezügen und dem Zulagenbetrag nach Abschnitt Ib Abs. b der Anlage 1, die der Mitarbeiter am Tag vor der Höhergruppierung erhalten hat, erhält der Mitarbeiter dieses höhere Entgelt solange, bis die Dienstbezüge (Abschnitt II der Anlage 1) dieses höhere Entgelt erreichen oder übersteigen.

Ic Eingruppierung bei nicht erfüllter Ausbildungsvoraussetzung

[1]Ist in einem Tätigkeitsmerkmal eine Vorbildung oder Ausbildung als Anforderung bestimmt, sind Mitarbeiter, die die geforderte Vorbildung oder Ausbildung nicht besitzen,

1. wenn im Einzelfall nichts anderes bestimmt ist,
2. wenn nicht auch „sonstige Mitarbeiter" von diesem Tätigkeitsmerkmal erfasst werden oder

- wenn auch „sonstige Mitarbeiter" von diesem Tätigkeitsmerkmal erfasst werden, diese Mitarbeiter jedoch nicht die Voraussetzungen des „sonstigen Mitarbeiters" erfüllen,

bei Erfüllung der sonstigen Anforderungen dieses Tätigkeitsmerkmals in der nächst niedrigeren Vergütungsgruppe bzw. Entgeltgruppe eingruppiert. [2]Satz 1 gilt entsprechend für Tätigkeitsmerkmale, die bei Erfüllung qualifizierter Anforderungen eine höhere Eingruppierung vorsehen. [3]Satz 1 gilt nicht, wenn die Vergütungsgruppen- bzw. Entgeltordnung für diesen Fall ein Tätigkeitsmerkmal (z.B. „in der Tätigkeit von ...") enthält.

II Dienstbezüge

Dienstbezüge

[1]Die dem Mitarbeiter monatlich zu gewährenden Dienstbezüge bestehen aus:

- der Regelvergütung (Abschnitt III der Anlage 1),
- der Kinderzulage (Abschnitt V der Anlage 1),
- den sonstigen Zulagen (Abschnitt VIII der Anlage 1).

[2]Abweichend von Satz 1 Nr. 1 und Nr. 2 bestehen die Dienstbezüge von Mitarbeitern, die von den Anlagen 30, 31, 32 und 33 erfasst werden, aus den in § 13 der Anlage 30, in § 12 der Anlage 31, in § 12 der Anlage 32 und in § 12 der Anlage 33 genannten Tabellenentgelten.

IIa Dienstbezüge teilzeitbeschäftigter Mitarbeiter

anteilige Dienstbezüge entsprechend der vereinbarten durchschnittlichen Arbeitszeit

(a) [1]Teilzeitbeschäftigte Mitarbeiter erhalten von den Dienstbezügen, die für entsprechende Vollbeschäftigte festgelegt sind, den Teil, der dem Maß der mit ihnen vereinbarten durchschnittlichen Arbeitszeit entspricht. [2]Arbeitsstunden, die der Mitarbeiter darüber hinaus leistet, können durch entsprechende Freizeit unter Fortzahlung der Dienstbezüge und der in Monatsbeträgen festgelegten Zulagen ausgeglichen werden. [3]Soweit ein Ausgleich nicht erfolgt, erhält der Mitarbeiter für jede zusätzliche Arbeitsstunde den auf eine Stunde entfallenden Anteil der Dienstbezüge eines entsprechenden vollbeschäftigten Mitarbeiters.

[4]Zur Ermittlung des auf eine Stunde entfallenden Anteils der Dienstbezüge sind die Dienstbezüge des entsprechenden vollbeschäftigten Mitarbeiters durch das 4,348-fache der regelmäßigen wöchentlichen Arbeitszeit des entsprechenden vollbeschäftigten Mitarbeiters zu teilen.

(b) Absatz a gilt entsprechend für die in Monatsbeträgen festgelegten Zulagen, soweit diese nicht nur für vollbeschäftigte Mitarbeiter vorgesehen sind.

IIb (kein Abdruck wegen Fristablauf)

IIc *(RK Nord):* (kein Abdruck wegen Fristablauf)

III Regelvergütung

A Mitarbeiter, die unter die Anlagen 2, 2d und 2e fallen

§ 1 Anfangsregelvergütung

Anfangsregelvergütung

(a) [1]Jeder neu eingestellte Mitarbeiter erhält die Anfangsregelvergütung (1. Stufe) seiner Vergütungsgruppe gemäß Anlage 3in der Fassung der Region, unter deren Regelungszuständigkeit seine Einrichtung fällt. [2]Bei Einstellung im Anschluss an ein Dienstverhältnis bei demselben Dienstgeber wird der Mitarbeiter mit einschlägiger Berufserfahrung (horizontale Wiedereinstellung) abweichend von Satz 1 der im vorhergehenden Dienstverhältnis erworbenen Stufe zugeordnet und die im vorhergehenden Dienstverhältnis erreichte Stufenlaufzeit wird fortgeführt, soweit es zwischen den Dienstverhältnissen zu keiner längeren als einer sechsmonatigen rechtlichen Unterbrechung gekommen ist.

Stufenaufstieg

(b) Nach je zwei Jahren erhält der Mitarbeiter bis zum Erreichen der Endregelvergütung (letzte Stufe) die Regelvergütung der nächst höheren Stufe seiner Vergütungsgruppe.

(c) Der Mitarbeiter erhält vom Beginn des Monats an, in dem die nächste Stufe erreicht wird, die Tabellenvergütung nach der neuen Stufe.

§ 2 Höhergruppierung

Differenzbetrag

(a) Wird der Mitarbeiter höhergruppiert, erhält er vom Beginn des Monats an, in dem die Höhergruppierung wirksam wird, in der Aufrückungsgruppe die Regelvergütung der Stufe, deren Satz mindestens um den Differenzbetrag zwischen der Anfangsregelvergütung (1. Stufe) der bisherigen Vergütungsgruppe und der Aufrückungsgruppe höher ist als seine bisherige Regelvergütung, höchstens jedoch die Endregelvergütung (letzte Stufe) der Aufrückungsgruppe, bei einer Höhergruppierung in die Vergütungsgruppe 2 jedoch die Regelvergütung der nächst niedrigeren Stufe, mindestens aber die Anfangsregelvergütung (1. Stufe).

(b) Wird der Mitarbeiter nicht in die nächst höhere, sondern in eine darüber liegende Vergütungsgruppe höhergruppiert, so ist die Regelvergütung für jede dazwischen liegende Vergütungsgruppe nach Absatz a zu berechnen.

Zusammentreffen von Steigerung und Höhergruppierung

(c) Fällt der Zeitpunkt einer Steigerung der Regelvergütung nach § 1 Abs. b mit dem einer Höhergruppierung des Mitarbeiters zusammen, so ist zunächst die Steigerung in der bisherigen Vergütungsgruppe vorzunehmen und danach die Höhergruppierung durchzuführen.

Höhergruppierung

(d) Nach der Höhergruppierung erhält der Mitarbeiter erstmals vom Beginn des Monats, in dem er die zwei Jahre nach § 1 Abs. b der Anlage 1 gerechnet ab seiner Einstellung vollendet, bis zum Erreichen der Endregelvergütung (letzte Stufe) die Regelvergütung der nächst höheren Stufe seiner Vergütungsgruppe.

§ 3 Anschlussdienstverhältnis

Anschlussdienstverhältnis

(a) Wird der Mitarbeiter in unmittelbarem Anschluss an ein Dienstverhältnis im Geltungsbereich der AVR oder im sonstigen Tätigkeitsbereich der katholischen Kirche eingestellt, so erhält er

(aa) bei Einstellung in derselben Vergütungsgruppe,

- wenn seine bisherige Regelvergütung nach diesem Abschnitt oder einer entsprechenden Regelung bemessen war, die Regelvergütung der Stufe, die er beim Fortbestehen des Dienstverhältnisses am Einstellungstag vom bisherigen Dienstgeber erhalten hätte,
- wenn seine bisherige Regelvergütung in Abweichung von den Vorschriften dieses Abschnittes oder einer entsprechenden Regelung bemessen war, die Regelvergütung der Stufe, die er am Einstellungstag von seinem bisherigen Dienstgeber erhalten würde, wenn seine Regelvergütung ab dem Zeitpunkt, seit dem er ununterbrochen im Geltungsbereich der AVR oder im sonstigen Tätigkeitsbereich der katholischen Kirche tätig ist, nach diesem Abschnitt oder einer entsprechenden Regelung bemessen worden wäre.

(bb) bei Einstellung in einer höheren Vergütungsgruppe die Regelvergütung der Stufe, die ihm zustünde, wenn er in der bisherigen Vergütungsgruppe entsprechend Buchstabe aa eingestellt und er gleichzeitig höhergruppiert worden wäre;

(cc) bei Einstellung in einer niedrigeren Vergütungsgruppe die Regelvergütung der Stufe, die ihm zustünde, wenn er in der bisherigen Vergütungsgruppe entsprechend Buchstabe aa eingestellt und gleichzeitig herabgruppiert worden wäre.

Gestellungsvertrag

(b) Absatz a gilt entsprechend, wenn der Mitarbeiter in unmittelbarem Anschluss an eine Tätigkeit im Rahmen eines Gestellungsvertrages eingestellt wird.

Anrechnung der erreichten Stufenlaufzeit

(c) [1]Die im vorhergehenden Dienstverhältnis erreichte Stufenlaufzeit wird im Anschlussdienstverhältnis fortgeführt. [2]War der Mitarbeiter in Abweichung von den Vorschriften dieser Anlage oder einer entsprechenden Regelung eingruppiert, wird die bisherige erreichte Stufenlaufzeit so fortgeführt, wie wenn er ab dem Zeitpunkt, seitdem er ununterbrochen im Geltungsbereich der AVR oder im sonstigen Tätigkeitsbereich der katholischen Kirche tätig ist, nach dieser Anlage oder einer entsprechenden Regelung eingruppiert worden wäre.

§ 4 Längere Beurlaubung oder Ruhen des Dienstverhältnisses

(a) Der Mitarbeiter, der länger als sechs Monate ohne Bezüge beurlaubt gewesen ist oder dessen Dienstverhältnis aus einem anderen Grunde geruht hat, erhält

Wiederaufnahme Tätigkeit

(aa) bei Wiederaufnahme seiner Tätigkeit in derselben Vergütungsgruppe die Regelvergütung der Stufe, die für ihn mit Ablauf des Tages vor dem Beginn der Beurlaubung bzw. des Ruhens des Dienstverhältnisses maßgebend war,

(bb) bei Wiederaufnahme seiner Tätigkeit in einer höheren Vergütungsgruppe die Regelvergütung der Stufe, die ihm zustände, wenn er in der bisherigen Vergütungsgruppe bliebe, seine Regelvergütung nach Buchstabe aa berechnet und er gleichzeitig höhergruppiert worden wäre,

(cc) bei Wiederaufnahme seiner Tätigkeit in einer niedrigeren Vergütungsgruppe die Regelvergütung der Stufe, die ihm zustände, wenn er in der bisherigen Vergütungsgruppe bliebe, seine Regelvergütung nach Buchstabe aa berechnet und er gleichzeitig herabgruppiert worden wäre.

Kinderbetreuung, Grundwehrdienst, Zivildienst, Sonderurlaub

(b) Absatz a gilt nicht für die Zeit einer Kinderbetreuung bis zu drei Jahren für jedes Kind, für die Zeit des Grundwehrdienstes oder des Zivildienstes sowie für die Zeit eines Sonderurlaubes, die nach § 10 der Anlage 14 bei der Beschäftigungszeit berücksichtigt wird. § 3 Abs. b der Anlage 1 gilt entsprechend.

Zeiten der Unterbrechung

(c) [1]Nach der Wiederaufnahme seiner Tätigkeit erhält der Mitarbeiter erstmals vom Beginn des Monats, in dem er die zwei Jahre nach § 1 Abs. b der Anlage 1 gerechnet ab seiner Einstellung bzw. seines letzten Stufenaufstiegs vollendet, bis zum Erreichen der Endregelvergütung (letzte Stufe) die Regelvergütung der nächst höheren Stufe seiner Vergütungsgruppe. [2]Dabei wird die Zeit der Unterbrechung insofern berücksichtigt, als die Zeiten vor und nach der Unterbrechung bis zum Erreichen der zwei Jahre addiert werden.

§ 5 Herabgruppierung

Differenzbetrag

(a) [1]Wird der Mitarbeiter herabgruppiert, erhält er in der Herabgruppierungsgruppe die Regelvergütung der Stufe, deren Satz mindestens um den Differenzbetrag zwischen der Anfangsregelvergütung (1. Stufe) der bisherigen Vergütungsgruppe und der Herabgruppierungsgruppe niedriger ist als seine bisherige Regelvergütung, bei einer Herabgruppierung in die Vergütungsgruppe 3 jedoch die Regelvergütung der nächst höheren Stufe, höchstens jedoch die Endregelvergütung (letzte Stufe). [2]Wird der Mitarbeiter nicht in die nächst niedrigere, sondern in eine darunter liegende Vergütungsgruppe herabgruppiert, so ist die Regelvergütung für jede dazwischen liegende Vergütungsgruppe nach Satz 1 zu berechnen.

(b) Nach der Herabgruppierung erhält der Mitarbeiter erstmals vom Beginn des Monats, in dem er die zwei Jahre nach § 1 Abs. b der Anlage 1 gerechnet ab seiner Einstellung vollendet, bis zum Erreichen der Endregelvergütung (letzte Stufe) die Regelvergütung der nächst höheren Stufe seiner Vergütungsgruppe.

Anmerkung 1 zu Abschnitt III A der Anlage 1:

Der Tätigkeit im Bereich der katholischen Kirche im Sinne von Abschnitt III A steht gleich eine Tätigkeit in der evangelischen Kirche, in einem Diakonischen Werk oder in einer Einrichtung, die dem Diakonischen Werk angeschlossen ist.

evangelischer Bereich

Anmerkung 2 zu Abschnitt III A der Anlage 1:

[1]Ein unmittelbarer Anschluss liegt nicht vor, wenn zwischen den Dienstverhältnissen ein oder mehrere Werktage – mit Ausnahme allgemein arbeitsfreier Werktage – liegen, in denen das Dienstverhältnis nicht bestand. [2]Es ist jedoch unschädlich, wenn der Mitarbeiter in dem gesamten zwischen den Dienstverhältnissen liegenden Zeitraum dienstunfähig erkrankt war oder die Zeit zur Ausführung eines Umzuges an einen anderen Ort benötigt hat. [3]Von der Voraussetzung des unmittelbaren Anschlusses kann abgewichen werden, wenn der Zeitraum zwischen dem Ende des bisherigen Dienstverhältnisses und dem Beginn des neuen Dienstverhältnisses ein Jahr nicht übersteigt.

unmittelbarer Anschluss

Anmerkung 3 zu Abschnitt III A der Anlage 1:

[1]Verfügt der Mitarbeiter über eine einschlägige Berufserfahrung von mindestens zwei Jahren, erfolgt die Einstellung in die Stufe 2; verfügt er über eine einschlägige Berufserfahrung von mindestens vier Jahren, erfolgt in der Regel eine Zuordnung zur Stufe 3. [2]Unabhängig davon kann der Dienstgeber bei Neueinstellungen zur Deckung des Personalbedarfs Zeiten einer vorherigen beruflichen Tätigkeit ganz oder teilweise für die Stufenzuordnung berücksichtigen, wenn diese Tätigkeit für die vorgesehene Tätigkeit förderlich ist. [3]Die Mitbestimmungs- und Beteiligungsrechte nach der Mitarbeitervertretungsordnung (MAVO) bleiben unberührt.

einschlägige Berufserfahrung

Anmerkung 4 zu Abschnitt III A der Anlage 1:

Bei Mitarbeitern im Gebiet der Bundesländer Mecklenburg-Vorpommern, Brandenburg, Sachsen-Anhalt, Thüringen und Sachsen sowie in dem Teil des Landes Berlin, in dem das Grundgesetz bis einschließlich 2. Oktober 1990 nicht galt, die am 30. Juni 1991 schon und am 1. Juli 1991 noch im Dienstverhältnis standen, ist für die Zuordnung zur zutreffenden Regelvergütungsstufe der Tag ihres Eintritts in den kirchlich-caritativen Dienst zugrunde zu legen.

RK Ost

Anmerkung 5 zu Abschnitt III A der Anlage 1:

[1]Soweit es zur regionalen Differenzierung, zur Deckung des Personalbedarfs oder zur Bindung von qualifizierten Fachkräften erforderlich ist, kann sowohl Gruppen von Mitarbeitern als auch einzelnen Mitarbeitern, abweichend von der sich aus § 1 Buchstabe b ergebenden Stufe ihrer jeweiligen Vergütungsgruppe zustehenden Regelvergütung, eine um bis zu drei Stufen höhereRegelvergütung ganz oder teilweise vorweggewährt werden. [2]Haben Mitarbeiter bereits die vorletzte Stufe oder die Endstufe ihrer jeweiligen Entgeltgruppe erreicht, kann ihnen unter den Voraussetzungen des Satzes 1 ein bis zu 20 v.H. der Stufe 2 ihrer jeweiligen Vergütungsgruppe höhereRegelvergütung gezahlt werden. [3]Die Gewährung einer höheren Regelvergütung nach den Sätzen 1 und 2 kann zeitlich befristet erfolgen; sie ist jederzeit widerruflich. [4]Im Übrigen bleibt Abschnitt III A unberührt. [5]Die Mitbestimmungs- und Beteiligungsrechte nach der Mitarbeitervertretungsordnung (MAVO) bleiben unberührt.

Deckung des Personalbedarfs

B (weggefallen)

IV Dozenten und Lehrkräfte

[1]Bei Dozenten und Lehrkräften der Vergütungsgruppen 2 bis 5b nach Ziffer VI der Anmerkungen zu den Tätigkeitsmerkmalen der Anlage 2 wird die Regelvergütung wie folgt gekürzt:

ab 1. Juli 2025	116,53 Euro
ab 1. Februar 2026	119,79 Euro

[2]Bei Dozenten und Lehrkräften der Vergütungsgruppen 5c bis 8 nach Ziffer VI der Anmerkungen zu den Tätigkeitsmerkmalen der Vergütungsgruppen 1 bis 12 der Anlage 2 wird die Regelvergütung wie folgt gekürzt:

ab 1. Juli 2025	104,90 Euro
ab 1. Februar 2026	107,84 Euro

V Kinderzulage

A Allgemeines

Voraussetzungen

(a) Mitarbeiter, denen Kindergeld nach dem Einkommensteuergesetz oder nach dem Bundeskindergeldgesetz zusteht oder ohne Berücksichtigung des § 64 oder § 65 EStG oder des § 3 oder § 4 BKGG zustehen würde, erhalten eine Kinderzulage nach Abschnitt B oder nach Abschnitt C der Anlage 1.

(b) Die Kinderzulage wird für jeden Monat gezahlt, in dem mindestens für einen Tag die Voraussetzungen vorliegen.

B *(RK Nord, NRW, Mitte, BW, Bayern):* Mitarbeiter, deren Dienstverhältnis nach dem 30. Juni 2008 begonnen hat

Mitarbeiter, deren Dienstverhältnis nach dem 30. Juni 2008 begonnen hat, erhalten für jedes berücksichtigungsfähige Kind eine Kinderzulage in Höhe von monatlich 90,00 Euro.

B1 *(RK Ost):* Mitarbeiter, deren Dienstverhältnis nach dem 30. Juni 2009 begonnen hat

(*Tarifgebiet Ost*)

In den Bistümern Dresden-Meißen, Erfurt, Görlitz und Magdeburg sowie in den Teilen der Erzbistümer Berlin und Hamburg, für die das Grundgesetz der Bundesrepublik Deutschland vor dem 3. Oktober 1990 nicht galt, ausgenommen das Gebiet des Bundeslandes Berlin, erhalten Mitarbeiter, deren Dienstverhältnis nach dem 30. Juni 2009 begonnen hat, für jedes berücksichtigungsfähige Kind eine Kinderzulage in Höhe von monatlich 85,20 Euro, ab 1. Januar 2019 bzw. ab 1. März 2020 von monatlich 90,00 Euro.

(Tarifgebiet West)

In den Teilen der Erzbistümer Berlin und Hamburg, für die das Grundgesetz der Bundesrepublik Deutschland vor dem 3. Oktober 1990 galt, zuzüglich des Teils des Bundeslandes Berlin, für den das Grundgesetz der Bundesrepublik Deutschland vor dem 3. Oktober 1990 nicht galt, erhalten Mitarbeiter, deren Dienstverhältnis nach dem 30. Juni 2009 begonnen hat, für jedes berücksichtigungsfähige Kind eine Kinderzulage in Höhe von monatlich 90,00 Euro.

B2 *(RK Ost):* Mitarbeiter, deren Dienstverhältnis nach dem 30. Juni 2008, aber vor dem 1. Juli 2009 begonnen hat

(Tarifgebiet Ost)

In den Bistümern Dresden-Meißen, Erfurt, Görlitz und Magdeburg sowie in den Teilen der Erzbistümer Berlin und Hamburg, für die das Grundgesetz der Bundesrepublik Deutschland vor dem 3. Oktober 1990 nicht galt, ausgenommen das Gebiet des Bundeslandes Berlin, gilt für Mitarbeiter, deren Dienstverhältnis nach dem 30. Juni 2008, aber vor dem 1. Juli 2009 begonnen hat, die derzeitige Anwendungspraxis hinsichtlich der Zuordnung zu Ziffer B oder C solange weiter, bis durch Beschluss der Bundeskommission eine Festlegung erfolgt ist.

(Tarifgebiet West)

In den Teilen der Erzbistümer Berlin und Hamburg, für die das Grundgesetz der Bundesrepublik Deutschland vor dem 3. Oktober 1990 galt, zuzüglich des Teils des Bundeslands Berlin, für den das Grundgesetz der Bundesrepublik Deutschland vor dem 3. Oktober 1990 nicht galt, gilt für Mitarbeiter, deren Dienstverhältnis nach dem 30. Juni 2008, aber vor dem 1. Juli 2009 begonnen hat, die derzeitige Anwendungspraxis hinsichtlich der Zuordnung zu Ziffer B oder C solange weiter, bis durch Beschluss der Bundeskommission eine Festlegung erfolgt ist.

C Mitarbeiter, deren Dienstverhältnis vor dem 1. Juli 2008 bestanden hat (Besitzstandregelung)

(a) Mitarbeiter, deren Dienstverhältnis vor dem 1. Juli 2008 bestanden hat, erhalten für jedes berücksichtigungsfähige Kind eine Kinderzulage in Höhe von:

ab 1. Juli 2025	147,39 Euro
ab 1. Februar 2026	151,52 Euro

(b) [1]Die Kinderzulage erhöht sich

- ab dem 1. Juli 2025 nach folgender Tabelle für

Mitarbeiter nach den Vergütungsgruppen	für das erste zu berücksichtigende Kind um	für jedes weitere zu berücksichtigende Kind um
VG 12, 11, 10 und 9	8,33 Euro	41,63 Euro
VG 9a	8,33 Euro	33,26 Euro
VG 8	8,33 Euro	24,96 Euro

- ab dem 1. Februar 2026 nach folgender Tabelle für

Mitarbeiter nach den Vergütungsgruppen	für das erste zu berücksichtigende Kind um	für jedes weitere zu berücksichtigende Kind um
VG 12, 11, 10 und 9	8,56 Euro	42,80 Euro
VG 9a	8,56 Euro	34,19 Euro
VG 8	8,56 Euro	25,66 Euro

(c) (weggefallen)

Konkurrenzregelung s. Anlage 1 V Abs. i

(d) [1]Bei der Bemessung der Kinderzulage finden die Konkurrenzregelungen in Abschnitt V Abs. i der Anlage 1 mit Stand zum 31. Dezember 2007 sinngemäß Anwendung. [2]Diese lauten wie folgt:

Stünde neben dem Mitarbeiter einer anderen Person, die im Geltungsbereich der AVR oder in einem anderen Tätigkeitsbereich der katholischen Kirche tätig oder nach beamtenrechtlichen Grundsätzen versorgungsberechtigt ist, ein Anspruch auf Ortszuschlag der Stufe 3 oder einer der folgenden Stufen oder auf Familienzuschlag der Stufe 2 oder einer der folgenden Stufen oder ein Sozialzuschlag oder eine entsprechende Leistung wesentlich gleichen Inhalts zu, so wird der auf das Kind entfallende Unterschiedsbetrag zwischen den Stufen des Ortszuschlags dem Mitarbeiter gewährt, wenn und soweit ihm das Kindergeld nach dem Einkommensteuergesetz oder nach dem Bundeskindergeldgesetz gewährt wird oder ohne Berücksichtigung des § 65 EStG oder des § 4 BKGG vorrangig zu gewähren wäre. Auf das Kind entfällt derjenige Unterschiedsbetrag, der sich aus der für die Anwendung des Einkommensteuergesetzes oder des Bundeskindergeldgesetzes maßgebenden Reihenfolge der Kinder ergibt. Abschnitt IIa der Anlage 1 findet auf den Unterschiedsbetrag keine Anwendung, wenn einer der Anspruchsberechtigten im Sinne des Satzes 1 vollbeschäftigt oder nach beamtenrechtlichen Grundsätzen versorgungsberechtigt ist; das gilt auch, wenn mehrere Anspruchsberechtigte teilzeitbeschäftigt sind, mit der Maßgabe, dass dann der Unterschiedsbetrag zwischen der Stufe 2 und der Stufe 3 oder einer der folgenden Stufen in Höhe des Gesamtbeschäftigungsumfangs der Anspruchsberechtigten gewährt wird, höchstens jedoch der auf das Kind entfallende Unterschiedsbetrag zwischen den Stufen des Ortszuschlages. Entsprechendes gilt auch für den Mitarbeiter, dem aus mehreren Rechtsverhältnissen ein Anspruch auf Ortszuschlag oder entsprechende Leistungen wesentlich gleichen Inhalts in Höhe der Stufe 3 oder einer der folgenden Stufen zusteht (Insichkonkurrenz).

Stünde neben dem Mitarbeiter einer anderen Person, die außerhalb der in Unterabsatz 1 Satz 1 genannten Bereiche tätig oder nach beamtenrechtlichen Grundsätzen versorgungsberechtigt ist, ein Anspruch auf Ortszuschlag oder Familienzuschlag oder Sozialzuschlag oder entsprechende Leistungen wesentlich gleichen Inhalts in Höhe der Stufe 3 oder einer der folgenden Stufen zu, so erhält der Mitarbeiter den Ortszuschlag der Stufe 1; erreicht der Anspruch der anderen Person nicht die Höhe der Stufe 3 oder einer der folgenden Stufen, so erhält der Mitarbeiter den Unterschiedsbetrag zwischen der Stufe 2 und der Stufe 3 bzw. einer der folgenden Stufen des für ihn maßgebenden Ortszuschlages in der Höhe gewährt, dass der Mitarbeiter und die andere Person den Unterschiedsbetrag zwischen der Stufe 2 und der Stufe 3 bzw. einer der folgenden Stufen insgesamt einmal erhalten. Dies gilt entsprechend auch für den Mitarbeiter, dem aus mehreren Rechtsverhältnissen ein Anspruch auf Ortszuschlag oder entsprechende Leistungen wesentlich gleichen Inhalts in Höhe der Stufe 3 oder einer der folgenden Stufen zusteht (Insichkonkurrenz). Ist der Ehegatte eines teilzeitbeschäftigten Mitarbeiters außerhalb der in Unterabsatz 1 Satz 1 genannten Bereiche ebenfalls teilzeitbeschäftigt und erhält er den Unterschiedsbetrag zwischen der Stufe 2 und der Stufe 3 oder einer der folgenden Stufen des Ortszuschlages anteilig zu seiner Arbeitszeit gewährt, so erhält der Mitarbeiter den Unterschiedsbetrag zwischen der Stufe 2 und der Stufe 3 oder einer der folgenden Stufen des Ortszuschlages in der Höhe, dass der Mitarbeiter und sein Ehegatte den Unterschiedsbetrag zwischen der Stufe 2 und der Stufe 3 oder einer der folgenden Stufen insgesamt in der Höhe erhalten, als wenn beide im Geltungsbereich der AVR teilzeitbeschäftigt wären.

Anmerkung:
Der Tätigkeit im Bereich der katholischen Kirche im Sinne von Abschnitt V steht gleich eine Tätigkeit in der evangelischen Kirche, in einem Diakonischen Werk oder in einer Einrichtung, die dem Diakonischen Werk angeschlossen ist.

(e) [1]Der Mitarbeiter erhält keine oder eine anteilige Kinderzulage nach Absatz a, soweit eine andere Person für dieses Kind eine kinderbezogene Besitzstandszulage nach einem Überleitungstarifvertrag des öffentlichen Dienstes oder einem Tarifvertrag oder Vergütungssystem wesentlich gleichen Inhalts erhält. [2]Die Höhe der anteiligen Kinderzulage wird nach den Grundsätzen des Absatz d berechnet.

kinderbezogene Besitzstandszulage

VI (weggefallen)

VII Wechselschicht- und Schichtzulage

(a) Die Mitarbeiter erhalten eine Wechselschicht- oder Schichtzulage nach Maßgabe dieses Abschnitts.

(b) Der Mitarbeiter, der ständig nach einem Schichtplan (Dienstplan) eingesetzt ist, der einen regelmäßigen Wechsel der täglichen Arbeitszeit in Wechselschichten (§ 2 Abs. 2 Unterabs. 1 der Anlage 5) vorsieht, erhält eine Wechselschichtzulage

Voraussetzungen „Wechselschicht" vgl. § 2 Abs. 2 Unterabs. 1 Anl. 5

1. in Höhe von 200,00 Euro monatlich, wenn er dabei in je fünf Wochen durchschnittlich mindestens 40 Arbeitsstunden in der dienstplanmäßigen oder betriebsüblichen Nachtschicht leistet,

in fünf Wochen 40 Nachtschicht-stunden

2. in Höhe von 120,00 Euro monatlich, wenn er dabei in je sieben Wochen durchschnittlich mindestens 40 Arbeitsstunden in der dienstplanmäßigen oder betriebsüblichen Nachtschicht leistet.

in sieben Wochen 40 Nachtschicht-stunden

(c) Der Mitarbeiter, der ständig Schichtarbeit (§ 2 Abs. 2 Unterabs. 2 der Anlage 5) oder Arbeit mit Arbeitsunterbrechung (geteilter Dienst) zu leisten hat, erhält eine Zulage

Voraussetzungen „Schichtarbeit" vgl. § 2 Abs. 2 Unterabs. 2 Anl. 5

1. in Höhe von 100,00 Euro monatlich, wenn die Schichtarbeit oder der geteilte Dienst innerhalb einer Zeitspanne von mindestens 18 Stunden erbracht wird,

innerhalb von mind. 18 Std.

2. in Höhe von 77,77 Euro monatlich, wenn die Schichtarbeit oder der geteilte Dienst innerhalb einer Zeitspanne von mindestens 13 Stunden erbracht wird.

innerhalb von mind. 13 Std.

Anmerkung zu Absatz c:

Berechnung der Stundenzahl

[1]Zeitspanne ist die Zeit zwischen dem Beginn der frühesten und dem Ende der spätesten Schicht innerhalb von 24 Stunden. [2]Die geforderte Stundenzahl muss im Durchschnitt an den im Schichtplan vorgesehenen Arbeitstagen erreicht werden. [3]Sieht der Schichtplan mehr als fünf Arbeitstage wöchentlich vor, können, falls dies günstiger ist, der Berechnung des Durchschnitts fünf Arbeitstage wöchentlich zugrunde gelegt werden.

VIIa Wohn- und Werkstattzulage

Wohnzulagen

(a) [1]Mitarbeiter der Vergütungsgruppen 3 bis 9 sowie Mitarbeiter, die aufgrund eines Bewährungsaufstieges aus Vergütungsgruppe 3 in Vergütungsgruppe 2 eingruppiert sind und Mitarbeiter in den Entgeltgruppen S 2 bis S 18 der Anlage 33, erhalten für die Dauer der Tätigkeit in einer besonderen Wohnform (insbesondere stationäre Einrichtungen, Wohngruppen für Menschen mit Behinderung im Sinne von SGB IX, Kinder- und Jugendwohnheimen oder vergleichbaren Einrichtungen [Heim]) oder in der ambulant unterstützten Einzel- oder Gruppenbetreuung, wenn diese als Präsenzleistung durchgängig für 24 Stunden täglich erfolgt, oder in der Heimerziehung nach § 34 SGB VIII eine Zulage in Höhe von 100,00 Euro monatlich, wenn dort ein überwiegender Teil der Menschen mit durchgängigem Unterstützungs- oder Betreuungsbedarf untergebracht ist bzw. betreut wird. [2]Voraussetzung ist, dass die Mitarbeiter in der Pflege, Betreuung, Erziehung oder heilpädagogisch-therapeutischen Behandlung tätig sind. [3]Überwiegt der Teil der Menschen mit durchgängigem Unterstützungs- oder Betreuungsbedarf nicht, beträgt die Zulage 50,00 Euro monatlich.

Werkstattzulagen

(b) [1]Mitarbeiter der Vergütungsgruppen 3 bis 9 sowie Mitarbeiter, die aufgrund eines Bewährungsaufstieges aus Vergütungsgruppe 3 in Vergütungsgruppe 2 eingruppiert sind und Mitarbeiter in den Entgeltgruppen S 2 bis S 18 der Anlage 33

1. in Ausbildungs- oder Berufsbildungsstätten oder Berufsförderungswerkstätten
2. oder in Werkstätten für Menschen mit Behinderung

erhalten für die Dauer ihrer Tätigkeit in der beruflichen Anleitung/Ausbildung oder im begleitenden sozialen Dienst eine monatliche Zulage von 65,00 Euro.

[2]Die Zulage erhalten auch Mitarbeiter in Versorgungsbetrieben für die Dauer ihrer Tätigkeit, wenn sie in der beruflichen Anleitung/Ausbildung von Menschen mit Behinderungen tätig sind.

Zahlungszeiträume

(c) [1]Die Zulage wird nur für Zeiträume gezahlt, für die Dienstbezüge (Vergütung, Urlaubsvergütung, Krankenbezüge) zustehen. [2]Sie ist bei der Bemessung der Zuwendungen im Todesfall (Abschnitt XV der Anlage 1) zu berücksichtigen.

A 1

VIIb Einmalzahlung Wohn- und Werkstättenzulage

Auszahlungszeitpunkt Einmalzahlung

[1]Mitarbeiter nach Abschnitt VIIa Abs. a und b der Anlage 1, die an mindestens einem Tag zwischen dem 1. Juli 2022 und dem 31. Dezember 2022 Anspruch auf Dienstbezüge haben, erhalten eine Einmalzahlung, die spätestens bis zum 31. März 2023 ausgezahlt wird. [2]Die Einmalzahlung beträgt für

a) Mitarbeiter nach Abschnitt VIIa Abs. a Satz 1 der Anlage 1 270,00 Euro

b) Mitarbeiter nach Abschnitt VIIa Abs. a Satz 3 der Anlage 1 135,00 Euro

c) Mitarbeiter nach Abschnitt VIIa Abs. b der Anlage 1 170,00 Euro.

[3]Abschnitt IIa der Anlage 1 sowie § 12a der Anlage 33 finden Anwendung. [4]Der Anspruch nach Sätzen 1 und 2 vermindert sich um ein Sechstel für jeden Kalendermonat im Zeitraum Juli bis Dezember 2022, in dem der Mitarbeiter nicht mindestens an einem Tag Anspruch auf Dienstbezüge hat. [5]Anspruch auf Dienstbezüge im Sinne des Satzes 4 sind hier auch der Anspruch auf Entgeltfortzahlung aus Anlass der in § 10 AT, in Abschnitt XII Abs. a und b der Anlage 1, in § 3 Abs. 2 Satz 2 der Anlage 5, in § 2 und § 4 der Anlage 14, in § 2 Abs. 3 Satz 1 der Anlage 33 und in § 16 der Anlage 33 genannten Ereignisse sowie der Anspruch auf Krankengeldzuschuss aus Abschnitt XII Abs. c Satz 1 der Anlage 1, auch wenn dieser wegen der Höhe der Barleistungen des Sozialversicherers nicht gezahlt wird. [6]Einem Anspruch auf Dienstbezüge gleichgestellt ist der Bezug von Krankengeld nach § 45 SGB V oder entsprechender gesetzlicher Leistungen und der Bezug von Leistungen nach §§ 18 bis 20 MuSchG oder § 24i SGB V.

(RK BW): Anmerkung zu Anlage 1 Abschnitt VIIb:

Stichtag RK BaWü

Der Auszahlungszeitraum der festgelegten Einmalzahlungen des Beschlusses der Bundeskommission der Arbeitsrechtlichen Kommission vom 20. Oktober 2022 zur Tarifrunde Sozial- und Erziehungsdienst, Änderungen in der Anlage 33 wird dahingehend konkretisiert, dass die jeweiligen Einmalzahlungen ab dem 1. Januar 2023 fällig werden und spätestens bis zum 31. März 2023 auszuzahlen sind. Vor dem 1. Januar 2023 erfolgte Auszahlungen werden darauf angerechnet.

(RK Nord): Anmerkung zu Anlage 1 Abschnitt VIIb:

Stichtag RK Nord

Die RK Nord hat die Regelung am 10. Januar 2023 beschlossen, so dass die jeweiligen Einmalzahlungen ab diesem Datum fällig werden und spätestens bis zum 31. März 2023 auszuzahlen sind.

VIII Sonstige Zulagen

Stellenzulage

(a) Mitarbeiter, die durch die Art ihrer Tätigkeit aus ihrer Vergütungs- bzw. Entgeltgruppe hervorgehoben sind, können für die Dauer dieser Tätigkeit eine Stellenzulage erhalten.

Leistungszulage

(b) Bei besonders hochwertigen Leistungen des Mitarbeiters kann eine widerrufliche Leistungszulage gewährt werden.

Berechnung der Zulagen

(c) [1]Die Stellenzulage und die Leistungszulage sollen als prozentualer Zuschlag berechnet werden. [2]Grundlage der Berechnung ist die Regelvergütung bzw. das Tabellenentgelt.

(d) Mitarbeiter, die einen Anspruch gemäß Abschnitt V Abs. c der Anlage 1 in der Fassung vom 1. Oktober 1966 erworben haben oder noch erwerben, behalten für ihre Person unter den dort gegebenen Voraussetzungen ihren Anspruch bei.

Erschwerniszulagen

(e) [1]Mitarbeiter erhalten eine monatliche Zulage unter der Voraussetzung, dass die zulageberechtigende Tätigkeit mindestens 25 v.H. ihrer Arbeitszeit ausmacht. [2]Zulagen erhalten:

	Monatsbetrag
1. Mitarbeiter, die Desinfektionsarbeiten mit Ausnahme der Schädlingsbekämpfung ausüben.	10,23 Euro
2. Mitarbeiter, die bei Arbeiten mit gesundheitsschädigenden ätzenden oder giftigen Stoffen der Einwirkung dieser Stoffe ausgesetzt sind, wenn sie im Kalendermonat durchschnittlich mindestens ein Viertel der regelmäßigen Arbeitszeit in Räumen oder mindestens ein Drittel der regelmäßigen Arbeitszeit im Freien dieser Einwirkung ausgesetzt sind.	12,78 Euro
3. Mitarbeiter, die Versuchstiere in wissenschaftlichen Anstalten, Lehr-, Versuchs- oder Untersuchungsanstalten pflegen, wenn sie bei der Pflege der Tiere mit diesen in unmittelbare Berührung kommen.	15,34 Euro
4. • Pflegepersonen in psychiatrischen Krankenhäusern, Krankenhausabteilungen oder -stationen, in entsprechenden komplementären Einrichtungen oder in psychiatrischen Abteilungen / Stationen in Einrichtungen der stationären Altenhilfe, • Pflegepersonen in neurologischen Kliniken, Abteilungen oder Stationen, die ständig seelisch erkrankte Patienten pflegen, • Mitarbeiter in psychiatrischen oder neurologischen Krankenhäusern, Kliniken oder Abteilungen, die im EEG-Dienst oder in der Röntgendiagnostik ständig mit seelisch erkrankten Patienten Umgang haben, • Mitarbeiter der Physiotherapie / Krankengymnastik, die überwiegend mit seelisch erkrankten Patienten Umgang haben, • sonstige Mitarbeiter, die ständig mit seelisch erkrankten Patienten zu arbeitstherapeutischen Zwecken zusammenarbeiten oder sie hierbei beaufsichtigen.	15,34 Euro
5. Mitarbeiter, die in großen Behandlungsbecken (nicht in Badewannen) Unterwassermassagen oder Unterwasserbehandlungen ausführen, wenn sie im Kalendermonat durchschnittlich mindestens ein Viertel der regelmäßigen Arbeitszeit mit diesen Arbeiten beschäftigt sind.	10,23 Euro
6. Mitarbeiter als Sektionsgehilfen in der Human- oder Tiermedizin.	15,34 Euro
7. Mitarbeiter, die in Leichenschauhäusern oder in Einrichtungen, die die Aufgaben von Leichenschauhäusern zu erfüllen haben, Leichen versorgen und herrichten.	12,78 Euro

	Monatsbetrag
8. Mitarbeiter, die besonders schmutzige und besonders ekelerregende Arbeiten ausführen, wenn sie diese Arbeiten im Kalendermonat durchschnittlich zu einem Viertel der regelmäßigen Arbeitszeit gemäß Anlage 5 bzw. Anlage 30 bis 33ausführen. (Besonders schmutzige und besonders ekelerregende Arbeiten sind z.B. das Beseitigen und der Transport von spezifischen Krankenhausabfällen; die Beseitigung von Verstopfungen in Toilettenanlagen, Spuck- und Waschbecken und Abflussleitungen; das Verlesen stark verschmutzter Wäsche und das Vorwaschen blutiger Operationswäsche oder stark verschmutzter Säuglings- oder Bettwäsche; das Reinigen ekelerregend verschmutzter Matratzen sowie Arbeiten beim Aufarbeiten von Matratzen.)	15,34 Euro

[3]Die genannten Zulagen werden mit Ausnahme der Zulage nach Ziffer 8 beim Vorliegen der Voraussetzungen neben der monatlichen Zulage nach Ziffer 1 der Anmerkungen zu den Tätigkeitsmerkmalen der Entgeltgruppen P 4 bis P 9 und P 9b bis P 12 (Anlage 31 und 32) gezahlt. [4]Beginnt die zulageberechtigende Tätigkeit nicht am Ersten, sondern im Laufe eines Kalendermonats, so ist in diesem Monat für jeden Kalendertag ab Beginn dieser Tätigkeit 1/30 des Monatsbetrages zu zahlen. [5]Die Zulage entfällt mit Ablauf des Kalendermonats, in dem die Voraussetzungen für die Gewährung der Zulage weggefallen sind.

VIIIa Besondere Zulage

Ballungsraumzulage

(a) Durch Dienstvereinbarung kann eine besondere Zulage gezahlt werden, wenn aufgrund besonderer örtlicher Verhältnisse für vergleichbare Mitarbeiter in anderen Einrichtungen und Diensten eine Zulage wegen erhöhter Lebenshaltungskosten (sog. Ballungsraumzulage) gewährt wird.

(b) *(RK BW):* (kein Abdruck wegen Fristablauf)

IX Sachbezüge

Verpflegung

(a) Eine Verpflichtung des Mitarbeiters, an der Anstaltsverpflegung ganz oder teilweise teilzunehmen sowie Unterkunft im Anstaltsbereich zu nehmen, wenn dies im Interesse des Dienstes erforderlich ist, kann im Dienstvertrag vereinbart werden.

Sachbezugsverordnung gem. § 17 S. 1 Nr. 4 SGB IV

(b) [1]Die dem Mitarbeiter gewährte Verpflegung wird mit dem aufgrund des § 17 Abs. 1 Satz 1 Nr. 4 des SGB IV in der Sozialversicherungsentgeltverordnung allgemein festgesetzten Wert auf die Dienstbezüge angerechnet. [2]Bei Diätverpflegung können dienstvertraglich höhere Sätze vereinbart werden.

(c) (weggefallen)

IXa Werkdienstwohnungen

Bezug

(a) [1]Der Mitarbeiter ist verpflichtet, eine ihm zugewiesene Werkdienstwohnung zu beziehen, wenn die dienstlichen Verhältnisse es erfordern. [2]Im Übrigen gelten für das Werkdienstwohnungsverhältnis vorbehaltlich der Absätze b und c die beim Dienstgeber jeweils maßgebenden Bestimmungen über Werkdienstwohnungen.

Gestehungskosten

(b) Bezieht der Mitarbeiter als Inhaber einer Werkdienstwohnung von der Einrichtung Energie oder Brennstoff, so hat er die anteiligen Gestehungskosten zu tragen, wenn nicht der allgemeine Tarifpreis in Rechnung gestellt wird.

Tod des Mitarbeiters

(c) [1]Beim Tode eines Mitarbeiters verbleiben die als Werkdienstwohnung zugewiesene Wohnung sowie Beleuchtung und Heizung für eine Übergangszeit bis zu sechs Monaten dem Ehegatten oder den Kindern, für die dem Mitarbeiter Kindergeld nach dem Einkommensteuergesetz oder nach dem Bundeskindergeldgesetz zugestanden hat oder ohne Berücksichtigung des § 64 oder § 65 EStG oder des § 3 oder § 4 BKGG zugestanden hätte, nach Maßgabe der im Bereich des Dienstgebers jeweils geltenden Bestimmungen über Werkdienstwohnungen. [2]Auch der Dienstgeber soll sich um eine anderweitige Unterbringung der Hinterbliebenen bemühen.

X Zusatzbestimmungen zu den Bezügen

Auszahlungszeitpunkt für die monatliche Vergütung am letzten Werktag des Monats

(a) [1]Die Bezüge, die in Monatsbeträgen festgelegt sind, sind für den Kalendermonat zu berechnen und dem Mitarbeiter so rechtzeitig zu zahlen, dass er am letzten Werktag des Kalendermonats über sie verfügen kann. [2]Die Bezüge sollen auf ein von dem Mitarbeiter eingerichtetes in Euro (EUR) geführtes Konto gezahlt werden. [3]Die Kosten der Übermittlung der Bezüge mit Ausnahme der Kosten für die Gutschrift auf dem Konto des Empfängers trägt der Dienstgeber; die Kontoeinrichtungs-, Kontoführungs- oder Buchungsgebühren trägt der Empfänger.

Auszahlungszeitpunkt für unständige Bezügebestandteile am letzten Werktag des folgenden Monats

[4]Die Bezüge, die nicht in Monatsbeträgen festgelegt sind, sind für den Kalendermonat zu berechnen. [5]Sie sind dem Mitarbeiter, soweit Satz 6 nichts anderes bestimmt, so rechtzeitig zu zahlen, dass er über sie verfügen kann am letzten Werktag des Kalendermonats, der auf den folgt, in dem die für die Bezüge maßgebliche Arbeitsleistung erbracht worden ist.

[6]Der Zeitzuschlag nach
§ 3 Abs. 1 Satz 3 der Anlage 6,
§ 7 Abs. 1 Buchstabe a der Anlage 30,
§ 6 Abs. 1 Buchstabe a der Anlage 31,
§ 6 Abs. 1 Buchstabe a der Anlage 32,
§ 6 Abs. 1 Buchstabe a der Anlage 33
und die Überstundenvergütung nach
§ 3 Abs. 2 der Anlage 6,
§ 7 Abs. 1 Anmerkung zu Absatz 1 Satz 1 der Anlage 30,
§ 6 Abs. 1 Anmerkung zu Absatz 1 Satz 1 der Anlage 31,
§ 6 Abs. 1 Anmerkung zu Absatz 1 Satz 1 der Anlage 32,
§ 6 Abs. 1 Anmerkung zu Absatz 1 Satz 1 der Anlage 33
sind dem Mitarbeiter so rechtzeitig zu zahlen, dass er über die Überstundenabgeltung am letzten Werktag des Kalendermonats verfügen kann, der auf den folgt, in dem der im Einzelfall gemäß

§ 3 der Anlage 6,
§ 5 Abs. 4, 5 der Anlage 30,
§ 4 Abs. 7, 8 der Anlage 31,
§ 4 Abs. 7, 8 der Anlage 32,
§ 4 Abs. 7, 8 der Anlage 33
angewandte Ausgleichszeitraum endet.

[7]Stehen dem Mitarbeiter Urlaubsbezüge nach § 2 der Anlage 14 oder Krankenbezüge nach Abschnitt XII der Anlage 1 für einen vollen Kalendermonat oder für Tage desselben zu und hat er Anspruch auf den Aufschlag nach § 2 Abs. 1 und 3 der Anlage 14, so gilt für die Zahlung des Aufschlags Satz 5 entsprechend.

Auszahlung bei fehlendem Anspruch auf Bezüge

[8]Für einen Kalendermonat, für den dem Mitarbeiter weder Dienstbezüge (Abschnitt II der Anlage 1) noch Urlaubsbezüge noch Krankenbezüge nach Abschnitt XII Abs. a der Anlage 1 zustehen, stehen ihm auch keine Bezüge zu, die nicht in Monatsbeträgen festgelegt sind; ausgenommen ist der Zuschuss nach Abschnitt XII Abs. d der Anlage 1. [9]Stehen dem Mitarbeiter aus dem Vormonat oder Vorvormonat noch Bezüge nach Satz 5 oder nach Satz 6 und 7 dieses Absatzes zu, so sind diese so rechtzeitig zu zahlen, dass der Mitarbeiter über sie verfügen kann am letzten Werktag des Kalendermonats, an dem er erstmals wieder Dienstbezüge (Abschnitt II der Anlage 1) oder Urlaubsbezüge (§ 2 der Anlage 14) oder Krankenbezüge nach Abschnitt XII der Anlage 1 erhält.

Auszahlungszeitpunkt bei Beendigung des Dienstverhältnisses und gleichgestellten langfristigen Unterbrechungen

[10]Endet das Dienstverhältnis in einem Kalendermonat, in dem dem Mitarbeiter weder Dienstbezüge noch Urlaubsbezüge noch Krankenbezüge nach Abschnitt XII Abs. b der Anlage 1 zustehen, so sind ihm aus einem Vormonat noch zustehende Bezüge, die nicht in Monatsbeträgen festgelegt sind, nach Beendigung des Dienstverhältnisses unverzüglich zu zahlen.

[11]Im Sinne des Satz 10 steht der Beendigung des Dienstverhältnisses gleich der Beginn

a) des Grundwehrdienstes oder des Zivildienstes,
b) des Ruhens des Dienstverhältnisses nach § 18 Abs. 1 Satz 6,
c) der Elternzeit nach dem Bundeselterngeld- und Elternzeitgesetz,
d) einer sonstigen Beurlaubung ohne Bezüge von länger als zwölf Monaten.

[12]Nimmt der Mitarbeiter die Tätigkeit wieder auf, wird er bei der Anwendung des Absatz a wie ein neueingestellter Mitarbeiter behandelt.

Auszahlung bei „Teilmonaten"

(b) [1]Besteht der Anspruch auf Dienstbezüge (Abschnitt II der Anlage 1) und auf in Monatsbeträgen festgelegte Zulagen, auf Urlaubsvergütung oder auf Krankenbezüge nicht alle Tage eines Kalendermonats, wird nur der Teil gezahlt, der auf den Anspruchszeitraum entfällt. [2]Besteht für einzelne Stunden kein Anspruch, werden für jede nicht geleistete dienstplanmäßige bzw. betriebsübliche Arbeitsstunde die Dienstbezüge (Abschnitt II der Anlage 1) und die in Monatsbeträgen festgelegten Zulagen um den auf eine Stunde entfallenden Anteil vermindert. [3]Zur Ermittlung des auf eine Stunde entfallenden Anteils sind die Dienstbezüge (Abschnitt II der Anlage 1) und die in Monatsbeträgen festgelegten Zulagen durch das 4,348-fache der regelmäßigen wöchentlichen Arbeitszeit zu teilen.

Auszahlung bei Änderung der Bezüge

[4]Ändert sich die Höhe der Dienstbezüge (Abschnitt II der Anlage 1) und der in Monatsbeträgen festgelegten Zulagen im Laufe des Kalendermonats, sogelten die Sätze 1 bis 3 entsprechend.

Anspruch auf Abrechnung der Dienstbezüge – Ausschlussfrist nach § 23 AT beachten

(c) [1]Dem Mitarbeiter wird eine Abrechnung zur Verfügung gestellt, in der die Beträge, aus denen sich die Bezüge zusammensetzen, und die Abzüge getrennt aufgeführt sind. [2]Der Mitarbeiter hat sich bei der Auszahlung der Dienstbezüge sofort zu vergewissern, dass die Höhe der ausgezahlten Bezüge mit der Abrechnung übereinstimmt, und die etwaige Nichtübereinstimmung unverzüglich zu beanstanden. [3]Unterlässt der Mitarbeiter eine unverzügliche Beanstandung, so kann er diese später nicht mehr geltend machen. [4]Hiervon bleibt die Nachprüfung der Richtigkeit der Berechnung der Dienstbezüge unberührt. [5]Für Beanstandungen wegen nichtzutreffender Berechnung der Dienstbezüge ist die Ausschlussfrist des § 23 AT einzuhalten.

Rückzahlung überzahlter Bezügebestandteile – insb. Krankenbezüge gem. Abschn. XII Abs. g

(d) [1]Hat der Mitarbeiter bei den Dienstbezügen eine Überzahlung erhalten, so ist er verpflichtet, diese dem Dienstgeber zurückzuerstatten. [2]Die überzahlten Dienstbezüge können gegen zukünftig auszuzahlende Dienstbezüge aufgerechnet werden. [3]Das gilt auch für Überzahlungen bei Bezügen nach Abschnitt XII, XIV und XV der Anlage 1 bzw. Jahressonderzahlungen nach den Anlagen 31 bis 33, in Monatsbeiträgen festgelegte Zulagen und bei überhöhten sonstigen Leistungen sowie für alle dem Mitarbeiter ohne Rechtsgrund gewährten Bestandteile der Dienstbezüge (Abschnitt II Abs. a der Anlage 1) bzw. der Bezüge nach Abschnitt XII bis XV der Anlage 1 bzw. Jahressonderzahlungen nach den Anlagen 31 bis 33, in Monatsbeträgen festgelegten Zulagen und sonstigen Leistungen.

Rundungsvorschrift

(e) Ergibt sich bei der Berechnung von Beträgen ein Bruchteil eines Cent von mindestens 0,5, ist er aufzurunden, ein Bruchteil von weniger als 0,5 ist abzurunden.

Gehaltsabtretung grunds. ausgeschlossen § 399 BGB

(f) [1]Die Abtretung von Vergütungsansprüchen ist ausgeschlossen (§ 399 BGB). [2]Im Einzelfall kann der Mitarbeiter mit dem Dienstgeber die Abtretbarkeit seiner Vergütungsansprüche schriftlich vereinbaren.

(g) Bestandteile der Vergütung bzw. des Entgelts können einzelvertraglich zu Zwecken des Leasings von Fahrrädern im Sinne von § 63a StVZO umgewandelt werden.

Anmerkungen:

1. Die Regelung des Absatz a Satz 11 gilt nur, wenn der maßgebende Zeitpunkt nach dem 31. Dezember 1987 liegt.
2. Die Regelung des Abs. f gilt nur für Dienstverträge, die vor dem 1. Oktober 2021 abgeschlossen wurden.

XI Vergütung für Sonderleistungen der Mitarbeiter

Gutachten

(a) [1]Die Mitarbeiter haben Gutachten, die ihnen dienstlich übertragen werden, anzufertigen oder bei der Anfertigung behilflich zu sein. [2]Erhält der Dienstgeber vom Auftraggeber des Gutachtens eine besondere Bezahlung, durch die auch die Leistung des Mitarbeiters vergütet wird, so hat der das Gutachten anfertigende Mitarbeiter Anspruch auf Vergütung seiner Leistung entsprechend dem Maß seiner Beteiligung, soweit er das Gutachten außerhalb der Dienstzeit erstellt hat.

Ärzte

(b) Falls Oberärzte oder Assistenzärzte im Einvernehmen mit dem Dienstgeber für Leitende Ärzte (Chefärzte) tätig werden, haben sie für diese Tätigkeit keinen Anspruch auf Vergütung gegenüber dem Dienstgeber.

(c) Bei der Beteiligung an der Weiterbildung der Mitarbeiter oder am Unterricht an den Schulen des Dienstgebers (§ 5 Abs. 3 AT) erhält der Mitarbeiter nur dann eine besondere Vergütung, wenn er diese Tätigkeit einschließlich einer angemessenen Vorbereitungszeit nicht im Rahmen der für ihn maßgebenden wöchentlichen Arbeitszeit ausüben kann.

Weiterbildungsmaßnahmen

(d) [1]Für jeden Einsatz im Rettungsdienst (§ 5 Abs. 3 Satz 5 AT) erhält der Mitarbeiter einen nicht zusatzversorgungspflichtigen Einsatzzuschlag.

[2]Der Einsatzzuschlag im Rettungsdienst beträgt

ab 1. Juli 2025	25,18 Euro
ab 1. Februar 2026	25,89 Euro

[3]Dieser Betrag verändert sich zu demselben Zeitpunkt und in dem gleichen Ausmaß wie die Stundenvergütung der Vergütungsgruppe 2 der Anlage 2.

[4]Der Einsatzzuschlag steht nicht zu, wenn dem Mitarbeiter wegen der Teilnahme am Rettungsdienst außer den Vergütungen nach den AVR sonstige Leistungen vom Dienstgeber oder von einem Dritten (z.B. private Unfallversicherung, für die der Dienstgeber oder ein Träger des Rettungsdienstes die Beiträge ganz oder teilweise trägt; die Liquidationsansprüche usw.) zustehen. [5]Der Mitarbeiter kann auf die Leistungen verzichten.

(e) Besteht nach den vorstehenden Bestimmungen ein Anspruch auf Sondervergütung, so wird diese auf die Dienstbezüge nicht angerechnet.

XII Krankenbezüge

(a) [1]Wird der Mitarbeiter durch Arbeitsunfähigkeit infolge Krankheit an seiner Arbeitsleistung verhindert, ohne dass ihn ein Verschulden trifft, erhält er Krankenbezüge nach Maßgabe der Absätze b bis i.

unverschuldete Arbeitsunfähigkeit infolge Krankheit

[2]Als unverschuldete Arbeitsunfähigkeit im Sinne des Satzes 1 gilt auch die Arbeitsverhinderung infolge einer Maßnahme der medizinischen Vorsorge oder Rehabilitation, die ein Träger der gesetzlichen Renten-, Kranken- oder Unfallversicherung, eine Verwaltungsbehörde der Kriegsopferversorgung oder ein sonstiger Sozialleistungsträger bewilligt hat und die in einer Einrichtung der medizinischen Vorsorge oder Rehabilitation durchgeführt wird. [3]Bei Mitarbeitern, die nicht Mitglied einer gesetzlichen Krankenkasse oder nicht in der gesetzlichen Rentenversicherung versichert sind, gilt Satz 2 entsprechend, wenn eine Maßnahme der medizinischen Vorsorge oder Rehabilitation ärztlich verordnet worden ist und in einer Einrichtung der medizinischen Vorsorge oder Rehabilitation oder einer vergleichbaren Einrichtung durchgeführt wird.

Vorsorge- oder Rehamaßnahmen

(b) [1]Der Mitarbeiter erhält bis zur Dauer von sechs Wochen Krankenbezüge in Höhe der Urlaubsvergütung, die ihm zustehen würde, wenn er Erholungsurlaub hätte. [2]Der Anspruch nach Satz 1 entsteht erstmals nach vierwöchiger ununterbrochener Dauer des Dienstverhältnisses.

Dauer bis zu 6 Wochen in Höhe der Urlaubsvergütung – s. Anl. 14, s. auch Abs. j

Anspruch bei Fortsetzungserkrankung

[3]Wird der Mitarbeiter infolge derselben Krankheit (Absatz a) erneut arbeitsunfähig, hat er wegen der erneuten Arbeitsunfähigkeit Anspruch auf Krankenbezüge nach den Sätzen 1 und 2 für einen weiteren Zeitraum von sechs Wochen, wenn

a) er vor der erneuten Arbeitsunfähigkeit mindestens sechs Monate nicht infolge derselben Krankheit arbeitsunfähig war oder

b) seit dem Beginn der ersten Arbeitsunfähigkeit infolge derselben Krankheit eine Frist von zwölf Monaten abgelaufen ist.

Anspruch bei krankheitsbedingter Kündigung

[4]Der Anspruch auf die Krankenbezüge nach den Sätzen 1 bis 3 wird nicht dadurch berührt, dass der Dienstgeber das Dienstverhältnis aus Anlass der Arbeitsunfähigkeit kündigt. [5]Das Gleiche gilt, wenn der Mitarbeiter das Dienstverhältnis aus einem vom Dienstgeber zu vertretenden Grund kündigt, der den Mitarbeiter zur Kündigung aus wichtigem Grund ohne Einhaltung einer Kündigungsfrist berechtigt.

Anspruch bei Ende des Dienstverhältnisses

[6]Endet das Dienstverhältnis vor Ablauf der in den Sätzen 1 bis 2 oder 3 genannten Frist von sechs Wochen nach dem Beginn der Arbeitsunfähigkeit, ohne dass es einer Kündigung bedarf, oder infolge einer Kündigung aus anderen als den in den Sätzen 4 und 5 bezeichneten Gründen, endet der Anspruch mit dem Ende des Dienstverhältnisses.

Anspruch auf Krankengeldzuschuss

(c) [1]Nach Ablauf des nach Absatz b maßgebenden Zeitraumes erhält der Mitarbeiter für den Zeitraum, für den ihm Krankengeld oder die entsprechenden Leistungen aus der gesetzlichen Renten- oder Unfallversicherung oder nach dem Bundesversorgungsgesetz gezahlt werden, als Krankenbezüge einen Krankengeldzuschuss.

[2]Dies gilt nicht,

a) wenn der Mitarbeiter Rente wegen voller Erwerbsminderung (§ 43 SGB VI) oder wegen Alters aus der gesetzlichen Rentenversicherung erhält,

b) für den Zeitraum, für den die Mitarbeiterin Anspruch auf Mutterschaftsgeld nach § 19 Abs. 2 MuSchG hat.

[3]Steht dem Mitarbeiter Anspruch auf Krankengeld aus der gesetzlichen Krankenversicherung für den Tag, an dem die Arbeitsunfähigkeit ärztlich festgestellt wird, nicht zu, erhält er für diesen Tag einen Krankenzuschuss in Höhe von 100 v.H. des Nettoarbeitsentgelts, wenn für diesen Tag infolge der Arbeitsunfähigkeit ein Vergütungsausfall eintritt.

Dauer des Anspruchs auf Krankengeldzuschuss

(d) [1]Der Krankengeldzuschuss wird bei einer Beschäftigungszeit (§ 11 AT)

- von mehr als einem Jahr, längstens bis zum Ende der 13. Woche,
- von mehr als drei Jahren, längstens bis zum Ende der 26. Woche,

seit dem Beginn der Arbeitsunfähigkeit, jedoch nicht über den Zeitpunkt der Beendigung des Dienstverhältnisses hinaus, gezahlt.

[2]Vollendet der Mitarbeiter im Laufe der Arbeitsunfähigkeit eine Beschäftigungszeit von mehr als einem Jahr bzw. von mehr als drei Jahren, wird der Krankengeldzuschuss gezahlt, wie wenn er die maßgebende Beschäftigungszeit bei Beginn der Arbeitsunfähigkeit vollendet hätte.

[3]In den Fällen des Absatzes a Satz 2 und 3 wird die Zeit der Maßnahme bis zu höchstens zwei Wochen nicht auf die Fristen des Satzes 1 angerechnet.

Anrechnung von Vorsorge- oder Rehazeiten auf die Dauer

(e) [1]Innerhalb eines Kalenderjahres können die Bezüge nach Absatz b Sätze 1 bis 2 oder 3 und der Krankengeldzuschuss bei einer Beschäftigungszeit

Gesamtdauer des Anspruchs auf Krankenbezüge in einem Jahr

- von mehr als einem Jahr,längstens für die Dauer von 13 Wochen,
- von mehr als drei Jahren,längstens für die Dauer von 26 Wochen

bezogen werden; Absatz d Satz 3 gilt entsprechend.

[2]Erstreckt sich eine Erkrankung ununterbrochen von einem Kalenderjahr in das nächste Kalenderjahr oder erleidet der Mitarbeiter im neuen Kalenderjahr innerhalb von 13 Wochen nach Wiederaufnahme der Arbeit einen Rückfall, bewendet es bei dem Anspruch aus dem vorhergehenden Jahr.

[3]Bei jeder neuen Arbeitsunfähigkeit besteht jedoch mindestens der sich aus Absatz b ergebende Anspruch.

Anspruch bei neuer Arbeitsunfähigkeit

(f) Bei der jeweils ersten Arbeitsunfähigkeit, die durch einen bei dem Dienstgeber erlittenen Arbeitsunfall oder durch eine bei dem Dienstgeber zugezogene Berufskrankheit verursacht ist, wird der Krankengeldzuschuss ohne Rücksicht auf die Beschäftigungszeit bis zum Ende der 26. Woche seit dem Beginn der Arbeitsunfähigkeit, jedoch nicht über den Zeitpunkt der Beendigung des Dienstverhältnisses hinaus, gezahlt, wenn der zuständige Unfallversicherungsträger den Arbeitsunfall oder die Berufskrankheit anerkennt.

Anspruch bei Arbeitsunfall oder Berufskrankheit

(g) [1]Krankengeldzuschuss wird nicht über den Zeitpunkt hinaus gezahlt, von dem an der Mitarbeiter Bezüge aufgrund eigener Versicherung aus der gesetzlichen Rentenversicherung (einschließlich eines rentenersetzenden Übergangsgeldes im Sinne des § 20 SGB VI in Verbindung mit § 8 SGB IX), aus einer zusätzlichen Alters- und Hinterbliebenenversorgung oder aus einer sonstigen Versorgungseinrichtung erhält, zu der der Dienstgeber oder ein anderer Dienstgeber, der die AVR, eine vergleichbare kircheneigene Regelung, den Bundesangestelltentarifvertrag oder einen Tarifvertrag wesentlich gleichen Inhalts angewendet hat, die Mittel ganz oder teilweise beigesteuert hat.

Verhältnis zu Renten- und Versicherungsansprüchen

[2]Überzahlter Krankengeldzuschuss und sonstige überzahlte Bezüge gelten als Vorschüsse auf die zustehenden Bezüge im Sinne des Satzes 1. [3]Die Ansprüche des Mitarbeiters gehen insoweit auf den Dienstgeber über; § 53 SGB I bleibt unberührt.

Forderungsübergang auf Dienstgeber

[4]Der Dienstgeber kann von der Rückforderung des Teils des überzahlten Betrages, der nicht durch die für den Zeitraum der Überzahlung zustehenden Bezüge im Sinne des Satzes 1 ausgeglichen worden ist, absehen, es sei denn, der Mitarbeiter hat dem Dienstgeber die Zustellung des Rentenbescheides schuldhaft verspätet mitgeteilt.

Rückforderung überzahlter Krankenbezüge, s. auch Abschn. X Abs. d

(h) [1]Der Krankengeldzuschuss wird in Höhe des Unterschiedsbetrages zwischen der Nettourlaubsvergütung und der um die gesetzlichen Beitragsanteile des Mitarbeiters zur gesetzlichen Renten-, Arbeitslosen- und sozialen Pflegeversicherung verminderten Leistungen der Sozialleistungsträger gezahlt. [2]Nettourlaubsvergütung ist die um die gesetzlichen Abzüge verminderte Urlaubsvergütung (§ 2 Abs. 1 der Anlage 14).

Höhe und Berechnung des Krankengeldzuschusses

Krankengeldzuschuss für Privatversicherte

(i) [1]Anspruch auf Krankengeldzuschuss nach den Absätzen c bis h hat auch der Mitarbeiter, der in der gesetzlichen Krankenversicherung versicherungsfrei oder von der Versicherungspflicht in der gesetzlichen Krankenversicherung befreit ist. [2]Dabei sind für die Anwendung des Absatzes h die Leistungen zugrunde zu legen, die dem Mitarbeiter als Pflichtversicherten in der gesetzlichen Krankenversicherung zustünden.

Krankengeldzuschuss in den ersten 4 Wochen des Dienstverhältnisses, s. Abs. b S. 2

(j) Abweichend von Absatz c Satz 1 und Absatz d erhält der Mitarbeiter in den ersten vier Wochen einer ununterbrochenen Dauer seines Dienstverhältnisses für den Zeitraum, für den ihm Krankengeld oder entsprechende Leistungen aus der gesetzlichen Renten- oder Unfallversicherung oder nach dem Bundesversorgungsgesetz gezahlt werden, als Krankenbezüge einen Krankengeldzuschuss.

Anmerkung zu Absatz a:

Verschulden

Ein Verschulden im Sinne des Absatzes a liegt nur dann vor, wenn die Arbeitsunfähigkeit vorsätzlich oder grob fahrlässig herbeigeführt wurde.

Anmerkung zu Absatz f:

Hinausschieben des Ablaufs der Bezugszeit

Hat der Mitarbeiter in einem Fall des Absatzes f die Arbeit vor Ablauf der Bezugsfrist von 26 Wochen wieder aufgenommen und wird er vor Ablauf von sechs Monaten aufgrund desselben Arbeitsunfalls oder derselben Berufskrankheit erneut arbeitsunfähig, wird der Ablauf der Bezugsfrist, wenn dies für den Mitarbeiter günstiger ist, um die Zeit der Arbeitsfähigkeit hinausgeschoben.

Übergangsregelung:

Beschäftigungszeit

Für Mitarbeiter, die am 31. Dezember 1995 in einem Dienstverhältnis stehen, das am 1. Januar 1996 bei demselben Dienstgeber fortbesteht, gilt für die Anwendung der vorstehenden Regelungen die zu diesem Zeitpunkt erreichte Dienstzeit als Beschäftigungszeit.

XIIa Anzeige- und Nachweispflichten

Anzeigepflicht Nachweispflicht

(a) [1]In den Fällen des Abschnitts XII Abs. a Satz 1 ist der Mitarbeiter verpflichtet, dem Dienstgeber die Arbeitsunfähigkeit und deren voraussichtliche Dauer unverzüglich mitzuteilen. [2]Dauert die Arbeitsunfähigkeit länger als drei Kalendertage, hat der Mitarbeiter eine ärztliche Bescheinigung über das Bestehen der Arbeitsunfähigkeit sowie deren voraussichtliche Dauer spätestens an dem darauffolgenden allgemeinen Arbeitstag dem Dienstgeber vorzulegen. [3]Der Dienstgeber ist berechtigt, in Einzelfällen die Vorlage der ärztlichen Bescheinigung früher zu verlangen. [4]Dauert die Arbeitsunfähigkeit länger als in der Bescheinigung angegeben, ist der Mitarbeiter verpflichtet, eine neue ärztliche Bescheinigung vorzulegen.

Auslandserkrankung

[5]Hält sich der Mitarbeiter bei Beginn der Arbeitsunfähigkeit im Ausland auf, ist er darüber hinaus verpflichtet, dem Dienstgeber die Arbeitsunfähigkeit, deren voraussichtliche Dauer und die Adresse am Aufenthaltsort in der schnellstmöglichen Art der Übermittlung mitzuteilen. [6]Die durch die Mitteilung entstehenden Kosten hat der Dienstgeber zu tragen. [7]Darüber hinaus ist der Mitarbeiter, wenn er Mitglied einer gesetzlichen Krankenkasse ist, verpflichtet, auch dieser die Arbeitsunfähigkeit und deren voraussichtliche Dauer unverzüglich anzuzeigen. [8]Kehrt ein arbeitsunfähig erkrankter Mitarbeiter in das Inland zurück, ist er verpflichtet, dem Dienstgeber seine Rückkehr unverzüglich anzuzeigen.

[9]Der Dienstgeber ist berechtigt, die Fortzahlung der Bezüge zu verweigern, solange der Mitarbeiter die von ihm nach den Sätzen 1 bis 4 vorzulegende ärztliche Bescheinigung nicht vorlegt oder den ihm nach den Sätzen 5 bis 8 obliegenden Verpflichtungen nicht nachkommt, es sei denn, dass der Mitarbeiter die Verletzung dieser ihm obliegenden Verpflichtungen nicht zu vertreten hat.

Verletzung der Anzeige- und Nachweispflicht

Anmerkung zu Abs. (a):

[1]Abs. (a) Sätze 2 bis 4 gelten nicht für Mitarbeiter, die Versicherte einer gesetzlichen Krankenkasse sind, § 5 Abs. 1a EFZG. [2]Diese sind zum Nachweis ihrer Arbeitsunfähigkeit gegenüber dem Dienstgeber verpflichtet, zu den in Abs. (a) Satz 2 bis 4 genannten Zeitpunkten das Bestehen einer Arbeitsunfähigkeit sowie deren voraussichtliche Dauer feststellen und sich eine ärztliche Bescheinigung nach Abs. (a) Satz 2 oder 4 aushändigen zu lassen. [3]Kommt der Mitarbeiter der Pflicht aus Satz 2 nicht nach, gilt Abs. (a) Satz 9 1. Alternative entsprechend. [4]Liegt ein Fall des § 5 Abs. 1a Satz 3 EFZG vor, verbleibt es bei der Anwendung des Abs. (a) Sätze 2 bis 4.

elektronische AU-Bescheinigung

(b) In den Fällen des Abschnitts XII Abs. a Satz 2 bis 3 ist der Mitarbeiter verpflichtet, dem Arbeitgeber den Zeitpunkt des Antritts der Maßnahme, die voraussichtliche Dauer und die Verlängerung der Maßnahme unverzüglich mitzuteilen und ihm

Maßnahme der medizinischen Vorsorge und Rehabilitation

a) eine Bescheinigung über die Bewilligung der Maßnahme durch einen Sozialleistungsträger nach Abschnitt XII Abs. a Satz 5 oder
b) eine ärztliche Bescheinigung über die Erforderlichkeit der Maßnahme im Sinne Abschnitt XII Abs. a Satz 3 unverzüglich vorzulegen.

XIIb Forderungsübergang bei Dritthaftung

(a) Kann der Mitarbeiter aufgrund gesetzlicher Vorschriften von einem Dritten Schadensersatz wegen des Verdienstausfalls beanspruchen, der ihm durch die Arbeitsunfähigkeit entstanden ist, geht dieser Anspruch insoweit auf den Dienstgeber über, als dieser dem Mitarbeiter Krankenbezüge und sonstige Bezüge gezahlt und darauf entfallende, vom Dienstgeber zu tragende Beiträge zur Bundesagentur für Arbeit, Arbeitgeberanteile an Beiträgen zur Sozialversicherung und zur Pflegeversicherung sowie Umlagen (einschließlich der Pauschalsteuer) zu Einrichtungen der zusätzlichen Alters- und Hinterbliebenenversorgung abgeführt hat.

Schadensersatz gegen Dritte

(b) Der Mitarbeiter hat dem Dienstgeber unverzüglich die zur Geltendmachung des Schadensersatzanspruchs erforderlichen Angaben zu machen.

(c) Der Forderungsübergang nach Absatz a kann nicht zum Nachteil des Mitarbeiters geltend gemacht werden.

(d) Der Dienstgeber ist berechtigt, die Zahlung der Krankenbezüge und sonstiger Bezüge zu verweigern, wenn der Mitarbeiter den Übergang eines Schadensersatzanspruchs gegen einen Dritten auf den Dienstgeber verhindert, es sei denn, dass der Mitarbeiter die Verletzung dieser ihm obliegenden Verpflichtungen nicht zu vertreten hat.

XIII Zusätzliche Altersversorgung

Zusatzversorgung, Anlage 8

Der Dienstgeber ist verpflichtet, die Versorgung der Mitarbeiter für Alter und Invalidität gemäß den Bestimmungen der Anlage 8 zu veranlassen.

XIV Weihnachtszuwendung

(a) Anspruchsvoraussetzungen

Voraussetzungen

[1]Der Mitarbeiter erhält in jedem Kalenderjahr eine Weihnachtszuwendung, wenn er

1. am 1. Dezember des laufenden Kalenderjahres im Dienstverhältnis oder Ausbildungsverhältnis gemäß Anlage 7steht und
2. seit dem 1. Oktober ununterbrochen in einem Dienst- oder Ausbildungsverhältnis im Geltungsbereich der AVR oder in einem anderen Tätigkeitsbereich der katholischen Kirche gestanden hat oder im laufenden Kalenderjahr insgesamt sechs Monate bei demselben Dienstgeber in einem Dienst- oder Ausbildungsverhältnis gestanden hat oder steht und

Ausscheiden vor dem 31.3. des Folgejahres, siehe Abs. c

3. nicht in der Zeit vor dem 31. März des folgenden Kalenderjahres aus seinem Verschulden oder auf eigenen Wunsch aus dem am 1. Dezember bestehenden Dienst- oder Ausbildungsverhältnis ausscheidet, es sei denn, dass er im unmittelbaren Anschluss daran in ein Dienst- oder Ausbildungsverhältnis im Geltungsbereich der AVR oder in einem anderen Tätigkeitsbereich der katholischen Kirche eintritt.

keine Bezüge im Dezember

[2]Dem Mitarbeiter, der für den gesamten Monat Dezember keine Dienstbezüge erhält, weil er zur Ausübung einer entgeltlichen Beschäftigung oder Erwerbstätigkeit vom Dienst befreit ist, wird die Weihnachtszuwendung nicht gewährt.

(b) Anteilige Weihnachtszuwendung

Voraussetzungen

[1]Der Mitarbeiter, dessen Dienst- oder Ausbildungsverhältnis vor dem 1. Dezember endet und der mindestens vom Beginn des Kalenderjahres an ununterbrochen in einem Dienst- oder Ausbildungsverhältnis im Geltungsbereich der AVR oder in einem anderen Tätigkeitsbereich der katholischen Kirche gestanden hat, erhält die anteilige Weihnachtszuwendung,

1. wenn er wegen
   a) Erreichens der Altersgrenze (§ 19 Abs. 3 und 4 AT) oder
   b) verminderter Erwerbsfähigkeit (§ 18 AT) oder
   c) Erfüllung der Voraussetzungen des § 9 Abs. 2 Buchstabe a oder b der Anlage 17 oder des § 11 Abs. 2 Buchstabe a oder b der Anlage 17aaus dem Dienstverhältnis ausgeschieden ist oder
   d) Erfüllung der Voraussetzungen zum Bezug der Altersrente nach § 36 oder § 37 SGB VI oder § 236 oder § 236a SGB VI oder

e) eines mit Sicherheit zu erwartenden Personalabbaues gekündigt oder einen Auflösungsvertrag geschlossen hat oder

f) wenn er im unmittelbaren Anschluss an sein Dienst- oder Ausbildungsverhältnis in ein Dienst- oder Ausbildungsverhältnis im Geltungsbereich der AVR oder in einen anderen Tätigkeitsbereich der katholischen Kirche übertritt.

2. Die Mitarbeiterin außerdem, wenn sie wegen

a) Schwangerschaft oder

b) Niederkunft in den letzten drei Monaten oder

c) Aufnahme eines Kindes in ihre Obhut mit dem Ziel der Annahme als Kind in den letzten drei Monaten oder

d) Erfüllung der Voraussetzungen zum Bezug der Altersrente nach § 237a SGB VI

gekündigt oder einen Auflösungsvertrag geschlossen hat.

[2]Satz 1 gilt entsprechend, wenn vor dem 1. Dezember das Ruhen des Dienstverhältnisses nach § 18 Abs. 4 AT eintritt. [3]Satz 1 Ziffer 2 Buchstabe b gilt auch, wenn ein Mitarbeiter wegen der Niederkunft der Ehefrau in den letzten drei Monaten gekündigt oder einen Auflösungsvertrag geschlossen hat. [4]Satz 1 Ziffer 2 Buchstabe c gilt für Mitarbeiter entsprechend.

(c) Rückzahlungsverpflichtung

Stichtag; keine Rückzahlungspflicht

[1]Hat ein Mitarbeiter die Weihnachtszuwendung nach Absatz a erhalten und scheidet er vor dem 31. März des folgenden Kalenderjahres aus seinem Verschulden oder auf eigenen Wunsch aus, so hat er sie in voller Höhe zurückzuzahlen. [2]Die Pflicht zur Rückzahlung entfällt, wenn

1. der Mitarbeiter im unmittelbaren Anschluss an sein Dienst- oder Ausbildungsverhältnis in ein Dienst- oder Ausbildungsverhältnis zu einem anderen Dienstgeber im Geltungsbereich der AVR oder in einem anderen Tätigkeitsbereich der katholischen Kirche übertritt oder
2. der Mitarbeiter aus einem der in Absatz b Ziffer 1 Buchstaben d und e genannten Gründe gekündigt oder einen Auflösungsvertrag geschlossen hat oder
3. der Mitarbeiter aus einem der in Absatz b Ziffer 2 genannten Gründe gekündigt oder einen Auflösungsvertrag geschlossen hat.

(d) Höhe der Weihnachtszuwendung

Höhe entspricht grds. der Urlaubsvergütung für den Monat September gem. Anl. 14, s. auch Anm. 2

[1]Die Weihnachtszuwendung beträgt – unbeschadet des Absatzes e – 100 v.H. der dem Mitarbeiter nach § 2 der Anlage 14 während des Erholungsurlaubs zustehenden Bezüge, die diesem zugestanden hätten, wenn er während des ganzen Monats September Erholungsurlaub gehabt hätte. [2]Dabei sind bei der Anwendung des § 2 Abs. 1 Satz 4 der Anlage 14 bei der 5-Tage-Woche 22 Urlaubstage, bei der 6-Tage-Woche 26 Urlaubstage und bei anderer Verteilung der Arbeitszeit die entsprechende Zahl von Urlaubstagen zugrunde zu legen.

Anspruch trotz Reduzierung des Beschäftigungsumfangs in der Elternzeit in den ersten 12 Monaten, s. auch Anm. 3

[3]In den Fällen, in denen am Tag vor Eintritt der Elternzeit Anspruch auf Bezüge oder auf Zuschuss zum Mutterschaftsgeld bestehen und während der Elternzeit eine Erziehungsgeld unschädliche Teilzeitbeschäftigung bei demselben Dienstgeber ausgeübt wird, bemisst sich die Weihnachtszuwendung abweichend von den Sätzen 1 und 2. [4]Für jeden Kalendermonat bis zur Vollendung des 12. Lebensmonats des Kindes erhält der Mitarbeiter ein Zwölftel der Weihnachtszuwendung, deren Höhe sich aus dem Beschäftigungsumfang am Tage vor Beginn der Elternzeit ergibt, wenn dies für ihn günstiger ist. [5]Für jeden Kalendermonat nach Vollendung des 12. Lebensmonats des Kindes erhält der Mitarbeiter ein Zwölftel der Weihnachtszuwendung, deren Höhe sich aus dem Beschäftigungsumfang im Bemessungsmonat (Absatz d Sätze 1, 2 und 6 entsprechend) ergibt.

abweichender Bemessungsmonat bei späterem Beginn

[6]Für den Mitarbeiter, dessen Dienst- oder Ausbildungsverhältnis später als am 1. September des laufenden Kalenderjahres begonnen hat, tritt an die Stelle des Monats September der erste volle Kalendermonat des Dienst- oder Ausbildungsverhältnisses.

Bemessungsmonat bei anteiliger Weihnachtszuwendung gem. Abs. b

[7]Für den Mitarbeiter, der unter Absatz b fällt und der im Monat September nicht mehr im Dienst- oder Ausbildungsverhältnis gestanden hat, tritt an die Stelle des Monats September der letzte volle Kalendermonat, in dem das Dienst- oder Ausbildungsverhältnis vor dem Monat September bestanden hat.

Kinderzulage

[8]Die Weihnachtszuwendung nach Absatz d und e erhöht sich um 25,56 Euro für jedes Kind, für das dem Mitarbeiter für den Monat September bzw. nach Absatz d Sätze 3 bis 5 oder Satz 6 maßgebenden Kalendermonat Kindergeld nach dem Einkommensteuergesetz oder nach dem Bundeskindergeldgesetz zugestanden hat oder ohne Berücksichtigung des § 64 oder des § 65 EStG oder des § 3 oder des § 4 BKGG zugestanden hätte. [9]Abschnitt V C Abs. d und e der Anlage 1 ist entsprechend anzuwenden.

Teilzeitbeschäftigung

[10]Hat die arbeitsvertraglich vereinbarte wöchentliche Arbeitszeit des Mitarbeiters in dem maßgebenden Kalendermonat weniger als die regelmäßige wöchentliche Arbeitszeit eines entsprechend vollbeschäftigten Mitarbeiters betragen, erhöht sich die Weihnachtszuwendung statt um den Bezug nach den Sätzen 8 und 9 um den Anteil des Betrages, der dem Maße der mit ihm vereinbarten Arbeitszeit entspricht.

(e) Gekürzte Weihnachtszuwendung

gekürzte Weihnachtszuwendung bei späterem Eintritt

[1]Der Mitarbeiter, der im laufenden Kalenderjahr nicht für alle Kalendermonate einen Anspruch auf Bezüge aus einem Dienst- oder Ausbildungsverhältnis bei demselben Dienstgeber hat, erhält eine gekürzte Weihnachtszuwendung. [2]Sie beträgt für jeden Kalendermonat, für den der Mitarbeiter im laufenden Kalenderjahr Anspruch auf Bezüge hat, ein Zwölftel der Weihnachtszuwendung gemäß Absatz d.

Anrechnung von Monaten

[3]Angerechnet werden jedoch Kalendermonate, für die ein Mitarbeiter Krankenbezüge nach Abschnitt XII der Anlage 1 erhält oder keine Bezüge erhalten hat wegen

1. der Ableistung von Grundwehrdienst oder Zivildienst, wenn er vor dem 1. Dezember entlassen worden ist und nach der Entlassung die Arbeit unverzüglich wieder aufgenommen hat,
2. der Beschäftigungsverbote nach dem Mutterschutzgesetz,
3. der Inanspruchnahme der Elternzeit nach dem Bundeselterngeld- und Elternzeitgesetz bis zur Vollendung des zwölften Lebensmonats des Kindes, wenn am Tage vor Eintritt der Elternzeit Anspruch auf Bezüge oder auf Zuschuss zum Mutterschaftsgeld bestanden hat.

(f) Zahlung der Weihnachtszuwendung

Auszahlungszeitpunkt 1. Dezember

[1]Die Weihnachtszuwendung soll spätestens am 1. Dezember des laufenden Kalenderjahres gezahlt werden. [2]Bei Beendigung des Dienst- oder Ausbildungsverhältnisses bzw. bei Eintritt des Ruhens des Dienstverhältnisses (§ 18 Abs. 1 Satz 6 AT) soll die Weihnachtszuwendung bei Beendigung bzw. bei Eintritt des Ruhens des Dienst- oder Ausbildungsverhältnisses gezahlt werden.

(g) Anrechnung von Leistungen

Anrechnung vergleichbarer Leistungen

[1]Hat ein Mitarbeiter nach Absatz b oder entsprechenden Vorschriften einer anderen arbeitsrechtlichen Ordnung bereits eine Weihnachtszuwendung erhalten und erwirbt er für dasselbe Kalenderjahr einen weiteren Anspruch auf eine Weihnachtszuwendung, vermindert sich diese Weihnachtszuwendung um ein Zwölftel für jeden Kalendermonat, für den die Weihnachtszuwendung gezahlt worden ist. [2]Dies gilt auch für eine Weihnachtszuwendung aus einer Beschäftigung während der Elternzeit nach dem Bundeselterngeld- und Elternzeitgesetz. [3]Der Erhöhungsbetrag wird für das nach Absatz d Sätze 8 und 9 zu berücksichtigende Kind in jedem Kalenderjahr nur einmal bezahlt.

Anmerkungen zu Abschnitt XIV

Anmerkung 1:

kirchlicher Bereich

Der Tätigkeit im Bereich der katholischen Kirche steht gleich eine Tätigkeit in der evangelischen Kirche, in einem Diakonischen Werk oder in einer Einrichtung, die dem Diakonischen Werk angeschlossen ist.

Anmerkung 2:

Wegen der Festschreibung der Weihnachtszuwendung beträgt abweichend von Absatz d Satz 1 der Bemessungssatz für die Weihnachtszuwendung 77,51 v.H.

Anmerkung 3:

Annahme des Kindes, § 1752 BGB

[1]Der Vollendung des 12. Lebensmonates des Kindes in Abschnitt XIV Abs. d Satz 4 und 5 und Abs. e Satz 3 Nr. 3 ist im Falle der Annahme als Kind nach § 1752 BGB die Zeitspanne gleichzusetzen, die seit der Aufnahme des Kindes in die Obhut der Mitarbeiterin und des Mitarbeiters verstrichen ist. [2]Der Anspruch besteht im Übrigen längstens bis zur Vollendung des 8. Lebensjahres.

XV Zuwendungen im Todesfall

Sterbegeld, Anspruchsberechtigte

(a) [1]Beim Tode des Mitarbeiters, der sich nicht im Sonderurlaub nach § 10 Abs. 1 der Anlage 14 befindet und dessen Dienstverhältnis nicht nach § 18 Abs. 1 Satz 6 AT ruht, erhalten

a) der überlebende Ehegatte,

b) die Abkömmlinge des Mitarbeiters

Sterbegeld.

Höhe

[2]Als Sterbegeld werden für die restlichen Kalendertage des Sterbemonats und für zwei weitere Monate die Dienstbezüge (Abschnitt II der Anlage 1) des Verstorbenen gewährt.

weitere Anspruchsberechtigte,, s. auch Abs. e

(b) Sind Anspruchsberechtigte im Sinne des Absatzes a nicht vorhanden, ist Sterbegeld auf Antrag zu gewähren

a) Verwandten der aufsteigenden Linie, Geschwistern, Geschwisterkindern sowie Stiefkindern, wenn sie zur Zeit des Todes des Mitarbeiters mit diesem in häuslicher Gemeinschaft gelebt haben oder wenn der Verstorbene ganz oder überwiegend ihr Ernährer gewesen ist;

b) sonstigen Personen, die die Kosten der letzten Krankheit oder der Bestattung getragen haben, bis zur Höhe ihrer Aufwendungen.

Sterbegeld in Sonderfällen

(c) [1]Hat der Mitarbeiter im Sterbemonat keinen Anspruch auf Dienstbezüge wegen Elternzeit oder auf Krankenbezüge wegen Ablauf der Fristen des Abschnitts XII der Anlage 1oder hat die Mitarbeiterin zur Zeit ihres Todes Mutterschaftsgeld nach § 19 Mutterschutzgesetz bezogen, werden als Sterbegeld für den Sterbetag und die restlichen Kalendertage des Sterbemonats sowie für zwei weitere Monate die Dienstbezüge (Abschnitt II der Anlage 1) des Verstorbenen gewährt.

[2]Das Sterbegeld wird in einer Summe ausgezahlt.

Anrechnung von Dienstbezügen

(d) Sind an den Verstorbenen Dienstbezüge oder Vorschüsse über den Sterbetag hinaus gezahlt worden, werden diese auf das Sterbegeld angerechnet.

(e) [1]Die Zahlung an einen der nach Absatz a oder Absatz b Berechtigten bringt den Anspruch der übrigen gegenüber dem Dienstgeber zum Erlöschen. [2]Sind Berechtigte nach Absatz a oder Absatz b nicht vorhanden, werden über den Sterbetag hinausbezahlte Bezüge für den Sterbemonat nicht zurückgefordert.

(f) Wer den Tod des Mitarbeiters vorsätzlich herbeigeführt hat, hat keinen Anspruch auf das Sterbegeld.

(g) Das Sterbegeld verringert sich um den Betrag, den die nach Absatz a oder Absatz b Berechtigten als Sterbegeld aus einer zusätzlichen Alters- und Hinterbliebenenversorgung oder aus einer Ruhegeldeinrichtung erhalten.

Anmerkung:
Vergütungsgruppenzulagen gelten bei der Berechnung des Sterbegeldes als Bestandteil der Dienstbezüge (Abschnitt II der Anlage 1).

Anlage 1a: Überleitungsregelungen zu Anlage 1

Inhalt

§ 1 Geltungsbereich 57
§ 2 Überleitung von Mitarbeitern unter 21 bzw. 23 Jahren 57
§ 3 Stufenzuordnung gemäß Abschnitt III der Anlage 1 57

§ 1 Geltungsbereich

[1]Diese Überleitungsregelung gilt für alle Mitarbeiter, die am 30. Juni 2008 in einem Dienstverhältnis gestanden haben, das am 1. Juli 2008 im Geltungsbereich der AVR fortbesteht, für die Dauer des ununterbrochen fortbestehenden Arbeitsverhältnisses. [2]Ein Dienstverhältnis besteht auch ununterbrochen fort bei der Verlängerung eines befristeten Dienstvertrags sowie bei Dienstgeberwechsel innerhalb des Geltungsbereichs der AVR. [3]Unterbrechungen von bis zu einem Monat sind unschädlich.

§ 2 Überleitung von Mitarbeitern unter 21 bzw. 23 Jahren

(1) [1]Mitarbeiter, die bis zum 31. Dezember 2007 einen Anspruch auf eine Grundvergütung nach Abschnitt IV der Anlage 1oder auf eine Gesamtvergütung nach Abschnitt VI der Anlage 1gehabt haben, erhalten ab dem 1. Januar 2008 eine Regelvergütung der Stufe 1 nach Abschnitt II der Anlage 1.

[2]Nach je zwei Jahren, gerechnet ab dem 1. Januar 2008, erhält der Mitarbeiter bis zum Erreichen der Endregelvergütung (letzte Stufe) die Regelvergütung der nächst höheren Stufe seiner Vergütungsgruppe.

(2) [1]Abweichend davon erhalten Mitarbeiter im Gebiet der Bundesländer Mecklenburg-Vorpommern, Brandenburg, Sachsen-Anhalt, Thüringen und Sachsen eine Regelvergütung ab dem 1. April 2008.

[2]Nach je zwei Jahren, gerechnet ab dem 1. April 2008, erhält der Mitarbeiter bis zum Erreichen der Endregelvergütung (letzte Stufe) die Regelvergütung der nächst höheren Stufe seiner Vergütungsgruppe.

§ 3 Stufenzuordnung gemäß Abschnitt III der Anlage 1

(1) [1]Zum 1. Januar 2008 werden zuerst alle Stufenveränderungen nach Abschnitt III der Anlage 1mit zum Stand 31. Dezember 2007 vollzogen. [2]Danach erfolgt die Zuordnung zu einer der Regelvergütungsstufen. [3]Dabei wird von der Grundvergütungsstufe mit Stand zum 31. Dezember 2007 am 1. Januar 2008 nach folgender Überleitungstabelle in die zahlenmäßig gleiche Regelvergütungsstufe übergeleitet.

Grundvergütungsstufe mit Stand zum 31. Dezember 2007	1	2	3	4	5	6	7	8	9	10	11	12
Regelvergütungsstufe am 1. Januar 2008	1	2	3	4	5	6	7	8	9	10	11	12

(2) [1]Mitarbeiter, die zwischen dem 1. Januar 2008 und dem 31. Dezember 2009 nach der Regelung mit Stand zum 31. Dezember 2007 wegen Vollendung eines mit ungerader Zahl (Abschnitt III A der Anlage 1) oder mit gerader Zahl (Abschnitt III B der Anlage 1) bezeichneten Lebensjahres die nächst höhere Stufe ihrer Vergütungsstufe erhalten würden, werden so behandelt, wie wenn sie zu diesem Zeitpunkt die Voraussetzung nach Abschnitt A bzw. nach Abschnitt B der ab 1. Januar 2008 geltenden Fassung des Abschnitts III der Anlage 1 zum Aufstieg in die nächst höhere Stufe erfüllen würden. [2]Auch nach dem 31. Dezember 2009 erfolgen die Stufenaufstiege nach dem (un-)geraden Geburtstag, solange die Mitarbeiter dem Geltungsbereich des § 1 der Anlage 1a unterfallen.

Anlage 1b: Besitzstandsregelungen zu Anlage 1

Inhalt

§ 1	Geltungsbereich	59
§ 2	Zulage für die Vergütungsgruppen 12 bis 10 der Anlage 2	59
§ 3	Zulage aufgrund des Wegfalls des Ortszuschlages der Stufe 2 in Abschnitt V der Anlage 1	60

§ 1 Geltungsbereich

(1) [1]Diese Überleitungsregelung gilt für alle Mitarbeiter, die am 30. Juni 2008 in einem Dienstverhältnis gestanden haben, das am 1. Juli 2008 im Geltungsbereich der AVR fortbesteht, für die Dauer des ununterbrochen fortbestehenden Arbeitsverhältnisses. [2]Ein Dienstverhältnis besteht auch ununterbrochen fort, bei der Verlängerung eines befristeten Dienstvertrages sowie bei Dienstgeberwechsel innerhalb des Geltungsbereichs der AVR. [3]Unterbrechungen von bis zu einem Monat sind unschädlich.

(2) Teilzeitbeschäftigte erhalten den jeweiligen Teilbetrag der Besitzstandszulage, die dem Verhältnis der mit ihnen vereinbarten durchschnittlichen Arbeitszeit eines entsprechenden Vollbeschäftigten entspricht.

§ 2 Zulage für die Vergütungsgruppen 12 bis 10 der Anlage 2

(1) *(RK Nord, NRW, Mitte, BW, Bayern):* Mitarbeiter, die in die Vergütungsgruppen 12 bis 10 der Anlage 2 eingruppiert sind, erhalten ab 1. Januar 2008 eine Zulage in Höhe von 50,00 Euro.

(1) *(RK Ost):*

(a) Mitarbeiter, die in die Vergütungsgruppen 12 bis 10 der Anlage 2 eingruppiert sind, erhalten ab 1. Juli 2009 eine Zulage in Höhe von 50,00 Euro.

(b) Für Mitarbeiter, deren Dienstverhältnis nach dem 30. Juni 2008, aber vor dem 1. Juli 2009 begonnen hat, gilt die derzeitige Anwendungspraxis hinsichtlich der Zuordnung solange weiter, bis durch Beschluss der Bundeskommission eine Festlegung erfolgt ist.

(2) Diese Zulage entfällt ab dem Zeitpunkt, zu dem die in Absatz 1 genannten Mitarbeiter in eine der Vergütungsgruppen 9 bis 1 der Anlage 2 höhergruppiert werden.

§ 3 Zulage aufgrund des Wegfalls des Ortszuschlages der Stufe 2 in Abschnitt V der Anlage 1

(1) *(RK Nord, NRW, Mitte, BW, Bayern):* Mitarbeiter, die bis zum 30. Juni 2008 einen Anspruch auf Ortszuschlag der Stufe 2 gemäß Abschnitt V der Anlage 1 und Anlage 4 mit Stand zum 31. Dezember 2007 gehabt haben, erhalten ab dem 1. Januar 2008 stattdessen eine monatliche Besitzstandszulage.

(1) *(RK Ost):*

(a) Mitarbeiter, die bis zum 30. Juni 2008 einen Anspruch auf Ortszuschlag der Stufe 2 gemäß Abschnitt V der Anlage 1 und Anlage 4 mit Stand zum 31. Dezember 2007 gehabt haben, erhalten ab dem 1. Juli 2009 stattdessen eine monatliche Besitzstandszulage.

(b) Für Mitarbeiter, deren Dienstverhältnis nach dem 30. Juni 2008, aber vor dem 1. Juli 2009 begonnen hat, gilt die derzeitige Anwendungspraxis hinsichtlich der Besitzstandszulage solange weiter, bis durch Beschluss der Bundeskommission eine Festlegung erfolgt ist.

(2) Die Zulage nach Absatz 1 beträgt monatlich:

Für Mitarbeiter der Vergütungsgruppen	**ab 1. Juli 2025**	**ab 1. Februar 2026**
1 bis 2	173,96 Euro	178,83 Euro
3 bis 5b	173,96 Euro	178,83 Euro
5c bis 12	165,67 Euro	170,31 Euro

(3) Die Zulage entfällt ab dem Zeitpunkt, zu dem die Voraussetzungen für die Gewährung des Ortszuschlages der Stufe 2 gemäß Abschnitt V der Anlage 1 und Anlage 4 bzw. gemäß § 2a Absatz 6 des Allgemeinen Teils und Anlage 4 (Ost) mit Stand zum 31. Dezember 2007 entfallen.

(4) [1]Bei der Bemessung der Zulage finden die Konkurrenzregelungen in Abschnitt V Abs. h der Anlage 1 mit Stand zum 31. Dezember 2007 sinngemäß Anwendung. [2]Diese lauten wie folgt:

Sind beide Ehegatten im Geltungsbereich der AVR oder in einem anderen Tätigkeitsbereich der katholischen Kirche vollbeschäftigt und stünde ihnen der Ortszuschlag der Stufe 2 oder einer der folgenden Stufen oder eine entsprechende Leistung in Höhe des Unterschiedsbetrages zwischen der Stufe 1 und der Stufe 2 des Ortszuschlags der Tarifklasse Ib zu, so erhält der Mitarbeiter den Unterschiedsbetrag zwischen der Stufe 1 und der Stufe 2 des Ortszuschlages zur Hälfte. Ist einer der Ehegatten vollbeschäftigt und der andere teilzeitbeschäftigt, erhält der vollbeschäftigte Mitarbeiter den Unterschiedsbetrag zwischen der Stufe 1 und der Stufe 2 des für ihn maßgebenden Ortszuschlages ungekürzt; der teilzeitbeschäftigte Mitarbeiter erhält den Ortszuschlag der Stufe 1. Sind beide Ehegatten teilzeitbeschäftigt und beträgt der gemeinsame Beschäftigungsumfang nicht mehr als die durchschnittliche regelmäßige wöchentliche Arbeitszeit, so erhält der Mitarbeiter den Unterschiedsbetrag zwischen der Stufe 1 und der Stufe 2 des für ihn maßgebenden Ortszuschlages anteilig. Sind beide Ehegatten teilzeitbeschäftigt und beträgt der gemeinsame Beschäftigungsumfang mehr als die durchschnittliche regelmäßige wöchentliche Arbeitszeit, so erhält der Mitarbeiter abweichend von Abschnitt IIa der Anlage 1 den Unterschiedsbetrag zwischen der Stufe 1 und der Stufe 2 des für ihn maßgebenden Ortszuschlages in der Höhe, die dem Anteil seines Beschäftigungsumfangs an dem Gesamtbeschäftigungsumfang beider Ehegatten entspricht. Einer Beschäftigung steht eine Versorgungsberechtigung nach beamtenrechtlichen Grundsätzen gleich. Entsprechendes gilt auch für den Mitarbeiter, dem aus mehreren Rechtsverhältnissen ein Anspruch auf Ortszuschlag oder entsprechende Leistungen wesentlich gleichen Inhalts in Höhe der Stufe 2 oder einer der folgenden Stufen zusteht (Insichkonkurrenz).

Ist der Ehegatte des Mitarbeiters außerhalb der in Satz 3 genannten Bereiche tätig oder nach beamtenrechtlichen Grundsätzen versorgungsberechtigt und hat er Anspruch auf Ortszuschlag oder entsprechende Leistungen wesentlich gleichen Inhalts in Höhe der Stufe 2 oder einer der folgenden Stufen oder auf Familienzuschlag der Stufe 1 oder einer der folgenden Stufen oder eine entsprechende Leistung in Höhe von mindestens dem Unterschiedsbetrag zwischen der Stufe 1 und der Stufe 2 des Ortszuschlags der Tarifklasse Ib, so erhält der Mitarbeiter den Ortszuschlag der Stufe 1. Erreicht der Anspruch des Ehegatten den Unterschiedsbetrag zwischen der Stufe 1 und der Stufe 2 des Ortszuschlages der Tarifklasse Ib nicht, beträgt er aber mindestens die Hälfte des Unterschiedsbetrags zwischen der Stufe 1 und der Stufe 2 des Ortszuschlags der Tarifklasse Ib, so erhält der Mitarbeiter den Unterschiedsbetrag zwischen der Stufe 1 und der Stufe 2 des für ihn maßgebenden Ortszuschlages zur Hälfte. Erreicht der Anspruch des Ehegatten wegen Teilzeitbeschäftigung nicht die Höhe der Stufe 2 oder einer der folgenden Stufen, so erhält der Mitarbeiter den Unterschiedsbetrag zwischen der Stufe 1 und der Stufe 2 des für ihn maßgebenden Ortszuschlages in der Höhe gewährt, dass der Mitarbeiter und sein Ehegatte den Unterschiedsbetrag zwischen der Stufe 1 und der Stufe 2 insgesamt einmal erhalten. Dies gilt entsprechend Abschnitt V Anlage 1 auch für den Mitarbeiter, dem aus mehreren Rechtsverhältnissen ein Anspruch auf Ortszuschlag oder entsprechende Leistungen wesentlich gleichen Inhalts in Höhe der Stufe 2 oder einer der folgenden Stufen zusteht (Insichkonkurrenz). Ist der Ehegatte eines teilzeitbeschäftigten Mitarbeiters außerhalb der in Satz 3 genannten Bereiche ebenfalls teilzeitbeschäftigt und erhält er den Unterschiedsbetrag zwischen der Stufe 1 und der Stufe 2 des für ihn maßgebenden Ortszuschlages anteilig zu seiner Arbeitszeit gewährt, so erhält der Mitarbeiter den Unterschiedsbetrag zwischen der Stufe 1 und der Stufe 2 des für ihn maßgebenden Ortszuschlags in der Höhe, dass der Mitarbeiter und sein Ehegatte den Unterschiedsbetrag zwischen der Stufe 1 und der Stufe 2 insgesamt in der Höhe erhalten, als wenn beide im Geltungsbereich der AVR teilzeitbeschäftigt wären.

Anmerkung 1:
Der Tätigkeit im Bereich der katholischen Kirche im Sinne von Abschnitt V steht gleich eine Tätigkeit in der evangelischen Kirche, in einem Diakonischen Werk oder in einer Einrichtung, die dem Diakonischen Werk angeschlossen ist.

Anmerkung 2:
Sind beide Ehegatten in einem Tätigkeitsbereich der katholischen Kirche beschäftigt und wendet der Dienstgeber des Ehegatten eine andere Konkurrenzregelung zum Ortszuschlag als die nach Abschnitt V an, so erhält der Mitarbeiter den Unterschiedsbetrag zwischen der Stufe 1 und der Stufe 2 des für ihn maßgebenden Ortszuschlages in der Höhe gewährt, dass die Ehegatten den Unterschiedsbetrag in Höhe ihres Gesamtbeschäftigungsumfangs, höchstens jedoch einmal erhalten.

Anlage 1c: Prämie zur Abmilderung des schnellen Anstiegs der Verbraucherpreise

Voraussetzungen

(1) [1]Vollzeitbeschäftigte Mitarbeiter, die in den Anlagen 2, 2d, 2e, 21, 21a, 23, 30, 31, 32, 33 eingruppiert sind und Anspruch auf Dienstbezüge nach Satz 8 und 9 haben, erhalten eine Einmalzahlung in Höhe von 3.000,00 Euro im Sinne des § 3 Nr. 11c EStG. [2]Die Auszahlung erfolgt in zwei Teilbeträgen in Höhe von 1.500,00 Euro zum 30. Juni 2023 und zum 30. Juni 2024. [3]Anspruchsberechtigt sind Mitarbeiter, die an mindestens einem Tag im Auszahlungsmonat Anspruch auf Dienstbezüge nach Satz 8 und 9 haben, sofern ihnen die Leistung im Sinne von § 3 Nr. 11c EStG noch nicht vollumfänglich ausgezahlt wurde. [4]Abweichende Auszahlungsmodalitäten können in einer Dienstvereinbarung geregelt werden. [5]In Einrichtungen ohne Mitarbeitervertretungen können die Auszahlungsmodalitäten mit jedem Mitarbeiter gesondert vereinbart werden. [6]Die Vereinbarungen dürfen die Gesamtsumme von 3.000,00 Euro nicht unterschreiten sowie den Auszahlungszeitraum gem. § 3 Nr. 11c EstG nicht überschreiten. [7]Bei teilzeitbeschäftigten Mitarbeitern vermindert sich die Einmalzahlung sowie der in Satz 6 benannte Auszahlungsbetrag entsprechend ihrem individuellen Beschäftigungsumfangs zum regelmäßigen durchschnittlichen Beschäftigungsumfangs eines vollzeitbeschäftigten Mitarbeiters, beträgt jedoch mindestens insgesamt 500,00 Euro. [8]Anspruch auf Dienstbezüge im Sinne des Satzes 1 sind auch der Anspruch auf Entgeltfortzahlung aus Anlass der in § 10 AT, in Abschnitt XII Abs. a und b der Anlage 1, in § 2 und § 4 der Anlage 14, in § 17 der Anlagen 30 bis 32 und § 16 der Anlage 33 genannten Ereignisse sowie der Anspruch auf Krankengeldzuschuss aus Abschnitt XII Abs. c Satz 1 der Anlage 1, auch wenn dieser wegen der Höhe der Barleistungen des Sozialversicherers nicht gezahlt wird. [9]Einem Anspruch auf Dienstbezüge gleichgestellt ist der Bezug von Krankengeld nach § 45 SGB V oder entsprechender gesetzlicher Leistungen und Leistungen nach §§ 18 bis 20 MuSchG oder § 24i SGB V.

Anmerkung zu Absatz 1 Satz 7:

Altersteilzeit Blockmodell

1. [1]Mitarbeiter, die unter die Anlage 17afallen und sich in der Altersteilzeit im Blockmodell befinden, erhalten die Einmalzahlung in Höhe der Hälfte der Gesamtsumme, die sie als Inflationsausgleich nach Absatz 1 Satz 1 oder Absatz 1 Satz 1 i.V.m. mit Satz 7 erhalten würden, wenn sie mit der bisherigen wöchentlichen Arbeitszeit weitergearbeitet hätten. [2]Die Auszahlung erfolgt unabhängig davon, ob sich der Mitarbeiter im Auszahlungsmonat in der Arbeits- oder der Freistellungsphase befindet. § 7 Abs. 2 der Anlage 17afindet auf die Einmalzahlung keine Anwendung.
2. Soweit im Zeitraum bis zum 15. Juni 2023 die Einmalzahlung in Anwendung von § 7 Abs. 2 der Anlage 17ain Höhe der Hälfte in das Wertguthaben eingeflossen ist, erfolgt eine Korrektur des Wertguthabens.

Auszubildende

(2) [1]Auszubildende und Studierende im Sinne der Anlage 7, die an mindestens einem Tag des Auszahlungsmonats Anspruch auf Ausbildungsvergütung haben, erhalten zum 30. Juni 2023 und zum 30. Juni 2024 eine Einmalzahlung in Höhe von jeweils 500 Euro sowie in den Monaten Oktober 2023 bis Februar 2024 monatliche Einmalzahlungen in Höhe von jeweils 100 Euro. [2]Absatz 1 Sätze 8 und 9 gelten entsprechend.

(3) Die Prämie nach Absatz 1 und 2 ist bei der Bemessung sonstiger Leistungen nicht zu berücksichtigen.

(4) [1]Die Prämie nach Absatz 1 und 2 wird nicht mit sonstigen Leistungen verrechnet. [2]Sofern für Mitarbeiter, die nach Anlage 21 eingruppiert sind, die für vergleichbare Beschäftigte des jeweiligen Bundeslandes geltenden Regelungen Leistungen nach § 3 Nr. 11c EStG vorsehen, erhalten diese Mitarbeiter nur die Prämie nach Absatz 1.

Mitarbeiter Anlage 21

Anmerkung zu Anlage 1c:

[1]Der Anspruch auf die Inflationsausgleichsprämie besteht pro Dienstverhältnis. [2]Übt der Mitarbeiter im Begünstigungszeitraum bei demselben Dienstgeber mehrere Dienstverhältnisse aus, gilt dies nur bis zu einem Betrag von 3.000 Euro insgesamt. [3]Satz 1 gilt auch für Zahlungen des Dienstgebers mit Bezug auf § 3 Nr. 11c EStG, die vor dem Inkrafttreten der Anlage 1c durch den Dienstgeber erfolgt sind.

mehrere Dienstverhältnisse

Anlage 1d: (kein Abdruck wegen Fristablauf)

Anlage 1e: (kein Abdruck wegen Fristablauf)

Anlage 2: Vergütungsgruppen für Mitarbeiter (allgemein)

Inhalt

Vergütungsgruppe 1 64
Vergütungsgruppe 1a 65
Vergütungsgruppe 1b 66
Vergütungsgruppe 2 67
Vergütungsgruppe 3 69
Vergütungsgruppe 4a 69
Vergütungsgruppe 4b 70
Vergütungsgruppe 5b 72
Vergütungsgruppe 5c 76
Vergütungsgruppe 6b 79
Vergütungsgruppe 7 84
Vergütungsgruppe 8 87
Vergütungsgruppe 9a 89
Vergütungsgruppe 9 89
Vergütungsgruppe 10 90
Vergütungsgruppe 11 91
Vergütungsgruppe 12 91
Anmerkungen zu den Tätigkeitsmerkmalen der Vergütungsgruppen 1-12 92

Vergütungsgruppe 1

1 (weggefallen)

2 (weggefallen)

3 Apotheker als Leiter von Apotheken, denen mindestens fünf Apotheker durch ausdrückliche Anordnung ständig unterstellt sind [1, 2]

4 Mitarbeiter im Verwaltungsdienst mit abgeschlossener wissenschaftlicher Hochschulbildung oder mit gleichwertigen Fähigkeiten und Erfahrungen in Dienststellen von zentraler bzw. überregionaler Bedeutung, die aufgrund ausdrücklicher Anordnung ein Aufgabengebiet, das sich auf den gesamten Zuständigkeitsbereich der Dienststelle erstreckt, abschließend bearbeiten und sich durch das Maß ihrer Verantwortung und den Umfang ihres Aufgabengebietes aus der Vergütungsgruppe 1b Ziffer 15 ausheben, nach zehnjähriger Bewährung in der Vergütungsgruppe 1a Ziffer 10 [3, 4, 103]

5 Verwaltungsleiter mit abgeschlossener wissenschaftlicher Hochschulbildung oder mit gleichwertigen Fähigkeiten und Erfahrungen in Krankenhäusern mit mindestens 240 Betten und mindestens sieben Fachabteilungen, davon mindestens fünf klinische Fachabteilungen nach zehnjähriger Bewährung in Vergütungsgruppe 1a Ziffer 14b [8, 103, 114, 115]

6 Verwaltungsleiter mit abgeschlossener wissenschaftlicher Hochschulbildung oder mit gleichwertigen Fähigkeiten und Erfahrungen in Krankenhäusern mit mindestens 320 Betten nach zehnjähriger Bewährung in Vergütungsgruppe 1a Ziffer 14c [8, 103, 115]

7 Verwaltungsleiter mit abgeschlossener wissenschaftlicher Hochschulbildung oder mit gleichwertigen Fähigkeiten und Erfahrungen in Krankenhäusern mit mindestens 320 Betten und mit mindestens zehn Fachabteilungen, davon mindestens sechs klinischen Fachabteilungen [8, 103, 114, 115]

8 Geschäftsführer von Regional-, Kreis-, Ortscaritasverbänden und Fachverbänden mit abgeschlossener wissenschaftlicher Hochschulbildung oder mit gleichwertigen Fähigkeiten und Erfahrungen mit mindestens 300 Mitarbeitern nach zehnjähriger Bewährung in Vergütungsgruppe 1a Ziffer 7a [77, 103, 119]

Vergütungsgruppe 1a

1 Apotheker als Leiter von Apotheken, denen mindestens vier Apotheker durch ausdrückliche Anordnung ständig unterstellt sind [1, 2]

1a Apotheker als Leiter von Apotheken nach sechsjähriger Bewährung in Vergütungsgruppe 1b Ziffer 1

2 (weggefallen)

3 (weggefallen)

4 (weggefallen)

5 (weggefallen)

6 (weggefallen)

7 (weggefallen)

7a Geschäftsführer von Regional-, Kreis-, Ortscaritasverbänden und Fachverbänden mit abgeschlossener wissenschaftlicher Hochschulbildung oder mit gleichwertigen Fähigkeiten und Erfahrungen mit mindestens 300 Mitarbeitern [77, 103, 119]

7b Geschäftsführer von Regional-, Kreis-, Ortscaritasverbänden und Fachverbänden mit abgeschlossener wissenschaftlicher Hochschulbildung oder mit gleichwertigen Fähigkeiten und Erfahrungen mit mindestens 150 Mitarbeitern nach achtjähriger Bewährung in Vergütungsgruppe 1b Ziffer 9 [77, 103, 119]

8 Mitarbeiter mit abgeschlossener wissenschaftlicher Hochschulbildung oder mit gleichwertigen Fähigkeiten und Erfahrungen in der Tätigkeit als Leiter von Einrichtungen mit mehr als 600 Betten [103]

9 (weggefallen)

10 Mitarbeiter im Verwaltungsdienst mit abgeschlossener wissenschaftlicher Hochschulbildung oder mit gleichwertigen Fähigkeiten und Erfahrungen in Dienststellen von zentraler bzw. überregionaler Bedeutung, die aufgrund ausdrücklicher Anordnung ein Aufgabengebiet, das sich auf den gesamten Zuständigkeitsbereich der Dienststelle erstreckt, abschließend bearbeiten und sich durch das Maß ihrer Verantwortung und den Umfang ihres Aufgabengebietes erheblich aus der Vergütungsgruppe 1b Ziffer 15 herausheben [3, 4, 103]

11 Mitarbeiter im Verwaltungsdienst mit abgeschlossener wissenschaftlicher Hochschulbildung oder mit gleichwertigen Fähigkeiten und Erfahrungen in Dienststellen von zentraler bzw. überregionaler Bedeutung, die aufgrund ausdrücklicher Anordnung ein Aufgabengebiet, das sich auf den gesamten Zuständigkeitsbereich der Dienststelle erstreckt, abschließend bearbeiten, nach zehnjähriger Bewährung in Vergütungsgruppe 1b Ziffer 15 [3, 4, 103]

12 Mitarbeiter mit abgeschlossener wissenschaftlicher Hochschulbildung oder mit gleichwertigen Fähigkeiten und Erfahrungen, die sich aus der Vergütungsgruppe 1b mit Ausnahme der Ziffern 2, 6, 10, 13, 15, 19 und 20 durch hochwertige Leistungen in einem besonders schwierigen Aufgabenkreis herausheben [103]

13 Mitarbeiter mit abgeschlossener wissenschaftlicher Hochschulbildung oder mit gleichwertigen Fähigkeiten und Erfahrungen, denen mindestens fünf Mitarbeiter mindestens der Vergütungsgruppe 2 durch ausdrückliche Anordnung ständig unterstellt sind [103, 77]

14 Verwaltungsleiter mit abgeschlossener wissenschaftlicher Hochschulbildung oder mit gleichwertigen Fähigkeiten und Erfahrungen in Krankenhäusern mit mindestens 160 Betten und mit mindestens fünf Fachabteilungen, davon mindestens drei klinische Fachabteilungen nach achtjähriger Bewährung in Vergütungsgruppe 1b Ziffer 17 [8, 103, 114, 115]

14a Verwaltungsleiter mit abgeschlossener wissenschaftlicher Hochschulbildung oder mit gleichwertigen Fähigkeiten und Erfahrungen in Krankenhäusern mit mindestens 240 Betten nach achtjähriger Bewährung in Vergütungsgruppe 1b Ziffer 17a [8, 103, 115]

14b Verwaltungsleiter mit abgeschlossener wissenschaftlicher Hochschulbildung oder mit gleichwertigen Fähigkeiten und Erfahrungen in Krankenhäusern mit mindestens 240 Betten und mit mindestens sieben Fachabteilungen, davon mindestens fünf klinischen Fachabteilungen [8, 103, 114, 115]

14c Verwaltungsleiter mit abgeschlossener wissenschaftlicher Hochschulbildung oder mit gleichwertigen Fähigkeiten und Erfahrungen in Krankenhäusern mit mindestens 320 Betten [8, 103, 115]

15 (weggefallen)

16 (weggefallen)

17 Mitarbeiter, die aufgrund gleichwertiger Fähigkeiten und Erfahrungen hinsichtlich Aufgabenbereich und Verantwortung den Mitarbeitern in Tätigkeitsmerkmalen dieser Vergütungsgruppe vergleichbar sind [9, 103]

Vergütungsgruppe 1b

1 Apotheker als Leiter von Apotheken

2 Apotheker nach fünfjähriger Tätigkeit als Apotheker

3 (weggefallen)

4 (weggefallen)

5 (weggefallen)

6 (weggefallen)

7 (weggefallen)

8 (weggefallen)

9 Geschäftsführer von Regional-, Kreis-, Ortscaritasverbänden und Fachverbänden mit abgeschlossener wissenschaftlicher Hochschulbildung oder mit gleichwertigen Fähigkeiten und Erfahrungen mit mindestens 150 Mitarbeitern [77, 103, 119]

9a Geschäftsführer von Regional-, Kreis-, Ortscaritasverbänden und Fachverbänden mit abgeschlossener wissenschaftlicher Hochschulbildung oder mit gleichwertigen Fähigkeiten und Erfahrungen mit mindestens 75 Mitarbeitern nach sechsjähriger Bewährung in Vergütungsgruppe 2 Ziffer 7 [77, 103, 119] bis 9c (weggefallen)

9d Leiter von Einrichtungen der stationären Altenhilfe mit mindestens 160 Plätzen mit wissenschaftlicher Hochschulbildung oder mit gleichwertigen Fähigkeiten und Erfahrungen, denen wesentliche Funktionen der Betriebs- und Wirtschaftsführung übertragen sind, nach sechsjähriger Bewährung in Vergütungsgruppe 2 Ziffer 10b [14, 103]

10 (durch Überleitung in die Anlage 21a zu den AVR entfallen)

10a Mitarbeiter mit abgeschlossener wissenschaftlicher Hochschulbildung oder mit gleichwertigen Fähigkeiten und Erfahrungen in der Tätigkeit als Leiter von Einrichtungen mit mehr als 400 Betten nach sechsjähriger Bewährung in Vergütungsgruppe 2 Ziffer 3 [103]

bis 11a (weggefallen)

12 Mitarbeiter mit abgeschlossener wissenschaftlicher Hochschulbildung nach achtjähriger Bewährung in Vergütungsgruppe 2 Ziffer 12

13 Mitarbeiter mit abgeschlossener wissenschaftlicher Hochschulbildung oder mit gleichwertigen Fähigkeiten und Erfahrungen, die sich durch hochwertige Leistungen in einem besonders schwierigen Aufgabenkreis aus der Vergütungsgruppe 2 herausheben [103]

14 Mitarbeiter mit abgeschlossener wissenschaftlicher Hochschulbildung oder mit gleichwertigen Fähigkeiten und Erfahrungen, deren Tätigkeit im Verwaltungsdienst hochwertige Leistungen erfordert, nach sechsjähriger Bewährung in Vergütungsgruppe 2 Ziffer 13 [103]

15 Mitarbeiter im Verwaltungsdienst mit abgeschlossener wissenschaftlicher Hochschulbildung oder mit gleichwertigen Fähigkeiten und Erfahrungen in Dienststellen von zentraler bzw. überregionaler Bedeutung, die aufgrund ausdrücklicher Anordnung ein Aufgabengebiet, das sich auf den gesamten Zuständigkeitsbereich der Dienststelle erstreckt, abschließend bearbeiten [3, 4, 103]

16 Verwaltungsleiter mit abgeschlossener wissenschaftlicher Hochschulbildung oder mit gleichwertigen Fähigkeiten und Erfahrungen in Krankenhäusern mit mindestens 160 Betten nach sechsjähriger Bewährung in Vergütungsgruppe 2 Ziffer 16 [8, 103, 115]

17 Verwaltungsleiter mit abgeschlossener wissenschaftlicher Hochschulbildung oder mit gleichwertigen Fähigkeiten und Erfahrungen in Krankenhäusern mit mindestens 160 Betten und mit mindestens fünf Fachabteilungen, davon mindestens drei klinischen Fachabteilungen [8, 103, 114, 115]

17a Verwaltungsleiter mit abgeschlossener wissenschaftlicher Hochschulbildung oder mit gleichwertigen Fähigkeiten und Erfahrungen in Krankenhäusern mit mindestens 240 Betten [8, 103, 115]

18 (weggefallen)

19 (weggefallen)

19a (weggefallen)

20 Mitarbeiter, die aufgrund gleichwertiger Fähigkeiten und Erfahrungen hinsichtlich Aufgabenbereich und Verantwortung den Mitarbeitern in Tätigkeitsmerkmalen dieser Vergütungsgruppe vergleichbar sind [9, 103]

Vergütungsgruppe 2

1 Apotheker

2 (weggefallen)

3 Mitarbeiter mit abgeschlossener wissenschaftlicher Hochschulbildung oder mit gleichwertigen Fähigkeiten und Erfahrungen in der Tätigkeit als Leiter von Einrichtungen mit mehr als 400 Betten [103]

4 (weggefallen)

5 (durch Überleitung in die Anlage 21a zu den AVR entfallen)

6 (weggefallen)

7 Geschäftsführer von Regional-, Kreis-, Ortscaritasverbänden und Fachverbänden mit abgeschlossener wissenschaftlicher Hochschulbildung oder mit gleichwertigen Fähigkeiten und Erfahrungen mit mindestens 75 Mitarbeitern [77, 103, 119]

7a Geschäftsführer von Regional-, Kreis-, Ortscaritasverbänden und Fachverbänden mit abgeschlossener Fachhochschulausbildung mit mindestens zehn Mitarbeitern nach fünfjähriger Bewährung in Vergütungsgruppe 3 Ziffer 15 [77, 119]

7b bis 7c (weggefallen)

8 bis 10 (weggefallen)

10a Leiter von Einrichtungen der stationären Altenhilfe mit mindestens 120 Plätzen, denen wesentliche Funktionen der Betriebs- und Wirtschaftsführung übertragen sind, nach fünfjähriger Bewährung in Vergütungsgruppe 3 Ziffer 2a [14]

10b Leiter von Einrichtungen der stationären Altenhilfe mit mindestens 160 Plätzen mit wissenschaftlicher Hochschulbildung oder mit gleichwertigen Fähigkeiten und Erfahrungen, denen wesentliche Funktionen der Betriebs- und Wirtschaftsführung übertragen sind [14, 103]

11 Mitarbeiter in der Verwaltung und Buchhaltung, deren Tätigkeit sich aus Vergütungsgruppe 4a Ziffer 25 durch das Maß der damit verbundenen Verantwortung erheblich heraushebt, nach achtjähriger Bewährung in Vergütungsgruppe 3 Ziffer 12 [127]

12 Mitarbeiter mit abgeschlossener wissenschaftlicher Hochschulbildung und entsprechender Tätigkeit

13 Mitarbeiter mit abgeschlossener wissenschaftlicher Hochschulbildung oder mit gleichwertigen Fähigkeiten und Erfahrungen, deren Tätigkeit im Verwaltungsdienst hochwertige Leistungen erfordert [103]

14 Mitarbeiter mit abgeschlossener wissenschaftlicher Hochschulbildung oder mit gleichwertigen Fähigkeiten und Erfahrungen, die als Assistenten des Verwaltungsleiters in Krankenhäusern mit mindestens 450 Betten berufen sind [1, 103]

15 Verwaltungsleiter in Krankenhäusern mit mindestens 80 Betten nach sechsjähriger Bewährung in Vergütungsgruppe 3 Ziffer 20a [1, 15]

16 Verwaltungsleiter mit abgeschlossener wissenschaftlicher Hochschulbildung oder mit gleichwertigen Fähigkeiten und Erfahrungen in Krankenhäusern mit mindestens 160 Betten [8, 103, 115]

17 (weggefallen)

17a bis 17b (weggefallen)

18 Mitarbeiter, die aufgrund gleichwertiger Fähigkeiten und Erfahrungen hinsichtlich Aufgabenbereich und Verantwortung den Mitarbeitern in Tätigkeitsmerkmalen dieser Vergütungsgruppe vergleichbar sind [9, 103]

Vergütungsgruppe 3

1 Leiter des technischen Dienstes in Einrichtungen mit mindestens 450 Betten die eine Ausbildung als Ingenieur oder Techniker nachweisen

2 Leiter von Einrichtungen der stationären Altenhilfe mit mindestens 80 Plätzen, denen wesentliche Funktionen der Betriebs- und Wirtschaftsführung übertragen sind, nach vierjähriger Bewährung in Vergütungsgruppe 4a Ziffer 8a [14]

2a Leiter von Einrichtungen der stationären Altenhilfe mit mindestens 120 Plätzen, denen wesentliche Funktionen der Betriebs- und Wirtschaftsführung übertragen sind [14]

3 (durch Überleitung in die Anlage 21a zu den AVR entfallen)

is 11 (weggefallen)

12 Mitarbeiter in der Verwaltung und Buchhaltung, deren Tätigkeit sich aus Vergütungsgruppe 4a Ziffer 25 durch das Maß der damit verbundenen Verantwortung erheblich heraushebt [127]

13 Mitarbeiter in der Verwaltung und Buchhaltung, deren Tätigkeit sich aus Vergütungsgruppe 4b Ziffer 33 durch besondere Schwierigkeit und Bedeutung heraushebt, nach sechsjähriger Bewährung in Vergütungsgruppe 4a Ziffer 25 [126]

14 Mitarbeiter, die als Assistent des Verwaltungsleiters in Krankenhäusern mit mindestens 300 Betten berufen sind [1]

15 Geschäftsführer von Regional-, Kreis-, Ortscaritasverbänden und Fachverbänden mit abgeschlossener Fachhochschulausbildung mit mindestens zehn Mitarbeitern [77, 119]

15a Geschäftsführer von Regional-, Kreis-, Ortscaritasverbänden und Fachverbänden mit abgeschlossener Fachhochschulausbildung nach vierjähriger Bewährung in Vergütungsgruppe 4a Ziffer 12 [119]

is 19 (weggefallen)

19a (weggefallen)

20 Verwaltungsleiter in Krankenhäusern mit weniger als 80 Betten nach vierjähriger Bewährung in Vergütungsgruppe 4a Ziffer 39 [115]

20a Verwaltungsleiter in Krankenhäusern mit mindestens 80 Betten [115]

21 Mitarbeiter, deren Aufgabenbereich und Verantwortung mit den Tätigkeitsmerkmalen dieser Vergütungsgruppe vergleichbar ist [9]

Vergütungsgruppe 4a

1 (durch Überleitung in die Anlage 21a zu den AVR entfallen)

2 (durch Überleitung in die Anlage 21a zu den AVR entfallen)

3 (durch Überleitung in die Anlage 21a zu den AVR entfallen)

3a (weggefallen)

4 Hauptamtliche Dozenten an Fachschulen nach einer zehnjährigen Bewährung in dieser Tätigkeit

4a Küchenleiter von Küchen, in denen durchschnittlich täglich mehr als 500 Vollportionen hergestellt werden, nach vierjähriger Bewährung in Vergütungsgruppe 4b Ziffer 11b [122, 133]

5 (durch Überleitung in die Anlage 21a zu den AVR entfallen)

6 Leitende Physiotherapeuten/Krankengymnasten in einer Tätigkeit der Vergütungsgruppe 4b Ziffer 12 nach zweijähriger Bewährung in dieser Tätigkeit [43]

7 Leitende medizinisch-technische Assistenten in einer Tätigkeit der Vergütungsgruppe 4b Ziffer 13 nach zweijähriger Bewährung in dieser Tätigkeit [54]

8 Leiter von Einrichtungen der stationären Altenhilfe mit mindestens 40 Plätzen, denen wesentliche Funktionen der Betriebs- und Wirtschaftsführung übertragen sind, nach vierjähriger Bewährung in Vergütungsgruppe 4b Ziffer 14a [14]

8a Leiter von Einrichtungen der stationären Altenhilfe mit mindestens 80 Plätzen, denen wesentliche Funktionen der Betriebs- und Wirtschaftsführung übertragen sind [14]

9 (weggefallen)

10 (durch Überleitung in die Anlage 21a zu den AVR entfallen)

11 (durch Überleitung in die Anlage 21a zu den AVR entfallen)

11a bis 11d (weggefallen)

12 Geschäftsführer von Regional-, Kreis-, Ortscaritasverbänden und Fachverbänden mit abgeschlossener Fachhochschulausbildung [119]

13 bis 24 (weggefallen)

25 Mitarbeiter in der Verwaltung und Buchhaltung, deren Tätigkeit sich aus Vergütungsgruppe 4b Ziffer 33 durch besondere Schwierigkeit und Bedeutung heraushebt [126]

25a Mitarbeiter in der Verwaltung und Buchhaltung, deren Tätigkeit sich aus Vergütungsgruppe 5b Ziffer 56 dadurch heraushebt, dass sie besonders verantwortungsvoll ist, nach sechsjähriger Bewährung in Vergütungsgruppe 4b Ziffer 33 [125]

26 (durch Überleitung in die Anlage 21a zu den AVR entfallen)

27 (durch Überleitung in die Anlage 21a zu den AVR entfallen)

28 bis 38 (weggefallen)

39 Verwaltungsleiter in Krankenhäusern mit weniger als 80 Betten [115]

40 Mitarbeiter, deren Aufgabenbereich und Verantwortung mit den Tätigkeitsmerkmalen dieser Vergütungsgruppe vergleichbar ist [9]

Vergütungsgruppe 4b

1 (durch Überleitung in die Anlage 21a zu den AVR entfallen)

2 Audiometristen mit staatlicher Anerkennung oder mit mindestens zweijähriger Fachausbildung an Universitätskliniken oder medizinischen Akademien in einer Tätigkeit der Vergütungsgruppe 5b Ziffer 1 nach zweijähriger Bewährung in dieser Tätigkeit

3 (durch Überleitung in die Anlage 21a zu den AVR entfallen)

4 Beschäftigungstherapeuten/Ergotherapeuten mit staatlicher Anerkennung in einer Tätigkeit der Vergütungsgruppe 5b Ziffer 6 nach zweijähriger Bewährung in dieser Tätigkeit

5 (weggefallen)

6 (durch Überleitung in die Anlage 21a zu den AVR entfallen)

7 Diätassistenten mit staatlicher Anerkennung in einer Tätigkeit der Vergütungsgruppe 5b Ziffer 8 oder 11 nach zweijähriger Bewährung in einer dieser Tätigkeiten

7a Diplom-Ingenieure mit Fachhochschulausbildung in der Tätigkeit von Beauftragten für die Medizingeräte-Verordnung nach vierjähriger Bewährung in Vergütungsgruppe 5b Ziffer 11a

8 Hauptamtliche Dozenten an Fachschulen

is 9c (weggefallen)

9d Hauswirtschaftliche Betriebsleiter mit staatlicher Prüfung und entsprechender Tätigkeit in Einrichtungen mit mehr als 300 Plätzen nach vierjähriger Bewährung in Vergütungsgruppe 5b Ziffer 70 [134]

10 (durch Überleitung in die Anlage 21a zu den AVR entfallen)

11 Physiotherapeuten/Krankengymnasten in einer Tätigkeit der Vergütungsgruppe 5b Ziffer 24 nach zweijähriger Bewährung in dieser Tätigkeit

11a (weggefallen)

11b Küchenleiter von Küchen, in denen durchschnittlich täglich mehr als 500 Vollportionen hergestellt werden [132, 133]

11c Küchenleiter von Küchen, in denen durchschnittlich täglich mehr als 300 Vollportionen hergestellt werden, nach vierjähriger Bewährung in Vergütungsgruppe 5b Ziffer 25 [132, 133]

11d Mitarbeiter, die durch ausdrückliche Anordnung als ständige Vertreter der Küchenleiter von Küchen, in denen durchschnittlich täglich mehr als 500 Vollportionen hergestellt werden, bestellt sind, nach vierjähriger Bewährung in Vergütungsgruppe 5b Ziffer 25c [48, 132, 133]

12 Leitende Physiotherapeuten/Krankengymnasten, denen mindestens 16 Physiotherapeuten/Krankengymnasten oder Mitarbeiter in der Tätigkeit von Physiotherapeuten/Krankengymnasten durch ausdrückliche Anordnung ständig unterstellt sind [43, 77]

13 Leitende medizinisch-technische Assistenten, denen mindestens 16 medizinisch-technische Assistenten, medizinisch-technische Gehilfen oder sonstige Mitarbeiter, die aufgrund gleichwertiger Fähigkeiten und ihrer Erfahrung entsprechende Tätigkeiten ausüben, durch ausdrückliche Anordnung ständig unterstellt sind [54, 77]

14 Leiter von Einrichtungen der stationären Altenhilfe, denen wesentliche Funktionen der Betriebs- und Wirtschaftsführung übertragen sind, nach zweijähriger Bewährung in Vergütungsgruppe 5b Ziffer 26 [14]

14a Leiter von Einrichtungen der stationären Altenhilfe mit mindestens 40 Plätzen, denen wesentliche Funktionen der Betriebs- und Wirtschaftsführung übertragen sind [14]

15 (weggefallen)

16 (durch Überleitung in die Anlage 21a zu den AVR entfallen)

17 Logopäden mit staatlicher Anerkennung oder mit mindestens zweijähriger Fachausbildung an Universitätskliniken oder medizinischen Akademien mit Prüfung in einer Tätigkeit der Vergütungsgruppe 5b Ziffer 29 nach zweijähriger Bewährung in dieser Tätigkeit

18 (durch Überleitung in die Anlage 21a zu den AVR entfallen)

19 (durch Überleitung in die Anlage 21a zu den AVR entfallen)

20 Medizinisch-technische Assistenten in einer Tätigkeit der Vergütungsgruppe 5b Ziffer 38 oder 39 nach zweijähriger Bewährung in einer dieser Tätigkeiten

s 20d (weggefallen)

21 Mitarbeiter, die als Assistenten des Verwaltungsleiters in Krankenhäusern mit mindestens 180 Betten berufen sind [1]

s 22a (weggefallen)

23 Mitarbeiter, die in mehr als zwei fremden Sprachen geläufig nach Diktat schreiben und sich aus Vergütungsgruppe 5c Ziffer 48a dadurch herausheben, dass sie Schriftstücke in diesen Sprachen selbstständig abfassen, nach langjähriger Bewährung in Vergütungsgruppe 5b Ziffer 43

24 Mitarbeiter in Archiven mit abgeschlossener Fachausbildung, denen mehrere Archivangestellte oder gleichwertige Fachkräfte der Vergütungsgruppe 5b unterstellt sind [77]

25 (weggefallen)

26 (durch Überleitung in die Anlage 21a zu den AVR entfallen)

27 bis 32 (weggefallen)

33 Mitarbeiter in der Verwaltung und Buchhaltung, deren Tätigkeit sich aus der Vergütungsgruppe 5b Ziffer 56 dadurch heraushebt, dass sie besonders verantwortungsvoll ist [125]

34 Mitarbeiter in der Verwaltung und Buchhaltung, deren Tätigkeit gründliche, umfassende Fachkenntnisse und selbstständige Leistungen erfordert, nach vierjähriger Bewährung in Vergütungsgruppe 5b Ziffer 56 [123, 124]

35 Mitarbeiter mit abgeschlossener Fachhochschulausbildung nach vierjähriger entsprechender Berufstätigkeit nach abgeschlossener Ausbildung [9]

36 (durch Überleitung in die Anlage 21a zu den AVR entfallen)

37 Orthoptisten mit staatlicher Anerkennung oder mit mindestens zweijähriger Fachausbildung an Universitätskliniken oder medizinischen Akademien mit Prüfung in einer Tätigkeit der Vergütungsgruppe 5b Ziffer 59 oder 62 nach zweijähriger Bewährung in einer dieser Tätigkeiten

38 (durch Überleitung in die Anlage 21a zu den AVR entfallen)

39 Pharmazeutisch-technische Assistenten in einer Tätigkeit der Vergütungsgruppe 5b Ziffer 64 oder 65 nach zweijähriger Bewährung in einer dieser Tätigkeiten

40 bis 51 (weggefallen)

52 Mitarbeiter, deren Aufgabenbereich und Verantwortung mit den Tätigkeitsmerkmalen dieser Vergütungsgruppe vergleichbar ist [9]

Vergütungsgruppe 5b

1 Audiometristen mit staatlicher Anerkennung oder mit mindestens zweijähriger Fachausbildung an Universitätskliniken oder medizinischen Akademien, die als Hilfskräfte bei wissenschaftlichen Forschungsaufgaben mit einem besonders hohen Maß von Verantwortlichkeit tätig sind

2 (durch Überleitung in die Anlage 21a zu den AVR entfallen)

3 Audiometristen mit staatlicher Anerkennung oder mit mindestens zweijähriger Fachausbildung an Universitätskliniken oder medizinischen Akademien in einer Tätigkeit der Vergütungsgruppe 5c Ziffer 3 nach dreijähriger Bewährung in dieser Tätigkeit

4 (durch Überleitung in die Anlage 21a zu den AVR entfallen)

5 Beschäftigungstherapeuten/Ergotherapeuten mit staatlicher Anerkennung in einer Tätigkeit der Vergütungsgruppe 5c Ziffer 6 nach dreijähriger Bewährung in dieser Tätigkeit

6 Beschäftigungstherapeuten/Ergotherapeuten mit staatlicher Anerkennung und entsprechender Tätigkeit, denen mindestens zwei Beschäftigungstherapeuten mit staatlicher Anerkennung oder Mitarbeiter in der Tätigkeit von Beschäftigungstherapeuten/Ergotherapeuten durch ausdrückliche Anordnung ständig unterstellt sind [77]

7 (weggefallen)

8 Diätassistenten mit staatlicher Anerkennung als Leiter von Diätküchen, in denen durchschnittlich mindestens 400 Diätvollportionen täglich hergestellt werden [51]

9 (durch Überleitung in die Anlage 21a zu den AVR entfallen)

10 Diätassistenten mit staatlicher Anerkennung in einer Tätigkeit der Vergütungsgruppe 5c Ziffer 9, 10 oder 13 nach dreijähriger Bewährung in einer dieser Tätigkeiten

11 Diätassistenten mit staatlicher Anerkennung sowie mit zusätzlicher Ausbildung als Ernährungsberater und mit entsprechender Tätigkeit

11a Diplom-Ingenieure mit Fachhochschulausbildung in der Tätigkeit von Beauftragten für Medizingeräte-Verordnung

15a (weggefallen)

16 Gutsverwalter mit Fachausbildung und großem Verantwortungsbereich

17 Gärtnermeister, denen mehrere Gärtnermeister durch ausdrückliche Anordnung ständig unterstellt sind [1, 77, 141]

17a Gärtnermeister, die sich aus Vergütungsgruppe 6b dadurch herausheben, dass sie in einem besonders bedeutenden Arbeitsbereich mit einem höheren Maß an Verantwortlichkeit beschäftigt sind, nach vierjähriger Bewährung in Vergütungsgruppe 5c Ziffer 22 [141]

18a (weggefallen)

19 Handwerksmeister, Industriemeister und sonstige Meister, die sich durch den Umfang und die Bedeutung ihres Aufgabenbereiches und durch große Selbstständigkeit wesentlich aus der Vergütungsgruppe 5c Ziffer 25 herausheben [141]

19a Handwerksmeister und Industriemeister, die sich aus Vergütungsgruppe 6b dadurch herausheben, dass sie an einer besonders wichtigen Arbeitsstätte mit einem höheren Maß an Verantwortlichkeit beschäftigt sind, nach vierjähriger Bewährung in Vergütungsgruppe 5c Ziffer 23 [141]

19b Handwerksmeister und Industriemeister, sofern sie große Arbeitsstätten (Bereiche, Werkstätten, Abteilungen oder Betriebe) zu beaufsichtigen haben, in denen Handwerker oder Facharbeiter beschäftigt sind, nach vierjähriger Bewährung in Vergütungsgruppe 5c Ziffer 25 [141]

20c (weggefallen)

21 (durch Überleitung in die Anlage 21a zu den AVR entfallen)

22 (durch Überleitung in die Anlage 21a zu den AVR entfallen)

23 Physiotherapeuten/Krankengymnasten in einer Tätigkeit der Vergütungsgruppe 5c Ziffer 31 nach dreijähriger Bewährung in dieser Tätigkeit

24 Physiotherapeuten/Krankengymnasten mit entsprechender Tätigkeit, denen mindestens zwei Physiotherapeuten/Krankengymnasten oder Mitarbeiter in der Tätigkeit von Physiotherapeuten/Krankengymnasten durch ausdrückliche Anordnung ständig unterstellt sind [77]

25 Küchenleiter von Küchen, in denen durchschnittlich täglich mehr als 300 Vollportionen hergestellt werden [132, 133]

25a Küchenleiter von Küchen, in denen durchschnittlich täglich mehr als 120 Vollportionen hergestellt werden, nach vierjähriger Bewährung in Vergütungsgruppe 5c Ziffer 32a [132, 133]

25b Mitarbeiter, die durch ausdrückliche Anordnung als ständige Vertreter der Küchenleiter von Küchen, in denen durchschnittlich täglich mehr als 300 Vollportionen hergestellt werden, bestellt sind, nach vierjähriger Bewährung in Vergütungsgruppe 5c Ziffer 32c [48, 132, 133]

25c Mitarbeiter, die durch ausdrückliche Anordnung als ständige Vertreter der Küchenleiter von Küchen, in denen durchschnittlich täglich mehr als 500 Vollportionen hergestellt werden, bestellt sind [48, 132, 133]

26 Leiter von Einrichtungen der stationären Altenhilfe, denen wesentliche Funktionen der Betriebs- und Wirtschaftsführung übertragen sind [14]

27 (weggefallen)

28 Leiter von Registraturen von besonderer Bedeutung

29 Logopäden mit staatlicher Anerkennung oder mit mindestens zweijähriger Fachausbildung an Universitätskliniken oder medizinischen Akademien mit Prüfung und entsprechender Tätigkeit, die als Hilfskräfte bei wissenschaftlichen Forschungsaufgaben mit einem besonders hohen Maß von Verantwortlichkeit tätig sind

30 (durch Überleitung in die Anlage 21a zu den AVR entfallen)

31 Logopäden mit staatlicher Anerkennung oder mit mindestens zweijähriger Fachausbildung an Universitätskliniken oder medizinischen Akademien mit Prüfung in einer Tätigkeit der Vergütungsgruppe 5c Ziffer 35 nach dreijähriger Bewährung in dieser Tätigkeit

32 (weggefallen)

33 (durch Überleitung in die Anlage 21a zu den AVR entfallen)

34 Masseure, Masseure und medizinische Bademeister in einer Tätigkeit der Vergütungsgruppe 5c Ziffer 38 nach dreijähriger Bewährung in dieser Tätigkeit [40, 44]

34b (weggefallen)

35 (durch Überleitung in die Anlage 21a zu den AVR entfallen)

36 (durch Überleitung in die Anlage 21a zu den AVR entfallen)

37 Medizinisch-technische Assistenten in einer Tätigkeit der Vergütungsgruppe 5c Ziffer 41 nach dreijähriger Bewährung in dieser Tätigkeit

38 Medizinisch-technische Assistenten mit entsprechender Tätigkeit, denen mindestens zwei medizinisch-technische Assistenten, medizinisch-technische Gehilfen oder sonstige Mitarbeiter, die aufgrund gleichwertiger Fähigkeiten und ihrer Erfahrung entsprechende Tätigkeiten ausüben, durch ausdrückliche Anordnung ständig unterstellt sind [77]

39 Medizinisch-technische Assistenten mit entsprechender Tätigkeit, die als Hilfskräfte bei wissenschaftlichen Forschungsaufgaben mit einem besonders hohen Maß an Verantwortlichkeit tätig sind [53]

40 (weggefallen)

41 Mitarbeiter als Berechner von Bezügen, deren Tätigkeit sich aus Vergütungsgruppe 6b Ziffer 44 dadurch heraushebt, dass sie aufgrund der angegebenen tatsächlichen Verhältnisse die Bezüge und Versorgungsbezüge selbstständig errechnen und die damit zusammenhängenden Arbeiten (z.B. Feststellung der Versicherungspflicht in der Sozialversicherung und der Zusatzversorgung, Bearbeitung von Abtretungen und Pfändungen) selbstständig ausführen sowie den damit zusammenhängenden Schriftwechsel selbstständig führen, nach sechsjähriger Bewährung in Vergütungsgruppe 5c Ziffer 42

42 (weggefallen)

43 Mitarbeiter, die in mehr als zwei fremden Sprachen geläufig nach Diktat schreiben und sich aus Vergütungsgruppe 5c Ziffer 48a dadurch herausheben, dass sie Schriftstücke in diesen Sprachen selbstständig abfassen

44 Mitarbeiter, die in zwei fremden Sprachen geläufig nach Diktat schreiben und sich aus Vergütungsgruppe 6b Ziffer 45 dadurch herausheben, dass sie Schriftstücke in diesen Sprachen selbstständig abfassen, nach langjähriger Bewährung in Vergütungsgruppe 5c Ziffer 48

45 Mitarbeiter, die in mehr als zwei fremden Sprachen geläufig nach Diktat schreiben oder einfache Übersetzungen aus diesen oder in diese Sprachen anfertigen, nach langjähriger Bewährung in Vergütungsgruppe 5c Ziffer 48a [99]

46 Mitarbeiter in Archiven, mit abgeschlossener Fachausbildung sowie Mitarbeiter, die aufgrund gleichwertiger Fähigkeiten und ihrer Erfahrungen entsprechende Tätigkeiten ausüben

bis 54 (weggefallen)

55 Mitarbeiter in der Verwaltung und Buchhaltung, deren Tätigkeit sich aus Vergütungsgruppe 6b Ziffer 57 dadurch heraushebt, dass sie selbstständige Leistungen erfordert, nach sechsjähriger Bewährung in Vergütungsgruppe 5c Ziffer 49 [123]

56 Mitarbeiter in der Verwaltung und Buchhaltung, deren Tätigkeit gründliche, umfassende Fachkenntnisse und selbstständige Leistungen erfordert [123, 124]

57 Mitarbeiter mit abgeschlossener Fachausbildung für den bibliothekarischen Dienst (Diplombibliothekare) mit entsprechender Tätigkeit

58 Mitarbeiter mit abgeschlossener Fachhochschulbildung und entsprechender Tätigkeit[9]

bis 58d (weggefallen)

59 Orthoptisten mit staatlicher Anerkennung oder mindestens zweijähriger Fachausbildung an Universitätskliniken oder medizinischen Akademien mit Prüfung und entsprechender Tätigkeit, die als Hilfskräfte bei wissenschaftlichen Forschungsaufgaben mit einem besonders hohen Maß von Verantwortlichkeit tätig sind

60 (durch Überleitung in die Anlage 21a zu den AVR entfallen)

61 Orthoptisten mit staatlicher Anerkennung oder mit mindestens zweijähriger Fachausbildung an Universitätskliniken oder medizinischen Akademien mit Prüfung in einer Tätigkeit der Vergütungsgruppe 5c Ziffer 51 nach dreijähriger Bewährung in dieser Tätigkeit

62 Orthoptisten mit staatlicher Anerkennung oder mit mindestens zweijähriger Fachausbildung an Universitätskliniken oder medizinischen Akademien mit Prüfung und entsprechender Tätigkeit, denen mindestens zwei Orthoptisten oder Mitarbeiter in der Tätigkeit von Orthoptisten durch ausdrückliche Anordnung ständig unterstellt sind [77]

63 (durch Überleitung in die Anlage 21a zu den AVR entfallen)

64 Pharmazeutisch-technische Assistenten mit entsprechender Tätigkeit, denen mindestens zwei pharmazeutisch-technische Assistenten oder Apothekenhelfer mit Tätigkeiten mindestens der Vergütungsgruppe 7 durch ausdrückliche Anordnung ständig unterstellt sind [49, 77]

65 Pharmazeutisch-technische Assistenten mit entsprechender Tätigkeit, die als Hilfskräfte bei wissenschaftlichen Forschungsaufgaben mit einem besonders hohen Maß von Verantwortlichkeit tätig sind

66 Präparatoren in einer Tätigkeit der Vergütungsgruppe 5c Ziffer 53 oder 54 nach dreijähriger Bewährung in einer dieser Tätigkeiten

bis 69 (weggefallen)

69a Techniker mit staatlicher Anerkennung in der Tätigkeit von Beauftragten für die Medizingeräte-Verordnung nach dreijähriger Bewährung in Vergütungsgruppe 5c Ziffer 55a [129, 141]

70 Hauswirtschaftliche Betriebsleiter mit staatlicher Prüfung und entsprechender Tätigkeit in Einrichtungen mit mehr als 300 Plätzen [134]

70a Hauswirtschaftliche Betriebsleiter mit staatlicher Prüfung und entsprechender Tätigkeit in Einrichtungen mit mehr als 200 Plätzen nach vierjähriger Bewährung in Vergütungsgruppe 5c Ziffer 57 [134]

71 Mitarbeiter, deren Aufgabenbereich und Verantwortung mit den Tätigkeitsmerkmalen dieser Vergütungsgruppe vergleichbar ist [9]

Vergütungsgruppe 5c

1 (weggefallen)

2 Audiometristen mit staatlicher Anerkennung oder mit mindestens zweijähriger Fachausbildung an Universitätskliniken oder medizinischen Akademien in einer Tätigkeit der Vergütungsgruppe 6b Ziffer 5 nach zweijähriger Bewährung in dieser Tätigkeit

3 Audiometristen mit staatlicher Anerkennung oder mit mindestens zweijähriger Fachausbildung an Universitätskliniken oder medizinischen Akademien mit entsprechender Tätigkeit nach sechsmonatiger Berufsausübung nach erlangter staatlicher Anerkennung bzw. nach Abschluss der genannten Fachausbildung, die überwiegend schwierige Aufgaben im Sinne der Vergütungsgruppe 6b Ziffer 5 erfüllen

4 Auswandererberater, sofern nicht aufgrund einer abgeschlossenen Ausbildung eine höhere Eingruppierung vorgesehen ist, nach vierjähriger Bewährung in der Vergütungsgruppe 6b Ziffer 8

5 Beschäftigungstherapeuten/Ergotherapeuten mit staatlicher Anerkennung in einer Tätigkeit der Vergütungsgruppe 6b Ziffer 9 nach zweijähriger Bewährung in dieser Tätigkeit

6 Beschäftigungstherapeuten/Ergotherapeuten mit staatlicher Anerkennung und entsprechender Tätigkeit nach sechsmonatiger Berufsausübung nach erlangter staatlicher Anerkennung, die überwiegend schwierige Aufgaben im Sinne der Vergütungsgruppe 6b Ziffer 9 erfüllen

7 Dermoplastiker (Moulageure) nach fünfjähriger Bewährung in dieser Tätigkeit

8 Desinfektoren mit Prüfung in einer Tätigkeit der Vergütungsgruppe 6b Ziffer 12 nach dreijähriger Bewährung in dieser Tätigkeit

9 Diätassistenten mit staatlicher Anerkennung als Leiter von Diätküchen, in denen durchschnittlich mindestens 200 Diätvollportionen täglich hergestellt werden [51]

10 Diätassistenten mit staatlicher Anerkennung, die als ständige Vertreter von Leiter von Diätküchen, in denen durchschnittlich mindestens 400 Diätvollportionen täglich hergestellt werden, durch ausdrückliche Anordnung bestellt sind [48, 51]

11 Diätassistenten mit staatlicher Anerkennung in einer Tätigkeit der Vergütungsgruppe 6b Ziffer 14, 15, 16 oder 17 nach zweijähriger Bewährung in einer dieser Tätigkeiten

12 Diätassistenten mit staatlicher Anerkennung nach sechsjähriger Bewährung in dieser Tätigkeit

13 Diätassistenten mit staatlicher Anerkennung und entsprechender Tätigkeit nach sechsmonatiger Berufsausübung nach erlangter staatlicher Anerkennung, die überwiegend schwierige Aufgaben im Sinne der Vergütungsgruppe 6b Ziffer 17 erfüllen

14 Dorfhelfer mit staatlicher Anerkennung und entsprechender Tätigkeit nach vierjähriger Bewährung in Vergütungsgruppe 6b Ziffer 19 [98]

15 bis 20b (weggefallen)

21 Gartenbauinspektoren mit Diplom

22 Gärtnermeister, die sich aus der Vergütungsgruppe 6b dadurch herausheben, dass sie in einem besonders bedeutenden Arbeitsbereich mit einem höheren Maß an Verantwortlichkeit beschäftigt sind [141]

22a Gärtnermeister, soweit nicht anderweitig eingruppiert, nach vierjähriger Bewährung in Vergütungsgruppe 6b Ziffer 24 [141]

23 Handwerksmeister und Industriemeister, die sich aus der Vergütungsgruppe 6b dadurch herausheben, dass sie an einer besonders wichtigen Arbeitsstätte mit einem höheren Maß an Verantwortlichkeit beschäftigt sind [141]

23a Handwerksmeister und Industriemeister, soweit nicht anderweitig eingruppiert, nach vierjähriger Bewährung in Vergütungsgruppe 6b Ziffer 25 [141]

24 (weggefallen)

25 Handwerksmeister und Industriemeister, sofern sie große Arbeitsstätten (Bereiche, Werkstätten, Abteilungen oder Betriebe) zu beaufsichtigen haben, in denen Handwerker oder Facharbeiter beschäftigt sind [141]

26 Familienpfleger mit staatlicher Anerkennung und entsprechender Tätigkeit nach vierjähriger Bewährung in Vergütungsgruppe 6b Ziffer 26 [98]

26a Hauswirtschaftsmeister nach vierjähriger Bewährung in Vergütungsgruppe 6b Ziffer 26c

is 28a (weggefallen)

29 (durch Überleitung in die Anlage 21a zu den AVR entfallen)

30 Physiotherapeuten/Krankengymnasten in einer Tätigkeit der Vergütungsgruppe 6b Ziffer 28 nach zweijähriger Bewährung in dieser Tätigkeit

31 Physiotherapeuten/Krankengymnasten mit entsprechender Tätigkeit nach sechsmonatiger Berufsausübung nach erlangter staatlicher Erlaubnis, die überwiegend schwierige Aufgaben im Sinne der Vergütungsgruppe 6b Ziffer 28 erfüllen

is 31b (weggefallen)

32 Küchenleiter von Küchen, in denen durchschnittlich täglich mehr als 60 Vollportionen hergestellt werden, nach vierjähriger Bewährung in Vergütungsgruppe 6b Ziffer 31 [132, 133]

32a Küchenleiter von Küchen, in denen durchschnittlich täglich mehr als 120 Vollportionen hergestellt werden [132, 133]

32b Mitarbeiter, die durch ausdrückliche Anordnung als ständige Vertreter der Küchenleiter von Küchen, in denen durchschnittlich täglich mehr als 120 Vollportionen hergestellt werden, bestellt sind, nach vierjähriger Bewährung in Vergütungsgruppe 6b Ziffer 31a [48, 132, 133]

32c Mitarbeiter, die durch ausdrückliche Anordnung als ständige Vertreter der Küchenleiter von Küchen, in denen durchschnittlich täglich mehr als 300 Vollportionen hergestellt werden, bestellt sind [48, 132, 133]

33 (weggefallen)

34 Logopäden mit staatlicher Anerkennung oder mit mindestens zweijähriger Fachausbildung an Universitätskliniken oder medizinischen Akademien mit Prüfung in einer Tätigkeit der Vergütungsgruppe 6b Ziffer 36 nach zweijähriger Bewährung in dieser Tätigkeit

35 Logopäden mit staatlicher Anerkennung oder mit mindestens zweijähriger Fachausbildung an Universitätskliniken oder medizinischen Akademien mit Prüfung und entsprechender Tätigkeit nach sechsmonatiger Berufsausübung nach erlangter staatlicher Anerkennung bzw. nach Abschluss der genannten Fachausbildung, die überwiegend schwierige Aufgaben im Sinne der Vergütungsgruppe 6b Ziffer 35 erfüllen

36 (durch Überleitung in die Anlage 21a zu den AVR entfallen)

37 Masseure, Masseure und medizinische Bademeister in einer Tätigkeit der Vergütungsgruppe 6b Ziffer 39 oder 40 nach zweijähriger Bewährung in einer dieser Tätigkeiten [44]

38 Masseure, Masseure und medizinische Bademeister mit entsprechender Tätigkeit, denen mindestens acht Masseure, Masseure und medizinische Bademeister oder Mitarbeiter in der

Tätigkeit von Masseuren oder Masseuren und medizinischen Bademeistern durch ausdrückliche Anordnung ständig unterstellt sind [44, 77]

39 Medizinisch-technische Assistenten in einer Tätigkeit der Vergütungsgruppe 6b Ziffer 42 nach zweijähriger Bewährung in dieser Tätigkeit [77]

40 Medizinisch-technische Assistenten mit entsprechender Tätigkeit nach sechsjähriger Bewährung in dieser Tätigkeit

41 Medizinisch-technische Assistenten mit entsprechender Tätigkeit nach sechsmonatiger Berufsausübung nach erlangter staatlicher Erlaubnis, die in nicht unerheblichem Umfange eine oder mehrere der folgenden Aufgaben erfüllen:

Wartung und Justierung von hochwertigen und schwierig zu bedienenden Messgeräten (z.B. Autoanalyzern) und Anlage der hierzu gehörenden Eichkurven, Bedienung eines Elektronenmikroskops sowie Vorbereitung der Präparate für Elektronenmikroskopie. Quantitative Bestimmung von Kupfer und Eisen, Bestimmung der Eisenbindungskapazität, schwierige Hormonbestimmungen, schwierige Fermentaktivitätsbestimmungen, schwierige gerinnungsphysiologische Untersuchungen. Virusisolierungen oder ähnliche schwierige mikrobiologische Verfahren, Gewebezüchtungen, schwierige Antikörperbestimmungen (z.B. Coombs-Test, Blutgruppen-Serologie). Vorbereitung und Durchführung von röntgenologischen Gefäßuntersuchungen in der Schädel-, Brust- oder Bauchhöhle. Mitwirkung bei Herzkatheterisierungen, Schichtaufnahmen in den drei Dimensionen mit Spezialgeräten, Encephalographien, Ventrikulographien, schwierigen intraoperativen Röntgenaufnahmen [46, 53]

41a Mitarbeiter als Berechner von Bezügen, deren Tätigkeit sich dadurch aus Vergütungsgruppe 7 Ziffer 36 heraushebt, dass sie aufgrund der angegebenen Merkmale die Bezüge selbstständig errechnen und die im Datenverarbeitungsverfahren erforderlichen Arbeiten und Kontrollen zur maschinellen Berechnung verantwortlich vornehmen und den damit verbundenen Schriftwechsel selbstständig führen, nach vierjähriger Bewährung in Vergütungsgruppe 6b Ziffer 44

42 Mitarbeiter als Berechner von Bezügen, deren Tätigkeit sich aus Vergütungsgruppe 6b Ziffer 44 dadurch heraushebt, dass sie aufgrund der angegebenen tatsächlichen Verhältnisse die Bezüge und Versorgungsbezüge selbstständig errechnen und die damit zusammenhängenden Arbeiten (z. B. Feststellung der Versicherungspflicht in der Sozialversicherung und der Zusatzversorgung, Bearbeitung von Abtretungen und Pfändungen) selbstständig ausführen sowie den damit zusammenhängenden Schriftwechsel selbstständig führen

42a Mitarbeiter mit einer für ihre Tätigkeit förderlichen Vorbildung als Leiter von Bahnhofsmissionen mit schwierigem Aufgabengebiet nach sechsjähriger Bewährung in Vergütungsgruppe 6b Ziffer 48b [137, 139]

43 bis 47 (weggefallen)

48 Mitarbeiter, die in zwei fremden Sprachen geläufig nach Diktat schreiben und sich aus Vergütungsgruppe 6b Ziffer 45 dadurch herausheben, dass sie Schriftstücke in diesen Sprachen selbstständig abfassen

48a Mitarbeiter, die in mehr als zwei fremden Sprachen geläufig nach Diktat schreiben oder einfache Übersetzungen aus diesen oder in diese Sprachen anfertigen [99]

48b Mitarbeiter, die in zwei fremden Sprachen geläufig nach Diktat schreiben oder einfache Übersetzungen aus diesen oder in diese Sprachen anfertigen, nach mehrjähriger Bewährung in Vergütungsgruppe 6b Ziffer 45 [99]

48c Mitarbeiter in der Verwaltung und Buchhaltung, deren Tätigkeit gründliche und vielseitige Fachkenntnisse und mindestens zu einem Viertel selbstständige Leistungen erfordert, nach vierjähriger Bewährung in Vergütungsgruppe 6b Ziffer 57 [122, 123]

48d Mitarbeiter im Schreib- und Sekretariatsdienst, deren Tätigkeit Verwaltungsaufgaben umfasst, die gründliche und vielseitige Fachkenntnisse und mindestens zu einem Viertel selbstständige Leistungen erfordern, oder solche in besonders verantwortlicher Stellung nach vierjähriger Bewährung in Vergütungsgruppe 6b Ziffer 67 [122, 123]

49 Mitarbeiter in der Verwaltung und Buchhaltung, deren Tätigkeit sich aus Vergütungsgruppe 6b Ziffer 57 dadurch heraushebt, dass sie selbstständige Leistungen erfordert [123]

bis 49c (weggefallen)

50 Orthoptisten mit staatlicher Anerkennung oder mit mindestens zweijähriger Fachausbildung an Universitätskliniken oder medizinischen Akademien mit Prüfung in einer Tätigkeit der Vergütungsgruppe 6b Ziffer 60 nach zweijähriger Bewährung in dieser Tätigkeit

51 Orthoptisten mit staatlicher Anerkennung oder mit mindestens zweijähriger Fachausbildung an Universitätskliniken oder medizinischen Akademien mit Prüfung und entsprechender Tätigkeit nach sechsmonatiger Berufsausübung nach erlangter staatlicher Anerkennung bzw. nach Abschluss der genannten Fachausbildung, die überwiegend schwierige Aufgaben im Sinne der Vergütungsgruppe 6b Ziffer 60 erfüllen

52 Pharmazeutisch-technische Assistenten in einer Tätigkeit der Vergütungsgruppe 6b Ziffer 62 nach zweijähriger Bewährung in dieser Tätigkeit

53 Präparatoren, denen mindestens zwei Präparatoren, davon mindestens einer mit Tätigkeiten der Vergütungsgruppe 6b Ziffer 65, durch ausdrückliche Anordnung ständig unterstellt sind [77]

54 Präparatoren in einer Tätigkeit der Vergütungsgruppe 6b Ziffer 64 oder 65 nach dreijähriger Bewährung in einer dieser Tätigkeiten

55 (weggefallen)

55a Techniker mit staatlicher Anerkennung in der Tätigkeit von Beauftragten für die Medizingeräte-Verordnung [129, 141]

56 Verwalter von landwirtschaftlichen Betrieben mit einer dreijährigen Ausbildung in einer Ackerbauschule mit Fachprüfung, die in einem bedeutenden Arbeitsbereich mit einem hohen Maß von Verantwortlichkeit beschäftigt sind und durch den Umfang und die Bedeutung ihres Aufgabengebietes aus der Vergütungsgruppe 6b Ziffer 69 sich hervorheben

56a Wäschereileiter in Einrichtungen mit mehr als 300 Betten nach vierjähriger Bewährung in Vergütungsgruppe 6b Ziffer 70 [17, 135]

57 Hauswirtschaftliche Betriebsleiter mit staatlicher Prüfung und entsprechender Tätigkeit in Einrichtungen mit mehr als 200 Plätzen [134]

57a Hauswirtschaftliche Betriebsleiter mit staatlicher Prüfung und entsprechender Tätigkeit nach vierjähriger Bewährung in Vergütungsgruppe 6b Ziffer 26d [134]

58 Mitarbeiter, deren Aufgabenbereich und Verantwortung mit den Tätigkeitsmerkmalen dieser Vergütungsgruppe vergleichbar sind [9]

Vergütungsgruppe 6b

1 (weggefallen)

2 Apothekenhelfer mit Abschlussprüfung in Arzneimittelausgabestellen, denen mindestens drei Apothekenhelfer oder Mitarbeiter in der Tätigkeit von Apothekenhelfern durch ausdrückliche Anordnung ständig unterstellt sind [49, 50, 77]

3 Apothekenhelfer mit Abschlussprüfung in einer Tätigkeit der Vergütungsgruppe 7 Ziffer 3 nach vierjähriger Bewährung in dieser Tätigkeit [49]

4 Arzthelfer mit Abschlussprüfung in einer Tätigkeit der Vergütungsgruppe 7 Ziffer 5 nach vierjähriger Bewährung in dieser Tätigkeit

5 Audiometristen mit staatlicher Anerkennung oder mit mindestens zweijähriger Fachausbildung an Universitätskliniken oder medizinischen Akademien mit entsprechender Tätigkeit, die in nicht unerheblichem Umfang schwierige Aufgaben erfüllen (als „schwierige Aufgaben" gelten z.B. Fertigung von Sprach-, Spiel- und Reflexaudiogrammen, Gehörprüfung bei Kleinkindern und Patienten mit geistigen Behinderungen sowie Gehörgeräteanpassung und Gehörerziehung – Hörtraining – bei Kleinkindern) [46]

6 Audiometristen mit staatlicher Anerkennung oder mit mindestens zweijähriger Fachausbildung an Universitätskliniken oder medizinischen Akademien und entsprechender Tätigkeit

7 (weggefallen)

8 Auswandererberater, sofern nicht aufgrund einer abgeschlossenen Ausbildung eine höhere Eingruppierung vorgesehen ist

9 Beschäftigungstherapeuten/Ergotherapeuten mit staatlicher Anerkennung und entsprechender Tätigkeit, die in nicht unerheblichem Umfang schwierige Aufgaben erfüllen (als „schwierige Aufgaben" gelten z.B. Beschäftigungstherapie bei Querschnittslähmungen, in Kinderlähmungsfällen, mit spastisch Gelähmten, in Fällen von Dysmelien, in der Psychiatrie oder Geriatrie) [46]

10 Beschäftigungstherapeuten/Ergotherapeuten mit staatlicher Anerkennung und entsprechender Tätigkeit

11 Dermoplastiker (Moulageure) nach einjähriger Bewährung in Vergütungsgruppe 7 Ziffer 8

12 Desinfektoren mit Prüfung als Leiter des technischen Betriebs von Desinfektionsanstalten, denen mindestens neun Desinfektoren mit Prüfung durch ausdrückliche Anordnung ständig unterstellt sind [47, 77]

13 Desinfektoren mit Prüfung in einer Tätigkeit der Vergütungsgruppe 7 Ziffer 9, 10 oder 11 nach dreijähriger Bewährung in einer dieser Tätigkeiten

14 Diätassistenten mit staatlicher Anerkennung als Diätküchenleiter (§ 19 RdErl. RuPr. MdI vom 5. April 1937), die als Diätküchenleiterinnen tätig sind [52]

15 Diätassistenten mit staatlicher Anerkennung als Leiter von Diätküchen, in denen durchschnittlich mindestens 50 Diätvollportionen täglich hergestellt werden [51]

16 Diätassistenten mit staatlicher Anerkennung, die als ständige Vertreter von Leiter von Diätküchen, in denen durchschnittlich mindestens 200 Diätvollportionen täglich hergestellt werden, durch ausdrückliche Anordnung bestellt sind [48, 51]

17 Diätassistenten mit staatlicher Anerkennung und entsprechender Tätigkeit, die in nicht unerheblichem Umfang schwierige Aufgaben erfüllen („schwierige Aufgaben" sind z.B. Diätberatung von einzelnen Patienten, selbstständige Durchführung von Ernährungserhebungen, Mitarbeit bei Grundlagenforschung im Fachbereich klinische Ernährungslehre, Herstellung und Berechnung spezifischer Diätformen bei dekompensierten Leberzirrhosen, Niereninsuffizienz, Hyperlipidämien, Stoffwechsel-Bilanz-Studien, Maldigestion und Malabsorption, nach Shuntoperationen, Kalzium-Test-Diäten, spezielle Anfertigung von Sonderernährung für Patienten auf Intensiv- und Wachstationen) [46]

18 Diätassistenten mit staatlicher Anerkennung und entsprechender Tätigkeit

19 Dorfhelfer mit staatlicher Anerkennung und entsprechender Tätigkeit [98]

20 bis 22a (weggefallen)

23 Gartenbautechniker mit Gartenbauschule und staatlicher Prüfung

24 Gärtnermeister, soweit nicht anderweitig eingruppiert [141]

24a Gärtnermeister mit kleinerem Aufgabenbereich nach vierjähriger Bewährung in Vergütungsgruppe 7 Ziffer 16 [141]

25 Handwerksmeister und Industriemeister, soweit nicht anderweitig eingruppiert [141]

25a Handwerksmeister und Industriemeister mit kleinerem Aufgabenbereich nach vierjähriger Bewährung in Vergütungsgruppe 7 Ziffer 17 [141]

25b Handwerker mit abgeschlossener Fachausbildung in verantwortlicher und selbstständiger Stellung nach vierjähriger Bewährung in Vergütungsgruppe 7 Ziffer 18 [142]

25c Hausmeister mit abgeschlossener handwerklicher Fachausbildung und besonders schwierigem oder besonders vielseitigem Tätigkeitsbereich nach vierjähriger Bewährung in Vergütungsgruppe 7 Ziffer 19

26 Familienpfleger mit staatlicher Anerkennung und entsprechender Tätigkeit [98]

26a Hauswirtschafter mit abgeschlossener Fachausbildung in besonders verantwortlicher und selbstständiger Tätigkeit nach vierjähriger Bewährung in Vergütungsgruppe 7 Ziffer 20b

26b Hauswirtschaftsmeister, Wirtschafter mit staatlicher Prüfung mit kleinerem Aufgabenbereich nach vierjähriger Bewährung in Vergütungsgruppe 7 Ziffer 20c

26c Hauswirtschaftsmeister, soweit nicht anderweitig eingruppiert

26d Hauswirtschaftliche Betriebsleiter mit staatlicher Prüfung und entsprechender Tätigkeit [134]

is 27a (weggefallen)

28 Physiotherapeuten/Krankengymnasten mit entsprechender Tätigkeit, die in nicht unerheblichem Umfange schwierige Aufgaben erfüllen [16, 46]

29 Physiotherapeuten/Krankengymnasten mit entsprechender Tätigkeit

29a (weggefallen)

30 Mitarbeiter, die durch ausdrückliche Anordnung als ständige Vertreter der Küchenleiter von Küchen, in denen durchschnittlich täglich mehr als 60 Vollportionen hergestellt werden, bestellt sind, nach vierjähriger Bewährung in Vergütungsgruppe 7 Ziffer 25 [48, 132, 133]

31 Küchenleiter von Küchen, in denen durchschnittlich täglich mehr als 60 Vollportionen hergestellt werden [132, 133]

31a Mitarbeiter, die durch ausdrückliche Anordnung als ständige Vertreter der Küchenleiter von Küchen, in denen durchschnittlich täglich mehr als 120 Vollportionen hergestellt werden, bestellt sind [48, 132, 133]

32 Kursusleiter mit Lehrbefähigung zur handwerklichen, landwirtschaftlichen oder hauswirtschaftlichen Ausbildung

32a Landwirtschaftlich oder gärtnerisch tätige Mitarbeiter mit abgeschlossener Fachausbildung in besonders verantwortlicher und selbstständiger Tätigkeit nach vierjähriger Bewährung in Vergütungsgruppe 7 Ziffer 26

33 (weggefallen)

34 Leiter von Kassen, denen mindestens ein Mitarbeiter der Vergütungsgruppe 8 unterstellt ist

35 Logopäden mit staatlicher Anerkennung oder mindestens zweijähriger Fachausbildung an Universitätskliniken oder medizinischen Akademien mit Prüfung und entsprechender Tätigkeit, die in nicht unerheblichem Umfang schwierige Aufgaben erfüllen (als „schwierige Aufgaben“ gelten z. B. die Behandlung von Kehlkopflosen, von Patienten nach Schlaganfällen

oder Gehirnoperationen, von schwachsinnigen Patienten, von Aphasiepatienten, von Patienten mit spastischen Lähmungen im Bereich des Sprachapparates) [46]

36 Logopäden mit staatlicher Anerkennung oder mit mindestens zweijähriger Fachausbildung an Universitätskliniken oder medizinischen Akademien mit Prüfung und entsprechender Tätigkeit

37 (weggefallen)

38 Masseure, Masseure und medizinische Bademeister in einer Tätigkeit der Vergütungsgruppe 7 Ziffer 29, 30 oder 32 nach zweijähriger Bewährung in einer dieser Tätigkeiten [44]

39 Masseure, Masseure und medizinische Bademeister mit entsprechender Tätigkeit, denen mindestens vier Masseure, Masseure und medizinische Bademeister oder Mitarbeiter in der Tätigkeit von Masseuren oder Masseuren und medizinischen Bademeistern durch ausdrückliche Anordnung ständig unterstellt sind [44, 77]

40 Masseure, Masseure und medizinische Bademeister mit entsprechender Tätigkeit, denen mindestens zwei Masseure, Masseure und medizinische Bademeister oder Mitarbeiter in der Tätigkeit von Masseuren oder Masseuren und medizinischen Bademeistern durch ausdrückliche Anordnung ständig unterstellt sind und die überwiegend schwierige Aufgaben im Sinne der Vergütungsgruppe 7 Ziffer 30 oder 32 erfüllen [44, 77]

41 Medizinisch-technische Assistenten mit entsprechender Tätigkeit

42 Medizinisch-technische Assistenten mit entsprechender Tätigkeit, die in nicht unerheblichem Umfange schwierige Aufgaben erfüllen (als „schwierige Aufgaben" gelten z. B. der Diagnostik vorausgehende technische Arbeiten bei überwiegend selbstständiger Verfahrenswahl auf histologischem, mikrobiologischem, serologischem und quantitativ klinisch-chemischem Gebiet; ferner schwierige röntgenologische Untersuchungsverfahren, insbesondere zur röntgenologischen Funktionsdiagnostik, messtechnischen Aufgaben und Hilfeleistung bei der Verwendung von radioaktiven Stoffen sowie schwierige medizinisch-fotografische Verfahren) [46]

43 Medizinisch-technische Gehilfen mit staatlicher Prüfung nach zweisemestriger Ausbildung und entsprechender Tätigkeit, die in nicht unerheblichem Umfange schwierige Aufgaben im Sinne der Vergütungsgruppe 6b Ziffer 42 erfüllen, soweit diese nicht den medizinisch-technischen Assistenten vorbehalten sind, und sonstige Mitarbeiter, die aufgrund gleichwertiger Fähigkeiten und ihrer Erfahrungen entsprechende Tätigkeiten ausüben, nach vierjähriger Bewährung in dieser Tätigkeit [46]

44 Mitarbeiter als Berechner von Bezügen, deren Tätigkeit sich dadurch aus Vergütungsgruppe 7 Ziffer 36 heraushebt, dass sie aufgrund der angegebenen Merkmale die Bezüge selbstständig errechnen und die im Datenverarbeitungsverfahren erforderlichen Arbeiten und Kontrollen zur maschinellen Berechnung verantwortlich vornehmen und den damit verbundenen Schriftwechsel selbstständig führen

44a Mitarbeiter als Berechner von Bezügen (wie Vergütung, Krankenvergütung, Urlaubsvergütung, Zuschuss zum Mutterschaftsgeld, Urlaubsgeld) und Versorgungsbezügen, deren Tätigkeit gründliche Fachkenntnisse erfordert, nach vierjähriger Bewährung in Vergütungsgruppe 7 Ziffer 36 [121]

45 Mitarbeiter, die in zwei fremden Sprachen geläufig nach Diktat schreiben oder einfache Übersetzungen aus diesen oder in diese Sprachen anfertigen [99]

46 Mitarbeiter, die in einer fremden Sprache geläufig nach Diktat schreiben oder einfache Übersetzungen aus dieser oder in diese Sprache anfertigen, nach vierjähriger Bewährung in Vergütungsgruppe 7 Ziffer 37 [99]

47 (weggefallen)

48 Mitarbeiter in Archiven in Tätigkeiten, die gründliche und vielseitige Fachkenntnisse im Archivdienst und in nicht unerheblichem Umfang selbstständige Leistungen erfordern

48a Mitarbeiter mit einer für ihre Tätigkeit förderlichen Vorbildung als Leiter von Bahnhofsmissionen mit umfangreichem Aufgabengebiet nach sechsjähriger Bewährung in Vergütungsgruppe 7 Ziffer 42c [137, 138]

48b Mitarbeiter mit einer für ihre Tätigkeit förderlichen Vorbildung als Leiter von Bahnhofsmissionen mit schwierigem Aufgabengebiet [137, 139]

bis 56 (weggefallen)

57 Mitarbeiter in der Verwaltung und Buchhaltung, deren Tätigkeit gründliche und vielseitige Fachkenntnisse und mindestens zu einem Viertel selbstständige Leistungen erfordert [122, 123]

58 Mitarbeiter in der Verwaltung und Buchhaltung, deren Tätigkeit gründliche und vielseitige Fachkenntnisse erfordert, nach vierjähriger Bewährung in Vergütungsgruppe 7 Ziffer 47 [122]

is 58c (weggefallen)

59 Mitarbeiter mit abgeschlossener Fachschulbildung und entsprechender Tätigkeit

60 Orthoptisten mit staatlicher Anerkennung oder mit mindestens zweijähriger Fachausbildung an Universitätskliniken oder medizinischen Akademien mit Prüfung und entsprechender Tätigkeit, die in nicht unerheblichem Umfange schwierige Aufgaben erfüllen (als „schwierige Aufgaben" gelten z. B. die Behandlung eingefahrener beidäugiger Anomalien, exzentrischer Fixation und Kleinstanomalien) [46]

61 Orthoptisten mit staatlicher Anerkennung oder mit mindestens zweijähriger Fachausbildung an Universitätskliniken oder medizinischen Akademien mit Prüfung und entsprechender Tätigkeit

62 Pharmazeutisch-technische Assistenten mit entsprechender Tätigkeit, die in nicht unerheblichem Umfange schwierige Aufgaben erfüllen [46, 55]

63 Pharmazeutisch-technische Assistenten mit entsprechender Tätigkeit

64 Präparatoren, denen mindestens zwei Präparatoren durch ausdrückliche Anordnung ständig unterstellt sind [77]

65 Präparatoren, die in nicht unerheblichem Umfange schwierige Aufgaben erfüllen („schwierige Aufgaben" sind z. B. Herstellung von Korrosionspräparaten, Darstellung feiner Gefäße und Nerven) [46]

66 Präparatoren mit entsprechender Tätigkeit nach dreijähriger Bewährung in dieser Tätigkeit

67 Mitarbeiter im Schreib- und Sekretariatsdienst, deren Tätigkeit Verwaltungsaufgaben umfasst, die gründliche und vielseitige Fachkenntnisse und mindestens zu einem Viertel selbstständige Leistungen erfordern, oder solche in besonders verantwortlicher Stellung [122, 123]

67a Mitarbeiter im Schreib- und Sekretariatsdienst, deren Tätigkeit sich aus Vergütungsgruppe 8 Ziffer 42 dadurch heraushebt, dass sie in erheblichem Umfang schwierigere und verantwortungsvolle Aufgaben umfasst oder außergewöhnliche Schreibleistungen erfordert, nach vierjähriger Bewährung in Vergütungsgruppe 7 Ziffer 63

68 Sektionsgehilfen in einer Tätigkeit der Vergütungsgruppe 7 nach sechsjähriger Bewährung in dieser Tätigkeit

69 Verwalter von landwirtschaftlichen Betrieben mit einer dreijährigen Ausbildung in einer Ackerbauschule und mit Fachprüfung

70 Wäschereileiter in Einrichtungen mit mehr als 300 Betten [17, 135]

70a (weggefallen)

70b Wäschereileiter in Einrichtungen mit mehr als 200 Betten nach vierjähriger Bewährung in Vergütungsgruppe 7 Ziffer 66 [17, 135]

71 (weggefallen)

72 Mitarbeiter, deren Aufgabenbereich und Verantwortung mit den Tätigkeitsmerkmalen dieser Vergütungsgruppe vergleichbar ist [9]

Vergütungsgruppe 7

1 (weggefallen)

2 Apothekenhelfer mit Abschlussprüfung und entsprechender Tätigkeit nach dreijähriger Bewährung in dieser Tätigkeit nach Abschluss der Ausbildung [49]

3 Apothekenhelfer mit Abschlussprüfung und schwierigen Aufgaben („schwierige Aufgaben" sind z. B. Taxieren, Mitwirkung bei der Herstellung von sterilen Lösungen oder sonstigen Arzneimitteln unter Verantwortung eines Apothekers) [49]

4 Arzthelfer mit Abschlussprüfung und entsprechender Tätigkeit nach dreijähriger Bewährung in dieser Tätigkeit nach Abschluss der Ausbildung

5 Arzthelfer mit Abschlussprüfung und schwierigen Aufgaben („schwierige Aufgaben" sind z.B. Patientenabrechnungen im stationären und ambulanten Bereich, Durchführung von Elektro-Kardiogrammen mit allen Ableitungen, Einfärben von zytologischen Präparaten oder gleich schwierigen Einfärbungen)

6 bis 7 (weggefallen)

8 Dermoplastiker (Moulageure) mit entsprechender Tätigkeit

9 Desinfektoren mit Prüfung als ausdrücklich bestellte ständige Vertreter von Leitern des technischen Betriebes von Desinfektionsanstalten, denen mindestens neun Desinfektoren mit Prüfung durch ausdrückliche Anordnung ständig unterstellt sind [47, 48, 77]

10 Desinfektoren mit Prüfung und entsprechender Tätigkeit, denen mindestens vier Desinfektoren mit Prüfung durch ausdrückliche Anordnung ständig unterstellt sind [77]

11 Desinfektoren mit Prüfung, die in nicht unerheblichem Umfang Aufsichtstätigkeit bei Begasungen mit hochgiftigen Stoffen ausüben [46]

12 Desinfektoren mit Prüfung in einer Tätigkeit der Vergütungsgruppe 8 Ziffer 4 oder 7 nach dreijähriger Bewährung in einer dieser Tätigkeiten

13 bis 15 (weggefallen)

16 Gärtnermeister mit kleinerem Aufgabenbereich [141]

17 Handwerksmeister und Industriemeister mit kleinerem Aufgabenbereich [141]

18 Handwerker mit abgeschlossener Fachausbildung in verantwortlicher und selbstständiger Tätigkeit [142]

18a Handwerker mit abgeschlossener Fachausbildung und entsprechender Tätigkeit nach zweijähriger Bewährung in Vergütungsgruppe 8 Ziffer 8 [142]

19 Hausmeister mit abgeschlossener handwerklicher Fachausbildung und besonders schwierigem oder besonders vielseitigem Tätigkeitsbereich

19a Hausmeister mit abgeschlossener handwerklicher Fachausbildung nach zweijähriger Bewährung in Vergütungsgruppe 8 Ziffer 9

20 (weggefallen)

20a Hauswirtschafter mit abgeschlossener Fachausbildung nach zweijähriger Bewährung in Vergütungsgruppe 8 Ziffer 9a

20b Hauswirtschafter mit abgeschlossener Fachausbildung in besonders verantwortlicher und selbstständiger Tätigkeit

20c Hauswirtschaftsmeister, Wirtschafter mit staatlicher Prüfung mit kleinerem Aufgabenbereich

bis 23 (weggefallen)

23a Köche nach zweijähriger Bewährung in Vergütungsgruppe 8 Ziffer 12

23b (weggefallen)

24 (weggefallen)

24a (weggefallen)

25 Mitarbeiter, die durch ausdrückliche Anordnung als ständige Vertreter der Küchenleiter von Küchen, in denen durchschnittlich täglich mehr als 60 Vollportionen hergestellt werden, bestellt sind [48, 132, 133]

26 Landwirtschaftlich oder gärtnerisch tätige Mitarbeiter mit abgeschlossener Fachausbildung in besonders verantwortlicher und selbstständiger Tätigkeit

26a Landwirtschaftlich oder gärtnerisch tätige Mitarbeiter mit abgeschlossener Fachausbildung nach zweijähriger Bewährung in Vergütungsgruppe 8 Ziffer 15

27 (weggefallen)

28 (weggefallen)

29 Masseure, Masseure und medizinische Bademeister mit entsprechender Tätigkeit, denen mindestens zwei Masseure, Masseure und medizinische Bademeister oder Mitarbeiter in der Tätigkeit von Masseuren oder Masseuren und medizinischen Bademeistern durch ausdrückliche Anordnung ständig unterstellt sind [44, 77]

30 Masseure mit entsprechender Tätigkeit, die schwierige Aufgaben erfüllen, nach sechsmonatiger Bewährung in dieser Tätigkeit (als „schwierige Aufgaben" gelten z. B. Verabreichung von Kohlesäuren- oder Sauerstoffbädern bei Herz- und Kreislaufbeschwerden, Massage- oder Bäderbehandlung nach Schlaganfällen oder bei Kinderlähmung, Massagebehandlung von Frischoperierten)

31 Masseure mit entsprechender Tätigkeit nach dreijähriger Bewährung in dieser Tätigkeit nach Abschluss der Ausbildung

32 Masseure und medizinische Bademeister mit entsprechender Tätigkeit, die schwierige Aufgaben erfüllen, nach Abschluss der Ausbildung [18, 44]

33 Masseure und medizinische Bademeister mit entsprechender Tätigkeit nach zweieinhalbjähriger Bewährung in dieser Tätigkeit [44]

34 (weggefallen)

35 Medizinisch-technische Gehilfen mit staatlicher Prüfung nach zweisemestriger Ausbildung und mit entsprechender Tätigkeit und sonstige Mitarbeiter, die aufgrund gleichwertiger Fähigkeiten und ihrer Erfahrungen entsprechende Tätigkeiten ausüben, nach dreijähriger Bewährung in dieser Tätigkeit

36 Mitarbeiter als Berechner von Bezügen (wie Vergütung, Krankenvergütung, Urlaubsvergütung, Zuschuss zum Mutterschaftsgeld, Urlaubsgeld) und Versorgungsbezügen, deren Tätigkeit gründliche Fachkenntnisse erfordert [121]

37 Mitarbeiter, die in einer fremden Sprache geläufig nach Diktat schreiben oder einfache Übersetzungen aus dieser oder in diese Sprache anfertigen [99]

38 bis 41 (weggefallen)

42 Mitarbeiter in Archiven mit gründlichen Fachkenntnissen

42a Mitarbeiter in der Bahnhofsmission mit einer für ihre Tätigkeit förderlichen Vorbildung und schwierigem Aufgabengebiet nach dreijähriger Bewährung in Vergütungsgruppe 8 Ziffer 20b [137, 139]

42b Mitarbeiter mit einer für ihre Tätigkeit förderlichen Vorbildung als Leiter von Bahnhofsmissionen mit einfachem Aufgabengebiet nach dreijähriger Bewährung in Vergütungsgruppe 8 Ziffer 20c [137]

42c Mitarbeiter mit einer für ihre Tätigkeit förderlichen Vorbildung als Leiter von Bahnhofsmissionen mit umfangreichem Aufgabengebiet [137, 138]

43 bis 46 (weggefallen)

47 Mitarbeiter in der Verwaltung und Buchhaltung, deren Tätigkeit gründliche und vielseitige Fachkenntnisse erfordert [122]

48 (weggefallen)

49 Mitarbeiter in der Verwaltung und Buchhaltung, deren Tätigkeit gründliche Fachkenntnisse erfordert, oder mit schwierigerer Tätigkeit, nach zweijähriger Bewährung in Vergütungsgruppe 8 Ziffer 25 [120, 121]

50 bis 51 (weggefallen)

52 Mitarbeiter mit gründlichen Fachkenntnissen im Bibliotheksdienst

53 Mitarbeiter ohne staatliche Anerkennung in der Tätigkeit von Diätassistenten nach dreijähriger Bewährung in dieser Tätigkeit

54 Mitarbeiter ohne staatliche Anerkennung in der Tätigkeit von Audiometristen nach dreijähriger Bewährung in dieser Tätigkeit

55 Mitarbeiter ohne staatliche Anerkennung in der Tätigkeit von Beschäftigungstherapeuten/Ergotherapeuten nach dreijähriger Bewährung in dieser Tätigkeit

56 Mitarbeiter ohne staatliche Anerkennung in der Tätigkeit von Logopäden nach dreijähriger Bewährung in dieser Tätigkeit

57 Mitarbeiter ohne staatliche Anerkennung in der Tätigkeit von Orthoptisten nach dreijähriger Bewährung in dieser Tätigkeit

58 Mitarbeiter ohne staatliche Erlaubnis in der Tätigkeit von Physiotherapeuten/Krankengymnasten nach dreijähriger Bewährung in dieser Tätigkeit

59 bis 60 (weggefallen)

61 Präparatoren mit entsprechender Tätigkeit

62 (weggefallen)

63 Mitarbeiter im Schreib- und Sekretariatsdienst, deren Tätigkeit sich aus Vergütungsgruppe 8 Ziffer 42 dadurch heraushebt, dass sie in erheblichem Umfang schwierigere und verantwortungsvolle Aufgaben umfasst oder außergewöhnliche Schreibleistungen erfordert

63a Mitarbeiter im Schreib- und Sekretariatsdienst, deren Tätigkeit sich aus Vergütungsgruppe 9 Ziffer 33 dadurch heraushebt, dass sie Schriftstücke nach skizzierten Angaben oder – bei wiederkehrenden Arbeiten – auch ohne Anleitung in Anlehnung an ähnliche Vorgänge erledigen nach zweijähriger Bewährung in Vergütungsgruppe 8 Ziffer 42

64 Sektionsgehilfen, die in nicht unerheblichem Umfange auch Präparatorentätigkeiten ausüben und denen mindestens zwei Sektionsgehilfen durch ausdrückliche Anordnung ständig unterstellt sind [46, 77]

64a Telefonisten mit umfangreicher oder schwieriger Tätigkeit nach zweijähriger Bewährung in Vergütungsgruppe 8 Ziffer 43

65 Verwalter von Landwirtschaftsbetrieben, landwirtschaftliche Baumeister mit Meisterprüfung oder landwirtschaftlicher Winterschule, Melker mit Fachprüfung

66 Wäschereileiter in Einrichtungen mit mehr als 200 Betten [135]

66a Wäschereileiter nach zweijähriger Bewährung in Vergütungsgruppe 8 Ziffer 44 [17, 135]

nd 68 (weggefallen)

69 Mitarbeiter, deren Aufgabengebiet und Verantwortung mit den Tätigkeitsmerkmalen dieser Vergütungsgruppe vergleichbar ist [9]

Vergütungsgruppe 8

1 Apothekenhelfer mit Abschlussprüfung und entsprechender Tätigkeit [49]

2 Arzthelfer mit Abschlussprüfung und entsprechender Tätigkeit

3 Bademeister mit staatlicher Prüfung

4 Desinfektoren mit Prüfung und entsprechender Tätigkeit, denen in nicht unerheblichem Umfange auch die Tätigkeiten eines Gesundheitsaufsehers übertragen sind [46]

5 Desinfektoren mit Prüfung und entsprechender Tätigkeit mit einer Handwerker- oder Facharbeiterausbildung

6 Desinfektoren mit Prüfung und entsprechender Tätigkeit nach einjähriger Bewährung in dieser Tätigkeit

7 Desinfektoren mit Prüfung und entsprechender Tätigkeit, denen mindestens zwei Desinfektoren mit Prüfung durch ausdrückliche Anordnung ständig unterstellt sind [77]

8 Handwerker mit abgeschlossener Fachausbildung und entsprechender Tätigkeit [142]

9 Hausmeister mit abgeschlossener handwerklicher Fachausbildung

9a Hauswirtschafter mit abgeschlossener Fachausbildung

bis 11 (weggefallen)

12 Köche mit Gehilfenprüfung

13 (weggefallen)

bis 14 (weggefallen)

15 Landwirtschaftlich oder gärtnerisch tätige Mitarbeiter mit abgeschlossener Fachausbildung

16 Masseure mit entsprechender Tätigkeit

17 Masseure und medizinische Bademeister mit entsprechender Tätigkeit [44]

18 Medizinisch-technische Gehilfen mit staatlicher Prüfung nach zweisemestriger Ausbildung und mit entsprechender Tätigkeit und sonstige Mitarbeiter, die aufgrund gleichwertiger Fähigkeiten und ihrer Erfahrungen entsprechende Tätigkeiten ausüben

bis 20 (weggefallen)

20a Mitarbeiter in der Bahnhofsmission mit einer ihrer Tätigkeit förderlichen Vorbildung oder berufsbegleitenden Schulung nach zweijähriger Bewährung in Vergütungsgruppe 9a Ziffer 1c [137]

20b Mitarbeiter in der Bahnhofsmission mit einer für ihre Tätigkeit förderlichen Vorbildung und schwierigem Aufgabengebiet [137, 139]

20c Mitarbeiter mit einer für ihre Tätigkeit förderlichen Vorbildung als Leiter von Bahnhofsmissionen mit einfachem Aufgabengebiet [137]

21 bis 24a (weggefallen)

25 Mitarbeiter in der Verwaltung und Buchhaltung, deren Tätigkeit gründliche Fachkenntnisse erfordert, oder mit schwierigerer Tätigkeit [120, 121]

26 (weggefallen)

27 Mitarbeiter mit schwierigen Tätigkeiten in Archiven

28 Mitarbeiter mit schwierigen Tätigkeiten in Büchereien

29 Mitarbeiter ohne Prüfung in der Tätigkeit von Apothekenhelfer nach dreijähriger Bewährung in dieser Tätigkeit

30 Mitarbeiter ohne Prüfung in der Tätigkeit von Arzthelfer nach dreijähriger Bewährung in dieser Tätigkeit

31 Mitarbeiter ohne staatliche Anerkennung in der Tätigkeit von Audiometristen

32 Mitarbeiter ohne staatliche Anerkennung in der Tätigkeit von Beschäftigungstherapeuten/Ergotherapeuten

33 Mitarbeiter ohne staatliche Anerkennung in der Tätigkeit von Diätassistenten

34 Mitarbeiter ohne staatliche Erlaubnis in der Tätigkeit von Physiotherapeuten/Krankengymnasten

35 Mitarbeiter ohne staatliche Anerkennung in der Tätigkeit von Logopäden

36 Mitarbeiter ohne staatliche Prüfung in der Tätigkeit von Masseuren oder von Masseuren und medizinischen Bademeistern nach dreijähriger Bewährung in dieser Tätigkeit [44, 45]

37 Mitarbeiter ohne staatliche Anerkennung in der Tätigkeit von Orthoptisten

38 Orthopädiemechaniker

39 bis 40 (weggefallen)

41 Sektionsgehilfen nach einjähriger Bewährung in dieser Tätigkeit

42 Mitarbeiter im Schreib- und Sekretariatsdienst, deren Tätigkeit sich aus Vergütungsgruppe 9 Ziffer 33 dadurch heraushebt, dass sie Schriftstücke nach skizzierten Angaben oder – bei wiederkehrenden Arbeiten – auch ohne Anleitung in Anlehnung an ähnliche Vorgänge erledigen

43 Telefonisten mit umfangreicher oder schwieriger Tätigkeit

44 Wäschereileiter [17, 135]

45 (weggefallen)

46 Mitarbeiter, deren Aufgabenbereich und Verantwortung mit den Tätigkeitsmerkmalen dieser Vergütungsgruppe vergleichbar ist [9]

Vergütungsgruppe 9a

bis 1a (weggefallen)

1b Mitarbeiter in der Bahnhofsmission ohne Ausbildung nach zweijähriger Bewährung in Vergütungsgruppe 9 Ziffer 14a [143]

1c Mitarbeiter in der Bahnhofsmission mit einer ihrer Tätigkeit förderlichen Vorbildung oder berufsbegleitenden Schulung [137]

2 Mitarbeiter in der Verwaltung und Buchhaltung mit einfacheren Tätigkeiten nach zweijähriger Bewährung in Vergütungsgruppe 9 Ziffer 16 [21, 143]

2a Mitarbeiter mit Tätigkeiten in einem anerkannten Anlernberuf nach zweijähriger Bewährung in Vergütungsgruppe 9 Ziffer 17a [143, 150]

2b Mitarbeiter mit Tätigkeiten, für die eine fachliche Einarbeitung erforderlich ist, mit selbstständiger Tätigkeit nach zweijähriger Bewährung in Vergütungsgruppe 9 Ziffer 9 [143, 150]

3 Mitarbeiter mit einfacherer Tätigkeit in Archiven nach zweijähriger Bewährung in Vergütungsgruppe 9 Ziffer 18 [143]

4 Mitarbeiter mit einfacher Tätigkeit in Büchereien nach zweijähriger Bewährung in Vergütungsgruppe 9 Ziffer 20 [143]

4a Mitarbeiter ohne Ausbildung in der Tätigkeit von Dorfhelfern nach zweijähriger Bewährung in Vergütungsgruppe 9 Ziffer 23 [143, 150]

4b Mitarbeiter ohne Ausbildung in der Tätigkeit von Familienpflegern nach zweijähriger Bewährung in Vergütungsgruppe 9 Ziffer 24 [143, 150]

5 Pförtner in Einrichtungen mit mehr als 200 Betten nach zweijähriger Bewährung in Vergütungsgruppe 9 Ziffer 30 [143]

6 Mitarbeiter im Schreibdienst nach zweijähriger Bewährung in Vergütungsgruppe 9 Ziffer 33 [20, 143]

7 Telefonisten nach zweijähriger Bewährung in Vergütungsgruppe 9 Ziffer 35 [143]

8 Beiköche in selbstständiger Tätigkeit nach zweijähriger Bewährung in Vergütungsgruppe 9 Ziffer 1 [143, 150]

Vergütungsgruppe 9

1 Beiköche in selbstständiger Tätigkeit[150]

2 Beiköche nach zweijähriger Bewährung in Vergütungsgruppe 10 Ziffer 2 [136, 143, 150]

3 Mitarbeiter mit Tätigkeiten, für die eine fachliche Einarbeitung erforderlich ist, nach zweijähriger Bewährung in Vergütungsgruppe 10 Ziffer 1 [143, 150]

4 Boten nach zweijähriger Bewährung in Vergütungsgruppe 10 Ziffer 3 [143]

5 Desinfektoren mit Prüfung und entsprechender Tätigkeit

bis 7 (weggefallen)

8 Hausmeister (Hauswarte), soweit nicht als Hausmeister mit abgeschlossener handwerklicher Fachausbildung in der Vergütungsgruppe 8, nach zweijähriger Bewährung in Vergütungsgruppe 10 Ziffer 6 [143, 150]

9 Mitarbeiter mit Tätigkeiten, für die eine fachliche Einarbeitung erforderlich ist, mit selbstständiger Tätigkeit[150]

10 bis 11 (weggefallen)

12 Kraftfahrer ohne entsprechende handwerkliche Ausbildung nach zweijähriger Bewährung in Vergütungsgruppe 10 Ziffer 8 [143]

13 Landwirtschaftlich oder gärtnerisch tätige Mitarbeiter ohne Fachausbildung nach fünfjähriger Bewährung in Vergütungsgruppe 10 Ziffer 9 [143, 150]

14 (weggefallen)

14a Mitarbeiter ohne Ausbildung in der Bahnhofsmission

14b bis 15 (weggefallen)

16 Mitarbeiter in der Verwaltung und Buchhaltung mit einfacheren Tätigkeiten [21]

17 Mitarbeiter in der Verwaltung und Buchhaltung mit mechanischen Tätigkeiten nach zweijähriger Bewährung in Vergütungsgruppe 10 Ziffer 12 [22, 143]

17a Mitarbeiter mit Tätigkeiten in einem anerkannten Anlernberuf[150]

18 Mitarbeiter mit einfacherer Tätigkeit in Archiven

19 Mitarbeiter mit vorwiegend mechanischer Tätigkeit in Archiven nach zweijähriger Bewährung in Vergütungsgruppe 10 Ziffer 14 [143]

20 Mitarbeiter mit einfacher Tätigkeit in Büchereien

21 Mitarbeiter mit überwiegend mechanischer Tätigkeit in Büchereien nach zweijähriger Bewährung in Vergütungsgruppe 10 Ziffer 13 [143]

22 (weggefallen)

23 Mitarbeiter ohne Ausbildung in der Tätigkeit von Dorfhelfern[150]

24 Mitarbeiter ohne Ausbildung in der Tätigkeit von Familienpflegern[150]

25 Mitarbeiter ohne Prüfung in der Tätigkeit von Apothekenhelfern

26 Mitarbeiter ohne Prüfung in der Tätigkeit von Arzthelfern

27 Mitarbeiter ohne staatliche Prüfung in der Tätigkeit von Masseuren oder von Masseuren und medizinischen Bademeistern

28 und 29 (weggefallen)

30 Pförtner in Einrichtungen mit mehr als 200 Betten

31 Pförtner nach zweijähriger Bewährung in Vergütungsgruppe 10 Ziffer 16 [143]

32 (weggefallen)

33 Mitarbeiter im Schreibdienst [20]

34 Sektionsgehilfen

35 Telefonisten

36 bis 37 (weggefallen)

38 Mitarbeiter, deren Aufgabenbereich und Verantwortung mit den Tätigkeitsmerkmalen dieser Vergütungsgruppe vergleichbar ist [9, 150]

Vergütungsgruppe 10

1 Mitarbeiter mit Tätigkeiten, für die eine fachliche Einarbeitung erforderlich ist[150]

2 Beiköche[150]

3 Boten

bis 5 (weggefallen)

6 Hausmeister (Hauswarte), soweit nicht als Hausmeister mit abgeschlossener handwerklicher Fachausbildung in Vergütungsgruppe 8[150]

6a Hauswirtschaftliche, gärtnerische und landwirtschaftliche Hilfskräfte sowie Reinigungskräfte nach zweijähriger Bewährung in Vergütungsgruppe 11 Ziffer 1 [143, 150]

7 Helfer in sonstigen sozialen Einrichtungen[150]

8 Kraftfahrer ohne entsprechende handwerkliche Ausbildung

9 Landwirtschaftlich oder gärtnerisch tätige Mitarbeiter ohne Fachausbildung [150]

10 Laborgehilfen

is 11a (weggefallen)

12 Mitarbeiter in der Verwaltung und Buchhaltung mit mechanischen Tätigkeiten [22]

13 Mitarbeiter mit überwiegend mechanischer Tätigkeit in Büchereien

14 Mitarbeiter mit vorwiegend mechanischer Tätigkeit in Archiven

15 (weggefallen)

16 Pförtner

17 Mitarbeiter, deren Aufgabenbereich und Verantwortung mit den Tätigkeitsmerkmalen dieser Vergütungsgruppe vergleichbar ist [9, 150]

18 Betreuungskräfte in der ambulanten Pflege mit Tätigkeiten zur Unterstützung im Alltag, soweit sie im Rahmen der von ihnen auszuübenden Tätigkeiten in einem Umfang von mindestens 25 v.H. ihrer vereinbarten Arbeitszeit gemeinsam mit Bezieherinnen und Beziehern von Pflegeleistungen tagesstrukturierend, aktivierend, betreuend oder pflegend tätig werden[144, 145, 146, 147, 148, 149, 150]

19 Betreuungskräfte mit Tätigkeiten in der Betreuung und Aktivierung in stationären Pflegeeinrichtungen, soweit sie im Rahmen der von ihnen auszuübenden Tätigkeiten in einem Umfang von mindestens 25 v.H. ihrer vereinbarten Arbeitszeit gemeinsam mit Bezieherinnen und Beziehern von Pflegeleistungen tagesstrukturierend, aktivierend, betreuend oder pflegend tätig werden[144, 145, 146, 147, 148, 149, 150]

Vergütungsgruppe 11

1 Hauswirtschaftliche, gärtnerische und landwirtschaftliche Hilfskräfte sowie Reinigungskräfte[151]

bis 3 (weggefallen)

Vergütungsgruppe 12

1 Mitarbeiter, deren Beschäftigung nach § 3 Buchstabe a und b AVR erfolgt, wenn die Anwendung der AVR mit ihnen nicht ausdrücklich durch schriftlichen Vertrag ausgeschlossen wurde

bis 4 (weggefallen)

Anmerkungen zu den Tätigkeitsmerkmalen der Vergütungsgruppen 1-12

Die nachstehenden Anmerkungen sind bei der Einstufung der Mitarbeiter in das Vergütungsgruppenverzeichnis zu beachten.

I

Wissenschaftliche Hochschulbildung

[1]Eine abgeschlossene wissenschaftliche Hochschulbildung liegt vor, wenn das Studium an einer staatlichen Hochschule im Sinne des § 1 Hochschulrahmengesetz (HRG) oder einer nach § 70 HRG staatlich anerkannten Hochschule

a) mit einer nicht an einer Fachhochschule abgelegten ersten Staatsprüfung, Magisterprüfung oder Diplomprüfung oder

b) mit einer Masterprüfung

beendet worden ist. [2]Diesen Prüfungen steht eine Promotion oder die Akademische Abschlussprüfung (Magisterprüfung) einer Philosophischen Fakultät nur in den Fällen gleich, in denen die Ablegung einer ersten Staatsprüfung, einer Masterprüfung oder einer Diplomprüfung nach den einschlägigen Ausbildungsvorschriften nicht vorgesehen ist. [3]Eine abgeschlossene wissenschaftliche Hochschulbildung im Sinne des Satzes 1 Buchst. a setzt voraus, dass die Abschlussprüfung in einem Studiengang abgelegt wurde, der seinerseits mindestens das Zeugnis der Hochschulreife (allgemeine Hochschulreife oder einschlägige fachgebundene Hochschulreife) oder eine andere landesrechtliche Hochschulzugangsberechtigung als Zugangsvoraussetzung erfordert, und für den Abschluss eine Regelstudienzeit von mindestens acht Semestern – ohne etwaige Praxissemester, Prüfungssemester o.Ä. – vorschreibt. [4]Ein Bachelorstudiengang erfüllt diese Voraussetzung auch dann nicht, wenn mehr als sechs Semester für den Abschluss vorgeschrieben sind. [5]Der Masterstudiengang muss nach den Regelungen des Akkreditierungsrats akkreditiert sein. [6]Ein Abschluss an einer ausländischen Hochschule gilt als abgeschlossene wissenschaftliche Hochschulbildung, wenn er von der zuständigen staatlichen Stelle als dem deutschen Hochschulabschluss vergleichbar bewertet wurde.

Anmerkung zu Satz 5:
Das Akkreditierungserfordernis ist bis zum 31. Dezember 2029 ausgesetzt.

Hochschulbildung

[1]Eine abgeschlossene Hochschulbildung liegt vor, wenn von einer staatlichen Hochschule im Sinne des § 1 HRG oder einer nach § 70 HRG staatlich anerkannten Hochschule ein Diplomgrad mit dem Zusatz „Fachhochschule" („FH"), ein anderer nach § 18 HRG gleichwertiger Abschlussgrad oder ein Bachelorgrad verliehen wurde. [2]Die Abschlussprüfung muss in einem Studiengang abgelegt worden sein, der seinerseits mindestens das Zeugnis der Hochschulreife (allgemeine Hochschulreife oder einschlägige fachgebundene Hochschulreife) oder eine andere landesrechtliche Hochschulzugangsberechtigung als Zugangsvoraussetzung erfordert, und für den Abschluss eine Regelstudienzeit von mindestens sechs Semestern – ohne etwaige Praxissemester, Prüfungssemester o.Ä. – vorschreibt. [3]Der Bachelorstudiengang muss nach den Regelungen des Akkreditierungsrats akkreditiert sein. [4]Dem gleichgestellt sind Abschlüsse in akkreditierten Bachelorausbildungsgängen an Berufsakademien. [5]Ein Abschluss an einer ausländischen Hochschule gilt als abgeschlossene Hochschulbildung, wenn er von der zuständigen staatlichen Stelle als dem deutschen Hochschulabschluss vergleichbar bewertet wurde.

Anmerkung zu Satz 3 und 4:
Das Akkreditierungserfordernis ist bis zum 31. Dezember 2029 ausgesetzt.

II

[1]Die Rechtsstellung der Mitarbeiter, die beim Inkrafttreten der Beschlüsse der „Ständigen arbeitsrechtlichen Kommission“ vom 16. und 26. Juli 1968 bzw. vom 11. Juni 1970 eine Tätigkeit ausgeübt haben, die nach der Neufassung des Berufsgruppenverzeichnisses bzw. nach der Änderung des Vergütungsgruppenverzeichnisses eine bestimmte Ausbildung für die Einstufung in einer Vergütungsgruppe voraussetzt, ohne diese nachweisen zu können, wird nicht vermindert. [2]Üben diese Mitarbeiter ihre Tätigkeit seit mindestens zehn Jahren zum Zeitpunkt des Inkrafttretens dieser Kommissionsbeschlüsse aus, so werden sie den Mitarbeitern mit der jeweils vorgeschriebenen Ausbildung gleichgestellt. [3]Für Mitarbeiter, die bei Inkrafttreten dieser Kommissionsbeschlüsse noch keine zehn Jahre ihre jetzige Tätigkeit ausüben, treten die Wirkungen dieser Kommissionsbeschlüsse in Kraft, sobald sie ununterbrochen mindestens zehn Jahre die bisherige Tätigkeit erfüllt haben.

III

Mitarbeiter, die mit berufsfremden Aufgaben betraut sind, sind entsprechend der ausgeübten Tätigkeit einzustufen.

IV

(weggefallen)

V

Ist die Einstufung eines Mitarbeiters in eine bestimmte Vergütungsgruppe von der Anzahl der Betten in der Einrichtung abhängig, in der er tätig ist, so sind Personalbetten und vorübergehend zusätzlich aufgestellte Betten für die Benutzer der Einrichtung nicht anrechnungsfähig.

VI

[1]Die Aufnahme eigener Tätigkeitsmerkmale für Dozenten an Fachhochschulen in die Anlage 2 zu den AVR empfiehlt sich aufgrund der zu beachtenden unterschiedlichen landesrechtlichen Bestimmungen nicht. [2]Entsprechendes gilt für sonstige Lehrkräfte (Personen, bei denen die Vermittlung von Kenntnissen und Fertigkeiten im Rahmen eines Schulbetriebs der Tätigkeit das Gepräge gibt). [3]Die Eingruppierung erfolgt einzelvertraglich gemäß landesrechtlicher Vorschriften.

VII

[1]Aufgrund des Artikels 37 des Einigungsvertrages und der Vorschriften hierzu als gleichwertig festgestellte Abschlüsse, Prüfungen und Befähigungsnachweise stehen ab dem Zeitpunkt ihres Erwerbes den in den Tätigkeitsmerkmalen geforderten entsprechenden Anforderungen gleich. [2]Ist die Gleichwertigkeit erst nach Erfüllung zusätzlicher Erfordernisse festgestellt worden, gilt die Gleichstellung ab der Feststellung.

**
*

1 Die Berufung beziehungsweise Bestellung oder Anordnung erfolgt ausschließlich durch den Rechtsträger der Einrichtung.

2 Ist die Eingruppierung von der Zahl der unterstellten Apotheker abhängig, gilt Folgendes:

a) Für die Eingruppierung ist es unschädlich, wenn im Organisations- und Stellenplan zur Besetzung ausgewiesene Stellen nicht besetzt sind.

b) Bei der Zahl der unterstellten Apotheker zählen nur diejenigen unterstellten Apotheker mit, die in einem Dienstverhältnis zu demselben Dienstgeber stehen oder im Krankenhaus von diesem zur Krankenversorgung eingesetzt werden.

c) Teilzeitbeschäftigte zählen entsprechend dem Verhältnis der mit ihnen im Dienstvertrag vereinbarten Arbeitszeit zur regelmäßigen Arbeitszeit eines Vollbeschäftigten.

3 [1]Dienststellen von zentraler Bedeutung im Sinne dieser Einstufungsbestimmung sind Dienststellen, deren Aufgabenbereich sich über das Bundesgebiet erstreckt. [2]Die Einstufungsvoraussetzung, „ein Aufgabengebiet abschließend bearbeiten", ist auch dann erfüllt, wenn der Mitarbeiter nicht die letzte Entscheidungsbefugnis besitzt.

4 [1]Dienststellen von überregionaler Bedeutung im Sinne dieser Einstufungsbestimmung sind Dienststellen, deren Aufgabenbereich sich mindestens auf den Gesamtbereich einer Diözese erstreckt. [2]Die Einstufungsvoraussetzung, „ein Aufgabengebiet abschließend bearbeiten", ist auch dann erfüllt, wenn der Mitarbeiter nicht die letzte Entscheidungsbefugnis besitzt.

5 [1]Ständiger Vertreter im Sinne des Tätigkeitsmerkmals ist nur der Arzt (Zahnarzt), der den leitenden Arzt (leitenden Zahnarzt) in der Gesamtheit seiner Dienstaufgaben vertritt. [2]Das Tätigkeitsmerkmal kann daher innerhalb einer Abteilung nur von einem Arzt (Zahnarzt) erfüllt werden.

6 (weggefallen)

7 (weggefallen)

8 Verwaltungsleiter, die das Seminar für Krankenhausverwaltungen an der Universität Köln bzw. das Seminar für Krankenhausleitung und -verwaltung an der Universität Düsseldorf erfolgreich absolviert haben, erfüllen die Voraussetzung für das Eingruppierungsmerkmal gleichwertige Fähigkeiten.

9 Hier sind nur Mitarbeiter mit solchen Tätigkeiten einzustufen, für die im Vergütungsgruppenverzeichnis kein Tätigkeitsmerkmal ausdrücklich aufgeführt ist.

10 bis 13 (weggefallen)

14 Wesentliche Funktionen der Betriebs- und Wirtschaftsführung liegen in der Regel vor, wenn Geschäftsführungsfunktionen des Einrichtungsträgers mit übertragen sind oder die Mittel eines Wirtschaftsplanes oder eines Teilwirtschaftsplanes im Wesentlichen eigenverantwortlich verwaltet werden und die Verantwortung für Personaleinsatz und Menschenführung übertragen ist.

15 Die Voraussetzung für die Einstufung in diese Vergütungsgruppe ist bei entsprechend ausgebildeten Mitarbeitern erfüllt, die an Höheren Fachschulen die Praxisanleitung zur Aufgabe haben.

16 [1]„Schwierige Aufgaben" sind z. B. Physiotherapie/Krankengymnastik nach Lungen- oder Herzoperationen, nach Herzinfarkten, bei Querschnittslähmungen, in Kinderlähmungsfällen, mit spastisch Gelähmten, in Fällen von Dysmelien, nach Verbrennungen, in der Psychiatrie oder Geriatrie, nach Einsatz von Endoprothesen.

[2]„Schwierige Aufgaben" im Sinne dieser Einstufungsbestimmungen werden von einem Mitarbeiter in „erheblichem Umfang" erfüllt, wenn sie seiner Gesamttätigkeit das Gepräge geben. [3]Dabei brauchen die schwierigen Aufgaben nicht zu überwiegen.

17 Eine Einstufung als Wäschereileiter setzt voraus, dass der betreffende Mitarbeiter die Meisterprüfung abgelegt hat oder den erfolgreichen Besuch eines Wäscherei-Fachlehrgangs nachgewiesen hat.

18 Als „schwierige Aufgabe“ im Sinne dieser Einstufungsbestimmungen gelten z. B. Verabreichung von Kohlensäure- oder Sauerstoffbädern bei Herz- und Kreislaufbeschwerden, Massage- oder Bäderbehandlungen nach Schlaganfällen oder bei Kinderlähmung, Massagebehandlung von Frischoperierten.

19 [1]Erforderlich sind gründliche Kenntnisse der Vergütungsregelung und der Versorgungsordnung. [2]Eine entsprechende Tätigkeit ist bei überwiegender Beschäftigung mit Personalangelegenheiten gegeben.

20 Unter dieses Tätigkeitsmerkmal fallen Mitarbeiter mit einfacheren Tätigkeiten wie zum Beispiel Führung des allgemeinen Schriftwechsels nach Vordruck, Aufnahme von Stenogrammen und deren zügige Übertragung in Maschinenschrift, Schreiben nach Phonodiktat, Ausfüllen von formularmäßigen Bescheinigungen und Benachrichtigungen.

21 Einfachere Tätigkeiten sind in der Regel nach Schema zu erledigende Arbeiten die über die mechanische Tätigkeit hinaus ein gewisses Maß an Überlegungen erfordern (z.B. Postannahme oder Postabfertigung; Bedienung von Vervielfältigungsgeräten; Verwaltung von Büromaterial und Vordrucken; Führung von Verzeichnissen, Listen, Karteien, die nach verschiedenen Merkmalen geordnet sind).

22 Mechanische Tätigkeiten sind Tätigkeiten, zu deren Erledigung nur wenig gedankliche Arbeit aufgewendet werden muss und die auf einen leicht übersehbaren, eng begrenzten Arbeitsbereich beschränkt sind (z. B. Hilfeleistung bei der Postabfertigung, in Büchereien oder Archiven; Fotokopieren; Ausschneide- und Klebearbeiten; Bereithaltung von Büromaterial).

is 39 (weggefallen)

40 [1]Das Tätigkeitsmerkmal ist nur erfüllt, wenn die Lehrtätigkeit überwiegt. [2]Dabei ist von der für die in Betracht kommende Mitarbeitergruppe geltenden regelmäßigen Arbeitszeit auszugehen.

41 Erste Lehrkräfte sind Lehrkräfte, denen auch die Leitungsaufgaben der Lehranstalt unter der Verantwortung des Leiters der Lehranstalt durch ausdrückliche Anordnung übertragen sind.

42 (weggefallen)

43 Leitende Physiotherapeuten/Krankengymnasten sind Physiotherapeuten/Krankengymnasten, denen unter der Verantwortung eines Arztes für eine physiotherapeutische Abteilung insbesondere die Arbeitseinteilung, die Überwachung des Arbeitsablaufs und der Arbeitsausführung durch ausdrückliche Anordnung übertragen sind.

44 Mitarbeiter, die aufgrund des Gesetzes des Freistaates Bayern über Masseure und medizinische Bademeister vom 28. September 1950 (Bayerisches Gesetz- und Verordnungsblatt S. 209) die staatliche Anerkennung als „medizinischer Bademeister“ erhalten haben, sind nach den Tätigkeitsmerkmalen „für Masseure und medizinische Bademeister“ einzugruppieren.

45 Das Tätigkeitsmerkmal erfasst auch die Kneippbademeister, sofern nicht ein anderes Tätigkeitsmerkmal gilt, weil der Kneippbademeister die Berufsbezeichnung „Masseur“ oder „Masseur und medizinischer Bademeister“ aufgrund staatlicher Erlaubnis führen darf.

46 Der Umfang der schwierigen Aufgaben beziehungsweise der Tätigkeiten ist nicht mehr unerheblich, wenn er etwa ein Viertel der gesamten Tätigkeit ausmacht.

47 Zu den Desinfektionsanstalten rechnen sich auch entsprechende Einrichtungen mit anderer Bezeichnung.

48 Ständige Vertreter sind nicht die Vertreter in Urlaubs- und sonstigen Abwesenheitsfällen.

49 Den Apothekenhelfern mit Abschlussprüfung stehen Drogisten mit Abschlussprüfung gleich.

50 Apotheken sind keine Arzneimittelausgabestellen im Sinne dieses Tätigkeitsmerkmals.

51 a) Schonkost ist keine Diätkost.

b) [1]Die Tätigkeitsmerkmale sind auch erfüllt, wenn statt 400, 200 beziehungsweise 50 Diätvollportionen eine entsprechende Zahl von Teilportionen hergestellt wird. [2]Hierbei werden die Teilportionen mit dem Teilbetrag der Diätvollportionen angesetzt, der dem Sachbezugswert nach Abschnitt X Abs. e letzter Satz der Anlage 1 zu den AVR entspricht.

52 In den Ländern, in denen eine staatliche Anerkennung als Diätküchenleiter nicht erfolgt, gilt das Tätigkeitsmerkmal als erfüllt, wenn sich der Diätassistent drei Jahre als Diätküchenleiter bewährt hat.

53 Medizinisch-technische Assistenten, die im Rahmen ihrer Tätigkeit als Hilfskräfte bei wissenschaftlichen Forschungsaufgaben mit einem besonders hohen Maß von Verantwortlichkeit tätig sind, werden auch dann als solche eingruppiert, wenn sie im Rahmen dieser Tätigkeiten Aufgaben erfüllen, die im Tätigkeitsmerkmal der Vergütungsgruppe 5c Ziffer 38 genannt sind.

54 Leitende medizinisch-technische Assistenten im Sinne dieses Tätigkeitsmerkmals sind Assistenten, denen unter der Verantwortung eines Arztes für eine Laboratoriumsabteilung oder für eine radiologische Abteilung insbesondere die Arbeitseinteilung, die Überwachung des Arbeitsablaufs und der Arbeitsausführung durch ausdrückliche Anordnung übertragen sind.

55 [1]Als „schwierige Aufgaben“ gelten z. B. in der chemisch-physikalischen Analyse: gravimetrische, titrimetrische und photometrische Bestimmungen einschließlich Komplexometrie, Leitfähigkeitsmessungen und chromatographische Analysen. [2]In der Pflanzenanalyse: Anfertigung mikroskopischer Schnitte. [3]Schwierige Identitäts- und Reinheitsprüfungen nach dem Deutschen Arzneibuch (Chemikalien, Drogen). [4]Herstellung und Kontrolle steriler Lösungen der verschiedensten Zusammensetzungen in größerem Umfang unter Verwendung moderner Apparaturen. [5]Herstellung von sonstigen Arzneimitteln in größerem Umfang unter Verwendung moderner in der Galenik gebräuchlicher Apparaturen (Suppositorien, Salben, Pulvergemische, Ampullen, Tabletten u.a.), Herstellung von Arzneizubereitungen nach Rezept oder Einzelvorschrift.

56 bis 76 (weggefallen)

77 Soweit die Eingruppierung von der Zahl der unterstellten oder in dem betreffenden Bereich beschäftigten Mitarbeiter abhängt,

a) ist es für die Eingruppierung unschädlich, wenn im Organisations- und Stellenplan zur Besetzung ausgewiesene Stellen nicht besetzt sind,

b) zählen teilzeitbeschäftigte Mitarbeiter entsprechend dem Verhältnis der mit ihnen im Arbeitsvertrag vereinbarten Arbeitszeit zur regelmäßigen Arbeitszeit eines entsprechenden Vollbeschäftigten,

c) zählen Mitarbeiter, die zu einem Teil ihrer Arbeitszeit unterstellt oder zu einem Teil ihrer Arbeitszeit in einem Bereich beschäftigt sind, entsprechend dem Verhältnis dieses Anteils zur regelmäßigen Arbeitszeit eines entsprechenden Vollbeschäftigten.

78 bis 97 (weggefallen)

98 [1]Der staatlichen Anerkennung steht in Ländern, in denen diese nicht erteilt wird, die abgeschlossene Fachausbildung gleich. [2]Die Fachausbildung gilt erst nach Ableistung des vorgeschriebenen Jahrespraktikums als abgeschlossen.

99 [1]Einfache Übersetzungen sind Übersetzungen von Texten, deren Verständnis in der Ausgangssprache weder inhaltlich noch sprachlich Schwierigkeiten bietet sowie von Texten, deren adäquate Wiedergabe in der Zielsprache keine besonderen Anforderungen an das Formulierungsvermögen stellt. [2]Die Übertragung einfacher Texte schließt auch die Erledigung der fremdsprachigen Routinekorrespondenz ein.

s 102 (weggefallen)

103 [1]Die Mitarbeiter müssen Fähigkeiten und Erfahrungen besitzen, die denen der Mitarbeiter mit der vorgeschriebenen Vor- und Ausbildung gleichwertig sind. [2]Es wird jedoch nicht das gleiche Wissen und Können gefordert, wie es durch die vorausgesetzte Vorbildung bzw. Ausbildung erworben wird. [3]Andererseits genügt es noch nicht, dass der Mitarbeiter nur auf einem begrenzten Einzelarbeitsgebiet Leistungen erbringt, die denen eines Angestellten mit der Vor- und Ausbildung gleichwertig sind. [4]Es muss eine der Vor- und Ausbildung ähnlich gründliche Beherrschung eines auch vom Umfang her entsprechenden Wissensgebiets gefordert werden.

is 113 (weggefallen)

114 [1]Als Fachabteilungen gelten beziehungsweise stehen diesen gleich

- Belegabteilungen,
- Vollapotheken,
- Schulen für Medizinalfachberufe,
- zentrale Versorgungseinrichtungen, die auch für andere Krankenhäuser und Einrichtungen bestimmte Versorgungsaufgaben wahrnehmen (z. B. Zentralwäscherei, Zentralküche),
- Sondereinrichtungen der Kranken-, Alten-, Jugend- und Behindertenhilfe.

[2]Als klinische Fachabteilungen im Sinne dieses Tätigkeitsmerkmals gelten bettenführende Fachabteilungen, die von einem hauptamtlich angestellten Leitenden Arzt geführt werden. Die Eigenschaft als Akademisches Lehrkrankenhaus steht dem Vorhandensein einer (weiteren) klinischen Fachabteilung gleich.

115 Dieses Tätigkeitsmerkmal ist erfüllt, wenn dem Mitarbeiter im Rahmen der Krankenhausleitung zumindest folgende Aufgaben übertragen sind:

a) Koordination der Planung und Organisation des gesamten Krankenhausbetriebes sowie Koordination der Planung von Neu- und Erweiterungsbauten,

b) Beschaffung,

c) Arbeitsgestaltung und Überwachung des wirtschaftlichen Versorgungsdienstes und des technischen Dienstes,

d) Vollzug und Überwachung des Gebührenwesens,

e) Krankenhausverwaltung (Personalwesen, Finanz- und Rechnungswesen und allgemeine Verwaltung).

116 (weggefallen)

117 (weggefallen)

118 (weggefallen)

119 Dieses Tätigkeitsmerkmal ist erfüllt, wenn der Regional-, Kreis-, Ortscaritasverband bzw. Fachverband ein eingetragener Verein ist und dem Geschäftsführer mindestens die folgenden Aufgaben übertragen sind:

a) Koordination der Planung und Organisation des gesamten Vereins,
b) gesamte Verwaltung (Personalwesen, Finanz- und Rechnungswesen, allgemeine Verwaltung),
c) Mitgliedswesen.

120 Dazu sind gewisse allgemeine Grundkenntnisse erforderlich, die sich auf der Ebene der gründlichen Fachkenntnisse bewegen (z. B. Mitwirkung bei der Bearbeitung laufender oder gleichartiger Geschäfte nach Anleitung; Erledigung ständig wiederkehrender Arbeiten in Anlehnung an ähnliche Vorgänge; Prüfung von Rechnungen und Fertigung von Kassenanordnungen; Kontenführung).

121 [1]Gründliche Fachkenntnisse liegen vor, wenn zur abschließenden Bearbeitung routinemäßiger Normfälle in einem eng begrenzten Aufgabengebiet Erlerntes oder durch Erfahrung gewonnenes Spezialwissen angewandt wird. [2]Hierzu gehört die nähere Kenntnis und gegebenenfalls die Anwendung von staatlichen und kirchlichen Gesetzen, Verwaltungsvorschriften und sonstigen Ordnungen.

122 Gründliche und vielseitige Fachkenntnisse verlangen gegenüber gründlichen Fachkenntnissen ein breites Aufgabengebiet mit verschiedenartigen Aufgaben, in denen ein fachliches Umdenken und die Anwendung mehrerer fachlicher Vorschriften und Regelungen geboten ist.

123 Selbstständige Leistungen erfordern insgesamt eine eigene Initiative, die nach Art und Umfang eine eigene geistige Beurteilung und Gedankenarbeit im Rahmen der geforderten Fachkenntnisse für das übertragene Aufgabengebiet sowie eine eigene Entschließung hinsichtlich des einzuschlagenden Weges und des zu findenden Ergebnisses verlangen. Die Letztverantwortung ist nicht erforderlich.

124 Gründliche, umfassende Fachkenntnisse erfordern gegenüber gründlichen und vielseitigen Fachkenntnissen eine Steigerung der Tiefe und Breite, das heißt der Qualität und dem Umfang nach.

125 [1]Besonders verantwortungsvolle Tätigkeit liegt dann vor, wenn sie unter Einbeziehung von gründlichen, umfassenden Fachkenntnissen und selbstständigen Leistungen deutlich erkennbare Auswirkungen im Innen- und Außenverhältnis zeitigt.

[2]Die besonders verantwortungsvolle Tätigkeit kann sich z. B. auf Aufsichts- und Leitungsfunktion beziehen; es können durch die Wahrnehmung der Tätigkeit in besonderer Verantwortlichkeit die kirchlich-caritativen oder materiellen Belange des Dienstgebers betroffen sein, oder sie kann sich auf die Lebensverhältnisse Dritter (z.B. Mitarbeiter, außenstehende Personen und Institutionen) erstrecken.

126 [1]Eine Tätigkeit von besonderer Schwierigkeit und Bedeutung liegt dann vor, wenn den gestellten Anforderungen nach zusätzliche Fachkenntnisse und Fähigkeiten über die der nächstniedrigen Vergütungsgruppen hinaus für die Aufgabenbewältigung notwendig sind und sie sich außerdem noch aus dieser durch ihre Bedeutung im Wirkungsgrad des Aufgabenfeldes heraushebt. [2]Beide Elemente – besondere Schwierigkeit und Bedeutung – müssen zusammenkommen.

[3]Die besondere Schwierigkeit der Tätigkeit liegt dann vor, wenn die zu bearbeitenden Tatbestands- und Rechtsmaterien umfangreich und vielschichtig sind, komplexe Zu sammenhänge analysiert und Lösungen unter hohem Abstraktionsgrad bewirkt werden müssen. [4]Die Be-

deutung der Tätigkeit kann sich aus der Bearbeitung besonders wichtiger Fachbereiche oder solcher von grundsätzlicher Bedeutung ergeben. [5]Auch hier können mit der Tätigkeit deutlich erkennbare Auswirkungen im Innen- oder Außenverhältnis verbunden sein; es kann sich auch um eine richtungsweisende Tätigkeit gegenüber nachgeordneten Dienststellen handeln.

127 [1]Das hier geforderte Maß der Verantwortung muss die Tätigkeit entscheidend prägen, zumal schon für die Tätigkeit der Vergütungsgruppe 4b eine besondere Verantwortung verlangt wird. [2]Dabei muss es sich im Regelfall um besonders schwierige Grundsatzfragen oder wichtige Fachbereiche mit richtungweisender Bedeutung handeln. [3]Die wahrgenommene Tätigkeit kann sich z. B. darauf beziehen, dass in besonderer Intensität Leitungs-, Koordinierungs- oder aufsichtliche Tätigkeiten, schwierige und umfangreiche Aufgaben beim Personaleinsatz oder in der Menschenführung oder wirtschaftliche Verantwortung verlangt werden.

128 (weggefallen)

129 Unter Technikern im Sinne dieses Tätigkeitsmerkmals sind Mitarbeiter zu verstehen, die

a) einen nach Maßgabe der Rahmenordnung für die Ausbildung von Technikern (Beschluss der Kultusministerkonferenz vom 27. April 1964 bzw. vom 18. Januar 1973) gestalteten Ausbildungsgang mit der vorgeschriebenen Prüfung erfolgreich abgeschlossen und die Berechtigung zur Führung der Berufsbezeichnung „Staatlich geprüfter Techniker“ bzw. „Techniker mit staatlicher Abschlussprüfung“ mit einem die Fachrichtung bezeichnenden Zusatz erworben haben, oder

b) einen nach Maßgabe über Fachschulen mit zweijähriger Ausbildungsdauer (Beschluss der Kultusministerkonferenz vom 27. Oktober 1980) gestalteten Ausbildungsgang mit der vorgeschriebenen Prüfung erfolgreich abgeschlossen und die Berechtigung zur Führung der ihrer Fachrichtung/ihrem Schwerpunkt zugeordneten Berufsbezeichnung „Staatlich geprüfter Techniker“ erworben haben.

130 (weggefallen)

131 (weggefallen)

132 [1]Nach diesem Tätigkeitsmerkmal ist der Mitarbeiter eingruppiert, dem die Verantwortung für den Küchenbereich obliegt. [2]Er ist zuständig unter anderem für die Dienstplangestaltung dieses Bereiches, die Erstellung des Speiseplanes, die Menükalkulationen und den Einkauf von Lebensmitteln innerhalb des Budgets.

133 [1]Bei der Ermittlung der Anzahl der Vollportionen wird das Mittagessen mit 50 v.H., Abendessen und Frühstück jeweils 25 v.H., bewertet. [2]Hierbei steht eine Diätportion einer Vollportion gleich.

134 Ist dem Mitarbeiter neben der Verantwortung für die Wäscherei, die Reinigung, die Hausgestaltung, den Einkauf und den Personaleinsatz auch der Küchenbereich unterstellt, so erfolgt die Eingruppierung jeweils eine Vergütungsgruppe höher.

135 Werden Teile der Schmutzwäsche (z. B. Flachwäsche oder persönliche Wäsche) nicht in der Wäscherei der Einrichtung gewaschen, so erfolgt die Eingruppierung jeweils eine Vergütungsgruppe niedriger.

136 (weggefallen)

137 Als förderliche Vorbildung gilt auch mehrjährige Erfahrung in ehrenamtlicher sozialer Tätigkeit.

138 Ein Aufgabengebiet ist umfangreich, wenn neben der Beratung, Weiterleitung und Betreuung unterschiedlicher und schwieriger Klienten Reisehilfen auf Bahnhöfen mittlerer Größe oder auf kleineren Bahnhöfen mit besonders großer Zahl von speziellen Klienten (z. B. auf Grenzbahnhöfen) gegeben werden.

A 2

139 Ein Aufgabengebiet ist schwierig, wenn neben der Beratung, Weiterleitung und Betreuung unterschiedlicher und schwieriger Klienten Reisehilfen auf Bahnhöfen mit besonders umfangreichem Reiseverkehr gegeben werden oder Bahnhofsmissionen durchgängige Öffnungszeiten haben.

140 (weggefallen)

141 Diese Mitarbeiter erhalten eine monatliche Zulage in Höhe von 38,35 Euro.

142 Das Tätigkeitsmerkmal erfasst auch Kraftfahrer mit abgeschlossener Fachausbildung im Kraftfahrzeughandwerk oder anderen metallverarbeitenden Berufen.

143 [1]Das Tätigkeitsmerkmal ist nur erfüllt für Mitarbeiter, die am Tag vor dem Inkrafttreten* des Beschlusses der jeweiligen Regionalkommission in einem Dienstverhältnis gestanden haben, das am Tag des Inkrafttretens* des Beschlusses der jeweiligen Regionalkommission im Geltungsbereich der AVR fortbesteht, für die Dauer des ununterbrochen fortbestehenden Arbeitsverhältnisses. [2]Ein Dienstverhältnis besteht auch ununterbrochen fort bei der Verlängerung eines befristeten Dienstvertrages sowie bei Dienstgeberwechsel innerhalb des Geltungsbereichs der AVR. [3]Unterbrechungen von bis zu einem Monat sind unschädlich.

144 Pflegefachliche Tätigkeiten und Pflegehilfstätigkeiten werden von diesem Tätigkeitsmerkmal nicht erfasst.

145 [1]Die Bestimmungen der Anlage 1 Abschnitt V finden keine Anwendung. [2]Für Betreuungskräfte, auf die am 31. Dezember 2018 die Bestimmungen der Anlage 1 Abschnitt V Anwendung finden, verbleibt es bei dieser Anwendung. [3]Für Mitarbeiter, auf die am 31. Oktober 2022 die Bestimmungen der Anlage 1 Abschnitt V Anwendung finden, verbleibt es bei dieser Anwendung.

146 Diese Eingruppierung tritt [in der neuen Fassung] zum 1. November 2022 in Kraft und ist bis zum 31. Dezember 2026 befristet.

147 Für Betreuungskräfte, die am 31. Dezember 2018 bzw. am 31. Oktober 2022 höher eingruppiert sind, verbleibt es bei der höheren Eingruppierung.

148 Abweichend von Abschnitt III § 1 Abs. a der Anlage 1 ist für Betreuungskräfte in Vergütungsgruppe 10 Ziffern 18 und 19 die Stufe 4 Einstiegsstufe. Bestandsmitarbeiter, die die Stufe 4 noch nicht erreicht haben, werden zum 1. November 2022 der Stufe 4 zugeordnet.

149 Das Tätigkeitsmerkmal wird z.B. erfüllt von Betreuungskräften in Angeboten nach § 45a SGB XI oder Betreuungskräften in Pflegeeinrichtungen i. S. d. § 43b SGB XI. Das Tätigkeitsmerkmal ist auch erfüllt bei Mitarbeitern in der Verwaltung, Haustechnik, Küche, hauswirtschaftlichen Versorgung, Gebäudereinigung, Empfangs- und Sicherheitsdienst, Garten- und Geländepflege, Wäscherei sowie Logistik, soweit sie im Rahmen der von ihnen auszuübenden Tätigkeiten in einem Umfang von mindestens 25 v.H. ihrer vereinbarten Arbeitszeit gemeinsam mit Bezieherinnen und Beziehern von Pflegeleistungen tagesstrukturierend, aktivierend, betreuend oder pflegend tätig werden.

150 [1]Mitarbeiter, die im Rahmen der von ihnen auszuübenden Tätigkeiten in einem Umfang von mindestens 25 v.H. ihrer vereinbarten Arbeitszeit gemeinsam mit Bezieherinnen und Beziehern von Pflegeleistungen tagesstrukturierend, aktivierend, betreuend oder pflegend tätig werden, erhalten ab 1. März 2024 eine Zulage in Höhe von monatlich 133,80 Euro. [2]Die Zulage ist bis zum 31. Dezember 2026 befristet.

---

* Inkrafttreten: RK BW/NRW/Bayern gültig ab 1.1.2011, RK Mitte gültig ab 1.4.2011, RK Nord gültig ab 1.7.2011, RK Ost gültig ab 1.7.2012.

151 Soweit Mitarbeiter in dieser Ziffer im Rahmen der von ihnen auszuübenden Tätigkeiten in einem Umfang von mindestens 25 v.H. ihrer vereinbarten Arbeitszeit gemeinsam mit Bezieherinnen und Beziehern von Pflegeleistungen tagesstrukturierend, aktivierend, betreuend oder pflegend tätig werden, erfolgt die Eingruppierung in Vergütungsgruppe 10 Ziffer 18 oder 19.

Anlage 2a: (derzeit nicht besetzt)

Anlage 2b: (derzeit nicht besetzt)

Anlage 2c: (derzeit nicht besetzt)

Anlage 2d: Vergütungsgruppen für Mitarbeiter im Sozial- und Erziehungsdienst

Inhalt

Vergütungsgruppe 1a 102
Vergütungsgruppe 1b 103
Vergütungsgruppe 2 103
Vergütungsgruppe 3 104
Vergütungsgruppe 4a 105
Vergütungsgruppe 4b 107
Vergütungsgruppe 5b 109
Vergütungsgruppe 5c 110
Vergütungsgruppe 6b 111
Vergütungsgruppe 7 112
Vergütungsgruppe 8 112
Vergütungsgruppe 9 112
Anmerkungen zu den Tätigkeitsmerkmalen der Vergütungsgruppen 1a bis 9 112

Geltungsbereich

[1]Diese Anlage findet mit Inkrafttreten* der Anlage 33 zu den AVR durch Beschluss der jeweiligen Regionalkommission in der jeweiligen Region keine Anwendung. [2]Dies gilt nicht für Mitarbeiter dieser Anlage, die am Tag des Inkrafttretens* der Anlage 33 zu den AVR durch Beschluss der jeweiligen Regionalkommission in einem Dienstverhältnis gestanden haben, das am Tag nach dem Inkrafttreten* der Anlage 33 zu den AVR durch Beschluss der jeweiligen Regionalkommission im Geltungsbereich der AVR fortbesteht und die nicht vom Geltungsbereich der Anlage 33 zu den AVR erfasst werden.

(RK Nord, NRW, Mitte, BW, Bayern): [3]Dies sind die Mitarbeiter der Vergütungsgruppen 2 mit Aufstieg nach 1b und 1a der Anlage 2d zu den AVR.

(RK Ost): [3]Dies sind insbesondere die Mitarbeiter der Vergütungsgruppen 2 mit Aufstieg nach 1b und 1a der Anlage 2d zu den AVR.

Vergütungsgruppe 1a

1 Mitarbeiter mit abgeschlossener wissenschaftlicher Hochschulbildung oder gleichwertigen Fähigkeiten und Erfahrungen in der Tätigkeit als Leiter von Erziehungs- oder Eheberatungsstellen, denen mindestens sechs weitere in der Beratungsstelle vollbeschäftigte Mitarbeiter in der Tätigkeit als Erziehungs- bzw. Eheberater unterstellt sind [1]

2 Mitarbeiter mit abgeschlossener wissenschaftlicher Hochschulbildung oder gleichwertigen Fähigkeiten und Erfahrungen als Leiter des Bereiches der beruflichen Ausbildung mit einer Durchschnittsbelegung von mindestens 360 Plätzen in Einrichtungen der Erziehungs- oder Behindertenhilfe nach zehnjähriger Bewährung in Vergütungsgruppe 1b Ziffer 1b [1, 10, 27]

* Inkrafttreten: RK BW/NRW/Bayern gültig ab 1.1.2011, RK Mitte gültig ab 1.4.2011, RK Nord gültig ab 1.7.2011, RK Ost mit Ausnahme von § 14 gültig ab 1.7.2012, § 14 gültig ab 1.1.2013

Vergütungsgruppe 1b

1 Mitarbeiter mit abgeschlossener wissenschaftlicher Hochschulbildung oder gleichwertigen Fähigkeiten und Erfahrungen als Leiter einer Werkstatt für behinderte Menschen mit einer Durchschnittsbelegung von mindestens 300 Plätzen nach sechsjähriger Bewährung in Vergütungsgruppe 2 Ziffer 3 [1, 19]

1a Mitarbeiter mit abgeschlossener wissenschaftlicher Hochschulbildung oder gleichwertigen Fähigkeiten und Erfahrungen als Leiter des Bereiches der beruflichen Ausbildung mit einer Durchschnittsbelegung von mindestens 240 Plätzen in Einrichtungen der Erziehungs- oder Behindertenhilfe nach sechsjähriger Bewährung in Vergütungsgruppe 2 Ziffer 1b [1, 10, 27]

1b Mitarbeiter mit abgeschlossener wissenschaftlicher Hochschulbildung oder gleichwertigen Fähigkeiten und Erfahrungen als Leiter des Bereiches der beruflichen Ausbildung mit einer Durchschnittsbelegung von mindestens 360 Plätzen in Einrichtungen der Erziehungs- oder Behindertenhilfe [1, 10, 27]

2 Mitarbeiter mit abgeschlossener wissenschaftlicher Hochschulbildung oder gleichwertigen Fähigkeiten und Erfahrungen in der Tätigkeit als Leiter von Erziehungs- oder Eheberatungsstellen nach sechsjähriger Bewährung in Vergütungsgruppe 2 Ziffer 5 [1]

3 Mitarbeiter mit abgeschlossener wissenschaftlicher Hochschulbildung oder gleichwertigen Fähigkeiten und Erfahrungen in der Tätigkeit als Leiter von Erziehungs- oder Eheberatungsstellen, denen mindestens drei weitere in der Beratungsstelle vollbeschäftigte Mitarbeiter in der Tätigkeit als Erziehungs- bzw. Eheberater unterstellt sind [1]

A 2d

Vergütungsgruppe 2

1 Mitarbeiter als Leiter von Heimen der Erziehungs-, Behinderten- oder Gefährdetenhilfe mit einer Durchschnittsbelegung von mindestens 90 Plätzen oder acht Gruppen nach fünfjähriger Bewährung in Vergütungsgruppe 3 Ziffer 4 [10, 11]

1a Mitarbeiter mit abgeschlossener Fachhochschulausbildung als Leiter des Bereiches der beruflichen Ausbildung mit einer Durchschnittsbelegung von mindestens 180 Plätzen in Einrichtungen der Erziehungs-, Behinderten-, Suchtkranken-, Wohnungslosen- oder Straffälligenhilfe nach sechsjähriger Bewährung in Vergütungsgruppe 3 Ziffer 5b [10, 27]

1b Mitarbeiter mit abgeschlossener wissenschaftlicher Hochschulbildung oder gleichwertigen Fähigkeiten und Erfahrungen als Leiter des Bereiches der beruflichen Ausbildung mit einer Durchschnittsbelegung von mindestens 240 Plätzen in Einrichtungen der Erziehungs- oder Behindertenhilfe [1, 10, 27]

2 Mitarbeiter mit abgeschlossener Fachhochschulausbildung als Leiter einer Werkstatt für behinderte Menschen mit einer Durchschnittsbelegung von mindestens 180 Plätzen nach sechsjähriger Bewährung in Vergütungsgruppe 3 Ziffer 8 [17, 19]

3 Mitarbeiter mit abgeschlossener wissenschaftlicher Hochschulbildung oder gleichwertigen Fähigkeiten und Erfahrungen als Leiter einer Werkstatt für behinderte Menschen mit einer Durchschnittsbelegung von mindestens 300 Plätzen [1, 19]

4 Diplom-Sozialarbeiter, Diplom-Sozialpädagogen, Diplom-Heilpädagogen mit staatlicher Anerkennung und entsprechender Tätigkeit, in Dienststellen von zentraler beziehungsweise überregionaler Bedeutung, die aufgrund ausdrücklicher Anordnung ein Aufgabengebiet, das sich auf den gesamten Zuständigkeitsbereich der Dienststelle erstreckt, abschließend bearbeiten und sich durch das Maß ihrer Verantwortung erheblich aus Vergütungsgruppe 4a Ziffer 22 hervorheben, nach fünfjähriger Bewährung in Vergütungsgruppe 3 Ziffer 12 [14]

5 Mitarbeiter mit abgeschlossener wissenschaftlicher Hochschulbildung oder gleichwertigen Fähigkeiten und Erfahrungen in der Tätigkeit als Leiter von Erziehungs- oder Eheberatungsstellen [1]

Vergütungsgruppe 3

1 Mitarbeiter als Leiter von Tageseinrichtungen für Kinder mit einer Durchschnittsbelegung von mindestens 180 Plätzen oder mindestens acht Gruppen nach vierjähriger Bewährung in Vergütungsgruppe 4a Ziffer 3 [9, 10]

2 Mitarbeiter als Leiter von Tageseinrichtungen für Kinder mit Behinderungen im Sinne des § 39 BSHG oder für Kinder oder Jugendliche mit wesentlichen Erziehungsschwierigkeiten mit einer Durchschnittsbelegung von mindestens 90 Plätzen nach vierjähriger Bewährung in Vergütungsgruppe 4a Ziffer 8 [9, 10]

3 Mitarbeiter als Leiter von Heimen der Erziehungs-, Behinderten- oder Gefährdetenhilfe mit einer Durchschnittsbelegung von mindestens 50 Plätzen oder vier Gruppen nach vierjähriger Bewährung in Vergütungsgruppe 4a Ziffer 12 [10, 11]

4 Mitarbeiter als Leiter von Heimen der Erziehungs-, Behinderten- oder Gefährdetenhilfe mit einer Durchschnittsbelegung von mindestens 90 Plätzen oder acht Gruppen [10, 11]

5 Mitarbeiter, die durch ausdrückliche Anordnung als ständige Vertreter der Leiter von Heimen der Erziehungs-, Behinderten- oder Gefährdetenhilfe mit einer Durchschnittsbelegung von mindestens 90 Plätzen oder acht Gruppen bestellt sind, nach vierjähriger Bewährung in Vergütungsgruppe 4a Ziffer 14 [4, 10, 11]

5a Mitarbeiter als Leiter des Bereiches der beruflichen Ausbildung/Anleitung mit einer Durchschnittsbelegung von mindestens 120 Plätzen oder mindestens zwölf Gruppen in Einrichtungen der Erziehungs-, Behinderten-, Suchtkranken-, Wohnungslosen- oder Straffälligenhilfe nach vierjähriger Bewährung in Vergütungsgruppe 4a Ziffer 14b [10, 24, 27, 28]

5b Mitarbeiter als Leiter des Bereiches der beruflichen Ausbildung mit einer Durchschnittsbelegung von mindestens 180 Plätzen in Einrichtungen der Erziehungs-, Behinderten-, Suchtkranken-, Wohnungslosen- oder Straffälligenhilfe [10, 27]

6 Mitarbeiter als technische Leiter einer Werkstatt für behinderte Menschen mit einer Durchschnittsbelegung von mindestens 300 Plätzen nach vierjähriger Bewährung in Vergütungsgruppe 4a Ziffer 16 [18, 19]

7 Mitarbeiter als Leiter einer Werkstatt für behinderte Menschen mit einer Durchschnittsbelegung von mindestens 120 Plätzen nach vierjähriger Bewährung in Vergütungsgruppe 4a Ziffer 18 [17, 19]

8 Mitarbeiter mit abgeschlossener Fachhochschulausbildung in der Tätigkeit als Leiter einer Werkstatt für behinderte Menschen mit einer Durchschnittsbelegung von mindestens 180 Plätzen [17, 19]

9 Diplom-Sozialarbeiter, Diplom-Sozialpädagogen, Diplom-Heilpädagogen mit staatlicher Anerkennung und entsprechender Tätigkeit, denen die Leitung eines Fachdienstes durch ausdrückliche Anordnung übertragen ist, nach vierjähriger Bewährung in Vergütungsgruppe 4a Ziffer 21

10 Diplom-Sozialarbeiter, Diplom-Sozialpädagogen, Diplom-Heilpädagogen mit staatlicher Anerkennung und entsprechender Tätigkeit, denen die Fachberatung von caritativen Diensten oder Einrichtungen übertragen ist, nach vierjähriger Bewährung in Vergütungsgruppe 4a Ziffer 22 [7]

11 Diplom-Sozialarbeiter, Diplom-Sozialpädagogen, Diplom-Heilpädagogen mit staatlicher Anerkennung und entsprechender Tätigkeit, deren Tätigkeit sich durch das Maß der damit verbundenen Verantwortung erheblich aus Vergütungsgruppe 4b Ziffer 24 heraushebt, nach vierjähriger Bewährung in Vergütungsgruppe 4a Ziffer 23

12 Diplom-Sozialarbeiter, Diplom-Sozialpädagogen, Diplom-Heilpädagogen mit staatlicher Anerkennung und entsprechender Tätigkeit in Dienststellen von zentraler bzw. überregionaler Bedeutung, die aufgrund ausdrücklicher Anordnung ein Aufgabengebiet, das sich auf den gesamten Zuständigkeitsbereich der Dienststelle erstreckt, abschließend bearbeiten und sich durch das Maß ihrer Verantwortung erheblich aus Vergütungsgruppe 4a Ziffer 22 heraushebt [14]

Vergütungsgruppe 4a

1 Mitarbeiter als Leiter von Tageseinrichtungen für Kinder mit einer Durchschnittsbelegung von mindestens 100 Plätzen oder mindestens fünf Gruppen nach vierjähriger Bewährung in Vergütungsgruppe 4b Ziffer 5 [9, 10]

2 Mitarbeiter als Leiter von Tageseinrichtungen für Kinder mit einer Durchschnittsbelegung von mindestens 130 Plätzen oder mindestens sechs Gruppen [9, 10, F]

3 Mitarbeiter als Leiter von Tageseinrichtungen für Kinder mit einer Durchschnittsbelegung von mindestens 180 Plätzen oder mindestens acht Gruppen [9, 10]

4 Mitarbeiter, die durch ausdrückliche Anordnung als ständige Vertreter der Leiter von Tageseinrichtungen für Kinder mit einer Durchschnittsbelegung von mindestens 130 Plätzen oder mindestens sechs Gruppen bestellt sind, nach vierjähriger Bewährung in Vergütungsgruppe 4b Ziffer 8 [4, 9, 10]

5 Mitarbeiter, die durch ausdrückliche Anordnung als ständige Vertreter der Leiter von Tageseinrichtungen für Kinder mit einer Durchschnittsbelegung von mindestens 180 Plätzen oder mindestens acht Gruppen bestellt sind [4, 9 10, F]

6 Mitarbeiter als Leiter von Tageseinrichtungen für Kinder mit Behinderungen im Sinne des § 39 BSHG oder für Kinder oder Jugendliche mit wesentlichen Erziehungsschwierigkeiten mit einer Durchschnittsbelegung von mindestens 40 Plätzen nach vierjähriger Bewährung in Vergütungsgruppe 4b Ziffer 10 [9, 10]

7 Mitarbeiter als Leiter von Tageseinrichtungen für Kinder mit Behinderungen im Sinne des § 39 BSHG oder für Kinder oder Jugendliche mit wesentlichen Erziehungsschwierigkeiten mit einer Durchschnittsbelegung von mindestens 70 Plätzen [9, 10, F]

8 Mitarbeiter als Leiter von Tageseinrichtungen für Kinder mit Behinderungen im Sinne des § 39 BSHG oder für Kinder oder Jugendliche mit wesentlichen Erziehungsschwierigkeiten mit einer Durchschnittsbelegung von mindestens 90 Plätzen [9, 10]

9 Mitarbeiter, die durch ausdrückliche Anordnung als ständige Vertreter der Leiter von Tageseinrichtungen für Kinder mit Behinderungen im Sinne des § 39 BSHG oder für Kinder oder Jugendliche mit wesentlichen Erziehungsschwierigkeiten mit einer Durchschnittsbelegung von mindestens 70 Plätzen bestellt sind, nach vierjähriger Bewährung in Vergütungsgruppe 4b Ziffer 12 [4, 9, 10]

10 Mitarbeiter, die durch ausdrückliche Anordnung als ständige Vertreter der Leiter von Tageseinrichtungen für Kinder mit Behinderungen im Sinne des § 39 BSHG oder für Kinder oder Jugendliche mit wesentlichen Erziehungsschwierigkeiten mit einer Durchschnittsbelegung von mindestens 90 Plätzen bestellt sind [4, 9, 10, F]

11 Mitarbeiter als Leiter von Heimen der Erziehungs-, Behinderten- oder Gefährdetenhilfe nach vierjähriger Bewährung in Vergütungsgruppe 4b Ziffer 13 [11]

12 Mitarbeiter als Leiter von Heimen der Erziehungs-, Behinderten- oder Gefährdetenhilfe mit einer Durchschnittsbelegung von mindestens 50 Plätzen oder vier Gruppen [10, 11]

13 Mitarbeiter, die durch ausdrückliche Anordnung als ständige Vertreter der Leiter von Heimen der Erziehungs-, Behinderten- oder Gefährdetenhilfe mit einer Durchschnittsbelegung von mindestens 50 Plätzen oder vier Gruppen bestellt sind, nach vierjähriger Bewährung in Vergütungsgruppe 4b Ziffer 15 [4, 10, 11]

14 Mitarbeiter, die durch ausdrückliche Anordnung als ständige Vertreter der Leiter von Heimen der Erziehungs-, Behinderten- oder Gefährdetenhilfe mit einer Durchschnittsbelegung von mindestens 90 Plätzen oder acht Gruppen bestellt sind [4, 10, 11]

14a Mitarbeiter als Leiter von mindestens drei Teilbereichen in der beruflichen Ausbildung/Anleitung in Einrichtungen der Erziehungs-, Behinderten-, Suchtkranken-, Wohnungslosen- oder Straffälligenhilfe, nach vierjähriger Bewährung in Vergütungsgruppe 4b Ziffer 17 [24, 26]

14b Mitarbeiter als Leiter des Bereiches der beruflichen Ausbildung/Anleitung mit einer Durchschnittsbelegung von mindestens 120 Plätzen oder mindestens zwölf Gruppen in Einrichtungen der Erziehungs-, Behinderten-, Suchtkranken-, Wohnungslosen- oder Straffälligenhilfe [10, 24, 27, 28]

14c Mitarbeiter als Leiter des Bereiches der beruflichen Ausbildung/Anleitung mit einer Durchschnittsbelegung von mindestens 60 Plätzen oder mindestens sechs Gruppen in Einrichtungen der Erziehungs-, Behinderten-, Suchtkranken-, Wohnungslosen- oder Straffälligenhilfe nach vierjähriger Bewährung in Vergütungsgruppe 4b Ziffer 17a [24, 27, 28]

15 Mitarbeiter als technische Leiter einer Werkstatt für behinderte Menschen mit einer Durchschnittsbelegung von mindestens 180 Plätzen nach vierjähriger Bewährung in Vergütungsgruppe 4b Ziffer 20 [18, 19]

16 Mitarbeiter als technische Leiter einer Werkstatt für behinderte Menschen mit einer Durchschnittsbelegung von mindestens 300 Plätzen [18, 19]

17 Mitarbeiter als Leiter einer Werkstatt für behinderte Menschen nach vierjähriger Bewährung in Vergütungsgruppe 4b Ziffer 21 [17]

18 Mitarbeiter als Leiter einer Werkstatt für behinderte Menschen mit einer Durchschnittsbelegung von mindestens 120 Plätzen [17, 19]

19 Diplom-Sozialarbeiter, Diplom-Sozialpädagogen, Diplom-Heilpädagogen mit staatlicher Anerkennung und entsprechender Tätigkeit in Fachdiensten nach vierjähriger Bewährung in Vergütungsgruppe 4b Ziffer 23 [12]

20 Diplom-Sozialarbeiter, Diplom-Sozialpädagogen, Diplom-Heilpädagogen mit staatlicher Anerkennung und entsprechender Tätigkeit

a) in gruppenergänzenden Diensten in Einrichtungen der Erziehungs-, Behinderten- oder Gefährdetenhilfe,

b) als Leiter einer Gruppe in Einrichtungen der Erziehungs-, Behinderten- oder Gefährdetenhilfe,

c) in entsprechenden eigenverantwortlichen Tätigkeiten

nach fünfjähriger Bewährung in Vergütungsgruppe 4b Ziffer 24

21 Diplom-Sozialarbeiter, Diplom-Sozialpädagogen, Diplom-Heilpädagogen mit staatlicher Anerkennung und entsprechender Tätigkeit, denen die Leitung eines Fachdienstes durch ausdrückliche Anordnung übertragen ist

22 Diplom-Sozialarbeiter, Diplom-Sozialpädagogen, Diplom-Heilpädagogen mit staatlicher Anerkennung und entsprechender Tätigkeit, denen die Fachberatung von caritativen Diensten oder Einrichtungen übertragen ist [7]

23 Diplom-Sozialarbeiter, Diplom-Sozialpädagogen, Diplom-Heilpädagogen mit staatlicher Anerkennung und entsprechender Tätigkeit, deren Tätigkeit sich durch das Maß der damit verbundenen Verantwortung erheblich aus Vergütungsgruppe 4b Ziffer 24 heraushebt

Vergütungsgruppe 4b

1 Heilpädagogen mit staatlicher Anerkennung und entsprechender Tätigkeit

a) in der Erziehungsberatung, der psychosozialen Beratung, der Frühförderung, der Pflegeelternberatung,

b) in gruppenergänzenden Diensten in Einrichtungen der Erziehungs-, Behindertenhilfe oder Gefährdetenhilfe,

c) als Leiter einer Gruppe in Einrichtungen der Erziehungs-, Behinderten- oder Gefährdetenhilfe,

d) in entsprechenden eigenverantwortlichen Tätigkeiten nach vierjähriger Bewährung in Vergütungsgruppe 5b Ziffer 6 [8]

2 Heilpädagogen mit staatlicher Anerkennung, Erzieher mit staatlicher Anerkennung und sonderpädagogischer Zusatzausbildung und entsprechender Tätigkeit in Sonderschulen und Einrichtungen, die der Vorbereitung auf den Sonderschulbesuch dienen, nach vierjähriger Bewährung in Vergütungsgruppe 5b Ziffer 7 [8, 20]

3 Mitarbeiter als Leiter von Tageseinrichtungen für Kinder mit einer Durchschnittsbelegung von mindestens 40 Plätzen oder mindestens zwei Gruppen nach vierjähriger Bewährung in Vergütungsgruppe 5b Ziffer 8 [9, 10]

4 Mitarbeiter als Leiter von Tageseinrichtungen für Kinder mit einer Durchschnittsbelegung von mindestens 70 Plätzen oder mindestens vier Gruppen [9, 10, D]

5 Mitarbeiter als Leiter von Tageseinrichtungen für Kinder mit einer Durchschnittsbelegung von mindestens 100 Plätzen oder mindestens fünf Gruppen [9, 10]

6 Mitarbeiter, die durch ausdrückliche Anordnung als ständige Vertreter der Leiter von Tageseinrichtungen für Kinder mit einer Durchschnittsbelegung von mindestens 70 Plätzen oder mindestens vier Gruppen bestellt sind, nach vierjähriger Bewährung in Vergütungsgruppe 5b Ziffer 9 [4, 9, 10]

7 Mitarbeiter, die durch ausdrückliche Anordnung als ständige Vertreter der Leiter von Tageseinrichtungen für Kinder mit einer Durchschnittsbelegung von mindestens 100 Plätzen oder mindestens fünf Gruppen bestellt sind [4, 9, 10, D]

8 Mitarbeiter, die durch ausdrückliche Anordnung als ständige Vertreter der Leiter von Tageseinrichtungen für Kinder mit einer Durchschnittsbelegung von mindestens 130 Plätzen oder mindestens sechs Gruppen bestellt sind [4, 9, 10]

9 Mitarbeiter als Leiter von Tageseinrichtungen für Kinder mit Behinderungen im Sinne des § 39 BSHG oder für Kinder oder Jugendliche mit wesentlichen Erziehungsschwierigkeiten [9, D]

10 Mitarbeiter als Leiter von Tageseinrichtungen für Kinder mit Behinderungen im Sinne des § 39 BSHG oder für Kinder oder Jugendliche mit wesentlichen Erziehungsschwierigkeiten mit einer Durchschnittsbelegung von mindestens 40 Plätzen [9, 10]

A 2d

11 Mitarbeiter, die durch ausdrückliche Anordnung als ständige Vertreter der Leiter von Tageseinrichtungen für Kinder mit Behinderungen im Sinne des § 39 BSHG oder für Kinder oder Jugendliche mit wesentlichen Erziehungsschwierigkeiten mit einer Durchschnittsbelegung von mindestens 40 Plätzen bestellt sind [4, 9, 10, D]

12 Mitarbeiter, die durch ausdrückliche Anordnung als ständige Vertreter der Leiter von Tageseinrichtungen für Kinder mit Behinderungen im Sinne des § 39 BSHG oder für Kinder oder Jugendliche mit wesentlichen Erziehungsschwierigkeiten mit einer Durchschnittsbelegung von mindestens 70 Plätzen bestellt sind [4, 9, 10]

13 Mitarbeiter als Leiter von Heimen der Erziehungs-, Behinderten- oder Gefährdetenhilfe [11]

14 Mitarbeiter, die durch ausdrückliche Anordnung als ständige Vertreter der Leiter von Heimen der Erziehungs-, Behinderten- oder Gefährdetenhilfe bestellt sind [4, 11, D]

15 Mitarbeiter, die durch ausdrückliche Anordnung als ständige Vertreter der Leiter von Heimen der Erziehungs-, Behinderten- oder Gefährdetenhilfe mit einer Durchschnittsbelegung von mindestens 50 Plätzen oder vier Gruppen bestellt sind [4, 10, 11]

16 Mitarbeiter als Leiter eines Teilbereiches in der beruflichen Ausbildung/Anleitung in Einrichtungen der Erziehungs-, Behinderten-, Suchtkranken-, Wohnungslosen- oder Straffälligenhilfe, nach vierjähriger Bewährung in Vergütungsgruppe 5b Ziffer 13 [23, 24, 26]

17 Mitarbeiter als Leiter von mindestens drei Teilbereichen in der beruflichen Ausbildung/Anleitung in Einrichtungen der Erziehungs-, Behinderten-, Suchtkranken-, Wohnungslosen- oder Straffälligenhilfe [23, 24, 26]

17a Mitarbeiter als Leiter des Bereiches der beruflichen Ausbildung/Anleitung mit einer Durchschnittsbelegung von mindestens 60 Plätzen oder mindestens sechs Gruppen in Einrichtungen der Erziehungs-, Behinderten-, Suchtkranken-, Wohnungslosen- oder Straffälligenhilfe [24, 27, 28]

18 Mitarbeiter mit Meisterprüfung, Techniker und mit sonderpädagogischer Zusatzqualifikation sowie Arbeitserzieher mit staatlicher Anerkennung in einer Werkstatt für behinderte Menschen als Leiter einer Abteilung, nach vierjähriger Bewährung in Vergütungsgruppe 5b Ziffer 15 [16, 21, 23]

19 Mitarbeiter als technische Leiter einer Werkstatt für behinderte Menschen nach vierjähriger Bewährung in Vergütungsgruppe 5b Ziffer 16 [18, 23]

20 Mitarbeiter als technische Leiter einer Werkstatt für behinderte Menschen mit einer Durchschnittsbelegung von mindestens 180 Plätzen [19, 23]

21 Mitarbeiter als Leiter einer Werkstatt für behinderte Menschen [17]

22 Diplom-Sozialarbeiter, Diplom-Sozialpädagogen, Diplom-Heilpädagogen mit staatlicher Anerkennung und entsprechender Tätigkeit nach zweijähriger Bewährung in Vergütungsgruppe 5b Ziffer 18 [E]

23 Diplom-Sozialarbeiter, Diplom-Sozialpädagogen, Diplom-Heilpädagogen mit staatlicher Anerkennung und entsprechender Tätigkeit in Fachdiensten, frühestens jedoch nach zweijähriger Berufstätigkeit nach Erlangung der staatlichen Anerkennung [12]

24 Diplom-Sozialarbeiter, Diplom-Sozialpädagogen, Diplom-Heilpädagogen mit staatlicher Anerkennung und entsprechender Tätigkeit

a) in gruppenergänzenden Diensten in Einrichtungen der Erziehungs-, Behinderten- oder Gefährdetenhilfe,

b) als Leiter einer Gruppe in Einrichtungen der Erziehungs-, Behinderten- oder Gefährdetenhilfe,

c) in entsprechenden eigenverantwortlichen Tätigkeiten

25 Sozialberater ausländischer Arbeitnehmer in überörtlichen Einrichtungen, sofern nicht aufgrund einer abgeschlossenen Ausbildung eine höhere Eingruppierung vorgesehen ist, nach vierjähriger Bewährung in Vergütungsgruppe 5b Ziffer 17 [15]

Vergütungsgruppe 5b

1 Erzieher, Heilerziehungspfleger mit staatlicher Anerkennung und entsprechender Tätigkeit mit besonders schwierigen fachlichen Tätigkeiten nach vierjähriger Bewährung in Vergütungsgruppe 5c Ziffer 2 [3, 5, 6]

2 Erzieher, Heilerziehungspfleger mit staatlicher Anerkennung und entsprechender Tätigkeit mit besonders schwierigen fachlichen Tätigkeiten und mit fachlichen koordinierenden Aufgaben für mindestens zwei Mitarbeiter im Erziehungsdienst [3, 5, 6 C]

3 Arbeitserzieher mit staatlicher Anerkennung als verantwortliche Leiter eines Arbeitsbereiches, wenn ihnen mindestens zwei Mitarbeiter durch ausdrückliche Anordnung ständig unterstellt sind, nach vierjähriger Bewährung in Vergütungsgruppe 5c Ziffer 5

4 Eheberater, sofern nicht aufgrund einer abgeschlossenen Fachhochschul- oder Hochschulausbildung eine höhere Eingruppierung vorgesehen ist, nach vierjähriger entsprechender Berufstätigkeit in Vergütungsgruppe 5c Ziffer 3

5 Heilpädagogen mit staatlicher Anerkennung und entsprechender Tätigkeit nach vierjähriger Bewährung in Vergütungsgruppe 5c Ziffer 6 [8]

6 Heilpädagogen mit staatlicher Anerkennung und entsprechender Tätigkeit

a) in der Erziehungsberatung, der psychosozialen Beratung, der Frühförderung, der Pflegeelternberatung [8]

b) in gruppenergänzenden Diensten in Einrichtungen der Erziehungs-, Behinderten- oder Gefährdetenhilfe [8]

c) als Leiter einer Gruppe in Einrichtungen der Erziehungs-, Behinderten- oder Gefährdetenhilfe [8]

d) in entsprechenden eigenverantwortlichen Tätigkeiten [8]

7 Heilpädagogen mit staatlicher Anerkennung, Erzieher mit staatlicher Anerkennung und mit sonderpädagogischer Zusatzausbildung mit entsprechender Tätigkeit in Sonderschulen und Einrichtungen, die der Vorbereitung auf den Sonderschulbesuch dienen [8, 20]

8 Mitarbeiter als Leiter von Tageseinrichtungen für Kinder mit einer Durcschnittsbelegung von mindestens 40 Plätzen oder mindestens zwei Gruppen [9, 10]

9 Mitarbeiter, die durch ausdrückliche Anordnung als ständige Vertreter der Leiter von Tageseinrichtungen für Kinder mit einer Durchschnittsbelegung von mindestens 70 Plätzen oder mindestens vier Gruppen bestellt sind [4, 9, 10]

10 Mitarbeiter, die durch ausdrückliche Anordnung als ständige Vertreter der Leiter von Tageseinrichtungen für Kinder mit Behinderungen im Sinne des § 39 BSHG oder für Kinder oder Jugendliche mit wesentlichen Erziehungsschwierigkeiten bestellt sind [4, 9, C]

11 Mitarbeiter mit Meisterprüfung, Arbeitserzieher in der beruflichen Ausbildung/Anleitung in Einrichtungen der Erziehungs-, Behinderten-, Suchtkranken-, Wohnungslosen- oder Straffälligenhilfe nach vierjähriger Bewährung in Vergütungsgruppe 5c Ziffer 11 [23, 24, 25, 29, 30]

12 (weggefallen)

13 Mitarbeiter als Leiter eines Teilbereiches in der beruflichen Ausbildung/Anleitung in Einrichtungen der Erziehungs-, Behinderten-, Suchtkranken-, Wohnungslosen- oder Straffälligenhilfe [23, 24, 26]

14 Mitarbeiter mit Meisterprüfung, Techniker und mit sonderpädagogischer Zusatzqualifikation oder Arbeitserzieher mit staatlicher Anerkennung als Gruppenleiter in einer Werkstatt für behinderte Menschen nach vierjähriger Bewährung in Vergütungsgruppe 5c Ziffer 14 [16, 22, 23]

15 Mitarbeiter mit Meisterprüfung, Techniker und mit sonderpädagogischer Zusatzqualifikation oder Arbeitserzieher mit staatlicher Anerkennung in einer Werkstatt für behinderte Menschen als Leiter einer Abteilung [16, 21, 22, 23]

16 Mitarbeiter als technische Leiter einer Werkstatt für behinderte Menschen [18, 23]

17 Sozialberater ausländischer Arbeitnehmer in überörtlichen Einrichtungen, sofern nicht aufgrund einer abgeschlossenen Ausbildung eine höhere Eingruppierung vorgesehen ist, nach zweijähriger entsprechender Berufstätigkeit in Vergütungsgruppe 5c Ziffer 15 [15]

18 Diplom-Sozialarbeiter, Diplom-Sozialpädagogen, Diplom-Heilpädagogen mit staatlicher Anerkennung und entsprechender Tätigkeit

Vergütungsgruppe 5c

1 Erzieher, Heilerziehungspfleger mit staatlicher Anerkennung und entsprechender Tätigkeit nach dreijähriger Bewährung in Vergütungsgruppe 6b Ziffer 2 [3, 5, 13, A]

2 Erzieher, Heilerziehungspfleger mit staatlicher Anerkennung und entsprechender Tätigkeit mit besonders schwierigen fachlichen Tätigkeiten [3, 5, 6]

3 Eheberater, sofern nicht aufgrund einer abgeschlossenen Fachhochschulausbildung eine höhere Eingruppierung vorgesehen ist

4 Arbeitserzieher mit staatlicher Anerkennung und entsprechender Tätigkeit nach dreijähriger Bewährung in Vergütungsgruppe 6b Ziffer 3 [A]

5 Arbeitserzieher mit staatlicher Anerkennung und entsprechender Tätigkeit als verantwortliche Leiter eines Arbeitsbereiches, wenn ihnen mindestens zwei Mitarbeiter durch ausdrückliche Anordnung ständig unterstellt sind

6 Heilpädagogen mit staatlicher Anerkennung und entsprechender Tätigkeit [8]

7 Mitarbeiter als Leiter von Tageseinrichtungen für Kinder [9, B]

8 Mitarbeiter, die durch ausdrückliche Anordnung als ständige Vertreter der Leiter von Tageseinrichtungen für Kinder mit einer Durchschnittsbelegung von mindestens 40 Plätzen oder mindestens zwei Gruppen bestellt sind [4, 9, 10, B]

9 Mitarbeiter mit abgeschlossener Berufsausbildung in der beruflichen Ausbildung/Anleitung in Einrichtungen der Erziehungs-, Behinderten-, Suchtkranken-, Wohnungslosen- oder Straffälligenhilfe nach vierjähriger Bewährung in Vergütungsgruppe 6b Ziffer 6 [24, 29, 30]

10 Mitarbeiter mit Meisterprüfung in der beruflichen Ausbildung/Anleitung in Einrichtungen der Erziehungs-, Behinderten-, Suchtkranken-, Wohnungslosen- oder Straffälligenhilfe nach vierjähriger Bewährung in Vergütungsgruppe 6b Ziffer 7 [23, 24, 25]

11 Mitarbeiter mit Meisterprüfung, Arbeitserzieher in der beruflichen Ausbildung/Anleitung in Einrichtungen der Erziehungs-, Behinderten-, Suchtkranken-, Wohnungslosen- oder Straffälligenhilfe [23, 24, 25, 29, 30]

12 (weggefallen)

13 Mitarbeiter mit abgeschlossener Berufsausbildung als Handwerker oder Facharbeiter oder entsprechender abgeschlossener Berufsausbildung und mit sonderpädagogischer Zusatzqualifikation als Gruppenleiter in einer Werkstatt für behinderte Menschen nach vierjähriger Bewährung in Vergütungsgruppe 6b Ziffer 8 [16]

13a Mitarbeiter mit Meisterprüfung, Techniker als Gruppenleiter in einer Werkstatt für behinderte Menschen nach vierjähriger Bewährung in Vergütungsgruppe 6b Ziffer 9 [23]

14 Mitarbeiter mit Meisterprüfung, Techniker und mit sonderpädagogischer Zusatzqualifikation oder Arbeitserzieher mit staatlicher Anerkennung als Gruppenleiter in einer Werkstatt für behinderte Menschen [16, 22, 23]

15 Sozialberater ausländischer Arbeitnehmer in überörtlichen Einrichtungen, sofern nicht aufgrund einer abgeschlossenen Ausbildung eine höhere Eingruppierung vorgesehen ist [15]

Vergütungsgruppe 6b

1 Kinderpfleger, Heilerziehungshelfer mit staatlicher Anerkennung oder mit staatlicher Prüfung und entsprechender Tätigkeit mit schwierigen fachlichen Tätigkeiten nach fünfjähriger Bewährung in Vergütungsgruppe 7 Ziffer 2 [2, 3]

2 Erzieher, Heilerziehungspfleger mit staatlicher Anerkennung und entsprechender Tätigkeit [3, 5, 13]

3 Arbeitserzieher mit staatlicher Anerkennung und entsprechender Tätigkeit

4 Mitarbeiter, die aufgrund gleichwertiger Fähigkeiten und ihrer Erfahrungen Tätigkeiten von Kinderpflegern, Heilerziehungshelfern mit staatlicher Anerkennung oder mit staatlicher Prüfung ausüben mit schwierigen fachlichen Tätigkeiten nach fünfjähriger Bewährung in Vergütungsgruppe 7 Ziffer 4 [1, 2, 3]

5 Mitarbeiter mit abgeschlossener Berufsausbildung in der beruflichen Ausbildung/Anleitung in Einrichtungen der Erziehungs-, Behinderten-, Suchtkranken-, Wohnungslosen- oder Straffälligenhilfe nach vierjähriger Bewährung in Vergütungsgruppe 7 Ziffer 6 [24]

6 Mitarbeiter mit abgeschlossener Berufsausbildung in der beruflichen Ausbildung/Anleitung in Einrichtungen der Erziehungs-, Behinderten-, Suchtkranken-, Wohnungslosen- oder Straffälligenhilfe [24, 29, 30]

7 Mitarbeiter mit Meisterprüfung in der beruflichen Ausbildung/Anleitung in Einrichtungen der Erziehungs-, Behinderten-, Suchtkranken-, Wohnungslosen- oder Straffälligenhilfe [23, 24, 25]

7a Mitarbeiter mit abgeschlossener Berufsausbildung als Handwerker oder Facharbeiter oder entsprechender abgeschlossener Berufsausbildung als Gruppenleiter in einer Werkstatt für behinderte Menschen nach vierjähriger Bewährung in Vergütungsgruppe 7 Ziffer 7

8 Mitarbeiter mit abgeschlossener Berufsausbildung als Handwerker oder Facharbeiter oder entsprechender abgeschlossener Berufsausbildung und mit sonderpädagogischer Zusatzqualifikation als Gruppenleiter in einer Werkstatt für behinderte Menschen [16]

9 Mitarbeiter mit Meisterprüfung, Techniker als Gruppenleiter in einer Werkstatt für behinderte Menschen [22, 23]

Vergütungsgruppe 7

1 Kinderpfleger, Heilerziehungshelfer mit staatlicher Anerkennung oder mit staatlicher Prüfung und entsprechender Tätigkeit nach zweijähriger Bewährung in Vergütungsgruppe 8 Ziffer 1 [3]

2 Kinderpfleger, Heilerziehungshelfer mit staatlicher Anerkennung oder mit staatlicher Prüfung und entsprechender Tätigkeit mit schwierigen fachlichen Tätigkeiten [2,3]

3 Mitarbeiter, die aufgrund gleichwertiger Fähigkeiten und ihrer Erfahrungen Tätigkeiten von Kinderpflegern, Heilerziehungshelfern mit staatlicher Anerkennung oder mit staatlicher Prüfung ausüben, nach zweijähriger Bewährung in Vergütungsgruppe 8 Ziffer 2 [1,3]

4 Mitarbeiter, die aufgrund gleichwertiger Fähigkeiten und ihrer Erfahrungen Tätigkeiten von Kinderpflegern, Heilerziehungshelfern mit staatlicher Anerkennung oder mit staatlicher Prüfung ausüben mit schwierigen fachlichen Tätigkeiten [1,2,3]

5 Mitarbeiter in der Tätigkeit von Erziehern, Heilerziehungspflegern mit staatlicher Anerkennung [3]

6 Mitarbeiter mit abgeschlossener Berufsausbildung in der beruflichen Ausbildung/Anleitung in Einrichtungen der Erziehungs-, Behinderten-, Suchtkranken-, Wohnungslosen- oder Straffälligenhilfe [24]

7 Mitarbeiter mit abgeschlossener Berufsausbildung als Handwerker oder Facharbeiter oder entsprechender abgeschlossener Berufsausbildung als Gruppenleiter in einer Werkstatt für behinderte Menschen

Vergütungsgruppe 8

1 Kinderpfleger, Heilerziehungshelfer mit staatlicher Anerkennung oder mit staatlicher Prüfung und entsprechender Tätigkeit [3]

2 Mitarbeiter, die aufgrund gleichwertiger Fähigkeiten und ihrer Erfahrungen Tätigkeiten von Kinderpflegern, Heilerziehungshelfern mit staatlicher Anerkennung oder mit staatlicher Prüfung ausüben [1,3]

Vergütungsgruppe 9

1 Mitarbeiter ohne entsprechende Ausbildung [3]

Anmerkungen zu den Tätigkeitsmerkmalen der Vergütungsgruppen 1a bis 9

Die nachstehenden Anmerkungen sind bei der Eingruppierung der Mitarbeiter zu beachten.

I

Die Ziffern I bis VII der Anmerkungen zu den Tätigkeitsmerkmalen der Vergütungsgruppen 1 bis 12 der Anlage 2 zu den AVR gelten sinngemäß.

II

[1]Die Dienstbezüge (Abschnitt II der Anlage 1 zu den AVR) der Mitarbeiter, die am 31. Dezember 1990 in einem Dienstverhältnis stehen, das am 1. Januar 1991 zu demselben Dienstgeber fortbesteht, und die am 31. Dezember 1990 die Dienstbezüge aus einer höheren Vergütungsgruppe erhalten als aus der Vergütungsgruppe, in der sie nach dem Wirksamwerden der Beschlüsse der Arbeitsrechtlichen Kommission vom 13. Juni 1991 zur Anlage 2d zu den AVR eingruppiert sind, wird durch die Neuregelung nicht berührt.

[2]Bei den Mitarbeitern, die am 31. Dezember 1990 in einem Dienstverhältnis stehen, das am 1. Januar 1991 zu demselben Dienstgeber fortbesteht, und deren Eingruppierung von der Zeit einer Bewährung in einer bestimmten Vergütungsgruppe bzw. Ziffer abhängt, wird die vor dem 1. Januar 1991 zurückgelegte Zeit so berücksichtigt, wie sie zu berücksichtigen wäre, wenn die Neuregelung bereits seit Beginn des Dienstverhältnisses bestanden hätte.

[3]Für Mitarbeiter, die am 31. Dezember 1990 in einem Dienstverhältnis stehen das am 1. Januar 1991 zu demselben Dienstgeber fortbesteht und die durch die Neuregelung eine längere Bewährungszeit zurücklegen müssen und die am 31. Dezember 1990 bereits die Hälfte der Bewährungszeit der bis zu diesem Zeitpunkt geltenden Regelung zurückgelegt haben, gelten die Bewährungszeiten der bisherigen Regelung fort.

III

Die Dienstbezüge (Abschnitt II der Anlage 1 zu den AVR) der Mitarbeiter, die am 31. Januar 1994 in einem Dienstverhältnis stehen, das am 1. Februar 1994 zu demselben Dienstgeber fortbesteht, und die am 31. Januar 1994 die Dienstbezüge aus einer höheren Vergütungsgruppe erhalten als aus der Vergütungsgruppe, in der sie nach dem Wirksamwerden der Beschlüsse der Arbeitsrechtlichen Kommission vom 9. Dezember 1993 zur Anlage 2d zu den AVR eingruppiert sind, werden durch die Neuregelung nicht berührt.

* *
*

A Diese Mitarbeiter erhalten nach vierjähriger Tätigkeit in dieser Ziffer eine monatliche Vergütungsgruppenzulage.

B Diese Mitarbeiter erhalten eine monatliche Vergütungsgruppenzulage.

C Diese Mitarbeiter erhalten eine monatliche Vergütungsgruppenzulage.

D Diese Mitarbeiter erhalten nach vierjähriger Bewährung in dieser Ziffer eine monatliche Vergütungsgruppenzulage.

E Diese Mitarbeiter erhalten nach sechsjähriger Tätigkeit in dieser Ziffer eine monatliche Vergütungsgruppenzulage.

F Diese Mitarbeiter erhalten nach vierjähriger Bewährung in dieser Ziffer eine monatliche Vergütungsgruppenzulage.

Die Vergütungsgruppenzulage nach den Anmerkungen A bis F beträgt in Euro:

ab	A	B	C	D	E	F
1. Juli 2025	135,55	162,68	179,64	198,92	165,77	220,72
1. Februar 2026	139,35	167,24	184,67	204,49	170,41	226,90

A 2d

1 [1]Die Mitarbeiter müssen Fähigkeiten und Erfahrungen besitzen, die denen der Mitarbeiter mit der vorgeschriebenen Vor- und Ausbildung gleichwertig sind. [2]Es wird jedoch nicht das gleiche Wissen und Können gefordert, wie es durch die vorausgesetzte Vorbildung bzw. Ausbildung erworben wird. [3]Andererseits genügt es noch nicht, dass der Mitarbeiter nur auf einem begrenzten Einzelarbeitsgebiet Leistungen erbringt, die denen eines Mitarbeiters mit der Vor- und Ausbildung gleichwertig sind. [4]Es muss eine der Vor- und Ausbildung ähnlich gründliche Beherrschung eines auch vom Umfang her entsprechenden Wissensgebiets gefordert werden.

2 Schwierige fachliche Tätigkeiten sind z. B.:

a) Tätigkeiten in Einrichtungen für Menschen mit Behinderungen im Sinne des § 39 BSHG bzw. § 68 BSHG und in psychiatrischen Kliniken,

b) alleinverantwortliche Betreuung von Gruppen, z. B. in Randzeiten,

c) Tätigkeiten in Integrationsgruppen (Erziehungsgruppen, denen besondere Aufgaben in der gemeinsamen Förderung von Kindern mit und ohne Behinderungen zugewiesen sind) mit einem Anteil von mindestens einem Drittel von Menschen mit Behinderungen im Sinne des § 39 BSHG bzw. § 68 BSHG in Einrichtungen der Kindertagesbetreuung,

d) Tätigkeiten in Gruppen von Menschen mit Behinderungen im Sinne des § 39 BSHG bzw. § 68 BSHG oder in Gruppen von Kindern oder Jugendlichen mit wesentlichen Erziehungsschwierigkeiten,

e) Tätigkeiten in geschlossenen (gesicherten) Gruppen.

3 Als entsprechende Tätigkeit gilt auch die Betreuung von über 18-jährigen Personen (z. B. in Einrichtungen für Menschen mit Behinderungen im Sinne des § 39 BSHG oder für Obdachlose).

4 Ständige Vertreter sind nicht Vertreter in Urlaubs- und sonstigen Abwesenheitsfällen.

5 Nach diesem Tätigkeitsmerkmal sind auch

a) Kindergärtner und Hortner mit staatlicher Anerkennung oder staatlicher Prüfung,

b) Kinderkrankenschwestern/-pfleger, die in Kinderkrippen tätig sind,

c) Heilerziehungspfleger mit staatlicher Prüfung oder staatlicher Erlaubnis,

d) Krankenschwestern/-pfleger, Kinderkrankenschwestern/-pfleger, Altenpfleger mit staatlicher Anerkennung in Einrichtungen der Behindertenhilfe,

e) Arbeitserzieher, sofern ihnen die im Tätigkeitsmerkmal beschriebenen Aufgaben übertragen sind und keine speziellere Eingruppierungsziffer zutrifft,

eingruppiert.

6 Besonders schwierige fachliche Tätigkeiten sind z. B.:

a) Tätigkeiten in Integrationsgruppen (Erziehungsgruppen, denen besondere Aufgaben in der gemeinsamen Förderung von Kindern mit und ohne Behinderungen zugewiesen sind) mit einem Anteil von mindestens einem Drittel von Menschen mit Behinderungen im Sinne des § 39 BSHG bzw. § 68 BSHG in Einrichtungen der Kindertagesbetreuung,

b) Tätigkeiten in Gruppen von Menschen mit Behinderungen im Sinne des § 39 BSHG bzw. § 68 BSHG oder von Kindern oder Jugendlichen mit wesentlichen Erziehungsschwierigkeiten,

c) Tätigkeiten in Jugendzentren, Häusern der offenen Tür,

d) Tätigkeiten in geschlossenen (gesicherten) Gruppen,

e) fachliche Koordinierungstätigkeiten für mindestens vier Mitarbeiter mindestens der Vergütungsgruppe 6b,

f) Tätigkeiten eines Facherziehers mit einrichtungsübergreifenden Aufgaben.

7 Caritative Dienste oder Einrichtungen sind z. B. Tageseinrichtungen für Kinder; Einrichtungen der Erziehungs-, Behinderten- oder Gefährdetenhilfe; Einrichtungen der Altenhilfe; Sozialstationen.

8 Unter Heilpädagogen mit staatlicher Anerkennung sind Mitarbeiter zu verstehen, die einen nach Maßgabe der Rahmenvereinbarung über die Ausbildung und Prüfung an Fachschulen für Heilpädagogik (Beschluss der Kultusministerkonferenz vom 12. September 1986) gestalteten Ausbildungsgang mit der vorgeschriebenen Prüfung erfolgreich abgeschlossen und die Berechtigung zur Führung der Berufsbezeichnung „staatlich anerkannter Heilpädagoge" erworben haben.

9 Tageseinrichtungen für Kinder im Sinne dieses Tätigkeitsmerkmals sind Krippen, Kindergärten, Horte, Kinderbetreuungsstuben, Kinderhäuser und Tageseinrichtungen der örtlichen Kindererholungsfürsorge.

10 Der Ermittlung der Durchschnittsbelegung ist für das jeweilige Kalenderjahr grundsätzlich die Zahl der vom 1. Oktober bis 31. Dezember des vorangegangenen Kalenderjahres vergebenen, je Tag gleichzeitig belegbaren Plätze zugrunde zu legen.

11 Heime der Erziehungs-, Behinderten- oder Jugendhilfe sind Einrichtungen, in denen überwiegend Personen ständig leben, die Hilfen nach den §§ 39ff. BSHG und § 72 BSHG erhalten, oder in denen überwiegend Kinder oder Jugendliche oder junge Erwachsene mit wesentlichen Erziehungsschwierigkeiten ständig leben.

12 Fachdienste sind z. B.

- Allgemeiner sozialer Dienst,
- Adoptions- und Pflegekindervermittlung,
- Asylbewerber-, Aussiedler- und Ausländerberatung,
- Beratung von HIV-Infizierten oder an AIDS erkrankten Personen,
- Ehe-, Familien- und Lebensberatung,
- Erziehungsberatung,
- Erziehungsbeistandschaft,
- Gemeindecaritas,
- Wohnungslosenhilfe,
- Tätigkeit in ambulanten und stationären Einrichtungen der Suchtkrankenhilfe oder für psychisch Kranke,
- Schuldnerberatung,
- Schwangerschaftskonfliktberatung,
- Sozialpädagogische Familienhilfe,
- Straffälligenhilfe.

13 Erzieher in einer Gruppe einer Tageseinrichtung für Kinder, die die Tätigkeiten von Erziehungshilfskräften (sogenannte „Zweitkräfte") ausüben, sind in Vergütungsgruppe 7 eingruppiert; eine Höhergruppierung erfolgt nach dreijähriger Bewährung in dieser Tätigkeit nach Vergütungsgruppe 6b.

14 [1]Dienststellen von zentraler Bedeutung im Sinne dieser Eingruppierungsbestimmung sind Dienststellen, deren Aufgabenbereich sich über das Bundesgebiet erstreckt. [2]Dienststellen von überregionaler Bedeutung im Sinne dieser Einstufungsbestimmung sind Dienststellen, deren Aufgabenbereich sich mindestens auf den Gesamtbereich einer Diözese erstreckt.

[3]Die Eingruppierungsvoraussetzung „ein Aufgabengebiet abschließend zu bearbeiten" ist auch dann erfüllt, wenn der Mitarbeiter nicht die letzte Entscheidungsbefugnis besitzt.

15 Sozialberater, die eine im Ausland erworbene abgeschlossene Fach-, Fachhochschulausbildung als Sozialarbeiter, Jugendleiter, Lehrer, Soziologe, Jurist, Dipl.-Volkswirt, Philologe, Theologe oder in einem sozialarbeitsverwandten Beruf nachweisen, sind wie Sozialarbeiter einzugruppieren.

16 [1]Voraussetzung für die Eingruppierung ist, dass der Mitarbeiter über eine sonderpädagogische Zusatzqualifikation im Sinne der Werkstättenverordnung nach dem Neunten Buch des Sozialgesetzbuches verfügt. [2]Der sonderpädagogischen Zusatzqualifikation gleichgestellt ist der Abschluss als geprüfte Fachkraft für Arbeits- und Berufsförderung in Werkstätten für behinderte Menschen.

17 [1]Der Werkstattleiter soll in der Regel über einen Fachhochschulabschluss im kaufmännischen oder technischen Bereich oder einen gleichwertigen Bildungsstand, über ausreichende Berufserfahrung und eine sonderpädagogische Zusatzqualifikation verfügen. [2]Entsprechende Berufsqualifikationen aus dem sozialen Bereich reichen aus, wenn die zur Leitung einer Werkstatt erforderlichen Kenntnisse und Fähigkeiten im kaufmännischen und technischen Bereich anderweitig erworben worden sind. [3]Ihm muss die technische, kaufmännische, verwaltungs- und personalmäßige Leitung der Werkstatt obliegen.

18 Nach diesem Tätigkeitsmerkmal ist nur der Mitarbeiter eingruppiert, dem die Verantwortung für den technischen Bereich der Werkstatt nach Weisung des Leiters der Werkstatt für behinderte Menschen obliegt.

19 [1]Der Ermittlung der Durchschnittsbelegung ist die Zahl der tatsächlich belegten, nicht jedoch die Zahl der vorhandenen Plätze zugrunde zu legen. [2]Vorübergehend oder für kurze Zeit, z. B. wegen Erkrankung, nicht belegte Plätze sind mitzurechnen. [3]Der Ermittlung der Durchschnittsbelegung ist ein längerer Zeitraum zugrunde zu legen. [4]Zeiten, in denen die Einrichtung vorübergehend nicht oder nur gering belegt ist, sind außer Betracht zu lassen. [5]Bei der Feststellung der Durchschnittsbelegung ist von der täglichen Höchstbelegung auszugehen.

20 Die sonderpädagogische Zusatzqualifikation verlangt, dass sie durch einen mindestens einjährigen Lehrgang oder in einer mindestens zweijährigen berufsbegleitenden Ausbildung vermittelt worden ist; die Ausbildung muss mit einer staatlichen oder staatlich anerkannten Prüfung abgeschlossen werden.

21 Nach diesem Tätigkeitsmerkmal ist der Gruppenleiter eingruppiert, dem die Leitung eines Arbeitsbereichs (z.B. Holz, Metall) übertragen ist und dem zusätzlich mindestens zwei weitere Gruppen zugeordnet sind.

22 Unter Techniker im Sinne dieses Tätigkeitsmerkmals sind Mitarbeiter zu verstehen, die

a) einen nach Maßgabe der Rahmenordnung für die Ausbildung von Technikern (Beschluss der Kultusministerkonferenz vom 27. April 1964 bzw. vom 18. Januar 1973) gestalteten Ausbildungsgang mit der vorgeschriebenen Prüfung erfolgreich abgeschlossen und die Berechtigung zur Führung der Berufsbezeichnung „Staatlich geprüfter Techniker" bzw. „Techniker mit staatlicher Abschlussprüfung" mit einem die Fachrichtung bezeichnenden Zusatz erworben haben, oder

b) einem nach Maßgabe über Fachschulen mit zweijähriger Ausbildungsdauer (Beschluss der Kultusministerkonferenz vom 27. Oktober 1980) gestalteten Ausbildungsgang mit der vorgeschriebenen Prüfung erfolgreich abgeschlossen und die Berechtigung zur Führung der ihrer Fachrichtung/Schwerpunkt zugeordneten Berufsbezeichnung „Staatlich geprüfter Techniker“ erworben haben.

23 Diese Mitarbeiter erhalten eine monatliche Zulage in Höhe von 38,35 Euro.

24 Berufliche Anleitung umfasst im Wesentlichen Arbeitstraining, Arbeitsanleitung und Arbeitstherapie im Rahmen der medizinischen, beruflichen und sozialen Rehabilitation sowie der Resozialisierung.

25 Dem Mitarbeiter mit Meisterprüfung sind gleichgestellt Techniker im Sinne der Anmerkung 22 sowie Mitarbeiter, die einen vergleichbaren Ausbildungsgang mit vorgeschriebener Prüfung erfolgreich abgeschlossen haben (z. B. staatlich geprüfte Betriebswirte, staatlich geprüfte Ökotrophologen).

26 Ein Teilbereich ist die Zusammenfassung von mehreren Ausbildungs- oder Anleitungsgruppen. Eine Gruppe ist eine Organisationseinheit, in der mehrere auszubildende oder anzuleitende Personen zusammengefasst sind und für die ein Ausbilder/Anleiter verantwortlich ist.

27 Die Leitung des Bereiches der beruflichen Ausbildung/Anleitung umfasst im Wesentlichen die Verantwortung für Organisation, Koordination, Überwachung und Planung der beruflichen Ausbildung/Anleitung in einer Einrichtung.

28 Eine Gruppe ist eine Organisationseinheit, in der mehrere auszubildende oder anzuleitende Personen zusammengefasst sind und für die ein Ausbilder/Anleiter verantwortlich ist.

29 Voraussetzung für die Eingruppierung von Mitarbeitern mit abgeschlossener Berufsausbildung/Meisterprüfung ist

a) in Einrichtungen der Suchtkranken-, Wohnungslosen- oder Straffälligenhilfe, dass der Mitarbeiter über eine sonderpädagogische Zusatzqualifikation verfügt, die der sonderpädagogischen Zusatzqualifikation im Sinne der Werkstättenverordnung nach dem Neunten Sozialgesetzbuch entspricht,

b) in Einrichtungen der Erziehungshilfe, dass der Mitarbeiter über eine sonderpädagogische Zusatzqualifikation verfügt, die den Richtlinien über die Ausbilder-Fortbildung des Verbandes katholischer Einrichtungen der Heim- und Heilpädagogik entspricht.

30 Voraussetzung für die Eingruppierung ist in Einrichtungen der Behindertenhilfe, dass der Mitarbeiter anstelle der sonderpädagogischen Zusatzqualifikation über die Ausbildereignungsprüfung verfügt.

Anlage 2e: Vergütungsgruppen für Mitarbeiter im Rettungsdienst/Krankentransport

Inhalt

Vergütungsgruppe 4b 118
Vergütungsgruppe 5b 118
Vergütungsgruppe 5c 118
Vergütungsgruppe 6b 119
Vergütungsgruppe 7 119
Vergütungsgruppe 8 119
Anmerkungen zu den Tätigkeitsmerkmalen der Vergütungsgruppen 4b bis 8 120

(RK Bayern/BW/Mitte/Nord/NRW, gültig ab 1. Oktober 2017; RK Ost, gültig ab 1. Januar 2018)

Vergütungsgruppe 4b

1 Rettungsassistenten/Notfallsanitäter als Leiter einer Rettungswache, denen mindestens 40 Mitarbeiter durch ausdrückliche Anordnung ständig unterstellt sind (Anmerkung 1)

2 (nicht besetzt)

Vergütungsgruppe 5b

1 Rettungsassistenten/Notfallsanitäter als Leiter einer Rettungswache, denen mindestens 20 Mitarbeiter durch ausdrückliche Anordnung ständig unterstellt sind (Anmerkung 1)

2 (nicht besetzt)

3 (nicht besetzt)

4 Rettungsassistenten/Notfallsanitäter als Lehrrettungsassistenten mit entsprechender Zusatzausbildung in einer Lehrrettungswache nach vierjähriger Bewährung in Vergütungsgruppe 5c Ziffer 3

Vergütungsgruppe 5c

1 Rettungsassistenten/Notfallsanitäter als Leiter einer Rettungswache
(Anmerkung 1)

2 (nicht besetzt)

3 Rettungsassistenten/Notfallsanitäter als Lehrrettungsassistenten mit entsprechender Zusatzausbildung in einer Lehrrettungswache

4 Notfallsanitäter mit entsprechenden Tätigkeiten [A, B, C, D]

Vergütungsgruppe 6b

1 Rettungsassistenten mit entsprechender Tätigkeit [A, B]
(Anmerkung 1)

Vergütungsgruppe 7

1 Rettungssanitäter mit entsprechender Tätigkeit [B]
(Anmerkung 1)

Vergütungsgruppe 8

1 Rettungshelfer mit entsprechender Tätigkeit
(Anmerkung 1)

Anmerkung 1:
(1) Aufgrund des Wegfalls von Bewährungsaufstiegen werden Mitarbeiter, die am Tag vor dem Inkrafttreten dieser Anlage in einem Dienstverhältnis standen, das am Tag des Inkrafttretens dieser Anlage fortbesteht, nach folgender Tabelle der neuen Vergütungsstruktur zugeordnet:

Vergütungsgruppe nach Anlage 2b am 30. September 2017	**Vergütungsgruppe nach Anlage 2e**
VG 9a Ziffer 1	VG 8 Ziffer 1
VG 8 Ziffer 1	VG 7 Ziffer 1
VG 7 Ziffer 1	VG 6b Ziffer 1
VG 6b Ziffer 2	VG 5c Ziffer 1

Die Zuordnung erfolgt stufengleich und unter Beibehaltung der bereits zurückgelegten Stufenlaufzeit.

(2) Aufgrund des Wegfalls der Anlage 2b werden Mitarbeiter, die am Tag vor dem Inkrafttreten dieser Anlage in einem Dienstverhältnis standen, das am Tag des Inkrafttretens dieser Anlage fortbesteht, nach folgender Tabelle der neuen Vergütungsstruktur zugeordnet:

Vergütungsgruppe nach Anlage 2b am 30. September 2017	**Vergütungsgruppe nach Anlage 2e**
VG 5c Ziffer 2	VG 5c Ziffer 1
VG 5b Ziffern 1, 2 und 3	VG 5b Ziffer 1
VG 4b Ziffern 1 und 2	VG 4b Ziffer 1

Die Zuordnung erfolgt stufengleich und unter Beibehaltung der bereits zurückgelegten Stufenlaufzeit.

(3) Ergibt sich aufgrund der geänderten Tätigkeitsmerkmale der Anlage 2e abweichend von der Zuordnungstabelle nach Absatz 2 eine höhere Vergütungsgruppe, ist der Mitarbeiter in der höheren Vergütungsgruppe eingruppiert. Ergibt sich aufgrund der geänderten Tätigkeitsmerkmale der Anlage 2e abweichend von der Zuordnungstabelle nach Absätzen 1 oder 2 eine niedrigere Vergütungsgruppe, verbleibt der Mitarbeiter in der bisherigen Vergütungsgruppe. Die Sätze 1 und 2 gelten auch für Mitarbeiter nach Ziffer III der Anmerkungen zu den Tätigkeitsmerkmalen der Vergütungsgruppen 4b bis 9a der Anlage 2b in der Fassung vom 30. September 2017.

Anmerkungen zu den Tätigkeitsmerkmalen der Vergütungsgruppen 4b bis 8

I

Die nachstehenden Anmerkungen sind bei der Eingruppierung der Mitarbeiter zu beachten. Die Ziffern I – VII und die Ziffer 77 (Definition Unterstellungsverhältnisse) der Anmerkungen zu den Tätigkeitsmerkmalen der Vergütungsgruppen 1 bis 12 der Anlage 2 zu den AVR gelten sinngemäß.

II

1 Mitarbeiter als Stellvertreter des Leiters einer Rettungswache erhalten für die Dauer dieser Tätigkeit eine Zulage in Höhe von monatlich 100,00 Euro, sofern ihnen diese Aufgabe vom Dienstgeber schriftlich übertragen wurde. Hierunter fallen nicht Vertretungen in Urlaubs- und sonstigen Abwesenheitsfällen.

2 Mitarbeiter als Qualitätsbeauftragte erhalten für die Dauer dieser Tätigkeit eine Zulage in Höhe von monatlich 100,00 Euro, sofern ihnen diese Aufgabe vom Dienstgeber schriftlich übertragen wurde.

3 Mitarbeiter als Medizinprodukte-Beauftragte (MPG-Beauftragte) bzw. als Beauftragte für Medizinproduktesicherheit erhalten für die Dauer dieser Tätigkeit eine Zulage in Höhe von monatlich 100,00 Euro, sofern ihnen diese Aufgabe vom Dienstgeber schriftlich übertragen wurde.

4 Mitarbeiter als Desinfektoren mit staatlicher Prüfung, denen durch schriftliche Anordnung des Dienstgebers die Erstellung der Hygienepläne sowie die Überwachung der Einhaltung aller Maßnahmen für den Rettungsdienst gem. der jeweils einschlägigen Unfallverhütungsvorschriften und anderer Vorgaben übertragen wurde, erhalten für die Dauer dieser Tätigkeit eine Zulage in Höhe von monatlich 100,00 Euro.

5 Mitarbeiter als Hygienebeauftragte mit entsprechender Qualifikation, denen durch schriftliche Anordnung des Dienstgebers die Überwachung der Einhaltung aller Maßnahmen für den Rettungsdienst gem. der jeweils einschlägigen Unfallverhütungsvorschriften und anderer Vorgaben übertragen wurde, erhalten für die Dauer dieser Tätigkeit eine Zulage in Höhe von monatlich 100,00 Euro.

6 Mitarbeiter in der Rettungsleitstelle erhalten für die Dauer dieser Tätigkeit eine Zulage in Höhe von monatlich 100,00 Euro. Ist der Mitarbeiter nicht zu 100% in der Rettungsleitstelle tätig, wird die Zulage entsprechend anteilig gezahlt.

7 Mitarbeiter als Arzneimittelbeauftragte erhalten für die Dauer dieser Tätigkeit eine Zulage in Höhe von monatlich 100,00 Euro, sofern ihnen diese Aufgabe vom Dienstgeber schriftlich übertragen wurde.

8 Mitarbeiter als Lagerverantwortliche erhalten für die Dauer dieser Tätigkeit eine Zulage in Höhe von monatlich 100,00 Euro, sofern ihnen diese Aufgabe vom Dienstgeber schriftlich übertragen wurde.

9 Mitarbeiter, denen Aufgaben nach Nr. 1 bis 8 übertragen wurden, kann aufgrund einzelvertraglicher Absprache eine höhere Zulage gewährt werden, wenn die zugewiesene Aufgabe das übliche Maß übersteigt.

10 Mitarbeiter als Praxisanleiter in den Vergütungsgruppen 6b, 5c und 5b erhalten für die Dauer der Tätigkeit eine nach dem Anteil der für die Tätigkeit erteilten Freistellung gestaffelte monatliche Zulage:

Anteil der Praxisanleitertätigkeit	Höhe der Zulage
bis 25 Prozent	100,00 Euro
bis 50 Prozent	150,00 Euro
bis 75 Prozent	200,00 Euro
bis 100 Prozent	250,00 Euro

Mitarbeiter der Vergütungsgruppe 5c Ziffer 1 erhalten eine monatliche Zulage i. H. v. 500,00 Euro.

Mitarbeiter der Vergütungsgruppe 5b Ziffer 1 erhalten eine monatliche Zulage i. H. v. 500,00 Euro.

Mitarbeiter der Vergütungsgruppe 4b Ziffer 1 erhalten eine monatliche Zulage i.H.v. 500,00 Euro.

12 *(RK Bayern)* Mitarbeiter als Beauftragte der elektronischen Einsatzdokumentation erhalten für die Dauer dieser Tätigkeit eine Zulage in Höhe von monatlich 100,00 Euro, sofern ihnen diese Aufgabe vom Dienstgeber schriftlich übertragen wurde.*

III

Rettungsassistenten, die aufgrund der Anmerkung III der Anlage 2b zu den AVR in der Fassung vom 30. September 2017 bereits in der Vergütungsgruppe 5c eingruppiert sind und die eine Weiterbildung zum Notfallsanitäter erfolgreich absolviert haben, erhalten für die Dauer der Eingruppierung in die Vergütungsgruppe 5c der Anlage 2e eine monatliche Zulage in Höhe von 100,00 Euro.

* *(RK Bayern):* [1]Die Mitarbeiter, denen eine Funktion nach Nr. 12 im Zeitraum Januar bis Februar 2018 übertragen wurde, erhalten 90 Euro für jeden Monat, für den die Funktion übertragen wurde; der Betrag wird als einmalige Zahlung im Juli 2018 fällig. [2] Ein Anspruch nach Satz 1 besteht, wenn der Mitarbeiter am 1. März 2018 einen Anspruch auf Dienstbezüge (Vergütung, Urlaubsvergütung oder Krankenbezüge) hat; dies gilt auch, sofern nur wegen der Höhe der Barleistungen des Sozialversicherungsträgers Krankengeldzuschuss nicht bezahlt wird. [3] Der Anspruch nach Satz 1 besteht auch, wenn der Mitarbeiter wegen Beschäftigungsverboten nach § 3 Abs. 2 und § 6 Abs. 1 MuSchG in dem Fälligkeitsmonat keine Bezüge erhalten hat. [4] Anspruch auf Dienstbezüge ist auch der Anspruch auf Entgeltfortzahlung aus Anlass der in § 10 des Allgemeinen Teils genannten Ereignisse. [5] Bereits im Hinblick auf die Funktion gem. Nr. 12 geleistete freiwillige Zahlungen des Dienstgebers können auf die Einmalzahlung nach dieser Hochziffer angerechnet werden.

IV

Beschreibung des Rettungsdienstes

1. Rettungsdienst

Aufgaben und Organisation des Rettungsdienstes richten sich nach den einschlägigen Rettungsdienstgesetzen der Länder.

Der ärztliche Not- und Bereitschaftsdienst (Synonyme: ärztlicher Notfalldienst oder ärztlicher Bereitschaftsdienst) ist ein von den ärztlichen Körperschaften eingerichteter Dienst zur ambulanten ärztlichen Betreuung Erkrankter, Verletzter oder sonstiger Hilfsbedürftiger außerhalb der ortsüblichen Sprechstunde. Dieser Not- und Bereitschaftsdienst ist nicht Teil des Rettungsdienstes in diesem Sinne.

2. Einrichtungen des Rettungsdienstes

2.1. Rettungsleitstelle

Die Rettungsleitstelle (Synonym: Integrierte Leitstelle) ist eine ständig besetzte Einrichtung zur Annahme von Meldungen sowie zur Alarmierung, Koordination und Lenkung des Rettungsdienstes.

2.2. Rettungswache

Die Rettungswache ist eine Einrichtung des organisierten Rettungsdienstes, in der Einsatzkräfte, Rettungsmittel und sonstige Ausstattung unter einer einheitlichen Leitung einsatzbereit vorgehalten werden.

2.2.1. Lehrrettungswache

Die Lehrrettungswache ist eine Rettungswache im Sinne von 2.2. Darüber hinaus ist sie von der zuständigen Behörde zur Annahme von Auszubildenden und Praktikanten ermächtigt.

3. Personal im Rettungsdienst

3.1. Rettungshelfer

Rettungshelfer sind Mitarbeiter im Rettungsdienst, die ihre Ausbildung entweder nach einer Landesvorgabe oder einer akzeptierten Ausbildungsordnung erfolgreich absolviert haben.

3.2. Rettungssanitäter

Rettungssanitäter sind Mitarbeiter im Rettungsdienst, die sich einer Ausbildung der vom Ausschuss Rettungswesen in Abstimmung mit den Hilfsorganisationen empfohlenen 520-Stunden-Mindestausbildung unterzogen haben. Dem Rettungssanitäter stehen Personen gleich, die durch Gesetz, Verordnung oder Organisationsbestimmung gleichgestellt sind.

3.3. Rettungsassistent

Rettungsassistenten sind Mitarbeiter, welche gemäß § 1 RettAssG die Erlaubnis zum Führen der Berufsbezeichnung Rettungsassistent besitzen.

3.4. Lehrrettungsassistent

Ein Rettungsassistent oder Notfallsanitäter, welcher über die entsprechende Zusatzqualifikation (i.d.R. 120 Stunden Weiterbildung) verfügt.

3.5. Notfallsanitäter

Notfallsanitäter sind Mitarbeiter, die gemäß § 1 NotSanG die Erlaubnis zum Führen der Berufsbezeichnung Notfallsanitäter besitzen.

3.6. Praxisanleiter

Praxisanleiter ist, wer die Voraussetzungen gemäß § 3 Abs. 1 Satz 2 Nr. 1 und 2 NotSanAPrV erfüllt.

4. Sonstige Tätigkeiten/Aufgaben

4.1. Desinfektor

Mitarbeiter als Desinfektoren mit staatlicher Prüfung, dem durch schriftliche Anordnung des Dienstgebers die Erstellung von Hygieneplänen sowie die Überwachung der Einhaltung aller Maßnahmen für den Rettungsdienst übertragen wurde.

4.2. Hygienebeauftragter

Mitarbeiter mit entsprechender Qualifikation, dem durch schriftliche Anordnung des Dienstgebers die Überwachung der Einhaltung aller Maßnahmen für den Rettungsdienst übertragen wurde.

A [1]Die Eingruppierung als Notfallsanitäter setzt voraus, dass in dem jeweiligen Rettungsdienstgesetz des Landes die Besetzung mit einem Notfallsanitäter zwingend vorgesehen ist. [2]Sieht das jeweilige Rettungsdienstgesetz des Landes weiterhin eine Besetzung mit Rettungsassistenten vor, erfolgt die Eingruppierung von ausgebildeten Notfallsanitätern in die Vergütungsgruppe 6b. [3]Der Notfallsanitäter erhält in diesem Fall eine monatliche Zulage in Höhe von 100,00 Euro. [4]Soweit es zur regionalen Differenzierung, zur Deckung des Personalbedarfs oder zur Bindung von qualifizierten Fachkräften erforderlich ist, kann die Eingruppierung abweichend von den Sätzen 1 und 2 in die Vergütungsgruppe 5c erfolgen. [5]In diesem Fall besteht kein Anspruch auf die monatliche Zulage.

B [1]Soweit es zur regionalen Differenzierung, zur Deckung des Personalbedarfs oder zur Bindung von qualifizierten Fachkräften erforderlich ist, kann Mitarbeitern der Vergütungsgruppen 5c Ziffer 4, 6b Ziffer 1 und 7 Ziffer 1, abweichend von Abschnitt III § 1 Absatz b) der Anlage 1 zu den AVR, ein um bis zu zwei Stufen höheres Entgelt ganz oder teilweise vorweggewährt werden. [2]Haben Mitarbeiter bereits die Endstufe ihrer jeweiligen Vergütungsgruppe erreicht, kann ihnen unter der Voraussetzung des Satzes 1 ein bis zu 10 v. H. höheres Entgelt gezahlt werden.

C Abweichend von Abschnitt III § 1 Absatz a) der Anlage 1 zu den AVR ist Eingangsstufe in der Vergütungsgruppe 5c Ziffer 4 die Stufe 3.

D Zulage für Notfallsanitäter

(1) Notfallsanitäter erhalten ab dem 1. Januar 2028 zuzüglich zur Regelvergütung gemäß Anlage 3 eine Zulage gemäß Absatz 2.

(2) [1]Die Höhe der Zulage beträgt unter Anrechnung bisheriger Tätigkeiten beim selben Dienstgeber monatlich:

ab dem 3. Tätigkeitsjahr 150,00 Euro

ab dem 5. Tätigkeitsjahr 250,00 Euro

ab dem 7. Tätigkeitsjahr 400,00 Euro

[2]Für die Berechnung der für die Zulage relevanten Tätigkeitsjahre werden alle ununterbrochen zurückgelegten Zeiten in der Tätigkeit als Rettungsassistent und Notfallsanitäter beim selben Dienstgeber sowie die Zeiten der Ausbildung zum Notfallsanitäter berücksichtigt. [3]Den Zeiten einer ununterbrochenen Tätigkeit stehen gleich:

(a) Zeiten von Beschäftigungsverboten nach dem Mutterschutzgesetz sowie Elternzeiten bis zu drei Jahren nach dem Bundeselterngeld- und Elternzeitgesetz,

(b) Zeiten einer Arbeitsunfähigkeit nach Abschnitt XII der Anlage 1 bis zu 26 Wochen,

(c) Zeiten einer sonstigen Unterbrechung der Tätigkeit von weniger als einem Monat im Kalenderjahr.

[4]Soweit es zur Deckung des Personalbedarfs erforderlich ist, sind bei Neueinstellung Zeiten in der Tätigkeit als Notfallsanitäter und Rettungsassistent auch bei anderen Dienst- oder Arbeitgebern anzurechnen. [5]Soweit es zur Bindung von Mitarbeitern erforderlich ist, sind im bestehenden Dienstverhältnis Zeiten in der Tätigkeit als Notfallsanitäter und Rettungsassistent auch bei anderen Dienst- oder Arbeitgebern anzurechnen. [6]Zeiten der Tätigkeit als Notfallsanitäter und Rettungsassistent bei anderen Dienst- oder Arbeitgebern müssen zur Anrechnung nachgewiesen werden.

(3) [1]Abweichend von der Regelung in Absatz 1 ist die Zulage gemäß Absatz 2 bei Neuausschreibungen schon ab dem Zeitpunkt des Auftragsbeginns zu zahlen, frühestens aber ab 1. Januar 2025. [2]Satz 1 gilt entsprechend für den Fall, dass ein vertraglicher Anspruch auf Anpassung der Vergütung für die rettungsdienstliche Leistung gegenüber dem Auftraggeber vorliegt, in deren Bereich der Notfallsanitäter eingesetzt ist, oder wenn unabhängig davon eine neue Vergütung vereinbart wird.

(4) Abweichend von der Regelung in Absatz 1 kann die Zulage gem. Absatz 2 zur Deckung des Personalbedarfs in einer Rettungswache allen dort tätigen Notfallsanitätern frühestens ab dem 1. Januar 2025 gezahlt werden.

Anmerkung zu B:
Ab dem 1. Oktober 2023 gilt ergänzend die Anmerkung 5 zu Abschnitt III A der Anlage 1.

V

Mit dem Inkrafttreten der Anlage 2e in der jeweiligen Regionalkommission gelten Regelungen in den AVR mit Verweis auf die Anlage 2b als Verweis auf die Anlage 2e.

VI

Befristung Die vorstehenden Regelungen entfallen an dem Tag, an dem die Überleitung der Anlagen 2ff. in die neue Entgeltordnung wirksam wird. Die Zuordnung der Vergütungsgruppen nach Anlage 2e zu den Entgeltgruppen der neuen Entgeltordnung erfolgt auf der Grundlage der Anlage 2b in der Fassung vom 30. September 2017.

Anlage 3: Regelvergütung für die unter die Anlagen 2, 2d und 2e fallenden Mitarbeiter

Hinweise

Die Tabellen beziehen sich auf die örtlichen Zuständigkeiten der Regionalkommissionen der Arbeitsrechtlichen Kommission.

Dabei umfassen die folgenden Begriffe die folgenden Gebiete:

- Nord das Gebiet der Bistümer Hildesheim und Osnabrück sowie den Offizialatsbezirk Oldenburg;
- Ost das Gebiet der (Erz-)Bistümer Berlin, Dresden-Meißen, Erfurt, Görlitz, Hamburg und Magdeburg;
- NRW (Nordrhein-Westfalen) das Gebiet der (Erz-)Bistümer Aachen, Essen, Köln, Münster (ohne den Offizialatsbezirk Oldenburg) und Paderborn;
- Mitte das Gebiet der Bistümer Fulda, Limburg, Mainz, Speyer und Trier;
- BW (Baden-Württemberg) das Gebiet der (Erz-)Bistümer Freiburg und Rottenburg-Stuttgart;
- Bayern das Gebiet der (Erz-)Bistümer Augsburg, Bamberg, Eichstätt, München und Freising, Passau, Regensburg und Würzburg.
- Innerhalb des Gebietes der Region Ost unterscheiden die Tabellen zwischen Tarifgebiet Ost als Gebiet der Bistümer Dresden-Meißen, Erfurt, Görlitz und Magdeburg sowie der Teile der Erzbistümer Berlin und Hamburg, für die das Grundgesetz der Bundesrepublik Deutschland vor dem 3. Oktober 1990 nicht galt, ausgenommen das Gebiet des Bundeslandes Berlin;
- Tarifgebiet West als Gebiet der Teile der Erzbistümer Berlin und Hamburg, für die das Grundgesetz der Bundesrepublik Deutschland vor dem 3. Oktober 1990 galt, zuzüglich des Teils des Bundeslandes Berlin, für den das Grundgesetz der Bundesrepublik Deutschland vor dem 3. Oktober 1990 nicht galt.

A 3

(RK Nord, NRW, Mitte, BW, Bayern): gültig ab 1. Juli 2025 – Werte in Euro

Verg. Gr.	Grundvergütungssätze in Stufe											
	1	2	3	4	5	6	7	8	9	10	11	12
1	5.755,40	6.240,40	6.725,43	6.979,90	7.234,30	7.488,64	7.743,09	7.997,48	8.251,85	8.506,30	8.760,70	8.993,63
1a	5.344,10	5.762,58	6.181,02	6.414,01	6.647,00	6.879,99	7.113,06	7.345,99	7.579,07	7.811,99	8.045,01	8.149,61
1b	4.970,86	5.329,84	5.688,87	5.917,08	6.145,37	6.373,59	6.601,83	6.830,07	7.058,28	7.286,59	7.381,68	-
2	4.741,39	5.048,04	5.354,76	5.544,94	5.735,15	5.925,41	6.115,64	6.305,85	6.495,98	6.686,19	6.807,52	-
3	4.335,18	4.599,07	4.862,95	5.036,58	5.210,12	5.383,72	5.557,21	5.730,77	5.904,38	6.077,96	6.104,09	-
4a	4.061,99	4.280,43	4.506,34	4.658,56	4.810,72	4.962,84	5.114,98	5.267,22	5.419,36	5.564,41	-	-
4b	3.818,37	4.000,52	4.182,63	4.313,77	4.446,89	4.580,04	4.713,22	4.846,37	4.979,54	5.084,09	-	-
5b	3.607,16	3.750,93	3.904,95	4.018,74	4.128,02	4.237,73	4.351,82	4.465,92	4.580,04	4.656,12	-	-
5c	3.386,29	3.497,90	3.613,36	3.709,87	3.812,58	3.917,27	4.022,02	4.126,70	4.220,01	-	-	-
6b	3.232,64	3.325,58	3.418,53	3.483,96	3.551,61	3.619,37	3.689,98	3.765,08	3.842,19	3.899,08	-	-
7	3.094,17	3.171,98	3.249,73	3.304,70	3.359,68	3.414,67	3.470,01	3.527,73	3.585,51	3.621,39	-	-
8	2.967,16	3.031,64	3.096,14	3.137,85	3.175,78	3.213,67	3.251,60	3.289,54	3.327,45	3.365,40	3.401,41	-
9a	2.884,71	2.933,37	2.982,01	3.019,80	3.057,56	3.095,40	3.133,22	3.171,05	3.208,81	-	-	-
9	2.827,88	2.880,93	2.934,06	2.973,89	3.009,91	3.045,98	3.081,97	3.118,03	-	-	-	-
10	2.659,31	2.700,66	2.742,04	2.779,77	2.814,91	2.850,92	2.886,97	2.923,01	2.947,68	-	-	-
11	2.523,34	2.574,81	2.607,18	2.632,37	2.657,50	2.682,71	2.707,83	2.733,04	2.758,19	-	-	-
12	2.438,24	2.470,57	2.502,96	2.528,08	2.553,29	2.578,43	2.603,62	2.628,76	2.653,92	-	-	-

***(RK Nord, NRW, Mitte, BW, Bayern):* gültig ab 1. Februar 2026 – Werte in Euro**

Verg. Gr.	Grundvergütungssätze in Stufe											
	1	2	3	4	5	6	7	8	9	10	11	12
1	5.916,55	6.415,13	6.913,74	7.175,34	7.436,86	7.698,32	7.959,90	8.221,41	8.482,90	8.744,48	9.006,00	9.245,45
1a	5.493,73	5.923,93	6.354,09	6.593,60	6.833,12	7.072,63	7.312,23	7.551,68	7.791,28	8.030,73	8.270,27	8.377,80
1b	5.110,04	5.479,08	5.848,16	6.082,76	6.317,44	6.552,05	6.786,68	7.021,31	7.255,91	7.490,61	7.588,37	-
2	4.874,15	5.189,39	5.504,69	5.700,20	5.895,73	6.091,32	6.286,88	6.482,41	6.677,87	6.873,40	6.998,13	-
3	4.456,57	4.727,84	4.999,11	5.177,60	5.356,00	5.534,46	5.712,81	5.891,23	6.069,70	6.248,14	6.275,00	-
4a	4.175,73	4.400,28	4.632,52	4.789,00	4.945,42	5.101,80	5.258,20	5.414,70	5.571,10	5.720,21	-	-
4b	3.925,28	4.112,53	4.299,74	4.434,56	4.571,40	4.708,28	4.845,19	4.982,07	5.118,97	5.226,44	-	-
5b	3.708,16	3.855,96	4.014,29	4.131,26	4.243,60	4.356,39	4.473,67	4.590,97	4.708,28	4.786,49	-	-
5c	3.481,11	3.595,84	3.714,53	3.813,75	3.919,33	4.026,95	4.134,64	4.242,25	4.338,17	-	-	-
6b	3.323,15	3.418,70	3.514,25	3.581,51	3.651,06	3.720,71	3.793,30	3.870,50	3.949,77	4.008,25	-	-
7	3.180,81	3.260,80	3.340,72	3.397,23	3.453,75	3.510,28	3.567,17	3.626,51	3.685,90	3.722,79	-	-
8	3.050,24	3.116,53	3.182,83	3.225,71	3.264,70	3.303,65	3.342,64	3.381,65	3.420,62	3.459,63	3.496,65	-
9a	2.965,48	3.015,50	3.065,51	3.104,35	3.143,17	3.182,07	3.220,95	3.259,84	3.298,66	-	-	-
9	2.907,06	2.961,60	3.016,21	3.057,16	3.094,19	3.131,27	3.168,27	3.205,33	-	-	-	-
10	2.733,77	2.776,28	2.818,82	2.857,60	2.893,73	2.930,75	2.967,81	3.004,85	3.030,22	-	-	-
11	2.593,99	2.646,90	2.680,18	2.706,08	2.731,91	2.757,83	2.783,65	2.809,57	2.835,42	-	-	-
12	2.506,51	2.539,75	2.573,04	2.598,87	2.624,78	2.650,63	2.676,52	2.702,37	2.728,23	-	-	-

(RK Ost): gültig ab 1. Januar 2026 bis 31. Dezember 2026 – Werte in Euro

entspricht 102,50 % der am 1. Juli 2025 geltenden mittleren Werte der Bundeskommission

Verg. Gr.	Stufe											
	1	2	3	4	5	6	7	8	9	10	11	12
1	5.899,29	6.396,41	6.893,57	7.154,40	7.415,16	7.675,86	7.936,67	8.197,42	8.458,15	8.718,96	8.979,72	9.218,47
1a	5.477,70	5.906,64	6.335,55	6.574,36	6.813,18	7.051,99	7.290,89	7.529,64	7.768,55	8.007,29	8.246,14	8.353,35
1b	5.095,13	5.463,09	5.831,09	6.065,01	6.299,00	6.532,93	6.766,88	7.000,82	7.234,74	7.468,75	7.566,22	-
2	4.859,92	5.174,24	5.488,63	5.683,56	5.878,53	6.073,55	6.268,53	6.463,50	6.658,38	6.853,34	6.977,71	-
3	4.443,56	4.714,05	4.984,52	5.162,49	5.340,37	5.518,31	5.696,14	5.874,04	6.051,99	6.229,91	6.256,69	-
4a	4.163,54	4.387,44	4.619,00	4.775,02	4.930,99	5.086,91	5.242,85	5.398,90	5.554,84	5.703,52	-	-
4b	3.913,83	4.100,53	4.287,20	4.421,61	4.558,06	4.694,54	4.831,05	4.967,53	5.104,03	5.211,19	-	-
5b	3.697,34	3.844,70	4.002,57	4.119,21	4.231,22	4.343,67	4.460,62	4.577,57	4.694,54	4.772,52	-	-
5c	3.470,95	3.585,35	3.703,69	3.802,62	3.907,89	4.015,20	4.122,57	4.229,87	4.325,51	-	-	-
6b	3.313,46	3.408,72	3.503,99	3.571,06	3.640,40	3.709,85	3.782,23	3.859,21	3.938,24	3.996,56	-	-
7	3.171,52	3.251,28	3.330,97	3.387,32	3.443,67	3.500,04	3.556,76	3.615,92	3.675,15	3.711,92	-	-
8	3.041,34	3.107,43	3.173,54	3.216,30	3.255,17	3.294,01	3.332,89	3.371,78	3.410,64	3.449,54	3.486,45	-
9a	2.956,83	3.006,70	3.056,56	3.095,30	3.134,00	3.172,79	3.211,55	3.250,33	3.289,03	-	-	-
9	2.898,58	2.952,95	3.007,41	3.048,24	3.085,16	3.122,13	3.159,02	3.195,98	-	-	-	-
10	2.725,79	2.768,18	2.810,59	2.849,26	2.885,28	2.922,19	2.959,14	2.996,09	3.021,37	-	-	-
11	2.586,42	2.639,18	2.672,36	2.698,18	2.723,94	2.749,78	2.775,53	2.801,37	2.827,14	-	-	-
12	2.499,20	2.532,33	2.565,53	2.591,28	2.617,12	2.642,89	2.668,71	2.694,48	2.720,27	-	-	-

A 3

Anlage 3a: (derzeit nicht besetzt)

Anlage 3b: (derzeit nicht besetzt)

Anlage 4: (derzeit nicht besetzt)

Anlage 5: Arbeitszeitregelung

Inhalt

§ 1	Arbeitszeit, Ruhepausen, Ruhezeiten	130
§ 1a	Teilzeitbeschäftigung	133
§ 1b	Arbeitszeitverkürzung durch freie Tage	134
§ 2	Nacht-, Wechselschicht- und Schichtarbeit, Sonn- und Feiertagsarbeit	134
§ 3	Arbeitszeit an Samstagen und Vorfesttagen	135
§ 4	Nichtdienstplanmäßige Arbeit	136
§ 5	Kurzarbeit	136
§ 5a	Voraussetzungen der Einführung und Ausgestaltung der Kurzarbeit	136
§ 5b	Umfang der Kurzarbeit	137
§ 5c	Anzeige und Antrag bei der Agentur für Arbeit – Information durch den Dienstgeber	137
§ 5d	Aufstockung des Kurzarbeitergeldes	137
§ 5e	Zahlung des Kurzarbeitergeldes und des Aufstockungsbetrages	138
§ 5f	Urlaub und Altersteilzeit	138
§ 5g	Veränderung der Kurzarbeit	138
§ 6	Sonderbestimmungen bei Dienstreisen	138
§ 7	Bereitschaftsdienst und Rufbereitschaft	139
§ 8	Bereitschaftsdienst und Rufbereitschaft in Krankenhäusern und Heimen	140
§ 9	Bereitschaftsdienst- und Rufbereitschaftsentgelt in Krankenhäusern und Heimen	142
§ 10	Sonderregelung für Mitarbeiter in häuslichen Gemeinschaften	143

§ 1 Arbeitszeit, Ruhepausen, Ruhezeiten

regelmäßige Arbeitszeit

(1) *(RK NRW, Mitte):* [1]Die regelmäßige Arbeitszeit der Mitarbeiter beträgt ab dem 1. September 2009 durchschnittlich 39 Stunden in der Woche.

durchschnittliche wöchentliche Arbeitszeit

[2]Der Berechnung des Durchschnitts der wöchentlichen Arbeitszeit ist in der Regel ein Zeitraum von 13 Wochen zugrunde zu legen. [3]Durch Dienstvereinbarung kann ein Zeitraum von bis zu 52 Wochen zugrunde gelegt werden.

werktägliche Arbeitszeit

[4]Die werktägliche Arbeitszeit der Mitarbeiter darf acht Stunden nicht überschreiten. [5]Sie kann auf bis zu zehn Stunden nur verlängert werden, wenn innerhalb der genannten Zeiträume im Durchschnitt acht Stunden werktäglich nicht überschritten werden.

(1) *(RK Bayern):* [1]Die regelmäßige Arbeitszeit der Mitarbeiter beträgt ab dem 1. Juli 2009 durchschnittlich 39 Stunden in der Woche. [2]Bei der Erhöhung der Arbeitszeit haben die teilzeitbeschäftigten Mitarbeiter ein Wahlrecht, ob sie eine entsprechende Reduzierung ihrer Vergütung bei gleich bleibender Arbeitszeit oder eine anteilige Erhöhung der Arbeitszeit ohne zusätzliche Vergütungserhöhung akzeptieren, soweit betriebliche Interessen nicht entgegenstehen.

[3]Der Berechnung des Durchschnitts der wöchentlichen Arbeitszeit ist in der Regel ein Zeitraum von 13 Wochen zugrunde zu legen. [4]Durch Dienstvereinbarung kann ein Zeitraum von bis zu 52 Wochen zugrunde gelegt werden.

durchschnittliche wöchentliche Arbeitszeit

[5]Die werktägliche Arbeitszeit der Mitarbeiter darf acht Stunden nicht überschreiten. [6]Sie kann auf bis zu zehn Stunden nur verlängert werden, wenn innerhalb der genannten Zeiträume im Durchschnitt acht Stunden werktäglich nicht überschritten werden.

werktägliche Arbeitszeit

(1) *(RK Nord, BW):* [1]Die regelmäßige Arbeitszeit der Mitarbeiter beträgt ab dem 1. Januar 2010 durchschnittlich 39 Stunden in der Woche.

[2]Der Berechnung des Durchschnitts der wöchentlichen Arbeitszeit ist in der Regel ein Zeitraum von 13 Wochen zugrunde zu legen. [3]Durch Dienstvereinbarung kann ein Zeitraum von bis zu 52 Wochen zugrunde gelegt werden.

durchschnittliche wöchentliche Arbeitszeit

[4]Die werktägliche Arbeitszeit der Mitarbeiter darf acht Stunden nicht überschreiten. [5]Sie kann auf bis zu zehn Stunden nur verlängert werden, wenn innerhalb der genannten Zeiträume im Durchschnitt acht Stunden werktäglich nicht überschritten werden.

werktägliche Arbeitszeit

(1) *(RK Ost): (Brandenburg, Mecklenburg-Vorpommern, Sachsen, Sachsen-Anhalt und Thüringen, soweit sie zu den [Erz-] Bistümern Berlin, Dresden-Meißen, Erfurt, Görlitz, Hamburg und Magdeburg gehören):*

[1]Die regelmäßige Arbeitszeit der Mitarbeiter beträgt ab dem 1. Juli 2009 durchschnittlich 40 Stunden in der Woche. [2]Ab dem 1. Juli 2023 beträgt die regelmäßige Arbeitszeit durchschnittlich 39 Stunden in der Woche. [3]Der Berechnung des Durchschnitts der wöchentlichen Arbeitszeit ist in der Regel ein Zeitraum von 13 Wochen zugrunde zu legen. [4]Durch Dienstvereinbarung kann ein Zeitraum von bis zu 52 Wochen zugrunde gelegt werden. [5]Die werktägliche Arbeitszeit der Mitarbeiter darf acht Stunden nicht überschreiten. [6]Sie kann auf bis zu zehn Stunden nur verlängert werden, wenn innerhalb der genannten Zeiträume im Durchschnitt acht Stunden werktäglich nicht überschritten werden.

regelmäßige Arbeitszeit

(Berlin, Hamburg, Schleswig-Holstein)

[1]Die regelmäßige Arbeitszeit der Mitarbeiter beträgt in den Bundesländern Hamburg und Schleswig-Holstein ab dem 1. Juli 2009 durchschnittlich 38,5 Stunden in der Woche.

regelmäßige Arbeitszeit

[2]Die regelmäßige Arbeitszeit der Mitarbeiter im Land Berlin beträgt ab dem 1. Januar 2021 durchschnittlich 39 Stunden in der Woche.

[3]Der Berechnung des Durchschnitts der wöchentlichen Arbeitszeit ist in der Regel ein Zeitraum von 13 Wochen zugrunde zu legen. [4]Durch Dienstvereinbarung kann ein Zeitraum von bis zu 52 Wochen zugrunde gelegt werden.

durchschnittliche wöchentliche Arbeitszeit

[5]Die werktägliche Arbeitszeit der Mitarbeiter darf acht Stunden nicht überschreiten. [6]Sie kann auf bis zu zehn Stunden nur verlängert werden, wenn innerhalb der genannten Zeiträume im Durchschnitt acht Stunden werktäglich nicht überschritten werden.

werktägliche Arbeitszeit

(1a) *(RK Ost):* (Übergangsregelung Berlin)

[1]Teilzeitbeschäftigten im Land Berlin, die in ihrem Dienstvertrag eine feste Teilzeit-Wochenstundenangabe vereinbart haben, wird ein Wahlrecht dahingehend eingeräumt, dass im Zuge der Änderung der regelmäßigen durchschnittlichen wöchentliche Arbeitszeit ab dem 01.01.2021 die Teilzeit-Wochenstundenangabe so nach oben angepasst wird, dass die Monatsvergütung nach der Umstellung von

der 38,5 Stundenwoche auf die 39 Stundenwoche ohne Berücksichtigung von Aufstiegen oder anderweitigen tariflichen Änderungen identisch bleibt. [2]Das Wahlrecht ist spätestens bis zum 30.11.2020 auszuüben.

Arbeitsbereitschaft

(2) Die regelmäßige Arbeitszeit kann auf durchschnittlich bis zu 48 Stunden in der Woche und über zehn Stunden werktäglich verlängert werden, wenn in die Arbeitszeit regelmäßig und in erheblichem Umfang Arbeitsbereitschaft fällt.

(2a) Abweichend von Absatz 2 gilt für die Mitarbeiter der Anlage 2e, dass die regelmäßige Arbeitszeit

ab 1. Januar 2025 auf durchschnittlich bis zu 45 Stunden in der Woche,

ab 1. Januar 2026 auf durchschnittlich bis zu 44 Stunden in der Woche,

ab 1. Januar 2027 auf durchschnittlich bis zu 43 Stunden in der Woche,

ab 1. Januar 2028 auf durchschnittlich bis zu 42 Stunden in der Woche

und über zehn Stunden werktäglich verlängert werden kann, wenn in die Arbeitszeit regelmäßig und in erheblichem Umfang Arbeitsbereitschaft fällt.

(3) (weggefallen)

Saisonarbeiten

(4) In Einrichtungen, die in bestimmten Zeiten des Jahres regelmäßig zu saisonbedingt erheblich verstärkter Tätigkeit genötigt sind, kann für diese Zeit die regelmäßige Arbeitszeit bis zu zehn Stunden täglich und 60 Stunden wöchentlich verlängert werden, sofern die regelmäßige Arbeitszeit in den übrigen Zeiten des Jahres entsprechend verkürzt wird (Jahreszeitenausgleich).

(5) (weggefallen)

(6) [1]Zur regelmäßigen Arbeitszeit gehören nicht Zeiten, in denen der Mitarbeiter Arbeiten im Sinne des Abschnitts XI der Anlage 1 zu den AVR ausübt, sofern er für diese eine zusätzliche Vergütung zu seinen Dienstbezügen erhält. [2]Das gilt auch für Zeiten, in denen Mitarbeiter eine Nebenbeschäftigung (§ 5 AT) wahrnehmen.

Ruhepausen

(7) [1]Die Arbeitszeit ist mindestens durch die gesetzlich vorgeschriebenen Ruhepausen zu unterbrechen. [2]Die Ruhepausen werden nicht in die Arbeitszeit eingerechnet.

[3]Durch Dienstvereinbarung* kann

a) in Schichtbetrieben die Gesamtdauer der Ruhepausen nach § 4 Satz 2 ArbZG auf Kurzpausen von angemessener Dauer aufgeteilt werden,

b) bei der Behandlung, Pflege und Betreuung von Personen die Lage und Dauer der Ruhepausen der Eigenart dieser Tätigkeit entsprechend unter Berücksichtigung des Wohls dieser Personen angepasst werden.

wöchentliche Arbeitszeit

dienstplanmäßige Arbeit

Verteilung der Arbeitszeit

(8) [1]Die wöchentliche Arbeitszeit ist unter Beachtung der gesetzlichen Bestimmungen auf die Tage in der Woche zu verteilen, an denen in der Einrichtung regelmäßig gearbeitet wird. [2]Eine Woche ist der Zeitraum von Montag 0.00 Uhr bis Sonntag 24.00 Uhr. [3]Dienstplanmäßige Arbeit ist die Arbeit, die innerhalb der regelmäßigen Arbeitszeit an den nach dem Dienstplan festgelegten Kalendertagen regelmäßig zu leisten ist. [4]Die Arbeitszeit kann innerhalb einer Einrichtung für die Mitarbeiter verschiedener Dienstbereiche unterschiedlich verteilt werden, wenn das aus dienstlichen Gründen geboten ist.

* Vgl. § 38 (Rahmen-) MAVO.

(9) Die Arbeitszeit beginnt und endet an der Arbeitsstelle (Verwaltungs-/Betriebsbereich in dem Gebäude/Gebäudeteil, in dem der Mitarbeiter arbeitet), bei wechselnder Arbeitsstelle an der jeweils vorgeschriebenen Arbeitsstelle. Beginn und Ende

(10) [1]Die Mitarbeiter müssen nach Beendigung der täglichen Arbeitszeit eine ununterbrochene Ruhezeit von mindestens elf Stunden haben. [2]Die Ruhezeit kann auf mindestens neun Stunden verkürzt werden, wenn die Art der Arbeit dies erfordert und die Kürzung der Ruhezeit innerhalb von dreizehn Wochen ausgeglichen wird. Ruhezeit

[3]Abweichend von Satz 1 sind in Krankenhäusern und anderen Einrichtungen zur Behandlung, Pflege und Betreuung von Personen Kürzungen der Ruhezeit durch Inanspruchnahmen während der Rufbereitschaft, die mindestens die Hälfte der Ruhezeit betragen, unmittelbar anschließend auszugleichen. [4]Beträgt die Inanspruchnahme während der Rufbereitschaft weniger als die Hälfte der Ruhezeit, ist ein Ausgleich zu anderer Zeit möglich.

(11) Die vorstehenden Regelungen gelten auch für Nachtarbeitnehmer im Sinne des Arbeitszeitgesetzes. Nachtarbeitnehmer

Anmerkung zu Absatz 11:

[1]Nachtarbeitnehmer im Sinne des § 2 Abs. 5 ArbZG sind Mitarbeiter, die aufgrund ihrer Arbeitszeitgestaltung normalerweise Nachtarbeit in Wechselschicht zu leisten haben oder Nachtarbeit an mindestens 48 Tagen im Kalenderjahr leisten.

[2]Nachtarbeit im Sinne des § 2 Abs. 4 ArbZG ist jede Arbeit, die mehr als zwei Stunden der Nachtzeit umfasst. [3]Nachtzeit im Sinne des § 2 Abs. 3 ArbZG ist die Zeit von 23.00 bis 6.00 Uhr.

§ 1a Teilzeitbeschäftigung

(1) [1]Mit vollbeschäftigten Mitarbeitern soll auf Antrag eine geringere als die regelmäßige Arbeitszeit vereinbart werden, wenn sie Anspruch auf Teilzeit

a) mindestens ein Kind unter 18 Jahren oder Kind pflegebedürftiger Angehöriger

b) einen nach ärztlichem Gutachten pflegebedürftigen sonstigen Angehörigen

tatsächlich betreuen oder pflegen und dringende dienstliche und betriebliche Belange nicht entgegenstehen.

[2]Die Teilzeitbeschäftigung nach Satz 1 ist auf bis zu fünf Jahre zu befristen, soweit der Mitarbeiter dies in dem Antrag auf Reduzierung der Arbeitszeit verlangt. [3]Sie kann verlängert werden; der Antrag ist bis spätestens sechs Monate vor Ablauf der vereinbarten Teilzeitbeschäftigung zu stellen. Befristung der Reduzierung

[4]Vollbeschäftigte Mitarbeiter, die in anderen als den in Satz 1 genannten Fällen eine Teilzeitbeschäftigung vereinbaren wollen, können von ihrem Dienstgeber verlangen, dass er mit ihnen die Möglichkeit einer Teilzeitbeschäftigung mit dem Ziel erörtert, zu einer entsprechenden Vereinbarung zu gelangen. andere Fälle

[5]Ist mit einem früher vollbeschäftigten Mitarbeiter auf seinen Wunsch eine nicht befristete Teilzeitbeschäftigung vereinbart worden, soll der Mitarbeiter bei späterer Besetzung eines Vollzeitarbeitsplatzes bei gleicher Eignung im Rahmen der dienstlichen bzw. betrieblichen Möglichkeiten bevorzugt berücksichtigt werden. unbefristete Reduzierung

[6]Die Sätze 1 bis 5 gelten entsprechend für teilzeitbeschäftigte Mitarbeiter, wenn sie eine Herabsetzung ihrer dienstvertraglich vereinbarten Arbeitszeit beantragen.

TzBfG

(2) Für Einrichtungen mit mehr als 15 Mitarbeitern gilt im Übrigen § 8 des Gesetzes über Teilzeitarbeit und befristete Arbeitsverträge.

§ 1b Arbeitszeitverkürzung durch freie Tage

AZV-Tag

regelmäßige Dienstbezüge

Dauer

(1) [1]Der Mitarbeiter wird in jedem Kalenderjahr an einem Arbeitstag (§ 3 Abs. 4 der Anlage 14 zu den AVR) von der Arbeit freigestellt. [2]Für die Zeit der Freistellung erhält der Mitarbeiter die Dienstbezüge (Abschnitt II der Anlage 1 zu den AVR) und die in Monatsbeträgen festgelegten Zulagen fortgezahlt. [3]Die Dauer der Freistellung beträgt höchstens ein Fünftel der für den Mitarbeiter geltenden durchschnittlichen wöchentlichen Arbeitszeit.

Wartezeit

(2) Der neu eingestellte Mitarbeiter erwirbt den Anspruch auf die Freistellung erstmals, wenn das Dienstverhältnis fünf Monate ununterbrochen bestanden hat.

Nachholen bei dienstlicher Verhinderung

(3) [1]Wird der Mitarbeiter an dem für die Freistellung vorgesehenen Tag aus dienstlichen bzw. betrieblichen Gründen zur Arbeit herangezogen, ist die Freistellung innerhalb desselben Kalenderjahres nachzuholen. [2]Ist dies aus dienstlichen bzw. betrieblichen Gründen nicht möglich, ist die Freistellung innerhalb des folgenden Kalenderjahres nachzuholen. [3]Eine Nachholung in anderen Fällen ist nicht zulässig.

Abgeltungsverbot

(4) Der Anspruch auf Freistellung kann nicht abgegolten werden.

Anrechnung anderer AZV-Tage

(5) Ist der Mitarbeiter in einem anderen Rechtsverhältnis im Geltungsbereich der AVR oder in einem anderen Tätigkeitsbereich der katholischen Kirche nach dieser oder einer entsprechenden Vorschrift für dasselbe Kalenderjahr bereits an einem Tag freigestellt worden, gilt der Anspruch nach Abs. 1 als erfüllt.

§ 2 Nacht-, Wechselschicht- und Schichtarbeit, Sonn- und Feiertagsarbeit

Nacht-, Wechselschicht-, Schicht-, Sonn- oder Feiertagsarbeit

(1) In Einrichtungen bzw. Einrichtungsstellen, deren Aufgaben Nacht-, Wechselschicht-, Schicht-, Sonn- oder Feiertagsarbeit erfordern, muss dienstplanmäßig bzw. betriebsüblich entsprechend gearbeitet werden.

Wechselschichtarbeit

(2) [1]Wechselschichtarbeit ist die Arbeit nach einem Schichtplan (Dienstplan), der einen regelmäßigen Wechsel der täglichen Arbeitszeit in Wechselschichten mit Nachtschichtfolge vorsieht. [2]Wechselschichten sind Arbeitsschichten, in denen ununterbrochen – werktags, sonntags und feiertags – bei Tag und Nacht an allen Kalendertagen gearbeitet wird; eine Unterbrechung der Arbeitsleistung von höchstens 48 Stunden in der Zeit von freitags 12.00 Uhr bis zum folgenden Montag 12.00 Uhr bleibt außer Betracht. [3]Eine Nachtschichtfolge liegt vor, wenn der Mitarbeiter längstens nach Ablauf eines Monats erneut zur Nachtschicht herangezogen wird.

Schichtarbeit

[4]Schichtarbeit ist die Arbeit nach einem Schichtplan (Dienstplan), der einen regelmäßigen Wechsel der täglichen Arbeitszeit im Zeitabschnitt von längstens einem Monat von einer Schichtart in eine andere (so z.B. von der Frühschicht in die Spätschicht oder gegebenenfalls in die Nachtschicht) vorsieht.

Sonntagsarbeit / *Ersatzruhetag*

(3) [1]Sonntagsarbeit ist die Arbeit von 0.00 Uhr bis 24.00 Uhr an Sonntagen. [2]Bei Sonntagsarbeit sollen im Monat zwei Sonntage arbeitsfrei sein. [3]Werden Mitarbeiter an einem Sonntag beschäftigt, müssen sie einen Ersatzruhetag haben, der innerhalb eines den Beschäftigungstag einschließenden Zeitraums von zwei Wochen zu gewähren ist. [4]Der Ersatzruhetag darf nicht auf einen gesetzlichen Feiertag fallen.

Feiertagsarbeit / *Ersatzruhetag* / *bezahlter Freizeitausgleich*

[5]Feiertagsarbeit ist die Arbeit von 0.00 Uhr bis 24.00 Uhr an gesetzlichen Feiertagen. [6]Werden Mitarbeiter an einem auf einen Werktag fallenden gesetzlichen Feiertag beschäftigt, müssen sie einen Ersatzruhetag haben, der innerhalb eines Zeitraums von 13 Wochen zu gewähren ist. [7]Der Ersatzruhetag darf nicht auf einen anderen gesetzlichen Feiertag fallen. [8]Für die geleistete dienstplanmäßige bzw. betriebsübliche Arbeitszeit sollen die Mitarbeiter eine entsprechende Freizeit an einem Werktag innerhalb eines Zeitraums von 13 Wochen unter Fortzahlung der Dienstbezüge (Abschnitt II der Anlage 1 zu den AVR) und der in Monatsbeträgen festgelegten Zulagen erhalten, wenn die dienstlichen oder betrieblichen Verhältnisse es zulassen. [9]Kann diese Freizeit nicht erteilt werden, erhält der Mitarbeiter für jede nicht ausgeglichene Arbeitsstunde den Zeitzuschlag nach § 1 Abs. 1 Satz 2 Buchstabe c Doppelbuchstabe aa der Anlage 6a zu den AVR.

[10]Für die Mitarbeiter, die an Sonn- und Feiertagen beschäftigt werden, gelten im Übrigen die Regelungen des § 1.

vollkontinuierlicher Schichtbetrieb

(4) In Einrichtungen bzw. Einrichtungsstellen mit vollkontinuierlichem Schichtbetrieb kann die Arbeitszeit an Sonn- und Feiertagen auf bis zu zwölf Stunden verlängert werden, wenn dadurch zusätzliche freie Schichten an Sonn- und Feiertagen erreicht werden.

§ 3 Arbeitszeit an Samstagen und Vorfesttagen

Samstagsarbeit

(1) Die Mitarbeiter sollen zu Arbeiten an Samstagen nicht herangezogen werden, soweit die dienstlichen oder betrieblichen Verhältnisse es zulassen.

Vorfesttagsarbeit

(2) [1]Vorfesttage sind die Tage vor dem ersten Weihnachtsfeiertag, vor dem Neujahrstag, vor dem Ostersonntag und vor dem Pfingstsonntag.

Arbeitsbefreiung

[2]Die Mitarbeiter erhalten an dem Tage vor dem ersten Weihnachtsfeiertag und vor dem Neujahrstag jeweils von 00.00 Uhr bis 24.00 Uhr sowie an dem Tage vor dem Ostersonntag und vor dem Pfingstsonntag jeweils von 12.00 Uhr bis 24.00 Uhr Arbeitsbefreiung unter Fortzahlung der Dienstbezüge (Abschnitt II der Anlage 1 zu den AVR) und der in Monatsbeträgen festgelegten Zulagen, soweit die dienstlichen oder betrieblichen Verhältnisse es zulassen.

bezahlter Freizeitausgleich

[3]Dem Mitarbeiter, dem diese Arbeitsbefreiung aus dienstlichen oder betrieblichen Gründen nicht erteilt werden kann, wird an einem anderen Tage entsprechende Freizeit unter Fortzahlung der Dienstbezüge (Abschnitt II der Anlage 1 zu den AVR) und der in Monatsbeträgen festgelegten Zulagen erteilt.

zusätzliche Freizeit

[4]Für Arbeit an den Tagen vor dem ersten Weihnachtsfeiertag und vor dem Neujahrstag erhält der Mitarbeiter zusätzliche Freizeit unter Fortzahlung der Dienstbezüge (Abschnitt II der Anlage 1 zu den AVR) und der in Monatsbeträgen festgelegten Zulagen im Umfang von 35 v.H. der tatsächlich geleisteten Arbeitszeit.

[5]Kann die Freizeit aus dienstlichen oder betrieblichen Gründen nicht erteilt werden, wird der Zeitzuschlag nach § 1 Abs. 1 Satz 2 Buchstabe d der Anlage 6a zu den AVR gezahlt.

§ 4 Nichtdienstplanmäßige Arbeit

Ruhepause bei nichtdienstplanmäßiger Arbeit im unmittelbaren Anschluss an Arbeitszeit

(1) [1]Mitarbeiter, die in unmittelbarem Anschluss an die dienstplanmäßige bzw. betriebsübliche tägliche Arbeitszeit mindestens zwei Stunden zur Arbeitsleistung herangezogen werden, erhalten eine viertelstündige Pause gewährt, die als Arbeitszeit anzurechnen ist. [2]Beträgt die Arbeitsleistung mehr als drei Stunden, ist eine insgesamt halbstündige Pause zu gewähren, die als Arbeitszeit anzurechnen ist.

Vergütungsberechnung bei nicht dienstplanmäßiger Arbeit ohne Anschluss zur Arbeitszeit

(2) [1]Wird Nacht-, Sonntags- oder Feiertagsarbeit geleistet, die sich nicht unmittelbar an die dienstplanmäßige bzw. betriebsübliche tägliche Arbeitszeit anschließt, werden für die Vergütungsberechnung mindestens drei Arbeitsstunden angesetzt. [2]Bei mehreren Inanspruchnahmen bis zum nächsten dienstplanmäßigen bzw. betriebsüblichen Arbeitsbeginn wird die Stundengarantie nach Satz 1 nur einmal, und zwar für die kürzeste Inanspruchnahme angesetzt.

[3]Voraussetzung für die Anwendung der Sätze 1 bis 2 ist bei Mitarbeitern, die innerhalb der Einrichtung wohnen, dass die Arbeitsleistung außerhalb der Einrichtung erbracht wird.

[4]Die Sätze 1 und 2 gelten nicht für gelegentliche unwesentliche Arbeitsleistungen, die die Freizeit des Mitarbeiters nur unerheblich (etwa 15 Minuten) in Anspruch nehmen, oder für Arbeitsleistungen während der Rufbereitschaft.

§ 5 Kurzarbeit

Dienstverhältnis

(1) §§ 5 bis 5g der Anlage 5 gelten für Mitarbeiter, die in einem ungekündigten Dienstverhältnis zu einem Dienstgeber stehen.

Berechnung Dienstbezüge Abschnitt II Anlage 1

(2) [1]Für die Berechnung der Dienstbezüge gemäß Abschnitt II der Anlage 1 und der Krankenbezüge gemäß Abschnitt XII der Anlage 1 gilt Abschnitt II a mit Ausnahme von Absatz b zweiter Halbsatz der Anlage 1 entsprechend. [2]Für die Anwendung sonstiger Bestimmungen der AVR bleibt die Kürzung der dienstvertraglich vereinbarten Arbeitszeit und die sich daraus ergebende Minderung der Bezüge außer Betracht.

Kündigung

(3) Mitarbeiter, deren Arbeitszeit länger als drei zusammenhängende Wochen verkürzt worden ist, können ihr Dienstverhältnis mit einer Frist von einem Monat zum Monatsende kündigen.

§ 5a Voraussetzungen der Einführung und Ausgestaltung der Kurzarbeit

(1) [1]Bei Vorliegen der gesetzlichen Voraussetzungen gemäß SGB III und der Kurzarbeitergeldverordnung kann der Dienstgeber nach Abschluss einer Dienstvereinbarung Kurzarbeit anordnen. [2]Die Dienstvereinbarung legt ein Datum des Beginns der Kurzarbeit oder einen Zeitraum, in dem die Kurzarbeit beginnt, fest. [3]Dieser Zeitraum beträgt höchstens zwei Monate ab Abschluss der Dienstvereinbarung. [4]Die Mitarbeitervertretung ist über die beabsichtigte Einführung von Kurzarbeit unverzüglich und umfassend zu informieren. [5]Die gesetzlichen Rechte der Mitarbeitervertretung bleiben darüber hinaus bestehen, soweit durch die §§ 5 bis 5g

der Anlage 5 keine abschließende Regelung getroffen wird. [6]In Einrichtungen ohne Mitarbeitervertretung ist die Kurzarbeit mit jedem betroffenen Mitarbeiter gesondert zu vereinbaren.

Ankündigungfrist

(2) [1]Der Beginn der Kurzarbeit ist den von Kurzarbeit betroffenen Mitarbeitern mit einer Frist von fünf Kalendertagen anzukündigen. [2]Sieht die Dienstvereinbarung einen konkreten Beginn vor, gilt als Ankündigung die Bekanntgabe der Dienstvereinbarung i.S.d. Absatz 1. [3]Sieht die Dienstvereinbarung einen Zeitraum für den Beginn der Kurzarbeit im Sinne des Absatzes 1 vor, so ist der Beginn den Mitarbeitern auf betriebsüblichem Wege bekannt zu machen.

§ 5b Umfang der Kurzarbeit

Kurzarbeit Null

[1]Die Kurzarbeit kann in Einrichtungen sowie Teilen derselben, nicht jedoch für einzelne Mitarbeiter, eingeführt werden. [2]Die Kurzarbeit kann bis zu einer Herabsetzung der Arbeitszeit auf null Stunden eingeführt werden.

§ 5c Anzeige und Antrag bei der Agentur für Arbeit – Information durch den Dienstgeber

Anzeige Kurzarbeit

(1) Der Dienstgeber zeigt im Falle der Notwendigkeit von Kurzarbeit den Arbeitsausfall unverzüglich bei der zuständigen Agentur für Arbeit an und stellt die Anträge zur Gewährung von Kurzarbeitergeld.

(2) Die Mitarbeitervertretung erhält Kopien der Anzeige, des Erstantrags mit Anlagen und der Bescheide der Agentur für Arbeit.

(3) Im Falle des § 5a Abs. 1 Satz 6 hat der Dienstgeber den Mitarbeitern die für sie erforderlichen Informationen zur Verfügung zu stellen.

§ 5d Aufstockung des Kurzarbeitergeldes

Aufstockungszahlung

(1) [1]Die Mitarbeiter, die von der Kurzarbeit betroffen sind, erhalten vom Dienstgeber zusätzlich zum verkürzten Entgelt und dem von der Agentur für Arbeit zu erwartenden Kurzarbeitergeld eine Aufstockungszahlung. [2]Mitarbeiter, die mindestens für ein Kind unterhaltspflichtig sind, erhalten eine Aufstockung auf 87 v.H., die sonstigen Mitarbeiter auf 80 v.H. des nach § 106 SGB III berechneten pauschalierten Nettoentgelts aus dem Soll-Entgelt. [3]Durch Dienstvereinbarung kann diese Aufstockung erhöht oder verringert werden.

Entgeltbestandteile

(2) Ungekürzt weitergezahlt werden Urlaubsentgelt und Urlaubsgeld, vermögenswirksame Leistungen sowie Jahressonderzahlung bzw. Weihnachtszuwendung.

Aufstockungsbetrag

(3) Der Aufstockungsbetrag ist kein monatliches Entgelt und wird deshalb bei tariflichen Leistungen, deren Höhe vom Entgelt abhängig ist, nicht berücksichtigt.

betriebsbedingte Kündigung

(4) [1]Werden während der Kurzarbeit betriebsbedingte Kündigungen gegenüber Mitarbeitern ausgesprochen, die sich in Kurzarbeit befinden, endet die Kurzarbeit. [2]Im Fall einer solchen betriebsbedingten Kündigung erhöht sich für die zweite Hälfte der in Kurzarbeit verbrachten Zeit, mindestens jedoch für die letzten zwei Monate der Kurzarbeit vor dem Ausspruch der betriebsbedingten Kündigung die

Aufstockung nach § 5d Abs. 1 auf 100 v.H. des nach § 106 SGB III berechneten pauschalierten Nettoentgelts aus dem Soll-Entgelt. [3]Hiervon kann durch Dienstvereinbarung nicht abgewichen werden.

§ 5e Zahlung des Kurzarbeitergeldes und des Aufstockungsbetrages

Auszahlung Kurzarbeitergeld

[1]Das Kurzarbeitergeld und der Aufstockungsbetrag werden zum Zeitpunkt der monatlichen Entgeltzahlung gemäß Abschnitt X der Anlage 1 durch den Dienstgeber gezahlt. [2]Dies gilt unabhängig von dem Zahlungszeitpunkt durch die Agentur für Arbeit.

§ 5f Urlaub und Altersteilzeit

Erholungsurlaub Anlage 14

(1) Eine aus der Kurzarbeit resultierende Minderung des Umfanges des Anspruches auf Erholungsurlaub nach § 3 der Anlage 14 kann durch Dienstvereinbarung ganz oder teilweise ausgeschlossen werden.

Altersteilzeit Anlage 17a

(2) [1]Für Mitarbeiter in der Arbeitsphase des Altersteilzeitblockmodells kann § 10 der Anlage 17a entsprechend angewendet werden. [2]Die Aufstockung gemäß § 5 Abs. 1 ist kein Regelarbeitsentgelt im Sinne von § 7 Abs. 3 Satz 2 der Anlage 17a.

§ 5g Veränderung der Kurzarbeit

Mitarbeitervertretung; Ankündigungsfrist

[1]Bei Unterbrechung, Ausweitung, Verlängerung oder Beendigung der Kurzarbeit ist die Mitarbeitervertretung im Rahmen ihrer Beteiligungsrechte einzubeziehen. [2]Die Änderungen müssen mit einer Frist von mindestens fünf Arbeitstagen angekündigt werden.

§ 6 Sonderbestimmungen bei Dienstreisen

Arbeitszeit bei Dienstreisen

(1) [1]Bei Dienstreisen wird als Arbeitszeit nur die Zeit der tatsächlichen dienstlichen Inanspruchnahme am auswärtigen Geschäftsort angerechnet. [2]Die notwendige Reisezeit wird daneben grundsätzlich in vollem Umfang als Arbeitszeit bewertet, wobei für die Zeit der tatsächlichen dienstlichen Inanspruchnahme und für die notwendige Reisezeit insgesamt höchstens zehn Stunden als tägliche Arbeitszeit angerechnet werden. [3]Es wird jedoch für jeden Tag, an dem der Mitarbeiter sich außerhalb des Beschäftigungsortes aufhalten muss, mindestens die dienstplanmäßige bzw. betriebsübliche Arbeitszeit berücksichtigt.

Reisedauer

(2) Für die Berechnung der Reisedauer sind die gemäß der Anlage 13a zu den AVR bei dem jeweiligen Dienstgeber geltenden Vorschriften des Reisekostenrechts sinngemäß anzuwenden.

§ 7 Bereitschaftsdienst und Rufbereitschaft

Verpflichtung

(1) [1]Auf Anordnung des Dienstgebers haben voll- und teilzeitbeschäftigte Mitarbeiter außerhalb der regelmäßigen Arbeitszeit Dienstleistungen in der Form des Bereitschaftsdienstes oder der Rufbereitschaft zu erbringen.

[2]Teilzeitkräfte dürfen durchschnittlich nicht zu mehr Bereitschaftsdiensten herangezogen werden als Vollzeitkräfte der gleichen Abteilung im Durchschnitt leisten.

Voraussetzung

[3]Der Dienstgeber darf Bereitschaftsdienst nur anordnen, wenn zu erwarten ist, dass zwar Arbeit anfällt, erfahrungsgemäß aber die Zeit ohne Arbeitsleistung überwiegt. [4]Eine Rufbereitschaft darf er nur anordnen, wenn innerhalb eines Zeitraumes von sechs Kalendermonaten im Durchschnitt weniger Arbeit als zu einem Achtel der Zeit der Rufbereitschaft anfällt.

Bereitschaftsdienst

(2) [1]Bei Bereitschaftsdiensten ist der Mitarbeiter verpflichtet, sich außerhalb der regelmäßigen Arbeitszeit an einer vom Dienstgeber bestimmten Stelle aufzuhalten, um im Bedarfsfalle die Arbeit aufzunehmen. [2]Als Bereitschaftsdienst gilt nicht das Wohnen im Bereich der Einrichtung.

Rufbereitschaft

(3) [1]Während der Rufbereitschaft hält sich der Mitarbeiter außerhalb der regelmäßigen Arbeitszeit an einem von ihm selbst gewählten Ort auf, an dem seine Erreichbarkeit sichergestellt ist, um bei Abruf kurzfristig die Arbeit aufzunehmen. [2]Als Rufbereitschaft gilt nicht das Wohnen im Bereich der Einrichtung.

Dienste sind keine Nachtarbeit

(4) Auf die Nachtarbeitsstunden in § 4 Abs. 2 der Anlage 14 zu den AVR werden Bereitschaftsdienste und Rufbereitschaften einschließlich der in der Rufbereitschaft erbrachten Arbeitsleistung nicht angerechnet.

Vergütungsberechnung Bereitschaftsdienst

(5) [1]Zum Zwecke der Vergütungsberechnung wird die Zeit des Bereitschaftsdienstes einschließlich der geleisteten Arbeit mit 25 v.H. als Arbeitszeit gewertet und mit der Überstundenvergütung (§ 1 Abs. 3 Satz 2 der Anlage 6a zu den AVR) vergütet.

[2]Die danach errechnete Arbeitszeit kann stattdessen bis zum Ende des dritten Kalendermonats durch entsprechende Freizeit abgegolten werden (Freizeitausgleich). [3]Für den Freizeitausgleich ist eine angefangene halbe Stunde, die sich bei der Berechnung ergeben hat, auf eine halbe Stunde aufzurunden. [4]Für die Zeit des Freizeitausgleichs werden die Dienstbezüge (Abschnitt II der Anlage 1 zu den AVR) und die in Monatsbeträgen festgelegten Zulagen fortgezahlt.

(5a) Zusätzlich zu Abs. 5 wird die Zeit des Bereitschaftsdienstes einschließlich der geleisteten Arbeit in der Zeit von 20.00 Uhr bis 6.00 Uhr mit einem Zuschlag in Höhe von 15 v.H. der Stundenvergütung nach § 2 der Anlage 6a zu den AVR vergütet.

Vergütungsberechnung Rufbereitschaft

(6) [1]Zum Zwecke der Vergütungsberechnung wird die Zeit der Rufbereitschaft mit 12,5 v.H. als Arbeitszeit gewertet und mit der Überstundenvergütung (§ 1 Abs. 3 Satz 2 der Anlage 6a zu den AVR) vergütet.

[2]Für angefallene Arbeit einschließlich einer etwaigen Wegezeit wird daneben die Überstundenvergütung gezahlt. [3]Für eine Heranziehung zur Arbeit außerhalb des Aufenthaltsortes werden mindestens drei Stunden angesetzt. [4]Wird der Mitarbeiter während der Rufbereitschaft mehrmals zur Arbeit herangezogen, wird die Stundengarantie nur einmal, und zwar für die kürzeste Inanspruchnahme, angesetzt.

[5]Überstundenvergütung für die sich nach den Sätzen 2 bis 4 ergebenden Stunden entfällt, soweit entsprechende Arbeitsbefreiung erteilt wird (Freizeitausgleich). [6]Für den Freizeitausgleich gilt Abs. 5 Sätze 3 und 4 entsprechend.

pauschale Abgeltung

(7) [1]Bei Mitarbeitern, die ständig zu Bereitschaftsdiensten bzw. Rufbereitschaften herangezogen werden, kann ein Ausgleich durch eine pauschale Abgeltung erfolgen. [2]Die pauschale Abgeltung kann sowohl als zusätzliche Freizeit wie auch als zusätzliche Vergütung gewährt werden. [3]Die Höhe der pauschalen Abgeltung soll grundsätzlich der Einzelberechnung der durchschnittlich in den Kalendermonaten für den Mitarbeiter anfallenden Bereitschaftsdienste bzw. Rufbereitschaften entsprechen.

§ 8 Bereitschaftsdienst und Rufbereitschaft in Krankenhäusern und Heimen

Anwendungsbereich, vgl. auch Abs. 9 und Anmerkung

(1) Abweichend von § 7 gilt diese Bestimmung für Mitarbeiter in

a) Krankenhäusern, Heil-, Pflege- und Entbindungseinrichtungen,
b) medizinischen Instituten von Kranken-, Heil- und Pflegeeinrichtungen,
c) sonstigen Einrichtungen und Heimen, in denen die betreuten Personen in ärztlicher Behandlung stehen, und in Altenpflegeheimen und Pflegebereichen in Altenheimen oder
d) Einrichtungen und Heimen, die der Förderung der Gesundheit, der Erziehung, Fürsorge oder Betreuung von Kindern und Jugendlichen, der Fürsorge oder Betreuung von obdachlosen, alten, gebrechlichen, erwerbsbeschränkten oder sonstigen hilfsbedürftigen Personen dienen, auch wenn diese Einrichtungen nicht der ärztlichen Behandlung der betreuten Personen dienen.

Bereitschaftsdienst

(2) [1]Bereitschaftsdienst leisten Mitarbeiter, die sich auf Anordnung des Dienstgebers außerhalb der regelmäßigen Arbeitszeit an einer vom Dienstgeber bestimmten Stelle aufhalten, um im Bedarfsfall die Arbeit aufzunehmen. [2]Der Dienstgeber darf Bereitschaftsdienst nur anordnen, wenn zu erwarten ist, dass zwar Arbeit anfällt, erfahrungsgemäß aber die Zeit ohne Arbeitsleistung überwiegt.

Arbeitszeiterweiterung 13/16 Stunden

(3) Abweichend von den §§ 3, 5 und 6 Abs. 2 ArbZG kann im Rahmen des § 7 ArbZG aufgrund einer Dienstvereinbarung die tägliche Arbeitszeit im Sinne des Arbeitszeitgesetzes über acht Stunden hinaus verlängert werden, wenn mindestens die acht Stunden überschreitende Zeit im Rahmen von Bereitschaftsdienst geleistet wird, und zwar wie folgt:

a) bei Bereitschaftsdiensten der Stufe A und B bis zu insgesamt maximal 16 Stunden täglich; die gesetzlich vorgesehene Pause verlängert diesen Zeitraum nicht,
b) bei Bereitschaftsdiensten der Stufen C und D bis zu insgesamt maximal 13 Stunden täglich; die gesetzlich vorgeschriebene Pause verlängert diesen Zeitraum nicht.

24-Stunden-Dienste

(4) [1]Im Rahmen des § 7 ArbZG kann unter den Voraussetzungen

a) einer Prüfung alternativer Arbeitszeitmodelle,
b) einer Belastungsanalyse gemäß § 5 ArbSchG und
c) gegebenenfalls daraus resultierender Maßnahmen zur Gewährleistung des Gesundheitsschutzes

aufgrund einer Dienstvereinbarung von den Regelungen des Arbeitszeitgesetzes abgewichen werden. [2]Abweichend von den §§ 3, 5 und 6 Abs. 2 ArbZG kann die tägliche Arbeitszeit im Sinne des Arbeitszeitgesetzes über acht Stunden hinaus verlängert werden, wenn in die Arbeitszeit regelmäßig und in erheblichem Umfang Bereitschaftsdienst fällt. [3]Hierbei darf die tägliche Arbeitszeit ausschließlich der Pausen maximal 24 Stunden betragen. [4]Unter den vorgenannten Voraussetzungen darf die Vollarbeit in Verbindung mit Bereitschaftsdiensten der Stufen A und B insgesamt bis zu 16 Stunden betragen. [5]Dabei ist sicherzustellen, dass

a) auf einen Zeitabschnitt der Vollarbeit in mindestens demselben zeitlichen Umfang ein Zeitabschnitt des Bereitschaftsdienstes folgt,

b) die Zeitabschnitte der Vollarbeit 8 Stunden nicht überschreiten und

c) mindestens ein Zeitabschnitt des Bereitschaftsdienstes 6 Stunden erreicht.

„Opt-out"

(5) [1]Unter den Voraussetzungen des Absatzes 4 Satz 1 kann die tägliche Arbeitszeit gemäß § 7 Abs. 2a ArbZG ohne Ausgleich verlängert werden, wobei

a) bei Bereitschaftsdiensten der Stufen A und B eine wöchentliche Arbeitszeit von bis zu maximal durchschnittlich 58 Stunden,

b) bei Bereitschaftsdiensten der Stufen C und D eine wöchentliche Arbeitszeit von bis zu maximal durchschnittlich 54 Stunden zulässig ist.

[2]Die Arbeitszeit darf nur verlängert werden, wenn der Mitarbeiter schriftlich eingewilligt hat. [3]Er kann die Einwilligung mit einer Frist von sechs Monaten schriftlich widerrufen. [4]Der Dienstgeber darf einen Mitarbeiter nicht benachteiligen, weil dieser die Einwilligung zur Verlängerung der Arbeitszeit nicht erklärt oder die Einwilligung widerrufen hat.

Ausgleichszeitraum

(6) Für den Ausgleichszeitraum nach den Absätzen 3 bis 5 gilt ein Zeitraum von bis zu einem Jahr.

Rufbereitschaft

(7) [1]Rufbereitschaft leisten Mitarbeiter, die sich außerhalb der regelmäßigen Arbeitszeit an einem von ihnen selbst gewählten Ort aufhalten, an dem ihre Erreichbarkeit sichergestellt ist, um bei Abruf kurzfristig die Arbeit aufzunehmen. [2]Der Dienstgeber darf Rufbereitschaft nur anordnen, wenn erfahrungsgemäß lediglich in Ausnahmefällen Arbeit anfällt. [3]Durch tatsächliche Arbeitsleistung innerhalb der Rufbereitschaft kann die tägliche Höchstarbeitszeit von zehn Stunden (§ 3 ArbZG) überschritten werden (§ 7 ArbZG).

Abweichung durch Dienstvereinbarung

(8) [1]Auf der Grundlage einer Dienstvereinbarung kann bei der Behandlung, Pflege und Betreuung von Personen, wenn solche Dienste nach der Eigenart dieser Tätigkeit und zur Erhaltung des Wohles dieser Personen erforderlich sind, die tägliche Arbeitszeit im Schichtdienst, ausschließlich der Pausen, auf bis zu 12 Stunden verlängert werden.

[2]In unmittelbarer Folge dürfen höchstens 5 Zwölf-Stunden-Schichten und innerhalb von zwei Wochen nicht mehr als 8 Zwölf-Stunden-Schichten geleistet werden. [3]Solche Schichten können nicht mit Bereitschaftsdienst kombiniert werden.

[4]Abweichend von § 1 Abs. 10 der Anlage 5 kann bei Anordnung von Zwölf-Stunden-Schichten die Ruhezeit nicht verkürzt werden.

Anwendungsbereich

(9) [1]Für Mitarbeiter gemäß Absatz 1 Buchstabe d gelten die Absätze 2 bis 8 mit der Maßgabe, dass die Grenzen für die Stufen A und B einzuhalten sind. [2]Dazu gehören auch die Beschäftigten in Einrichtungen, in denen die betreuten Personen nicht regelmäßig ärztlich behandelt und beaufsichtigt werden (Erholungsheime).

[3]Für die Ärzte in diesen Einrichtungen gelten die Absätze 2 bis 8 ohne Einschränkungen.

Anmerkung zu Absatz 1:
Unter Buchstabe d fallen auch Rettungsdienste.

§ 9 Bereitschaftsdienst- und Rufbereitschaftsentgelt in Krankenhäusern und Heimen

Vergütungsberechnung

(1) Zum Zwecke der Vergütungsberechnung der unter § 8 Absatz 1 Buchstaben a bis c fallenden Mitarbeiter wird die Zeit des Bereitschaftsdienstes einschließlich der geleisteten Arbeit wie folgt als Arbeitszeit gewertet:

Bereitschaftsdienst Krankenhäuser, Heime

(a) Nach dem Maß während des Bereitschaftsdienstes erfahrungsgemäß durchschnittlich anfallender Arbeitsleistungen wird die Zeit des Bereitschaftsdienstes wie folgt als Arbeitszeit gewertet:

Stufe	Arbeitsleistung innerhalb des Bereitschaftsdienstes	Bewertung als Arbeitszeit
A	0 bis 10 v.H.	15 v.H.
B	mehr als 10 bis 25 v.H.	25 v.H.
C	mehr als 25 bis 40 v.H.	40 v.H.
D	mehr als 40 bis 49 v.H.	55 v.H.

(b) Entsprechend der Zahl der vom Mitarbeiter je Kalendermonat abgeleisteten Bereitschaftsdienste wird die Zeit eines jeden Bereitschaftsdienstes zusätzlich wie folgt als Arbeitszeit gewertet:

Zahl der Bereitschaftsdienste im Kalendermonat	Bewertung als Arbeitszeit
1. bis 8. Bereitschaftsdienst	25 v.H.
9. bis 12. Bereitschaftsdienst	35 v.H.
13. und folgende Bereitschaftsdienste	45 v.H.

Zuweisung Stufen

(c) Die Zuweisung zu den einzelnen Stufen des Bereitschaftsdienstes erfolgt durch die Einrichtungsleitung und die Mitarbeitervertretung.

Bewertung Bereitschaftsdienstzeit als Arbeitszeit

(2) [1]Zum Zwecke der Vergütungsberechnung der unter § 8 Abs. 1 Buchstabe d fallenden Mitarbeiter wird die Zeit des Bereitschaftsdienstes einschließlich der geleisteten Arbeit mit 25 v.H. als Arbeitszeit bewertet. [2]Leistet der Mitarbeiter in einem Kalendermonat mehr als acht Bereitschaftsdienste, wird die Zeit eines jeden über acht Bereitschaftsdienste hinausgehenden Bereitschaftsdienstes zusätzlich mit 15 v.H. als Arbeitszeit gewertet.

Zeitzuschlag

(2a) Zusätzlich zu Abs. 1 und Abs. 2 wird die Zeit des Bereitschaftsdienstes einschließlich der geleisteten Arbeit in der Zeit von 20.00 Uhr bis 6.00 Uhr mit einem Zuschlag in Höhe von 15 v.H. der Stundenvergütung nach § 2 der Anlage 6a zu den AVR vergütet.

(3) [1]Für die nach Abs. 1 und Abs. 2 errechnete Arbeitszeit wird die Überstundenvergütung nach § 1 Abs. 3 Satz 2 der Anlage 6a zu den AVR bezahlt. [2]Für die Zeit des Bereitschaftsdienstes einschließlich der geleisteten Arbeit und für die Zeit der Rufbereitschaft werden Zeitzuschläge nicht gezahlt.

Überstundenvergütung

(4) [1]Die nach Abs. 1 und Abs. 2 errechnete Arbeitszeit kann auch durch entsprechende Freizeit abgegolten werden. [2]Für den Freizeitausgleich ist eine angefangene halbe Stunde, die sich bei der Berechnung ergeben hat, auf eine halbe Stunde aufzurunden. [3]Für die Zeit des Freizeitausgleichs werden die Dienstbezüge (Abschnitt II der Anlage 1 zu den AVR) und die in Monatsbeträgen festgelegten Zulagen fortgezahlt.

Freizeitausgleich

(5) [1]Zum Zwecke der Vergütungsberechnung wird die Zeit der Rufbereitschaft mit 12,5 v.H. als Arbeitszeit gewertet und mit der Überstundenvergütung nach § 1 Abs. 3 Satz 2 der Anlage 6a zu den AVR vergütet.

Vergütungsberechnung

[2]Für anfallende Arbeit einschließlich einer etwaigen Wegezeit wird daneben die Überstundenvergütung (§ 1 Abs. 3 Satz 2 der Anlage 6a zu den AVR) gezahlt. [3]Für eine Heranziehung zur Arbeit außerhalb des Aufenthaltsortes werden mindestens drei Stunden angesetzt. [4]Wird der Mitarbeiter während der Rufbereitschaft mehrmals zur Arbeit herangezogen, wird die Stundengarantie nur einmal, und zwar für die kürzeste Inanspruchnahme, angesetzt.

Rufbereitschaft Krankenhäuser, Heime

[5]Die Überstundenvergütung für die sich nach den Sätzen 2 bis 4 ergebenden Stunden entfällt, soweit entsprechende Arbeitsbefreiung erteilt wird (Freizeitausgleich). [6]Für Freizeitausgleich gilt Abs. 4 entsprechend.

(6) Ein Ausgleich für Bereitschaftsdienste und Rufbereitschaften kann entsprechend der Regelung des § 7 Abs. 7 durch pauschale Abgeltung vorgenommen werden.

pauschale Abgeltung

§ 10 Sonderregelung für Mitarbeiter in häuslichen Gemeinschaften

Bei Mitarbeitern, die in häuslicher Gemeinschaft mit den ihnen anvertrauten Personen zusammenleben und sie eigenverantwortlich erziehen, pflegen oder betreuen (§ 18 Abs. 1 Nr. 3 ArbZG), kann, sofern die Eigenart des Dienstes es erfordert, einzelvertraglich von den Arbeitszeitregelungen der Anlage 5, 32 und 33 zu den AVR abgewichen werden.

häusliche Gemeinschaft

Anlage 5a: Sonderregelung zur Arbeitszeitregelung

Inhalt

§ 1 Geltungsbereich 144
§ 2 Regelmäßige Arbeitszeit 144
§ 3 Regelung zur Abgeltung der Bereitschaftsdienste und Rufbereitschaften 145
Musterdienstvereinbarung 145
Präambel 145
§ 1 Geltungsbereich 145
§ 2 Begriffsbestimmungen 146
§ 3 Dauer des Berechnungszeitraumes 146
§ 4 Ansparphase 147
§ 5 Ausgleichsphase 147
§ 6 Sonstige Bestimmungen 148

§ 1 Geltungsbereich

Geltungsbereich

Diese Regelung gilt für Mitarbeiter in Heimen der Jugendhilfe (z. B. Erziehungsheimen, Heimen für Kinder und Jugendliche, Jugendwohnheimen, Internaten), in denen überwiegend Kinder und Jugendliche oder junge Menschen mit wesentlichen Erziehungsschwierigkeiten ständig leben, in Heimen der Behindertenhilfe und in Heimen für Personen mit besonderen sozialen Schwierigkeiten, die in der Pflege, Betreuung, Erziehung oder heilpädagogisch-therapeutischen Behandlung tätig sind und die sich mit der Anwendbarkeit der Regelungen der Anlage 5a zu den AVR auf ihre Dienstverhältnisse einverstanden erklärt haben.

§ 2 Regelmäßige Arbeitszeit

regelmäßige wöchentliche Arbeitszeit

(1) Für die in § 1 genannten Mitarbeiter kann durch Dienstvereinbarung* geregelt werden, dass der Berechnung des Durchschnitts der regelmäßigen wöchentlichen Arbeitszeit ein Zeitraum von bis zu 260 Wochen zugrunde gelegt werden kann.

Musterdienstvereinbarung

(2) [1]Dabei ist die Musterdienstvereinbarung der Arbeitsrechtlichen Kommission zugrunde zu legen. [2]Von ihr kann nicht zum Nachteil des Mitarbeiters abgewichen werden.

* Vgl. § 38 (Rahmen-)MAVO.

§ 3 Regelung zur Abgeltung der Bereitschaftsdienste und Rufbereitschaften

Freizeitausgleich

[1]In der Dienstvereinbarung kann für den Freizeitausgleich von Bereitschaftsdiensten und Rufbereitschaften der Ausgleichszeitraum entsprechend § 2 verlängert werden.

[2]Die Arbeitsrechtliche Kommission empfiehlt den Abschluss folgender Musterdienstvereinbarung, die Mindestanforderungen festlegt:

Musterdienstvereinbarung

Zwischen der Einrichtung/Dienststelle

und

der Mitarbeitervertretung der Einrichtung/Dienststelle

wird zum Zwecke der Arbeitszeitflexibilisierung folgende Dienstvereinbarung geschlossen:

Präambel

Zweck

[1]In Heimen der Jugendhilfe/Behindertenhilfe/Heimen für Personen mit besonderen sozialen Schwierigkeiten hat sich ein breites Spektrum erzieherischer, pädagogischer und therapeutischer Hilfen und Fördermaßnahmen entwickelt, um den betreuten Menschen, die aufgrund ihrer Lebenssituation und sozialen Notlage Heimaufenthalt in Anspruch nehmen müssen, individuell gestaltete und ganzheitliche Hilfen anbieten zu können. [2]Diese Aufgabenstellung der Erziehung und Betreuung innerhalb und außerhalb der Heime kann nur schwer im Rahmen der sich immer weiter verkürzenden regelmäßigen wöchentlichen Arbeitszeit durchgeführt werden, da dadurch die Kontinuität der Arbeitszeit einerseits und der Ausgleich für Mehrarbeit und Überstunden andererseits nicht ausreichend Berücksichtigung finden. [3]Deshalb müssen auf der Grundlage der AVR und der gesetzlichen Bestimmungen zur Arbeitszeit Regelungen gefunden werden, die möglichst günstige Bedingungen für stabile und tragfähige Beziehungen zwischen Betreuten und Mitarbeitern schaffen und bewahren und die den in der Betreuung tätigen Mitarbeitern nach Zeiten intensiver Arbeit Zeiten der Regeneration ermöglichen, um den mit dem Erziehungsdienst verbundenen psychischen Belastungen entgegenzuwirken. [4]Dies ist das Ziel dieser Dienstvereinbarung.

A 5a

§ 1 Geltungsbereich

Geltungsbereich

Einzelvereinbarung

(1) Auf der Grundlage dieser Dienstvereinbarung nach § 2 der Anlage 5a zu den AVR können Einzelvereinbarungen zwischen Dienstgeber und Mitarbeitern, die in der Pflege, Betreuung, Erziehung oder heilpädagogisch-therapeutischen Behandlung in Heimen der Jugendhilfe (z. B. Erziehungsheimen, Heimen für Kinder und Jugendliche, Jugendwohnheimen, Internaten), in denen überwiegend Kinder oder Jugendliche oder junge Menschen mit wesentlichen Erziehungsschwierigkeiten ständig leben / in Heimen der Behindertenhilfe / in Heimen für Personen mit

besonderen sozialen Schwierigkeiten tätig sind und dort Gruppen von Kindern/Jugendlichen/Menschen mit Behinderungen/Personen mit besonderen sozialen Schwierigkeiten betreuen, abgeschlossen werden.*

Dienstvereinbarung

(2) Die Dienstvereinbarung setzt Mindestbestimmungen fest. Davon zum Nachteil des Mitarbeiters abweichende Einzelvereinbarungen sind unwirksam.

§ 2 Begriffsbestimmungen

Berechnungszeitraum (Definition)

(1) [1]Unter „Berechnungszeitraum" wird im Folgenden der Zeitraum verstanden, der der Berechnung des Durchschnitts der regelmäßigen wöchentlichen Arbeitszeit oder des arbeitsvertraglich vereinbarten Bruchteils der regelmäßigen wöchentlichen Arbeitszeit zugrunde gelegt wird. [2]Der Berechnungszeitraum gliedert sich in eine Anspar- und eine Ausgleichsphase.

(2) Unter „Ansparphase" wird der Teil des Berechnungszeitraumes verstanden, in dem der Mitarbeiter wöchentlich durchschnittlich eine höhere Anzahl von Arbeitsstunden gemäß § 4 dieser Vereinbarung als der regelmäßigen wöchentlichen Arbeitszeit nach § 1 Abs. 1 der Anlage 5 bzw. § 2 Abs. 1 der Anlage 33 zu den AVR bzw. als ihrem im Verhältnis hierzu vereinbarten persönlichen Beschäftigungsumfang entspricht leistet und/oder der Zeitraum, in dem er durch Ableistung von Bereitschafts- oder Rufbereitschaftsdiensten einen Freizeitausgleichsanspruch nach § 9 Abs. 4 und Abs. 5 der Anlage 5 bzw. § 7 der Anlage 33 zu den AVR erlangt.

Ausgleichsphase (Definition)

(3) [1]Unter „Ausgleichsphase" werden jene Wochen verstanden, während derer der Mitarbeiter keinen Dienst leistet, um die zuvor über die regelmäßige wöchentliche Arbeitszeit hinaus oder über die arbeitsvertraglich vereinbarte Arbeitszeit hinaus geleisteten Arbeitszeiten auszugleichen und/oder um den nach Ableistung der Bereitschafts- oder Rufbereitschaftsdienste nach § 9 Abs. 4 und Abs. 5 der Anlage 5 bzw. § 7 der Anlage 33 zu den AVR errechneten Freizeitausgleich in Anspruch zu nehmen. [2]Mit dem Ende der Ausgleichsphase endet der Berechnungszeitraum.

§ 3 Dauer des Berechnungszeitraumes

Gestaltung des Berechnungszeitraums vgl. § 2 Abs. 1

(1) [1]Der Berechnungszeitraum beträgt .... Wochen.**

[2]Dies ist die Höchstdauer des im Einzelvertrag festgelegten Berechnungszeitraumes.

(2) Der Berechnungszeitraum endet auch vor Ablauf des vereinbarten Zeitpunktes

a) mit dem Ausscheiden des Mitarbeiters aus dem Dienstverhältnis,

b) mit Beginn der Elternzeit,

c) mit Beginn eines Sonderurlaubs nach § 10 Abs. 1 der Anlage 14 zu den AVR, wenn der Sonderurlaub vier Wochen übersteigt.

---

* In der Dienstvereinbarung sind das Heim, der Mitarbeiterkreis und die Bezeichnung der betreuten Gruppe genau anzugeben.

** Der Berechnungszeitraum darf höchstens 260 Wochen betragen (vgl. § 2 der Anlage 5a zu den AVR).

(3) Nicht zum Berechnungszeitraum zählen

a) Zeiten, in denen der Mitarbeiter dienstunfähig ist,

b) Zeiten der gesetzlichen Beschäftigungsverbote nach § 3 des Mutterschutzgesetzes,

c) Zeiten des Erholungsurlaubes (§§ 1, 3 der Anlage 14 zu den AVR), Zusatzurlaub nach § 4 der Anlage 14 zu den AVR, Sonderurlaub nach § 10 Abs. 1 der Anlage 14 zu den AVR bis zu vier Wochen, § 10 Abs. 3 der Anlage 14 zu den AVR

bis zu sechs Wochen und Zeiten einer Fort- und Weiterbildung nach § 10a AT und Zeiten des gesetzlichen Bildungsurlaubes.

§ 4 Ansparphase

Gestaltung der Ansparphase, vgl. § 2 Abs. 2

[1]Während der Ansparphase leisten die Mitarbeiter wöchentlich im Durchschnitt .... dienstplanmäßige Arbeitsstunden / die laut Einzelvertrag vereinbarten dienstplanmäßigen Arbeitsstunden* oder einen Bruchteil der dienstplanmäßigen Arbeitsstunden für Vollzeitbeschäftigte** entsprechend dem arbeitsvertraglich vereinbarten Bruchteil der regelmäßigen wöchentlichen Arbeitszeit gemäß § 1 Abs. 1 der Anlage 5 bzw. § 2 Abs. 1 der Anlage 33 zu den AVR und/oder .... Stunden / Bereitschafts- und/oder Rufbereitschaftsdienste, für die der Freizeitausgleichsanspruch nach § 9 Abs. 4 und Abs. 5 der Anlage 5 bzw. § 7 der Anlage 33 zu den AVR berechnet wird. [2]Dabei sind die gesetzlichen Vorschriften zu beachten.

§ 5 Ausgleichsphase

Gestaltung der Ausgleichsphase, vgl. § 2 Abs. 3

(1) Die Ausgleichsphase beträgt in Wochen

a) bei Vollzeitbeschäftigten: $\frac{X + Y}{Z}$

Definition:

X = in der Ansparphase über die regelmäßige wöchentliche Arbeitszeit hinaus geleistete Stunden

Y = in der Ansparphase erworbene Ausgleichsstunden für Bereitschafts- und Rufbereitschaftsdienste

X Z = regelmäßige wöchentliche Arbeitszeit nach § 1 Abs. 1 der Anlage 5 zu den AVR in der jeweils gültigen Fassung.

A 5a

* Hier ist anzugeben, wieviel Stunden wöchentlich dienstplanmäßig gearbeitet werden darf, wobei die Musterdienstvereinbarung auch vorsieht, dass auf die Einzelverträge verwiesen wird.

** Die Bruchteilsregelung bezieht sich auf die Angabe der dienstplanmäßigen Stunden für Teilzeitbeschäftigte. Bei diesen bleibt die Angabe der Arbeitstunden den Einzelverträgen vorbehalten.

b) bei Teilzeitbeschäftigten: $\frac{A + B}{C}$

Definition:

A = in der Ansparphase über die vereinbarte wöchentliche Arbeitszeit hinaus geleistete Stunden

B = in der Ansparphase erworbene Ausgleichsstunden für Bereitschafts- und Rufbereitschaftsdienste

C = arbeitsvertraglich festgelegte wöchentliche Arbeitszeit.

(2) Die Ausgleichsphase ist zusammenhängend in Anspruch zu nehmen.

(3) Die Ausgleichsphase liegt am Ende des Berechnungszeitraumes.

Anzeige bei Erkrankung

(4) [1]Wenn der Mitarbeiter während der Ausgleichsphase erkrankt und dadurch den Ausgleich nicht in Anspruch nehmen kann, so hat er dies dem Dienstgeber unverzüglich anzuzeigen. [2]§ 1 Abs. 7 Sätze 1 bis 4 der Anlage 14 zu den AVR gilt entsprechend. [3]Die durch Krankheit nicht beanspruchten Ausgleichstage sind unmittelbar im Anschluss an das geplante Ende der Ausgleichsphase (oder bei darüber hinaus andauernder Krankheit unmittelbar nach dem Ende der Krankheit) in Anspruch zu nehmen. [4]Der Berechnungszeitraum verlängert sich entsprechend.

Zulagen

(5) Für die Ausgleichsphase werden die Vergütung nach Abschnitt II der Anlage 1 zu den AVR und die in Monatsbeträgen festgelegten Zulagen bezahlt.

Kündigung, Auflösungsvertrag, Sonderurlaub

(6) [1]Bei Kündigung oder einvernehmlicher Auflösung des Dienstvertrages oder bei Sonderurlaub muss die Ausgleichszeit vor dem Ausscheiden bzw. dem Antritt des Urlaubes gewährt und in Anspruch genommen werden. [2]Eine Verweigerung aus dienstlichen Gründen ist nicht möglich.

Ausgleichszeiten

(7) Wenn in den in Absatz 6 genannten Fällen eine Inanspruchnahme wegen der Erkrankung des Mitarbeiters nicht möglich oder die Kündigungsfrist nicht ausreichend ist, werden Ausgleichszeiten, die nicht gewährt werden konnten, durch die Zahlung der Stundenvergütung nach § 2 der Anlage 6a zu den AVR ausgeglichen.

Tod des Mitarbeiters

(8) Bei Tod des Mitarbeiters erhöht sich die nach Abschnitt XV der Anlage 1 zu den AVR zu zahlende Zuwendung im Todesfall um den nach Absatz 7 errechneten und noch nicht ausbezahlten Betrag.

(9) Die Inanspruchnahme von Ausgleichstagen begründet keine Verminderung der Anzahl der Tage des Erholungsurlaubes.

§ 6 Sonstige Bestimmungen

(1) Die Vereinbarung tritt zum .... in Kraft.

(2) [1]Die Vereinbarung kann von jeder Partei mit einer Frist von drei Monaten zum Monatsende gekündigt werden. [2]Bestehende Einzelvereinbarungen bleiben hiervon unberührt.

Anlage 5b: Mobilzeit durch Dienstvereinbarung

Inhalt

§ 1	Geltungsdauer	149
§ 2	Information	149
§ 3	Arbeitszeitkonten	149
§ 4	Zeitgutschriften	151

Ziele einer Dienstvereinbarung nach dieser Anlage sind die Stärkung der Arbeitszeitökonomie in den Einrichtungen, die Erhöhung der Arbeitszeitsouveränität der Mitarbeiter und die Schaffung bzw. der Erhalt von Arbeitsplätzen.

§ 1 Geltungsdauer

Diese Regelung gilt ab dem 1. November 2006.

§ 2 Information

Information

Eine nach dieser Anlage abzuschließende Dienstvereinbarung soll vom Dienstgeber dem zuständigen Diözesan-Caritasverband und von der Mitarbeitervertretung der zuständigen Diözesanen Arbeitsgemeinschaft der Mitarbeitervertretungen zur Kenntnisnahme übermittelt werden.

§ 3 Arbeitszeitkonten

Arten der Zeitdifferenzen

(1) [1]Durch Dienstvereinbarung können für Mitarbeiter Arbeitszeitkonten geführt werden, in denen Abweichungen der individuellen Arbeitszeit gegenüber der dienstvertraglich vereinbarten wöchentlichen Arbeitszeit (Zeitdifferenzen) festgehalten werden.

[2]Solche Zeitdifferenzen entstehen durch ein Überschreiten der dienstvertraglich vereinbarten wöchentlichen Arbeitszeit als Plusstunden oder durch ein Unterschreiten der dienstvertraglich vereinbarten wöchentlichen Arbeitszeit als Minusstunden.

[3]Daneben können Zeitdifferenzen auch durch zusätzlich vom Dienstgeber angeordnete Plusstunden, durch vom Dienstplan oder der betriebsüblich festgesetzten Arbeitszeit abweichende Minusstunden und durch Zeitgutschriften gemäß § 4 entstehen. [4]Bereitschafts- und Rufbereitschaftsdienstzeiten gemäß den §§ 7 bis 9 der Anlage 5 zu den AVR, die durch entsprechende Freizeit abgegolten werden, können ebenfalls dem Arbeitszeitkonto gutgeschrieben werden.

Arbeitszeitkonto statt Ausgleichszeitraum

(2) [1]Das Arbeitszeitkonto des Mitarbeiters tritt an die Stelle des Ausgleichszeitraums gemäß § 1 Absatz 1 der Anlage 5 zu den AVR. [2]Arbeitsstunden, die dem Arbeitszeitkonto als Plusstunden gutgeschrieben werden, sind keine zeitzuschlagspflichtigen Überstunden. [3]Bei der Anordnung von Plusstunden ist § 1 Absatz 1 Satz 2 bis 4 der Anlage 6 zu den AVR entsprechend anzuwenden.

Gestaltungselemente Geltungsbereich

(3) Die Dienstvereinbarung muss folgende Rahmenbedingungen einhalten:

1. Festlegung des persönlichen Geltungsbereichs, also der betroffenen Mitarbeiter(-gruppen) bzw. der betroffenen (Arbeits-)Bereiche;

Zeitarten

2. Festlegung der Zeitarten, die als Plus- oder Minusstunden Gegenstand des Arbeitszeitkontos sind (Über- oder Unterschreiten der dienstvertraglich vereinbarten wöchentlichen Arbeitszeit, zusätzlich vom Dienstgeber angeordnete Plusstunden, vom Dienstplan oder der betriebsüblichen Arbeitszeit abweichende Minusstunden, durch entsprechende Freizeit abgegoltene Bereitschafts- und Rufbereitschaftsdienstzeiten gemäß §§ 7 bis 9 der Anlage 5 zu den AVR, Zeitgutschriften gemäß § 4);

Grenzen Plus- und Minusstunden

3. Festlegung der Grenzen für die Plus- und Minusstunden im persönlichen Arbeitszeitkonto des Mitarbeiters; diese dürfen jeweils das Dreifache der dienstvertraglich vereinbarten wöchentlichen Arbeitszeit des Mitarbeiters (bei einem Vollzeitbeschäftigten derzeit 115,5 bzw. 120 Stunden) nicht übersteigen; darüber hinausgehende Plusstunden eines Mitarbeiters sind zeitzuschlagspflichtige Überstunden;

Grenzen zusätzlicher Plusstunden

4. Festlegung, dass zusätzlich angeordnete Plusstunden, die über die dienstplanmäßige bzw. betriebsüblich festgesetzte Arbeitszeit hinausgehen, nur bis zu einer bestimmten Grenze, höchstens jedoch 10 Stunden in der Woche, dem Arbeitszeitkonto des Mitarbeiters gutgeschrieben werden können; weitere angeordnete Plusstunden sind zeitzuschlagspflichtige Überstunden, soweit dadurch unter Berücksichtigung der individuellen Zumutbarkeit bei ihrer Anordnung die regelmäßige Arbeitszeit gemäß § 1 Absatz 1 der Anlage 5 zu den AVR überschritten wird;

Zeitausgleich

5. Festlegung, in welchen Zeitblöcken der Zeitausgleich des Mitarbeiters bei einem Zeitguthaben des Arbeitszeitkontos erfolgt (stundenweise, halbe, ganze oder mehrere zusammenhängende Tage); dabei sind die dienstlichen Belange zu berücksichtigen; bei dienstplanmäßiger oder betriebsüblich festgesetzter Arbeitszeit setzt der Dienstgeber auf Antrag des Mitarbeiters den Ausgleich zeitlich fest; dabei hat er die Wünsche des Mitarbeiters zu berücksichtigen, es sei denn, dass dringende dienstliche Belange diesen entgegenstehen;

Verrechnung Urlaub

6. Festlegung, dass Minusstunden nur insoweit mit Erholungsurlaubstagen verrechnet werden dürfen, als der Mindesturlaub nach dem Bundesurlaubsgesetz nicht berührt wird;

Ankündigungsfrist Plusstunden

7. Festlegung, dass bei dienstplanmäßiger oder betriebsüblich festgesetzter Arbeitszeit eine Ankündigungsfrist für die Anordnung von zusätzlichen Plusstunden und für den Wegfall von durch Dienstplan oder betriebsüblich festgesetzten Arbeitsstunden zu beachten ist; diese Frist soll mindestens 24 Stunden betragen;

Ausgleich bei Beendigung

8. Festlegung, dass mit Beendigung des Dienstverhältnisses, vor Antritt einer Elternzeit nach dem Bundeselterngeld- und Elternzeitgesetz und vor Antritt eines Sonderurlaubs nach § 10 der Anlage 14 zu den AVR das Arbeitszeitkonto auszugleichen ist; Plusstunden, die nicht in Freizeit ausgeglichen werden können, sind als zeitzuschlagspflichtige Überstunden zu vergüten, Minusstunden, die vom Mitarbeiter nicht mehr als Arbeitsleistung erbracht werden können, sind bei der Vergütung als nicht erbrachte Arbeitszeit zu berücksichtigen, es sei denn, der Dienstgeber hat sie ausdrücklich angeordnet;

9. Festlegung, dass bei Abwesenheitszeiten, in denen die Vergütung fortzuzahlen ist (Erholungsurlaub, Arbeitsunfähigkeit), entweder die dienstplanmäßig oder betriebsüblich festgesetzte Arbeitszeit (Ausfallprinzip) oder die durchschnittlich auf einen Arbeitstag entfallende Arbeitszeit (Durchschnittsprinzip) zu berücksichtigen ist; Erholungsurlaub, Arbeitsunfähigkeit
10. Festlegung, ob bei einer Arbeitsunfähigkeit des Mitarbeiters während des Zeitausgleichs Urlaubsgrundsätze Anwendung finden; Anlage 5, Arbeitszeitgesetze
11. Festlegung, dass die Arbeitszeit des Mitarbeiters im Übrigen unter Beachtung der Anlage 5 zu den AVR und der gesetzlichen Bestimmungen zur Arbeitszeit festgesetzt wird, soweit nicht in dieser Anlage davon abgewichen wird;
12. Festlegung über die Art der Führung und Kontrolle des Arbeitszeitkontos der Mitarbeiter; Führung Arbeitszeitkonto
13. Festlegung der Laufzeit der Dienstvereinbarung; Festlegung, dass die Nachwirkung der Dienstvereinbarung ausgeschlossen wird. Laufzeit

§ 4 Zeitgutschriften

(1) Durch Dienstvereinbarung können dem Mitarbeiter statt Zeitzuschlägen gemäß § 1 der Anlage 6a zu den AVR auch folgende Zeitgutschriften gewährt werden: Zeitgutschrift statt Festzuschläge

1. für Arbeit an Sonntagen 15 bis 20 Minuten je Stunde;
2. für Arbeit an gesetzlichen Feiertagen 21 bis 30 Minuten je Stunde;
3. für Arbeit zwischen 20.00 Uhr und 06.00 Uhr 10 Minuten je Stunde;
4. für Arbeit an Samstagen in der Zeit von 13.00 Uhr bis 20.00 Uhr 5 Minuten je Stunde.

(2) Beim Zusammentreffen mehrerer Zeitgutschriften nach Absatz 1 Nr. 1, 2 und 4 wird jeweils nur die höchste Zeitgutschrift gewährt.

Anlage 5c: Langzeitkonto

[1]Der Dienstgeber kann mit dem Mitarbeiter die Einrichtung eines Langzeitkontos vereinbaren. [2]In diesem Fall ist die Mitarbeitervertretung zu beteiligen und – bei Insolvenzfähigkeit des Dienstgebers – eine Regelung zur Insolvenzsicherung zu treffen.

Anlage 6: Überstundenregelung

Inhalt

§ 1	Anordnung von Überstunden	153
§ 2	Dienstreisen	153
§ 3	Abgeltung von Überstunden	153
§ 4	Berechnung der Überstunden und pauschale Überstundenvergütung	154

§ 1 Anordnung von Überstunden

Anordnung Überstunden, vgl. Anmerkung

Voraussetzungen

(1) [1]Die auf Anordnung des Dienstgebers oder seines Bevollmächtigten bzw. des unmittelbaren Vorgesetzten nach Maßgabe des Absatzes 3 Satz 1 geleisteten Arbeitsstunden, die über die im Rahmen der regelmäßigen Arbeitszeit (§ 1 Abs. 1 bis Abs. 4 der Anlage 5 zu den AVR) für die Woche dienstplanmäßig bzw. betriebsüblich festgesetzten Arbeitsstunden hinausgehen, sind Überstunden. [2]Sie dürfen nur angeordnet werden, wenn ein dringendes dienstliches Bedürfnis besteht. [3]Die Mitarbeiter sollen möglichst gleichmäßig zu Überstunden herangezogen werden. [4]Ist die Notwendigkeit von Überstunden voraussehbar, sollen sie spätestens am Vortag angekündigt werden.

(2) (weggefallen)

gelegentliche Überstunden

andere Überstunden

(3) [1]Gelegentliche Überstunden können für insgesamt sechs Arbeitstage innerhalb eines Kalendermonats auch vom unmittelbaren Vorgesetzten angeordnet werden. [2]Andere Überstunden sind durch den Dienstgeber oder seinen Bevollmächtigten vorher schriftlich anzuordnen. [3]Ein Anspruch auf Überstundenabgeltung für Arbeitsstunden, die über die regelmäßige Arbeitszeit (§ 1 Abs. 1 bis Abs. 4 der Anlage 5 zu den AVR) hinaus geleistet werden, ohne dass diese als Überstunden nach Satz 1 oder Satz 2 angeordnet waren, besteht nicht.

§ 2 Dienstreisen

Die Anrechnung auf die regelmäßige Arbeitszeit ergibt sich aus § 6 der Anlage 5 zu den AVR.

§ 3 Abgeltung von Überstunden

bezahlter Freizeitausgleich

(1) [1]Die vom Mitarbeiter geleisteten Überstunden sind grundsätzlich durch entsprechende Arbeitsbefreiung bis zum Ende des nächsten Kalendermonats auszugleichen; im begründeten Einzelfall kann die Frist für den Ausgleich im Einvernehmen mit dem Mitarbeiter verlängert werden. [2]Für die Zeit der Arbeitsbefreiung zum Zwecke des Überstundenausgleichs erhält der Mitarbeiter die Dienstbezüge (Abschnitt II der Anlage 1 zu den AVR) und die in Monatsbeträgen festgelegten Zulagen fortgezahlt. [3]Zuzüglich ist ihm nach Ablauf des Ausgleichszeitraums lediglich der Zeitzuschlag für Überstunden (§ 1 Abs. 1 Satz 2 Buchst. a der Anlage 6a zu den AVR) zu zahlen. [4]Abweichend von Satz 1 kann in Einrichtungen, die

zeitweise ganz oder zum Teil geschlossen sind, der Ausgleich durch zusätzliche zusammenhängende Arbeitsbefreiung in den belegungsfreien bzw. belegungsarmen Zeiten erfolgen. [5]Eine Woche zusätzliche Arbeitsbefreiung entspricht dabei 38,5 Stunden. [6]Satz 2 und Satz 3 bleiben unberührt.

finanzielle Abgeltung

(2) Ist ein Ausgleich der Überstunden durch entsprechende Arbeitsbefreiung nach Absatz 1 nicht oder nicht im vollen Umfange möglich, erhält der Mitarbeiter für jede nicht ausgeglichene Überstunde die Überstundenvergütung nach § 1 Abs. 3 Satz 2 der Anlage 6a zu den AVR gezahlt.

§ 4 Berechnung der Überstunden und pauschale Überstundenvergütung

freigestellte Tage

(1) Bei der Berechnung der Überstunden sind für jeden im Berechnungszeitraum liegenden Urlaubstag, Krankheitstag sowie für jeden sonstigen Tag einschließlich eines Wochenfeiertages, an dem der Mitarbeiter von der Arbeit freigestellt war, die Stunden mitzuzählen, die der Mitarbeiter ohne diese Ausfallsgründe innerhalb der regelmäßigen Arbeitszeit dienstplanmäßig bzw. betriebsüblich geleistet hätte. Vor- und nachgeleistete Arbeitsstunden bleiben unberücksichtigt.

pauschale Überstundenvergütung

(2) [1]Mit Mitarbeitern, die regelmäßig Überstunden zu leisten haben, kann anstelle der nach § 1 Abs. 3 Satz 2 der Anlage 6a zu den AVR zu zahlenden Überstundenvergütung eine pauschale Überstundenvergütung vereinbart werden, sofern diese nicht durch Arbeitsbefreiung gemäß § 3 Abs. 1 ausgeglichen werden können. [2]Die Höhe der pauschalen Überstundenvergütung soll grundsätzlich der Einzelberechnung der durchschnittlich im Kalendermonat für den Mitarbeiter anfallenden Überstunden entsprechen.

Anmerkungen zu Anlage 6

Mehrarbeitsstunden (Definition)

[1]Mehrarbeitsstunden sind die auf Anordnung über die dienstvertraglich vereinbarte Arbeitszeit hinaus geleisteten Arbeitsstunden.

Überstunden (Definition)

[2]Überstunden sind die auf Anordnung geleisteten Mehrarbeitsstunden, die über die im Rahmen der durchschnittlichen regelmäßigen wöchentlichen Arbeitszeit (§ 1 der Anlage 5 zu den AVR) für die Woche dienstplanmäßig bzw. betriebsüblich festgelegten Arbeitsstunden hinausgehen.

Anlage 6a: Zeitzuschläge Überstundenvergütung

Inhalt

§ 1	Zeitzuschläge	155
§ 2	Stundenvergütung	156
§ 3	Dienstvereinbarungen	156

§ 1 Zeitzuschläge

Zeitzuschläge

(1) [1]Der Mitarbeiter erhält neben seinen Dienstbezügen (Abschnitt II der Anlage 1 zu den AVR) Zeitzuschläge. [2]Sie betragen je Stunde

a)	für Überstunden in den Vergütungsgruppen	
	1 bis 4b	
	E 10 bis E 15 (Anlage 21a zu den AVR)	15 v.H.
	5b	20 v.H.
	5c bis 12	25 v.H.
b)	für Arbeit an Sonntagen	25 v.H.
c)	für Arbeit	
	aa) an gesetzlichen Feiertagen, die auf einen Werktag fallen ohne Freizeitausgleich	135 v.H.
	bb) an gesetzlichen Feiertagen, die auf einen Werktag fallen bei Freizeitausgleich	35 v.H.
	cc) an gesetzlichen Feiertagen, die auf einen Sonntag fallen	50 v.H.
	dd) am Ostersonntag, Pfingstsonntag	35 v.H.
d)	soweit nach § 3 Abs. 2 der Anlage 5 zu den AVR kein Freizeitausgleich erteilt wird	
	aa) an dem Tage vor dem Ostersonntag und Pfingstsonntag für die Arbeit von 12.00 Uhr bis 24.00 Uhr	25 v.H.
	bb) an dem Tage vor dem ersten Weihnachtsfeiertag und vor dem Neujahrstag für die Arbeit von 00.00 Uhr bis 24.00 Uhr	135 v.H.
	der Stundenvergütung	
e)	Arbeit zwischen 20.00 Uhr und 6.00 Uhr	
	ab 1. Juli 2025	1,99 Euro
	ab 1. Februar 2026	2,05 Euro
f)	für Arbeiten an Samstagen in der Zeit von 13.00 Uhr bis 20.00 Uhr	
	ab 1. Juli 2025	0,99 Euro
	ab 1. Februar 2026	1,02 Euro

Verhältnis mehrerer Zeitzuschläge

(2) [1]Beim Zusammentreffen mehrerer Zeitzuschläge nach Abs. 1 Satz 2 Buchst. b bis d und f wird nur der jeweils höchste Zeitzuschlag gezahlt.

[2]Der Zeitzuschlag nach Abs. 1 Satz 2 Buchstaben e und f wird nicht gezahlt neben Zulagen, Zuschlägen und Entschädigungen, in denen bereits eine entsprechende Leistung enthalten ist.

Zeitzuschläge und Dienste

[3]Für die Zeit des Bereitschaftsdienstes einschließlich der geleisteten Arbeit und für die Zeit der Rufbereitschaft werden Zeitzuschläge nicht gezahlt. [4]Für die Zeit der innerhalb der Rufbereitschaft tatsächlich geleisteten Arbeit einschließlich einer etwaigen Wegezeit werden gegebenenfalls die Zeitzuschläge nach Abs. 1 Satz 2 Buchstaben b bis f bezahlt. [5]Die Sätze 1 und 2 bleiben unberührt.

[6]Der Zeitzuschlag nach Abs. 1 Satz 2 Buchstabe e wird nicht gezahlt für Bürodienst, der sonst üblicherweise nur in den Tagesstunden geleistet wird, und für nächtliche Dienstgeschäfte, für die, ohne dass eine Unterkunft genommen worden ist, Übernachtungsgeld gezahlt wird.

Überstundenvergütung

(3) [1]Die Stundenvergütung ergibt sich für jede Vergütungsgruppe aus § 2 der Anlage 6a zu den AVR.

[2]Die Stundenvergütung zuzüglich des Zeitzuschlags nach Abs. 1 Satz 2 Buchstabe a ist die Überstundenvergütung.

pauschalierte Zeitzuschläge

(4) Die Zeitzuschläge können gegebenenfalls einschließlich der Stundenvergütung nach Abs. 3 Satz 1 aufgrund einer einzelvertraglichen Regelung, die schriftlich abzufassen ist, oder einer betrieblichen Vereinbarung pauschaliert werden.

§ 2 Stundenvergütung

Berechnungsformel

Die Stundenvergütungen werden je Vergütungsgruppe in den Anlagen 3 und 21a zu den AVR nach folgender Formel ermittelt:

$$\frac{\text{Regelvergütung bzw. Tabellenentgelt der Stufe 4}}{\text{durchschnittliche regelmäßige Arbeitszeit x 4,348}}$$

§ 3 Dienstvereinbarungen

Freiwillige Dienste

[1]Zugunsten der Mitarbeiter können für Dienste, soweit diese zu Zeiten gemäß § 1 Abs. 1 Satz 2 Buchst. b bis f erbracht werden, die dort genannten Prozent- und Eurobeträge durch Dienstvereinbarung erhöht werden. [2]Durch Dienstvereinbarungen können für die freiwillige Übernahme zusätzlich betrieblich veranlasster Dienste Zulagen oder Zuschläge zusätzlich zum ohnehin geschuldeten Entgelt vereinbart werden. [3]Die Regelungen der Mitarbeitervertretungsordnung (MAVO) sind zu beachten.

Anlage 7: Ausbildungsverhältnisse

Inhalt

Teil I.	Allgemeiner Teil	159
§ 1	Geltungsbereich	159
§ 2	Ausbildungsvertrag	159
§ 3	Ausbildungsvergütung	160
§ 4	Wöchentliche und tägliche Ausbildungszeit	160
§ 5	Sonstige Ausbildungsbedingungen	161
§ 6	Ärztliche Untersuchung	161
§ 7	Schweigepflicht	162
§ 8	Entschädigung bei Ausbildungsfahrten	162
§ 9	Familienheimfahrten	162
§ 10	Krankenbezüge	163
§ 11	Urlaub	163
§ 12	Freistellung vor der Prüfung	163
§ 13	Ausbildungsmittel	163
§ 14	Schutzkleidung	164
§ 15	Beendigung des Ausbildungsverhältnisses	164
§ 16	Mitteilungspflicht und Weiterarbeit	164
§ 17	Sonstige Bestimmungen	165
Teil II.	Besonderer Teil	165
A.	Ausbildung zur Pflegefachfrau oder zum Pflegefachmann	165
§ 1	Anwendungsbereich	165
§ 2	Ausbildungsdauer	165
§ 3	Ausbildungsvergütung	166
§ 4	Beendigung der Ausbildung	166
B.	Ausbildung zum Anästhesietechnischen, zum Operationstechnischen Assistenten oder zum Notfallsanitäter	167
§ 1	Anwendungsbereich	167
§ 2	Ausbildungsdauer	167
§ 3	Ausbildungsvergütung	167
§ 4	Beendigung der Ausbildung	168
C.	Ausbildung zum Pflegehelfer und zum Pflegeassistent	168
§ 1	Anwendungsbereich	168
§ 2	Ausbildungsdauer	168
§ 3	Ausbildungsvergütung	168
§ 4	Anzuwendende Regelungen	169
D.	Ausbildung in praxisintegrierten Ausbildungsgängen zum Erzieher und in betrieblich-schulischen Gesundheitsberufen	169
§ 1	Anwendungsbereich	169
§ 2	Ausbildungsvergütung	171
§ 3	Anzuwendende Regelungen	171
E.	Auszubildende in der dualen Berufsausbildung	171
§ 1	Anwendungsbereich	171
§ 2	Ausbildungsvergütung	171

F.	Studieren in ausbildungsintegrierten dualen Studiengängen	172
§ 1	Anwendungsbereich	172
§ 2	Ausbildungsvertrag und Kündigungsfristen	172
§ 3	Nachweispflichten	173
§ 4	Wöchentliche und tägliche Ausbildungs- und Studienzeit	173
§ 5	Ausbildungsvergütung	173
§ 6	Zusatzurlaub	175
§ 7	Ausbildungs- und Studienmaßnahmen außerhalb der Ausbildungsstätte	176
§ 8	Jahressonderzahlung	176
§ 9	Beendigung, Verkürzung und Verlängerung des Vertragsverhältnisses	177
§ 10	Zeugnis	177
§ 11	Rückzahlungsgrundsätze	177
§ 12	Befristung	179
G.	Studieren in praxisintegrierten dualen Studiengängen	179
§ 1	Anwendungsbereich	179
§ 2	Entsprechende Anwendung des Abschnitts F des Teils II. der Anlage 7.	179
§ 3	Studienvertrag	179
§ 4	Ausbildungsvergütung	180
§ 5	Akademische Hebammenausbildung	180
§ 6	Befristung	181
H.	Praktikum nach abgelegtem Examen oder Praktische Ausbildung nach abgelegter theoretischer schulischer Teilprüfung	181
§ 1	Anwendungsbereich	181
§ 2	Ausbildungsvergütung	182
I.	Ausbildung zum Heilerziehungspfleger	183
§ 1	Anwendungsbereich	183
§ 2	Ausbildungsdauer	183
§ 3	Ausbildungsvergütung	183
§ 4	Sonstige Ausbildungsbedingungen	185
§ 5	Befristung der Regelung und Kompetenzübertragung	185
§ 6	*(RK NRW):* Anwendungsbeginn und Übergangsregelung im Bereich der Regionalkommission Nordrhein-Westfalen	185
§ 6	*(RK BW):* Anwendungsbeginn und Übergangsregelung im Bereich der Regionalkommission Baden-Württemberg	186
§ 6	*(RK Mitte):* Anwendungsbeginn und Übergangsregelung im Bereich der Regionalkommission Mitte	186
§ 6	*(RK Nord):* Anwendungsbeginn und Übergangsregelung im Bereich der Regionalkommission Nord	186
§ 6	*(RK Bayern):* Anwendungsbeginn und Geltung im Bereich der Regionalkommission Bayern	187
J.	*(RK NRW):* Praktikanten in der praxisintegrierten Fachschulbildung zum Erzieher oder zum Heilerziehungspfleger nach § 31 der Anlage 3 zur APO-BK NRW	187
§ 1	Kooperationsvereinbarung	187
§ 2	Praktikantenvergütung	187
§ 3	Sonstige Regelungen	188
§ 4	Inkrafttreten und Geltung	188

K.	*(RK NRW):* Praxisintegrierte Ausbildung zum Kinderpfleger (RK NRW)..	188
§ 1	Anwendungsbereich	188
§ 2	Ausbildungsdauer	188
§ 3	Ausbildungsvergütung	188
§ 4	Sonstige Ausbildungsbedingungen	189
§ 5	Beendigung der Ausbildung	189
§ 6	Inkrafttreten und Geltung	189
Teil III.	Übergangsregelung	190

Teil I. Allgemeiner Teil

§ 1 Geltungsbereich

Geltungsbereich

(1) [1]Diese Anlage gilt für Schüler, Auszubildende, Praktikanten nach abgelegtem Examen und Studenten*. [2]Für die besonderen Regelungen finden die einschlägigen Abschnitte des Teils II. der Anlage 7 ergänzend Anwendung.

AVR; gesetzliche Vorschriften

(2) Soweit in den AVR nichts anderes geregelt ist, gelten die jeweils einschlägigen gesetzlichen Vorschriften.

§ 2 Ausbildungsvertrag

Ausbildungsvertrag und Mindestangaben

(1) [1]Die Einrichtung als Träger der praktischen Ausbildung schließt mit dem Auszubildenden vor Beginn der Ausbildung einen schriftlichen Ausbildungsvertrag. [2]Zum Ausbildungsvertrag wird von der Einrichtung der mit der Schule abgestimmte Ausbildungsplan nachgewiesen. [3]Der Ausbildungsvertrag muss neben der Bezeichnung des Ausbildungsberufs mindestens enthalten Angaben über

a) die maßgebliche Ausbildungs- und Prüfungsordnung in der jeweils geltenden Fassung sowie Art, sachliche und zeitliche Gliederung der Ausbildung,

b) Beginn und Dauer der Ausbildung,

c) Dauer der regelmäßigen täglichen oder wöchentlichen Ausbildungszeit,

d) Dauer der Probezeit,

e) Verpflichtung des Auszubildenden zur Teilnahme an der theoretischen Ausbildung,

f) Zahlung und Höhe des Ausbildungsentgelts,

g) Dauer des Urlaubs,

h) Voraussetzungen, unter denen der Ausbildungsvertrag gekündigt werden kann,

i) die Geltung der AVR Caritas sowie einen in allgemeiner Form gehaltenen Hinweis auf die auf das Ausbildungsverhältnis anzuwendenden Dienstvereinbarungen.

---

* Nachfolgend einheitlich als Auszubildende bezeichnet.

Nebenabreden

(2) [1]Nebenabreden sind nur wirksam, wenn sie schriftlich vereinbart werden. [2]Sie können gesondert gekündigt werden, soweit dies einzelvertraglich vereinbart ist.

§ 3 Ausbildungsvergütung

Ausbildungsvergütung

(1) Der Auszubildende erhält eine monatliche Ausbildungsvergütung nach dem jeweiligen Abschnitt in Teil II. der Anlage 7.

Berechnung/Auszahlung Bezüge Abschnitt X Anlage 1

(2) [1]Für die Berechnung und Auszahlung der Bezüge gilt Abschnitt X der Anlage 1 entsprechend. [2]Soweit nicht besonders geregelt gelten für die Zulagen und Zuschläge sowie Bereitschaftsdienst- und Rufbereitschaftsentgelte die Regelungen, die bei dem Träger der praktischen Ausbildung für den Mitarbeiter in dem Beruf gelten, zu dem die Ausbildung erfolgt, entsprechend. [3]Der Zeitzuschlag für Überstunden beträgt 30 v.H. des Stundenentgelts.

Weihnachtszuwendung, Urlaubsgeld, Jahressonderzahlung

(3) Auszubildende erhalten entweder eine Weihnachtszuwendung nach Abschnitt XIV der Anlage 1 sowie ein Urlaubsgeld nach §§ 6 bis 9 der Anlage 14 oder eine Jahressonderzahlung nach § 16 der Anlage 31.

Stundenentgelt

(4) [1]Bei der Anwendung dieser Anlage oder anderer Anlagen auf der Grundlage dieser Anlage gilt als Stundenentgelt der auf die Stunde entfallende Anteil der jeweiligen Ausbildungsvergütung. [2]Zur Ermittlung dieses Anteils ist die jeweilige Ausbildungsvergütung durch das 4,348fache der durchschnittlichen regelmäßigen wöchentlichen Ausbildungszeit zu teilen.

§ 4 Wöchentliche und tägliche Ausbildungszeit

Ausbildungszeit

(1) Die regelmäßige durchschnittliche wöchentliche Ausbildungszeit und die tägliche Ausbildungszeit der Auszubildenden, die nicht unter das Jugendarbeitsschutzgesetz fallen, richten sich nach den für die beim Träger der praktischen Ausbildung in dem künftigen Beruf des Auszubildenden beschäftigten Mitarbeiter maßgebenden Vorschriften über die Arbeitszeit.

Ausbildungsnachweis

(2) Wird das Führen von Berichtsheften (Ausbildungsnachweisen) verlangt, ist den Auszubildenden dazu Gelegenheit während der Ausbildungszeit zu geben.

Unterricht

(3) An Tagen, an denen Auszubildende an einem theoretischen betrieblichen Unterricht von mindestens 270 tatsächlichen Unterrichtsminuten teilnehmen, dürfen sie nicht zur praktischen Ausbildung herangezogen werden.

Unterrichtszeiten

(4) [1]Unterrichtszeiten einschließlich der Pausen gelten als Ausbildungszeit. [2]Dies gilt auch für die notwendige Wegezeit zwischen Unterrichtsort und Ausbildungsstätte, sofern die Ausbildung nach dem Unterricht fortgesetzt wird.

Sonn-, Feiertags- und Nachtarbeit

(5) Im Rahmen des Ausbildungszwecks darf der Auszubildende auch an Sonntagen und Wochenfeiertagen sowie in der Nacht ausgebildet werden.

Beschäftigung über Ausbildungszeit

(6) Eine über die durchschnittliche regelmäßige wöchentliche Ausbildungszeit hinausgehende Beschäftigung ist nur ausnahmsweise zulässig.

§ 5 Sonstige Ausbildungsbedingungen

Anwendung Vorschriften, die für Mitarbeiter gelten

(1) Für Belohnungen und Geschenke, Nebentätigkeiten, für die Ausbildung an Samstagen, Sonntagen, Feiertagen und Vorfesttagen, für den Bereitschaftsdienst und die Rufbereitschaft, für die Überstunden und für die Zeitzuschläge gelten die Vorschriften sinngemäß, die jeweils für die beim Träger der Ausbildung in dem künftigen Beruf des Auszubildenden beschäftigten Mitarbeiter maßgebend sind.

(2) Bei Vorliegen der Voraussetzungen erhält der Auszubildende

Zulagen

a) die Zulagen nach Abschnitt VIII Abs. e der Anlage 1 und die Zulagen nach den Anmerkungen Nr. 1 zu den Tätigkeitsmerkmalen der Entgeltgruppen P 4 bis P 9 und 9b bis 12 nach Anhang D der Anlage 31 bzw. Nr. 1 zu den Tätigkeitsmerkmalen der Entgeltgruppen P 4 bis P 9 und 9b bis 12 nach Anhang D der Anlage 32 zur Hälfte,

b) die Wechselschicht- und Schichtzulage nach den für in dem künftigen Beruf des Auszubildenden beschäftigten Mitarbeiter maßgebenden Vorschriften zu drei Vierteln.

Sachbezüge

(3) [1]Sachbezüge sind in Höhe der durch Rechtsverordnung nach § 17 Abs. 1 Nr. 4 SGB IV bestimmten Werte anzurechnen, jedoch nicht über 75 v.H. der Brutto-Ausbildungsvergütung hinaus. [2]Kann der Auszubildende während der Zeit, für die die Ausbildungsvergütung bei Arbeitsunfähigkeit oder bei Erholungsurlaub fortzuzahlen ist, Sachbezüge aus berechtigtem Grund nicht abnehmen, sind diese nach den Sachbezugswerten abzugelten, jedoch nicht über 75 v.H. der Brutto-Ausbildungsvergütung hinaus.

§ 6 Ärztliche Untersuchung

Einstellungsuntersuchung

(1) Auszubildende haben auf Verlangen des Trägers der Ausbildung vor ihrer Einstellung ihre körperliche Eignung (Gesundheits- und Entwicklungsstand, körperliche Beschaffenheit und Arbeitsfähigkeit) durch das Zeugnis einer Betriebsärztin/eines Betriebsarztes, nachzuweisen, soweit sich Träger der praktischen Ausbildung und Auszubildender nicht auf eine andere Ärztin/einen anderen Arzt geeinigt haben.

Betriebsarzt

(2) [1]Der Träger der praktischen Ausbildung ist bei begründeter Veranlassung berechtigt, Auszubildende zu verpflichten, durch ärztliche Bescheinigung nachzuweisen, dass sie in der Lage sind, die nach dem Ausbildungsvertrag übernommenen Verpflichtungen zu erfüllen. [2]Bei der beauftragten Ärztin/dem beauftragten Arzt kann es sich um eine Betriebsärztin/einen Betriebsarzt handeln, soweit sich der Träger der praktischen Ausbildung und Auszubildender nicht auf eine andere Ärztin/einen anderen Arzt geeinigt haben.

ärztliche Untersuchung

(3) Der Träger der praktischen Ausbildung hat den Auszubildenden, der besonderen Ansteckungsgefahren ausgesetzt, mit gesundheitsgefährdenden Tätigkeiten beschäftigt oder mit der Zubereitung von Speisen beauftragt ist, in regelmäßigen Zeitabständen oder auf Antrag des Auszubildenden bei Beendigung des Ausbildungsverhältnisses ärztlich zu untersuchen.

Kosten

(4) [1]Die Kosten der Untersuchung trägt der Träger der praktischen Ausbildung. [2]Das Ergebnis der ärztlichen Untersuchung ist dem Auszubildenden bekanntzugeben.

§ 7 Schweigepflicht

Schweigepflicht

(1) Auszubildende haben in demselben Umfang Verschwiegenheit zu wahren wie die Beschäftigten des Trägers der praktischen Ausbildung.

Genehmigung

(2) Ohne Genehmigung des Trägers der praktischen Ausbildung darf der Auszubildende

a) von Schriftstücken, Zeichnungen oder bildlichen Darstellungen

b) von chemischen Stoffen oder Werkstoffen

c) von Herstellungsverfahren oder

d) von Maschinenteilen oder anderen geformten Körpern

zu außerdienstlichen Zwecken weder sich noch einem anderen Kenntnis, Abschriften, Ab- oder Nachbildungen verschaffen.

Herausgabe

(3) Der Auszubildende hat auf Verlangen des Trägers der praktischen Ausbildung Schriftstücke, Zeichnungen, bildliche Darstellungen usw. sowie Aufzeichnungen über Vorgänge der Einrichtung herauszugeben.

Schweigepflicht

(4) Der Auszubildende hat auch nach Beendigung des Ausbildungsverhältnisses über Angelegenheiten, die der Schweigepflicht unterliegen, Verschwiegenheit zu bewahren.

§ 8 Entschädigung bei Ausbildungsfahrten

Ausbildungsfahrten

[1]Abweichend von der bei Dienstreisen und Abordnungen maßgeblichen Reisekostenregelung (Anlage 13a) werden bei Reisen zur vorübergehenden Ausbildung an einer anderen Einrichtung außerhalb des Beschäftigungsortes (politische Gemeinde) sowie zur Teilnahme am Unterricht, an Vorträgen, an Arbeitsgemeinschaften oder an Übungen zum Zwecke der Ausbildung die notwendigen Fahrtkosten bis zur Höhe der Kosten für die Fahrkarte der jeweils niedrigsten Klasse des billigsten regelmäßig verkehrenden Beförderungsmittels (im Eisenbahnverkehr ohne Zuschläge) erstattet. [2]Möglichkeiten zur Erlangung von Fahrpreisermäßigungen (z.B. Schülerfahrkarten oder Fahrkarten für Berufstätige) sind auszunutzen.

§ 9 Familienheimfahrten

Familienheimfahrten

[1]Für Familienheimfahrten vom Ort der Ausbildungsanstalt zum Wohnort der Eltern, des Erziehungsberechtigten oder des Ehegatten und zurück werden dem Auszubildenden monatlich einmal die notwendigen Fahrtkosten bis zur Höhe der Kosten der Fahrkarte der jeweils niedrigsten Klasse des billigsten regelmäßig verkehrenden Beförderungsmittels (im Eisenbahnverkehr ohne Zuschläge) – für Familienheimfahrten in das Ausland höchstens die entsprechenden Kosten für die Fahrt bis zum inländischen Grenzort – erstattet, wenn der Wohnort der Eltern, des Erziehungsberechtigten oder des Ehegatten so weit vom Ort der Ausbildungsanstalt entfernt ist, dass der Auszubildende nicht täglich zu diesem Wohnort zurückkehren kann und daher außerhalb wohnen muss. [2]Möglichkeiten zur Erlangung von Fahrpreisermäßigungen (z.B. Schülerfahrkarten oder Fahrkarten für Berufstätige) sind auszunutzen.

§ 10 Krankenbezüge

Arbeitsunfähigkeit

[1]Bei unverschuldeter Arbeitsunfähigkeit erhält der Auszubildende bis zur Dauer von sechs Wochen Krankenbezüge in Höhe des Entgeltes, das ihm während des Erholungsurlaubs zusteht. [2]Bei der jeweils ersten Arbeitsunfähigkeit, die durch einen bei dem Träger der praktischen Ausbildung erlittenen Arbeitsunfall oder durch eine bei dem Träger der praktischen Ausbildung zugezogene Berufskrankheit verursacht ist, erhält der Auszubildende nach Ablauf des nach Satz 1 maßgebenden Zeitraums bis zum Ende der 26. Woche seit dem Beginn der Arbeitsunfähigkeit als Krankenbezüge einen Krankengeldzuschuss in Höhe des Unterschiedsbetrages zwischen dem Nettoentgelt und der um die gesetzlichen Beitragsanteile des Auszubildenden zur gesetzlichen Renten-, Arbeitslosen- und sozialen Pflegeversicherung verminderten Leistungen des Sozialleistungsträgers gezahlt, wenn der zuständige Unfallversicherungsträger den Arbeitsunfall oder die Berufskrankheit anerkennt. [3]Im Übrigen gelten Abschnitt XII Abs. a Sätze 2 und 3 der Anlage 1 (Regelungen zur Maßnahme der medizinischen Vorsorge oder Rehabilitation und Wiederholungserkrankung), Abschnitt XIIa der Anlage 1 (Anzeige- und Nachweispflichten) und Abschnitt XIIb der Anlage 1 (Forderungsübergang bei Dritthaftung).

§ 11 Urlaub

Urlaub Anlage 14

[1]Der Auszubildende erhält Urlaub gemäß der Anlage 14, soweit nicht eine für den Auszubildenden günstigere gesetzliche Regelung besteht. [2]Der Erholungsurlaub ist nach Möglichkeit zusammenhängend während der unterrichtsfreien Zeit der beruflichen Schule bzw. Hochschule zu erteilen und in Anspruch zu nehmen.

§ 12 Freistellung vor der Prüfung

Freistellung Prüfungsvorbereitung

[1]Dem Auszubildenden ist vor der in der Ausbildungsordnung vorgeschriebenen Abschlussprüfung an fünf Ausbildungstagen, bei der Sechstagewoche an sechs Ausbildungstagen Gelegenheit zu geben, sich ohne Bindung an die planmäßige Ausbildung auf die Abschlussprüfung vorzubereiten. [2]Der Anspruch nach Satz 1 verkürzt sich um die Zeit, für die Auszubildende zur Vorbereitung auf die Abschlussprüfung besonders zusammengefasst werden; der Auszubildende erhält jedoch mindestens zwei freie Ausbildungstage. [3]Dem Auszubildenden ist für diese Freistellung zur Prüfungsvorbereitung sowie zu der Freistellung zur Teilnahme an der Abschlussprüfung die Ausbildungsvergütung fortzuzahlen.

§ 13 Ausbildungsmittel

Ausbildungsmittel

Der Träger der praktischen Ausbildung hat dem Auszubildenden kostenlos die Ausbildungsmittel, Instrumente und Apparate zur Verfügung zu stellen, die zur Ausbildung und zum Ablegen der in der Ausbildungsordnung vorgeschriebenen Prüfungen (Zwischenprüfungen und Abschlussprüfung) erforderlich sind.

§ 14 Schutzkleidung

Schutzkleidung

Für die Gewährung von Schutzkleidung gelten die für die in dem Beruf beim Träger der praktischen Ausbildung tätigen Beschäftigten jeweils maßgebenden Bestimmungen, in dem die Auszubildenden ausgebildet werden.

§ 15 Beendigung des Ausbildungsverhältnisses

Ablauf Ausbildungszeit

(1) [1]Das Ausbildungsverhältnis endet mit Ablauf der Ausbildungszeit; abweichende gesetzliche Regelungen bleiben unberührt. [2]Im Falle des Nichtbestehens der Abschlussprüfung verlängert sich das Ausbildungsverhältnis auf Verlangen der Auszubildenden bis zur nächstmöglichen Wiederholungsprüfung, höchstens um ein Jahr. [3]Während des Zeitraumes der Verlängerung wird das Entgelt des letzten regelmäßigen Ausbildungsabschnittes gezahlt. [4]Das Ausbildungsverhältnis endet im Falle des endgültigen Nichtbestehens spätestens mit der das Ausbildungsverhältnis abschließenden Prüfung.

Abschlussprüfung nach Ausbildungszeit

(2) Können Auszubildende ohne eigenes Verschulden die Abschlussprüfung erst nach beendeter Ausbildungszeit ablegen, gilt Absatz 1 Satz 2 entsprechend.

Kündigung

(3) Nach der Probezeit (§ 7 Abs. 4 AT) kann das Ausbildungsverhältnis unbeschadet der gesetzlichen Kündigungsgründe nur gekündigt werden

a) aus einem sonstigen wichtigen Grund ohne Einhalten einer Kündigungsfrist,

b) von Auszubildenden mit einer Kündigungsfrist von vier Wochen.

Kündigung aus wichtigem Grund

(4) [1]Eine Kündigung aus einem wichtigen Grund ist unwirksam, wenn die ihr zugrunde liegenden Tatsachen der kündigungsberechtigten Person länger als 14 Tage bekannt sind. [2]Ist ein vorgesehenes Güteverfahren vor einer außergerichtlichen Stelle eingeleitet, so wird bis zu dessen Beendigung der Lauf dieser Frist gehemmt.

§ 16 Mitteilungspflicht und Weiterarbeit

Mitteilungspflicht

(1) [1]Beabsichtigt der Träger der praktischen Ausbildung, den Auszubildenden nach Abschluss der Ausbildung in ein Dienstverhältnis zu übernehmen, hat er dies dem Auszubildenden drei Monate vor dem Ende der Ausbildungszeit schriftlich mitzuteilen. [2]In der Mitteilung kann der Träger der praktischen Ausbildung die Übernahme von dem Ergebnis der in der Ausbildungsordnung vorgeschriebenen Abschlussprüfung abhängig machen. [3]Innerhalb von vier Wochen nach Zugang der Mitteilung hat der Auszubildende schriftlich zu erklären, ob er beabsichtigt, in ein Dienstverhältnis zu dem Träger der praktischen Ausbildung zu treten. [4]Beabsichtigt der Träger der praktischen Ausbildung, den Auszubildenden nicht in ein Dienstverhältnis zu übernehmen, hat er ihm dies drei Monate vor dem Ende der Ausbildungszeit schriftlich mitzuteilen.

Weiterbeschäftigung

(2) Wird der Auszubildende im Anschluss an das Ausbildungsverhältnis beschäftigt, ohne dass hierüber ausdrücklich etwas vereinbart worden ist, so gilt ein Arbeitsverhältnis auf unbestimmte Zeit als begründet.

§ 17 Sonstige Bestimmungen

(1) Soweit in dieser Anlage für Auszubildende keine abweichenden Regelungen vorgesehen sind, finden die AVR entsprechend Anwendung.

AVR-Anwendung

(2) Die Ausbildungszeit des Auszubildenden wird auf die Beschäftigungszeit (§ 11 AT) und die Dienstzeit (§ 11a AT) nicht angerechnet.

Nichtanrechnung Ausbildungszeit

(3) Auszubildende, die im unmittelbaren Anschluss an ihre jeweilige Ausbildung von ihrem Träger der praktischen Ausbildung in ein Dienstverhältnis übernommen werden und Anspruch auf eine Jahressonderzahlung oder eine Weihnachtszuwendung haben, erhalten einmalig zusammen mit der anteiligen Jahressonderzahlung oder Weihnachtszuwendung aus dem Dienstverhältnis die anteilige Jahressonderzahlung oder Weihnachtszuwendung aus dem Ausbildungsverhältnis.

Weihnachtszuwendung/Jahressonderzahlung

Teil II. Besonderer Teil

A. Ausbildung zur Pflegefachfrau oder zum Pflegefachmann

§ 1 Anwendungsbereich

(1) Dieser Abschnitt gilt für Auszubildende, die eine Ausbildung zur Pflegefachfrau oder zum Pflegfachmann im Sinne des Gesetzes über die Pflegeberufe vom 17. Juli 2017 (Pflegeberufegesetz – PflBG) absolvieren.

Pflegefachmann/-frau

(2) [1]Der Auszubildende muss die Voraussetzung für den Zugang zur Ausbildung nach § 11 PflBG erfüllen. [2]Vor Beginn des Ausbildungsverhältnisses ist ein schriftlicher Ausbildungsvertrag zwischen dem Dienstgeber als Träger der praktischen Ausbildung im Sinne des § 8 PflBG und dem Auszubildenden zu schließen. [3]Der Ausbildungsvertrag muss die Angaben nach § 2 des Teils I. der Anlage 7 sowie den Mindestinhalt nach § 16 Abs. 2 PflBG enthalten.

Voraussetzungen

(3) Soweit in Anlage 7 und in gesetzlichen Regelungen für den Auszubildenden keine besonderen Vorschriften vorgesehen sind, finden die Vorschriften entsprechend Anwendung, die jeweils für die beim Träger der praktischen Ausbildung in dem künftigen Beruf des Auszubildenden beschäftigten Mitarbeiter maßgebend sind.

maßgebliche Vorschriften

§ 2 Ausbildungsdauer

[1]Die Ausbildungsdauer beträgt in Vollzeit drei Jahre. [2]In Teilzeit beträgt die Ausbildungsdauer höchstens fünf Jahre. [3]Sie kann durch Anrechnung gleichwertiger Ausbildungen im Sinne des § 12 PflBG um bis zu zwei Drittel verkürzt werden.

Ausbildungsdauer

§ 3 Ausbildungsvergütung

Ausbildungsvergütung

(1) [1]Der Auszubildende erhält monatlich eine Ausbildungsvergütung. [2]Sie beträgt:

	ab 1. Juli 2025	ab 1. Februar 2026
im ersten Ausbildungsjahr	1.415,69 Euro	1.490,69 Euro
im zweiten Ausbildungsjahr	1.477,07 Euro	1.552,07 Euro
im dritten Ausbildungsjahr	1.578,38 Euro	1.653,38 Euro

[3]Bei einer Ausbildung in Teilzeit über insgesamt vier Jahre beträgt abweichend von Satz 2 das Ausbildungsjahr jeweils 16 Monate. [4]Bei einer Ausbildung in Teilzeit über insgesamt fünf Jahre beträgt abweichend von Satz 2 das Ausbildungsjahr jeweils 20 Monate.

Verkürzung Ausbildungszeit

(2) [1]Erfolgt eine Verkürzung der Ausbildungszeit durch Anrechnung nach § 2 Satz 3 des Abschnitts A des Teils II. der Anlage 7, wird zur Bestimmung des Ausbildungsjahres nach Absatz 1 die angerechnete Ausbildungszeit ebenfalls berücksichtigt. [2]Wird die Ausbildungszeit gemäß § 21 Abs. 2 PflBG verlängert, erhält der Auszubildende während der verlängerten Ausbildungszeit die Ausbildungsvergütung mit der Maßgabe, dass nach dem dritten Jahr der Ausbildung die Ausbildungsvergütung des dritten Ausbildungsjahres anzuwenden ist.

Berechnung/ Auszahlung Abschnitt X Anlage 1

(3) Für die Berechnung und Auszahlung der Bezüge gilt Abschnitt X der Anlage 1 entsprechend mit der Maßgabe, dass abhängig davon, in welcher Einrichtung des Trägers der praktischen Ausbildung der Auszubildende im maßgeblichen Zeitraum die Ausbildung absolviert, die Werte der Anlagen 31 oder 32 zugrunde gelegt werden, abgesehen der Ausbildungsvergütung nach Absatz 1.

Zulage

(4) Der Auszubildende erhält zusätzlich zur Ausbildungsvergütung eine monatliche Zulage in Höhe von 11,11 Euro.

Jahressonderzahlung

(5) [1]Auszubildende erhalten eine Jahressonderzahlung in entsprechender Anwendung des § 16 der Anlage 31. [2]In Abweichung von § 16 Abs. 2 Satz 1 der Anlage 31 beträgt der Bemessungssatz 90 v.H.

§ 4 Beendigung der Ausbildung

Kündigung

(1) [1]Bei einer Kündigung durch den Träger der praktischen Ausbildung ist das Benehmen mit der Pflegeschule herzustellen. [2]In den Fällen des § 15 Abs. 3 Buchstabe a des Teils I. der Anlage 7 sind die Kündigungsgründe anzugeben.

Anschlussbeschäftigung

(2) Werden Auszubildende im Anschluss an das Ausbildungsverhältnis beschäftigt, ohne dass hierüber ausdrücklich etwas vereinbart worden ist, so gilt ein Arbeitsverhältnis auf unbestimmte Zeit als begründet.

B. Ausbildung zum Anästhesietechnischen, zum Operationstechnischen Assistenten oder zum Notfallsanitäter

§ 1 Anwendungsbereich

ATA/OTA/ Notfallsanitäter

(1) [1]Dieser Abschnitt gilt für Auszubildende, die eine Ausbildung zur Anästhesietechnischen Assistentin oder zum Anästhesietechnischen Assistenten oder zur Operationstechnischen Assistentin oder zum Operationstechnischen Assistenten nach dem Gesetz über den Beruf der Anästhesietechnischen Assistentin und des Anästhesietechnischen Assistenten und über den Beruf der Operationstechnischen Assistentin und des Operationstechnischen Assistenten (Anästhesietechnische- und Operationstechnische-Assistenten-Gesetz – ATA-OTA-G) vom 14. Dezember 2019 sowie für Auszubildende, die eine Ausbildung zum Notfallsanitäter nach dem Notfallsanitätergesetz vom 22. Mai 2013 (NotSanG) absolvieren. [2]Hierunter fallen auch Auszubildende, die bis zum 31. Dezember 2021 eine Ausbildung nach der Empfehlung der Deutschen Krankenhausgesellschaft (DKG) begonnen haben.

Ausbildungsträger

(2) [1]Voraussetzung der Anwendung ist, dass die Einrichtung der praktischen Ausbildung oder die mit ihr in Trägerschaft verbundene Schule Ausbildungsträger ist. [2]Ist die Schule Ausbildungsträger, gilt sie für die Anwendung der Regelungen dieser Anlage zusammen mit der mit ihr in Trägerschaft verbundene Einrichtung der praktischen Ausbildung als Träger der praktischen Ausbildung im Sinne des § 2 des Teils I. der Anlage 7.

§ 2 Ausbildungsdauer

Ausbildungsdauer

[1]Die Ausbildungsdauer beträgt in Vollzeit drei Jahre. [2]In Teilzeit beträgt die Ausbildungsdauer höchstens fünf Jahre. [3]Sie kann durch Anrechnung gleichwertiger Ausbildungen um bis zu zwei Drittel verkürzt werden.

§ 3 Ausbildungsvergütung

Ausbildungsvergütung

(1) [1]Der Auszubildende erhält monatlich eine Ausbildungsvergütung. [2]Sie beträgt:

	ab 1. Juli 2025	ab 1. Februar 2026
im ersten Ausbildungsjahr	1.415,69 Euro	1.490,69 Euro
im zweiten Ausbildungsjahr	1.477,07 Euro	1.552,07 Euro
im dritten Ausbildungsjahr	1.578,38 Euro	1.653,38 Euro

Teilzeitausbildung

[3]Bei einer Ausbildung in Teilzeit über insgesamt vier Jahre beträgt abweichend von Satz 2 das Ausbildungsjahr jeweils 16 Monate. [4]Bei einer Ausbildung in Teilzeit über insgesamt fünf Jahre beträgt abweichend von Satz 2 das Ausbildungsjahr jeweils 20 Monate.

Verkürzung Ausbildungszeit

(2) [1]Erfolgt eine Verkürzung der Ausbildungszeit durch Anrechnung nach § 2 Satz 3 des Abschnitts B des Teils II. der Anlage 7, wird zur Bestimmung des Ausbildungsjahres nach Absatz 1 die angerechnete Ausbildungszeit ebenfalls berücksichtigt. [2]Wird die Ausbildungszeit verlängert, erhält der Auszubildende während der verlängerten Ausbildungszeit die Ausbildungsvergütung mit der Maßgabe, dass nach dem dritten Jahr der Ausbildung die Ausbildungsvergütung des dritten Ausbildungsjahres anzuwenden ist.

Zulage

(3) Der Auszubildende erhält zusätzlich zur Ausbildungsvergütung eine monatliche Zulage in Höhe von 11,11 Euro.

Jahressonderzahlung Anlage 31

(4) [1]Auszubildende erhalten eine Jahressonderzahlung in entsprechender Anwendung des § 16 der Anlage 31. [2]In Abweichung von § 16 Abs. 2 Satz 1 der Anlage 31 beträgt der Bemessungssatz 90 v.H.

§ 4 Beendigung der Ausbildung

Kündigung

[1]Bei einer Kündigung durch die Einrichtung der praktischen Ausbildung ist das Benehmen mit der Schule herzustellen. [2]In den Fällen des § 15 Abs. 3 Buchstabe a des Teil I. der Anlage 7 sind die Kündigungsgründe anzugeben.

C. Ausbildung zum Pflegehelfer und zum Pflegeassistent

§ 1 Anwendungsbereich

Pflegehelfer, Pflegeassistent

Dieser Abschnitt gilt für Auszubildende, die eine nach Landesrecht geregelte Ausbildung zum Pflegehelfer oder zum Pflegeassistent absolvieren.

§ 2 Ausbildungsdauer

Ausbildungsdauer

[1]Die Ausbildungsdauer beträgt in Vollzeitform mindestens ein Jahr und höchstens zwei Jahre. [2]In Teilzeitform beträgt die Ausbildungsdauer vorbehaltlich anderer landesrechtlicher Regelung höchstens das Zweifache der Ausbildungsdauer in Vollzeitform. [3]Die landesrechtlich vorgesehene Regeldauer kann durch Anrechnung gleichwertiger Ausbildungen im landesrechtlich zulässigen Rahmen verkürzt werden.

§ 3 Ausbildungsvergütung

Ausbildungsvergütung

(1) [1]Der Auszubildende erhält monatlich eine Ausbildungsvergütung. [2]Sie beträgt:

	ab 1. Juli 2025	ab 1. Februar 2026
im ersten Ausbildungsjahr	1.339,91 Euro	1.414,91 Euro
im zweiten Ausbildungsjahr	1.398,21 Euro	1.473,21 Euro

[3]Bei einer Ausbildung in Teilzeit über insgesamt drei Jahre beträgt abweichend von Satz 2 das Ausbildungsjahr 18 Monate, bei insgesamt über vier Jahre 24 Monate.

Teilzeitausbildung

(2) [1]Erfolgt eine Verkürzung der Ausbildungszeit durch Anrechnung nach § 2 Satz 3 des Abschnitts C des Teils II. der Anlage 7, wird zur Bestimmung des Ausbildungsjahres nach Absatz 1 die angerechnete Ausbildungszeit ebenfalls berücksichtigt. [2]Wird die Ausbildungszeit verlängert, erhält der Auszubildende während der verlängerten Ausbildungszeit die Ausbildungsvergütung mit der Maßgabe, dass nach dem zweiten Jahr der Ausbildung die Ausbildungsvergütung des zweiten Ausbildungsjahres anzuwenden ist.

Verkürzung Ausbildungszeit

(3) Für die Berechnung und Auszahlung der Bezüge gilt Abschnitt X der Anlage 1 entsprechend mit der Maßgabe, dass die Werte der Anlage 31 zugrunde gelegt werden, abgesehen von der Ausbildungsvergütung nach Absatz 1.

Berechnung/ Auszahlung Abschnitt X Anlage 1

(4) [1]Auszubildende erhalten eine Jahressonderzahlung in entsprechender Anwendung des § 16 der Anlage 31. [2]In Abweichung von § 16 Abs. 2 Satz 1 der Anlage 31 beträgt der Bemessungssatz 90 v.H.

Jahressonderzahlung Anlage 31

§ 4 Anzuwendende Regelungen

Im Übrigen finden die Regelungen des Abschnitts A des Teils II. der Anlage 7. entsprechende Anwendung, soweit hier dazu nichts geregelt ist.

Abschnitt A Teil II

D. Ausbildung in praxisintegrierten Ausbildungsgängen zum Erzieher und in betrieblich-schulischen Gesundheitsberufen

§ 1 Anwendungsbereich

(1) Dieser Abschnitt gilt für Auszubildende, die in praxisintegrierten Ausbildungsgängen zum Erzieher nach landesrechtlichen Regelungen ausgebildet werden sowie für Auszubildende in den Gesundheitsberufen Diätassistent, Ergotherapeut, Logopäde, Medizinisch-technischer Laboratoriumsassistent, Medizinisch-technischer Radiologieassistent, Medizinisch-technischer Assistent für Funktionsdiagnostik, Orthoptist oder Physiotherapeut, für ab dem 1. Januar 2023 begonnene Ausbildungsgänge: Medizinischer Technologe für Laboratoriumsanalytik, Medizinischer Technologe für Radiologie, Medizinischer Technologe für Funktionsdiagnostik, deren praktische Ausbildung bei einer Einrichtung im Geltungsbereich der AVR (§ 2 Abs. 1 AT) erfolgt, die entweder vom selben Träger wie die die theoretische Ausbildung erbringende Schule getragen ist oder die eine Kooperationsvereinbarung mit dieser Schule getroffen hat.

piA Erzieher und betrieblich schulische Gesundheitsberufe

Gesundheitsberufe
§ 1 Abs. 1

(2) Den Gesundheitsberufen im Sinne des Absatzes 1 liegen folgende Vorschriften zu Grunde:

Ausbildungen		
1.	Orthoptisten	Orthoptistengesetz vom 28. November 1989 (BGBl. I S. 2061) Ausbildungs- und Prüfungsverordnung für Orthoptistinnen und Orthoptisten vom 21. März 1990 (BGBl. I S. 563)
2.	Logopäden	Gesetz über den Beruf des Logopäden vom 7. Mai 1980 (BGBl. I S. 529) Ausbildungs- und Prüfungsordnung für Logopäden vom 1. Oktober 1980 (BGBl. I S. 1892)
3a.	Medizinisch-technische Laboratoriumsassistenten Medizinisch-technische Radiologieassistenten Medizinisch-technische Assistenten für Funktionsdiagnostik	MTA-Gesetz vom 2. August 1993 (BGBl. I S. 1402) Ausbildungs- und Prüfungsverordnung für technische Assistenten in der Medizin vom 25. April 1994 (BGBl. I S. 922)
3b.	Für ab dem 1. Januar 2023 begonnene Ausbildungsgänge: Medizinischer Technologe für Laboratoriumsanalytik Medizinischer Technologe für Radiologie Medizinischer Technologe für Funktionsdiagnostik	MT-Berufe-Gesetz vom 1. Februar 2021 (BGBl. I S. 274) Ausbildungs- und Prüfungsverordnung für Medizinische Technologinnen und Medizinische Technologen (MT-Ausbildungs- und Prüfungsverordnung – MTAPrV) vom 24. September 2021 (BGBl. I. S. 4467)
4.	Ergotherapeuten	Ergotherapeutengesetz vom 25. Mai 1976 (BGBl. I S. 1246) Ergotherapeuten-Ausbildungs- und Prüfungsverordnung vom 2. August 1999 (BGBl. I S. 1731)
5.	Physiotherapeuten	Masseur- und Physiotherapeutengesetz vom 26. Mai 1994 (BGBl. I S. 1084) Ausbildungs- und Prüfungsverordnung für Physiotherapeuten vom 6. Dezember 1994 (BGBl. I S. 3786)
6.	Diätassistenten	Diätassistentengesetz vom 8. März 1994 (BGBl. I S. 446) Ausbildungs- und Prüfungsverordnung für Diätassistentinnen und Diätassistenten vom 1. August 1994 (BGBl. I S. 2088)

§ 2 Ausbildungsvergütung

(1) [1]Der Auszubildende erhält monatlich eine Ausbildungsvergütung. [2]Sie beträgt für Auszubildende in den Gesundheitsberufen im Sinne dieses Abschnittes

Ausbildungsvergütung in den Gesundheitsberufen

	ab 1. Juli 2025	ab 1. Februar 2026
im ersten Ausbildungsjahr	1.290,24 Euro	1.365,24 Euro
im zweiten Ausbildungsjahr	1.350,30 Euro	1.425,30 Euro
im dritten Ausbildungsjahr	1.447,03 Euro	1.522,03 Euro

[3]Für Auszubildende in praxisintegrierten Ausbildungsgängen im Sinne dieses Abschnittes finden die Ausbildungsvergütungshöhen nach § 3 Abs. 1 des Abschnittes A des Teils II. der Anlage 7 Anwendung.

Ausbildungsvergütung in den praxisintgrierten Ausbildungsgängen

(2) Der Auszubildende erhält zusätzlich zur Ausbildungsvergütung eine monatliche Zulage in Höhe von 11,11 Euro.

Zulage

(3) Auszubildende in einem Ausbildungsberuf, dessen Absolventen beim Träger der praktischen Ausbildung regelmäßig nach den Anlage 2, 2d und 2e eingruppiert sind, erhalten eine Weihnachtszuwendung nach Abschnitt XIV der Anlage 1 sowie ein Urlaubsgeld nach §§ 6 bis 9 der Anlage 14. Andere Auszubildende erhalten eine Jahressonderzahlung in entsprechender Anwendung des § 3 Abs. 5 des Abschnittes A des Teils II. der Anlage 7.

Weihnachtszuwendung Abschnitt XIV Anlage 1; Urlaubsgeld Anlage 14; Jahressonderzahlung Abschnitt A Teil II

§ 3 Anzuwendende Regelungen

Im Übrigen finden die Regelungen des Abschnitts A des Teils II. der Anlage 7 entsprechende Anwendung, soweit hier dazu nichts geregelt ist.

Abschnitt A Teil II

E. Auszubildende in der dualen Berufsausbildung

§ 1 Anwendungsbereich

Dieser Abschnitt gilt für betrieblich Auszubildende in den Einrichtungen im Geltungsbereich der AVR (§ 2 Abs. 1 AT) für die Dauer der Ausbildungszeit.

betriebliche Auszubildende

§ 2 Ausbildungsvergütung

(1) Der Auszubildende erhält monatlich eine Ausbildungsvergütung. [1]Sie beträgt:

Ausbildungsvergütung

	ab 1. Juli 2025	ab 1. Februar 2026
im ersten Ausbildungsjahr	1.293,26 Euro	1.368,26 Euro
im zweiten Ausbildungsjahr	1.343,20 Euro	1.418,20 Euro
im dritten Ausbildungsjahr	1.389,02 Euro	1.464,02 Euro
im vierten Ausbildungsjahr	1.452,59 Euro	1.527,59 Euro

Verkürzung der Ausbildungszeit

(2) Wird aufgrund der Ausbildungsbestimmungen (Berufsbild usw.) ein erfolgreicher Handelsschulabschluss oder eine andere Vorbildung auf die Ausbildungszeit angerechnet, so gilt für die Höhe des Entgeltes der Zeitraum, um den die Ausbildungszeit verkürzt wird, als abgeleistete Ausbildungszeit.

Bezüge

(3) Hat der Auszubildende vor der Beendigung der vereinbarten Ausbildungszeit die Abschlussprüfung bestanden, so erhält er, wenn er weiterbeschäftigt wird, von dem Tage an, der auf den Tag der bestandenen Abschlussprüfung folgt, die seiner Tätigkeit entsprechenden Bezüge nach den Bestimmungen der AVR.

Weihnachtszuwendung Abschnitt XIV Anlage 1; Urlaubsgeld Anlage 14

(4) Auszubildende erhalten eine Weihnachtszuwendung nach Abschnitt XIV der Anlage 1 sowie ein Urlaubsgeld nach §§ 6 bis 9 der Anlage 14.

F. Studieren in ausbildungsintegrierten dualen Studiengängen

§ 1 Anwendungsbereich

Studierende duale Studiengänge

[1]Dieser Abschnitt gilt für Auszubildende, die mit Einrichtungen einen Vertrag für die Teilnahme an einem ausbildungsintegrierten dualen Studiengang abschließen. [2]Voraussetzung dafür, dass dieser Abschnitt auf Auszubildende Anwendung findet, ist auch, dass die Auszubildenden in einem staatlich anerkannten beziehungsweise als staatlich anerkannt geltenden Ausbildungsberuf nach den Abschnitten A, B, D oder E des Teils II. der Anlage 7 ausgebildet werden. [3]Das ausbildungsintegrierte Studium verbindet auf der Grundlage des Ausbildungsvertrages die Ausbildung in diesen Berufen mit einem Studium, das in einem vom Träger der praktischen Ausbildung vorgegebenen Studiengang an einer Hochschule absolviert wird. [4]Es gliedert sich in einen Ausbildungsteil und einen Studienteil, die beide jeweils dem Erreichen der entsprechenden Abschlussqualifikation dienen.

§ 2 Ausbildungsvertrag und Kündigungsfristen

Mindestangaben Ausbildungs- und Studienvertrag

[1]Die Form des Ausbildungsnachweises erfolgt nach dem Berufsbildungsgesetz (BBiG) für Auszubildende mit einem Ausbildungsteil nach Abschnitt E des Teils II. der Anlage 7. [2]Bei Auszubildenden mit einem Ausbildungsteil nach Abschnitt A des Teils II. der Anlage 7 mit einer integrierten Ausbildung nach dem Pflegeberufegesetz (PflBG) muss der Ausbildungs- und Studienvertrag darüber hinaus folgende Angaben enthalten:

a) den gewählten Vertiefungseinsatz einschließlich einer Ausrichtung nach § 7 Abs. 4 Satz 2 PflBG,
b) Verpflichtung der Auszubildenden zum Besuch der Ausbildungsveranstaltungen der Pflegeschule,
c) Umfang etwaiger Sachbezüge nach § 19 Abs. 2 PflBG,
d) Hinweis auf die Rechte als Mitarbeiter im Sinne von § 3 MAVO.

[3]Unberührt bleiben weitere zwingende Anforderungen an den Inhalt des Ausbildungsvertrages in gesetzlichen Ausbildungsregelungen.

§ 3 Nachweispflichten

Leistungsnachweise

(1) [1]Die Leistungsnachweise aus dem jeweiligen Ausbildungsteil sind Bestandteil der Personalakte der Auszubildenden. [2]Hierzu haben die Auszubildenden die von den Hochschulen auszustellenden Leistungsübersichten nach den jeweiligen Studien- und Prüfungsordnungen sowie eine Abschrift des Abschlusszeugnisses beziehungsweise nach den Berufs- oder Pflegeschulen unverzüglich nach Aushändigung dem Träger der praktischen Ausbildung vorzulegen.

Beurteilungen

(2) [1]Beurteilungen sind Auszubildenden unverzüglich bekannt zu geben. [2]Die Bekanntgabe ist aktenkundig zu machen.

§ 4 Wöchentliche und tägliche Ausbildungs- und Studienzeit

Ausbildungs- und Studienzeit

(1) [1]Die regelmäßige durchschnittliche wöchentliche Ausbildungs- und Studienzeit und tägliche Ausbildungs- und Studienzeit der Auszubildenden richten sich während der fachtheoretischen Abschnitte nach der jeweiligen Ausbildungs-, Studien- und Prüfungsordnung. [2]Die regelmäßige durchschnittliche wöchentliche Ausbildungs- und Studienzeit der Auszubildenden, die nicht unter das Jugendarbeitsschutzgesetz fallen, richtet sich während der berufspraktischen Abschnitte beim Träger der praktischen Ausbildung nach den für die Mitarbeiter des Trägers der praktischen Ausbildung maßgebenden Vorschriften über die Arbeitszeit. [3]Die Sätze 1 und 2 gelten auch bei der Durchführung von berufspraktischen Abschnitten einschließlich der praktischen Ausbildung des Ausbildungsteils bei einem Dritten. [4]In dem Ausbildungs- und Studienvertrag nach § 2 Abschnitt F des Teils II. der Anlage 7 werden die berufspraktischen Abschnitte verbindlich in einem Ausbildungs- und Studienplan vereinbart.

Studienabschnitte

(2) An Tagen, an denen Auszubildende fachtheoretische Studienabschnitte an der Hochschule absolvieren, gilt die tägliche Ausbildungs- und Studienzeit als erfüllt.

§ 5 Ausbildungsvergütung

Studienentgelte

(1) [1]Auszubildende erhalten bis zum Ablauf des Kalendermonats, in dem die Abschlussprüfung des Ausbildungsteils erfolgreich abgelegt wird, ein Studienentgelt, das sich aus einem monatlichen Entgelt und einer monatlichen Zulage zusammensetzt. [2]Das monatliche Entgelt beträgt für Auszubildende in einem ausbildungsintegrierten dualen Studiengang mit einem Ausbildungsteil nach

piA Erzieher

a) Abschnitt A und Abschnitt B sowie der praxisintegrierten Erzieherausbildung nach Abschnitt D des Teils II. der Anlage 7

	ab 1. Juli 2025	ab 1. Februar 2026
im ersten Ausbildungsjahr	1.415,69 Euro	1.490,69 Euro
im zweiten Ausbildungsjahr	1.477,07 Euro	1.552,07 Euro
im dritten Ausbildungsjahr	1.578,38 Euro	1.653,38 Euro

duale Ausbildung

b) nach Abschnitt E des Teils II. der Anlage 7

	ab 1. Juli 2025	ab 1. Februar 2026
im ersten Ausbildungsjahr	1.293,26 Euro	1.368,26 Euro
im zweiten Ausbildungsjahr	1.343,20 Euro	1.418,20 Euro
im dritten Ausbildungsjahr	1.389,02 Euro	1.464,02 Euro
im vierten Ausbildungsjahr	1.452,59 Euro	1.527,59 Euro

betrieblich-schulische Gesundheitsberufe

c) nach Abschnitt D des Teils II. der Anlage 7 (betrieblich-schulische Gesundheitsberufe)

	ab 1. Juli 2025	ab 1. Februar 2026
im ersten Ausbildungsjahr	1.290,24 Euro	1.365,24 Euro
im zweiten Ausbildungsjahr	1.350,30 Euro	1.425,30 Euro
im dritten Ausbildungsjahr	1.447,03 Euro	1.522,03 Euro

Zulage

[3]Die monatliche Zulage beträgt 150 Euro. [4]Die Zulage erfolgt als monatliche Pauschale und damit unabhängig von der zeitlichen Verteilung der Ausbildungs- und Studienanteile.

Ausbildungsentgelt

(2) Nach dem Ablauf des Kalendermonats, in dem die Abschlussprüfung des Ausbildungsteils erfolgreich abgelegt wurde, erhalten die Auszubildenden anstelle des Studienentgelts nach Absatz 1 bis zur Beendigung des ausbildungsintegrierten dualen Studiums ein monatliches Ausbildungsentgelt in Höhe von für Auszubildende in einem ausbildungsintegrierten dualen Studiengang mit einem Ausbildungsteil

a) nach Absatz 1 Satz 2 Buchstabe a

ab 1. Juli 2025	ab 1. Februar 2026
1.740,00 Euro	1.815,00 Euro

b) nach Absatz 1 Satz 2 Buchstabe b

ab 1. Juli 2025	ab 1. Februar 2026
1.550,00 Euro	1.625,00 Euro

c) nach Absatz 1 Satz 2 Buchstabe c

ab 1. Juli 2025	ab 1. Februar 2026
1.610,00 Euro	1.685,00 Euro

Studiengebühren

(3) Der Träger der praktischen Ausbildung übernimmt die notwendigen Studiengebühren.

Kürzung Ausbildungszeit

(4) Ist wegen des Besuchs einer weiterführenden oder einer berufsbildenden Schule oder wegen einer Berufsausbildung in einer sonstigen Einrichtung die Ausbildungszeit des Ausbildungsteils verkürzt, gilt für die Höhe des Studienentgelts

nach Absatz 1 der Zeitraum, um den die Ausbildungszeit des Ausbildungsteils verkürzt wird, als abgeleistete Ausbildungszeit.

Verlängerung Ausbildungszeit

(5) Wird bei einem ausbildungsintegrierten dualen Studiengang mit einem Ausbildungsteil nach Maßgabe des Abschnitts E des Teils II. der Anlage 7 die Ausbildungszeit des Ausbildungsteils

a) im Falle des Nichtbestehens der Abschlussprüfung auf Verlangen der Auszubildenden bis zur nächstmöglichen Wiederholungsprüfung, höchstens um ein Jahr, verlängert oder

b) auf Antrag der Auszubildenden nach § 8 Abs. 2 BBiG von der zuständigen Stelle oder nach § 27c Abs. 2 der Handwerksordnung (HwO) von der Handwerkskammer verlängert,

wird während des Zeitraums der Verlängerung das Studienentgelt nach Absatz 1 Satz 1 in Verbindung mit Satz 2 Buchstabe b des letzten regelmäßigen Ausbildungsabschnitts des Ausbildungsteils gezahlt.

Abschlussprüfung

(6) [1]Können Auszubildende bei einem ausbildungsintegrierten dualen Studiengang mit einem Ausbildungsteil nach dem Abschnitt E des Teils II. der Anlage 7 ohne eigenes Verschulden die Abschlussprüfung des Ausbildungsteils erst nach beendeter Ausbildungszeit ablegen, erhalten die Auszubildenden bis zur Ablegung der Abschlussprüfung des Ausbildungsteils ein Studienentgelt nach Absatz 1 Satz 1 in Verbindung mit Satz 2 Buchstabe b für den letzten regelmäßigen Ausbildungsabschnitt. [2]Im Falle des Bestehens der Prüfung erhalten die Auszubildenden darüber hinaus rückwirkend von dem Zeitpunkt an, an dem der Ausbildungsteil geendet hat, den Unterschiedsbetrag zwischen dem ihnen gezahlten Studienentgelt nach Satz 1 und dem für das vierte Ausbildungsjahr maßgebenden Studienentgelt nach Absatz 1 Satz 1 in Verbindung mit Satz 2 Buchstabe b.

Zuschlag

(7) [1]Für Auszubildende mit einem Ausbildungsteil nach Abschnitt A oder Abschnitt D des Teils II. der Anlage 7 beträgt der Zeitzuschlag für Nachtarbeit mindestens 1,28 Euro pro Stunde. [2]Auszubildende mit einem Ausbildungsteil nach Abschnitt A oder Abschnitt D des Teils II. der Anlage 7 erhalten die Wechselschicht- und Schichtzulage nach den für in dem künftigen Beruf des Auszubildenden beschäftigten Mitarbeiter maßgebenden Vorschriften zu 75 v.H.

Lernmittelzuschuss

(8) [1]Auszubildende mit einem Ausbildungsteil nach Abschnitt E des Teils II der Anlage 7 erhalten bis zum Abschluss des Ausbildungsteils einmal jährlich einen Lernmittelzuschuss in Höhe von 50 Euro brutto. [2]§ 13 Teil I. der Anlage 7 bleibt unberührt. [3]Der Lernmittelzuschuss ist möglichst mit dem Ausbildungsentgelt des ersten Monats des jeweiligen Ausbildungsjahres zu zahlen; er ist spätestens im Zahlungsmonat September des betreffenden Ausbildungsjahres fällig.

Zulage

(9) Der Auszubildende erhält zusätzlich zur Ausbildungsvergütung eine monatliche Zulage in Höhe von 11,11 Euro.

§ 6 Zusatzurlaub

Zusatzurlaub

Auszubildende mit einem Ausbildungsteil nach Abschnitt A oder Abschnitt D des Teils II. der Anlage 7, die im Ausbildungsteil im Schichtdienst eingesetzt werden, erhalten im zweiten und dritten Jahr des Ausbildungsteils pauschal jeweils einen Tag Zusatzurlaub.

§ 7 Ausbildungs- und Studienmaßnahmen außerhalb der Ausbildungsstätte

Kosten der notwendigen Unterkunft

(1) [1]Die nachgewiesenen notwendigen Kosten einer Unterkunft am auswärtigen Ort (außerhalb der politischen Gemeinde) werden, soweit nicht eine unentgeltliche Unterkunft zur Verfügung steht, erstattet soweit der durch § 2 SvEV festgelegte Rahmen nicht überschritten wird. [2]Zu den Auslagen des bei notwendiger auswärtiger Unterbringung entstehenden Verpflegungsmehraufwands wird für volle Kalendertage der Anwesenheit am auswärtigen Ausbildungsort ein Verpflegungszuschuss in Höhe der nach der Sozialversicherungsentgeltverordnung maßgebenden Sachbezugswerte für Frühstück, Mittagessen und Abendessen gewährt. [3]Bei unentgeltlicher Verpflegung wird der jeweilige Sachbezugswert einbehalten. [4]Bei einer über ein Wochenende oder einen Feiertag hinaus andauernden Ausbildungsmaßnahme werden die dadurch entstandenen Mehrkosten für Unterkunft und Verpflegungsmehraufwand nach Maßgabe der Sätze 1 bis 3 erstattet. [5]Die Sätze 1 bis 4 gelten auch für Reisen im Rahmen der fachtheoretischen Studienabschnitte, die Bestandteil von Studien- und Prüfungsordnungen sind, wenn die Hochschule außerhalb der politischen Gemeindegrenze der Ausbildungsstätte liegt.

Anmerkung zu Absatz 1:
[1]Als „notwendig" sind im Allgemeinen diejenigen Kosten anzusehen, die entstehen, wenn dem Auszubildenden die tägliche Heimkehr nicht möglich bzw. unzumutbar (i.S.v. § 140 Abs. 4 Sätze 1 bis 3 SGB III) ist. [2]Diese notwendigen Kosten werden für die Gesamtdauer der Ausbildung an der auswärtigen Hochschule erstattet.

Fahrtkosten

(2) [1]Bei Reisen von Auszubildenden mit einem Ausbildungsteil nach dem Abschnitt E des Teils II. der Anlage 7, die im Rahmen des Ausbildungsteils für den Besuch einer auswärtigen Berufsschule erfolgen, werden die notwendigen Fahrtkosten erstattet, soweit sie monatlich 6 v. H. des Studienentgelts nach § 5 Abs. 1 Abschnitt F des Teils II. der Anlage 7 für das erste Studienjahr übersteigen. [2]Satz 1 gilt nicht, soweit die Fahrtkosten nach landesrechtlichen Vorschriften von einer Körperschaft des öffentlichen Rechts getragen werden. [3]Die notwendigen Auslagen für Unterkunft und Verpflegungsmehraufwand werden bei Besuch der regulären auswärtigen Berufsschule im Blockunterricht entsprechend Absatz 1 Sätze 1 bis 4 erstattet. [4]Leistungen Dritter sind anzurechnen.

Kosten bei Abordnung und Zuweisung

(3) Bei Abordnungen und Zuweisungen von Auszubildenden mit einem Ausbildungsteil nach Abschnitt E des Teils II. der Anlage 7 die im Rahmen des Ausbildungsteils erfolgen, werden die Kosten nach Maßgabe des Absatzes 1 erstattet.

§ 8 Jahressonderzahlung

Jahressonderzahlung Anlage 31

(1) [1]Auszubildende mit einem Ausbildungsteil nach Abschnitt A oder Abschnitt D des Teils II. der Anlage 7 erhalten eine Jahressonderzahlung in entsprechender Anwendung der § 16 der Anlage 31. [2]In Abweichung von § 16 Abs. 2 Satz 1 der Anlage 31 beträgt der Bemessungssatz 90 v.H. des den Auszubildenden für November zustehenden Studienentgelts (§ 5 Abs. 1 Abschnitt F des Teils II. der Anlage 7).

(2) Auszubildende mit einem Ausbildungsteil nach Abschnitt E des Teils II. der Anlage 7 erhalten eine Weihnachtszuwendung nach Abschnitt XIV der Anlage 1 sowie ein Urlaubsgeld nach §§ 6 bis 9 der Anlage 14.

Weihnachtszuwendung Abschnitt XIV Anlage 1, Urlaubsgeld Anlage 14

§ 9 Beendigung, Verkürzung und Verlängerung des Vertragsverhältnisses

(1) Das Ausbildungs- und Studienverhältnis endet mit dem Ablauf der im Ausbildungs- und Studienvertrag vereinbarten Vertragslaufzeit.

Vertragslaufzeit

(2) Das Ausbildungs- und Studienverhältnis endet zudem:

Kündigung, Exmatrikulation, Nichtbestehen der Abschlussprüfung

a) bei wirksamer Kündigung (§ 15 des Teils I. der Anlage 7) oder

b) bei Exmatrikulation durch die Hochschule nach der jeweiligen Studien- und Prüfungsordnung oder

c) bei endgültigem Nichtbestehen einer notwendigen Ausbildungsprüfung des Ausbildungsteils; dies gilt nicht, wenn sich im Falle des Nichtbestehens der Abschlussprüfung der Ausbildungsteil auf Verlangen der Auszubildenden bis zur nächstmöglichen Wiederholungsprüfung, höchstens um ein Jahr, verlängert oder die Abschlussprüfung ohne eigenes Verschulden erst nach beendeter Ausbildungszeit des Ausbildungsteils abgelegt wird.

(3) [1]Eine Verkürzung des Studienteils (Regelstudienzeit) kann in Abstimmung mit dem Träger der praktischen Ausbildung beantragt werden, sofern eine Verkürzung nach der Studien- und Prüfungsordnung für den ausbildungsintegrierten dualen Studiengang zulässig ist und die Vereinbarkeit mit dem gleichzeitig zu absolvierenden Ausbildungsteil gewährleistet ist. [2]Der Ausbildungs- und Studienvertrag ist entsprechend anzupassen.

Regelstudienzeit

§ 10 Zeugnis

[1]Der Träger der praktischen Ausbildung hat den Auszubildenden bei Beendigung des Ausbildungsteils nach § 1 Abs. 1 Satz 2 des Abschnitts F des Teils II. der Anlage 7 ein Zeugnis gemäß § 16 BBiG auszustellen. [2]Das Zeugnis muss Angaben über Art, Dauer und Ziel der Ausbildung sowie über die erworbenen Fertigkeiten und Kenntnisse der Auszubildenden enthalten. [3]Auf deren Verlangen sind auch Angaben über Führung, Leistung und besondere fachliche Fähigkeiten aufzunehmen.

Zeugnis

§ 11 Rückzahlungsgrundsätze

(1) Werden die Auszubildenden oder die ehemals Auszubildenden beim Träger der praktischen Ausbildung nach Beendigung ihres ausbildungsintegrierten dualen Studiums in ein Dienstverhältnis entsprechend ihrer erworbenen Abschlussqualifikation übernommen, sind sie verpflichtet, dort für die Dauer von fünf Jahren beruflich tätig zu sein.

Bindungsdauer

(2) Der vom Träger der praktischen Ausbildung bis zur Beendigung oder zum Abbruch des ausbildungsintegrierten dualen Studiums gezahlte Gesamtbetrag, bestehend aus der monatlichen Zulage nach § 5 Abs. 1 Satz 1 in Verbindung mit

Gesamtbetrag und Rückerstattung

Satz 3 Abschnitt F des Teils II. der Anlage 7, dem Studienentgelt nach § 5 Abs. 2 Abschnitt F des Teils II. der Anlage 7 und den Studiengebühren (§ 5 Abs. 3 Abschnitt F des Teils II. der Anlage 7), ist von den Auszubildenden oder den ehemals Auszubildenden zurückzuerstatten:

a) bei endgültigem Nichtbestehen einer notwendigen Ausbildungs- oder Studienprüfung, wenn die Erfolglosigkeit in den Verantwortungsbereich der Auszubildenden fällt, weil sie es schuldhaft unterlassen haben, den erfolgreichen Abschluss des ausbildungsintegrierten dualen Studiums im Rahmen des ihnen Möglichen zielstrebig zu verfolgen,

b) bei Beendigung des ausbildungsintegrierten dualen Studiums durch Kündigung vom Träger der praktischen Ausbildung aus einem von den Auszubildenden zu vertreten den Grund oder durch eine Eigenkündigung der Auszubildenden nach Ende der Probezeit, die nicht durch einen wichtigen Grund gemäß § 626 BGB gerechtfertigt ist,

c) bei Ablehnung des Angebots, beim Träger der praktischen Ausbildung im Anschluss an das erfolgreich bestandene ausbildungsintegrierte duale Studium entsprechend der erworbenen Abschlussqualifikation ein Dienstverhältnis zu begründen,

d) soweit das Dienstverhältnis, das beim Träger der praktischen Ausbildung im Anschluss an das erfolgreich bestandene ausbildungsintegrierte duale Studium entsprechend der erworbenen Abschlussqualifikation begründet wurde, aus einem von den ehemals Auszubildenden zu vertretenden Grund innerhalb der ersten fünf Jahre seines Bestehens endet.

Rückzahlungsbetrag 75 v.H.

(3) Sofern berufspraktische Studienabschnitte beim Träger der praktischen Ausbildung absolviert wurden, verringert sich der Rückzahlungsbetrag auf 75 v. H. des Gesamtbetrages nach Absatz 2.

Minderung Gesamtbetrag

(4) Der zurückzuerstattende Gesamtbetrag nach Absatz 2 bzw. 3 wird für jeden vollen Monat, in dem nach erfolgreicher Beendigung des ausbildungsintegrierten dualen Studiums ein Dienstverhältnis bestand, um 1/60 vermindert.

keine Rückzahlungspflicht

(5) [1]Die Rückzahlungspflicht in den Fällen des Absatzes 2 Buchstabe a oder b entfällt, wenn die Auszubildenden nach endgültigem Nichtbestehen der notwendigen Studienprüfung oder nach Kündigung infolge des Abbruchs des Studiums in ein Dienstverhältnis entsprechend der im Ausbildungsverhältnis erworbenen Qualifikation übernommen werden und dieses für die nach Satz 3 festgelegte Bindungsdauer fortbesteht. [2]Die Rückzahlungspflicht entfällt nicht, wenn das Dienstverhältnis innerhalb der Bindungsdauer gemäß Satz 3 aus einem vom Mitarbeiter zu vertretenden Grunde endet. [3]Abweichend zu Absatz 1 bemisst sich die Bindungsdauer nach der Dauer des Ausbildungs- und Studienverhältnisses, wobei jeder volle Monat des Ausbildungs- und Studienverhältnisses einem Monat Bindungsdauer entspricht. [4]Zur Berechnung der Rückzahlungspflicht gilt Absatz 3; Absatz 4 ist sinngemäß anzuwenden.

Verzicht auf Rückzahlungspflicht

(6) Auf die Rückzahlungspflicht kann ganz oder teilweise verzichtet werden, soweit sie für die Auszubildenden oder die ehemals Auszubildenden eine besondere Härte bedeuten würde.

§ 12 Befristung

Die Regelungen dieses Abschnitts sind befristet bis zum 31. Juli 2026.

G. Studieren in praxisintegrierten dualen Studiengängen

§ 1 Anwendungsbereich

Studierende duale Studiengänge

[1]Dieser Abschnitt gilt für Auszubildende, die mit Einrichtungen einen Vertrag für die Teilnahme an einem praxisintegrierten dualen Studiengang abschließen. [2]Das praxisintegrierte duale Studium verbindet fachtheoretische Studienabschnitte in einem vom Träger der praktischen Ausbildung vorgegebenen Studiengang an einer Hochschule mit berufspraktischen Studienabschnitten beim Träger der praktischen Ausbildung oder einem von dem Träger der praktischen Ausbildung zu bestimmenden Dritten. [3]Die berufspraktischen Studienabschnitte umfassen dabei mindestens ein Drittel der im Studienplan festgelegten Studienzeit. [4]Soweit dies erfüllt ist, gelten Studiengänge, die neben dem Hochschulabschluss ohne zusätzliche berufspraktische Zeit eine staatliche Anerkennung nach den jeweiligen landes- oder bundesrechtlichen gesetzlichen Ausbildungsordnungen vermitteln, als praxisintegriertes duales Studium.

§ 2 Entsprechende Anwendung des Abschnitts F des Teils II. der Anlage 7

Anwendung Abschnitt F

[1]Die Regelungen des Abschnitts F des Teils II. der Anlage 7 finden entsprechende Anwendung. [2]Dabei gelten für die Auszubildenden in praxisintegrierten Studiengängen des Gesundheits- und Pflegewesens die im Abschnitt F des Teils II. der Anlage 7 vorgenommenen Verweise auf die Ausbildungsbedingungen des Abschnittes A und des Abschnittes B. des Teils II. der Anlage 7, für Studiengänge der sozialen Arbeit diejenigen Verweise auf den Abschnitt D des Teils II. der Anlage 7 und für die übrigen Studiengänge auf den Abschnitt E des Teils II. der Anlage 7. [3]Keine Anwendung finden diejenigen Regelungen des Abschnittes F des Teils II. der Anlage 7, die unmittelbar den Ausbildungsteil des ausbildungsintegrierten dualen Studiums regeln oder daraus rechtliche Folgen ableiten.

§ 3 Studienvertrag

Studienvertrag und Angaben

[1]Der Ausbildungsvertrag wird zwischen dem Träger der praktischen Ausbildung und dem Auszubildenden geschlossen. [2]Er muss zusätzlich folgende Angaben enthalten:

a) Beginn, Dauer und Verteilung der Studienzeiten einschließlich der berufsprak- tischen Studienzeiten sowie der Teilnahmepflicht (Studienplan),
b) Zahlung und Höhe der Ausbildungsvergütung, von Studiengebühren sowie die Bindungs- und Rückzahlungsbedingungen.

§ 4 Ausbildungsvergütung

Ausbildungs-vergütung

(1) [1]Auszubildende erhalten eine Ausbildungsvergütung in einem praxisintegrierten dualen Studium

Gesundheits- und Pflegewesen

a) im Gesundheits- und Pflegewesen sowie der sozialen Arbeit in Höhe von

	ab 1. Juli 2025	ab 1. Februar 2026
im ersten Ausbildungsjahr	1.415,69 Euro	1.490,69 Euro
im zweiten Ausbildungsjahr	1.477,07 Euro	1.552,07 Euro
im dritten Ausbildungsjahr	1.578,38 Euro	1.653,38 Euro
ab dem vierten Ausbildungsjahr	1.740,00 Euro	1.815,00 Euro

sonstige Berufe

b) in sonstigen Berufen

	ab 1. Juli 2025	ab 1. Februar 2026
im ersten Ausbildungsjahr	1.293,26 Euro	1.368,26 Euro
im zweiten Ausbildungsjahr	1.343,20 Euro	1.418,20 Euro
im dritten Ausbildungsjahr	1.389,02 Euro	1.464,02 Euro
ab dem vierten Ausbildungsjahr	1.550,00 Euro	1.625,00 Euro

Zulage

[2]Auszubildende erhalten in den ersten drei Ausbildungsjahren zusätzlich eine monatliche Zulage. [3]Die monatliche Zulage beträgt 100 Euro. [4]Die Zulage erfolgt als monatliche Pauschale und damit unabhängig von der zeitlichen Verteilung der Ausbildungs- und Studienanteile.

Zulage

(2) Der Auszubildende erhält zusätzlich zur Ausbildungsvergütung eine monatliche Zulage in Höhe von 11,11 Euro.

§ 5 Akademische Hebammenausbildung

akademische Hebammen-ausbildung

(1) Die akademische Hebammenausbildung nach dem Hebammengesetz (HebG) ist ein praxisintegriertes Studium im Gesundheits- und Pflegewesen im Sinne dieses Abschnittes.

Ausbildungs-vertrag

(2) [1]Der Ausbildungsvertrag wird zwischen dem Träger der praktischen Ausbildung als Träger der verantwortlichen Praxiseinrichtung (§ 15 HebG) und dem Auszubildenden in Schriftform für die Dauer des Studiums geschlossen. [2]Er enthält mindestens die nach § 28 Abs. 1 HebG erforderlichen Angaben.

Dauer der Studienzeit

(3) Das Studium dauert in Vollzeit mindestens sechs Semester und höchstens acht Semester (§ 11 Abs. 1 HebG) und richtet sich nach landes- und hochschulrechtlichen Regelungen.

Verlängerung Vetragsverhältnis

(4) [1]Das Vertragsverhältnis endet mit Ablauf des letzten im akkreditierten Konzept des Studiengangs festgelegten Semesters (§ 37 Abs. 1 HebG). [2]Besteht der Auszubildende die staatliche Prüfung nicht oder kann die staatliche Prüfung ohne eigenes Verschulden nicht vor Ablauf des letzten Studiensemesters abgelegt werden, so verlängert sich das Vertragsverhältnis auf schriftlichen Antrag gegenüber

der verantwortlichen Praxiseinrichtung bis zur nächstmöglichen Wiederholungsprüfung, höchstens jedoch um ein Jahr (§ 37 Abs. 2 HebG).

Kündigung

(5) Für eine Kündigung durch den Träger der praktischen Ausbildung auch während der Probezeit ist zuvor das Benehmen mit der Hochschule herzustellen.

§ 6 Befristung

Die Regelungen dieses Abschnitts sind befristet bis zum 31. Juli 2026.

H. Praktikum nach abgelegtem Examen oder Praktische Ausbildung nach abgelegter theoretischer schulischer Teilprüfung

§ 1 Anwendungsbereich

staatliche Anerkennung

(1) [1]Soweit nach den Ausbildungsbestimmungen nach abgelegtem Examen ein Praktikum zur Erlangung der staatlichen Anerkennung vorgeschrieben ist, gilt für die zu ihrer Ausbildung Beschäftigten dieser Abschnitt. [2]Dieser Abschnitt gilt auch für die Auszubildenden in solchen Ausbildungen, die im Rahmen einer in einen theoretischen schulischen Teil und einem berufspraktischen Teil für den nach einer den theoretischen Teil abschließenden Prüfung den berufspraktischen Teil bei einem Träger der praktischen Ausbildung absolvieren. [3]Dieser Abschnitt gilt nicht für solche Ausbildungen, die eine staatliche Anerkennung nach einer praxisintegrierten Ausbildung oder einem praxisintegriertem dualen Studium im Sinne des Teils II. der Anlage 7 erhalten.

Vereinbarung

(2) [1]Mit Auszubildenden die unter diesen Abschnitt fallen, ist für die Ausbildungszeit eine Vereinbarung nach diesen Bestimmungen zu treffen. [2]Eine hiervon abweichende Vertragsregelung ist grundsätzlich nicht möglich. [3]Wird ein Auszubildender aufgrund der Personalsituation ausnahmsweise während des Praktikums bereits mit der Wahrnehmung der Aufgaben eines entsprechend ausgebildeten Mitarbeiters betraut, so unterliegt er weiterhin den Vorschriften dieses Abschnitts. [4]Diese Tätigkeit ist daher nicht auf die Dauer der Berufstätigkeit anzurechnen, die nach bestimmten Tätigkeitsmerkmalen für eine Höhergruppierung zurückgelegt sein muss. [5]Für die Dauer der Übertragung der Aufgabe eines entsprechend ausgebildeten Mitarbeiters erhält der Auszubildende zu dem Entgelt gemäß dieses Abschnitts eine Zulage in Höhe des Differenzbetrages zwischen dem Entgelt und den Dienstbezügen der Eingangsgruppe des Berufes, zu dem der Praktikant ausgebildet wird.

Absolventen FSH Sozialarbeit und Sozialpädagogik

(3) Bis zu einer endgültigen Regelung ist dieser Abschnitt, soweit nicht ein praxisintegriertes duales Studium nach Abschnitt G des Teils II. der Anlage 7 gegeben ist, für die Absolventen der Fachhochschulen für Sozialarbeit und Sozialpädagogik weiterhin anzuwenden, soweit das Praktikum nach Beendigung des 6. Fachhochschulsemesters abgeleistet wird.

§ 2 Ausbildungsvergütung

Ausbildungsvergütung

(1) [1]Der Auszubildende erhält monatlich eine Ausbildungsvergütung. [2]Sie beträgt:

		ab 1. Juli 2025	ab 1. Februar 2026
1.	Pharmazeutisch-technische Assistent(inn)en	1.877,02 Euro	1.952,02 Euro
2.	Masseure und med. Bademeister/-innen	1.820,36 Euro	1.895,36 Euro
3.	Sozialarbeiter/-innen	2.101,21 Euro	2.176,21 Euro
4.	Sozialpädagog(inn)en	2.101,21 Euro	2.176,21 Euro
5.	Erzieher/-innen	1.877,02 Euro	1.952,02 Euro
6.	Kinderpfleger/-innen	1.820,36 Euro	1.895,36 Euro
7.	Altenpfleger/-innen	1.877,02 Euro	1.952,02 Euro
8.	Haus- und Familienpfleger/-innen	1.877,02 Euro	1.952,02 Euro
9.	Heilerziehungshelfer/-innen	1.820,36 Euro	1.895,36 Euro
10.	Heilerziehungspfleger/-innen	1.938,76 Euro	2.013,76 Euro
11.	Arbeitserzieher/-innen	1.938,76 Euro	2.013,76 Euro

Zuschüsse/Stipendien

(2) Auf die Entgelte werden alle Zuschüsse und gewährten Stipendien in voller Höhe angerechnet.

Wohn- und Werkstattzulage

(3) Auszubildende im Erziehungsdienst erhalten eine Wohn- und Werkstattzulage in derselben Höhe, wie sie in Abschnitt VIIa der Anlage 1 angegeben ist, unter den dort genannten Bedingungen.

Jahressonderzahlung Anlage 31

(4) [1]Auszubildende mit einem Ausbildungsteil nach Absatz 1 Nummern 3 bis 7 und 9 bis 10 erhalten eine Jahressonderzahlung in entsprechender Anwendung des § 16 der Anlage 31. [2]In Abweichung von § 16 Abs. 2 Satz 1 der Anlagen 31 beträgt der Bemessungssatz 90 v.H. des den Auszubildenden für November zustehenden Ausbildungsentgeltentgelts (§ 2 Abs. 1 Abschnitt H des Teils II. der Anlage 7).

Weihnachtszuwendung Abschnitt XIV Anlage 1, Urlaubsgeld Anlage 14

(5) Auszubildende mit einem Ausbildungsteil nach Absatz 1 Nummern 1, 2, 8 und 11 erhalten eine Weihnachtszuwendung nach Abschnitt XIV der Anlage 1 sowie ein Urlaubsgeld nach §§ 6 bis 9 der Anlage 14.

Ausbildung/Fortbildung zum Betriebswirt, zur Betriebswirtin für Ernährungs- und Versorgungsmanagement

(6) *(RK Bayern):* [1]Im Geltungsbereich der AVR in Bayern finden die Regelungen dieses Abschnittes für Berufe nach § 2 Absatz 1 Nr. 8 Anwendung auf die Praktika der Berufspraktikanten innerhalb der Ausbildung/Fortbildung zum Betriebswirt, zur Betriebswirtin für Ernährungs- und Versorgungsmanagement nach § 3 Absatz 4 Satz 2 Nr. 2 in Verbindung mit Anlage 2 der bayerischen Schulordnung für Fachakademien (Fachakademieordnung – FakO) vom 9. Mai 2017 in der jeweils aktuellen Fassung. [2]Die Vergütungen betragen für diese Berufspraktikanten 100 v.H. der für den jeweils geltenden Zeitraum in § 2 Abs. 1 Nr. 8 des Abschnitts H des Teils II. benannten monatlichen Vergütung. [3]Dieser Absatz tritt zum 1. Januar 2026 in Kraft und ist befristet bis zum 31. Dezember 2029. [4]Er findet auf am 31. Dezember 2029 bereits bestehende Praktikumsverhältnisse nur durch besondere Vereinbarung zwischen dem Praktikanten und dem Dienstgeber Anwendung. [5]Für am 31. Dezember 2029 bestehende Praktikumsverhältnisse gilt er bis zu deren Abschluss fort.

(7) *(RK Bayern):* [1]Im Geltungsbereich der AVR in Bayern finden die Regelungen dieses Abschnittes für Berufe nach § 2 Absatz 1 Nr. 5 Abschnitt H des Teils II. der Anlage 7 Anwendung auf die Praktika der Berufspraktikanten innerhalb der Ausbildung/Fortbildung zur Pädagogischen Fachkraft zur Grundschulkindbetreuung im Rahmen des bayerischen Schulversuchs zu diesem Berufsbild (Bekanntmachung des Bayerischen Staatsministeriums für Unterricht und Kultus über den Schulversuch „Pädagogische Fachkraft für Grundschulkindbetreuung" vom 5. November 2019 (BayMBl. Nr. 496) in der jeweils aktuellen Fassung). [2]Dieser Absatz tritt zum 1. Januar 2022 in Kraft und ist befristet bis zum 31. Dezember 2029. [3]Er findet auf am 31. Dezember 2021 bereits bestehende Praktikumsverhältnisse nur durch besondere Vereinbarung zwischen dem Praktikanten und dem Dienstgeber Anwendung. [4]Für am 31. Dezember 2029 bestehende Praktikumsverhältnisse gilt er bis zu deren Abschluss fort.

Ausbildung/Fortbildung zur Pädagogischen Fachkraft zur Grundschulkindbetreuung im Rahmen des bayerischen Schulversuchs

I. Ausbildung zum Heilerziehungspfleger

§ 1 Anwendungsbereich

(1) Dieser Abschnitt findet Anwendung auf Auszubildende, die eine Ausbildung zum Heilerziehungspfleger nach landesrechtlichen Regelungen absolvieren.

Heilerziehungspfleger

(2) [1]Die Ausbildung kann in konsekutiver Form mit einem fachpraktischen Teil am Ende der Ausbildung oder in praxisintegrierter Form erfolgen. [2]Bei einer Ausbildung in konsekutiver Form findet Abschnitt H des Teils II. der Anlage 7 Anwendung, soweit nicht durch die zuständige Regionalkommission eine Vergütung für die gesamte Dauer der Ausbildung festgesetzt ist. [3]Bei einer Ausbildung in der praxisintegrierten Form finden vorbehaltlich der weiteren Regelungen dieses Abschnittes die Regelungen des Abschnittes A des Teils II. der Anlage 7 entsprechende Anwendung.

Ausbildungsformen: konsekutive und praxisintegrierte Form

§ 2 Ausbildungsdauer

[1]Die Ausbildungsdauer beträgt in Vollzeit drei Jahre. [2]In Teilzeit beträgt die Ausbildungsdauer vorbehaltlich einer anderen landesgesetzlichen Regelung höchstens fünf Jahre. [3]Sie kann durch Anrechnung gleichwertiger Ausbildungen um bis zu zwei Drittel verkürzt werden, soweit keine andere landesgesetzliche Regelung besteht.

Ausbildungsdauer

§ 3 Ausbildungsvergütung

(1) *(RK Ost):* [1]Die Regionalkommissionen setzen die Anwendung dieses Abschnittes fest. [2]Sie setzen dabei fest, ob die Regelung für die praxisintegrierte Ausbildungsform oder die konsekutive Ausbildungsform für deren gesamte Dauer gilt. [3]Die Festsetzung der Ausbildungsvergütung erfolgt nach Ausbildungsjahren einer Ausbildung in Vollzeit.

Ausbildungsvergütung

praxisintegrierte Ausbildung RK NRW

(1) *(RK NRW):* [1]Dieser Abschnitt findet auf die praxisintegrierte Form der Ausbildung zum Heilerziehungspfleger für den Bereich der Regionalkommission Nordrhein-Westfalen Anwendung. [2]Für Auszubildende in praxisintegrierten Ausbildungsgängen im Sinne dieses Abschnittes finden die Ausbildungsvergütungshöhen nach § 3 Abs. 1 des Abschnittes A des Teils II. der Anlage 7 Anwendung.

praxisintegrierte Ausbildung RK Mitte

(1) *(RK Mitte):* [1]Dieser Abschnitt findet auf die praxisintegrierte Form der Ausbildung zum Heilerziehungspfleger für den Bereich der Regionalkommission Mitte Anwendung. [2]Für Auszubildende in praxisintegrierten Ausbildungsgängen im Sinne dieses Abschnittes finden die Ausbildungsvergütungshöhen nach § 3 Abs. 1 des Abschnittes A des Teils II. der Anlage 7 Anwendung.

praxisintegrierte Ausbildung RK BW

(1) *(RK BW):* [1]Dieser Abschnitt findet auf die praxisintegrierte Form der Ausbildung Anwendung. [2]Für Auszubildende in praxisintegrierten Ausbildungsgängen im Sinne dieses Abschnittes finden die Ausbildungsvergütungshöhen nach § 3 Abs. 1 des Abschnittes A des Teils II. der Anlage 7 Anwendung.

praxisintegrierte Ausbildung RK Bayern

(1) *(RK Bayern):* [1]Dieser Abschnitt findet auf die praxisintegrierte Form der Ausbildung zum Heilerziehungspfleger für den Bereich der Regionalkommission Bayern Anwendung. [2]Für Auszubildende in praxisintegrierten Ausbildungsgängen im Sinne dieses Abschnittes finden die Ausbildungsvergütungshöhen nach § 3 Abs. 1 des Abschnittes A des Teils II. der Anlage 7 Anwendung.

praxisintegrierte Ausbildung RK Nord

(1) *(RK Nord):* Dieser Abschnitt findet auf die praxisintegrierteForm der Ausbildung zum Heilerziehungspfleger für den Bereich der Regionalkommission Nord Anwendung. Für Auszubildende in praxisintegrierten Ausbildungsgängen im Sinne dieses Abschnittes finden die Ausbildungsvergütungshöhen nach § 3 Abs. 1 des Abschnittes A des Teils II. der Anlage 7 AVR Anwendung.

Teilzeitausbildung

(2) [1]Bei einer Ausbildung in Teilzeit über insgesamt vier Jahre beträgt bei der Anwendung der Regelung der Regionalkommission nach Absatz 1 abweichend das Ausbildungsjahr jeweils 16 Monate. [2]Bei einer Ausbildung in Teilzeit über insgesamt fünf Jahre beträgt es abweichend jeweils 20 Monate.

Verkürzung der Ausbildungszeit

(3) [1]Erfolgt eine Verkürzung der Ausbildungszeit durch Anrechnung nach § 2 Satz 3 Abschnitt I des Teils II. der Anlage 7, wird zur Bestimmung des anzuwendenden Ausbildungsjahres der Festsetzung nach Abs. 1 die angerechnete Ausbildungszeit ebenfalls berücksichtigt. [2]Wird die Ausbildungszeit gemäß landesgesetzlicher Regelung verlängert, erhält der Auszubildende während der verlängerten Ausbildungszeit die Ausbildungsvergütung mit der Maßgabe, dass nach dem dritten Jahr der Ausbildung die Ausbildungsvergütung des dritten Ausbildungsjahres anzuwenden ist.

Berechnung und Auszahlung der Bezüge

(4) Für die Berechnung und Auszahlung der Bezüge gilt Abschnitt X der Anlage 1 entsprechend mit der Maßgabe, dass abhängig davon, in welcher Einrichtung des Trägers der praktischen Ausbildung der Auszubildende im maßgeblichen Zeitraum die Ausbildung absolviert, die Werte der Anlagen 31, 32 oder 33 zugrunde gelegt werden, abgesehen von der Ausbildungsvergütung nach Absatz 1.

Zulage

(5) Der Auszubildende erhält zusätzlich zur Ausbildungsvergütung eine monatliche Zulage in Höhe von 11,11 Euro.

Jahresonderzahlung Anlage 31

(6) [1]Auszubildende erhalten eine Jahressonderzahlung in entsprechender Anwendung des § 16 der Anlage 31. [2]In Abweichung von § 16 Abs. 2 Satz 1 der Anlage 31 beträgt der Bemessungssatz 90 v.H.

A 7

§ 4 Sonstige Ausbildungsbedingungen

Vergütungsbestandteile

[1]Zulagen, Zeitzuschläge, Bereitschaftsdienst- und Rufbereitschaftsentgelt bestimmen sich abhängig davon, in welcher Einrichtung des Trägers der praktischen Ausbildung der Auszubildende im maßgeblichen Zeitraum die Ausbildung absolviert, in entsprechender Anwendung der Anlagen 31, 32 oder 33. [2]Dabei gilt als Stundenentgelt der auf die Stunde entfallende Anteil der Ausbildungsvergütung (§ 3 Abschnitt I des Teils II. der Anlage 7). [3]Zur Ermittlung dieses Anteils ist die jeweilige Ausbildungsvergütung durch das 4,348fache der durchschnittlichen regelmäßigen wöchentlichen Ausbildungszeit zu teilen. [4]Der Zeitzuschlag für Überstunden beträgt 30 v.H. des Stundenentgelts.

§ 5 Befristung der Regelung und Kompetenzübertragung

Geltungszeitraum

(1) [1]Die Regelungen dieses Abschnitts sind befristet bis zum 31. Juli 2027. [2]Sie gelten für bis dahin begonnene Ausbildungsverhältnisse bis zu deren Beendigung fort.

Kompetenzübertragung

(2) [1]Die Bundeskommission überträgt nach § 13 Abs. 6 AK-O befristet bis zum 31. Juli 2027 den Regionalkommissionen die Kompetenz zur Festsetzung der Anwendung dieses Abschnitts und der Ausbildungsvergütungen im Sinne der § 1 und § 3 Abs. 1 Abschnitt I des Teils II. der Anlage 7. [2]Die von den Regionalkommissionen vorgenommenen Festsetzungen gelten nach dem 31. Juli 2027 für bis dahin begonnene Ausbildungsverhältnisse bis zu deren Beendigung fort. [3]Soweit am 31. Juli 2021 bereits aufgrund bis dahin bestehender Kompetenzübertragung zur Regelung der Ausbildungsverhältnisse der Ausbildung zum Heilerziehungspfleger Regelungen und Festsetzungen durch einzelne Regionalkommissionen vorgenommen wurden, gelten deren Regelungen bis zu einer neuerlichen Festsetzung fort, auch soweit sie von den Regelungen dieses Abschnittes abweichen.

§ 6 *(RK NRW):* Anwendungsbeginn und Übergangsregelung im Bereich der Regionalkommission Nordrhein-Westfalen

Inkrafttreten; Abschnitt J

[1]Die Anwendung nach § 3 Abs. 1 tritt mit Wirkung vom 1. August 2022 in Kraft. [2]Der im Bereich der Regionalkommission Nordrhein-Westfalen geltende Abschnitt J tritt mit Ablauf des 31. Juli 2022 außer Kraft. [3]Für Ausbildungsverhältnisse zur praxisintegrierten Ausbildung der Erzieher, die am 31. Juli 2022 bestanden haben und für die bislang der Abschnitt J oder der für den Bereich der Regionalkommission Nordrhein-Westfalen zuvor geltenden Abschnitt F angewendet wurde, gilt Abschnitt J bis zum Abschluss der Ausbildung fort.

§ 6 *(RK BW):* Anwendungsbeginn und Übergangsregelung im Bereich der Regionalkommission Baden-Württemberg

Inkrafttreten

[1]Die Anwendung nach § 3 Abs. 1 tritt mit Wirkung vom 01. September 2022 in Kraft. [2]Für Ausbildungsverhältnisse der praxisintegrierten Ausbildung der Heilerziehungspfleger, die bereits am 31. August 2022 bestanden haben, finden die Regelungen des Abschnittes I des Teils II. ab dem 1. September 2022 Anwendung. [3]Dies gilt auch für Ausbildungsverhältnisse in der konsekutiven Ausbildungsform, wenn bis zum 31. August 2022 im Ausbildungsvertrag die Anwendung der Regelung für Auszubildende in der Heilerziehungspflegeausbildung gemäß den Beschlüssen der Regionalkommission Baden-Württemberg vom 19. Oktober 2018 und vom 24. Juli 2019 vom Beginn an auch für den schulischen Teil der Ausbildung erfolgte. [4]Die Regelungen für Auszubildende in der Heilerziehungspflegeausbildung gemäß den Beschlüssen der Regionalkommission Baden-Württemberg vom 19. Oktober 2018 und 24. Juli 2019 treten damit zum 01. September 2022 außer Kraft.

§ 6 *(RK Mitte):* Anwendungsbeginn und Übergangsregelung im Bereich der Regionalkommission Mitte

Inkrafttreten; Ausnahmefälle

[1]Die Anwendung nach § 3 Abs. 1 tritt mit Wirkung vom 1. August 2022 in Kraft.

[2]Für Ausbildungsverhältnisse zur praxisintegrierten Ausbildung der Heilerziehungspfleger, die am 31. Juli 2022 bestanden haben, finden die Regelungen des Abschnittes I des Teils II. ab dem 1.August 2022 Anwendung, in begründeten Ausnahmefällen spätestens aber ab dem 1. August 2023. Mit den begründeten Ausnahmefällen sind nur Fälle gemeint, in denen

a) wegen der unterschiedlichen Ausbildungsbedingungen in den Bundesländern im Bereich der Regionalkommission Mitte unterschiedliche Anstellungsbedingungen vereinbart wurden und
b) für das jeweilige Ausbildungsverhältnis als Folge daraus ein Grund für eine spätere Anwendung der Regelungen des Abschnittes I des Teils II. besteht.

§ 6 *(RK Nord):* Anwendungsbeginn und Übergangsregelung im Bereich der Regionalkommission Nord

(1) Die Anwendung nach § 3 Abs. 1 tritt mit Wirkung zum 1. August 2025 in Kraft.

(2) Für Ausbildungsverhältnisse zur praxisintegrierten Ausbildung der Heilerziehungspfleger, die am 30. Juli 2025 bestanden haben, finden die Regelungen des Abschnittes I des Teils II. zum Beginn des jeweiligen nächsten Ausbildungsjahres Anwendung.

(3) Die oberen Absätze finden auch Anwendung, soweit eine Refinanzierung durch die Veränderung in den entsprechenden Landesrahmenverträgen in Niedersachsen bzw. Bremen zu einem früheren Zeitpunkt möglich ist.

§ 6 *(RK Bayern):* Anwendungsbeginn und Geltung im Bereich der Regionalkommission Bayern

[1]Die Anwendung des § 3 Absatz 1 tritt mit Wirkung vom 1. August 2024 in Kraft. [2]Sie gilt für Auszubildende in Ausbildungen in der praxisintegrierten Ausbildungsform auf der Grundlage der Bestimmungen des mit dem Schuljahr 2024/2025 beginnenden Schulversuches „Modernisierung der Heilerziehungspflegeausbildung“ (Erlass des Bayerischen Staatsministeriums für Unterricht und Kultus vom 29. Juli 2024 -Az. VI.8-BS9641.0-5/45/3-, BayMBl. 2024 Nr. 371 vom 14.08.2024) in der jeweils gültigen Fassung. [3]Erfolgt nach dem in Satz 2 genannten Schulversuch die Ausbildung in gegliederter (konsekutiver) Ausbildungsform, gilt für die Zeitdauer des Berufspraktikums Abschnitt H des Teils II der Anlage 7. [4]Für das Heilerziehungspflegerische Einführungsjahr (HEJ), das mit dem in Satz 2 genannten Schulversuch als Möglichkeit zur Erfüllung der Aufnahmevoraussetzungen der Ausbildung zum Heilerziehungspfleger eingeführt wird, findet Abschnitt C der Anlage 7b der AVR entsprechende Anwendung.

J. *(RK NRW):* Praktikanten in der praxisintegrierten Fachschulbildung zum Erzieher oder zum Heilerziehungspfleger nach § 31 der Anlage 3 zur APO-BK NRW

Für Praktikanten in den Einrichtungen im Geltungsbereich der AVR in NRW, die ihr Berufspraktikum nach § 31 der Anlage E zur Ausbildungs- und Prüfungsordnung Berufskolleg NRW im Rahmen der praxisintegrierten Form der Ausbildung absolvieren, gelten die folgenden Regelungen.

§ 1 Kooperationsvereinbarung

Berufspraktikum

Die Anwendung dieser Anlage setzt voraus, dass zwischen dem Träger der Einrichtung und der ausbildenden Fachschule eine Kooperationsvereinbarung besteht und für den Berufspraktikanten ein individueller Ausbildungsplan im Sinne des § 31 Abs. 3 der Anlage E zur APO-BK NRW mit dieser Fachschule abgestimmt wurde.

§ 2 Praktikantenvergütung

Praktikantenvergütung

[1]Die Praktikanten erhalten während der praktischen Ausbildung eine monatliche Vergütung. [2]Diese beträgt:

	ab 1. April 2022
im ersten Ausbildungsjahr	1.190,69 Euro
im zweiten Ausbildungsjahr	1.252,07 Euro
im dritten Ausbildungsjahr	1.353,38 Euro

§ 3 Sonstige Regelungen

Anwendung § 1 Abs. 2 S. 1, § 2 Abs. 3 Abschnitt H, § 4 Abschnitt I, §§ 2, 4 Abs. 1, 10, 17 Abs. 1, 17 Abs. 2 Teil I

Im Übrigen finden die Regelungen der § 1 Abs. 2 Satz 1 und § 2 Abs. 3 Abschnitt H Teil II., des § 4 Abschnitt I Teil II. und der §§ 2, 4 Abs. 1, 10, 11, 17 Abs. 1 und 17 Abs. 2 Teil I. der Anlage 7 zu den AVR entsprechende Anwendung mit der Maßgabe, dass hinsichtlich der Dauer und Lage der Praktikumszeit in der Kooperationsvereinbarung getroffene Bestimmungen vorgehen.

§ 4 Inkrafttreten und Geltung

Geltungszeitraum

Vgl. Übergangsregelung gem. § 6 des Abschnitts I der Anlage 7

[1]Diese Regelung tritt zum 1. Januar 2015 in Kraft und ist befristet bis zum 31. Dezember 2022. [2]Sie gilt für am 31. Dezember 2022 bestehende Praktikantenverhältnisse über den 31. Dezember 2022 hinaus bis zu deren Ende fort. [3]Für Praktikanten in der Ausbildung zum Erzieher, deren Ausbildungsverhältnisse bis zum 31. Dezember 2018 begonnen wurden, gilt diese Regelung; für Praktikanten in der Ausbildung zum Erzieher, deren Ausbildungsverhältnisse ab dem 1. Januar 2019 begonnen wurden, gilt ab 1. Januar 2019 die Schüler-Regelung in Abschnitt G der Anlage 7 AVR in der bis zum 31.07.2021 geltenden Fassung und ab 01.08.2021 des Abschnittes D der Anlage 7 AVR in der ab 01.08.2021 geltenden Fassung.

K. *(RK NRW):* Praxisintegrierte Ausbildung zum Kinderpfleger

§ 1 Anwendungsbereich

praxisintegrierte Ausbildung Kinderpfleger

Dieser Abschnitt findet Anwendung auf Auszubildene in den Einrichtungen im Geltungsbereich der AVR in NRW, die eine praxisintegrierte Ausbildung zum Kinderpflegernach landesrechtlichen Regelungen absolvieren.

§ 2 Ausbildungsdauer

Ausbildungsdauer

Die Ausbildungsdauerbeträgt zwei Jahre in Vollzeit.

§ 3 Ausbildungsvergütung

Ausbildungsvergütung

(1) [1]Der Auszubildene erhält während der praxisintegrierten Ausbildung eine monatliche Vergütung. [2]Sie beträgt:

	ab 1. Juli 2025	ab. 1. Februar 2026
im ersten Ausbildungsjahr	1.339,91 Euro	1.414,91 Euro
im zweiten Ausbildungsjahr	1.398,21 Euro	1.473,21 Euro

[3]Bei einer Ausbildung in Teilzeit über insgesamt drei Jahre beträgt abweichend von Satz 2 das Ausbildungsjahr 18 Monate, bei insgesamt über vier Jahre 24 Monate.

(2) [1]Auszubildende erhalten eine Jahressonderzahlung in entsprechender Anwendung des § 16 der Anlage 31. [2]In Abweichung von § 16 Abs. 2 Satz 1 der Anlage 31 beträgt der Bemessungssatz 90 v.H.

Jahressonderzahlung

§ 4 Sonstige Ausbildungsbedingungen

[1]Zulagen, Zeitzuschläge, Bereitschaftsdienst- und Rufbereitschaftsentgelt bestimmen sich in entsprechender Anwendung der Anlage 33. [2]Dabei gilt als Stundenentgelt der auf die Stunde entfallende Anteil der Ausbildungsvergütung (§ 3). [3]Zur Ermittlung dieses Anteils ist die jeweilige Ausbildungsvergütung durch das 4,348fache der durchschnittlichen regelmäßigen wöchentlichen Ausbildungszeit zu teilen. [4]Der Zeitzuschlag für Überstunden beträgt 30 v.H. des Stundenentgelts.

Vergütungsbestandteile Anlage 33, Berechnung Stundenentgelt

§ 5 Beendigung der Ausbildung

(1) [1]Bei einer Kündigungdurch den Träger der praktischen Ausbildung ist das Benehmen mit der Schule herzustellen. [2]In den Fällen des § 15 Abs. 3 Buchstabe a des Teils I. der Anlage 7 sind die Kündigungsgründe anzugeben.

Kündigung

(2) Werden Auszubildende im Anschluss an das Ausbildungsverhältnis beschäftigt, ohne dass hierüber ausdrücklich etwas vereinbart worden ist, so gilt ein Arbeitsverhältnis auf unbestimmte Zeit als begründet.

Weiterbeschäftigung

§ 6 Inkrafttreten und Geltung

[1]Diese Regelung tritt zum 1. Januar 2025 in Kraftund ist befristet bis zum 31. Dezember 2028. [2]Sie gilt für Ausbildungsverhältnisse zur praxisintegrierten Ausbildung der Kinderpfleger, die im Jahr 2025 begonnen haben. [3]Für die Ausbildungsverhältnisse, die vor dem 1. Januar 2025 bestanden haben, finden die Regelungen zum Beginn des jeweiligen nächsten Ausbildungsjahres Anwendung. [4]Statt der Anwendung von Satz 3 können der Träger der praktischen Ausbildung und der Auszubildende durch schriftliche Vereinbarung die Weiterführung der zum Ausbildungsbeginn vereinbarten Ausbildungsvergütungen bestimmen.

Geltungszeitraum

Teil III. Übergangsregelung

Anlage 7 a.F.

(1) [1]Für alle bis zum 31. Juli 2021 begonnenen Ausbildungsverhältnisse finden vorläufig die Regelungen der Anlage 7 in der Fassung vom 31. Juli 2021 Anwendung. [2]Erst mit Beginn des nächsten Ausbildungsjahres, frühestens jedoch ab dem 1. April 2022, finden für das jeweilige Ausbildungsverhältnis die Regelungen der Anlage 7 in der Fassung ab dem 1. August 2021 Anwendung.

Anlage 7 n.F.

(2) Für alle ab dem 1. August 2021 begonnenen Ausbildungsverhältnisse finden die Regelungen der Anlage 7 in der Fassung ab dem 1. August 2021 Anwendung.

Anlage 7a: (derzeit nicht besetzt)

Anlage 7b: Besondere Regelungen für Praktikanten

Inhalt

Abschnitt A 191
§ 1 Geltungsbereich 191
§ 2 Vergütung 192
§ 3 Wöchentliche und tägliche Arbeitszeit 192
§ 4 Erholungsurlaub 192
§ 5 Sonstige Fälle der Fortzahlung der Vergütung 192
§ 6 Reisekostenerstattung 192
§ 7 Sonstige Bestimmungen 193
Abschnitt B 193
§ 1 Geltungsbereich 193
§ 2 Vergütung 193
§ 3 Sonstige Bestimmungen 194
(RK Bayern): Abschnitt C 194
§ 1 Geltungsbereich 194
§ 2 Vergütung 194
§ 3 Sonstige Bestimmungen 194
§ 4 Inkrafttreten und Geltung 194

Abschnitt A

§ 1 Geltungsbereich

Praktikanten nach BBiG

(1) [1]Abschnitt A der Anlage 7b zu den AVR gilt für Praktikanten, die unter den Geltungsbereich des Berufsbildungsgesetzes (BBiG) fallen und deren Rechtsverhältnisse nicht durch Anlage 7 zu den AVR geregelt sind. [2]Praktikanten, die unter den Geltungsbereich des BBiG fallen, sind nach § 26 BBiG Personen, die eingestellt werden, um berufliche Fertigkeiten, Kenntnisse, Fähigkeiten oder berufliche Erfahrungen zu erwerben, soweit keine Berufsausbildungsverhältnis im Sinne des BBiG und kein Dienstverhältnis besteht und das Praktikum nicht Bestandteil eines den Schulgesetzen der Länder unterliegenden Schulverhältnisses ist (Praktikanten als Schüler bzw. Studierende von Haupt-, Fach-, Berufsfach-, Fachober-, Fachhoch- und Hochschulen).

(2) [1]Die Regelung dieses Abschnitts gilt für Praktikanten, die in die Einrichtung eingegliedert sind. [2]Das ist nur dann der Fall, wenn der Praktikant während seiner gesamten täglichen Arbeitszeit in der Einrichtung praktisch tätig ist. [3]Die praktische Tätigkeit begleitende Unterrichtsveranstaltungen sind unschädlich.

§ 2 Vergütung

Praktikumsvergütung

(1) Praktikanten, die nach § 22 Abs. 1 Satz 2 Mindestlohngesetz (MiLoG) als Arbeitnehmer gelten, erhalten eine Vergütung in Höhe des Mindestlohns nach § 1 Abs. 2 MiLoG.

(2) [1]Praktikanten, die nach § 22 Abs. 1 Satz 2 MiLoG nicht als Arbeitnehmer gelten, haben Anspruch auf eine angemessene Vergütung. [2]Der Dienstgeber hat bei der Entscheidung der Angemessenheit der Vergütung einen Ermessensspielraum. [3]Bei der Ausübung des Ermessens sind die Vorbildung des Praktikanten sowie die Art und Dauer des Praktikums zu berücksichtigen. [4]Ist die Vergütung nicht für einen ganzen Monat zu zahlen, gilt § 18 Abs. 1 Satz 2 BBiG entsprechend.

§ 3 Wöchentliche und tägliche Arbeitszeit

Arbeitszeit

(1) Die durchschnittliche regelmäßige wöchentliche Ausbildungszeit und die tägliche Ausbildungszeit des Praktikanten, der nicht unter das Jugendarbeitsschutzgesetz fällt, richten sich nach den Bestimmungen, die für die Arbeitszeit der beim Träger des Praktikums in dem Beruf beschäftigten Mitarbeiter gelten, für den er ein Praktikum ableistet.

(2) Im Rahmen des Ausbildungszwecks darf der Praktikant, der nicht unter das Jugendarbeitsschutzgesetz fällt, innerhalb des gesetzlich zulässigen Rahmens auch an Sonntagen und Wochenfeiertagen sowie in der Nacht beschäftigt werden.

(3) Eine über die durchschnittliche regelmäßige wöchentliche Arbeitszeit hinausgehende Beschäftigung ist nur ausnahmsweise zulässig.

§ 4 Erholungsurlaub

Urlaub

Es besteht ein Anspruch auf Gewährung von Erholungsurlaub in entsprechender Anwendung der Anlage 14 zu den AVR.

§ 5 Sonstige Fälle der Fortzahlung der Vergütung

Im Übrigen gilt für die Fortzahlung der Vergütung § 19 BBiG entsprechend.

§ 6 Reisekostenerstattung

Entschädigung

(1) Bei Dienstreisen erhalten Praktikanten eine Entschädigung in entsprechender Anwendung der Anlage 13a zu den AVR.

Fahrtkosten

(2) Abweichend von der bei Dienstreisen und Abordnungen maßgeblichen Reisekostenregelung (Anlage 13a zu den AVR) können bei Reisen zur vorübergehenden Ausbildung an einer anderen Einrichtung außerhalb des Beschäftigungsortes (politische Gemeinde) sowie zur Teilnahme am Unterricht, an Vorträgen, an Arbeitsgemeinschaften oder an Übungen zum Zwecke der Ausbildung die notwendigen Fahrtkosten erstattet werden.

Familien-
heimfahrten

(3) Für Familienheimfahrten vom Ort der Ausbildungsstätte zum Wohnort der Eltern, des Erziehungsberechtigten oder des Ehegatten und zurück können monatlich einmal die notwendigen Fahrtkosten erstattet werden.

§ 7 Sonstige Bestimmungen

Anwendung
des BBiG

(1) § 10 Allgemeiner Teil zu den AVR findet entsprechend Anwendung.

(2) Soweit vorstehend für Praktikanten keine abweichende Regelung vorgesehen ist, gelten die §§ 10 bis 23 und 25 BBiG mit der Maßgabe, dass die gesetzliche Probezeit abgekürzt und bei vorzeitiger Lösung des Vertragsverhältnisses nach Ablauf der Probezeit abweichend von § 23 Abs. 1 Satz 1 BBiG Schadensersatz nicht verlangt werden kann.

(3) Zwischen dem Rechtsträger der Einrichtung oder durch dessen Bevollmächtigten und dem Praktikanten ist vor Beginn des Praktikums eine Praktikumsvereinbarung schriftlich abzuschließen.

Abschnitt B

§ 1 Geltungsbereich

Ausbildungs-
praktikanten
außerhalb des
BBiG

(1) [1]Abschnitt B der Anlage 7b zu den AVR gilt für Praktikanten, die nicht unter den Geltungsbereich des BBiG fallen und deren Rechtsverhältnisse nicht durch Anlage 7 zu den AVR geregelt sind. [2]Praktikanten, die nicht unter den Geltungsbereich des BBiG fallen, sind insbesondere solche, die ein Praktikum ableisten, das Bestandteil einer Schul- oder Hochschulausbildung ist. [3]Dazu gehören z.B. Praktika von Studierenden der Fachhochschulen während der Praxissemester, Praktika von Fachoberschülern, Praktika, die Schüler von Hauptschulen, von Fachschulen oder von Berufsfachschulen (Erzieher, Kinderpfleger usw.) abzuleisten haben, sowie Zwischen- oder Blockpraktika von Studierenden der Fachhochschulen und der Hochschulen, die in Studien- oder Prüfungsordnungen vorgeschrieben sind. [4]Dies gilt auch für die praktische Ausbildung der Studierenden der Medizin in Krankenhäusern.

(2) [1]Die Regelung dieses Abschnitts gilt für Praktikanten, die in die Einrichtung eingegliedert sind. [2]Das ist nur dann der Fall, wenn der Praktikant während seiner gesamten täglichen Arbeitszeit in der Einrichtung praktisch tätig ist. [3]Gelegentliche, die praktische Tätigkeit begleitende Unterrichtsveranstaltungen sind unschädlich.

§ 2 Vergütung

Praktikanten-
vergütung

[1]Eine Verpflichtung zur Zahlung einer Vergütung besteht nicht. [2]In Anerkennung der Arbeitsleistung kann während des Praktikums eine Vergütung gezahlt werden. [3]Die Höhe der Vergütung kann durch Dienstvereinbarung mit der Mitarbeitervertretung gemäß § 38 Abs. 1 Ziffer 1 MAVO geregelt werden.

§ 3 Sonstige Bestimmungen

Im Übrigen finden die §§ 6 und 7 Abs. 1 und 3 des Abschnitts A dieser Anlage Anwendung.

(RK Bayern): Abschnitt C

§ 1 Geltungsbereich

Praktikanten im Sozialpädagogisches Einführungsjahr (SEJ)

[1]Abschnitt C der Anlage 7b gilt im Geltungsbereich der AVR in Bayern für Praktikanten, die ein Sozialpädagogisches Einführungsjahr (SEJ) nach § 6 Abs. 1 Nr. 2 Buchst. c) 2. Alternative in Verbindung mit Anlage 3 der bayerischen Schulordnung für Fachakademien (Fachakademieordnung – FakO) vom 9. Mai 2017 in der jeweils aktuellen Fassung ableisten. [2]Die Anwendung setzt voraus, dass die Praktikanten in die Einrichtung eingegliedert sind. [3]Das ist nur der Fall, wenn die Praktikanten während ihrer gesamten Arbeitszeit in der Einrichtung praktisch tätig sind. [4]Die praktische Tätigkeit begleitende Unterrichtsveranstaltungen sind unschädlich.

§ 2 Vergütung

Praktikantenvergütung

[1]Die Praktikanten erhalten eine Vergütung. [2]Diese beträgt mindestens 50 v.H. der in § 2 Abs. 1 des Abschnittes E des Teils II. der Anlage 7 festgelegten Vergütung für das zweite Ausbildungsjahr.

§ 3 Sonstige Bestimmungen

Abschnitt A Anlage 7b

Im Übrigen finden die Bestimmungen des Abschnittes A der Anlage 7b entsprechende Anwendung.

§ 4 Inkrafttreten und Geltung

Geltungszeitraum

[1]Die Regelungen dieses Abschnitts treten zum 1. Januar 2022 in Kraft und sind befristet bis zum 31. Dezember 2029. [2]Sie finden auf am 31. Dezember 2021 bereits bestehende Praktikumsverhältnisse nur durch besondere Vereinbarung zwischen dem Praktikanten und dem Dienstgeber Anwendung. [3]Für am 31. Dezember 2029 bestehende Praktikumsverhältnisse gelten sie bis zu deren Abschluss fort.

Anlage 8: Zusätzliche Altersversorgung

Inhalt

Grundsatz der Versorgung für Alter und Invalidität		196
Versorgungsordnung A (VersO A)		196
§ 1	Versorgungszusage	196
§ 1a	Beitragssatz	196
§ 2	Ausnahmeregelung	198
§ 3	Versteuerung der Umlage	198
§ 4	Freiwillige Versicherung in der gesetzlichen Rentenversicherung	198
§ 5	Lebensversicherung anstelle der Versicherung in der gesetzlichen Rentenversicherung	199
§ 6	Versicherungs- oder Versorgungseinrichtungen im Sinne des § 7 Abs. 2 AVG	199
§ 7	Ergänzende freiwillige Versicherung in der gesetzlichen Rentenversicherung	200
§ 8	Versicherungs- oder Versorgungseinrichtungen im Sinne des § 7 Abs. 2 AVG	200
§ 9	Berufsständische Versicherungs- oder Versorgungseinrichtungen	200
§ 10	Weitere Regelungen	201
Versorgungsordnung B (VersO B)		201
§ 1	Geltungsbereich	201
§ 2	Versicherung	202
§ 3	Anmeldung und Abmeldung	202
§ 4	Beiträge	202
§ 5	Beitragsfreie Zeiten	203
§ 6	Freiwillige Versicherung	203
§ 7	Arbeitsplatzwechsel	204
§ 8	Schlussbestimmungen	204
§ 8a	Versicherung bei anderer Versorgungseinrichtung	204
§ 9	Weitere Regelungen	205
§ 10	Geltung der Versorgungsordnung B	205
Versorgungsordnung C (VersO C)		206
§ 1	Geltungsbereich	206
§ 2	Versicherung	206
§ 3	Anmeldung und Abmeldung	207
§ 4	Beiträge	207
§ 5	Beitragsfreie Zeiten	208
§ 6	Fortführung durch den Versicherten	208
§ 7	Dienstgeberwechsel	209
§ 8	Weitere Regelungen	209
§ 9	Inkrafttreten und Übergangsregelung	210

Grundsatz der Versorgung für Alter und Invalidität

Grundsatz

(1) [1]Der Dienstgeber ist verpflichtet, die Versorgung der Mitarbeiter für Alter und Invalidität gemäß den Bestimmungen dieser Anlage (Versorgungsordnung A/ Versorgungsordnung B) zu veranlassen. [2]Grundsätzlich findet Versorgungsordnung A Anwendung. [1]Versorgungsordnung C ist anzuwenden, sofern der Dienstgeber nicht Beteiligter einer öffentlich-rechtlichen Zusatzversorgungseinrichtung ist; für Versicherungsverhältnisse die vor dem 31. Dezember 2018 begründet wurden, gilt die Versorgungsordnung B.

Abtretungsverbot

(2) [1]Die aus der Anwendung dieser Anlage und dem Beschluss der Zentral-KODA zur Entgeltumwandlung vom 15. April 2002 in der jeweils geltenden Fassung entstehenden Versorgungsansprüche gegen die die Versorgung durchführenden Versorgungsträger und den Dienstgeber können nicht abgetreten werden. [2]Sehen die Regelungen nach Satz 1 oder die den Versorgungsverhältnissen durch die Versorgungsträger zugrunde gelegten Vertragsbedingungen ausdrücklich eine Abtretbarkeit der Versorgungsansprüche vor, gelten für die Abtretbarkeit die dort getroffenen Regelungen.

Versorgungsordnung A (VersO A)

§ 1 Versorgungszusage

siehe Anlage 1 Abschnitt XIII Versorgungsanspruch

(1) Mitarbeiter und die zu ihrer Ausbildung Beschäftigten (Anlage 7 zu den AVR), für die nach der Satzung der Kirchlichen Zusatzversorgungskasse des Verbandes der Diözesen Deutschlands (im Folgenden Zusatzversorgungskasse genannt) Versicherungspflicht besteht, sind durch ihren Dienstgeber bei der Zusatzversorgungskasse zum Zwecke der Alters-, Berufsunfähigkeits- und Erwerbsunfähigkeitsversorgung sowie der Versorgung ihrer Hinterbliebenen zu versichern.

Zusatzversorgungskasse

(2) Der Versorgungsanspruch des Mitarbeiters und des zu seiner Ausbildung Beschäftigten sowie der Versorgungsanspruch eines ihrer Hinterbliebenen richten sich ausschließlich nach der Satzung der Zusatzversorgungskasse und ihrer Ausführungsbestimmungen und können nur gegenüber der Zusatzversorgungskasse geltend gemacht werden.

§ 1a Beitragssatz

Beitragssatz

(1) [1]Der Dienstgeber trägt die von der Zusatzversorgungskasse nach § 62 der Satzung der Zusatzversorgungskasse festgesetzten Beiträge bis zu einer Höhe von 5,2 v.H. des zusatzversorgungspflichtigen Entgelts des Beschäftigten allein. [2]An dem darüber hinausgehenden Beitrag des Dienstgebers zur Pflichtversicherung beteiligt sich der Beschäftigte zur Hälfte mit einem Eigenbeitrag im Sinne des § 61 Abs. 2 der Satzung der Zusatzversorgungskasse.

Abführen der Beiträge

(2) [1]Der Dienstgeber führt die Beiträge als Schuldner nach § 61 Abs. 1 lit. a) der Satzung der Zusatzversorgungskasse ab. [2]Dies umfasst auch die Eigenbeiträge der Beschäftigten. [3]Der Dienstgeber behält den Eigenbeitrag des Beschäftigten vom Arbeitsentgelt des Beschäftigten ein. [4]Die Beteiligung erfolgt für jeden Kalender-

monat, für den der Beschäftigte einen Anspruch auf Bezüge (Entgelt, sonstige Zuwendungen, Krankenbezüge) oder einen Anspruch auf Krankengeldzuschuss hat, auch wenn dieser wegen der Höhe der Barleistungen des Sozialversicherungsträgers nicht gezahlt wird.

Ausscheiden aus dem Dienstverhältnis

(3) [1]Dem Beschäftigten wird unter Bezug auf § 30e Abs. 2 BetrAVG das Recht, nach § 1b Abs. 5 Nr. 2 BetrAVG die Pflichtversicherung nach Ausscheiden aus dem Beschäftigungsverhältnis mit eigenen Beiträgen fortzusetzen, nicht eingeräumt, sofern die Satzung der Zusatzversorgungskasse dies nicht ausdrücklich vorsieht. [2]Ist die persönliche Beteiligung des Beschäftigten und die Übernahme der Pflichtbeitragsschuld nach der Satzung der Zusatzversorgungskasse vorgesehen, richten sich alle weiteren Ansprüche, die aus diesen Beiträgen entstehen, ausschließlich nach deren Satzung, ohne dass Ansprüche gegenüber dem Dienstgeber entstehen.

(4) Der Anspruch des Beschäftigten nach § 1 Abs. 2 Nr. 4 zweiter Halbsatz BetrAVG in Verbindung mit § 1a Abs. 3 BetrAVG, zu verlangen, dass die Voraussetzungen für eine Förderung nach den §§ 10a, 82 Abs. 2 EStG erfüllt werden, ist ausgeschlossen, wenn die Satzung der Zusatzversorgungskasse diese Förderungsmöglichkeit nicht ausdrücklich vorsieht.

entgeltlose Zeiten

(5) [1]Der Anspruch des Beschäftigten nach § 1 Abs. 2 Nr. 4 zweiter Halbsatz BetrAVG in Verbindung mit § 1a Abs. 4 BetrAVG auf Fortführung der Versicherung mit eigenen Beiträgen in entgeltlosen Zeiten während des Beschäftigungsverhältnisses ist für die Pflichtversicherung ausgeschlossen, sofern die Satzung der Zusatzversorgungskasse dies nicht ausdrücklich vorsieht. [2]Absatz 3 Satz 2 gilt entsprechend.

Höhe Eigenbeteiligung des Mitarbeiters

(6) [1]Soweit die Zusatzversorgungskasse einen Beitrag im Sinne von Absatz 1 im Zeitraum

a) vom 1. Januar 2016 bis zum 31. Dezember 2017 von mehr als 5,3 v.H.

b) vom 1. Januar 2018 bis zum 31. Dezember 2019 von mehr als 5,8 v.H.

c) vom 1. Januar 2020 bis zum 31. Dezember 2021 von mehr als 6,3 v.H.

d) vom 1. Januar 2022 bis zum 31. Dezember 2023 von mehr als 6,8 v.H.

oder

e) von mehr als 7,1 v.H. ab dem 1. Januar 2024

erhebt, ist in diesen Zeiträumen der Eigenbeitrag des Mitarbeiters nach Absatz 1 Satz 2 auf die jeweilige Hälfte der Differenz zwischen 5,2 v.H. und den jeweiligen in Halbsatz 1 genannten v.H. des zusatzversorgungspflichtigen Entgelts beschränkt. [2]Erhebt die Zusatzversorgungskasse in den in Satz 1, 1. Halbsatz genannten Zeiträumen geringere Beiträge als die dort genannten, verbleibt es bei der Anwendung von Absatz 1 Satz 2.

(7) [1]Die Regelungen des Absatz 1 Satz 2, Absatz 2 Sätze 2 bis 4 und Absatz 6 treten mit Ablauf des Tages vor dem Tag außer Kraft, an dem ein Leistungsrecht der Zusatzversorgungskasse i.S.d. § 1 Abs. 2 wirksam wird, das nicht dem in dem Tarifvertrag über die zusätzliche Altersvorsorge der Beschäftigten des öffentlichen Dienstes – Altersvorsorge-TV-Kommunal (ATV-K), abgeschlossen zwischen der Vereinigung kommunaler Arbeitgeberverbände und u.a. ver.di – Vereinigte Dienstleistungsgewerkschaft, in der jeweils geltenden Fassung festgelegten Versorgungsanspruch entspricht. [2]Sie treten außerdem mit dem Ablauf des Tages vor dem Tag außer Kraft, an dem eine Satzungsbestimmung der Zusatzversorgungs-

kasse wirksam wird, nach der nicht mindestens 50 Prozent der Mitglieder der Organe der Zusatzversorgungskasse ausgenommen deren Vorstand Versicherte oder ihre Vertreter sein sollen. [3]Bei der Zahl der Organmitglieder im Sinne des Satzes 2 bleiben neutrale Vorsitzende unberücksichtigt.

§ 2 Ausnahmeregelung

öffentlichrechtliche Kassen als Ausnahme

(1) [1]Die Versicherung bei der Zusatzversorgungskasse entfällt für die Mitarbeiter, die bei einem Dienstgeber beschäftigt sind, der Beteiligter ist bei einer Zusatzversorgungseinrichtung, mit der die Zusatzversorgungskasse ein Überleitungsabkommen abgeschlossen hat oder ein solches abschließen kann, für die Dauer der Versicherung bei dieser Zusatzversorgungseinrichtung. [2]Die Ansprüche dieser Mitarbeiter bestimmen sich ausschließlich nach der Satzung der jeweiligen Zusatzversorgungseinrichtung.

(2) [1]Soweit ein Dienstgeber die Versorgung der Mitarbeiter für Alter und Invalidität abweichend von § 1 über eine kommunale oder andere Zusatzversorgungseinrichtung i.S.d. Absatzes 1 veranlasst, findet § 1a mit Ausnahme von dessen Absätzen 6 und 7 entsprechende Anwendung. [2]Dies gilt auch, wenn diese Zusatzversorgungseinrichtung durch Umlagen oder im Kombinationsmodell dazu zusätzlich kapitalgedeckt durch Zusatzbeiträge finanziert ist. [3]Die Höhe und Art des Eigenbetrages richten sich nach der Satzung und den dazu ergangenen Ausführungsbestimmungen der jeweiligen Zusatzversorgungeinrichtung sowie den ihnen jeweils zugrunde liegenden Regelungen des Tarifvertrages über die betriebliche Altersversorgung der Beschäftigten des öffentlichen Dienstes (Tarifvertrag Altersversorgung – ATV), des Tarifvertrages über die zusätzliche Altersvorsorge der Beschäftigten des öffentlichen Dienstes – Altersvorsorge-TV-Kommunal (ATV-K) – und entsprechender arbeitsrechtlicher Regelungen und Tarifverträge nach dem Arbeitsrechtsregelungs-grundsätzegesetz – ARGG-EKD.

§ 3 Versteuerung der Umlage

Lohnsteuer Umlage

Die auf die Umlage (§ 62 Abs. 1 Satzung der Zusatzversorgungskasse) entfallende Lohnsteuer trägt der Dienstgeber, solange die rechtliche Möglichkeit der Pauschalierung der Lohnsteuer gegeben ist.

§ 4 Freiwillige Versicherung in der gesetzlichen Rentenversicherung

freiwillig versicherte Mitarbeiter in der gesetzlichen Rentenversicherung

(1) [1]Der bei der Zusatzversorgungskasse pflichtversicherte Mitarbeiter, der in der Rentenversicherung der Angestellten aufgrund des Artikels 2 § 1 AnVNG von der Versicherungspflicht befreit ist, aber die Möglichkeit der freiwilligen Versicherung nach § 10 AVG, § 1233 RVO oder der Fortsetzung der Selbstversicherung oder Weiterversicherung nach Artikel 2 § 5 Abs. 1 AnVNG oder Artikel 2 § 4 Abs. 1 AnVNG (freiwillige Versicherung) hat, hat sich für jeden Kalendermonat, für den ihm Dienstbezüge (Abschnitt II der Anlage 1 zu den AVR), Urlaubsvergütung (§ 2 der Anlage 14 zu den AVR) oder Krankenbezüge (Abschnitt XII Abs. b und d der Anlage 1 zu den AVR) zustehen, freiwillig zu versichern. [2]Als Beitrag zur freiwil-

ligen Versicherung ist der Betrag zu entrichten, der als Beitrag zur gesetzlichen Rentenversicherung zu zahlen wäre, wenn der Mitarbeiter dort pflichtversichert wäre, mindestens jedoch der Betrag, der als Mindestbeitrag für die freiwillige Versicherung in der gesetzlichen Rentenversicherung jeweils festgelegt ist. [3]§ 2 Abs. 3 der Verordnung über das Entrichten von Beiträgen zu den Rentenversicherungen der Arbeiter und Angestellten ist anzuwenden. [4]Für die Bestimmung der Beitragsklasse gilt § 114 AVG sinngemäß. [5]Der Dienstgeber trägt die Hälfte des Beitrages zu dieser Versicherung.

(2) Der Dienstgeber behält den vom Mitarbeiter zu tragenden Teil des Beitrages von dessen Bezügen ein und führt den Beitrag nach der Verordnung über das Entrichten von Beiträgen zu den Rentenversicherungen der Arbeiter und Angestellten ab.

Pflicht des Dienstgebers

(3) Abs. 1 gilt nicht, solange der Mitarbeiter einen Zuschuss nach § 5 oder § 6 erhält.

Zuschuss

§ 5 Lebensversicherung anstelle der Versicherung in der gesetzlichen Rentenversicherung

(1) [1]Der bei der Versorgungskasse pflichtversicherte Mitarbeiter, der in der Rentenversicherung der Angestellten aufgrund des Artikels 2 § 1 AnVNG von der Versicherungspflicht befreit ist und der für sich und seine Hinterbliebenen einen Lebensversicherungsvertrag abgeschlossen hat, erhält auf seinen Antrag für die Zeit, für die ihm Dienstbezüge (Abschnitt II der Anlage 1 zu den AVR), Urlaubsvergütung (§ 2 der Anlage 14 zu den AVR) oder Krankenbezüge (Abschnitt XII Abs. b und d der Anlage 1 zu den AVR) zustehen, einen Zuschuss in Höhe der Hälfte des Beitrages zu dieser Versicherung: [2]Er erhält jedoch nicht mehr als den Betrag, den der Dienstgeber bei einer freiwilligen Versicherung des Mitarbeiters nach § 4 zu tragen hätte.

Zuschuss für befreit versicherte Mitarbeiter zur Lebensversicherung

(2) Der Zuschuss nach Abs. 1 wird nicht gewährt, wenn der Mitarbeiter über die Lebensversicherung ohne vorherige Zustimmung des Dienstgebers durch Abtretung oder Verpfändung verfügt.

kein Zuschuss bei Abtretung oder Pfändung

§ 6 Versicherungs- oder Versorgungseinrichtungen im Sinne des § 7 Abs. 2 AVG

(1) Der bei der Zusatzversorgungskasse pflichtversicherte Mitarbeiter, der Mitglied einer Versicherungs- oder Versorgungseinrichtung im Sinne des § 7 Abs. 2 AVG ist und

Befreiung von der Versicherungspflicht

a) nach § 7 Abs. 2 AVG von der Versicherungspflicht in der Rentenversicherung der Angestellten befreit ist oder

b) in der Rentenversicherung der Angestellten aufgrund des Artikels 2 § 1 AnVNG von der Versicherungspflicht befreit ist,

erhält auf seinen Antrag für die Zeit, für die ihm Dienstbezüge (Abschnitt II der Anlage 1 zu den AVR), Urlaubsvergütung (§ 2 der Anlage 14 zu den AVR) oder Krankenbezüge (Abschnitt XII Abs. b und d der Anlage 1 zu den AVR) zustehen, einen Zuschuss zu den Beiträgen zu dieser Versicherungs- oder Versorgungseinrichtung.

Zuschuss

(2) Der Zuschuss beträgt die Hälfte des monatlichen Beitrages, jedoch nicht mehr als den Betrag, den der Dienstgeber bei einer freiwilligen Versicherung des Mitarbeiters nach § 4 zu tragen hätte.

keine Anwendung von § 5 bei Zuschuss

(3) Solange ein Zuschuss nach Abs. 1 Satz 1 gewährt wird, ist § 5 nicht anzuwenden.

§ 7 Ergänzende freiwillige Versicherung in der gesetzlichen Rentenversicherung

Zuschuss zur freiwilligen Versicherung in der gesetzlichen Rentenversicherung

Erreicht der Zuschuss des Dienstgebers nach § 5 oder § 6 nicht den Betrag, den der Dienstgeber bei einer freiwilligen Versicherung nach § 4 zu entrichten hätte, erhält der Mitarbeiter auf Antrag einen Zuschuss zu dem Beitrag zu einer freiwilligen Versicherung in der gesetzlichen Rentenversicherung in Höhe des Differenzbetrages, höchstens jedoch in Höhe der Hälfte des Beitrages. § 4 Abs. 2 gilt entsprechend.

§ 8 Versicherungs- oder Versorgungseinrichtungen im Sinne des § 7 Abs. 2 AVG

Befreiung von der Versicherungspflicht

(1) Der nach § 17 Abs. 1 Satzung der Zusatzversorgungskasse bei der Zusatzversorgungskasse nicht zu versichernde Mitarbeiter, der

a) nach § 7 Abs. 2 AVG von der Versicherungspflicht in der Rentenversicherung der Angestellten befreit ist oder

b) in der Rentenversicherung der Angestellten aufgrund des Artikels 2 § 1 AnVNG von der Versicherungspflicht befreit ist,

erhält auf seinen Antrag für die Zeit, für die ihm Dienstbezüge (Abschnitt II der Anlage 1 zu den AVR), Urlaubsvergütung (§ 2 der Anlage 14 zu den AVR) oder Krankenbezüge (Abschnitt XII Abs. b und d der Anlage 1 zu den AVR) zustehen, einen Zuschuss zu den Beiträgen zu der Versicherungs- oder Versorgungseinrichtung im Sinne des § 7 Abs. 2 AVG.

(2) Der Zuschuss beträgt die Hälfte des monatlichen Beitrages, jedoch nicht mehr als den Betrag, den der Dienstgeber bei einer freiwilligen Versicherung des Mitarbeiters nach § 4 zu tragen hätte.

§ 9 Berufsständische Versicherungs- oder Versorgungseinrichtungen

Versorgungswerk

(1) Der nach § 17 Abs. 5 Satzung der Zusatzversorgungskasse bei der Zusatzversorgungskasse nicht zu versichernde Mitarbeiter, der in der Rentenversicherung der Angestellten aufgrund des Artikels 2 § 1 AnVNG von der Versicherungspflicht befreit ist, kann auf seinen Antrag für die Zeit, für die er ohne Befreiung bei der Zusatzversorgungskasse zu versichern wäre und für die ihm Dienstbezüge (Ab-

schnitt II der Anlage 1 zu den AVR), Urlaubsvergütung (§ 2 der Anlage 14 zu den AVR) oder Krankenbezüge (Abschnitt XII Abs. b und d der Anlage 1 zu den AVR) zustehen, einen Zuschuss zu den Beiträgen zu dieser Versicherungs- oder Versorgungseinrichtung erhalten.

(2) Der Zuschuss beträgt die Hälfte des monatlichen Beitrages, jedoch nicht mehr als den Betrag, den der Dienstgeber bei einer freiwilligen Versicherung des Mitarbeiters nach § 4 zu tragen hätte. Zuschuss

§ 10 Weitere Regelungen

Diese Bestimmungen finden im Gebiet der Bundesländer Mecklenburg-Vorpommern, Brandenburg, Sachsen-Anhalt, Thüringen und Sachsen sowie in dem Teil des Landes Berlin, für den das Grundgesetz bis einschließlich 2. Oktober 1990 nicht galt, ab 1. Januar 1997 Anwendung. neue Bundesländer

Versorgungsordnung B (VersO B)

[1]Die „Ständige Arbeitsrechtliche Kommission“ hat am 15. Oktober 1965 die nachstehende Versorgungsordnung für die Mitarbeiter im Geltungsbereich der AVR beschlossen und mit Wirkung vom 1. April 1966 in Kraft gesetzt. [2]Diese bezweckt eine Alters-, Invaliden- und Hinterbliebenenversorgung für Mitarbeiter durch Entrichtung von Versicherungsbeiträgen.

siehe Anlage 1 Abschnitt XIII

§ 1 Geltungsbereich

(1) Der Versicherungspflicht unterliegt vom Beginn des Dienst- und Ausbildungsverhältnisses an der Mitarbeiter bzw. der gemäß Buchstabe A, B und E der Anlage 7 zu seiner Ausbildung Beschäftigte, Versicherte

a) der das 17. Lebensjahr vollendet hat und

b) auf dessen Dienst- bzw. Ausbildungsverhältnis die AVR Anwendung finden (§ 2 AT).

Anmerkung zu Absatz 1:
Der Verweis auf die Buchstaben A, B und E der Anlage 7 bezieht sich auf die am 20. September 2018 geltende Fassung der Anlage 7. Die genannten Regelungen der VersO B gelten auch, soweit auf ein solches Ausbildungsverhältnis nach dem 1. April 2022 die Regelungen der ab 1. August 2021 geltenden Fassung der Anlage 7 Anwendung finden.

(2) Ausgenommen von der Versicherungspflicht ist ein Mitarbeiter, Ausnahme

a) der aus der gesetzlichen Rentenversicherung Altersruhegeld oder Renten wegen verminderter Erwerbsfähigkeit erhält,

b) der für nicht mehr als sechs Monate eingestellt wird, es sei denn, dass er bis zum Beginn des Dienstverhältnisses bei der Selbsthilfe zusatzversichert gewesen ist,

c) der nicht in der gesetzlichen Rentenversicherung zu versichern ist.

§ 2 Versicherung

Versicherung

[1]Die Zusatzversorgung erfolgt durch Abschluss einer Zusatzrentenversicherung bei der „Pensionskasse der Caritas VVaG" nach Maßgabe dieser Versorgungsordnung.

[2]Die Ansprüche der Versicherten bestimmen sich nach der Satzung der Pensionskasse der Caritas.

§ 3 Anmeldung und Abmeldung

Beginn

(1) [1]Der Dienstgeber meldet den Mitarbeiter mit Beginn des versicherungspflichtigen Dienst- bzw. Ausbildungsverhältnisses bei der Pensionskasse der Caritas an. [2]Die Aufnahme des Mitarbeiters in die Pensionskasse der Caritas wird diesem durch Zustellung eines Mitgliedsausweises, dem Dienstgeber durch eine entsprechende Bestätigung nachgewiesen.

Ende

(2) [1]Der Dienstgeber meldet den Mitarbeiter mit Ende des versicherungspflichtigen Dienst- bzw. Ausbildungsverhältnisses bei der Pensionskasse der Caritas ab. [2]Die vollzogene Abmeldung wird dem Versicherten von der Pensionskasse der Caritas bestätigt; gleichzeitig wird der Versicherte unter Angabe der erreichten Rentenanwartschaft davon in Kenntnis gesetzt, welche Möglichkeiten zur Fortsetzung des Versicherungsverhältnisses durch Beitragsfreistellung (§ 5) oder durch Begründung einer freiwilligen Mitgliedschaft (§ 6) bestehen.

§ 4 Beiträge

Beiträge

(1) [1]Die Beiträge zur Zusatzversicherung trägt der Dienstgeber. [2]Er trägt des Weiteren die auf die Beiträge entfallende Lohnsteuer, solange die rechtliche Möglichkeit der Pauschalierung der Lohnsteuer gegeben ist. [3]Beitragspflicht besteht für den Zeitraum, für den dem Mitarbeiter ein Anspruch auf Dienstbezüge nach den AVR oder auf Sozialbezüge nach Anlage 1 zu den AVR zusteht.

(2) [1]Der Beitrag der Zusatzversicherung (Pflichtversicherung) ist vom versicherungspflichtigen Beschäftigungsentgelt mit einem Beitragssatz von 7,5% zu berechnen.

Beitragsgrundlage

[2]Als versicherungspflichtiges Beschäftigungsentgelt ist zu berücksichtigen:

a) Dienstbezüge nach Abschnitt II der Anlage 1,
b) tarifliche monatliche Zulagen für besondere Tätigkeiten (z. B. Wechselschicht- und Schichtzulage, Wohn- und Werkstattzulage, Pflegezulage),
c) Vergütung für Bereitschafts- und Rufbereitschaftsdienste sowie Zuschläge für Überstunden.

Zusatzbeitrag

(3) Überschreitet das versicherungspflichtige Beschäftigungsentgelt die jeweils gültige Beitragsbemessungsgrenze in der gesetzlichen Rentenversicherung, ist für den übersteigenden Anteil des Beschäftigungsentgelts ein zusätzlicher Beitrag in Höhe von 9% zu entrichten.

(3a) Für Versicherungsverhältnisse, die vor dem 1. Januar 1997 begründet wurden, seither ununterbrochen bestehen und in denen bereits vor diesem Zeitpunkt das versicherungspflichtige Beschäftigungsentgelt die jeweils gültige Beitragsbemessungsgrenze in der gesetzlichen Rentenversicherung überschritten hat oder bis zum 31. Dezember 2006 noch überschreiten wird, ist für den übersteigenden Anteil des Beschäftigungsentgelts ein zusätzlicher Beitrag in der Höhe zu entrichten, der sich aus der Multiplikation dieses Anteils mit dem jeweils gültigen Beitragssatz in der gesetzlichen Rentenversicherung ergibt.

(4) [1]Dem Mitarbeiter steht es frei, eine höhere Rentenanwartschaft durch zusätzliche Beiträge oder einen zweiten Rentenvertrag (freiwillige Versicherung) sicherzustellen. [2]Die hierfür erforderlichen Beiträge hat er selbst zu tragen.

freiwillige Zusatzversicherung

(5) Die Pflichtbeiträge sind der Pensionskasse der Caritas monatlich durch den Dienstgeber für jeden einzelnen Versicherten nachzuweisen; die Beiträge sind unverzüglich nach Erstellung der monatlichen Gehaltsabrechnung in einer Summe an die Pensionskasse der Caritas abzuführen.

§ 5 Beitragsfreie Zeiten

(1) Beitragspflicht besteht nicht für Zeiten, für die der Mitarbeiter keinen Anspruch auf Dienstbezüge nach den AVR oder auf Sozialbezüge nach Anlage 1 zu den AVR hat.

Beitragsfreiheit

(2) [1]Entfällt wegen Beendigung des Dienst- bzw. Ausbildungsverhältnisses die Beitragspflicht des Dienstgebers für ein bestehendes Versicherungsverhältnis, ohne dass der Versicherte von der Möglichkeit der freiwilligen Beitragsentrichtung gemäß § 6 Gebrauch macht, wird das Versicherungsverhältnis beitragsfrei fortgesetzt. [2]In diesem Fall wird eine Rentenanwartschaft nach Maßgabe des zum Zeitpunkt der Beitragsfreistellung vorhandenen Deckungskapitals berechnet. [3]Der Anspruch des Versicherten auf Teilnahme an künftigen Leistungserhöhungen aus der satzungsmäßigen Überschussverwendung bleibt von der Beitragsfreistellung unberührt.

(3) Wird die versicherungspflichtige Tätigkeit wegen des Eintritts einer verminderten Erwerbsfähigkeit beendet, so wird das Versicherungsverhältnis bis zur Vorlage des Rentenbescheides der gesetzlichen Rentenversicherung, höchstens jedoch für die Dauer von drei Monaten, ohne Beitragsleistung fortgesetzt; das Versicherungsverhältnis wird beitragsfrei gestellt, wenn der Rentenbescheid binnen der vorgenannten Frist nicht vorgelegt wird.

§ 6 Freiwillige Versicherung

[1]Entfällt die Beitragspflicht des Dienstgebers für eine bestehende Versicherung, so kann der Versicherte die bisherige Pflichtversicherung nach Maßgabe der Satzung der Pensionskasse der Caritas mit eigener Beitragsleistung als freiwillige Versicherung fortführen. [2]Hinsichtlich der Beitragshöhe kann der Versicherte jeden Beitrag wählen zwischen dem tariflichen Mindestbeitrag und dem vom Dienstgeber für den letzten vollen Beschäftigungsmonat abgeführten Pflichtbeitrag.

freiwillige Versicherung in Zeiten der Beitragsfreiheit

§ 7 Arbeitsplatzwechsel

Stellenwechsel

Scheidet ein bei der Pensionskasse der Caritas pflichtversicherter Mitarbeiter aus dem Dienst- bzw. Ausbildungsverhältnis aus und nimmt er eine Tätigkeit bei einem Dienstgeber auf, der die Versorgungsordnung B anwendet, so ist die begonnene Pflichtversicherung fortzusetzen.

§ 8 Schlussbestimmungen

Anerkennung durch die Arbeitsrechtliche Kommission

[1]Soweit Dienstgeber vor Inkrafttreten dieser Versorgungsordnung B für ihre Mitarbeiter gleichwertige Maßnahmen zur Alterssicherung getroffen haben, werden diese als Ersatzregelung durch die „Arbeitsrechtliche Kommission" auf Antrag dann anerkannt, wenn die Gleichwertigkeit nachgewiesen wird. [2]Sofern Gleichwertigkeit nicht vorliegt, ist der Differenzanspruch zu ermitteln und durch eine Zusatzrente nach Maßgabe der Versorgungsordnung B zu decken.

[3]Die vorstehende Versorgungsordnung ist unter Wahrung des Grundsatzes von Treu und Glauben auszulegen und veränderten Verhältnissen in diesem Sinn anzupassen.

§ 8a Versicherung bei anderer Versorgungseinrichtung

Zusatzrentenversicherung bei der Pensionskasse der Caritas VVaG

(1) [1]Ist abweichend von § 2 der Abschluss einer Zusatzrentenversicherung bei der „Pensionskasse der Caritas VVaG" aus auf deren Seite liegenden rechtlichen Gründen ausgeschlossen, erfolgt statt dessen die Zusatzversorgung durch Abschluss einer Zusatzrentenversicherung bei der „Kölner Pensionskasse VVaG", sofern diese für die Versicherung einen identischen Tarif anbietet, wie er mit Stand vom 30. April 2018 von der Pensionskasse der Caritas VVaG für das Versicherungsverhältnis angeboten worden wäre. [2]Soweit die Voraussetzungen vorliegen, kann eine solche Zusatzrentenversicherung durch den Dienstgeber auf die „Pensionskasse der Caritas VVaG" ohne Änderung der Anwartschaft übergeleitet werden.

(2) [1]Die übrigen Bestimmungen dieser Versorgungsordnung finden für eine Versorgung nach dem Absatz 1 entsprechende Anwendung. [2]§ 9 findet mit der Maßgabe Anwendung, dass dessen Absatz 6 im Falle einer Versorgung nach Absatz 2 entsprechend auch für den Fall gilt, dass das Versicherungsunternehmen keine Eigenbeiträge zulässt. [3]Die entsprechende Anwendung des § 9 Abs. 6 erfolgt auch für am 30. April 2018 bestehende Zusatzversicherungen, solange eine Höherversicherung bei der Pensionskasse der Caritas VVaG aus rechtlichen Gründen, die auch den Abschluss einer Zusatzversicherung i.S.d. Absatzes 1 hindern, ausgeschlossen ist. [4]Wendet der Mitarbeiter im Fall des Satzes 3 zu den in § 9 Abs. 6 Satz 1 genannten Terminen zusätzlich die dort genannten Mindest-Entgeltumwandlungen auf, wird der Dienstgeber diese im Rahmen der Steuerfreiheit nach § 3 Nr. 63 EStG, der Möglichkeit der pauschalen Versteuerung nach § 40b EStG in der am 31. Dezember 2004 geltenden Fassung und der Sozialversicherungsfreiheit § 1 Abs. 1 Nr. 4 bzw. Nr. 6 SvEV mit demselben Vomhundertsatz des versicherungspflichtigen Beschäftigungsentgelts abzüglich 15 v.H. des sich aus der Entgeltumwandlung ergebenden Beitrags bezuschussen.

(3) § 8a ist befristet bis zum 30. Juni 2019.

§ 9 Weitere Regelungen

neue Bundesländer

(1) Die Bestimmungen dieser Versorgungsordnung finden im Gebiet der Bundesländer Mecklenburg-Vorpommern, Brandenburg, Sachsen-Anhalt, Thüringen und Sachsen sowie in dem Teil des Landes Berlin, für den das Grundgesetz bis einschließlich 2. Oktober 1990 nicht galt, ab 1. Januar 1997 Anwendung.

Beitragssatz

(2) Abweichend von § 4 Abs. 2 Satz 1 und ergänzend zu § 4 Abs. 1 Satz 1 wird der Beitragssatz nach § 4 Abs. 2 Satz 1 für Einrichtungen in dem in Absatz 1 genannten Gebiet mit 1,5 %, ab dem 1. April 2018 mit 2,5 %, ab dem 1. April 2019 mit 4,5 % und ab dem 1. April 2020 mit 5,5 % gerechnet.

Eigenbeitrag

(3) [1]In diesem Gebiet beteiligen sich die Mitarbeiter an diesen Beiträgen mit einem Eigenbeitrag im Sinne von § 1 Abs. 2 Nr. 4 BetrAVG ab dem 1. April 2019 mit 1 % und ab dem 1. April 2020 mit 1,5 % des versicherungspflichtigen Beschäftigungsentgelts. [2]§ 1a Absätze 2 bis 5 der VersO A der Anlage 8 zu den AVR finden entsprechende Anwendung.

Abführen der Beiträge

(4) [1]Der Dienstgeber führt die Beiträge als Schuldner nach § 4 Abs. 5 an die Kasse ab. [2]Dies umfasst auch die Eigenbeiträge der Beschäftigten. [3]Der Dienstgeber behält den Eigenbeitrag des Beschäftigten vom Arbeitsentgelt des Beschäftigten ein. [4]Die Beteiligung erfolgt für jeden Kalendermonat des Zeitraums der Beitragspflicht, für den der Beschäftigte einen Anspruch auf Bezüge (Entgelt, sonstige Zuwendungen, Krankenbezüge) oder einen Anspruch auf Krankengeldzuschuss hat, auch wenn dieser wegen der Höhe der Barleistungen des Sozialversicherungsträgers nicht gezahlt wird.

Ausschluss Förderung

(5) Der Anspruch des Beschäftigten nach § 1 Abs. 2 Nr. 4 zweiter Halbsatz BetrAVG in Verbindung mit § 1a Abs. 3 BetrAVG, zu verlangen, dass die Voraussetzungen für eine Förderung nach den §§ 10a, 82 Abs. 2 EStG erfüllt werden, ist für die Pflichtversicherung ausgeschlossen, wenn die Versicherungsbedingungen der Kasse diese Förderungsmöglichkeit nicht ausdrücklich vorsehen.

Entgeltumwandlung

(6) [1]Der Eigenbeitrag nach Absatz 3 entfällt, wenn der Mitarbeiter für eine Entgeltumwandlung i.S.d. Beschlusses der Zentral-KODA vom 15. April 2002 in seiner jeweiligen Fassung ab dem 1. April 2019 von mindestens 1 %, ab dem 1. April 2020 von mindestens 1,5 % des versicherungspflichtigen Beschäftigungsentgelts im Kalenderjahr aufwendet. [2]In diesem Fall vermindert sich der dem vom Dienstgeber abzuführenden Beitrag zugrunde liegende Beitragssatz um den jeweils geltenden Beitragssatz des Eigenbeitrags des Mitarbeiters.

§ 10 Geltung der Versorgungsordnung B

Geltungsbereich

Abweichend von § 1 besteht eine Versicherungspflicht nur, wenn das Dienst- und Ausbildungsverhältnis des Mitarbeiters bzw. des gemäß Buchstabe A, B und E der Anlage 7 zu den AVR zu seiner Ausbildung Beschäftigten vor dem 20. September 2018 begonnen wurde und die Zusatzrentenversicherung des betreffenden Mitarbeiters bei der Pensionskasse der Caritas VVaG (§ 2) oder der Kölner Pensionskasse VVaG (§ 8a) vor dem 20. September 2018 wirksam abgeschlossen war.

Anmerkung:
Der Verweis auf die Buchstaben A, B und E der Anlage 7 bezieht sich auf die am 20. September 2018 geltende Fassung der Anlage 7 zu den AVR. Die genannten

Regelungen der VersO B gelten auch, soweit auf ein solches Ausbildungsverhältnis nach dem 1. April 2022 die Regelungen der ab 1. August 2021 geltenden Fassung der Anlage 7 Anwendung finden.

Versorgungsordnung C (VersO C)

[1]Die „Ständige Arbeitsrechtliche Kommission" hat am 15. Oktober 1965 die Versorgungsordnung B für die Mitarbeiter im Geltungsbereich der AVR beschlossen und mit Wirkung vom 1. April 1966 in Kraft gesetzt. [2]Diese bezweckt eine Alters- und Hinterbliebenenversorgung für Mitarbeiter durch Entrichtung von Versicherungsbeiträgen. [3]Die Bundeskommission der Arbeitsrechtlichen Kommission hat mit der nachstehenden Versorgungsordnung C die Versorgungsordnung B mit Wirkung vom 1. Juli 2019 für ab dem 1. Januar 2019 erfolgende neue Zusagen zur Zusatzversorgung angepasst.

§ 1 Geltungsbereich

Versicherte

(1) Der Versicherungspflicht unterliegt vom Beginn des Dienst- und Ausbildungsverhältnisses an der Mitarbeiter bzw. der gemäß Anlage 7 zu den AVR zu seiner Ausbildung Beschäftigte,

a) der das 15. Lebensjahr vollendet hat und

b) auf dessen Dienst- bzw. Ausbildungsverhältnis die AVR Anwendung finden (§ 2 AT).

Ausnahme

(2) [1]Ausgenommen von der Versicherungspflicht ist ein Mitarbeiter oder zu seiner Ausbildung Beschäftigter,

a) der aus der gesetzlichen Rentenversicherung Altersruhegeld oder Renten wegen verminderter Erwerbsfähigkeit erhält,

b) der für nicht mehr als sechs Monate eingestellt wird und wegen dieser Befristung eine Wartezeit oder Aufschubzeit des Versicherungsvertrages nach § 2 nicht erfüllen kann oder

c) der nicht in der gesetzlichen Rentenversicherung zu versichern ist.

[2]Erfolgt im Falle des Satzes 1 Buchst. b eine Weiterbeschäftigung nach Ablauf der ursprünglichen Beschäftigung, besteht ab dem Weiterbeschäftigungsbeginn eine Versicherungspflicht mit einer Beitragspflicht auch für den Zeitraum der ursprünglich vorgesehenen Beschäftigung.

§ 2 Versicherung

Versicherung

(1) [1]Die Zusatzversorgung erfolgt durch den Abschluss eines Versicherungsvertrages durch den Dienstgeber nach Maßgabe einer zwischen dem Versicherungsunternehmen (Versicherer) und dem Deutschen Caritasverband e.V. mit Zustimmung der Bundeskommission der Arbeitsrechtlichen Kommission abgeschlossenen Rahmenvereinbarung. [2]Die Auswahl des Versicherers zu einer sol-

chen Rahmenvereinbarung erfolgt durch die Arbeitsrechtliche Kommission unter Beteiligung des Deutschen Caritasverbandes e.V.

(2) [1]Die Rahmenvereinbarung kann nach Bestimmung durch die Arbeitsrechtliche Kommission einen oder mehrere Angebotsverträge enthalten. [2]Mindestens ein Angebotsvertrag muss zu einer beitragsorientierten Leistungszusage (§ 1 Abs. 2 Nr. 1 BetrAVG) führen. [3]Soweit mehr als ein Angebotsvertrag enthalten ist, können in der Rahmenvereinbarung der oder die weiteren Angebotsverträge auf die Nutzung für die Sicherstellung zusätzlicher Anwartschaften durch Entgeltumwandlung nach § 4 Abs. 3 beschränkt oder Altersgrenzen zur Bestimmung des für den Mitarbeiter geltenden Angebotsvertrages vorgesehen werden. [4]Erfolgt keine solche Bestimmung, erfolgt die Auswahl durch den Mitarbeiter zu Beginn des versicherungspflichtigen Dienst- bzw. Ausbildungsverhältnisses.

Rahmenvereinbarung

§ 3 Anmeldung und Abmeldung

(1) [1]Der Dienstgeber meldet den Mitarbeiter mit Beginn des versicherungspflichtigen Dienst- bzw. Ausbildungsverhältnisses bei dem Versicherer an und teilt dem Mitarbeiter dieses in geeigneter Weise mit. [2]Das Versicherungsverhältnis wird vom Dienstgeber nach seinem Zustandekommen dem Mitarbeiter in geeigneter Weise in Textform unverzüglich, spätestens mit der darauf folgenden Entgeltabrechnung, nachgewiesen. [3]Der Dienstgeber wird Versicherungsnehmer, der Mitarbeiter Versicherter.

Anmeldung

(2) [1]Der Dienstgeber meldet den Mitarbeiter mit Ende des versicherungspflichtigen Dienst- bzw. Ausbildungsverhältnisses bei dem Versicherer ab. [2]Die vollzogene Abmeldung wird dem Versicherten durch den Dienstgeber unverzüglich in geeigneter Weise in Textform nachgewiesen; gleichzeitig wird der Versicherte unter Angabe der erreichten Rentenanwartschaft davon in Kenntnis gesetzt, welche Möglichkeiten zur Fortsetzung des Versicherungsverhältnisses bestehen.

Abmeldung

§ 4 Beiträge

(1) [1]Die Beiträge zur Zusatzversicherung (Pflichtversicherung) trägt der Dienstgeber. [2]Beitragspflicht besteht für den Zeitraum, für den dem Mitarbeiter ein Anspruch auf Dienstbezüge nach den AVR oder auf Sozialbezüge nach Anlage 1 zu den AVR zusteht.

Beiträge zur Pflichtversicherung

(2) [1]Der Beitrag der Zusatzversicherung ist vom versicherungspflichtigen Beschäftigungsentgelt mit einem Beitragssatz von 7,5 % zu berechnen. [2]Als versicherungspflichtiges Beschäftigungsentgelt ist zu berücksichtigen

Beitragssatz

a) Dienstbezüge nach Abschnitt II der Anlage 1,
b) tarifliche monatliche Zulagen für besondere Tätigkeiten (z.B Wechselschicht- und Schichtzulage, Wohn- und Werkstattzulage, Pflegezulage),
c) Vergütung für Bereitschafts- und Rufbereitschaftsdienste sowie Zuschläge für Überstunden.

(3) Dem Mitarbeiter steht es frei, eine zusätzliche Anwartschaft durch eine Entgeltumwandlung (§ 1 Abs. 2 Nr. 3 BetrAVG) in einem weiteren Versicherungsvertrag sicherzustellen.

Anwartschaft

Pflicht des Dienstgebers

(4) [1]Der Dienstgeber erbringt die Beiträge an den Versicherer monatlich nach Maßgabe des sich aus der jeweiligen monatlichen Entgeltabrechnung ergebenden versicherungspflichtigen Beschäftigungsentgelts. [2]Unregelmäßig oder einmalig anfallende Entgeltbestandteile werden auch bei einem zwischenzeitlich erfolgenden Jahreswechsel in dem Kalendermonat berücksichtigt, in dem sie endgültig in der Entgeltabrechnung berechnet werden. [3]Soweit sich durch steuer- und sozialversicherungsrechtlich zulässige Rückrechnung eine Änderung des kalenderjährlichen versicherungspflichtigen Beschäftigungsentgelts ergibt, wird die sich daraus ergebende Änderung des Beitrags bei der Beitragshöhe des Kalenderjahres berücksichtigt, in dem die Rückrechnung erfolgt.

Steuer- und Sozialversicherungspflicht

(5) [1]Die Steuer- und Sozialversicherungspflicht für die Beiträge richtet sich nach den gesetzlichen Vorschriften. [2]Der Dienstgeber trägt eine auf die Beiträge entfallende pauschalierte Lohnsteuer, solange die rechtliche Möglichkeit der Pauschalierung gegeben ist.

§ 5 Beitragsfreie Zeiten

keine Beitragspflicht

(1) Beitragspflicht besteht nicht für Zeiten, für die der Mitarbeiter keinen Anspruch auf Dienstbezüge nach den AVR oder auf Sozialbezüge nach Anlage 1 zu den AVR hat.

Fortführen mit eigenen Beiträgen

(2) [1]Sofern die Versicherungsbedingungen des Versicherungsvertrages dies zulassen, kann der Mitarbeiter in den Zeiten, in denen nach Absatz 1 keine Beitragspflicht besteht, diesen mit eigenen Beiträgen fortführen. [2]Die hieraus entstehenden Anwartschaften und Ansprüche des Mitarbeiters sind keine solchen nach § 1 Abs. 1 S. 3 BetrAVG, soweit die eigenen Beiträge nicht durch eine Entgeltumwandlung im Anschluss an diese Zeiten erbracht wurden.

beitragsfreie Fortsetzung des Versicherungsverhältnisses

(3) [1]Entfällt wegen Beendigung des Dienst- bzw. Ausbildungsverhältnisses die Beitragspflicht des Dienstgebers für ein bestehendes Versicherungsverhältnis, ohne dass der Versicherte von der Möglichkeit der Fortführung der Versicherung gemäß § 6 Gebrauch macht, wird das Versicherungsverhältnis beitragsfrei fortgesetzt. [2]In diesem Fall wird eine Anwartschaft nach Maßgabe des zum Zeitpunkt der Beitragsfreistellung vorhandenen Deckungskapitals berechnet. [3]Der Anspruch des Versicherten auf Teilnahme an künftigen Leistungserhöhungen aus der satzungsmäßigen Überschussverwendung bleibt von der Beitragsfreistellung unberührt.

§ 6 Fortführung durch den Versicherten

Fortführen der Versicherung bei Ende des Dienstverhältnisses

[1]Entfällt die Beitragspflicht des Dienstgebers für eine bestehende Versicherung wegen des Endes des Dienstverhältnisses, so kann der Versicherte nach Maßgabe des Versicherungsvertrages die Versicherung als eigene Versicherung mit eigenen Beiträgen fortführen. [2]Diejenigen Anwartschaften, die nach dem Ausscheiden in einer so fortgeführten Versicherung entstehen, führen nicht zu einer betriebsrentenrechtlichen Verpflichtung des Dienstgebers, soweit sie nicht die aus den Pflichtbeiträgen entstehenden Überschussanteile betreffen. [3]Bei Fortführung als eigene Versicherung ist eine Kündigung der Versicherung oder deren mit dem Versicherer einvernehmliche Aufhebung ohne Zustimmung des Dienstgebers ausgeschlossen.

§ 7 Dienstgeberwechsel

Fortführen der Versicherung bei Dienstgeberwechsel

Scheidet ein bei dem Versicherer pflichtversicherter Mitarbeiter aus dem Dienst- bzw. Ausbildungsverhältnis aus und nimmt er eine Tätigkeit bei einem Dienstgeber auf, der ebenfalls die Pflichtversicherung bei diesem Versicherer nach der Versorgungsordnung C anwendet, so ist die begonnene Pflichtversicherung durch diesen Dienstgeber fortzusetzen, soweit die Versicherungsbedingungen dies zulassen.

§ 8 Weitere Regelungen

neue Bundesländer

(1) Die Bestimmungen dieser Versorgungsordnung finden im Gebiet der Bundesländer Mecklenburg-Vorpommern, Brandenburg, Sachsen-Anhalt, Thüringen und Sachsen sowie in dem Teil des Landes Berlin, für den das Grundgesetz bis einschließlich 2. Oktober 1990 nicht galt, mit den folgenden Maßgaben Anwendung.

Beitragssatz

(2) Abweichend von § 4 Abs. 2 Satz 1 und ergänzend zu § 4 Abs 1 Satz 1 wird der Beitragssatz nach § 4 Abs. 2 Satz 1 für Einrichtungen in dem in Absatz 1 genannten Gebiet mit 2,5 %, ab dem 1. April 2019 mit 4,5 % und ab dem 1. April 2020 mit 5,5% gerechnet.

Eigenbeitrag

(3) [1]In diesem Gebiet beteiligen sich die Mitarbeiter an diesen Beiträgen mit einem Eigenbeitrag im Sinne von § 1 Abs. 2 Nr. 4 BetrAVG ab dem 1. April 2019 mit 1 % und ab dem 1. April 2020 mit 1,5 % des versicherungspflichtigen Beschäftigungsentgelts. [2]§ 1a Absätze 2 bis 5 der VersO A der Anlage 8 zu den AVR finden entsprechende Anwendung.

Abführen der Beiträge

(4) [1]Der Dienstgeber führt die Beiträge als Schuldner nach § 4 Abs. 4 an die Versicherungab. [2]Dies umfasst auch die Eigenbeiträge der Beschäftigten. [3]Der Dienstgeber behält den Eigenbeitrag des Beschäftigten vom Arbeitsentgelt des Beschäftigten ein. [4]Die Beteiligung erfolgt für jeden Kalendermonat des Zeitraums der Beitragspflicht, für den der Beschäftigte einen Anspruch auf Bezüge (Entgelt, sonstige Zuwendungen, Krankenbezüge) oder einen Anspruch auf Krankengeldzuschuss hat, auch wenn dieser wegen der Höhe der Barleistungen des Sozialversicherungsträgers nicht gezahlt wird.

Ausschluss Förderung

(5) Der Anspruch des Beschäftigten nach § 1 Abs. 2 Nr. 4 zweiter Halbsatz BetrAVG in Verbindung mit § 1a Abs. 3 BetrAVG, zu verlangen, dass die Voraussetzungen für eine Förderung nach den §§ 10a, 82 Abs. 2 EStG erfüllt werden, ist für die Pflichtversicherung ausgeschlossen, wenn die Versicherungsbedingungen der Versicherung diese Förderungsmöglichkeit nicht ausdrücklich vorsehen.

Entgeltumwandlung

(6) [1]Der Eigenbeitrag nach Absatz 3 entfällt, wenn der Mitarbeiter für eine Entgeltumwandlung i.S.d. Beschlusses der Zentral-KODA vom 15. April 2002 in seiner jeweiligen Fassung ab dem 1. April 2019 von mindestens 1 %, ab dem 1. April 2020 von mindestens 1,5 % des versicherungspflichtigen Beschäftigungsentgelts im Kalenderjahr aufwendet. [2]In diesem Fall vermindert sich der dem vom Dienstgeber abzuführenden Beitrag zugrunde liegende Beitragssatz um den jeweils geltenden Beitragssatz des Eigenbeitrags des Mitarbeiters.

§ 9 Inkrafttreten und Übergangsregelung

Inkrafttreten

(1) Diese Regelung tritt am 1. Juli 2019 in Kraft.

Geltungsbereich

(2) [1]Soweit bei Inkrafttreten dieser VersO C bestehende Dienstverhältnisse bereits am 1. Januar 2019 bestanden haben und für diese keine Zusatzversorgung bei der Pensionskasse der Caritas VVaG oder der Kölner Pensionskasse bewirkt wurde, entrichtet der Dienstgeber auch Beiträge für die Beschäftigungszeiten des Jahres 2019, die vor dem Versicherungsbeginn lagen. [2]Für im Laufe des Kalenderjahres 2019 begonnene, bei Inkrafttreten dieser VersO C noch bestehende Dienstverhältnisse gilt dies entsprechend für Beiträge ab dem Beginn des Dienstverhältnisses.

Anmeldung

(3) Im Jahr 2019 reicht es aus, wenn die Anmeldung zu der Versicherung und die Beitragszahlung unter Beibehaltung des in dieser Ordnung vorgesehenen jeweiligen Beginns der Versicherung erst zum Ende des Kalenderjahres mit Wirkung für das Jahr 2019 erfolgt.

Verzinsung

(4) [1]Die Verzinsung der nach Absatz 2 für vor Versicherungsbeginn entrichtete Beiträge und für nach Absatz 3 bis zum Ende des Kalenderjahres 2019 erbrachte Beiträge richtet sich nach den Bedingungen des Versicherungsvertrages. [2]Ein darüber hinausgehender Anspruch auf eine Verzinsung für den Zeitraum vor der Beitragszahlung besteht insoweit nicht.

Anwendung

(5) [1]VersO B findet weiterhin auf solche Mitarbeiter Anwendung, für die die Zusatzversorgung bei der Pensionskasse der Caritas VVaG oder der Kölner Pensionskasse VVaG bewirkt wird. [2]Dies gilt auch für solche Mitarbeiter, für die eine Maßnahme nach § 8 der VersO B Anwendung findet.

Freistellung

(6) [1]Der Dienstgeber kann bis zum 1. Januar 2021 die Versicherungsverträge der Mitarbeiter nach Abs. 5 per 1. Januar 2020 oder 1. Januar 2021 beitragsfrei stellen, soweit dies die Versicherungsbedingungen der in Abs. 5 genannten Pensionskassen zulassen. [2]Voraussetzung für die Anwendung des Satzes 1 ist, dass der Dienstgeber zum selben Termin in entsprechender Anwendung des § 3 Abs. 1 eine Anmeldung des Mitarbeiters vornimmt und der Mitarbeiter der Beitragsfreistellung zugestimmt hatte. [3]Auf die Beitragsfreistellung findet § 5 Abs. 3 entsprechende Anwendung.

Entgeltumwandlung

(7) [1]Soweit nach Abs. 5 die VersO B Anwendung findet, kann für die Durchführung der Entgeltumwandlung nach dem Beschluss der Zentral-KODA vom 15. April 2002 in der jeweils geltenden Fassung die Versicherung nach § 4 Abs. 3 genutzt werden, soweit der Versicherer dies in seinen Bedingungen zulässt. [2]In diesem Fall gilt ein sachlicher Grund im Sinne des Satzes 3 des Absatzes 1 des Beschlusses der Zentral-KODA als gegeben.

Anlage 9: Vermögenswirksame Leistungen

Inhalt

§ 1	Voraussetzungen und Höhe der vermögenswirksamen Leistungen	211
§ 2	Mitteilung der Anlageart	212
§ 3	Entstehung und Fälligkeit des Anspruchs	212
§ 4	Änderungen der vermögenswirksamen Anlage	212
§ 5	Nachweis bei Anlage nach § 2 Abs. 1 des Vermögensbildungsgesetzes	213

Voll- und teilzeitbeschäftigte Mitarbeiter und zu ihrer Ausbildung Beschäftigte (Anlage 7 zu den AVR) erhalten nach Maßgabe der nachstehenden Bestimmungen vermögenswirksame Leistungen.

Voraussetzungen (Berechtigte)

§ 1 Voraussetzungen und Höhe der vermögenswirksamen Leistungen

Anspruch

(1) Der Mitarbeiter und der zu seiner Ausbildung Beschäftigte erhalten monatlich eine vermögenswirksame Leistung im Sinne des Vermögensbildungsgesetzes.

(2) Der Mitarbeiter, der im Voraus nur auf eine kalendermäßig bestimmte Zeit oder für eine Aufgabe von begrenzter Dauer bzw. zur Vertretung oder Aushilfe eingestellt ist oder wird, hat Anspruch auf die vermögenswirksame Leistung nach Absatz 1 nur, wenn das Dienstverhältnis voraussichtlich mindestens sechs Monate dauert.

Höhe

(3) [1]Die vermögenswirksame Leistung beträgt monatlich mindestens

a) für den vollbeschäftigten Mitarbeiter — Euro 6,65,

b) (weggefallen)

c) für den teilzeitbeschäftigten Mitarbeiter vom Betrag nach Buchstabe a den Teil, der dem Maß der mit ihm vereinbarten durchschnittlichen regelmäßigen wöchentlichen Arbeitszeit entspricht,

d) für den zu seiner Ausbildung Beschäftigten — Euro 13,29,

e) für die in Buchstabe d Genannten, deren Ausbildungsvergütung bzw. Entgelt monatlich mindestens 971,45 Euro beträgt, — Euro 6,65.

[2]Die Höhe der vermögenswirksamen Leistungen für die unter Buchstabe a bis d genannten Mitarbeiter richtet sich ausschließlich nach der am Ersten des jeweiligen Kalendermonats vertraglich vereinbarten Arbeitszeit. [3]Wird das Dienstverhältnis nach dem Ersten eines Kalendermonats begründet, so ist für diesen Monat die für den Beginn des Dienstverhältnisses vertraglich vereinbarte Arbeitszeit maßgebend.

Voraussetzungen (Dauer)

(4) [1]Die vermögenswirksame Leistung wird nur für die Kalendermonate gewährt, für die dem Mitarbeiter Dienstbezüge, Urlaubsvergütung nach § 2 der Anlage 14 zu den AVR oder Krankenbezüge zustehen. [2]Für Zeiten, für die Krankengeldzuschuss zusteht, ist die vermögenswirksame Leistung Teil des Krankengeldzuschusses.

[3]Für den zu seiner Ausbildung Beschäftigten treten anstelle der Dienstbezüge die Ausbildungsvergütung bzw. der Unterhaltszuschuss.

(5) Die vermögenswirksame Leistung bleibt bei der Berechnung der Beiträge zur Zusatzversorgung unberücksichtigt.

§ 2 Mitteilung der Anlageart

Anlageart

(1) Der Mitarbeiter und der zu seiner Ausbildung Beschäftigte teilen dem Dienstgeber schriftlich die Art der gewählten Anlage mit und geben hierbei, soweit dies nach der Art der Anlage erforderlich ist, das Unternehmen oder Institut mit der Nummer des Kontos an, auf das die Leistungen eingezahlt werden sollen.

(2) [1]Der Mitarbeiter und der zu seiner Ausbildung Beschäftigte erhalten auf Antrag anstelle der vermögenswirksamen Leistung nach Absatz 1 eine monatliche Zulage in gleicher Höhe wie nach § 1 Abs. 3 zur Brutto-Entgeltumwandlung, wenn diese gemäß der Regelung zur Entgeltumwandlung der Zentralen Kommission zur Ordnung des Arbeitsvertragsrechts im kirchlichen Dienst (Zentral-KODA) vom 15. April 2002 in ihrer jeweils gültigen Fassung durchgeführt wird. [2]Auf die Zulage nach Satz 1 sind die Regelungen über vermögenswirksame Leistungen entsprechend anzuwenden.

§ 3 Entstehung und Fälligkeit des Anspruchs

Beginn

Fälligkeit

(1) [1]Der Anspruch auf die vermögenswirksame Leistung entsteht frühestens für den Kalendermonat, in dem der Mitarbeiter bzw. der zu seiner Ausbildung Beschäftigte seinem Dienstgeber die nach § 2 erforderlichen Angaben mitteilt, und für die beiden vorangegangenen Kalendermonate desselben Kalenderjahres. [2]Die Ansprüche auf die vermögenswirksame Leistung werden erstmals am Letzten des zweiten auf die Mitteilung folgenden Kalendermonats fällig.

(2) [1]Der Anspruch entsteht nicht für einen Kalendermonat, für den dem Mitarbeiter bzw. dem zu seiner Ausbildung Beschäftigten von seinem oder einem anderen Dienstgeber eine vermögenswirksame Leistung aus diesem oder einem früher begründeten Dienst- oder Rechtsverhältnis erbracht wird. [2]Das gilt nicht, wenn der Anspruch mit einem gegen einen anderen Dienstgeber bestehenden Anspruch auf eine vermögenswirksame Leistung von weniger als 6,65 Euro zusammentrifft.

§ 4 Änderungen der vermögenswirksamen Anlage

Anlageart

(1) Der Mitarbeiter bzw. der zu seiner Ausbildung Beschäftigte kann während des Kalenderjahres die Art der vermögenswirksamen Anlage nach Anlage 9 zu den AVR und das Unternehmen oder Institut, bei dem sie erfolgen soll, nur mit Zustimmung des Dienstgebers wechseln.

(2) Für die vermögenswirksame Leistung gemäß Anlage 9 zu den AVR und die vermögenswirksame Anlage von Teilen der Dienstbezüge nach § 4 Abs. 1 des Vermögensbildungsgesetzes soll der Mitarbeiter bzw. der zu seiner Ausbildung Beschäftigte möglichst dieselbe Anlageart und dasselbe Unternehmen oder Institut wählen.

(3) Die Änderung einer schon bestehenden Vereinbarung nach § 4 Abs. 1 des Vermögensbildungsgesetzes bedarf nicht der Zustimmung des Dienstgebers, wenn der Mitarbeiter bzw. der zu seiner Ausbildung Beschäftigte die Änderung aus Anlass der erstmaligen Gewährung der vermögenswirksamen Leistung nach dieser Anlage 9 zu den AVR verlangt.

(4) In den Fällen der Absätze 1 und 3 gilt § 3 Abs. 1 Satz 2 entsprechend.

§ 5 Nachweis bei Anlage nach § 2 Abs. 1 des Vermögensbildungsgesetzes

Anlageart

Bei einer vermögenswirksamen Anlage nach § 2 Abs. 1 Nr. 5 des Vermögensbildungsgesetzes hat der Mitarbeiter seinem Dienstgeber die zweckentsprechende Verwendung der vermögenswirksamen Leistungen auf Verlangen nachzuweisen; das Auslaufen der Entschuldung hat er unverzüglich anzuzeigen.

Anlage 10: (derzeit nicht besetzt)

Anlage 11: Ordnung über die Gewährung von Beihilfen in Krankheits-, Geburts- und Todesfällen

Anspruch

(1) [1]Der Mitarbeiter hat nach Maßgabe der nachstehenden Bestimmungen der Ziffern 2 bis 7 Anspruch auf Beihilfe.

[2]Abweichend von Satz 1 hat keinen Anspruch auf Beihilfe:

a) der Mitarbeiter, der aufgrund seiner Tätigkeit im öffentlichen Dienst eine Beihilfeberechtigung hat,

b) der krankenversicherungspflichtige Mitarbeiter, der aufgrund der Tätigkeit seines Ehegatten im öffentlichen Dienst im Beihilfefalle eine berücksichtigungsfähige oder selbst beihilfeberechtigte Person darstellt.

[3]Aufwendungen im Sinne des § 9 der Beihilfevorschriften (Bund) sind nicht beihilfefähig. [4]Innerhalb eines über den 31. Dezember 1991 hinaus fortbestehenden Dienstverhältnisses bleiben solche Aufwendungen jedoch bis zum 31. Dezember 1992 weiter beihilfefähig, wenn für solche Aufwendungen für dieselbe Person vor dem 1. Januar 1992 Beihilfe zu gewähren war. [5]Diese Regelung gilt, soweit eine diözesane Regelung nichts anderes bestimmt.

Diözese

(2) In Dienststellen und Einrichtungen, die in einer Diözese ihren Sitz haben, in der eine Beihilfeordnung (Beihilfevorschriften) rechtsverbindlich durch eine entsprechende Veröffentlichung im Amtsblatt erlassen wurde, regelt sich der Anspruch des Mitarbeiters auf Beihilfe nach dieser Ordnung, sofern Ziffer 4 nichts anderes bestimmt.

Bundesland

(3) Soweit in einer Diözese keine Beihilfeordnung im Sinne der Ziffer 2 erlassen wurde, regelt sich bis zum Inkrafttreten einer solchen der Anspruch des Mitarbeiters auf Beihilfe nach den Beihilfevorschriften, die jeweils für die Angestellten des Bundeslandes Anwendung finden, in dem die Dienststelle oder Einrichtung ihren Sitz hat, sofern nicht Ziffer 4 anzuwenden ist.

(4) (weggefallen)

kirchliche Grundsätze

(5) Beihilfen werden nicht gewährt zu Aufwendungen aus Anlass medizinischer Eingriffe (z. B. Schwangerschaftsabbrüche und Sterilisationen), die gegen kirchliche Grundsätze verstoßen.

Antrag

(6) [1]Die Beihilfen werden nur auf Antrag gewährt. [2]Der Antrag ist beim Dienstgeber zu stellen. [3]Die Beihilfe ist vom Dienstgeber zu zahlen.

(7) Beihilfen sind nicht zusatzversorgungspflichtig.

(8) Diese Anlage findet keine Anwendung im Gebiet der Bundesländer Mecklenburg-Vorpommern, Brandenburg, Sachsen-Anhalt, Thüringen und Sachsen sowie in dem Teil des Bundeslandes Berlin, für den das Grundgesetz bis einschließlich 2. Oktober 1990 nicht galt.

Anlage 11a: Geburtsbeihilfe

Antrag

[1]Der Mitarbeiter erhält bei der Geburt eines Kindes auf Antrag eine Geburtsbeihilfe von 358 Euro je Kind. [2]Die Geburtsbeihilfe erhält auch der Mitarbeiter, der ein Kind, das das zweite Lebensjahr noch nicht vollendet hat, als Kind annimmt oder mit dem Ziel der Annahme in seinen Haushalt aufnimmt und die zur Annahme erforderliche Einwilligung der Eltern (§§ 1747, 1748 BGB) erteilt ist. [3]Die Geburtsbeihilfe ist nicht zusatzversorgungspflichtig.

mehrere Dienstverhältnisse

[4]Hat ein Mitarbeiter aus mehreren Dienstverhältnissen im Geltungsbereich der AVR Anspruch auf Geburtsbeihilfe, erhält er diese von den Dienstgebern zu gleichen Anteilen. [5]Haben beide Elternteile aus einem Dienstverhältnis im Geltungsbereich der AVR Anspruch auf Geburtsbeihilfe, erhält diese die Mutter. [6]Wird einem Elternteil in Geburtsfällen nach Anlage 11 zu den AVR oder aus einem Beschäftigungsverhältnis im kirchlichen und öffentlichen Dienst oder aus einer Beihilfeversicherung eine Beihilfe oder ähnliche Leistung gewährt, so ist diese auf den Anspruch auf Geburtsbeihilfe für den Mitarbeiter anzurechnen.

Anlage 12: (derzeit nicht besetzt)

Anlage 13: Bestimmungen über Umzugskostenvergütung und Trennungsgeld

Anspruch

(1) Der Mitarbeiter hat nach Maßgabe der nachstehenden Bestimmungen Anspruch auf Umzugskostenvergütung und Trennungsgeld.

Diözese

(2) In Dienststellen und Einrichtungen, die in einer Diözese ihren Sitz haben, in der Bestimmungen über Umzugskostenvergütung und Trennungsgeld rechtsverbindlich durch eine entsprechende Veröffentlichung im Amtsblatt erlassen wurden, regelt sich der Anspruch des Mitarbeiters auf Umzugskostenvergütung und Trennungsgeld nach dieser Ordnung, sofern Ziffer 4 nichts anderes bestimmt.

Bundesland

(3) Soweit in einer Diözese keine Bestimmungen über Umzugskostenvergütung und Trennungsgeld im Sinne der Ziffer 2 erlassen wurden, regelt sich bis zum Inkrafttreten solcher Bestimmungen der Anspruch des Mitarbeiters auf Umzugskostenvergütung und Trennungsgeld nach dem Umzugskostenrecht, das jeweils für die Angestellten des Bundeslandes Anwendung findet, in dem die Dienststelle oder Einrichtung ihren Sitz hat, sofern nicht Ziffer 4 anzuwenden ist.

(4) (weggefallen)

Antrag

(5) [1]Die Umzugskostenvergütung und das Trennungsgeld werden nur auf Antrag gewährt. [2]Der Antrag ist beim Dienstgeber zu stellen. [3]Umzugskostenvergütung und Trennungsgeld ist vom Dienstgeber zu zahlen.

Anlage 13a: Bestimmungen über Reisekostenerstattung

(1) Der Mitarbeiter hat nach Maßgabe der nachstehenden Bestimmungen Anspruch auf Reisekostenerstattung. Anspruch

(2) Soweit in einer Einrichtung oder Dienststelle eine eigene Reisekostenregelung nicht besteht, regelt sich der Anspruch auf Reisekostenerstattung nach der in der jeweiligen Diözese geltenden Ordnung. Einrichtung Diözese

(3) Soweit Regelungen über Reisekostenerstattung im Sinne der Ziffer 2 nicht erlassen wurden, regelt sich bis zum Inkrafttreten solcher Regelungen der Anspruch des Mitarbeiters auf Reisekostenerstattung nach dem Reisekostenrecht, das jeweils für die Angestellten des Bundeslandes Anwendung findet, in dem die Dienststelle oder Einrichtung ihren Sitz hat, sofern Ziffer 4 nichts anderes bestimmt. Bundesland

(4) (weggefallen)

(5) [1]Reisekosten werden nur auf Antrag gewährt. [2]Der Antrag ist beim Dienstgeber zu stellen. [3]Reisekosten sind vom Dienstgeber zu zahlen. Antrag

Anlage 14: Erholungsurlaub, Urlaubsgeld, Sonderurlaub

Inhalt

I.	Erholungsurlaub	218
§ 1	Entstehung des Anspruchs	218
§ 2	Bezüge während des Erholungsurlaubs	220
§ 3	Dauer des Erholungsurlaubs	222
§ 3a	*(RK Ost):* Zusätzliche Erholungsurlaubstage	223
§ 4	Zusatzurlaub	223
§ 5	Urlaub bei Beendigung des Dienstverhältnisses	224
II.	Urlaubsgeld	225
§ 6	Anspruchsvoraussetzung	225
§ 7	Höhe des Urlaubsgeldes	226
§ 8	Anrechnung von Leistungen	227
§ 9	Auszahlung des Urlaubsgeldes	227
III.	Sonderurlaub	227
§ 10	Sonderurlaub	227

I. Erholungsurlaub

§ 1 Entstehung des Anspruchs

Anspruch

(1) [1]Die Mitarbeiter und die zu ihrer Ausbildung Beschäftigten erhalten in jedem Urlaubsjahr den gesetzlichen Mindesturlaub von vier Wochen und haben einen weitergehenden Urlaubsanspruch im Gesamtumfang des § 3 Abs. 1. [2]Urlaubsjahr ist das Kalenderjahr.

Zweck

(2) [1]Der Erholungsurlaub dient der Erhaltung der Gesundheit. [2]Der Mitarbeiter ist deshalb verpflichtet, den Erholungsurlaub tatsächlich zu nehmen und darf während des Erholungsurlaubs keine dem Urlaubszweck widersprechende Erwerbstätigkeit leisten.

Festsetzung

(3) [1]Der Dienstgeber setzt auf Antrag des Mitarbeiters den Erholungsurlaub zeitlich fest. [2]Dabei hat er die Urlaubswünsche des Mitarbeiters zu berücksichtigen, es sei denn, dass dringende dienstliche Belange oder Urlaubswünsche anderer Mitarbeiter, die unter sozialen Gesichtspunkten den Vorrang verdienen, diesen entgegenstehen.

[3]Der Urlaub ist zu gewähren, wenn der Mitarbeiter dies im Anschluss an eine Maßnahme der medizinischen Vorsorge oder Rehabilitation (Abschnitt XII Abs. a Unterabs. 2 der Anlage 1 zu den AVR) verlangt.

(4) [1]Der Erholungsurlaub soll grundsätzlich zusammenhängend gewährt werden. [2]Kann der Erholungsurlaub aus dringenden dienstlichen Gründen nicht zusammenhängend gewährt werden oder ist eine Teilung des Erholungsurlaubs aus Gründen gerechtfertigt, die in der Person des Mitarbeiters liegen, so ist diese zulässig. [3]Bei einer Teilung muss jedoch ein Teil des Erholungsurlaubs so bemessen

sein, dass der Mitarbeiter mindestens für 14 aufeinanderfolgende Werktage vom Dienst befreit ist.

(5) [1]Der Erholungsurlaub ist spätestens bis zum Ende des Urlaubsjahres anzutreten. [2]Kann der Erholungsurlaub aus dringenden dienstlichen Gründen oder aus Gründen, die in der Person des Mitarbeiters liegen, bis zum Ende des Urlaubsjahres nicht angetreten werden, ist er bis zum 30. April des folgenden Urlaubsjahres anzutreten. [3]Hat der Mitarbeiter den ihm zustehenden Urlaub vor dem Beginn der Elternzeit nicht oder nicht vollständig erhalten, so ist ihm der Resturlaub nach der Elternzeit im laufenden oder im nächsten Urlaubsjahr zu gewähren.

Antritt

[4]Wird die Wartezeit (Abs. 6) erst nach Ablauf des Urlaubsjahres erfüllt, ist der Urlaub spätestens bis zum Ende des folgenden Urlaubsjahres anzutreten.

[5]Kann der gesetzliche Mindesturlaub und der Zusatzurlaub nach § 208 SGB IX infolge Arbeitsunfähigkeit nicht angetreten werden, erlischt dieser Urlaubsanspruch 15 Monate nach Ablauf des Urlaubsjahres. [6]Kann der weitergehende Urlaubsanspruch infolge von Arbeitsunfähigkeit nicht angetreten werden, gilt § 1 Abs. 5 Satz 2.

(6) [1]Der Erholungsurlaub kann erstmalig nach Ablauf von sechs Monaten seit Einstellung (Wartezeit) geltend gemacht werden.

Wartezeit, vgl. Abs. 5 Unterabs. 2

[2]Beginnt oder endet das Dienstverhältnis im Laufe des Urlaubsjahres, so beträgt der Urlaubsanspruch ein Zwölftel für jeden vollen Beschäftigungsmonat. [3]Entsprechendes gilt, wenn gemäß § 18 Abs.1 Satz 6 AT das Ruhen des Dienstverhältnisses eintritt. [4]Scheidet der Mitarbeiter wegen verminderter Erwerbsfähigkeit (§ 18 Abs. 1 und 3 AT AVR) oder durch Erreichung der Altersgrenze (§ 19 Abs. 3 und 4 AT) aus dem Dienstverhältnis aus, so beträgt der Urlaubsanspruch sechs Zwölftel, wenn das Dienstverhältnis in der ersten Hälfte des Urlaubsjahres endet, und zwölf Zwölftel, wenn das Dienstverhältnis in der zweiten Hälfte des Urlaubsjahres endet.

Berechnung bei Veränderungen im Urlaubsjahr

[5]Der Urlaubsanspruch vermindert sich für jeden vollen Kalendermonat der Elternzeit ohne Teilzeitbeschäftigung und eines Sonderurlaubs nach § 10 jeweils um ein Zwölftel. [6]Die Verminderung unterbleibt für drei Kalendermonate eines Sonderurlaubs zum Zwecke der beruflichen Fortbildung, wenn der Dienstgeber ein dienstliches oder betriebliches Interesse an der Beurlaubung schriftlich anerkannt hat.

[7]Ergeben sich bei der Berechnung des anteiligen Jahresurlaubs Bruchteile eines Urlaubstages, die mindestens einen halben Tag ergeben, sind diese auf einen vollen Urlaubstag aufzurunden. [8]Vor Anwendung der Sätze 2 bis 6 sind der Erholungsurlaub und ein etwaiger Zusatzurlaub, mit Ausnahme des Zusatzurlaubs nach dem Neunten Sozialgesetzbuch, zusammenzurechnen.

Bruchteile Urlaubstage

(7) [1]Erkrankt der Mitarbeiter während des Erholungsurlaubs und zeigt er dies unverzüglich an, so werden ihm die durch ärztliches Zeugnis nachgewiesenen Krankheitstage, an denen der Mitarbeiter arbeitsunfähig war, auf den Urlaub nicht angerechnet; Abschnitt XIIa Abs. a der Anlage 1 zu den AVR gilt entsprechend. [2]Der Mitarbeiter hat nach Ablauf des Erholungsurlaubs seinen Dienst an dem im Voraus festgelegten Tag wieder aufzunehmen. [3]Dauert die Arbeitsunfähigkeit über diesen Zeitpunkt hinaus an, so hat er nach Wiederherstellung der Dienstfähigkeit unverzüglich den Dienst aufzunehmen. [4]Die wegen Arbeitsunfähigkeit nachzugewährenden Urlaubstage werden vom Dienstgeber auf Antrag des Mitarbeiters erneut festgesetzt.

Erkrankung

§ 2 Bezüge während des Erholungsurlaubs

Urlaubsbezüge

(1) [1]Während des Erholungsurlaubs erhält der Mitarbeiter die Dienstbezüge nach Abschnitt II der Anlage 1 zu den AVR einschließlich der Zulagen, die in Monatsbeträgen festgelegt sind, die er erhalten würde, wenn er sich nicht im Urlaub befände. [2]Haben sich die Dienstbezüge und die Zulagen oder eine dieser Leistungen während der letzten drei Kalendermonate vor dem Beginn des Erholungsurlaubs zuungunsten des Mitarbeiters verändert, so bemessen sich diese während des Erholungsurlaubs nach den durchschnittlichen Dienstbezügen bzw. Zulagen, die der Mitarbeiter im genannten Berechnungszeitraum erhalten hat. [3]Dabei bleiben Kürzungen der Dienstbezüge bzw. der Zulagen, die im Berechnungszeitraum infolge von Kurzarbeit, Arbeitsausfällen oder unverschuldeter Arbeitsversäumnis eintreten, für die Berechnung der Dienstbezüge bzw. Zulagen außer Betracht. [4]Beim Vorliegen der Voraussetzungen erhält der Mitarbeiter zusätzlich pro Urlaubstag einen Aufschlag nach Abs. 3.

Anmerkung zu Absatz 1:
Bei der Bemessungsgrundlage nach Satz 1 ist der Zuschlag gemäß § 8 Absatz 3 Sätze 3 und 4 der Anlage 30 in jedem Monat des Berechnungszeitraumes mit einem Sechstel zu berücksichtigen.

(2) [1]Als Zulagen, die in Monatsbeträgen festgelegt sind, gelten auch Monatspauschalen der in Abs. 3 genannten Bezüge. [2]Solange dem Mitarbeiter die Monatspauschale zusteht, sind die entsprechenden Bezüge bei der Errechnung des Aufschlages nicht zu berücksichtigen.

Aufschlag, vgl. Abs. 1, letzter Satz

(3) Der Aufschlag ermittelt sich aus dem Tagesdurchschnitt der Zeitzuschläge nach § 1 Abs. 1 Satz 2 Buchst. b bis f der Anlage 6a zu den AVR, § 7 Abs. 1 Buchst. b bis e der Anlage 30 zu den AVR,

§ 6 Abs. 1 Buchst. b bis f der Anlage 31 zu den AVR,
§ 6 Abs. 1 Buchst. b bis f der Anlage 32 zu den AVR,
§ 6 Abs. 1 Buchst. b bis f der Anlage 33 zu den AVR,

der Überstundenvergütung nach
§ 1 Abs. 3 Satz 2 der Anlage 6a zu den AVR,
§ 7 Abs. 1 Satz 1 Buchst. a der Anlage 30 zu den AVR,
§ 6 Abs. 1 Satz 1 Buchst. a der Anlage 31 zu den AVR,
§ 6 Abs. 1 Satz 1 Buchst. a der Anlage 32 zu den AVR,
§ 6 Abs. 1 Satz 1 Buchst. a der Anlage 33 zu den AVR,

dem Zeitzuschlag nach
§ 1 Abs. 1 Satz 2 Buchst. a der Anlage 6a zu den AVR,
§ 7 Abs. 1 Satz 1 Buchst. a der Anlage 30 zu den AVR,
§ 6 Abs. 1 Satz 1 Buchst. a der Anlage 31 zu den AVR,
§ 6 Abs. 1 Satz 1 Buchst. a der Anlage 32 zu den AVR,
§ 6 Abs. 1 Satz 1 Buchst. a der Anlage 33 zu den AVR

für ausgeglichene Überstunden,
der Vergütung für Bereitschaftsdienst und Rufbereitschaft nach
§ 7 Abs. 5 und 6, § 9 Abs. 1, 2, 3 und 5 der Anlage 5 zu den AVR
§ 8 und § 7 Abs. 4 der Anlage 30 zu den AVR,
§ 7 und § 6 Abs. 4 der Anlage 31 zu den AVR,
§ 7 und § 6 Abs. 4 der Anlage 32 zu den AVR,
§ 7 und § 6 Abs. 4 der Anlage 33 zu den AVR,

der Mehrarbeitsvergütung für teilzeitbeschäftigte Mitarbeiter nach Abschnitt IIa Satz 3 der Anlage 1 zu den AVR, sowie den Aufschlagszahlungen nach dieser Vorschrift während der letzten drei Kalendermonate vor Beginn des Urlaubs.

Berechnung Aufschlag

(4) [1]Der Tagesdurchschnitt nach Absatz 3 beträgt bei der Verteilung der durchschnittlichen regelmäßigen Arbeitszeit auf fünf Tage 1/65, bei einer Verteilung auf sechs Tage 1/78 aus der Summe der in den dem Urlaubsbeginn vorangegangenen drei Kalendermonaten gezahlten Zeitzuschläge nach

§ 1 Abs. 1 Satz 2 Buchst. b bis f der Anlage 6a zu den AVR,
§ 7 Abs. 1 Buchst. b bis e der Anlage 30 zu den AVR,
§ 6 Abs. 1 Buchst. b bis f der Anlage 31 zu den AVR,
§ 6 Abs. 1 Buchst. b bis f der Anlage 32 zu den AVR,
§ 6 Abs. 1 Buchst. b bis f der Anlage 33 zu den AVR,

der Überstundenvergütung nach
§ 1 Abs. 3 Satz 2 der Anlage 6a zu den AVR,
§ 7 Abs. 1 Satz 1 Anmerkung zu Absatz 1 Satz 1 der Anlage 30 zu den AVR,
§ 6 Abs. 1 Satz 1 Anmerkung zu Absatz 1 Satz 1 der Anlage 31 zu den AVR,
§ 6 Abs. 1 Satz 1 Anmerkung zu Absatz 1 Satz 1 der Anlage 32 zu den AVR,
§ 6 Abs. 1 Satz 1 Anmerkung zu Absatz 1 Satz 1 der Anlage 33 zu den AVR,

des Zeitzuschlages nach
§ 1 Abs. 1 Satz 2 Buchst. a der Anlage 6a zu den AVR,
§ 7 Abs. 1 Satz 1 Buchst. a der Anlage 30 zu den AVR,
§ 6 Abs. 1 Satz 1 Buchst. a der Anlage 31 zu den AVR,
§ 6 Abs. 1 Satz 1 Buchst. a der Anlage 32 zu den AVR,
§ 6 Abs. 1 Satz 1 Buchst. a der Anlage 33 zu den AVR

für ausgeglichene Überstunden,
der Vergütung für Bereitschaftsdienst und Rufbereitschaft nach
§ 7 Abs. 5 und 6, § 9 Abs. 1, 2, 3 und 5 der Anlage 5 zu den AVR,
§ 8 und § 7 Abs. 3 der Anlage 30 zu den AVR,
§ 7 und § 6 Abs. 4 der Anlage 31 zu den AVR,
§ 7 und § 6 Abs. 4 der Anlage 32 zu den AVR,
§ 7 und § 6 Abs. 4 der Anlage 33 zu den AVR,

der Mehrarbeitsvergütung für teilzeitbeschäftigte Mitarbeiter nach Abschnitt IIa Satz 3 der Anlage 1 zu den AVR sowie der Aufschlagszahlungen nach Absatz 3. [2]Ist die durchschnittliche regelmäßige wöchentliche Arbeitszeit weder auf fünf noch auf sechs Tage verteilt, ist der Tagesdurchschnitt entsprechend zu ermitteln. [3]Maßgebend ist die Verteilung der Arbeitszeit zu Beginn des Drei-Kalendermonate-Berechnungszeitraumes.

(5) [1]Werden die in Abs. 3 genannten Bezüge in Monatspauschalen festgesetzt (vgl. z. B. § 1 Abs. 4 der Anlage 6a zu den AVR), ist Abs. 2 zu beachten. [2]Wird eine der Leistungen nach Abs. 3, die im Drei-Kalendermonate-Berechnungszeitraum zur Auszahlung gelangt, dem Mitarbeiter nicht für jeden Monat mit einer Monatspauschale vergütet, gilt die Monatspauschale in diesem Falle nicht als eine in Monatsbeträgen festgelegte Zulage. [3]Die Monatspauschale ist in diesem Falle in die Berechnung des Tagesdurchschnitts gemäß Abs. 4 einzubeziehen.

Erwerbstätigkeit im Urlaub

(6) Mitarbeiter, die ohne Erlaubnis während des Urlaubs gegen Entgelt arbeiten, verlieren hierdurch den Anspruch auf die Urlaubsvergütung für die Tage der Erwerbstätigkeit.

§ 3 Dauer des Erholungsurlaubs

(1) [1]Der Urlaub des Mitarbeiters, dessen durchschnittliche regelmäßige wöchentliche Arbeitszeit auf 5 Arbeitstage in der Kalenderwoche verteilt ist (Fünftagewoche), beträgt 30 Arbeitstage, soweit nicht eine für den Mitarbeiter günstigere gesetzliche Regelung (z.B. für Jugendliche und schwerbehinderte Menschen) oder für die zu ihrer Ausbildung Beschäftigten (Anlage 7 zu den AVR) eine Sonderregelung getroffen ist. [2]Der Umfang des Urlaubs in Satz 1 gilt ab 1. Januar 2015.

Gilt rückwirkend ab 1. Januar 2022

(2) [1]Abweichend von Abs. 1 Satz 1 beträgt der Urlaub für Ärztinnenund Ärzte, die unter den Geltungsbereich der Anlage 30 fallen, 31 Arbeitstage.

(RK Ost): [2]Durch Vereinbarung kann jährlich zwischen Dienstgeber und Mitarbeiter der 31. Urlaubstag durch die Zahlung einer Vergütung in entsprechender Höhe abgegolten werden.

(3) (weggefallen)

Arbeitstage

(4) [1]Arbeitstage sind alle Kalendertage, an denen der Mitarbeiter dienstplanmäßig oder in seiner Einrichtung oder Dienststelle üblicherweise zu arbeiten hat oder zu arbeiten hätte, mit Ausnahme der auf Arbeitstage fallenden gesetzlichen Feiertage, für die kein Freizeitausgleich gewährt wird. [2]Endet eine Dienstleistung nicht an dem Kalendertag, an dem sie begonnen hat, gilt als Arbeitstag der Kalendertag, an dem die Dienstleistung begonnen hat.

mehr als 5-Tage-Woche

(5) [1]Ist die durchschnittliche regelmäßige wöchentliche Arbeitszeit regelmäßig oder dienstplanmäßig im Durchschnitt des Urlaubsjahres auf mehr als fünf Arbeitstage in der Kalenderwoche verteilt, erhöht sich der Urlaub für jeden zusätzlichen Arbeitstag im Urlaubsjahr um 1/260 des Urlaubs nach Abs. 1 und § 4 zuzüglich eines etwaigen Zusatzurlaubs. [2]Ein Zusatzurlaub nach § 4 Abs. 2 bis Abs. 8 nach dem Neunten Sozialgesetzbuch und nach den Vorschriften für politisch Verfolgte bleibt dabei unberücksichtigt.

weniger als 5-Tage-Woche

[3]Ist die durchschnittliche regelmäßige wöchentliche Arbeitszeit regelmäßig oder dienstplanmäßig im Durchschnitt des Urlaubsjahres auf weniger als fünf Arbeitstage in der Kalenderwoche verteilt, vermindert sich der Urlaub für jeden zusätzlichen arbeitsfreien Tag im Urlaubsjahr um 1/260 des Urlaubs nach Abs. 1 und § 4 zuzüglich eines etwaigen Zusatzurlaubs. [4]Ein Zusatzurlaub nach § 4 Abs. 2 bis Abs. 8, nach dem Neunten Buch Sozialgesetzbuch und nach den Vorschriften für politisch Verfolgte bleibt dabei unberücksichtigt.

Änderung der Tage-Woche

[5]Wird die Verteilung der durchschnittlichen regelmäßigen wöchentlichen Arbeitszeit während des Urlaubsjahres auf Dauer oder jahreszeitlich bedingt vorübergehend geändert, ist die Zahl der Arbeitstage zugrunde zu legen, die sich ergeben würde, wenn die für die Urlaubszeit maßgebende Verteilung der Arbeitszeit für das ganze Urlaubsjahr gelten würde.

Bruchteile Urlaubstage

[6]Ergeben sich bei der Berechnung des Erholungsurlaubs nach den Sätzen 1 bis 5 Bruchteile eines Urlaubstages, die mindestens einen halben Tag ergeben, so sind diese auf einen vollen Urlaubstag aufzurunden.

§ 3a *(RK Ost):* Zusätzliche Erholungsurlaubstage

RK Ost: Mitarbeiter der Anlagen 2, 2 d, 2e, 22, 23 und 31 bis 33

[1]Die Mitarbeiter im Geltungsbereich der Regionalkommission Ost erhalten im Jahr 2024 zwei zusätzliche Tage Erholungsurlaub, im Jahr 2025 zwei zusätzliche Tage Erholungsurlaub und im Jahr 2026 einen zusätzlichen Tag Erholungsurlaub. [2]Von dieser Regelung nicht erfasst sind die Mitarbeiter der Anlage 21, 21a und 30 sowie Schüler und Auszubildende der Anlage 7. [3]§ 4 Abs. 9 Satz 2 der Anlage 14, § 17 Abs. 7 Satz 2 der Anlage 31, § 17 Abs. 7 Satz 2 und 3 der Anlage 32 und § 16 Abs. 7 Satz 2 und 3 der Anlage 33 finden auf den zusätzlichen Erholungsurlaub keine Anwendung. [4]Der zusätzliche Erholungsurlaub unterliegt ansonsten den Regelungen gemäß Anlage 14.

§ 4 Zusatzurlaub

Ankündigung des Mitarbeiters

(1) Zu dem nach § 3 zu gewährenden Urlaub erhalten einen Zusatzurlaub von fünf Arbeitstagen die Mitarbeiter, die mehr als 50 v.H. der regelmäßigen Arbeitszeit (Anlage 5 zu den AVR)

a) in Kontrollbereichen von Bestrahlungsabteilungen arbeiten oder in Laboratorien mit Radionukliden umgehen,

b) mit der Pflege und Behandlung von Infektionskranken betraut sind,

c) mit infektiösem Material arbeiten.

Wechselschichtarbeit Schichtarbeit

(2) [1]Der Mitarbeiter, der Wechselschichtarbeit (§ 2 Abs. 2 Sätze 1 bis 3 der Anlage 5 zu den AVR) oder Schichtarbeit (§ 2 Abs. 2 Satz 4 der Anlage 5 zu den AVR) zu leisten hat, erhält bei einer Leistung im Kalenderjahr von mindestens

113 Arbeitsstunden zwischen 20.00 Uhr und 6.00 Uhr	1 Arbeitstag,
225 Arbeitsstunden zwischen 20.00 Uhr und 6.00 Uhr	2 Arbeitstage,
338 Arbeitsstunden zwischen 20.00 Uhr und 6.00 Uhr	3 Arbeitstage,
450 Arbeitsstunden zwischen 20.00 Uhr und 6.00 Uhr	4 Arbeitstage

Zusatzurlaub im Urlaubsjahr.

Nachtarbeit

[2]Der Mitarbeiter, der die Voraussetzungen nach Satz 1 nicht erfüllt, erhält bei einer Leistung im Kalenderjahr von mindestens

150 Arbeitsstunden zwischen 20.00 Uhr und 6.00 Uhr	1 Arbeitstag,
300 Arbeitsstunden zwischen 20.00 Uhr und 6.00 Uhr	2 Arbeitstage,
450 Arbeitsstunden zwischen 20.00 Uhr und 6.00 Uhr	3 Arbeitstage,
600 Arbeitsstunden zwischen 20.00 Uhr und 6.00 Uhr	4 Arbeitstage

Zusatzurlaub im Urlaubsjahr.

50. Lebensjahr

(3) Für den Mitarbeiter, der spätestens mit Ablauf des Urlaubsjahres, in dem der Anspruch auf Zusatzurlaub nach Abs. 2 entsteht, das 50. Lebensjahr vollendet hat, erhöht sich der Zusatzurlaub nach Abs. 2 um einen Arbeitstag.

Nachtarbeitszeit (Definition)

(4) Bei der Anwendung des Abs. 2 werden nur die im Rahmen der regelmäßigen Arbeitszeit in der Zeit zwischen 20.00 Uhr und 6.00 Uhr dienstplanmäßig bzw. betriebsüblich geleisteten Arbeitsstunden berücksichtigt.

Höchstgrenze

(5) Der Zusatzurlaub nach Abs. 2 darf insgesamt vier Arbeitstage – in Fällen des Abs. 3 fünf Arbeitstage – für das Urlaubsjahr nicht überschreiten.

(6) [1]Die Mitarbeiter erhalten für die Zeit der Bereitschaftsdienste in den Nachtstunden einen Zusatzurlaub in Höhe von zwei Arbeitstagen pro Kalenderjahr, sofern mindestens 288 Stunden der Bereitschaftsdienste kalenderjährlich in die Zeit zwischen 20 Uhr und 6 Uhr fallen. [2]Nachtarbeitsstunden, die in Zeiträumen geleistet werden, für die Zusatzurlaub für Wechselschicht- oder Schichtarbeit zusteht, bleiben unberücksichtigt.

Anmerkung zu § 4 Abs. 6 (kein Abdruck wegen Fristablauf)

Teilzeit

(7) [1]Bei dem nicht vollbeschäftigten Mitarbeiter ist die Zahl der in Abs. 2 sowie der in Abs. 6 geforderten Nachtarbeitsstunden entsprechend dem Verhältnis der vereinbarten durchschnittlichen Arbeitszeit zur regelmäßigen Arbeitszeit eines entsprechend vollbeschäftigten Mitarbeiters zu kürzen. [2]Ist die vereinbarte Arbeitszeit im Durchschnitt des Urlaubsjahres auf weniger oder mehr als fünf Arbeitstage in der Kalenderwoche verteilt, ist der Zusatzurlaub in entsprechender Anwendung des § 3 Abs. 5 Sätze 1 bis 4 zu ermitteln. [3]Ergeben sich bei der Berechnung des Zusatzurlaubs Bruchteile eines Urlaubstages, die mindestens einen halben Tag ergeben, so sind diese auf einen vollen Urlaubstag aufzurunden.

Bemessung
Fälligkeit

(8) [1]Der Zusatzurlaub bemisst sich nach der bei demselben Dienstgeber im vorangegangenen Kalenderjahr erbrachten Arbeitsleistung. [2]Der Anspruch auf Zusatzurlaub entsteht mit Beginn des auf die Arbeitsleistung folgenden Urlaubsjahres. [3]Etwas anderes gilt für Zusatzurlaub nach Abs. 6: Der Anspruch auf Zusatzurlaub bemisst sich nach den abgeleisteten Nachtarbeitsstunden und entsteht im laufenden Jahr, sobald die Voraussetzungen nach Abs. 6 Satz 1 erfüllt sind.

Höchstgrenze

(9) [1]Zusatzurlaub nach Abs. 1 bis Abs. 8 wird bei Zusammentreffen mehrerer Anspruchsvoraussetzungen bei der Fünf-Tage-Woche nur bis zu insgesamt fünf Arbeitstagen im Urlaubsjahr gewährt. [2]Besteht allein Anspruch auf Zusatzurlaub nach Abs. 1, werden der Zusatzurlaub und der Erholungsurlaub nach § 3 bei der Fünf-Tage-Woche nur bis zu 34 Arbeitstagen im Urlaubsjahr gewährt. [3]Bei einer anderweitigen Verteilung der regelmäßigen Arbeitszeit (§ 3 Abs. 5 Sätze 1 bis 4) erhöht oder vermindert sich die höchstmögliche Anzahl der Zusatzurlaubstage (Satz 1) und der Gesamturlaubstage (Satz 2) entsprechend.

§ 5 Urlaub bei Beendigung des Dienstverhältnisses

Beendigung
Dienstverhältnis

(1) [1]Soweit im Zeitpunkt einer Kündigung des Dienstverhältnisses der entstandene Urlaubsanspruch (§ 1 Abs. 6) noch nicht erfüllt ist, ist der Erholungsurlaub während der Kündigungsfrist zu gewähren und zu nehmen. [2]Soweit der Erholungsurlaub aus dienstlichen Gründen nicht gewährt werden kann oder die Kündigungsfrist nicht ausreicht oder das Dienstverhältnis durch Auflösungsvertrag (§ 19 Abs. 2 AT) endet, ist der Erholungsurlaub abzugelten. [3]Dasselbe gilt, wenn das Dienstverhältnis wegen verminderter Erwerbsfähigkeit endet (§ 18 Abs. 1 und 3 AT) oder zum Ruhen kommt (§ 18 Abs. 1 Satz 6 AT). [4]Kann wegen Arbeitsunfähigkeit der Erholungsurlaub bis zur Beendigung des Dienstverhältnisses nicht mehr genommen werden, besteht ein Abgeltungsanspruch für den gesetzlichen Mindesturlaub und den Zusatzurlaub nach § 208 SGB IX. [5]Der weitergehende Urlaubsanspruch wird nur dann abgegolten, wenn nach Ausscheiden des Mitarbeiters aus dem Dienstverhältnis dessen Arbeitsunfähigkeit noch im Urlaubsjahr,

für das der Urlaubsanspruch entstanden ist, bzw. im Übertragungszeitraum (§ 1 Abs. 5) so rechtzeitig endet, dass bei bestehendem Dienstverhältnis der Urlaub hätte verwirklicht werden können. [6]Wird Urlaub abgegolten, so erhält der Mitarbeiter für jeden abzugeltenden Urlaubstag bei einer Verteilung der durchschnittlichen regelmäßigen wöchentlichen Arbeitszeit auf fünf Tage 1/22, bei einer Verteilung auf sechs Tage 1/26 der Dienstbezüge nach Abschnitt II der Anlage 1 zu den AVR einschließlich der Zulagen, die in Monatsbeträgen festgelegt sind. [7]Zusätzlich erhält der Mitarbeiter beim Vorliegen der Voraussetzungen pro Urlaubstag, der abgegolten wird, einen Aufschlag nach § 2 Abs. 3. [8]In anderen Fällen ist der Bruchteil entsprechend zu ermitteln.

(2) [1]Erholungsurlaub, der im selben Urlaubsjahr von einem früheren Dienstgeber gewährt oder abgegolten wurde, wird auf die Urlaubsdauer angerechnet. [2]Beim Ausscheiden eines Mitarbeiters ist der Dienstgeber verpflichtet, in einer Bescheinigung die Dauer des in dem laufenden Urlaubsjahr erhaltenen oder abgegoltenen Erholungsurlaubs zu vermerken und dem Mitarbeiter auszuhändigen.

mehrere Dienstverhältnisse

II. Urlaubsgeld

§ 6 Anspruchsvoraussetzung

(1) [1]Der Mitarbeiter und der gemäß Anlage 7 zu den AVR zu seiner Ausbildung Beschäftigte erhält in jedem Kalenderjahr ein Urlaubsgeld, wenn er

Anspruch

Voraussetzungen

1. am 1. Juli in einem Dienst- oder Ausbildungsverhältnis steht und
2. seit dem 1. Januar ununterbrochen als Mitarbeiter oder als Auszubildender i.S.d. Anlage 7, soweit diese für die Auszubildenden die Anwendung des Abschnitts II dieser Anlage vorsieht, im Geltungsbereich der AVR oder in einem anderen Tätigkeitsbereich der katholischen Kirche gestanden hat und
3. mindestens für einen Teil des Monats Juli Anspruch auf Vergütung, Urlaubsvergütung oder Krankenbezüge hat.

[2]Besteht ein solcher Anspruch nur wegen Ablaufs der Bezugsfristen für die Krankenbezüge oder wegen des Bezugs von Mutterschaftsgeld oder wegen Inanspruchnahme der Elternzeit nicht, genügt es, wenn ein Anspruch auf Vergütung oder Bezüge für mindestens drei volle Kalendermonate des ersten Kalenderhalbjahres bestanden hat.

[3]Ist nur wegen des Bezugs von Mutterschaftsgeld oder wegen Inanspruchnahme der Elternzeit auch die Voraussetzung des Satzes 2 nicht erfüllt, ist dies unschädlich, wenn der Mitarbeiter im unmittelbaren Anschluss an den Ablauf der Schutzfristen des § 3 Abs. 2 Mutterschutzgesetz oder im unmittelbaren Anschluss an die Elternzeit – oder lediglich wegen Arbeitsunfähigkeit oder Erholungsurlaubs später als am ersten Arbeitstag nach Ablauf der Schutzfristen bzw. der Elternzeit – die Arbeit in diesem Kalenderjahr wieder aufnimmt.

(2) (weggefallen)

(3) Das Urlaubsgeld ist nicht gesamtversorgungsfähig und bei der Bemessung sonstiger Leistungen nicht zu berücksichtigen.

Unterbrechung nach Abs. 1 Nr. 2

(4) [1]Eine Unterbrechung im Sinne des Abs. 1 Nr. 2 liegt vor, wenn zwischen den Dienstverhältnissen bzw. Ausbildungsverhältnissen im Sinne dieser Vorschrift ein oder mehrere Werktage – mit Ausnahme allgemein arbeitsfreier Werktage – liegen, an denen das Dienstverhältnis oder Ausbildungsverhältnis nicht bestand. [2]Es ist jedoch unschädlich, wenn der Mitarbeiter in dem zwischen diesen Rechtsverhältnissen liegenden gesamten Zeitraum arbeitsunfähig krank war oder die Zeit zur Ausführung eines Umzuges an einen anderen Ort benötigt hat.

Anmerkung 1:

kirchlicher Bereich

Der Tätigkeit im Bereich der katholischen Kirche steht gleich eine Tätigkeit in der evangelischen Kirche, in einem diakonischen Werk oder in einer Einrichtung, die dem diakonischen Werk angeschlossen ist.

Anmerkung 2:

Als Anspruch auf Vergütung oder Bezüge (Abs. 1 Satz 2) gilt auch der Anspruch auf Zuschuss zum Mutterschaftsgeld für die Zeit der Schutzfrist nach § 3 Abs. 1 Mutterschutzgesetz.

§ 7 Höhe des Urlaubsgeldes

Höhe

(1) Das Urlaubsgeld beträgt

(a) für die am 1. Juli vollbeschäftigten Mitarbeiter der Vergütungsgruppen 1 bis 5b der Anlagen 2, 2d und 2e

ab 1. Juli 2025	392,59 Euro
ab 1. Februar 2026	403,58 Euro

(b) für die am 1. Juli vollbeschäftigten Mitarbeiter der Vergütungsgruppen 5c bis 12 der Anlagen 2, 2d und 2e

ab 1. Juli 2025	510,34 Euro
ab 1. Februar 2026	524,63 Euro

(c) für den gemäß der Anlage 7 zu den AVR zu seiner Ausbildung Beschäftigten

ab 1. Juli 2025	300,72 Euro
ab 1. Februar 2026	309,14 Euro

Teilzeit

(2) Der am 1. Juli teilzeitbeschäftigte Mitarbeiter, der unter die Anlagen 2, 2d oder 2e zu den AVR fällt, erhält vom Urlaubsgeld für Vollbeschäftigte den Anteil, der dem Maß der mit ihm vereinbarten durchschnittlichen Arbeitszeit entspricht.

§ 8 Anrechnung von Leistungen

Anrechnung vergleichbarer Leistungen

Wird dem Mitarbeiter oder dem zu seiner Ausbildung Beschäftigten bereits aus einem anderen Rechtsgrunde ein Urlaubsgeld oder eine ihrer Art nach entsprechende Leistung vom Dienstgeber gewährt, ist diese Leistung auf das nach § 7 zu zahlende Urlaubsgeld anzurechnen.

§ 9 Auszahlung des Urlaubsgeldes

Fälligkeit

(1) [1]Das Urlaubsgeld ist mit den Bezügen für den Monat Juli auszuzahlen. [2]In den Fällen des § 6 Abs. 1 Nr. 3 Satz 3 wird das Urlaubsgeld mit den ersten Bezügen nach Wiederaufnahme der Arbeit ausgezahlt.

(2) Ist das Urlaubsgeld gezahlt worden, obwohl es nicht zustand, ist es in voller Höhe zurückzuzahlen.

III. Sonderurlaub

§ 10 Sonderurlaub

Anspruch

(1) Der Mitarbeiter soll auf Antrag Sonderurlaub unter Wegfall der Bezüge erhalten, wenn er

Voraussetzungen

a) mindestens ein Kind unter 18 Jahren oder

b) einen nach ärztlichem Attest pflegebedürftigen sonstigen Angehörigen

tatsächlich betreut oder pflegt und dringende dienstliche bzw. betriebliche Belange nicht entgegenstehen.

(2) Sonderurlaub unter Wegfall der Bezüge aus anderen als den in Abs. 1 genannten Gründen kann bei Vorliegen eines wichtigen Grundes gewährt werden, wenn die dienstlichen oder betrieblichen Verhältnisse es gestatten.

Frist

(3) Der Mitarbeiter soll den Sonderurlaub schriftlich spätestens drei Monate vor dem Zeitpunkt, ab dem Sonderurlaub in Anspruch genommen werden soll, beim Dienstgeber unter Angabe des Zeitraums, für den er ihn in Anspruch nehmen will, beantragen.

Dauer

(4) [1]Der Sonderurlaub soll nicht länger als fünf Jahre einschließlich der Elternzeit des Mitarbeiters betragen. [2]Er kann verlängert werden; ein Antrag auf Verlängerung ist spätestens sechs Monate vor Ablauf des Sonderurlaubs zu stellen.

vorzeitige Beendigung

(5) Sonderurlaub kann mit Zustimmung des Dienstgebers vorzeitig beendet werden.

(6) Wenn der Sonderurlaub vier Wochen übersteigt, gilt die Zeit des Sonderurlaubs nicht als Beschäftigungszeit nach § 11 Allgemeiner Teil AVR, es sei denn, der Dienstgeber hat vor Antritt des Sonderurlaubs ein dienstliches oder betriebliches Interesse an der Beurlaubung schriftlich anerkannt.

entgeltliche Beschäfti gung

(7) [1]Während der Zeit des Sonderurlaubs kann der Mitarbeiter eine entgeltliche Beschäftigung nur mit Zustimmung des Dienstgebers ausüben. [2]Die wöchentliche Arbeitszeit soll 19 Stunden nicht übersteigen. [3]Die Beschäftigung darf dem Zweck des Sonderurlaubs nicht zuwiderlaufen.

Anmerkung 1 zu Anlage 14: (kein Abdruck wegen Fristablauf)

Anmerkung 2 zu Anlage 14:

Jugendarbeits-schutzgesetz

[1]Eine für den jugendlichen Mitarbeiter günstigere Regelung gilt nach § 19 Abs. 2 Jugendarbeitsschutzgesetz nur, wenn der Jugendliche zu Beginn des Kalenderjahres noch nicht 16 Jahre alt ist; in diesem Falle erhält der Jugendliche einen Urlaub von 30 Werktagen. [2]Als Werktage gelten dabei alle Kalendertage, die nicht Sonn- oder gesetzliche Feiertage sind.

Anmerkung 3 zu Anlage 14:

schwerbehinderte Menschen

[1]Schwerbehinderte Menschen erhalten gemäß § 208 SGB IX einen Zusatzurlaub.

Anlage 15: (derzeit nicht besetzt)

Anlage 16: Jubiläumszuwendung

Inhalt

§ 1	Anspruchsvoraussetzungen	229
§ 2	Höhe der Jubiläumszuwendung	229
§ 3	Jubiläumszuwendung als Zusatzurlaub	230

§ 1 Anspruchsvoraussetzungen

(1) Der Mitarbeiter erhält nach einer Jubiläumsdienstzeit von 25, 40 und 50 Jahren jeweils eine Jubiläumszuwendung. Anspruch

(2) Die Jubiläumsdienstzeit umfasst die Beschäftigungszeit (§ 11 AT). Voraussetzungen

(3) [1]Anzurechnen sind ferner die Zeiten, die ein Mitarbeiter in einem Dienstverhältnis oder Ausbildungsverhältnis (Anlage 7 zu den AVR) im Tätigkeitsbereich des Deutschen Caritasverbandes oder eines ihm angeschlossenen Mitgliedes oder in einem anderen Tätigkeitsbereich der katholischen Kirche verbrachte. [2]Zeiten mit weniger als der durchschnittlichen regelmäßigen wöchentlichen Arbeitszeit werden in vollem Umfang berücksichtigt.

(4) [1]Die in Abs. 3 aufgeführten Zeiten werden nicht angerechnet, wenn der Mitarbeiter aus seinem Verschulden oder auf eigenen Wunsch aus dem Dienstverhältnis ausgeschieden ist. [2]Dies gilt nicht, wenn der Mitarbeiter im Anschluss an das bisherige Dienstverhältnis zu einer anderen Einrichtung desselben Dienstgebers oder zu einem anderen Dienstgeber im Tätigkeitsbereich des Deutschen Caritasverbandes oder eines ihm angeschlossenen Mitgliedes oder in einen anderen Tätigkeitsbereich der katholischen Kirche übergetreten ist oder wenn er das Dienstverhältnis wegen eines mit Sicherheit erwarteten Personalabbaus oder wegen Unfähigkeit zur Fortsetzung der Arbeit infolge einer Körperschädigung oder in Ausübung oder infolge seiner Arbeit erlittenen Gesundheitsbeschädigung aufgelöst hat oder die Nichtanrechnung eine unbillige Härte darstellen würde. Ausscheiden aus dem Dienstverhältnis

§ 2 Höhe der Jubiläumszuwendung

Die Jubiläumszuwendung beträgt nach einer Jubiläumsdienstzeit Höhe

von 25 Jahren	613,55 Euro
von 40 Jahren	1.022,58 Euro
von 50 Jahren	1.227,10 Euro.

A 16

§ 3 Jubiläumszuwendung als Zusatzurlaub

Zusatzurlaub in entsprechendem Umfang

[1]Durch Vereinbarung zwischen Dienstgeber und Mitarbeiter kann statt der Jubiläumszuwendung Zusatzurlaub in entsprechendem Umfang vereinbart werden. [2]Für diesen Zusatzurlaub finden die Regelungen des § 4 Abs. 9 der Anlage 14 zu den AVR, des § 17 Abs. 5 der Anlage 30, des § 17 Abs. 7 der Anlagen 31 und 32 sowie des § 16 Abs. 7 der Anlage 33 keine Anwendung.

Anlage 17: (kein Abdruck wegen Fristablauf)

Anlage 17a: Altersteilzeit und flexible Altersarbeitszeit

Inhalt

I.	Geltungsbereich und -dauer	231
§ 1	Geltungsbereich und -dauer	231
II.	Altersteilzeit	232
§ 2	Inanspruchnahme von Altersteilzeit	232
§ 3	Altersteilzeit in Restrukturierungs- und Stellenabbaubereichen	232
§ 4	Altersteilzeit im Übrigen	232
§ 5	Persönliche Voraussetzungen für Altersteilzeit	233
§ 6	Vereinbarung eines Altersteilzeitdienstverhältnisses	233
§ 7	Dienstbezüge und Aufstockungsleistungen	233
§ 8	Verteilung des Urlaubs im Blockmodell	234
§ 9	Nebentätigkeit	235
§ 10	Verlängerung der Arbeitsphase im Blockmodell bei Krankheit	235
§ 11	Ende des Dienstverhältnisses	235
§ 12	Ergänzende Dienstvereinbarungen	236
III.	Flexible Altersarbeitszeit (FALTER)	236
§ 13	Flexible Altersarbeitszeit	236

(für RK NRW/BW/Bayern gültig ab 1.1.2011, für RK Mitte gültig ab 1.4.2011, für RK Nord gültig ab 1.7.2011, für RK Ost gültig ab 1.1.2010)

I. Geltungsbereich und -dauer

§ 1 Geltungsbereich und -dauer

Altersteilzeit ab dem Jahr 2010

(1) [1]Diese Regelung gilt für Altersteilzeitdienstverhältnisse ab dem 1. Januar 2010. [2]Auf Altersteilzeitdienstverhältnisse, die vor dem 1. Januar 2010 begonnen haben, findet Anlage 17 zu den AVR Anwendung.

(2) Diese Regelung gilt für Mitarbeiter, die bis zum 30. Juni 2024 die jeweiligen Voraussetzungen dieser Regelung erfüllen und deren Altersteilzeitdienstverhältnis oder deren flexible Altersarbeitszeit vor dem 1. Juli 2024 begonnen hat.

(3) In Einrichtungen mit weniger als 40 Mitarbeitern kann ein Altersteilzeitdienstverhältnis vereinbart werden. Ein Anspruch nach § 4 besteht nicht.

II. Altersteilzeit

§ 2 Inanspruchnahme von Altersteilzeit

Grundlage Altersteilzeitgesetz

Auf der Grundlage des Altersteilzeitgesetzes (AltTZG) vom 23. Juli 1996 in der jeweils geltenden Fassung ist die Änderung des Dienstverhältnisses in ein Altersteilzeitdienstverhältnis

a) in Restrukturierungs- und Stellenabbaubereichen (§ 3) und

b) im Übrigen im Rahmen einer Quote (§ 4)

möglich.

§ 3 Altersteilzeit in Restrukturierungs- und Stellenabbaubereichen

Altersteilzeit zum Stellenabbau

kein Anspruch

[1]Altersteilzeit im Sinne des Altersteilzeitgesetzes kann, ohne dass darauf ein Rechtsanspruch besteht, in Restrukturierungs- und Stellenabbaubereichen bei dienstlichem oder betrieblichem Bedarf vereinbart werden, wenn die persönlichen Voraussetzungen nach § 5 vorliegen. [2]Die Festlegung der in Satz 1 genannten Bereiche unddie Entscheidung, ob, in welchem Umfang und für welchen Personenkreis dort Altersteilzeitarbeit zugelassen wird, erfolgt durch den Dienstgeber.

§ 4 Altersteilzeit im Übrigen

Altersteilzeit nach Quote

(1) Den Mitarbeitern wird im Rahmen der Quote nach Absatz 2 die Möglichkeit eröffnet, Altersteilzeit im Sinne des Altersteilzeitgesetzes in Anspruch zu nehmen, wenn die persönlichen Voraussetzungen nach § 5 vorliegen.

Anspruch

(2) [1]Der Anspruch auf Vereinbarung eines Altersteilzeitdienstverhältnisses nach Absatz 1 ist ausgeschlossen, wenn und solange 2,5 v. H. der Mitarbeiter der Einrichtung von einer Altersteilzeitregelung im Sinne des Altersteilzeitgesetzes Gebrauch machen. [2]Maßgeblich für die Berechnung der Quote ist die Anzahl der Mitarbeiter zum Stichtag 31. Mai des Vorjahres.

entgegenstehende Belange

(3) Der Dienstgeber kann ausnahmsweise die Vereinbarung eines Altersteilzeitdienstverhältnisses ablehnen, wenn dienstliche oder betriebliche Gründe entgegenstehen.

Anmerkungen zu Absatz 2:

Einrichtungen

1. Einrichtungen im Sinne dieser Vorschrift sind solche nach § 1 Rahmen-MAVO.

Quote

2. [1]In die Quote werden alle zum jeweiligen Stichtag bestehenden Altersteilzeitdienstverhältnisse einschließlich solcher nach § 3 dieser Anlage einbezogen. [2]Die so errechnete Quote gilt für das gesamte Kalenderjahr; unterjährige Veränderungen bleiben unberücksichtigt. [3]Die Quote wird jährlich überprüft.

§ 5 Persönliche Voraussetzungen für Altersteilzeit

Anspruchsvoraussetzungen Mitarbeiter

(1) Altersteilzeit nach dieser Anlage setzt voraus, dass die Mitarbeiter

a) das 60. Lebensjahr vollendet haben und

b) innerhalb der letzten fünf Jahre vor Beginn der Altersteilzeitarbeit mindestens 1080 Kalendertage in einer versicherungspflichtigen Beschäftigung nach dem Dritten Buch Sozialgesetzbuch gestanden haben.

(2) Das Altersteilzeitdienstverhältnis muss sich zumindest bis zu dem Zeitpunkt erstrecken, ab dem eine Rente wegen Alters beansprucht werden kann.

(3) [1]Die Vereinbarung von Altersteilzeit ist spätestens drei Monate vor dem geplanten Beginn des Altersteilzeitdienstverhältnisses schriftlich zu beantragen. [2]Der Antrag kann frühestens ein Jahr vor Erfüllung der Voraussetzungen nach Absatz 1 gestellt werden. [3]Von den Fristen nach Satz 1 oder 2 kann einvernehmlich abgewichen werden.

§ 6 Vereinbarung eines Altersteilzeitdienstverhältnisses

Anspruchsvoraussetzungen Vertrag

(1) Das Altersteilzeitdienstverhältnis muss ein versicherungspflichtiges Beschäftigungsverhältnis im Sinne des Dritten Buches Sozialgesetzbuch sein und darf die Dauer von fünf Jahren nicht überschreiten.

Halbierung der Arbeitszeit

(2) [1]Die durchschnittliche wöchentliche Arbeitszeit während des Altersteilzeitdienstverhältnisses beträgt die Hälfte der bisherigen wöchentlichen Arbeitszeit. [2]Für die Berechnung der bisherigen wöchentlichen Arbeitszeit gilt § 6 Abs. 2 AltTZG; dabei bleiben Arbeitszeiten außer Betracht, die die regelmäßige wöchentliche Arbeitszeit nach § 1 der Anlage 5 zu den AVR überschritten haben.

Verteilung Arbeitszeit (Teilzeit-/Blockmodell)

(3) [1]Die während der Dauer des Altersteilzeitdienstverhältnisses zu leistende Arbeit kann so verteilt werden, dass sie

a) durchgehend erbracht wird (Teilzeitmodell) oder

b) in der ersten Hälfte des Altersteilzeitdienstverhältnisses geleistet und die Mitarbeiter anschließend von der Arbeit unter Fortzahlung der Leistungen nach Maßgabe des § 7 freigestellt werden (Blockmodell).

Erörterung Arbeitszeitverteilung

[2]Die Mitarbeiter können vom Dienstgeber verlangen, dass ihr Wunsch nach einer bestimmten Verteilung der Arbeitszeit mit dem Ziel einer einvernehmlichen Regelung erörtert wird.

§ 7 Dienstbezüge und Aufstockungsleistungen

Höhe Regelvergütung Teilzeitmodell

(1) [1]Mitarbeiter erhalten während der Gesamtdauer des Altersteilzeitdienstverhältnisses im Teilzeitmodell (§ 6 Abs. 3 Satz 1 Buchst. a) die Regelvergütung und alle sonstigen Vergütungsbestandteile in Höhe der sich für entsprechende teilzeitbeschäftigte Mitarbeiter ergebenden Beträge. [2]Maßgebend ist die durchschnittliche wöchentliche Arbeitszeit nach § 6 Abs. 2.

Höhe Regelvergütung Blockmodell

(2) [1]Mitarbeiter erhalten während der Arbeitsphase des Altersteilzeitdienstverhältnisses im Blockmodell (§ 6 Abs. 3 Satz 1 Buchst. b) die Regelvergütung und alle sonstigen Vergütungsbestandteile in Höhe der Hälfte der Vergütung, die sie jeweils erhalten würden, wenn sie mit der bisherigen wöchentlichen Arbeitszeit (§ 6 Abs. 2 Satz 2) weitergearbeitet hätten; die andere Hälfte der Vergütung fließt in das Wertguthaben (§ 7b SGB IV) und wird in der Freistellungsphase ratierlich ausgezahlt. [2]Das Wertguthaben erhöht sich bei allgemeinen Vergütungserhöhungen in der von der Arbeitsrechtlichen Kommission jeweils festzulegenden Höhe.

Anmerkung zu Absatz 2 Satz 2:

Wertguthaben Tariferhöhung

[1]Das Wertguthaben verändert sich zu dem Zeitpunkt und zu demselben Vomhundertsatz, zu dem die jeweilige Regionalkommission durch Beschluss innerhalb der von der Bundeskommission festgelegten Bandbreiten die Werte zur Höhe der Vergütung bzw. Entgelte verändert. [2]Für Mitarbeiter nach Anlagen 2, 2d, 2e, 31, 32 und 33 gilt als Vomhundertsatz der Veränderung der Vergütung oder des Entgelts gemäß Satz 1 auf Grundlage des Beschlusses der Bundeskommission vom 5. Juni 2025 für den ersten Erhöhungsschritt ein Wert von 3,11 v.H. [3]Für Mitarbeiter nach Anlagen 21, 21a gilt als Vomhundertsatz der Veränderung der Vergütung oder des Entgelts gemäß Satz 1 zum 1. Februar 2025 ein Wert von 11,11 v.H.

Aufstockung Vergütung

(3) [1]Die den Mitarbeitern nach Absatz 1 oder 2 zustehende Vergütung wird nach Maßgabe der Sätze 2 und 3 um 20 v. H. aufgestockt. [2]Bemessungsgrundlage für die Aufstockung ist das Regelarbeitsentgelt für die Teilzeitarbeit (§ 6 Abs. 1 Alt-TZG). [3]Steuerfreie Entgeltbestandteile und Vergütungsbestandteile, die einmalig (z. B. Zuwendung nach Abschnitt XIV der Anlage 1 zu den AVR) oder die nicht für die vereinbarte Arbeitszeit (z. B. Überstunden- oder Mehrarbeitsvergütung) gezahlt werden, sowie Sachbezüge, die während der Gesamtdauer des Altersteilzeitdienstverhältnisses unvermindert zustehen, gehören nicht zum Regelarbeitsentgelt und bleiben bei der Aufstockung unberücksichtigt. [4]Sätze 1 bis 3 gelten für das bei Altersteilzeit im Blockmodell in der Freistellungsphase auszukehrende Wertguthaben entsprechend.

Aufstockung Rentenversicherung

(4) [1]Neben den vom Dienstgeber zu tragenden Sozialversicherungsbeiträgen für die nach Absatz 1 oder 2 zustehende Vergütung entrichtet der Dienstgeber zusätzliche Beiträge zur gesetzlichen Rentenversicherung (Rentenaufstockung) nach § 3 Abs. 1 Nr. 1 Buchst. b i.V.m. § 6 Abs. 1 AltTZG. [2]Für von der Versicherungspflicht befreite Mitarbeiter im Sinne von § 4 Abs. 2 AltTZG gilt Satz 1 entsprechend.

Arbeitsunfähigkeit, s. auch § 10

(5) [1]In Fällen krankheitsbedingter Arbeitsunfähigkeit besteht ein Anspruch auf Leistungen nach Absätzen 1 bis 4 längstens für die Dauer der Krankenbezüge nach Abschnitt XII Abs. b der Anlage 1 zu den AVR. [2]Für die Zeit der Zahlung des Krankengeldzuschusses (Abschnitt XII Abs. c bis i der Anlage 1 zu den AVR), längstens bis zum Ende der 26. Krankheitswoche, wird der Aufstockungsbetrag gemäß Absatz 3 in Höhe des kalendertäglichen Durchschnitts des in den letzten drei abgerechneten Kalendermonaten maßgebenden Aufstockungsbetrages gezahlt.

§ 8 Verteilung des Urlaubs im Blockmodell

Urlaub

[1]Für Mitarbeiter, die Altersteilzeit im Blockmodell (§ 6 Abs. 3 Satz 1 Buchst. b) leisten, besteht kein Urlaubsanspruch für die Zeit der Freistellung von der Arbeit. [2]Im Kalenderjahr des Übergangs von der Beschäftigung zur Freistellung haben die Mitarbeiter für jeden vollen Beschäftigungsmonat Anspruch auf ein Zwölftel des Jahresurlaubs.

§ 9 Nebentätigkeit

geringfügige Nebentätigkeit

(1) [1]Mitarbeiter dürfen während des Altersteilzeitdienstverhältnisses keine Beschäftigungen oder selbständigen Tätigkeiten ausüben, die die Geringfügigkeitsgrenze des § 8 SGB IV überschreiten, es sei denn, diese Beschäftigungen oder selbständigen Tätigkeiten sind bereits innerhalb der letzten fünf Jahre vor Beginn des Altersteilzeitdienstverhältnisses ständig ausgeübt worden. [2]Bestehende Regelungen in den AVR über Nebentätigkeiten bleiben unberührt.

Folgen unerlaubter Nebentätigkeit

(2) [1]Der Anspruch auf die Aufstockungsleistungen ruht während der Zeit, in der Mitarbeiter eine unzulässige Beschäftigung oder selbstständige Tätigkeit im Sinne des Absatzes 1 ausüben oder über die Altersteilzeitarbeit hinaus Mehrarbeit oder Überstunden leisten, die den Umfang der Geringfügigkeitsgrenze des § 8 des Vierten Buches Sozialgesetzbuch übersteigen. [2]Hat der Anspruch auf die Aufstockungsleistungen mindestens 150 Tage geruht, erlischt er; mehrere Ruhenszeiträume werden zusammengerechnet.

§ 10 Verlängerung der Arbeitsphase im Blockmodell bei Krankheit

längere Arbeitsunfähigkeit, s. auch § 7 Abs. 5

Ist der Mitarbeiter bei Altersteilzeitarbeit im Blockmodell während der Arbeitsphase über den Zeitraum der Krankenbezüge (Abschnitt XII Abs. b der Anlage 1 zu den AVR) hinaus arbeitsunfähig erkrankt, verlängert sich die Arbeitsphase um die Hälfte des den Entgeltfortzahlungszeitraum übersteigenden Zeitraums der Arbeitsunfähigkeit; in dem gleichen Umfang verkürzt sich die Freistellungsphase.

§ 11 Ende des Dienstverhältnisses

Beendigung Altersteilzeit

(1) Das Dienstverhältnis endet zu dem in der Altersteilzeitvereinbarung festgelegten Zeitpunkt.

(2) Das Dienstverhältnis endet unbeschadet der sonstigen Beendigungstatbestände der AVR

a) mit Ablauf des Kalendermonats vor dem Kalendermonat, von dem an der Mitarbeiter eine abschlagsfreie Rente wegen Alters beanspruchen kann oder

b) mit Beginn des Kalendermonats, für den der Mitarbeiter eine Rente wegen Alters tatsächlich bezieht.

(3) [1]Endet bei einem Mitarbeiter, der im Rahmen der Altersteilzeit nach dem Blockmodell beschäftigt wird, das Dienstverhältnis vorzeitig, hat er Anspruch auf eine etwaige Differenz zwischen den erhaltenen Entgelten und dem Entgelt für den Zeitraum seiner tatsächlichen Beschäftigung, die er ohne Eintritt in die Altersteilzeit erzielt hätte, vermindert um die vom Dienstgeber gezahlten Aufstockungsleistungen. [2]Bei Tod des Mitarbeiters steht dieser Anspruch den Erben zu.

§ 12 Ergänzende Dienstvereinbarungen

Abweichungen durch Dienstvereinbarungen

[1]In einer einvernehmlichen Dienstvereinbarung (§ 38 Abs. 1 Nr. 1 Rahmen-MAVO) können von den §§ 2 bis 11 abweichende Regelungen vereinbart werden. [2]Abweichende Regelungen sind nur zulässig, soweit die gesetzlichen Mindestvoraussetzungen für Altersteilzeit nach dem AltTZG nicht unterschritten werden.

III. Flexible Altersarbeitszeit (FALTER)

§ 13 Flexible Altersarbeitszeit

Teilrente und Altersteilzeit

[1]Älteren Mitarbeitern wird in einem Modell der flexiblen Altersarbeitszeit ein gleitender Übergang in den Ruhestand bei gleichzeitig längerer Teilhabe am Berufsleben ermöglicht. [2]Das Modell sieht vor, dass die Mitarbeiter über einen Zeitraum von vier Jahren ihre Arbeitszeit auf die Hälfte der bisherigen Arbeitszeit reduzieren und gleichzeitig eine Teilrente in Höhe von höchstens 50 v.H. der jeweiligen Altersrente beziehen. [3]Die reduzierte Arbeitsphase beginnt zwei Jahre vor Erreichen des Kalendermonats, für den der Mitarbeiter eine abschlagsfreie Altersrente in Anspruch nehmen kann und geht zwei Jahre über diese Altersgrenze hinaus. [4]Die Mitarbeiter erhalten nach Erreichen der Altersgrenze für eine abschlagsfreie Altersrente einen Anschlussdienstvertrag für zwei Jahre unter der Bedingung, dass das Dienstverhältnis bei Inanspruchnahme einer mehr als hälftigen Teilrente oder einer Vollrente endet. [5]Die übrigen Beendigungstatbestände der AVR bleiben unberührt. [6]Auf die Vereinbarung von flexibler Altersarbeitszeit besteht kein Rechtsanspruch.

Anlage 18 (derzeit nicht besetzt)

Anlage 19: Modellprojekte

Inhalt

§ 1 Erprobung veränderter Vergütungsstrukturen 237
§ 2 Vorschlag 237
§ 3 Projektgruppe 237

Zweck

[1]Mit veränderten Vergütungsstrukturen kann das Entgelt der Mitarbeiter flexibler gestaltet werden als bisher. [2]Ziel ist es, die wirtschaftlichen Grundlagen einer Einrichtung und damit die Arbeitsplätze der Mitarbeiter zu sichern. [3]Die veränderten Vergütungsstrukturen haben außerdem zu berücksichtigen, dass alle Mitarbeiter trotz unterschiedlichen Leistungsvermögens in den Einrichtungen integriert bleiben.

§ 1 Erprobung veränderter Vergütungsstrukturen

Beschluss der Arbeitsrechtlichen Kommission

Zur Erprobung veränderter Vergütungsstrukturen kann durch einen Beschluss der Arbeitsrechtlichen Kommission in einzelnen Einrichtungen von vergütungsrelevanten Bestimmungen der AVR abgewichen werden.

§ 2 Vorschlag

gemeinsamer Vorschlag

[1]Voraussetzung für ein Modellprojekt ist ein gemeinsamer Vorschlag von Dienstgeber und Mitarbeitervertretung bzw. Gesamtmitarbeitervertretung einer Einrichtung bzw. eines Trägers an den Geschäftsführer der Arbeitsrechtlichen Kommission. [2]In den Vorschlag sind unter anderem eine Zielbeschreibung, die abweichenden Bestimmungen, die Klärung der Besitzstände, die Bildung einer Projektgruppe, ein Evaluationskonzept und die Befristung des Modellprojektes aufzunehmen. [3]Nähere Voraussetzungen regelt die Arbeitsrechtliche Kommission.

§ 3 Projektgruppe

Projektgruppe

[1]Die Projektgruppe besteht zu gleichen Teilen aus Mitgliedern, die von der Mitarbeitervertretung benannt werden, und Vertretern des Dienstgebers der Einrichtung bzw. des Trägers. [2]Sie begleitet die Entwicklung des Modellprojekts und unterrichtet regelmäßig die Arbeitsrechtliche Kommission. [3]Der Projektgruppe sind die zur Begleitung des Modellprojekts erforderlichen Unterlagen durch den Dienstgeber rechtzeitig und umfassend zur Verfügung zu stellen und zu erläutern.

Anlage 20: Besondere Regelungen für Mitarbeiter in Inklusionsbetrieben

Inhalt

§ 1 Geltungsbereich 238
§ 2 Anwendung von Tarifverträgen 238
§ 3 Informationspflicht 240
§ 4 Inkrafttreten 240

§ 1 Geltungsbereich

Definition Inklusionsbetriebe

(1) [1]Diese Anlage findet auf nach §§ 215ff. SGB IX anerkannte Inklusionsbetriebe Anwendung. [2]Inklusionsbetriebe sind rechtlich und wirtschaftlich selbstständige Unternehmen oder unternehmensinterne oder von öffentlichen Arbeitgebern im Sinne des § 154 Abs. 2 SGB IX geführte Betriebe oder Abteilungen zur Beschäftigung schwerbehinderter Menschen auf dem allgemeinen Arbeitsmarkt, deren Teilhabe an einer sonstigen Beschäftigung auf dem allgemeinen Arbeitsmarkt auf Grund von Art oder Schwere der Behinderung oder wegen sonstiger Umstände voraussichtlich trotz Ausschöpfens aller Fördermöglichkeiten und des Einsatzes von Integrationsfachdiensten auf besondere Schwierigkeiten stößt.

Anwendungsbereich

(2) Diese Regelung gilt für Mitarbeiterinnen und Mitarbeiter im Anwendungsbereich des Abs. 1 Satz 1, die in den Geltungsbereich der AVR-Caritas fallen und in der Produktion bzw. Dienstleistung auch für Dritte tätig sind.

§ 2 Anwendung von Tarifverträgen

(1) *(RK Nord, Bayern):* Abweichend von den Bestimmungen der AVR können den Dienstverträgen der Mitarbeiterinnen und Mitarbeiter nach § 1 Abs. 2 als Mindestinhalt die branchenüblichen, regional geltenden tarifvertraglichen Regelungen, die mit einer dem Deutschen Gewerkschaftsbund angehörigen Gewerkschaft abgeschlossen wurden, in ihrer jeweils aktuell gültigen Fassung zugrunde gelegt werden.

(1) *(RK BW):* [1]Abweichend von den Bestimmungen der AVR können den Dienstverträgen der Mitarbeiterinnen und Mitarbeiter nach § 1 Abs. 2 als Mindestinhalt die branchenüblichen, regional geltenden tarifvertraglichen Regelungen, die mit einer dem Deutschen Gewerkschaftsbund angehörigen Gewerkschaft abgeschlossen wurden, in ihrer jeweils aktuell gültigen Fassung zugrunde gelegt werden. [2]Besteht keine tarifvertragliche Regelung nach Satz 1 können Dienstverträgen als Mindestinhalt auch die branchenüblichen, regional geltenden Arbeitsbedingungen bzw. Vergütungsregelungen zu Grunde gelegt werden. [3]Hierzu ist vom Dienstgeber bei der Regionalkommission Baden-Württemberg der Arbeitsrechtlichen Kommission des Deutschen Caritasverbandes ein in Textform zu begründender Antrag zu stellen. [4]Die Regionalkommission kann vom Dienstgeber geeignete Unterlagen anfordern. [5]Die Regionalkommission entscheidet über einen Antrag nach Satz 3 innerhalb von sechs Monaten durch Beschluss. [6]Soweit die Regional-

kommission Abweichungen von den Bestimmungen der AVR zulässt, sind diese zeitlich zu befristen. [7]Die Frist nach Satz 5 beginnt mit der Feststellung des Eingangs der Antragsunterlagen durch die Kommissionsgeschäftsstelle. [8]Bis zu einer Entscheidung der Regionalkommission über einen Antrag nach Satz 5 gelten die ursprünglichen arbeitsvertraglichen Regelungen weiter. [9]Die Regelung der Sätze 2 bis 8 ist befristet bis zum 31. Dezember 2030.

Abweichen auf Antrag

(1) *(RK NRW, Ost):* [1]Abweichend von den Bestimmungen der AVR können den Dienstverträgen der Mitarbeiterinnen und Mitarbeiter nach § 1 Abs. 2 als Mindestinhalt die branchenüblichen, regional geltenden tarifvertraglichen Regelungen, die mit einer dem Deutschen Gewerkschaftsbund angehörigen Gewerkschaft abgeschlossen wurden, in ihrer jeweils aktuell gültigen Fassung zugrunde gelegt werden. [2]Besteht keine tarifvertragliche Regelung nach Satz 1, können den Dienstverträgen als Mindestinhalt auch die branchenüblichen, regional geltenden Arbeitsbedingungen bzw. Vergütungsregelungen zu Grunde gelegt werden. [3]Hierzu ist vom Dienstgeber bei der zuständigen Regionalkommission der Arbeitsrechtlichen Kommission des Deutschen Caritasverbandes ein in Textform zu begründender Antrag zu stellen. [4]Die Regionalkommission kann vom Dienstgeber geeignete Unterlagen anfordern. [5]Über einen Antrag nach Satz 3 entscheidet die Regionalkommission innerhalb von sechs Monaten durch Beschluss. [6]Soweit die Regionalkommission Abweichungen von den Bestimmungen der AVR zulässt, sind diese zeitlich zu befristen. [7]Die Frist nach Satz 5 beginnt mit der Feststellung des Eingangs der Antragsunterlagen durch die Kommissionsgeschäftsstelle. [8]Bis zu einer Entscheidung der Regionalkommission nach Satz 5 gelten die ursprünglichen arbeitsvertraglichen Regelungen weiter. [9]Die Regelung der Sätze 2 bis 8 ist befristet bis zum 31. Dezember 2025.

Abweichen auf Antrag

(1) *(RK Mitte):* [1]Abweichend von den Bestimmungen der AVR können den Dienstverträgen der Mitarbeiterinnen und Mitarbeiter nach § 1 Abs. 2 als Mindestinhalt die branchenüblichen, regional geltenden tarifvertraglichen Regelungen, die mit einer dem Deutschen Gewerkschaftsbund angehörigen Gewerkschaft abgeschlossen wurden, in ihrer jeweils aktuell gültigen Fassung zugrunde gelegt werden. [2]Besteht keine tarifvertragliche Regelung nach Satz 1, können den Dienstverträgen als Mindestinhalt auch die branchenüblichen, regional geltenden Arbeitsbedingungen bzw. Vergütungsregelungen zu Grunde gelegt werden. [3]Hierzu ist vom Dienstgeber bei der zuständigen Regionalkommission der Arbeitsrechtlichen Kommission des Deutschen Caritasverbandes ein in Textform zu begründender Antrag zu stellen. [4]Die Regionalkommission kann vom Dienstgeber geeignete Unterlagen anfordern. [5]Über einen Antrag nach Satz 3 entscheidet die Regionalkommission innerhalb von sechs Monaten durch Beschluss. [6]Soweit die Regionalkommission Abweichungen von den Bestimmungen der AVR zulässt, sind diese zeitlich zu befristen. [7]Die Frist nach Satz 5 beginnt mit der Feststellung des Eingangs der Antragsunterlagen durch die Kommissionsgeschäftsstelle. [8]Bis zu einer Entscheidung der Regionalkommission nach Satz 5 gelten die ursprünglichen arbeitsvertraglichen Regelungen weiter. [9]Die Regelung der Sätze 2 bis 8 ist befristet bis zum 31. Dezember 2030.

Altersvorsorge

(2) [1]Ausgenommen von § 2 Abs. 1 sind die Bestimmungen über die betriebliche Altersversorgung. [2]Anstelle der tariflichen Bestimmungen über die betriebliche Altersversorgung finden Abschnitt XIII der Anlage 1 und Anlage 8 entsprechend Anwendung. [3]Ferner von § 2 Abs. 1 ausgenommen sind die §§ 5 bis 5g der Anlage 5; sie finden Anwendung.

§ 3 Informationspflicht

Information an AK

[1]Wendet ein Träger die Regelungen dieser Anlage an, hat er unverzüglich eine entsprechende Information an die Geschäftsstelle der Arbeitsrechtlichen Kommission des Deutschen Caritasverbandes zu übersenden. [2]Die Information muss die Bezeichnung des Inklusionsbetriebes und seiner Arbeitsfelder, die Anzahl und den Beschäftigungsumfang der dort angestellten Mitarbeiter sowie die Angabe des den Dienstverhältnissen zugrunde gelegten Tarifvertrages enthalten. [3]Die Angaben sind zum 31. Dezember jeden Jahres zu aktualisieren. [4]Die Geschäftsstelle leitet diese Informationen an die Mitglieder der zuständigen Regionalkommission weiter.

§ 4 Inkrafttreten

Diese Regelung tritt zum 1. Juli 2010 in Kraft.

Anlage 21: Besondere Regelungen für Lehrkräfte

Inhalt

§ 1	Geltungsbereich	241
§ 2	Eingruppierung	241
§ 3	Vergütung	241
§ 3a	Corona-Sonderzahlung	242
§ 4	Jahressonderzahlungen	242
§ 5	Arbeitszeit	242
§ 6	Urlaub	242
§ 7	Überleitungsregelung anlässlich der Abschaffung des Anhangs C zu den AVR für Mitarbeiter, die unter die Anlage 21 zu den AVR fallen	242

§ 1 Geltungsbereich

Anwendungsbereich

(1) [1]Diese Anlage findet Anwendung für Lehrkräfte in Schulen und für sonstige pädagogische, therapeutische und pflegerische Mitarbeiter in diesen Schulen, die nach den jeweiligen landesrechtlichen Bestimmungen über die Förderung von Privatschulen refinanziert werden.

[2]Davon ausgenommen sind Lehrkräfte und sonstige Mitarbeiter an Altenpflege-, Krankenpflege-, Krankenpflegehilfe-, Kinderkrankenpflege-, und Hebammenschulen.

(2) Die Regelung gilt für Mitarbeiter im Sinne des Absatzes 1, deren Dienstverhältnis nach dem 31. Juli 2007 erstmals bei diesem Dienstgeber neu beginnt oder die am 31. Dezember 2010 nach Anhang C zu den AVR eingruppiert bzw. vergütet waren.

Anmerkung 1 Absatz 1 Satz 1:
Dies sind Personen, bei denen die Vermittlung von Kenntnissen und Fertigkeiten im Rahmen eines Schulbetriebs der Tätigkeit das Gepräge gibt.

Anmerkung 2 Absatz 2:
[1]Die Verlängerung eines befristeten Dienstverhältnisses ist keine Neueinstellung. [2]Besteht mit einem Mitarbeiter lediglich für die Dauer der Schulferien kein Dienstverhältnis, liegt keine Neueinstellung vor.

§ 2 Eingruppierung

abweichende Eingruppierung

Für die Eingruppierung gelten in Abweichung zu den Anlagen 1, 2, 2d und 33 zu den AVR die für vergleichbare Beschäftigte des jeweiligen Bundeslandes geltenden Regelungen.

§ 3 Vergütung

abweichende Vergütung

(1) [1]Für die Vergütung gelten in Abweichung zu der Anlage 1 Abschnitte I, Ia, Ib, Ic, II, IIa, III, IV, V, VII, VIIa, VIII, VIIIa, IX, IXa und XIV, den Anlagen 3, 3 (Ost) und 33 zu den AVR die für vergleichbare Beschäftigte des jeweiligen Bundeslandes

A 21

geltenden Regelungen. [2]Für das Leistungsentgelt gelten die für vergleichbare Beschäftigte des jeweiligen Bundeslandes geltenden Regelungen.

(2) Soweit diese Regelungen hinsichtlich der Stufenzuordnung auf die Berufserfahrung abstellen, sind die Zeiten einschlägiger Berufserfahrung bei anderen Dienstgebern im Geltungsbereich der AVR sowie im sonstigen Tätigkeitsbereich der katholischen Kirche, der evangelischen Kirche, in einem Diakonischen Werk oder in einer Einrichtung, die dem Diakonischen Werk angeschlossen ist, der Berufserfahrung beim selben Dienstgeber gleichgestellt.

§ 3a Corona-Sonderzahlung

abweichende Regelungen

Für die Corona-Sonderzahlung gelten die für vergleichbare Beschäftigte des jeweiligen Bundeslandes geltenden Regelungen.

§ 4 Jahressonderzahlungen

abweichende Zuwendung

Für Jahressonderzahlungen gelten in Abweichung zu Anlage 1 Abschnitt XIV zu den AVR (Weihnachtszuwendung), zu Anlage 14 Abschnitt II zu den AVR (Urlaubsgeld) und zu § 15 der Anlage 33 zu den AVR die für vergleichbare Beschäftigte des jeweiligen Bundeslandes geltenden Regelungen.

§ 5 Arbeitszeit

abweichende Arbeitszeit

Für die Arbeitszeit, die Kurzarbeit, die Überstundenregelung, die Zeitzuschläge und die Überstundenvergütung gelten in Abweichung zu den Anlagen 5, 6, 6a und 33 zu den AVR die für vergleichbare Beschäftigte des jeweiligen Bundeslandes geltenden Regelungen.

§ 6 Urlaub

abweichender Erholungsurlaub

Für den Urlaub gelten in Abweichung zu Anlage 14 Abschnitt I zu den AVR die für vergleichbare Beschäftigte des jeweiligen Bundeslandes geltenden Regelungen.

§ 7 Überleitungsregelung anlässlich der Abschaffung des Anhangs C zu den AVR für Mitarbeiter, die unter die Anlage 21 zu den AVR fallen

(A) Geltungsbereich

Geltungsbereich

[1]Diese Überleitungsregelung gilt für alle Mitarbeiter, die unter den Geltungsbereich des § 1 der Anlage 21 zu den AVR fallen, und die am letzten Tag des Schuljahres 2010/11 in einem Dienstverhältnis zu den AVR gestanden haben, das am ersten Tag des Schuljahres 2011/12 im Geltungsbereich der AVR fortbesteht und die am 31. Dezember 2010 nach Anhang C zu den AVR eingruppiert bzw. vergütet waren.

[2]Ein Dienstverhältnis besteht auch fort bei der Verlängerung eines befristeten Dienstvertrages. [3]Unterbrechungen längstens für die Dauer von sieben Wochen (Schulferien) sind unschädlich.

(B) Überleitung von Mitarbeitern in die Anlage 21 zu den AVR

Überleitung

(1) Mitarbeiter, die unter den Geltungsbereich des § 1 der Anlage 21 zu den AVR fallen und zum Ende des Schuljahres 2010/11 noch nicht nach Anlage 21 zu den AVR vergütet waren, werden zum Beginn des Schuljahres 2011/2012 in die Anlage 21 zu den AVR gemäß nachstehenden Regelungen übergeleitet.

(2) [1]Mitarbeiter werden so in Anlage 21 zu den AVR übergeleitet, als ob sie seit dem Zeitpunkt, seitdem sie ununterbrochen im Geltungsbereich der AVR oder im sonstigen katholischen bzw. diakonischen Bereich tätig waren, nach Anlage 21 zu den AVR eingruppiert und eingestuft worden wären. [2]Ein Dienstverhältnis besteht auch ununterbrochen fort bei der Verlängerung eines befristeten Dienstvertrages sowie bei Dienstgeberwechsel innerhalb des Geltungsbereichs der AVR. [3]Unterbrechungen längstens für die Dauer von sieben Wochen (Schulferien) sind unschädlich.

Eingruppierung und Stufenzuordnung

(3) [1]Die Eingruppierung bzw. Stufenzuordnung nach Absatz 2 wird wie folgt vorgenommen. [2]Die gemäß § 3 Anhang C (Stufenzuordnung gemäß Abschnitt III der Anlage 1 zu den AVR) erreichte Regelvergütungsstufe wird zunächst mit zwei multipliziert. [3]Die sich hieraus ergebende (Jahres-)zahl wird nachfolgend um die seit dem letzten Stufenaufstieg zurückgelegte Zeit erhöht und als Zeit entsprechend der nach landesrechtlichen Bestimmungen für die Stufenlaufzeit anzuwendenden Regelungen festgelegt.

(C) Besitzstand

Vergleichsvergütung

(1) Mitarbeiter, deren bisherige Vergütung (Vergleichsvergütung) das ihnen am Schuljahresbeginn 2011/12 zustehende Entgelt übersteigt, erhalten eine Besitzstandszulage.

Besitzstandszulage

(2) [1]Die monatliche Besitzstandszulage wird als Unterschiedsbetrag zwischen der Vergleichsjahresvergütung und dem Jahresentgelt, geteilt durch 12, errechnet.

[2]Die Vergleichsjahresvergütung errechnet sich als das 12-fache der am Schuljahresbeginn 2011/12 zustehenden Monatsvergütung bzw. Monatsentgelt nach Anlage 33 zu den AVR zuzüglich Urlaubsgeld gemäß Anlage 14 zu den AVR und der Weihnachtszuwendung gemäß Abschnitt XIV der Anlage 1 zu den AVR bzw. der Jahressonderzahlung nach § 15 der Anlage 33 zu den AVR. [3]Zur Monatsvergütung im Sinne dieser Vorschrift gehören die Regelvergütung gemäß Abschnitt III der Anlage 1 zu den AVR, die Kinderzulage gemäß Abschnitt V der Anlage 1 zu den AVR, die Besitzstandsregelungen gemäß Anlage 1b zu den AVR und weitere regelmäßig gewährte Zulagen. [4]Zum Monatsentgelt gehört das Tabellenentgelt gemäß §§ 11, 12 der Anlage 33 zu den AVR i.V.m. Anhang A der Anlage 33 zu den AVR und weitere regelmäßig gewährte Zulagen.

[5]Die Regelvergütung ist zum Ausgleich unterschiedlicher wöchentlicher Durchschnittsarbeitszeiten mit dem Faktor zu multiplizieren, der sich aus der Division der neuen wöchentlichen Durchschnittsarbeitszeit durch die alte wöchentliche Durchschnittarbeitszeit errechnet.

[6]Das Jahresentgelt errechnet sich aus dem 12-fachen des Monatsentgelts entsprechend der jeweiligen landesrechtlichen Regelung zuzüglich eines möglichen Leistungsentgelts, der Jahressonderzahlung sowie weiterer regelmäßig gewährter Zulagen; hierzu gehört insbesondere auch die Schulzulage gemäß § 7 D dieser Regelung.

[7]Verringert sich nach dem Tag der Überleitung in die Anlage 21 zu den AVR die individuelle regelmäßige Arbeitszeit des Mitarbeiters, reduziert sich seine Besitzstandszulage im selben Verhältnis, in dem die Arbeitszeit verringert wird; erhöht sich die Arbeitszeit, bleibt die Besitzstandszulage unverändert. Erhöht sich nach einer Verringerung der Arbeitszeit diese wieder, so lebt die Besitzstandszulage im gleichen Verhältnis wie die Arbeitszeiterhöhung, höchstens bis zur ursprünglichen Höhe, wieder auf.

Teilzeitbeschäftigung

(3) Mitarbeiter, die am Ende des Schuljahres 2010/2011 vollbeschäftigt waren und deren regelmäßige wöchentliche Arbeitszeit sich auf Grund der Umstellung erhöht, haben bis zum Beginn der Sommerferien 2011 einen Anspruch darauf, eine Teilzeitbeschäftigung im Umfang ihrer bisherigen Vollbeschäftigung zu vereinbaren.

teilzeitbeschäftigte Mitarbeiter

(4) [1]Mit teilzeitbeschäftigten Mitarbeitern, deren Arbeitsvertrag die Vereinbarung einer festen Wochenstundenzahl enthält, kann – soweit nicht dienstliche oder betriebliche Belange entgegenstehen – vereinbart werden, die Wochenstundenzahl so zu erhöhen, dass das Verhältnis der neu vereinbarten Wochenstundenzahl zur regelmäßigen Wochenarbeitszeit dem Verhältnis zwischen ihrer bisherigen Wochenstundenzahl und der früher geltenden Wochenarbeitszeit entspricht. [2]Die sich daraus rechnerisch ergebende Wochenarbeitszeit kann im Wege der Anwendung der kaufmännischen Rundungsregelungen auf- oder abgerundet werden.

(5) Ruht das Dienstverhältnis oder besteht anstelle einer Beurlaubung eine Teilzeitbeschäftigung während der Elternzeit oder während einer Beurlaubung nach Abschnitt III § 10 der Anlage 14 zu den AVR, ist die Monatsvergütung so zu berechnen, als ob die Mitarbeiter im Juli 2011 die Tätigkeit im selben Umfang wie vor der Beurlaubung bzw. vor dem Ruhen wieder aufgenommen hätten.

kinderbezogene Entgeltbestandteile Abschnitt V Anlage 1

(6) [1]Die kinderbezogenen Entgeltbestandteile gemäß Abschnitt V der Anlage 1 zu den AVR, die in die Berechnung der Besitzstandszulage gemäß § 3 Abs.2 einfließen, werden als Anteil der Besitzstandszulage fortgezahlt, solange für diese Kinder Kindergeld nach dem Einkommensteuergesetz (EStG) oder nach dem Bundeskindergeldgesetz (BKGG) ununterbrochen gezahlt wird oder ohne Berücksichtigung des § 64 oder § 65 EStG oder des § 3 oder § 4 BKGG gezahlt würde. [2]Mit dem Wegfall der Voraussetzungen reduziert sich die Besitzstandszulage entsprechend.

(D) Schulzulage

Zulage

Mitarbeiter, die unter den Geltungsbereich des § 1 der Anlage 21 zu den AVR fallen und zum Ende des Schuljahres 2010/11 noch nach Anhang C zu den AVR eingruppiert bzw. vergütet waren, erhalten zusätzlich zu der Vergütung eine Zulage i.H.v. für die Vergütungsgruppen 10 bis 5b monatlich 50 Euro und für die Vergütungsgruppen 4b bis 1a monatlich 30 Euro ab Beginn Schuljahr 2011/12.

Anlage 21a: Lehrkräfte in der Altenpflege sowie im Gesundheits- und Sozialwesen

Inhalt

§ 1	Geltungsbereich	245
§ 2	Eingruppierung	246
§ 3	Tabellenentgelt	246
§ 4	Stufen der Entgelttabelle	246
§ 5	Allgemeine Regelungen zu den Stufen	247
§ 6	Jahressonderzahlung	249
§ 7	Corona-Sonderzahlung	250
Anhang A	Vergütungsgruppen für Lehrkräfte nach der Anlage 21a zu den AVR	251
Anhang B	Überleitungs- und Besitzstandregelung	253
Präambel		253
§ 1	Geltungsbereich	253
§ 2	Überleitung	253
§ 3	Besitzstandsregelung	254
§ 4	Überforderungsklausel	255
Anhang C	Überleitungs- und Besitzstandregelung	256
Präambel		256
§ 1	Geltungsbereich	256
§ 2	Überleitung	256
§ 3	Besitzstandsregelungen	257
§ 4	Überforderungsklausel	258

§ 1 Geltungsbereich

Anwendungsbereich

(1) Diese Anlage gilt für Lehrkräfte, die in

a) Altenpflege-, Krankenpflege-, Krankenpflegehilfe-, Kinderkrankenpflege- und Hebammenschulen sowie

b) sonstigen Schulen, soweit sie nicht unter Anlage 21 zu den AVR fallen,

beschäftigt sind.

Anmerkung zu Absatz 1:
Die Anlage 21a zu den AVR findet keine Anwendung auf Lehrkräfte an Schulen, die nach den jeweiligen landesrechtlichen Bestimmungen über die Förderung von Privatschulen refinanziert werden und deren Dienstverhältnis bereits vor dem 1. August 2007 bei dem Dienstgeber begonnen hat.

Anwendung von AVR-Bestimmungen

(2) [1]Soweit für diese Mitarbeiter nachfolgend nichts anderes bestimmt ist, finden die Vorschriften des Allgemeinen Teils und der Anlagen der AVR Anwendung. [2]§ 12 des Allgemeinen Teils, Abschnitte Ia, II, III, V und XIV der Anlage 1, Anlagen 1b, 2 bis 2e, 3, 7 bis 7b, Abschnitt II der Anlage 14 und Anlagen 20, 21, 22, 23 sowie 30 bis 33 zu den AVR finden keine Anwendung.

§ 2 Eingruppierung

Eingruppierung nach Entgeltgruppen im Anhang A

Die Eingruppierung der Mitarbeiter im Sinne des § 1 Abs. 1 richtet sich nach den Tätigkeitsmerkmalen des Anhang A dieser Anlage.

§ 3 Tabellenentgelt

Entgelt nach Entgeltgruppen und Entgeltstufen im Anhang A

(1) [1]Der Mitarbeiter erhält monatlich ein Tabellenentgelt. [2]Die Höhe bestimmt sich nach der Entgeltgruppe, in die der Mitarbeiter eingruppiert ist, und nach der für ihn geltenden Stufe.

Entgelthöhe

(2) [1]Für das Tabellenentgelt gelten die jeweils aktuell gültigen Werte des Tabellenentgelts in Anlage B des Tarifvertrags für den öffentlichen Dienst der Länder (TV-L).

§ 4 Stufen der Entgelttabelle

Zahl der Entgeltstufen

(1) Die Entgeltgruppen 9b bis 15 umfassen sechs Stufen.

Allg. Zuordnung zu Entgeltstufen; s. auch Abs. 3, 4 und § 5

(2) [1]Bei Einstellung werden die Mitarbeiter der Stufe 1 zugeordnet, sofern keine einschlägige Berufserfahrung vorliegt. [2]Verfügt der Mitarbeiter über eine einschlägige Berufserfahrung von mindestens einem Jahr, erfolgt die Einstellung in die Stufe 2; verfügt er über eine einschlägige Berufserfahrung von mindestens drei Jahren, erfolgt in der Regel eine Zuordnung zur Stufe 3. [3]Unabhängig davon kann der Dienstgeber bei Neueinstellungen zur Deckung des Personalbedarfs Zeiten einer vorherigen beruflichen Tätigkeit ganz oder teilweise für die Stufenzuordnung berücksichtigen, wenn diese Tätigkeit für die vorgesehene Tätigkeit förderlich ist.

Anmerkung zu Absatz 2:
Einschlägige Berufserfahrung ist eine berufliche Erfahrung in der übertragenen oder einer auf die Aufgabe bezogen entsprechenden Tätigkeit.

Zuordnung zu Entgeltstufen im Anschluss an ein kirchliches Dienstverhältnis

(3) Wird der Mitarbeiter in unmittelbarem Anschluss an ein Dienstverhältnis im Geltungsbereich der AVR oder im sonstigen Tätigkeitsbereich der katholischen Kirche eingestellt, so erhält er

a) wenn sein bisheriges Entgelt nach dieser Anlage oder einer entsprechenden Regelung bemessen war, das Entgelt der Stufe, das er beim Fortbestehen des Dienstverhältnisses am Einstellungstag vom bisherigen Dienstgeber erhalten hätte,

Zur ununterbrochenen Tätigkeit s. § 5 Abs. 3

b) wenn sein bisheriges Entgelt in Abweichung von den Vorschriften dieser Anlage oder einer entsprechenden Reglung bemessen war, das Entgelt der Stufe, das er am Einstellungstag von seinem bisherigen Dienstgeber erhalten würde, wenn sein Entgelt ab dem Zeitpunkt, seitdem er ununterbrochen im Geltungsbereich der AVR oder im sonstigen Tätigkeitsbereich der katholischen Kirche tätig ist, nach dieser Anlage oder einer entsprechenden Regelung bemessen worden wäre.

Anmerkungen zu Absatz 3:

1. Der Tätigkeit im Bereich der katholischen Kirche steht gleich eine Tätigkeit in der evangelischen Kirche, in einem Diakonischen Werk oder in einer Einrichtung, die dem Diakonischen Werk angeschlossen ist.
2. [1]Ein unmittelbarer Anschluss liegt auch vor bei Verlängerung eines befristeten Dienstvertrages. [2]Unterbrechungen für die Dauer der Schulferien, in denen das Dienstverhältnis nicht bestand, sind unschädlich. [3]Es ist auch unschädlich, wenn der Mitarbeiter in dem gesamten zwischen den Dienstverhältnissen liegenden Zeitraum dienstunfähig erkrankt war oder die Zeit zur Ausführung eines Umzuges an einen anderen Ort benötigt hat. [4]Von der Voraussetzung des unmittelbaren Anschlusses kann abgewichen werden, wenn der Zeitraum zwischen dem Ende des bisherigen Dienstverhältnisses und dem Beginn des neuen Dienstverhältnisses ein Jahr nicht übersteigt.

Steigerung der Entgeltstufen

(4) [1]Die Mitarbeiter erreichen die jeweils nächste Stufe – von Stufe 3 an in Abhängigkeit von ihrer Leistung gemäß § 5 Abs. 2 – nach folgenden Zeiten einer ununterbrochenen Tätigkeit innerhalb derselben Entgeltgruppe bei ihrem Dienstgeber (Stufenlaufzeit):

- Stufe 2 nach einem Jahr in Stufe 1,
- Stufe 3 nach zwei Jahren in Stufe 2,
- Stufe 4 nach drei Jahren in Stufe 3,
- Stufe 5 nach vier Jahren in Stufe 4,
- Stufe 6 nach fünf Jahren in Stufe 5.

[2]Die bis zum 31. Dezember 2017 in Stufe 5 verbrachte Zeit wird berücksichtigt.

Anmerkung zu Absatz 4:
Besitzstandszulagen, die sich aus der Anwendung des Anhang B der Anlage 21a zu den AVR ergeben haben, werden aus Anlass der Änderung der Anlage 21a zu den AVR nicht gekürzt.

§ 5 Allgemeine Regelungen zu den Stufen

Regelungen zu Entgeltstufen

(1) Die Mitarbeiter erhalten vom Beginn des Monats an, in dem die nächste Stufe erreicht wird, das Tabellenentgelt nach der neuen Stufe.

Verkürzung der Steigerung der Entgeltstufen

(2) [1]Bei Leistungen des Mitarbeiters, die erheblich über dem Durchschnitt liegen, kann die erforderliche Zeit für das Erreichen der Stufen 4 bis 5 jeweils verkürzt werden. [2]Bei Leistungen, die erheblich unter dem Durchschnitt liegen, kann die erforderliche Zeit für das Erreichen der Stufen 4 bis 5 jeweils verlängert werden. [3]Bei einer Verlängerung der Stufenlaufzeit hat der Dienstgeber jährlich zu prüfen, ob die Voraussetzungen für die Verlängerung noch vorliegen. [4]Für die Beratung von schriftlich begründeten Beschwerden von Mitarbeitern gegen eine Verlängerung nach Satz 2 bzw. 3 ist eine betriebliche Kommission zuständig. [5]Die Mitglieder der betrieblichen Kommission werden je zur Hälfte vom Dienstgeber und von der Mitarbeitervertretung benannt; sie müssen der Einrichtung angehören. [6]Der Dienstgeber entscheidet auf Vorschlag der Kommission darüber, ob und in welchem Umfang der Beschwerde abgeholfen werden soll.

Anmerkung zu Absatz 2:
[1]Leistungsbezogene Stufenaufstiege unterstützen insbesondere die Anliegen der Personalentwicklung.

Anmerkung zu Absatz 2 Satz 2:
Bei Leistungsminderungen, die auf einem anerkannten Arbeitsunfall oder einer Berufskrankheit gemäß §§ 8 und 9 SGB VII beruhen, ist diese Ursache in geeigneter Weise zu berücksichtigen.

Anmerkung zu Absatz 2 Satz 6:
Die Mitwirkung der Kommission erfasst nicht die Entscheidung über die leistungsbezogene Stufenzuordnung.

Zeiten einer ununterbrochenen Tätigkeit nach § 4 Abs. 4

(3) [1]Den Zeiten einer ununterbrochenen Tätigkeit im Sinne des § 4 Abs. 4 Satz 1 stehen gleich:

a) Zeiten von Beschäftigungsverboten nach dem Mutterschutzgesetz,
b) Zeiten einer Arbeitsunfähigkeit nach Abschnitt XII der Anlage 1 zu den AVR bis zu 26 Wochen,
c) Zeiten eines bezahlten Urlaubs,
d) Zeiten eines Sonderurlaubs, bei denen der Dienstgeber vor dem Antritt schriftlich ein dienstliches bzw. betriebliches Interesse anerkannt hat,
e) Zeiten einer sonstigen Unterbrechung von weniger als einem Monat im Kalenderjahr,
f) Zeiten der vorübergehenden Übertragung einer höherwertigen Tätigkeit.

[2]Zeiten der Unterbrechung bis zu einer Dauer von jeweils drei Jahren, die nicht von Satz 1 erfasst werden, und Elternzeit bis zu jeweils fünf Jahren sind unschädlich, werden aber nicht auf die Stufenlaufzeit angerechnet. [3]Bei einer Unterbrechung von mehr als drei Jahren, bei Elternzeit von mehr als fünf Jahren, erfolgt eine Zuordnung zu der Stufe, die der vor der Unterbrechung erreichten Stufe vorangeht, jedoch nicht niedriger als bei einer Neueinstellung; die Stufenlaufzeit beginnt mit dem Tag der Arbeitsaufnahme. [4]Zeiten, in denen Mitarbeiter mit einer kürzeren als der regelmäßigen wöchentlichen Arbeitszeit eines entsprechenden Vollbeschäftigten beschäftigt waren, werden voll angerechnet.

Eingruppierung in eine höhere Entgeltgruppe – Garantiebetrag

(4) [1]Bei Eingruppierung in eine höhere Entgeltgruppe werden die Mitarbeiter derjenigen Stufe zugeordnet, in der sie mindestens ihr bisheriges Tabellenentgelt erhalten, mindestens jedoch der Stufe 2; bei Eingruppierung über mehr als eine Entgeltgruppe wird die Zuordnung zu den Stufen so vorgenommen, als ob faktisch eine Eingruppierung in jede der einzelnen Entgeltgruppen stattgefunden hätte. [2]Beträgt der Unterschiedsbetrag zwischen dem derzeitigen Tabellenentgelt und dem Tabellenentgelt nach Satz 1 weniger als 50 Euro in den Entgeltgruppen 10 bis 15, so erhält der Mitarbeiter während der betreffenden Stufenlaufzeit anstelle des Unterschiedsbetrags einen Garantiebetrag; steht dem Mitarbeiter neben dem bisherigen und/oder neuen Tabellenentgelt eine Entgeltgruppenzulage oder eine Besitzstandszulage nach Anhang B dieser Anlage zu, wird für die Anwendung des Halbsatzes 1 die Entgeltgruppenzulage bzw. Besitzstandszulage dem jeweiligen Tabellenentgelt hinzugerechnet und anschließend der Unterschiedsbetrag ermittelt. [3]Die Stufenlaufzeit in der höheren Entgeltgruppe beginnt mit dem Tag der Höhergruppierung. [4]Bei einer Eingruppierung in eine niedrigere Entgeltgruppe ist der Mitarbeiter der in der höheren Entgeltgruppe erreichten Stufe zuzuordnen. [5]Der Mitarbeiter erhält vom Beginn des Monats an, in dem die Veränderung

wirksam wird, das entsprechende Tabellenentgelt aus der in Satz 1 oder Satz 4 festgelegten Stufen der betreffenden Entgeltgruppe, ggf. einschließlich des Garantiebetrags.

Anmerkung zu Absatz 4 Satz 2:
[1]Der Garantiebetrag nimmt an allgemeinen Entgeltanpassungen teil. [2]Für den Garantiebetrag gilt der jeweils aktuell gültige Wert des TV-L.

Vorweggewähren von Entgeltstufen

(5) [1]Soweit es zur regionalen Differenzierung, zur Deckung des Personalbedarfs oder zur Bindung von qualifizierten Fachkräften erforderlich ist, kann Mitarbeitern im Einzelfall, abweichend von dem sich aus der nach § 4, § 5 Abs. 4 ergebenden Stufe ihrer jeweiligen Entgeltgruppe zustehenden Entgelt, ein um bis zu zwei Stufen höheres Entgelt ganz oder teilweise vorweggewährt werden. [2]Haben Mitarbeiter bereits die Endstufe ihrer jeweiligen Entgeltgruppe erreicht, kann ihnen unter den Voraussetzungen des Satzes 1 ein bis zu 20 v.H. der Stufe 2 ihrer jeweiligen Entgeltgruppe höheres Entgelt gezahlt werden. [3]Im Übrigen bleibt § 5 unberührt.

§ 6 Jahressonderzahlung

Voraussetzung der Jahressonderzahlung

(1) Mitarbeiter, die am 1. Dezember im Dienstverhältnis stehen, haben Anspruch auf eine Jahressonderzahlung.

Höhe der Jahressonderzahlung

(2) [1]Für die Höhe des Prozentsatzes der Jahressonderzahlung gilt die jeweils aktuell gültige Regelung des TV-L. Für Mitarbeiter im Gebiet der neuen Bundesländer Mecklenburg-Vorpommern, Brandenburg, Sachsen-Anhalt, Thüringen und Sachsen sowie in dem Teil des Landes Berlin, in dem das Grundgesetz bis einschließlich 2. Oktober 1990 nicht galt, gilt der dort ausgewiesene Prozentsatz für das Tarifgebiet Ost.

Bemessungsgrundlage der Jahressonderzahlung

(3) [1]Bemessungsgrundlage für die Jahressonderzahlung ist das monatliche Entgelt, das den Beschäftigten in den Kalendermonaten Juli, August und September durchschnittlich gezahlt wird; unberücksichtigt bleiben hierbei das zusätzlich für Überstunden und Mehrarbeit gezahlte Entgelt (mit Ausnahme der im Dienstplan vorgesehenen Mehrarbeits- oder Überstunden), Leistungszulagen, Leistungs- und Erfolgsprämien sowie Besitzstandszulagen nach § 3 Anhang B der Anlage 21a AVR. [2]Der Bemessungssatz bestimmt sich nach der Entgeltgruppe am 1. September. [3]Bei Beschäftigten, deren Arbeitsverhältnis nach dem 31. August begonnen hat, tritt an die Stelle des Bemessungszeitraums der erste volle Kalendermonat des Arbeitsverhältnisses; anstelle des Bemessungssatzes der Entgeltgruppe am 1. September tritt die Entgeltgruppe des Einstellungstages. [4]In den Fällen, in denen im Kalenderjahr der Geburt des Kindes während des Bemessungszeitraums eine elterngeldunschädliche Teilzeitbeschäftigung ausgeübt wird, bemisst sich die Jahressonderzahlung nach dem Beschäftigungsumfang am Tag vor dem Beginn der Elternzeit.

Anmerkung zu Absatz 3:
[1]Bei der Berechnung des durchschnittlich gezahlten monatlichen Entgelts werden die gezahlten Entgelte der drei Monate addiert und durch drei geteilt; dies gilt auch bei einer Änderung des Beschäftigungsumfangs. [2]Ist im Bemessungszeitraum nicht für alle Kalendertage Entgelt gezahlt worden, werden die gezahlten Entgelte der drei Monate addiert, durch die Zahl der Kalendertage mit Entgelt geteilt und sodann mit 30,67 multipliziert. [3]Zeiträume, für die Krankengeldzuschuss

gezahlt worden ist, bleiben hierbei unberücksichtigt. [4]Besteht während des Bemessungszeitraums an weniger als 30 Kalendertagen Anspruch auf Entgelt, ist der letzte Kalendermonat, in dem für alle Kalendertage Anspruch auf Entgelt bestand, maßgeblich.

Verminderung der Jahressonderzahlung

(4) [1]Der Anspruch nach den Absätzen 1 bis 3 vermindert sich um ein Zwölftel für jeden Kalendermonat, in dem Mitarbeiter keinen Anspruch auf Entgelt oder Fortzahlung des Entgelts haben. [2]Die Verminderung unterbleibt für Kalendermonate,

1. für die Mitarbeiter kein Tabellenentgelt erhalten haben wegen
   a) Beschäftigungsverboten nach dem Mutterschutzgesetz,
   b) Inanspruchnahme der Elternzeit nach dem Bundeselterngeld- und Elternzeitgesetz bis zum Ende des Kalenderjahres, in dem das Kind geboren ist, wenn am Tag vor Antritt der Elternzeit Entgeltanspruch bestanden hat;
2. in denen Mitarbeitern Krankengeldzuschuss gezahlt wurde oder nur wegen der Höhe des zustehenden Krankengelds ein Krankengeldzuschuss oder eine entsprechende gesetzliche Leistung nicht gezahlt worden ist.

Fälligkeit der Jahressonderzahlung

(5) [1]Die Jahressonderzahlung wird mit dem Tabellenentgelt für November ausgezahlt. [2]Ein Teilbetrag der Jahressonderzahlung kann zu einem früheren Zeitpunkt ausgezahlt werden.

§ 7 Corona-Sonderzahlung

Voraussetzungen

(1) Mitarbeiter dieser Anlage erhalten die Corona-Sonderzahlung spätestens mit der Vergütung des Monats März 2022 ausgezahlt, wenn ihr Dienstverhältnis am 29. November 2021 bestand und an mindestens einem Tag zwischen dem 1. Januar 2021 und dem 29. November 2021 Anspruch auf Dienstbezüge bestanden hat.

Anmerkungen zu Absatz 1:

§ 3 Nr. 11a EStG

1. [1]Die einmalige Corona-Sonderzahlung wird zusätzlich zum ohnehin geschuldeten Arbeitslohn gewährt. [2]Es handelt sich um eine Beihilfe bzw. Unterstützung des Dienstgebers zur Abmilderung der zusätzlichen Belastung durch die Corona-Krise im Sinne des § 3 Nummer 11a des Einkommensteuergesetzes, sofern die Auszahlung der Corona-Sonderzahlung im dort definierten Zeitraum erfolgt.

Entgeltersatzleistung

2. [1]Anspruch auf Dienstbezüge im Sinne des Absatzes 1 sind auch der Anspruch auf Entgeltfortzahlung aus Anlass der in § 10 AT, in Abschnitt XII Absatz b der Anlage 1 i. V. m. Abschnitt XII Absatz a Satz 2 und Satz 3 der Anlage 1, in § 2 und § 4 der Anlage 14, in § 3 Absatz 2 Satz 2 der Anlage 5 genannten Ereignisse und der Anspruch auf Krankengeldzuschuss aus Abschnitt XII Absatz c Satz 1 der Anlage 1, auch wenn dieser wegen der Höhe der Barleistungen des Sozialversicherers nicht gezahlt wird. [2]Einem Anspruch auf Dienstbezüge gleichgestellt ist der Bezug von Krankengeld nach § 45 SGB V oder entsprechender gesetzlicher Leistungen und der Bezug von Mutterschaftsgeld nach § 19 MuSchG oder § 24i SGB V.

KZVK beitragsfrei

3. Die Corona-Sonderzahlung ist kein zusatzversorgungspflichtiges Entgelt.

(2) [1]Die Höhe der Corona-Sonderzahlung beträgt 1.300 Euro. [2]Abschnitt IIa der Anlage 1 gilt entsprechend. [3]Maßgeblich sind die jeweiligen Verhältnisse am 29. November 2021.

Höhe

(3) Die Corona-Sonderzahlung ist bei der Bemessung sonstiger Leistungen nicht zu berücksichtigen.

sonstige Leistungen

(4) Sollte im Jahr 2021 bereits freiwillig eine Corona-Einmalzahlung ausgezahlt worden sein, kann eine Verrechnung mit der Corona-Sonderzahlung erfolgen.

Verrechnung

Anhang A Vergütungsgruppen für Lehrkräfte nach der Anlage 21a zu den AVR

EG	Tätigkeitsmerkmal
E 9b	Mitarbeiter ohne abgeschlossene Hochschulbildung in der Tätigkeit von Lehrkräften
E 10	Mitarbeiter ohne abgeschlossene Hochschulausbildung mit entsprechender Zusatzqualifikation in der Tätigkeit von Lehrkräften (z.B. Unterrichtspfleger)
E 11	Mitarbeiter mit abgeschlossener Hochschulbildung und entsprechender Qualifikation in der Tätigkeit von Lehrkräften (z.B. hauptamtliche Dozenten an Fachschulen); Mitarbeiter mit abgeschlossener Hochschulbildung (Bachelorabschluss) und entsprechender Tätigkeit
E 12	Mitarbeiter mit abgeschlossener wissenschaftlicher Hochschulbildung (Masterabschluss bzw. Diplompflegepädagogen) und entsprechender Tätigkeit
E13	Mitarbeiter mit abgeschlossener wissenschaftlicher Hochschulausbildung und erfolgreich absolviertem Vorbereitungsdienst (Referendariat) und entsprechender Tätigkeit; Stellvertretende Schulleitung bis 150 Schüler
E 14	Mitarbeiter als Schulleitung bis 150 Schüler; Stellvertretende Schulleitung ab 151 Schüler
E15	Mitarbeiter als Schulleitung ab 151 Schüler

Anmerkungen zu den Tätigkeitsmerkmalen

Entsprechende Zusatzqualifikation

[1]Eine entsprechende Zusatzqualifikation liegt vor, wenn eine Weiterbildung zum/zur Unterrichtspfleger/in, Lehrhebamme/-entbindungspfleger erfolgreich abgeschlossen wurde. [2]Bei Lehrkräften, die nicht von Satz 1 erfasst sind, liegt eine entsprechende Zusatzqualifikation vor, wenn mindestens 720 Stunden zu mindestens je 45 Unterrichtsminuten theoretischer Unterricht innerhalb von zwei Jahren und bei berufsbeglei-tender Ausbildung innerhalb von längstens drei Jahren vermittelt worden sind.

Wissenschaftliche Hochschulbildung

[1]Eine abgeschlossene wissenschaftliche Hochschulbildung liegt vor, wenn das Studium an einer staatlichen Hochschule im Sinne des § 1 Hochschulrahmengesetz (HRG) oder einer nach § 70 HRG staatlich anerkannten Hochschule

a) mit einer nicht an einer Fachhochschule abgelegten ersten Staatsprüfung, Magisterprüfung oder Diplomprüfung oder
b) mit einer Magisterprüfung

beendet worden ist. [2]Diesen Prüfungen steht eine Promotion oder die Akademische Abschlussprüfung (Magisterprüfung) einer Philosophischen Fakultät nur in den Fällen gleich, in denen die Ablegung einer ersten Staatsprüfung, einer Masterprüfung oder einer Diplomprüfung nach den einschlägigen Ausbildungsvorschriften nicht vorgesehen ist. [3]Eine abgeschlossene wissenschaftliche Hochschulbildung im Sinne des Satzes 1 Buchst. a setzt voraus, dass die Abschlussprüfung in einem Studiengang abgelegt wurde, der seinerseits mindestens das Zeugnis der Hochschulreife (allgemeine Hochschulreife oder einschlägige fachgebundene Hochschulreife) oder eine andere landesrechtliche Hochschulzugangsberechtigung als Zugangsvoraussetzung erfordert, und für den Abschluss eine Regelstudienzeit von mindestens acht Semestern – ohne etwaige Praxissemester, Prüfungssemester o.Ä. – vorschreibt. [4]Ein Bachelorstudiengang erfüllt diese Voraussetzung auch dann nicht, wenn mehr als sechs Semester für den Abschluss vorgeschrieben sind. [5]Der Masterstudiengang muss nach den Regelungen des Akkreditierungsrats akkreditiert sein. [6]Ein Abschluss an einer ausländischen Hochschule gilt als abgeschlossene wissenschaftliche Hochschulbildung, wenn er von der zuständigen staatlichen Stelle als dem deutschen Hochschulabschluss vergleichbar bewertet wurde.

Anmerkung zu Satz 5:
Das Akkreditierungserfordernis ist bis zum 31. Dezember 2029 ausgesetzt.

Hochschulbildung

[1]Eine abgeschlossene Hochschulbildung liegt vor, wenn von einer staatlichen Hochschule im Sinne des § 1 HRG oder einer nach § 70 HRG staatlich anerkannten Hochschule ein Diplomgrad mit dem Zusatz „Fachhochschule" („FH"), ein anderer nach § 18 HRG gleichwertiger Abschlussgrad oder ein Bachelorgrad verliehen wurde. [2]Die Abschlussprüfung muss in einem Studiengang abgelegt worden sein, der seinerseits mindestens das Zeugnis der Hochschulreife (allgemeine Hochschulreife oder einschlägige fachgebundene Hochschulreife) oder eine andere landesrechtliche Hochschulzugangsberechtigung als Zugangsvoraussetzung erfordert, und für den Abschluss eine Regelstudienzeit von mindestens sechs Semestern – ohne etwaige Praxissemester, Prüfungssemester o.Ä. – vorschreibt. [3]Der Bachelorstudiengang muss nach den Regelungen des Akkreditierungsrats akkreditiert sein. [4]Dem gleichgestellt sind Abschlüsse in akkreditierten Bachelorausbildungsgängen an Berufsakademien. [5]Ein Abschluss an einer ausländischen Hochschule gilt als abgeschlossene Hochschulbildung, wenn er von der zuständigen staatlichen Stelle als dem deutschen Hochschulabschluss vergleichbar bewertet wurde.

Anmerkung zu Satz 3 und 4:
Das Akkreditierungserfordernis ist bis zum 31. Dezember 2029 ausgesetzt.

Vorbereitungsdienst (Referendariat)

[1]Die konkreten Voraussetzungen sowie der Ablauf und die Dauer des Vorbereitungsdienstes werden von den einzelnen Bundesländern geregelt. [2]In der Regel ist eine bestandene erste Staatsprüfung für ein Lehramt oder ein Lehramt bezogener Masterabschluss (Master of Education) einer Hochschule die wesentliche Voraussetzung, um den Vorbereitungsdienst für das entsprechende Lehramt absolvieren zu können. [3]Der Vorbereitungsdienst dauert zwischen 18 und 24 Monaten. [4]Er endet mit der zweiten Staatsprüfung. [5]Nur mit Referendariat werden in der Regel die laufbahnrechtlichen Voraussetzungen für eine Übernahme in das Beamtenverhältnis erfüllt. [6]Man nennt diese Lehrkräfte daher „Erfüller“. [7]Lehrkräfte ohne Referendariat sind sogenannte „Nicht-Erfüller“. [8]Da sich die Eingruppierung von Lehrkräften stark am Beamtenrecht orientiert hat diese Unterscheidung Auswirkungen auf die Zuordnung der Lehrkräfte zu den Entgeltgruppen.

Anhang B Überleitungs- und Besitzstandregelung

Präambel

[1]Zweck dieser Regelung ist die Überleitung der Mitarbeiter in die Anlage 21a zu den AVR. [2]Dabei ist zum einen sicherzustellen, dass der einzelne Mitarbeiter nach der Überleitung keine geringere Vergleichsjahresvergütung hat (Besitzstandsregelung). [3]Zum anderen soll erreicht werden, dass die Einrichtung bei Anwendung der Anlage 21a zu den AVR durch die Überleitung finanziell nicht überfordert wird (Überforderungsklausel).

§ 1 Geltungsbereich

(1) Diese Übergangs- und Besitzstandsregelung gilt für alle Mitarbeiter im Sinne des § 1 der Anlage 21a zu den AVR, die am Tag vor dem Inkrafttreten der Anlage 21a zu den AVR in einem Dienstverhältnis gestanden haben, das am Tag des Inkrafttretens der Anlage 21a zu den AVR im Geltungsbereich der AVR fortbesteht, für die Dauer des ununterbrochen fortbestehenden Dienstverhältnisses.

(2) [1]Ein Dienstverhältnis besteht auch ununterbrochen fort bei der Verlängerung eines befristeten Dienstvertrages sowie bei Dienstgeberwechsel innerhalb des Geltungsbereichs der AVR. [2]Unterbrechungen von bis zu einem Monat bzw. der Dauer der Schulferien sind unschädlich.

§ 2 Überleitung

(1) [1]Mitarbeiter gemäß § 1 der Anlage 21a zu den AVR werden so in die Anlage 21a zu den AVR übergeleitet, als ob sie seit dem Zeitpunkt, seit dem sie ununterbrochen in der Tätigkeit als Lehrkraft im Geltungsbereich der AVR oder im sonstigen katholischen Bereich beschäftigt waren, nach § 2 und § 4 der Anlage 21a zu den AVR eingruppiert und eingestuft worden wären. [2]Ein Dienstverhältnis besteht auch ununterbrochen fort bei der Verlängerung eines befristeten Dienstvertrages

sowie bei Dienstgeberwechsel. [3]Unterbrechungen von bis zu einem Monat bzw. der Dauer der Schulferien sind unschädlich.

(2) Diplompflege- und Diplommedizinpädagogen (FH) werden in die E 12 übergeleitet.

§ 3 Besitzstandsregelung

(1) Mitarbeiter, deren bisherige Vergütung (Vergleichsvergütung) das ihnen am 1. Juli 2015 zustehende Entgelt übersteigt, erhalten eine Besitzstandszulage.

(2) [1]Die monatliche Besitzstandszulage wird als Unterschiedsbetrag zwischen der Vergleichsjahresvergütung (Absatz 3) und dem Jahresentgelt (Absatz 4), jeweils geteilt durch 12, errechnet. [2]Dabei sind Vergütungsveränderungen durch Beschlüsse nach § 11 AK-Ordnung nicht zu berücksichtigen.

(3) [1]Die Vergleichsjahresvergütung errechnet sich als das 12- fache der am Tag vor dem Inkrafttreten der Anlage 21a zu den AVR zustehenden Monatsvergütung, zuzüglich des Leistungsentgelts gemäß § 15 der Anlagen 31 und 32 zu den AVR und der Jahressonderzahlung gemäß § 16 der Anlagen 31 und 32 zu den AVR bzw. der Weihnachtszuwendung gemäß Abschnitt XIV Anlage 1 zu den AVR sowie dem Urlaubsgeld gemäß Anlage 14. [2]Zur Monatsvergütung im Sinne dieser Vorschrift gehören:

- Bei Mitarbeitern, die aus den Anlagen 31 und 32 zu den AVR übergeleitet werden, das Tabellenentgelt gemäß § 12 der Anlagen 31 und 32 zu den AVR, die Besitzstandszulagen gemäß Anhang E der Anlage 31 und Anhang F der Anlage 32 zu den AVR sowie weitere regelmäßig gewährte Zulagen.
- Bei Mitarbeitern, die aus der Anlage 2 zu den AVR übergeleitet werden, die Regelvergütung gemäß Abschnitt III der Anlage 1, die Kinderzulage gemäß Abschnitt V der Anlage 1, die Besitzstandszulagen gemäß Anlage 1b zu den AVR sowie weitere regelmäßig gewährte Zulagen.

(4) Das Jahresentgelt errechnet sich als das 12-fache des am 1. Juli 2015 zustehenden Tabellenentgelts gemäß § 3 der Anlage 21a zuzüglich der Jahressonderzahlung gemäß § 6 der Anlage 21a zu den AVR.

(5) Ruht das Dienstverhältnis oder wird eine Teilzeitbeschäftigung während der Elternzeit (gemäß § 15 Abs. 4 Bundeselterngeld- und Elternzeitgesetz [BEEG]) ausgeübt, sind Monatsvergütung bzw. Monatsentgelt (Absatz 3) und das Tabellenentgelt (Absatz 4) so zu berechnen, als ob der Mitarbeiter im Juli 2015 die Tätigkeit im selben Umfang wie vor der Teilzeitbeschäftigung bzw. dem Ruhen wieder aufgenommen hätte.

(6) [1]Verringert sich nach dem 1. Juli 2015 die individuelle regelmäßige Arbeitszeit des Mitarbeiters, reduziert sich seine Besitzstandszulage im selben Verhältnis, in dem die Arbeitszeit verringert wird; erhöht sich die Arbeitszeit, bleibt die Besitzstandszulage unverändert. [2]Erhöht sich nach einer Verringerung der Arbeitszeit diese wieder, so lebt die Besitzstandszulage im gleichen Verhältnis wie die Arbeitszeiterhöhung, höchstens bis zur ursprünglichen Höhe, wieder auf. [3]Diese Regelung ist entsprechend anzuwenden auf Mitarbeiter, deren Arbeitszeit am 1. Juli 2015 befristet verändert ist.

(7) [1]Die kinderbezogenen Entgeltbestandteile gem. Abschnitt V der Anlage 1 zu den AVR, die in die Berechnung der Besitzstandszulage nach Absatz 2 und Absatz 3 einfließen, werden als Anteil der Besitzstandszulage fortgezahlt, solange für diese Kinder Kindergeld nach dem Einkommensteuergesetz (EStG) oder nach dem Bundeskindergeldgesetz (BKGG) gezahlt wird oder ohne Berücksichtigung des § 64 oder § 65 EStG oder des § 3 oder § 4 BKGG gezahlt würde. [2]Mit dem Wegfall der Voraussetzungen reduziert sich die Besitzstandszulage entsprechend. [3]Dieser Absatz findet auch Anwendung auf solche kinderbezogenen Entgeltbestandteile, die in die Berechnung der Besitzstandszulagen gemäß Anhang E der Anlage 31 und Anhang F der Anlage 32 eingeflossen sind.

§ 4 Überforderungsklausel

(1) Soweit bei einem Vergleich der Gesamtpersonalkosten vor und nach der Überleitung umstellungsbedingte Mehrkosten von mindestens 2,5 v H. entstehen, kann der Dienstgeber den Überleitungsgewinn von Mitarbeitern, deren Jahresentgelt nach § 3 Abs. 4 die Vergleichsjahresvergütung nach § 3 Abs. 3 übersteigt, gemäß den nachfolgenden Vorgaben zeitlich strecken.

(2) Die Gesamtpersonalkosten errechnen sich aus den Bruttopersonalkosten der Mitarbeiter der Einrichtung und den Arbeitgeberanteilen zur Sozialversicherung.

(3) [1]Bei der Ermittlung der Mehrkosten sind ausschließlich die Steigerungen der Gesamtpersonalkosten der Einrichtung zu berücksichtigen, die unmittelbar durch die Überleitung von Mitarbeitern in die Anlage 21a zu den AVR entstehen. [2]Mehrkosten, die durch Neueinstellungen von Mitarbeitern und durch strukturelle Veränderungen bei Mitarbeitern, die nicht in die Anlage 21a zu den AVR überführt wurden (Stufenaufstiege, Tätigkeits- oder Bewährungsaufstiege, Kinderzulagen oder andere Zulagen), entstehen, bleiben bei der Ermittlung der Mehrkosten unberücksichtigt. Administrative Mehrkosten, die durch die Überleitung entstehen, bleiben ebenfalls unberücksichtigt.

(4) [1]Der Überleitungsgewinn des einzelnen Mitarbeiters errechnet sich aus einem Vergleich des Jahresentgelts nach § 3 Abs. 4 und der Vergleichsjahresvergütung nach § 3 Abs. 3. [2]Der Überleitungsgewinn wird anschließend durch die Vergleichsjahresvergütung geteilt und das Ergebnis mit hundert multipliziert [3]Daraus ergibt sich die prozentuale Vergütungssteigerung des einzelnen Mitarbeiters.

(5) [1]Die Möglichkeit der zeitlichen Streckung besteht nur bei Mitarbeitern, deren prozentuale Vergütungssteigerung mehr als 4 v.H. beträgt. [2]Beträgt die Vergütungssteigerung des einzelnen Mitarbeiters mehr als 4 v.H., erhält er in den ersten zwölf Monaten nach der Überleitung eine Vergütungssteigerung von 4 v.H. [3]Die restliche prozentuale Vergütungssteigerung wird gleichmäßig auf weitere fünf Jahre verteilt. [4]Spätestens nach sechs Jahren ist das aktuell gültige Entgelt (inklusive aller Entgeltbestandteile) in voller Höhe an den betroffenen Mitarbeiter zu zahlen. [5]Die Vergütungen der von einer solchen zeitlichen Streckung betroffenen Mitarbeiter nehmen vollumfänglich an zwischenzeitlichen Tariferhöhungen teil.

(6) Durch Dienstvereinbarung kann eine für die Mitarbeiter günstigere Streckung des Überleitungsgewinns vereinbart werden.

(7) [1]Die Entscheidung über die Anwendung der Überforderungsklausel und die dafür maßgeblichen Berechnungen nach Absätzen 2 bis 5 sind der zuständigen Mitarbeitervertretung im Vorfeld schriftlich vorzulegen und zu erläutern. [2]Macht

ein Rechtsträger von der Überforderungsklausel Gebrauch, hat er unverzüglich eine Anzeige sowie die vergleichenden Gesamtpersonalkostenberechnungen an die Geschäftsstelle der Arbeitsrechtlichen Kommission des Deutschen Caritasverbandes zu übersenden. [3]Die Geschäftsstelle leitet die Unterlagen an die Mitglieder des zuständigen Ausschusses der Bundeskommission zur Kenntnisnahme weiter.

(8) Die Anwendung der Überforderungsklausel kann bis zum 31. Dezember 2015 erfolgen, danach ist eine zeitliche Streckung des Überleitungsgewinns ausgeschlossen.

Anhang C Überleitungs- und Besitzstandregelung

Präambel

Zum 1. Januar 2018 ist der Geltungsbereich der Anlage 21a zu den AVR erweitert worden. Ziel dieser Regelung ist die Überleitung von Mitarbeitern in Anlage 21a zu den AVR, die seit dem 1. Januar 2018 unter den Geltungsbereich der Anlage 21a zu den AVR fallen.

§ 1 Geltungsbereich

(1) Diese Überleitung gilt für

a) Alten- und Krankenpfleger sowie Hebammen/Entbindungspfleger ohne Zusatzqualifikation in der Tätigkeit von Lehrkräften sowie

b) Mitarbeiter, die an Schulen im Sinne des § 1 Abs. 1 Buchstabe b) der Anlage 21a zu den AVR beschäftigt sind,

die am 31. Dezember 2017 in einem Dienstverhältnis gestanden haben, das am 1. Januar 2018 im Geltungsbereich der AVR fortbesteht, für die Dauer des ununterbrochen fortbestehenden Dienstverhältnisses.

(2) [1]Ein Dienstverhältnis besteht auch ununterbrochen fort bei der Verlängerung eines befristeten Dienstvertrages sowie bei Dienstgeberwechsel innerhalb des Geltungsbereichs der AVR. [2]Unterbrechungen von bis zu einem Monat bzw. der Dauer der Schulferien sind unschädlich.

§ 2 Überleitung

[1]Mitarbeiter nach § 1 Abs. 1 werden so in die Anlage 21a zu den AVR übergeleitet, als ob sie seit dem Zeitpunkt, seit dem sie ununterbrochen in der Tätigkeit als Lehrkraft im Geltungsbereich der AVR oder im sonstigen katholischen Bereich beschäftigt waren, nach § 2 und § 4 der Anlage 21a zu den AVR eingruppiert und eingestuft worden wären. [2]Ein Dienstverhältnis besteht auch ununterbrochen fort bei der Verlängerung eines befristeten Dienstvertrages sowie bei Dienstgeberwechsel. [3]Unterbrechungen von bis zu einem Monat bzw. der Dauer der Schulferien sind unschädlich.

§ 3 Besitzstandsregelungen

(1) Mitarbeiter, deren bisherige Vergütung (Vergleichsvergütung) das ihnen am 1. Januar 2018 zustehende Entgelt übersteigt, erhalten eine Besitzstandszulage.

(2) [1]Die monatliche Besitzstandszulage wird als Unterschiedsbetrag zwischen der Vergleichsjahresvergütung (Absatz 3) und dem Jahresentgelt (Absatz 4), jeweils geteilt durch 12, errechnet. [2]Dabei sind Vergütungsveränderungen durch Beschlüsse nach § 14 AK-Ordnung nicht zu berücksichtigen.

(3) [1]Die Vergleichsjahresvergütung errechnet sich als das 12-fache der am 31. Dezember 2017 zustehenden Monatsvergütung, zuzüglich des Leistungsentgelts gemäß § 15 der Anlagen 31 und 32 zu den AVR und der Jahressonderzahlung gemäß § 16 der Anlagen 31 und 32 zu den AVR bzw. der Weihnachtszuwendung gemäß Abschnitt XIV der Anlage 1 zu den AVR sowie dem Urlaubsgeld gemäß Anlage 14 zu den AVR. [2]Zur Monatsvergütung im Sinne dieser Vorschrift gehören:

- Bei Mitarbeitern, die aus den Anlagen 31 und 32 zu den AVR übergeleitet werden, das Tabellenentgelt gemäß § 12 der Anlagen 31 und 32 zu den AVR, die Besitzstandszulagen gemäß Anhang E der Anlage 31 und Anhang F der Anlage 32 zu den AVR sowie weitere regelmäßig gewährte Zulagen.
- Bei Mitarbeitern, die aus der Anlage 2 zu den AVR übergeleitet werden, die Regelvergütung gemäß Abschnitt III der Anlage 1 zu den AVR, die Kinderzulage gemäß Abschnitt V der Anlage 1 zu den AVR, die Besitzstandszulagen gemäß Anlage 1b zu den AVR sowie weitere regelmäßig gewährte Zulagen.

(4) Das Jahresentgelt errechnet sich als das 12-fache des am 1. Januar 2018 zustehenden Tabellenentgelts gemäß § 3 der Anlage 21a zu den AVR zuzüglich der Jahressonderzahlung gemäß § 6 der Anlage 21a zu den AVR.

(5) Ruht das Dienstverhältnis oder wird eine Teilzeitbeschäftigung während der Elternzeit (gemäß § 15 Abs. 4 Bundeselterngeld- und Elternzeitgesetz) ausgeübt, sind Monatsvergütung bzw. Monatsentgelt (Absatz 3) und das Tabellenentgelt (Absatz 4) so zu berechnen, als ob der Mitarbeiter im Januar 2018 die Tätigkeit im selben Umfang wie vor der Teilzeitbeschäftigung bzw. dem Ruhen wieder aufgenommen hätte.

(6) [1]Verringert sich nach dem 1. Januar 2018 die individuelle regelmäßige Arbeitszeit des Mitarbeiters, reduziert sich seine Besitzstandszulage im selben Verhältnis, in dem die Arbeitszeit verringert wird; erhöht sich die Arbeitszeit, bleibt die Besitzstandszulage unverändert. [2]Erhöht sich nach einer Verringerung der Arbeitszeit diese wieder, so lebt die Besitzstandszulage im gleichen Verhältnis wie die Arbeitszeiterhöhung, höchstens bis zur ursprünglichen Höhe, wieder auf. [3]Diese Regelung ist entsprechend anzuwenden auf Mitarbeiter, deren Arbeitszeit am 1. Januar 2018 befristet verändert ist.

(7) [1]Die kinderbezogenen Entgeltbestandteile gemäß Abschnitt V der Anlage 1 zu den AVR, die in die Berechnung der Besitzstandszulage nach Absatz 2 und Absatz 3 einfließen, werden als Anteil der Besitzstandszulage fortgezahlt, solange für diese Kinder Kindergeld nach dem Einkommenssteuergesetz (EStG) oder nach dem Bundeskindergeldgesetz (BKGG) gezahlt wird oder ohne Berücksichtigung des § 64 oder § 65 EStG oder des § 3 oder § 4 BKGG gezahlt würde. [2]Mit dem Wegfall der Voraussetzungen reduziert sich die Besitzstandszulage entsprechend. [3]Dieser Absatz findet auch Anwendung auf solche kinderbezogenen Entgeltbestandteile, die in die Berechnung der Besitzstandszulagen gemäß Anhang E der Anlage 31 und Anhang F der Anlage 32 zu den AVR eingeflossen sind.

§ 4 Überforderungsklausel

(1) Soweit bei einem Vergleich der Gesamtpersonalkosten vor und nach der Überleitung umstellungsbedingte Mehrkosten von mindestens 2,5 v. H. entstehen, kann der Dienstgeber den Überleitungsgewinn von Mitarbeitern, deren Jahresentgelt nach § 3 Abs. 4 die Vergleichsjahresvergütung nach § 3 Abs. 3 übersteigt, gemäß den nachfolgenden Vorgaben zeitlich strecken.

(2) Die Gesamtpersonalkosten errechnen sich aus den Bruttopersonalkosten der Mitarbeiter der Einrichtung und den Arbeitgeberanteilen zur Sozialversicherung.

(3) [1]Bei der Ermittlung der Mehrkosten sind ausschließlich die Steigerungen der Gesamtpersonalkosten der Einrichtung zu berücksichtigen, die unmittelbar durch die Überleitung von Mitarbeitern in die Anlage 21a zu den AVR entstehen. [2]Mehrkosten, die durch Neueinstellungen von Mitarbeitern und durch strukturelle Veränderungen bei Mitarbeitern, die nicht in die Anlage 21a zu den AVR überführt wurden (Stufenaufstiege, Tätigkeits- oder Bewährungsaufstiege, Kinderzulagen oder andere Zulagen), entstehen, bleiben bei der Ermittlung der Mehrkosten unberücksichtigt. [3]Administrative Mehrkosten, die durch die Überleitung entstehen, bleiben ebenfalls unberücksichtigt.

(4) [1]Der Überleitungsgewinn des einzelnen Mitarbeiters errechnet sich aus einem Vergleich des Jahresentgelts nach § 3 Abs. 4 und der Vergleichsjahresvergütung nach § 3 Abs. 3. [2]Der Überleitungsgewinn wird anschließend durch die Vergleichsjahresvergütung geteilt und das Ergebnis mit hundert multipliziert. [3]Daraus ergibt sich die prozentuale Vergütungssteigerung des einzelnen Mitarbeiters.

(5) [1]Die Möglichkeit der zeitlichen Streckung besteht nur bei Mitarbeitern, deren prozentuale Vergütungssteigerung mehr als 4 v.H. beträgt. [2]Beträgt die Vergütungssteigerung des einzelnen Mitarbeiters mehr als 4 v.H., erhält er in den ersten zwölf Monaten nach der Überleitung eine Vergütungssteigerung von 4 v.H. [3]Die restliche prozentuale Vergütungssteigerung wird gleichmäßig auf weitere fünf Jahre verteilt. [4]Spätestens nach sechs Jahren ist das aktuell gültige Entgelt (inklusive aller Entgeltbestandteile) in voller Höhe an den betroffenen Mitarbeiter zu zahlen. [5]Die Vergütungen der von einer solchen zeitlichen Streckung betroffenen Mitarbeiter nehmen vollumfänglich an zwischenzeitlichen Tariferhöhungen teil.

(6) Durch Dienstvereinbarung kann eine für die Mitarbeiter günstigere Streckung des Überleitungsgewinns vereinbart werden.

(7) [1]Die Entscheidung über die Anwendung der Überforderungsklausel und die dafür maßgeblichen Berechnungen nach Absätzen 2 bis 5 sind der zuständigen Mitarbeitervertretung im Vorfeld schriftlich vorzulegen und zu erläutern. [2]Macht ein Rechtsträger von der Überforderungsklausel Gebrauch, hat er unverzüglich eine Anzeige sowie die vergleichenden Gesamtpersonalkostenberechnungen an die Geschäftsstelle der Arbeitsrechtlichen Kommission des Deutschen Caritasverbandes zu übersenden. [3]Die Geschäftsstelle leitet die Unterlagen an die Mitglieder des zuständigen Ausschusses der Bundeskommission zur Kenntnisnahme weiter.

(8) Die Anwendung der Überforderungsklausel kann bis zum 30. Juni 2018 erfolgen, danach ist eine zeitliche Streckung des Überleitungsgewinns ausgeschlossen.

Anlage 22: (kein Abdruck wegen Fristablauf)

Anlage 23: Besondere Regelungen für Fahrdienste

Inhalt

Präambel		259
§ 1	Geltungsbereich	259
§ 2	Definition	259
§ 3	Vergütung	259
§ 4	Sonstige Bestimmungen	260
§ 5	Besitzstandsregelung	260
§ 6	Neuausschreibungen für Beförderungsleistungen; Anwendung von Tarifverträgen	260
§ 7	Inkrafttreten	261

Präambel

[1]Durch die wettbewerbsbedingte Lohnspirale nach unten und die gleichzeitig nicht ausreichende Refinanzierung ist es zur Sicherung der Arbeitsplätze im Bereich der Fahrdienste notwendig, eine Sonderregelung der Vergütung für den Bereich Fahrdienste in den AVR zu schaffen. [2]Die Arbeitsrechtliche Kommission wird sich für die Einführung eines Mindestlohns in diesem Bereich einsetzen. [3]Die Arbeitsrechtliche Kommission beauftragt die Leitungsausschüsse der beiden Seiten, zu einem geeigneten Zeitpunkt gemeinsam einen Antrag auf Festsetzung eines Mindestlohns in diesem Bereich beim zuständigen Bundesministerium zu stellen.

§ 1 Geltungsbereich

Anwendungsbereich

Diese Regelung gilt für Mitarbeiter in Fahrdiensten.

§ 2 Definition

Fahrdienste

Fahrdienste im Sinne dieser Regelung umfassen den Transport von Menschen mit Mobilitätseinschränkungen, Behinderten und Kranken im Linien- oder Individualfahrdienst sowie Essen auf Rädern.

§ 3 Vergütung

Vergütung

(1) [1]Der Mitarbeiter erhält eine Vergütung nach Vergütungsgruppe 11 Stufe 1 der Regelvergütungstabelle in Anlage 3 zu den AVR. [2]Im Jahr 2014 beträgt die Vergütung abweichend von Satz 1 82,6 v.H. der in Satz 1 festgelegten Vergütung. [3]Im Jahr 2015 beträgt die Vergütung abweichend von Satz 1 88,70 v.H. der festgelegten Vergütung nach Vergütungsgruppe 11 Stufe 1 der am 1. Januar 2015 geltenden Regelvergütungstabelle in Anlage 3 zu den AVR. [4]Im Jahr 2016 beträgt die Vergütung abwei-

chend von Satz 1 93,00 v.H. der festgelegten Vergütung nach Vergütungsgruppe 11 Stufe 1 der zum jeweiligen Zeitpunkt geltenden Regelvergütungstabelle in Anlage 3 zu den AVR. [5]Im Jahr 2017 beträgt die Vergütung abweichend von Satz 1 93,00 v.H. der festgelegten Vergütung nach Vergütungsgruppe 11 Stufe 1 der jeweils geltenden Regelvergütungstabelle in Anlage 3 zu den AVR. [6]In den Jahren 2018 bis 2021 beträgt die Vergütung abweichend von Satz 1 94,00 v.H. der festgelegten Vergütung nach Vergütungsgruppe 11 Stufe 1 der jeweils geltenden Regelvergütungstabelle in Anlage 3 zu den AVR. [7]In den Jahren 2022 und 2023 beträgt die Vergütung abweichend von Satz 1 96,00 v.H. der festgelegten Vergütung nach Vergütungsgruppe 11 Stufe 1 der jeweils geltenden Regelvergütungstabelle in Anlage 3. [8]Wird der gesetzliche Mindestlohn dadurch unterschritten, ist mindestens dieser zu zahlen.

Zeitzuschläge

(2) [1]Zeitzuschläge werden nach Anlage 6a zu den AVR gezahlt. [2]In Abweichung von § 2 der Anlage 6a zu den AVR richtet sich die Stundenvergütung nach der in Absatz 1 festgelegten Monatsvergütung. [3]Die Zeitzuschläge für Überstunden betragen je Stunde 25 v.H.

§ 4 Sonstige Bestimmungen

Anwendung der AVR-Bestimmungen

[1]Die Bestimmungen der Anlage 1 Abschnitte II, IIb, III, IV, V, VII, VIIa, VIII, VIIIa und XIV, der Anlagen 2d, 2e, 7, 7a, 14 Abschnitt II sowie der Anlagen 19, 20, 21, 30, 31, 32 und 33 zu den AVR finden keine Anwendung auf Mitarbeiter in Fahrdiensten. [2]Ansonsten finden die AVR entsprechende Anwendung, soweit vorstehend keine abweichende Regelung vorgesehen ist.

§ 5 Besitzstandsregelung

Besitzstand

(1) Für Mitarbeiter, denen bis zum 31. Dezember 2013 eine Vergütung nach der Anlage 2 zu den AVR schriftlich zugesagt worden ist oder die bis zum 31. Dezember 2013 eine Vergütung nach der Anlage 2 zu den AVR erhalten haben, finden die vorstehenden Regelungen keine Anwendung.

(2) Mitarbeitern, denen bis zum 31. Dezember 2013 eine höhere als die unter § 3 genannte Vergütung zugesagt worden ist oder die bis zum 31. Dezember 2013 eine höhere als die unter § 3 genannte Vergütung erhalten haben, wird die höhere Vergütung fortgezahlt.

Anmerkung zu § 5:
Im Zuständigkeitsbereich der Regionalkommission Ost gilt § 5 mit der Maßgabe, dass statt des 31. Dezember 2013 jeweils der 31. Dezember 2014 als maßgeblicher Zeitpunkt für die Prüfung von Besitzständen anzunehmen ist.

§ 6 Neuausschreibungen für Beförderungsleistungen; Anwendung von Tarifverträgen

Beförderungsleistungen

(1) Dienstgeber, die ab dem 15. Juni 2018 an einem Zuschlagsverfahren für Beförderungsleistungen teilnehmen, können abweichend von § 3 den Dienstverträgen ihrer Mitarbeiter nach § 1 als Mindestinhalt das Entgelt nach § 2 der Anlage 5 des DRK-Reformtarifvertrages in der jeweils aktuell gültigen Fassung zugrunde legen.

(2) Auf Mitarbeiter, die bis zum 14. Juni 2018 eine Vergütung nach § 3 erhalten haben, findet Abs. 1 für die Dauer des ununterbrochen fortbestehenden Dienstverhältnisses keine Anwendung. Unterbrechungen des Dienstverhältnisses von bis zu einem Monat sind unschädlich.

Mitarbeiter mit Vergütung nach § 3

§ 7 Inkrafttreten

Diese Regelung tritt zum 1. Januar 2014 in Kraft.

Inkrafttreten

Anlage 24: (derzeit nicht besetzt)

Anlage 25: Übergangsregelungen für caritative Träger, die das Tarifrecht des öffentlichen Dienstes anwenden

Inhalt

§ 1 Geltungsbereich 262
§ 2 Anwendung von Tarifverträgen 262
§ 3 Informationspflicht 262
§ 4 Inkrafttreten 262

§ 1 Geltungsbereich

Geltungsbereich

Diese Regelung gilt für caritative Träger, die

- die Grundordnung des kirchlichen Dienstes (GrO) in ihr Statut übernommen haben und
- spätestens seit dem 1. Oktober 2005 durchgehend die Tarifverträge für die kommunalen Arbeitgeber (TVöD-VKA bzw. TV-Ärzte-VKA und diese ergänzende Tarifverträge) anwenden.

§ 2 Anwendung von Tarifverträgen

Anwendung von Tarifverträgen

Abweichend von den Bestimmungen der AVR werden den Dienstverträgen der Mitarbeiterinnen und Mitarbeiter im Geltungsbereich nach § 1 die tarifvertraglichen Regelungen für die kommunalen Arbeitgeber (TVöD-VKA bzw. TV-Ärzte-VKA und diese ergänzende Tarifverträge) in ihrer jeweils gültigen Fassung zugrunde gelegt.

§ 3 Informationspflicht

Informationspflicht

Vom Geltungsbereich nach § 1 erfasste Träger haben eine schriftliche Information über die Anwendung der Anlage an die Geschäftsstelle der Arbeitsrechtlichen Kommission zu senden.

§ 4 Inkrafttreten

Inkrafttreten

Diese Regelung tritt zum 1. Januar 2014 in Kraft.

Anlage 30: Besondere Regelungen für Ärztinnen und Ärzte

Inhalt

§ 1	Geltungsbereich	264
§ 2	Einsatzzuschlag für Ärztinnen und Ärzte im Rettungsdienst	264
§ 3	Regelmäßige Arbeitszeit	265
§ 4	Arbeit an Sonn- und Feiertagen sowie an Wochenenden	266
§ 5	Sonderformen der Arbeit	267
§ 6	Bereitschaftsdienst, Rufbereitschaft, Dienstplanung	268
§ 7	Ausgleich für Sonderformen der Arbeit	272
§ 8	Bereitschaftsdienstentgelt	274
§ 9	Teilzeitbeschäftigung	276
§ 10	Arbeitszeitdokumentation	276
§ 11	Allgemeine Eingruppierungsregelungen	277
§ 12	Eingruppierung	277
§ 13	Tabellenentgelt	278
§ 13a	Berechnung und Auszahlung des Entgelts	278
§ 13b	(kein Abdruck wegen Fristablauf)	278
§ 13c	*(RK Ost):* (kein Abdruck wegen Fristablauf)	278
§ 13d	*(RK NRW):* Einmalzahlung	278
§ 14	Stufen der Entgelttabelle	279
§ 15	Allgemeine Regelungen zu den Stufen	280
§ 16	Leistungsentgelt bzw. Sozialkomponente	281
§ 17	Zusatzurlaub	281
§ 18	Führung auf Probe	282
§ 19	(weggefallen)	283
§ 20	Kosten des Heilberufsausweises	283
Anhang A	Tabellenentgelt für Ärztinnen und Ärzte	283
Anhang B	Überleitungs- und Besitzstandregelung	284
Präambel		284
§ 1	Geltungsbereich	284
§ 2	Überleitung	284
§ 3	Besitzstandsregelung	285
§ 4	Überforderungsklausel	287

Hinweise

Die Bestimmungen beziehen sich teilweise auf die örtlichen Zuständigkeiten der Regionalkommissionen der Arbeitsrechtlichen Kommission. Dabei umfassen die folgenden Begriffe die folgenden Gebiete:

- Nord das Gebiet der Bistümer Hildesheim und Osnabrück sowie den Offizialatsbezirk Oldenburg;
- Ost das Gebiet der (Erz-)Bistümer Berlin, Dresden-Meißen, Erfurt, Görlitz, Hamburg und Magdeburg;
- NRW (Nordrhein-Westfalen) das Gebiet der (Erz-)Bistümer Aachen, Essen, Köln, Münster (ohne den Offizialatsbezirk Oldenburg) und Paderborn;

- Mitte das Gebiet der Bistümer Fulda, Limburg, Mainz, Speyer und Trier;
- BW (Baden-Württemberg) das Gebiet der (Erz-)Bistümer Freiburg und Rottenburg-Stuttgart;
- Bayern das Gebiet der (Erz-)Bistümer Augsburg, Bamberg, Eichstätt, München und Freising, Passau, Regensburg und Würzburg.

§ 1 Geltungsbereich

(1) [1]Diese Anlage gilt für Ärztinnen und Ärzte sowie Zahnärztinnen und Zahnärzte, die in

Krankenhäuser

a) Krankenhäusern einschließlich psychiatrischer Kliniken und psychiatrischer Krankenhäuser,

deren med. Institute

b) medizinischen Instituten von Krankenhäusern/Kliniken (z. B.: pathologischen Instituten, Röntgeninstituten oder Institutsambulanzen) oder in

Heime mit ärztlicher Behandlung

c) sonstigen Einrichtungen und Heimen (z. B.: Reha-Einrichtungen), in denen die betreuten Personen in teilstationärer oder stationärer ärztlicher Behandlung stehen, wenn die ärztliche Behandlung in den Einrichtungen selbst stattfindet,

beschäftigt sind.

[2]Diese Anlage gilt auch für Ärztinnen und Ärzte in sonstigen Einrichtungen, sofern sie eine ärztliche Tätigkeit ausüben.

(2) [1]Soweit für diese Ärztinnen und Ärzte nachfolgend nichts anderes bestimmt ist, finden die Vorschriften des Allgemeinen Teils und der Anlagen der AVR Anwendung. [2]Abschnitte Ia, IIIA, V, VII, XI Abs. d und XIV der Anlage 1, Anlagen 1b, 2, 3, 6 und 6a sowie § 4 und §§ 6 bis 9 der Anlage 14 zu den AVR finden keine Anwendung. [3]Anlage 5 gilt nicht mit Ausnahme von § 1 Abs. 7, Abs. 9 und Abs. 10, §§ 5 bis 5g, § 6, § 7 Abs. 7, § 9 Abs. 6 und § 10.

§ 2 Einsatzzuschlag für Ärztinnen und Ärzte im Rettungsdienst

Rettungsdienst

[1]Zu den aus der Haupttätigkeit obliegenden Pflichten der Ärztinnen und Ärzte gehört es ferner, am Rettungsdienst im Notarztwagen und Hubschraubern teilzunehmen.

[2]Für jeden Einsatz in diesem Rettungsdienst erhalten Ärztinnen und Ärzte einen nicht zusatzversorgungspflichtigen Einsatzzuschlag ab 1. Juli 2025 in Höhe von 32,64 Euro, ab 1. Dezember 2025 in Höhe von 33,29 Euro und ab 1. März 2026 in Höhe von 33,96 Euro.

[3]Dieser Betrag verändert sich zu demselben Zeitpunkt und in dem gleichen Ausmaß wie das Tabellenentgelt der Entgeltgruppe II Stufe 1.

Anmerkungen zu § 2:

1. Eine Ärztin/ein Arzt, die/der nach der Approbation noch nicht mindestens 1 Jahr klinisch tätig war, ist grundsätzlich nicht zum Einsatz im Rettungsdienst heranzuziehen.

keine Heranziehung zum Rettungsdienst

2. Eine Ärztin/ein Arzt, der/dem aus persönlichen oder fachlichen Gründen (z.B.: Vorliegen einer anerkannten Minderung der Erwerbsfähigkeit, die dem Einsatz im Rettungsdienst entgegensteht, Flugunverträglichkeit, langjährige Tätigkeit als Bakteriologin/Bakteriologe) die Teilnahme am Rettungsdienst nicht zumutbar ist, darf grundsätzlich nicht zum Einsatz im Rettungsdienst herangezogen werden.
3. Ärztinnen und Ärzte, die originär für den Rettungsdienst eingestellt und ausschließlich im Rettungsdienst tätig sind, erhalten keinen Einsatzzuschlag.

kein Einsatzzuschlag

§ 3 Regelmäßige Arbeitszeit

regelmäßige Arbeitszeit

(1) [1]Die regelmäßige Arbeitszeit beträgt ausschließlich der Pausen durchschnittlich 40 Stunden wöchentlich. [2]Die regelmäßige Arbeitszeit kann auf 5 Tage, aus notwendigen dienstlichen oder betrieblichen Gründen auch auf sechs Tage, verteilt werden.

Durchschnitt

(2) [1]Für die Berechnung des Durchschnitts der regelmäßigen wöchentlichen Arbeitszeit ist ein Zeitraum von einem Jahr zu Grunde zu legen. [2]Abweichend von Satz 1 kann bei Ärztinnen und Ärzten, die ständig Wechselschicht oder Schichtarbeit zu leisten haben, ein längerer Zeitraum zu Grunde gelegt werden.

24./31. Dezember

(3) [1]Soweit es die dienstlichen oder betrieblichen Verhältnisse zulassen, wird die Ärztin/der Arzt am 24. Dezember und am 31. Dezember unter Fortzahlung des Entgelts von der Arbeit freigestellt. [2]Kann die Freistellung nach Satz 1 aus dienstlichen oder betrieblichen Gründen nicht erfolgen, ist entsprechender Freizeitausgleich innerhalb von drei Monaten zu gewähren. [3]Die regelmäßige Arbeitszeit vermindert sich für den 24. Dezember und 31. Dezember, soweit sie auf einen Werktag fallen, um die dienstplanmäßig ausgefallenen Stunden.

Anmerkung zu Absatz 3 Satz 3:
Die Verminderung der regelmäßigen Arbeitszeit betrifft die Ärztinnen und Ärzte, die wegen des Dienstplanes frei haben und deshalb ohne diese Regelung nacharbeiten müssten.

Abweichung vom ArbZG durch Dienstvereinbarung

(4) Aus dringenden dienstlichen oder betrieblichen Gründen kann auf der Grundlage einer Dienstvereinbarung im Rahmen des § 7 Abs. 1, 2 und des § 12 ArbZG von den Vorschriften des Arbeitszeitgesetzes abgewichen werden.

Zwölf-Stunden-Schicht

(5) [1]Die tägliche Arbeitszeit kann im Schichtdienst auf bis zu zwölf Stunden ausschließlich der Pausen ausgedehnt werden. [2]In unmittelbarer Folge dürfen nicht mehr als vier über zehn Stunden dauernde Schichten und in einem Zeitraum von zwei Kalenderwochen nicht mehr als insgesamt acht über zehn Stunden dauernde Schichten geleistet werden. [3]Zwischen der Ableistung von Bereitschaftsdienst und einer Schicht i.S.d. Satz 1 muss jeweils ein Zeitraum von 72 Stunden liegen.

Verpflichtung Sonntags-, Feiertags-, Nacht-, Bereitschaftsdienst, Mehrarbeit

(6) Ärztinnen und Ärzte sind im Rahmen begründeter dienstlicher oder betrieblicher Notwendigkeiten zur Leistung von Sonntags-, Feiertags-, Nacht-, Wechselschicht- und Schichtarbeit sowie – bei Teilzeitbeschäftigung aufgrund arbeitsvertraglicher Regelungen oder mit ihrer Zustimmung – zu Bereitschaftsdienst, Rufbereitschaft, Überstunden und Mehrarbeit verpflichtet.

Arbeitszeitkorridor

(7) [1]Durch Dienstvereinbarung kann ein wöchentlicher Arbeitszeitkorridor von bis zu 45 Stunden eingerichtet werden. [2]Die innerhalb eines Arbeitszeitkorridors geleisteten zusätzlichen Arbeitsstunden werden im Rahmen des nach Absatz 2 Satz 1 festgelegten Zeitraums ausgeglichen.

Rahmenarbeitszeit

(8) [1]Durch Dienstvereinbarung kann in der Zeit von 6 Uhr bis 20 Uhr eine tägliche Rahmenzeit von bis zu zwölf Stunden eingeführt werden. [2]Die innerhalb der täglichen Rahmenzeit geleisteten zusätzlichen Arbeitsstunden werden im Rahmen des nach Absatz 2 Satz 1 festgelegten Zeitraums ausgeglichen.

Anmerkung zu § 3:

Gleitzeit

Gleitzeitregelungen sind unter Wahrung der jeweils geltenden Mitbestimmungsrechte unabhängig von den Vorgaben zu Arbeitszeitkorridor und Rahmenzeit (Absätze 7 und 8) möglich.

§ 4 Arbeit an Sonn- und Feiertagen sowie an Wochenenden

In Ergänzung zu § 3 Abs. 3 Satz 3 und Abs. 6 gilt für Sonn- und Feiertage Folgendes:

bei gesetzl. Feiertag als Werktag

Freizeitausgleich/ finanzielle Abgeltung

(1) [1]Die Arbeitszeit an einem gesetzlichen Feiertag, der auf einen Werktag fällt, wird durch eine entsprechende Freistellung an einem anderen Werktag bis zum Ende des dritten Kalendermonats – möglichst aber schon bis zum Ende des nächsten Kalendermonats – ausgeglichen, wenn es die betrieblichen Verhältnisse zulassen. [2]Kann ein Freizeitausgleich nicht gewährt werden, erhält die Ärztin/der Arzt je Stunde 100 v. H. des auf eine Stunde entfallenden Anteils des monatlichen Entgelts der jeweiligen Entgeltgruppe und Stufe nach Maßgabe der Entgelttabelle. [3]§ 7 Abs. 1 Satz 2 Buchst. d bleibt unberührt.

bei gesetzl. Feiertag als Werktag und Schichtdienst

Reduzierung Soll-Arbeitszeit

(2) [1]Für Ärztinnen und Ärzte, die regelmäßig nach einem Dienstplan eingesetzt werden, der Wechselschicht- oder Schichtdienst an sieben Tagen in der Woche vorsieht, vermindert sich die regelmäßige Wochenarbeitszeit um ein Fünftel der arbeitsvertraglich vereinbarten durchschnittlichen Wochenarbeitszeit, wenn sie an einem gesetzlichen Feiertag, der auf einen Werktag fällt,

a) Arbeitsleistung zu erbringen haben oder

b) nicht wegen des Feiertags, sondern dienstplanmäßig nicht zur Arbeit eingeteilt sind und deswegen an anderen Tagen der Woche ihre regelmäßige Arbeitszeit erbringen müssen.

[2]Absatz 1 gilt in diesen Fällen nicht. [3]§ 7 Abs. 1 Satz 2 Buchst. d bleibt unberührt.

regelmäßige Arbeit an Sonn- und Feiertagen

(3) [1]Ärztinnen und Ärzte, die regelmäßig an Sonn- und Feiertagen arbeiten müssen, erhalten innerhalb von zwei Wochen zwei arbeitsfreie Tage. [2]Hiervon soll ein freier Tag auf einen Sonntag fallen.

Arbeitsleistung am Wochenende

(4) [1]Arbeitsleistungen (regelmäßige Arbeit, Bereitschaftsdienst, Rufbereitschaft) am Wochenende (Freitag ab 21 Uhr bis Montag 5 Uhr) dürfen an höchstens zwei Wochenenden im Kalendermonat angeordnet werden. [2]Abweichend davon darf je Kalendervierteljahr für ein weiteres Wochenende Arbeitsleistung angeordnet werden. [3]Die Arbeitsleistung an einem Wochenende wird jeweils dem Kalendermonat zugeordnet, in dem sie begonnen hat. [4]Darüber hinaus dürfen weitere Arbeitsleistungen (regelmäßige Arbeit, Bereitschaftsdienst, Rufbereitschaft) nur angeordnet werden, wenn andernfalls eine Gefährdung der Patientensicherheit droht. [5]Wochenenden, an denen gemäß Satz 4 weitere Arbeitsleistung angeordnet

wurde, sind innerhalb der nächsten drei Kalendermonate als zusätzliche Wochenenden ohne Arbeitsleistung zu gewähren. [6]Dies gilt nicht für Arbeitsleistungen, die an dem ersten weiteren Wochenende im Kalendervierteljahr (Satz 2) erbracht worden sind. [7]Sind nach Satz 5 zu gewährende freie Wochenenden nicht innerhalb der Frist nach Satz 5 gewährt worden, erhöht sich für die in dieser Zeit erbrachte Arbeitsleistung bei Vollarbeit das Entgelt je Stunde um 10 Prozent, bei Bereitschaftsdienst die Bewertung des Bereitschaftsdienstes gemäß § 8 Abs. 1 Satz 1 um 10 Prozentpunkte bzw. wird zusätzlich zum Rufbereitschaftsentgelt ein Zuschlag von 10 Prozent des Entgelts gemäß § 7 Abs. 3 gezahlt. [8]Jedenfalls ein freies Wochenende pro Kalendermonat ist zu gewährleisten. [9]Gewährte freie Wochenenden werden jeweils dem Kalendermonat ihres Beginns zugeordnet.

§ 5 Sonderformen der Arbeit

(1) [1]Wechselschichtarbeit ist die Arbeit nach einem Schichtplan/Dienstplan, der einen regelmäßigen Wechsel der täglichen Arbeitszeit in Wechselschichten vorsieht, bei denen die Ärztin/der Arzt längstens nach Ablauf eines Monats erneut zu mindestens zwei Nachtschichten herangezogen wird. [2]Wechselschichten sind wechselnde Arbeitsschichten, in denen ununterbrochen bei Tag und Nacht, werktags, sonntags und feiertags gearbeitet wird. [3]Nachtschichten sind Arbeitsschichten, die mindestens zwei Stunden Nachtarbeit umfassen.

Wechselschichtarbeit
Wechselschicht
Nachtschicht

(2) Schichtarbeit ist die Arbeit nach einem Schichtplan, der einen regelmäßigen Wechsel des Beginns der täglichen Arbeitszeit um mindestens zwei Stunden in Zeitabschnitten von längstens einem Monat vorsieht, und die innerhalb einer Zeitspanne von mindestens 13 Stunden geleistet wird.

Schichtarbeit

(3) Nachtarbeit ist die Arbeit zwischen 20 Uhr und 6 Uhr.

Nachtarbeit

(4) Mehrarbeit sind die Arbeitsstunden, die teilzeitbeschäftigte Ärztinnen und Ärzte über die vereinbarte regelmäßige Arbeitszeit hinaus bis zur regelmäßigen wöchentlichen Arbeitszeit von vollbeschäftigten Ärztinnen und Ärzten (§ 3 Abs. 1 Satz 1) leisten.

Mehrarbeit

(5) Überstunden sind die auf Anordnung des Dienstgebers geleisteten Arbeitsstunden, die über die im Rahmen der regelmäßigen Arbeitszeit von vollbeschäftigten Ärztinnen und Ärzten (§ 3 Abs. 1 Satz 1) für die Woche dienstplanmäßig bzw. betriebsüblich festgesetzten Arbeitsstunden hinaus gehen und nicht bis zum Ende der folgenden Kalenderwoche ausgeglichen werden.

Überstunden

(6) Abweichend von Absatz 5 sind nur die Arbeitsstunden Überstunden, die

a) im Falle der Festlegung eines Arbeitszeitkorridors nach § 3 Abs. 7 über 45 Stunden oder über die vereinbarte Obergrenze hinaus,
b) im Falle der Einführung einer täglichen Rahmenzeit nach § 3 Abs. 8 außerhalb der Rahmenzeit,
c) im Falle von Wechselschicht- oder Schichtarbeit über die im Schichtplan festgelegten täglichen Arbeitsstunden einschließlich der im Schichtplan vorgesehenen Arbeitsstunden, die bezogen auf die regelmäßige wöchentliche Arbeitszeit im Schichtplanturnus nicht ausgeglichen werden,

angeordnet worden sind.

Überstunden bei
• Arbeitszeitkorridor
• Rahmenarbeitszeit
• Schichtarbeit

§ 6 Bereitschaftsdienst, Rufbereitschaft, Dienstplanung

Bereitschaftsdienst Verpflichtung

(1) [1]Die Ärztin/der Arzt ist verpflichtet, sich auf Anordnung des Dienstgebers außerhalb der regelmäßigen Arbeitszeit an einer vom Dienstgeber bestimmten Stelle aufzuhalten, um im Bedarfsfall die Arbeit aufzunehmen (Bereitschaftsdienst).

Voraussetzung

[2]Der Dienstgeber darf Bereitschaftsdienst nur anordnen, wenn zu erwarten ist, dass zwar Arbeit anfällt, erfahrungsgemäß aber die Zeit ohne Arbeitsleistung überwiegt.

24-Stunden-Dienst

(2) Wenn in die Arbeitszeit regelmäßig und in erheblichem Umfang Bereitschaftsdienst fällt, kann unter den Voraussetzungen einer

- Prüfung alternativer Arbeitszeitmodelle unter Einbeziehung des Betriebsarztes und
- ggf. daraus resultierender Maßnahmen zur Gewährleistung des Gesundheitsschutzes

im Rahmen des § 7 Abs. 1 Nr. 1 und 4, Abs. 2 Nr. 3 ArbZG die tägliche Arbeitszeit im Sinne des Arbeitszeitgesetzes abweichend von den §§ 3, 5 Abs. 1 und 2 und 6 Abs. 2 ArbZG über acht Stunden hinaus auf bis zu 24 Stunden verlängert werden, wenn mindestens die acht Stunden überschreitende Zeit als Bereitschaftsdienst abgeleistet wird.

Fälle der Verlängerung der Arbeitszeit

(3) [1]Die Verlängerung der werktäglichen Arbeitszeit im Sinne von Absatz 2 ist auf Fälle beschränkt, in denen sich die Leistung von Bereitschaftsdienst an einen maximal acht Stunden dauernden Arbeitsabschnitt im Rahmen der regelmäßigen Arbeitszeit anschließt. [2]Ein sich unmittelbar an den Bereitschaftsdienst anschließender Arbeitsabschnitt im Rahmen der regelmäßigen Arbeitszeit ist beispielsweise zum Zwecke der Übergabe zulässig, sofern dieser nicht länger als 60 Minuten dauert und sich der dem Bereitschaftsdienst vorangegangene Arbeitsabschnitt entsprechend verkürzt.

Grenze 24 Stunden

(4) Die tägliche Arbeitszeit darf bei Ableistung ausschließlich von Bereitschaftsdienst an Samstagen, Sonn- und Feiertagen max. 24 Stunden betragen, wenn dadurch für die einzelne Ärztin/den einzelnen Arzt mehr Wochenenden und Feiertage frei sind.

Verlängerung ohne Ausgleich

(5) [1]Wenn in die Arbeitszeit regelmäßig und in erheblichem Umfang Bereitschaftsdienst fällt, kann im Rahmen des § 7 Abs. 2a ArbZG und innerhalb der Grenzwerte nach Absatz 2 eine Verlängerung der täglichen Arbeitszeit über acht Stunden hinaus auch ohne Ausgleich erfolgen. [2]Die wöchentliche Arbeitszeit darf dabei durchschnittlich bis zu 56 Stunden betragen.

Anmerkung zu den Absätzen 1 bis 5:
Übergaben können auch im Bereitschaftsdienst erfolgen.

Ausgleichszeitraum

(6) Für die Berechnung des Durchschnitts der wöchentlichen Arbeitszeit nach den Absätzen 2 bis 5 ist ein Zeitraum von sechs Monaten zugrunde zu legen.

Teilzeitarbeit und Bereitschaftsdienst

(7) [1]Soweit Ärztinnen und Ärzte Teilzeitarbeit gemäß § 9 vereinbart haben, verringern sich die Höchstgrenzen der wöchentlichen Arbeitszeit nach den Absätzen 2 bis 5 in demselben Verhältnis, wie die Arbeitszeit dieser Ärztinnen und Ärzte zu der regelmäßigen Arbeitszeit vollbeschäftigter Ärztinnen und Ärzte. [2]Mit Zustimmung der Ärztin/des Arztes oder aufgrund von dringenden dienstlichen oder betrieblichen Belangen kann hiervon abgewichen werden.

Rufbereitschaft Verpflichtung

(8) [1]Die Ärztin/der Arzt hat sich auf Anordnung des Dienstgebers außerhalb der regelmäßigen Arbeitszeit an einer dem Dienstgeber anzuzeigenden Stelle aufzuhalten, um auf Abruf die Arbeit aufzunehmen (Rufbereitschaft). [2]Rufbereitschaft wird nicht dadurch ausgeschlossen, dass die Ärztin/der Arzt vom Dienstgeber mit einem Mobiltelefon oder einem vergleichbaren technischen Hilfsmittel zur Gewährleistung der Erreichbarkeit ausgestattet wird. [3]Der Dienstgeber darf Rufbereitschaft nur anordnen, wenn erfahrungsgemäß lediglich in Ausnahmefällen Arbeit anfällt. [4]Im Kalendermonat sind nicht mehr als 13 Rufbereitschaften zu leisten. [5]Darüber hinausgehende Rufbereitschaften sind nur zu leisten, wenn andernfalls eine Gefährdung der Patientensicherheit droht. [6]Bei teilzeitbeschäftigten Ärztinnen und Ärzten ist die Höchstgrenze nach Satz 4 entsprechend dem Verhältnis ihrer individuell vereinbarten durchschnittlichen regelmäßigen Arbeitszeit zur regelmäßigen Arbeitszeit vergleichbarer vollzeitbeschäftigter Ärztinnen und Ärzte zu kürzen. [7]Verbleibt bei der Berechnung nach Satz 6 ein Bruchteil, der mindestens einen halben Dienst ergibt, wird er auf einen vollen Dienst aufgerundet; Bruchteile von weniger als einem halben Dienst bleiben unberücksichtigt. [8]Durch tatsächliche Arbeitsleistung innerhalb der Rufbereitschaft kann die tägliche Höchstarbeitszeit von zehn Stunden (§ 3 ArbZG) überschritten werden (§ 7 ArbZG).

Anmerkung zu § 6 Absatz 8 Satz 4:
Eine Rufbereitschaft umfasst maximal die Zeitspanne von 24 Stunden.

Abweichung vom ArbZG durch Dienstvereinbarung

(9) § 3 Abs. 4 bleibt im Übrigen unberührt.

Bereitschaftsdienste

(10) [1]Bei der Anordnung von Bereitschaftsdiensten gemäß der Absätze 2 bis 5 hat die Ärztin/der Arzt grundsätzlich innerhalb eines Kalendermonats nur bis zu vier Bereitschaftsdienste zu leisten. [2]Abweichend davon dürfen in einem Kalendermonat pro Kalendervierteljahr fünf Bereitschaftsdienste angeordnet werden, die von der Ärztin/dem Arzt zu leisten sind. [3]Darüber hinausgehende Bereitschaftsdienste sind nur zu leisten, wenn andernfalls eine Gefährdung der Patientensicherheit droht. [4]Bei teilzeitbeschäftigten Ärztinnen und Ärzten ist die Höchstgrenze nach Satz 1 entsprechend dem Verhältnis ihrer individuell vereinbarten durchschnittlichen regelmäßigen Arbeitszeit zur regelmäßigen Arbeitszeit vergleichbarer vollzeitbeschäftigter Ärztinnen und Ärzte zu kürzen. [5]Verbleibt bei der Berechnung nach Satz 4 ein Bruchteil, der mindestens einen halben Dienst ergibt, wird er auf einen vollen Dienst aufgerundet; Bruchteile von weniger als einem halben Dienst bleiben unberücksichtigt.

Anmerkungen zu Absatz 10

Anzahl Bereitschaftsdienst in kleinen Fachabteilungen

1. a) [1]Für kleine Fachabteilungen kann die in Satz 1 genannte Zahl der Bereitschaftsdienste auf maximal sieben Dienste pro Monat erhöht werden. [2]Darüber hinausgehende Bereitschaftsdienste sind nur zu leisten, wenn andernfalls eine Gefährdung der Patientensicherheit droht. [3]Der Zuschlag gem. § 8 Abs. 3 Satz 1 erhöht sich ab mehr als vier Bereitschaftsdiensten im Kalendermonat für jede darüber hinaus geleistete Bereitschaftsdienststunde um 10,0 Prozentpunkte. [4]Die Ärztinnen und Ärzte, die innerhalb eines Kalenderhalbjahres monatlich im Durchschnitt mehr als vier Bereitschaftsdienste leisten, erhalten zusätzlich pro Kalenderhalbjahr einen Tag Zusatzurlaub; die Höchsturlaubstage nach § 17 Absatz 5 erhöhen sich jeweils um zwei Tage. [5]§ 8 Abs. 3 Sätze 3 und 4 bleiben unberücksichtigt. [6]Auf die in den Sätzen 1, 3 und 4 genannten Zahlen von Bereitschaftsdiensten

finden bei teilzeitbeschäftigten Ärztinnen und Ärzten die Regelungen gemäß § 8 Abs. 3 Sätze 5 und 6 entsprechend Anwendung.

kleine Fachabteilungen

b) [1]Kleine Fachabteilungen im Sinne dieser Regelung sind nur solche, die unter direkter Leitung einer Chefärztin, eines Chefarztes oder einer leitenden Ärztin, eines leitenden Arztes stehen und in denen fachlich zwingend ein eigener Bereitschaftsdienst organisiert werden muss; hierunter fallen nicht (fach-)bereichs- übergreifende Dienste und keine Dienste sogenannter „Bereitschaftsdienstpools". [2]Kleine Fachabteilungen sind nur Einheiten mit maximal 7,0 am Bereitschaftsdienst teilnehmenden Ärztinnen und Ärzten (VK-Werte).

Voraussetzungen

Befristung

c) [1]Voraussetzung für die Anwendung dieser Regelung ist zum einen eine Dienstvereinbarung mit dem Inhalt, dass diese Regelung angewandt wird und für welche kleine Fachabteilung sie gilt. [2]Inhaltliche Veränderungen der Regelung nach Anmerkung Nr. 1 a) bis d) zu Absatz 10 sind durch die Dienstvereinbarung nicht möglich. [3]Weitere Voraussetzung ist die schriftliche Zustimmung der betroffenen Ärztin, des betroffenen Arztes gegenüber dem Dienstgeber zur Leistung der zusätzlichen Bereitschaftsdienste nach Anmerkung Nr. 1 a) zu Absatz 10. [4]Mit der Zustimmung kann freiwillig eine höhere Zahl an Bereitschaftsdiensten, als in Absatz a) Satz 1 i.V.m. Satz 6 festgelegt, vereinbart werden. [5]Die Ärztin, der Arzt kann die Zustimmung nach Satz 3 sowie die Vereinbarung nach Satz 4 mit einer Frist von sechs Monaten schriftlich widerrufen. [6]Der Dienstgeber darf eine Ärztin, einen Arzt nicht benachteiligen, weil die Zustimmung nicht erklärt bzw. eine höhere Zahl an Bereitschaftsdiensten nicht vereinbart oder jeweils widerrufen wird.

d) Die Regelung nach Anmerkung Nr. 1 zu Absatz 10 ist befristet bis zum 31. Dezember 2025.

Bewertung

2. [1]Bereitschaftsdienste bis zu vier Stunden von Montag 5 Uhr bis Freitag 21 Uhr werden mit 0,5 eines Dienstes gewertet. [2]Bei der Teilung von Wochenenddiensten werden Bereitschaftsdienste bis zu maximal zwölf Stunden mit 0,5 eines Dienstes gewertet.

Betriebs- oder Dienstvereinbarung

3. [1]Der Beginn des Ausgleichszeitraumes nach Satz 1 kann innerhalb des Jahres durch Betriebs- oder Dienstvereinbarung abweichend festgelegt werden. [2]Der Beginn der sich daran anschließenden Ausgleichszeiträume verändert sich entsprechend.

(11) [1]Die Lage der Dienste (regelmäßige Arbeit einschließlich Schicht- und Wechselschichtarbeit, Bereitschaftsdienst und Rufbereitschaft) der Ärztinnen und Ärzte wird in einem Dienstplan geregelt, der spätestens einen Monat vor Beginn des jeweiligen Planungszeitraumes aufgestellt wird. [2]Wird die vorstehende Frist nicht eingehalten, so

- wird für die regelmäßige Arbeit (einschließlich Schicht- und Wechselschichtarbeit) ein Zuschlag in Höhe von 10 Prozent des Tabellenentgelts für den zu planenden Folgemonat gezahlt und/oder
- erhöht sich die Bewertung des Bereitschaftsdienstes gemäß § 8 Abs. 1 Satz 1 für jeden Dienst des zu planenden Folgemonats um 17,5 Prozentpunkte bzw.
- wird zusätzlich zum Rufbereitschaftsentgelt ein Zuschlag von 17,5 Prozent des Entgelts gemäß § 7 Abs. 3 auf jeden Dienst des zu planenden Folgemonats gezahlt.

Dienstplan

[3]Ergeben sich nach der Aufstellung des Dienstplanes Gründe für eine Änderung des Dienstplanes, die in der Person einer Ärztin / eines Arztes begründet sind oder die auf nicht vorhersehbaren Umständen beruhen, kann der Dienstplan nach Aufstellung geändert werden. [4]Die Mitbestimmung nach der Aufstellung des Dienstplanes bleibt unberührt. [5]Liegen bei einer notwendigen Dienstplanänderung nach Satz 3 zwischen der Dienstplanänderung und dem Antritt des Dienstes weniger als drei Tage,

- wird für regelmäßige Arbeit (einschließlich Schicht- und Wechselschichtarbeit) je Arbeitsstunde ein Zuschlag in Höhe von 10 Prozent des auf eine Stunde entfallenden Anteils des Tabellenentgelts der jeweiligen Entgeltgruppe und -stufe der Ärztin/ des Arztes gezahlt und / oder
- erhöht sich die Bewertung des Bereitschaftsdienstes gemäß § 8 Abs. 1 Satz 1 um 17,5 Prozentpunkte bzw.
- wird zusätzlich zum Rufbereitschaftsentgelt ein Zuschlag von 17,5 Prozent des Entgelts gemäß § 7 Abs. 3 gezahlt.

[6]Eine notwendige Dienstplanänderung i.S.d. Satzes 5 liegt z.B. vor, wenn die Änderung aufgrund Arbeitsunfähigkeit oder Beschäftigungsverbot erfolgt. [7]Satz 5 gilt nicht, wenn die Änderung allein aufgrund persönlichen Wunsches der Ärztin / des Arztes erfolgt.

Verhältnis Bereitschaftsdienst und Rufbereitschaft

(12) [1]Bei vollzeitbeschäftigten Ärztinnen und Ärzten, die sowohl Bereitschaftsdienst als auch Rufbereitschaft leisten, gilt, dass diese im Kalendermonat

bei einem Bereitschaftsdienst höchstens noch zu zehn Rufbereitschaften,

bei zwei Bereitschaftsdiensten höchstens noch zu sieben Rufbereitschaften,

bei drei Bereitschaftsdiensten höchstens noch zu vier Rufbereitschaften und

bei vier Bereitschaftsdiensten zu keiner Rufbereitschaft

sowie

bei bis zu vier Rufbereitschaften höchstens noch zu drei Bereitschaftsdiensten,

bei mehr als vier bis zu sieben Rufbereitschaften höchstens noch zu zwei Bereitschaftsdiensten,

bei mehr als sieben bis zu zehn Rufbereitschaften höchstens noch zu einem Bereitschaftsdienst und

bei mehr als zehn Rufbereitschaften zu keinem Bereitschaftsdienst herangezogen werden dürfen. [2]Bei teilzeitbeschäftigten Ärztinnen und Ärzten ist das Verhältnis ihrer individuell vereinbarten durchschnittlichen regelmäßigen Arbeitszeit zur regelmäßigen Arbeitszeit vergleichbarer vollzeitbeschäftigter Ärztinnen und Ärzten zu berücksichtigen. [3]§ 6 Abs. 10 Sätze 2 und 3 sowie § 6 Abs. 8 Satz 5 gelten entsprechend. [4]Für über die Anzahl nach den Sätzen 1 oder 2 hinaus angeordnete Bereitschaftsdienste oder Rufbereitschaften gelten die jeweils einschlägige Bewertungsregelung (§ 8 Abs. 3 Sätze 4 bis 6) oder Zuschlagsregelung (§ 7 Abs. 3 Sätze 10 bis 12).

Anmerkungen zu Absatz 12 Satz 2:

1. Bei teilzeitbeschäftigten Ärztinnen und Ärzten, die sowohl Bereitschaftsdienst als auch Rufbereitschaft leisten, wird ein Bereitschaftsdienst mit 13 Punkten und eine Rufbereitschaft mit 4 Punkten gewertet.

zulässige Anzahl

2. [1]Die zulässige Anzahl gemäß § 6 Abs. 8 Satz 4 und § 6 Abs. 10 Satz 1 gilt dann als erreicht, sofern die gegenseitige Anrechnung der Dienste einen Punktwert entsprechend dem Verhältnis ihrer individuell vereinbarten durchschnittlichen regelmäßigen Arbeitszeit zur regelmäßigen Arbeitszeit vergleichbarer vollzeitbeschäftigter Ärztinnen und Ärzten (52 Punkte) erreicht. [2]Ergibt sich bei Berechnungen nach Satz 1 ein Bruchteil von mindestens 0,5, ist er aufzurunden; Bruchteile von weniger als 0,5 werden abgerundet.
3. Ein Rest von bis zu 3 Punkten bleibt hierbei unberücksichtigt.

§ 7 Ausgleich für Sonderformen der Arbeit

Zeitzuschläge

(1) [1]Die Ärztin/der Arzt erhält neben dem Entgelt für die tatsächliche Arbeitsleistung Zeitzuschläge. [2]Die Zeitzuschläge betragen – auch bei teilzeitbeschäftigten Ärztinnen und Ärzten – je Stunde

Überstunden	a)	für Überstunden	15 v. H.
Nachtarbeit	b)	für Nachtarbeit	20 v. H.
Sonntagsarbeit	c)	für Sonntagsarbeit	25 v. H.
Feiertagsarbeit	d)	bei Feiertagsarbeit	
		▪ ohne Freizeitausgleich	135 v. H.
		▪ mit Freizeitausgleich	35 v. H.
24./31. Dezember	e)	für Arbeit am 24. Dezember und am 31. Dezember jeweils ab 6 Uhr	35 v. H.

Samstagsarbeit

des auf eine Stunde anfallenden Anteils des Tabellenentgelts der Stufe 3 der jeweiligen Entgeltgruppe; bei Ärztinnen und Ärzten gemäß § 12 Buchstabe c und d der höchsten tariflichen Stufe. [3]Für Arbeit an Samstagen von 13 Uhr bis 20 Uhr, soweit diese nicht im Rahmen von Wechselschicht- oder Schichtarbeit anfällt, beträgt der Zeitzuschlag 20 v. H. des auf eine Stunde entfallenden Anteils des Tabellenentgelts der Stufe 3 der jeweiligen Entgeltgruppe, bei Ärztinnen und Ärzten gem. § 12 Buchstabe c und d der höchsten tariflichen Stufe. [4]Beim Zusammentreffen von Zeitzuschlägen nach Satz 2 Buchst. c bis e sowie Satz 3 wird nur der höchste Zeitzuschlag gezahlt.

Anmerkungen zu Absatz 1 Satz 1:

Überstunden

Bei Überstunden richtet sich das Entgelt für die tatsächliche Arbeitsleistung nach der individuellen Stufe der jeweiligen Entgeltgruppe, höchstens jedoch nach der Stufe 4.

Anmerkung zu Absatz 1 Satz 2 Buchstabe d:

Feiertagsarbeit

[1]Der Freizeitausgleich muss im Dienstplan besonders ausgewiesen und bezeichnet werden. [2]Falls kein Freizeitausgleich gewährt wird, werden als Entgelt einschließlich des Zeitzuschlages und des auf den Feiertag entfallenden Tabellenentgelts höchstens 235 v. H. gezahlt.

Abgeltung nicht ausgeglichener Arbeitsstunden

(2) Für Arbeitsstunden, die keine Überstunden sind und die aus dienstlichen oder betrieblichen Gründen nicht innerhalb des nach § 3 Abs. 2 Satz 1 oder 2 festgelegten Zeitraums mit Freizeit ausgeglichen werden, erhält die Ärztin/der Arzt je Stunde 100 v. H. des auf eine Stunde entfallenden Anteils des Tabellenentgelts der jeweiligen Entgeltgruppe und Stufe.

Anmerkung zu Absatz 2 Satz 1:
Mit dem Begriff Arbeitsstunden sind nicht die Stunden gemeint, die im Rahmen von Gleitzeitregelungen im Sinne der Anmerkungen zu § 3 anfallen, es sei denn, sie sind angeordnet worden.

Vergütung Rufbereitschaft

(3) [1]Für die Rufbereitschaft wird eine tägliche Pauschale je Entgeltgruppe bezahlt. [2]Sie beträgt für die Tage Montag bis Freitag das Zweifache, für Samstag, Sonntag sowie für Feiertage das Vierfache des auf eine Stunde entfallenden Anteils des Tabellenentgelts der jeweiligen Entgeltgruppe und Stufe. [3]Maßgebend für die Bemessung der Pauschale nach Satz 2 ist der Tag, an dem die Rufbereitschaft beginnt. [4]Hinsichtlich der Arbeitsleistung wird jede einzelne Inanspruchnahme innerhalb der Rufbereitschaft mit einem Einsatz im Krankenhaus einschließlich der hierfür erforderlichen Wegezeiten auf eine volle Stunde gerundet. [5]Für die Inanspruchnahme wird das Entgelt für Überstunden sowie etwaige Zeitzuschläge nach Absatz 1 gezahlt. [6]Wird die Arbeitsleistung innerhalb der Rufbereitschaft am Aufenthaltsort im Sinne des § 6 Abs. 8 telefonisch (z. B. in Form einer Auskunft) oder mittels technischer Einrichtungen erbracht, wird abweichend von Satz 4 die Summe dieser Arbeitsleistungen auf die nächste volle Stunde gerundet und mit dem Entgelt für Überstunden sowie mit etwaigen Zeitzuschlägen nach Absatz 1 bezahlt. [7]Satz 1 gilt nicht im Falle einer stundenweisen Rufbereitschaft. [8]Eine Rufbereitschaft im Sinne von Satz 7 liegt bei einer ununterbrochenen Rufbereitschaft von weniger als zwölf Stunden vor. [9]In diesem Fall wird abweichend zu den Sätzen 2 und 3 für jede angefangene Stunde der Rufbereitschaft 12,5 v. H. des auf eine Stunde entfallenden Anteils des Tabellenentgelts der jeweiligen Entgeltgruppe und Stufe gezahlt. [10]Ab der vierzehnten Rufbereitschaft im Kalendermonat erhält die Ärztin/der Arzt zusätzlich zum Rufbereitschaftsentgelt einen Zuschlag von 10 v.H. des Entgelts gemäß § 7 Abs. 3. [11]Der Zuschlag nach Satz 10 erhöht sich nach jeder weiteren dritten Rufbereitschaft um jeweils weitere 10 Prozentpunkte. [12]Teilzeitbeschäftigte Ärztinnen und Ärzte erhalten den Zuschlag nach Satz 10 ab Überschreitung der sich aus § 6 Abs. 8 Sätze 6 und 7 ergebenden Anzahl an Rufbereitschaften.

Anmerkung zu Absatz 3:

1. Zur Ermittlung der Tage einer Rufbereitschaft, für die eine Pauschale gezahlt wird, ist auf den Tag des Beginns der Rufbereitschaft abzustellen.
2. Die Regelung in Satz 11 führt dazu, dass der Zuschlag für die vierzehnte bis sechzehnte Rufbereitschaft in einem Kalendermonat 10 v.H., die siebzehnte bis neunzehnte Rufbereitschaft 20 v.H. usw. beträgt.

Zuschlag für Inanspruchnahme innerhalb der Rufbereitschaft

(4) [1]Für Inanspruchnahmen innerhalb der Rufbereitschaft in der Zeit zwischen 0 Uhr und 6 Uhr erhält die Ärztin/der Arzt zusätzlich zu dem Entgelt für Überstunden sowie etwaigen Zeitzuschlägen (§ 7 Abs. 1 in Verbindung mit § 7 Abs. 3 Sätze 4 bis 6) einen gesonderten Zuschlag. [2]Dieser beträgt 50 v.H. des Rufbereitschaftsentgelts nach § 7 Abs. 3 Satz 5. [3]Zur Berechnung des Zuschlags nach Satz 1 sind Inanspruchnahmezeiten in der Zeit zwischen 0 Uhr und 6 Uhr von unter einer Stunde auf eine Stunde zu runden; überschreitet die Addition der Inanspruchnahmezeiten

in der Zeit zwischen 0 Uhr und 6 Uhr die Zeitspanne von einer Stunde, findet keine Rundung statt. [4]Der Zuschlag nach Satz 1 ist auf die im Folgemonat geäußerte Erklärung der Ärztin/des Arztes hin im Verhältnis 1:1 bis zum Ende des dritten Kalendermonats, der auf seine Entstehung folgt, in Freizeit auszugleichen; Satz 1 der Anmerkung zu § 7 Abs. 1 Satz 2 Buchstabe d findet entsprechend Anwendung.

Wechselschichtzulage

(5) Ärztinnen und Ärzte, die Wechselschichtarbeit leisten, erhalten eine Wechselschichtzulage von 315 Euro monatlich.

Schichtzulage

(6) Ärztinnen und Ärzte, die Schichtarbeit leisten, erhalten eine Schichtzulage von 210 Euro monatlich, ab 1.1.2026 von 315 Euro monatlich..

§ 8 Bereitschaftsdienstentgelt

Vergütung Bereitschaftsdienst

(1) [1]Zum Zwecke der Entgeltberechnung wird die Zeit des Bereitschaftsdienstes einschließlich der geleisteten Arbeit nach dem Maß der während des Bereitschaftsdienstes erfahrungsgemäß durchschnittlich anfallenden Arbeitsleistungen wie folgt als Arbeitszeit gewertet:

Stufen und Arbeitszeitbewertung Stufe	Arbeitsleistung innerhalb des Bereitschaftsdienstes	Bewertung als Arbeitszeit
I	bis zu 25 v. H.	70 v. H.
II	mehr als 25 v. H. bis 40 v. H.	85 v. H.
III	mehr als 40 v. H. bis 49 v. H.	100 v. H.

Zuweisung

[2]Die Zuweisung zu den einzelnen Stufen des Bereitschaftsdienstes erfolgt als Nebenabrede zum Dienstvertrag. [3]Die Nebenabrede ist mit einer Frist von drei Monaten jeweils zum Ende eines Kalenderhalbjahres kündbar.

Entgelt

(2) [1]Für die als Arbeitszeit gewertete Zeit des Bereitschaftsdienstes wird das nachstehende Entgelt je Stunde in Euro gezahlt:

ab dem 1. Juli 2025

EG	Stufe 1	Stufe 2	Stufe 3	Stufe 4	Stufe 5	Stufe 6
I	35,43	35,43	36,77	36,77	38,12	38,12
II	42,13	42,13	43,47	43,47	44,83	44,83
III	45,49	45,49	46,82	–	–	–
IV	49,50	49,50	–	–	–	–

ab dem 1. Dezember 2025

EG	Stufe 1	Stufe 2	Stufe 3	Stufe 4	Stufe 5	Stufe 6
I	36,14	36,14	37,51	37,51	38,88	38,88
II	42,97	42,97	44,34	44,34	45,73	45,73
III	46,40	46,40	47,76	–	–	–
IV	50,49	50,49	–	–	–	–

ab dem 1. März 2026

EG	Stufe 1	Stufe 2	Stufe 3	Stufe 4	Stufe 5	Stufe 6
I	36,86	36,86	38,26	38,26	39,66	39,66
II	43,83	43,83	45,23	45,23	46,64	46,64
III	47,33	47,33	48,72	–	–	–
IV	51,50	51,50	–	–	–	–

[2]§ 14 Abs. 1 gilt entsprechend. [3]Die Bereitschaftsdienstentgelte nach Satz 1 verändern sich bei nach dem 31. Dezember 2026 wirksam werdenden allgemeinen Entgeltanpassungen um den für die jeweilige Entgeltgruppe vereinbarten Vomhundertsatz.

Zuschlag für Bereitschaftsdienst

(3) [1]Die Ärztin / Der Arzt erhält zusätzlich zum Stundenentgelt gemäß Absatz 2 Satz 1 für die Zeit des Bereitschaftsdienstes je Stunde einen Zuschlag in Höhe von 15 v.H. des Stundenentgelts gemäß Absatz 2 Satz 1. [2]Dieser Zuschlag kann nicht in Freizeit abgegolten werden. [3]Ab mehr als monatlich vier Diensten im Sinne von § 6 Abs. 10 Satz 1 erhöht sich die Bewertung des Bereitschaftsdienstes gem. § 8 Abs. 1 um 10 Prozentpunkte; dieser Zuschlag erhöht sich bei jedem weiteren Bereitschaftsdienst um weitere 10 Prozentpunkte. [4]Ist erstmals in einem Kalendervierteljahr in einem Kalendermonat ein fünfter Bereitschaftsdienst (§ 6 Abs. 10 Satz 2) angeordnet worden, erhöht sich die Bewertung für diesen Bereitschaftsdienst gemäß § 8 Abs. 1 Satz 1 um 10 Prozentpunkte; für weitere Bereitschaftsdienste in diesem Kalendermonat gilt Satz 3 2. Halbsatz entsprechend mit der Maßgabe, dass sich die Bewertung gemäß § 8 Abs. 1 Satz 1 ab dem sechsten Bereitschaftsdienst um 10 Prozentpunkte erhöht; dieser Zuschlag erhöht sich bei jedem weiteren Bereitschaftsdienst um weitere 10 Prozentpunkte. [5]Bei teilzeitbeschäftigten Ärztinnen und Ärzten verringert sich die Zahl der Bereitschaftsdienste nach den Sätzen 3 und 4 entsprechend dem Verhältnis ihrer individuell vereinbarten durchschnittlichen regelmäßigen Arbeitszeit zur regelmäßigen Arbeitszeit vergleichbarer vollzeitbeschäftigter Ärztinnen und Ärzte. [6]Verbleibt bei der Berechnung nach Satz 5 ein Bruchteil, der mindestens einen halben Dienst ergibt, wird er auf einen vollen Dienst aufgerundet; Bruchteile von weniger als einem halben Dienst bleiben unberücksichtigt.

Feiertagszuschlag

(4) [1]Die Ärztin/der Arzt erhält zusätzlich zu dem Entgelt nach Absatz 1 und Absatz 2 Satz 1 für jede nach Absatz 1 als Arbeitszeit gewertete Stunde, die an einem Feiertag geleistet worden ist, einen Zeitzuschlag in Höhe von 25 v.H. des Stundenentgelts nach Absatz 2. [2]Weitergehende Ansprüche auf Zeitzuschläge bestehen nicht.

Nachtzuschlag

(5) [1]Die Ärztin/der Arzt erhält zusätzlich zu dem Stundenentgelt gemäß der Tabelle in Absatz 2 Satz 1 für die Zeit des Bereitschaftsdienstes in den Nachtstunden (§ 5 Abs. 3) je Stunde einen Zeitzuschlag in Höhe von 15 v.H. des Stundenentgelts gemäß der Tabelle in Absatz 2 Satz 1. [2]Dieser Zeitzuschlag kann nicht in Freizeit abgegolten werden. [3]Absatz 4 Satz 2 gilt entsprechend.

Freizeitausgleich

(6) [1]Für die nach Absatz 1 für einen Dienst errechnete Arbeitszeit kann bei Ärztinnen und Ärzten zum Zweck der Einhaltung des Arbeitszeitgesetzes anstelle der Auszahlung der sich nach den Absätzen 1 und 2 ergebenden Vergütung dieses Dienstes zum Zwecke der Gewährung der gesetzlichen Ruhezeit für diesen Dienst in dem erforderlichen Umfang Freizeit (Freizeitausgleich) gewährt werden. [2]Im Einvernehmen mit der Ärztin/dem Arzt kann weitergehender Freizeitausgleich

für Bereitschaftsdienste gewährt werden, soweit dies nicht aufgrund anderer Bestimmungen dieser Anlage ausgeschlossen ist.

§ 9 Teilzeitbeschäftigung

Anspruch Teilzeitarbeit bei Kind/pflegebedürftigen Angehörigen

(1) [1]Mit Ärztinnen und Ärzten soll auf Antrag eine geringere als die vertraglich festgelegte Arbeitszeit vereinbart werden, wenn sie

a) mindestens ein Kind unter 18 Jahren oder

b) einen nach ärztlichem Gutachten pflegebedürftigen sonstigen Angehörigen

Befristung

tatsächlich betreuen oder pflegen und dringende dienstliche bzw. betriebliche Belange nicht entgegenstehen. [2]Die Teilzeitbeschäftigung nach Satz 1 ist auf Antrag auf bis zu fünf Jahre zu befristen. [3]Sie kann verlängert werden; der Antrag ist spätestens sechs Monate vor Ablauf der vereinbarten Teilzeitbeschäftigung zu stellen. [4]Bei der Gestaltung der Arbeitszeit hat der Dienstgeber im Rahmen der dienstlichen Möglichkeiten der besonderen persönlichen Situation der Ärztin/des Arztes nach Satz 1 Rechnung zu tragen.

Erörterungspflicht

(2) Ärztinnen und Ärzte, die in anderen als den in Absatz 1 genannten Fällen eine Teilzeitbeschäftigung vereinbaren wollen, können von ihrem Dienstgeber verlangen, dass er mit ihnen die Möglichkeit einer Teilzeitbeschäftigung mit dem Ziel erörtert, zu einer entsprechenden Vereinbarung zu gelangen.

Anspruch Vollzeitarbeit

(3) Ist mit früher vollbeschäftigten Ärztinnen und Ärzten auf ihren Wunsch eine nicht befristete Teilzeitbeschäftigung vereinbart worden, sollen sie bei späterer Besetzung eines Vollzeitarbeitplatzes bei gleicher Eignung im Rahmen der dienstlichen Möglichkeiten bevorzugt berücksichtigt werden.

§ 10 Arbeitszeitdokumentation

Arbeitszeiterfassung

[1]Die Arbeitszeiten der Ärztinnen und Ärzte sind durch elektronische Verfahren oder auf andere Art mit gleicher Genauigkeit so zu erfassen, dass die gesamte Anwesenheit am Arbeitsplatz dokumentiert ist. [2]Dabei gilt die gesamte Anwesenheit der Ärztinnen und Ärzte abzüglich der tatsächlich gewährten Pausen als Arbeitszeit. [3]Eine abweichende Bewertung ist nur bei Nebentätigkeiten zulässig, die keine Dienstaufgaben sind, und bei privaten Tätigkeiten der Ärztin und Arzt. [4]Die Ärztin / Der Arzt hat insbesondere zur Überprüfung der dokumentierten Anwesenheitszeiten nach Satz 1 ein persönliches Einsichtsrecht in die Arbeitszeitdokumentation. [5]Die Einsicht ist unverzüglich zu gewähren.

Anmerkung zu Absatz 10

außerplanmäßige Überschreitung

1. Bei einer außerplanmäßigen Überschreitung der täglichen Höchstarbeitszeit von zehn Stunden haben die Ärztinnen und Ärzte dem Dienstgeber auf dessen Verlangen den Grund der Überschreitung mitzuteilen.
2. Für die private Veranlassung gemäß Satz 3 trägt der Dienstgeber nach den allgemeinen Regeln des Arbeitsrechts die Darlegungs- und Beweislast.

Anmerkung zu §§ 2 bis 10:
Bei In-Kraft-Treten dieser Anlage bestehende Gleitzeitregelungen bleiben unberührt.

§ 11 Allgemeine Eingruppierungsregelungen

(1) [1]Die Eingruppierungen der Ärztinnen und Ärzte richtet sich nach den Tätigkeitsmerkmalen des § 12. [2]Die Ärztin/der Arzt erhält das Entgelt nach der Entgeltgruppe, in der sie/er eingruppiert ist.

Tätigkeitsmerkmale; § 12

(2) [1]Die Ärztin/der Arzt ist in der Entgeltgruppe eingruppiert, deren Tätigkeitsmerkmalen die gesamte von ihr/ihm nicht nur vorübergehend auszuübende Tätigkeit entspricht.

Eingruppierungsautomatik „gesamte auszuübende Tätigkeit"

[2]Die gesamte auszuübende Tätigkeit entspricht den Tätigkeitsmerkmalen einer Entgeltgruppe, wenn zeitlich mindestens zur Hälfte Arbeitsvorgänge anfallen, die für sich genommen die Anforderungen eines Tätigkeitsmerkmals oder mehrerer Tätigkeitsmerkmale dieser Entgeltgruppe erfüllen. [3]Kann die Erfüllung einer Anforderung in der Regel erst bei der Betrachtung mehrerer Arbeitsvorgänge festgestellt werden, sind diese Arbeitsvorgänge für die Feststellung, ob diese Anforderung erfüllt ist, insoweit zusammen zu beurteilen. [4]Ist in einem Tätigkeitsmerkmal als Anforderung eine Voraussetzung der Person des Mitarbeiters bestimmt, muss auch diese Anforderung erfüllt sein.

Anmerkung zu Absatz 2:

1. [1]Arbeitsvorgänge sind Arbeitsleistungen (einschließlich Zusammenhangsarbeiten) die, bezogen auf den Aufgabenkreis der Ärztin/des Arztes, zu einem bei natürlicher Betrachtung abgrenzbaren Arbeitsergebnis führen (z. B.: Erstellung eines EKG). [2]Jeder einzelne Arbeitsvorgang ist als solcher zu bewerten und darf dabei hinsichtlich der Anforderungen zeitlich nicht aufgespaltet werden.

Arbeitsvorgänge

2. Eine Anforderung im Sinne des Satz 2 ist auch das in einem Tätigkeitsmerkmal geforderte Herausheben der Tätigkeit aus einer niedrigeren Entgeltgruppe.

Anforderung

(3) Die Entgeltgruppe der Ärztin/des Arztes ist im Dienstvertrag anzugeben.

Dienstvertrag

§ 12 Eingruppierung

Ärztinnen und Ärzte sind wie folgt eingruppiert:

a) *Entgeltgruppe I:*

Gruppe I

Ärztin/Arzt mit entsprechender Tätigkeit.

b) *Entgeltgruppe II:*

Gruppe II

Fachärztin/Facharzt mit entsprechender Tätigkeit.

Anmerkung zu Buchstabe b:
Fachärztin/Facharzt ist diejenige Ärztin/derjenige Arzt, die/der aufgrund abgeschlossener Facharztweiterbildung in ihrem/seinem Fachgebiet tätig ist.

c) *Entgeltgruppe III:*

Gruppe III

Oberärztin/Oberarzt

Anmerkung zu Buchstabe c:
Oberärztin/Oberarzt ist diejenige Ärztin/derjenige Arzt, der/dem die medizinische Verantwortung für selbstständige Teil- oder Funktionsbereiche der Klinik bzw. der Abteilung vom Dienstgeber ausdrücklich übertragen worden ist.

Gruppe IV

d) *Entgeltgruppe IV:*

Leitende Oberärztin/leitender Oberarzt ist diejenige Ärztin/derjenige Arzt, der/dem die ständige Vertretung der leitenden Ärztin/des leitenden Arztes (Chefärztin/Chefarzt) vom Dienstgeber ausdrücklich übertragen worden ist.

Anmerkung zu Buchstabe d:
[1]Leitende Oberärztin/leitender Oberarzt ist nur diejenige Ärztin/derjenige Arzt, die/der die leitende Ärztin/den leitenden Arzt in der Gesamtheit ihrer/seiner Dienstaufgaben vertritt. [2]Das Tätigkeitsmerkmal kann daher innerhalb einer Klinik in der Regel nur von einer Ärztin/einem Arzt erfüllt werden.

§ 13 Tabellenentgelt

Eingruppierungsautomatik Anhang A

(1) [1]Die Ärztin/der Arzt erhält monatlich ein Tabellenentgelt nach Anhang A dieser Anlage. [2]Die Höhe bestimmt sich nach der Entgeltgruppe, in der sie/er eingruppiert ist, und nach der für sie/ihn geltenden Stufe.

außertarifliches Entgelt

(2) Für Ärztinnen und Ärzte gemäß § 12 Buchstabe c und d ist die Vereinbarung eines außertariflichen Entgelts jeweils nach Ablauf einer angemessenen, in der letzten tariflich ausgewiesenen Stufe verbrachten Zeit zulässig.

§ 13a Berechnung und Auszahlung des Entgelts

Teilzeitentgelt

Teilzeitbeschäftigte Ärztinnen und Ärzte erhalten das Tabellenentgelt und alle sonstigen Entgeltbestandteile in dem Umfang, der dem Anteil ihrer individuell vereinbarten durchschnittlichen Arbeitszeit an der regelmäßigen Arbeitszeit vergleichbarer vollzeitbeschäftigter Ärztinnen und Ärzte entspricht.

§ 13b (kein Abdruck wegen Fristablauf)

§ 13c *(RK Ost):* (kein Abdruck wegen Fristablauf)

§ 13d *(RK NRW):* Einmalzahlung

(1) Ärztinnen und Ärzte, die am 1. November 2025 im Dienstverhältnis stehen und einen Anspruch auf Dienstbezüge im November 2025 haben, erhalten eine Einmalzahlung.

(2) Die Einmalzahlung beträgt

in der Entgeltgruppe I	1.300 Euro,
in der Entgeltgruppe II	1.700 Euro,
in der Entgeltgruppe III	1.900 Euro,
in der Entgeltgruppe IV	2.150 Euro.

(3) [1]Anspruch auf Dienstbezüge im Sinne des Absatzes 1 sind auch der Anspruch auf Entgeltfortzahlung aus Anlass der in § 10 AT, in Abschnitt XII Abs. a und b der

Anlage 1, in § 2 der Anlage 14 und in § 17 der Anlagen 30 sowie der Anspruch auf Krankengeldzuschuss aus Abschnitt XII Abs. c Satz 1 der Anlage 1, auch wenn dieser wegen der Höhe der Barleistungen des Sozialversicherers nicht gezahlt wird. [2]Einem Anspruch auf Dienstbezüge gleichgestellt ist der Bezug von Krankengeld nach § 45 SGB V oder entsprechender gesetzlicher Leistungen und Leistungen nach §§ 18 bis 20 MuSchG oder § 24i SGB sowie Leistungen nach § 1 BEEG.

(4) Die Einmalzahlung wird mit dem Entgelt Januar 2026 ausgezahlt.

(5) § 13a findet im Übrigen Anwendung.

§ 14 Stufen der Entgelttabelle

Entgeltstufen/ Stufenlaufzeit

(1) Ärztinnen und Ärzte erreichen die jeweils nächste Stufe – in Abhängigkeit von ihrer Leistung gemäß § 15 Abs. 2 – nach den Zeiten einer Tätigkeit innerhalb derselben Entgeltgruppe bei ihrem Dienstgeber (Stufenlaufzeit) und zwar in

Gruppe I

a) *Entgeltgruppe I*

Stufe 2: nach einjähriger ärztlicher Tätigkeit,

Stufe 3: nach zweijähriger ärztlicher Tätigkeit,

Stufe 4: nach dreijähriger ärztlicher Tätigkeit,

Stufe 5: nach vierjähriger ärztlicher Tätigkeit,

Stufe 6: nach fünfjähriger ärztlicher Tätigkeit.

Gruppe II

b) *Entgeltgruppe II*

Stufe 2: nach dreijähriger fachärztlicher Tätigkeit,

Stufe 3: nach sechsjähriger fachärztlicher Tätigkeit,

Stufe 4: nach achtjähriger fachärztlicher Tätigkeit,

Stufe 5: nach zehnjähriger fachärztlicher Tätigkeit,

Stufe 6: nach zwölfjähriger fachärztlicher Tätigkeit,

Gruppe III

c) *Entgeltgruppe III*

Stufe 2: nach dreijähriger oberärztlicher Tätigkeit.

Stufe 3: nach sechsjähriger oberärztlicher Tätigkeit.

Gruppe IV

d) *Entgeltgruppe IV*

Stufe 2: nach dreijähriger Tätigkeit als leitende Oberärztin/leitender Oberarzt.

Vorbeschäftigungen ärztliche Tätigkeit

(2) [1]Bei der Anrechnung von Vorbeschäftigungen werden in der Entgeltgruppe I Zeiten ärztlicher Tätigkeit angerechnet. [2]Eine Tätigkeit als Ärztin/Arzt im Praktikum gilt als ärztliche Tätigkeit. [3]In der Entgeltgruppe II werden Zeiten fachärztlicher Tätigkeit in der Regel angerechnet. [4]Zeiten einer vorhergehenden beruflichen Tätigkeit können angerechnet werden, wenn sie für die vorgesehene Tätigkeit förderlich sind.

Zeiten ärztlicher Tätigkeit im Ausland

Anmerkung zu Absatz 2:
Zeiten ärztlicher Tätigkeit im Sinne der Sätze 1 bis 3, die im Ausland abgeleistet worden sind, sind nur solche, die von einer Ärztekammer im Gebiet der Bundesrepublik Deutschland als der inländischen ärztlichen Tätigkeit gleichwertig anerkannt werden.

§ 15 Allgemeine Regelungen zu den Stufen

Monatsbeginn

(1) Ärztinnen und Ärzte erhalten von Beginn des Monats an, in dem die nächste Stufe erreicht wird, das Tabellenentgelt nach der neuen Stufe.

betriebliche Kommission

Verkürzung und Verlängerung der Stufenlaufzeit, vgl. § 14 Abs. 1

(2) [1]Bei Leistungen der Ärztin/des Arztes, die erheblich über dem Durchschnitt liegen, kann die erforderliche Zeit für das Erreichen der Stufen 2 bis 5 jeweils verkürzt werden. [2]Bei Leistungen, die erheblich unter dem Durchschnitt liegen, kann die erforderliche Zeit für das Erreichen der Stufe 2 bis 5 jeweils verlängert werden. [3]Bei einer Verlängerung der Stufenlaufzeit hat der Dienstgeber jährlich zu prüfen, ob die Voraussetzungen für die Verlängerung noch vorliegen. [4]Für die Beratung von schriftlich begründeten Beschwerden von Ärztinnen und Ärzten gegen eine Verlängerung nach Satz 2 bzw. 3 ist eine betriebliche Kommission zuständig. [5]Die Mitglieder der betrieblichen Kommission werden je zur Hälfte vom Dienstgeber und von der Mitarbeitervertretung benannt; sie müssen der Einrichtung angehören und, soweit sie von der Mitarbeitervertretung benannt werden, unter diese Regelung fallen. [6]Der Dienstgeber entscheidet auf Vorlage der Kommission darüber, ob und in welchem Umfang der Beschwerde abgeholfen werden soll.

Anmerkung zu Absatz 2:
Leistungsbezogene Stufenaufstiege unterstützen insbesondere die Anliegen der Personalentwicklung.

Anmerkung zu Absatz 2 Satz 2:
Bei Leistungsminderungen, die auf einem anerkannten Arbeitsunfall oder einer Berufskrankheit gemäß § 8 und § 9 SGB VII beruhen, ist diese Ursache in geeigneter Weise zu berücksichtigen.

Anmerkung zu Absatz 2 Satz 6:
Die Mitwirkung der Kommission erfasst nicht die Entscheidung über die leistungsbezogene Stufenzuordnung.

Zeiten ärztlicher Tätigkeit, vgl. § 14 Abs. 1, 2

(3) [1]Den Zeiten in einer ärztlichen Tätigkeit im Sinne des § 14 Abs. 1 stehen gleich:

a) Zeiten von Beschäftigungsverboten nach dem Mutterschutzgesetz,
b) Zeiten einer Arbeitsunfähigkeit nach Abschnitt XII der Anlage 1 zu den AVR bis zu 26 Wochen,
c) Zeiten eines bezahlten Urlaubs,
d) Zeiten eines Sonderurlaubs, bei denen der Dienstgeber vor dem Antritt schriftlich ein dienstliches bzw. betriebliches Interesse anerkannt hat,
e) Zeiten der vorübergehenden Übertragung einer höherwertigen Tätigkeit.

[2]Zeiten, in denen Ärztinnen und Ärzte mit einer kürzeren als der regelmäßigen wöchentlichen Arbeitszeit eines entsprechenden Vollbeschäftigten beschäftigt waren, werden voll angerechnet.

Höhergruppierung, Herabgruppierung

(4) [1]Bei einer Eingruppierung in eine höhere oder eine niedrigere Entgeltgruppe erhält die Ärztin/der Arzt vom Beginn des Monats an, in dem die Veränderung wirksam wird, das Tabellenentgelt der sich aus § 14 Abs. 1 ergebenden Stufe. [2]Ist eine Ärztin/ein Arzt, die/der in der Entgeltgruppe II eingruppiert und der Stufe 6 zugeordnet ist (§ 14 Abs. 1 Buchst. b), in die Entgeltgruppe III höhergruppiert und dort der Stufe 1 zugeordnet (§ 12 Buchst. c, § 14 Abs. 1) worden, erhält die Ärztin/der Arzt so lange das Tabellenentgelt der Entgeltgruppe II Stufe 6, bis sie/er Anspruch auf ein Entgelt hat, das das Tabellenentgelt der Entgeltgruppe II Stufe 6 übersteigt.

(5) [1]Soweit es zur regionalen Differenzierung, zur Deckung des Personalbedarfs oder zur Bindung von qualifizierten Fachkräften erforderlich ist, kann Ärztinnen und Ärzten im Einzelfall, abweichend von dem sich aus der nach § 14 und § 15 Abs. 4 ergebenden Stufe ihrer/seiner jeweiligen Entgeltgruppe zustehenden Entgelts, ein um bis zu zwei Stufen höheres Entgelt ganz oder teilweise vorweg gewährt werden. [2]Haben Ärztinnen und Ärzte bereits die Endstufe ihrer jeweiligen Entgeltgruppe erreicht, kann ihnen unter den Voraussetzungen des Satzes 1 ein bis zu 20 v. H. der Stufe 2 ihrer jeweiligen Entgeltgruppe höheres Entgelt gezahlt werden.

abweichende höhere Stufenzuordnung

§ 16 Leistungsentgelt bzw. Sozialkomponente

(1) Das Leistungsentgelt bzw. die Sozialkomponente sollen dazu beitragen, die caritativen Dienstleistungen zu verbessern.

Zwecke

(2) [1]Ein Leistungsentgelt bzw. eine Sozialkomponente können nur durch eine ergänzende Dienstvereinbarung mit der Mitarbeitervertretung nach § 38 MAVO eingeführt werden. [2]Der persönliche Geltungsbereich einer solchen ergänzenden Dienstvereinbarung ist auf Mitarbeiter im Sinne von § 3 MAVO beschränkt. [3]Für Mitarbeiter in leitender Stellung im Sinne von § 3 Abs. 2 Nr. 2 bis 4 MAVO kann ein Leistungsentgelt bzw. eine Sozialkomponente durch individuelle Vereinbarung mit dem Dienstgeber eingeführt werden. [4]Der Abschluss einer Dienstvereinbarung bzw. einer individuellen Vereinbarung ist freiwillig. [5]Die Ärztin/Der Arzt hat hierauf auch nach mehrmaliger Gewährung eines Leistungsentgeltes bzw. einer Sozialkomponente keinen Rechtsanspruch für die Zukunft.

Dienstvereinbarung Kann-Regelung

§ 17 Zusatzurlaub

(1) Ärztinnen und Ärzte, die Wechselschicht nach § 5 Abs. 1 oder Schichtarbeit nach § 5 Abs. 2 leisten und denen die Zulage nach § 7 Abs. 5 oder 6 zusteht, erhalten

ständige Wechselschicht-/Schichtarbeit

a) bei Wechselschichtarbeit für je zwei Monate und
b) bei Schichtarbeit für je vier Monate

einen Arbeitstag Zusatzurlaub.

nichtständige Wechselschicht-/Schichtarbeit

(2) (aufgehoben)

(3) [1]Ärztinnen und Ärzte erhalten bei einer Leistung im Kalenderjahr von mindestens

Nachtarbeit

▪ 150 Nachtarbeitsstunden	1 Arbeitstag
▪ 300 Nachtarbeitsstunden	2 Arbeitstage
▪ 450 Nachtarbeitsstunden	3 Arbeitstage
▪ 600 Nachtarbeitsstunden	4 Arbeitstage

Zusatzurlaub im Kalenderjahr. [2]Nachtarbeitsstunden, die in Zeiträumen geleistet werden, für die Zusatzurlaub für Wechselschicht- oder Schichtarbeit zusteht, bleiben unberücksichtigt.

Gilt rückwirkend ab 1. Januar 2022

(4) [1]Die Ärztin/der Arzt erhält für die Zeit der Bereitschaftsdienste in den Nachtstunden (§ 5 Abs. 3) einen Zusatzurlaub in Höhe von einem Arbeitstag pro Kalenderjahr, sofern mindestens 144 Stunden der Bereitschaftsdienste kalenderjährlich in die Zeit zwischen 20 Uhr bis 6 Uhr fallen, sowie von zwei Arbeitstagen pro Kalenderjahr, sofern mindestens 288 Stunden der Bereitschaftsdienste kalenderjährlich in die Zeit zwischen 20 Uhr bis 6 Uhr fallen. [2]Absatz 3 Satz 2 gilt entsprechend. [3]Bei Teilzeitkräften ist die Zahl der nach Satz 1 geforderten Bereitschaftsdienststunden entsprechend dem Verhältnis ihrer individuell vereinbarten durchschnittlichen regelmäßigen Arbeitszeit zur regelmäßigen Arbeitszeit vergleichbarer vollzeitbeschäftigter Ärztinnen und Ärzte zu kürzen. [4]Ist die vereinbarte Arbeitszeit im Durchschnitt des Urlaubsjahres auf weniger als fünf Arbeitstage in der Kalenderwoche verteilt, ist der Zusatzurlaub in entsprechender Anwendung des § 3 Abs. 5 Sätze 3 und 4 sowie Satz 6 der Anlage 14 zu den AVR zu ermitteln.

(5) [1]Vollzeitbeschäftigte Ärztinnen und Ärzte, die mehr als 29 Bereitschaftsdienste im Kalenderhalbjahr geleistet haben, erhalten einen Arbeitstag Zusatzurlaub. [2]Absatz 4 Sätze 3 und 4 gelten entsprechend.

Höchsturlaubstage

(6) [1]Zusatzurlaub nach dieser Regelung und sonstigen Bestimmungen mit Ausnahme des gesetzlichen zusätzlichen Urlaubs für schwerbehinderte Menschen wird nur bis zu insgesamt acht Arbeitstagen im Kalenderjahr gewährt. [2]Erholungsurlaub und Zusatzurlaub (Gesamturlaub) dürfen im Kalenderjahr zusammen 38 Arbeitstage, bei Zusatzurlaub wegen Wechselschichtarbeit 39 Arbeitstage nicht überschreiten. [3]Bei Ärztinnen und Ärzten, die das 50. Lebensjahr vollendet haben, gilt abweichend von Satz 2 eine Höchstgrenze von 39 Arbeitstagen; maßgebend für die Berechnung der Urlaubsdauer ist das Lebensjahr, das im Laufe des Kalenderjahres vollendet wird.

Anlage 14

(7) Im Übrigen gelten die §§ 1 bis 3 der Anlage 14 zu den AVR mit Ausnahme von § 1 Abs. 6 Satz 2 entsprechend.

Anmerkungen zu Absatz 1:
Der Anspruch auf den Zusatzurlaub bemisst sich nach der abgeleisteten Schicht- oder Wechselschichtarbeit und entsteht im laufenden Jahr, sobald die Voraussetzungen nach Absatz 1 erfüllt sind.

§ 18 Führung auf Probe

Vgl. dazu Beschluss der BK vom 20. Juni 2024 i.V.m. Ersetzende Entscheidung des Vermittlungsausschusses ZAK vom 22. Januar 2024 „Gesamtregelung zur Befristung" Nr. 8.

befristete Führungsposition auf Probe

(1) [1]Führungspositionen können als befristetes Dienstverhältnis bis zur Gesamtdauer von zwei Jahren vereinbart werden. [2]Innerhalb dieser Gesamtdauer ist eine höchstens zweimalige Verlängerung des Dienstvertrages zulässig. [3]Die beiderseitigen Kündigungsrechte bleiben unberührt.

(2) Führungspositionen sind die zugewiesenen Tätigkeiten mit Weisungsbefugnis.

vorübergehende Führungsposition

(3) [1]Besteht bereits ein Dienstverhältnis mit demselben Dienstgeber, kann der Ärztin/dem Arzt vorübergehend eine Führungsposition bis zu der in Absatz 1 genannten Gesamtdauer übertragen werden. [2]Der Ärztin/dem Arzt wird für die Dauer der Übertragung eine Zulage in Höhe des Unterschiedsbetrags zwischen den Tabellenentgelten nach der bisherigen Entgeltgruppe und dem sich bei Höhergruppierung nach § 15 Abs. 4 ergebenden Tabellenentgelt gewährt. [3]Nach Fristablauf endet die Erprobung. [4]Bei Bewährung wird die Führungsfunktion auf Dauer übertragen; ansonsten erhält die Ärztin/der Arzt eine der bisherigen Eingruppierung entsprechende Tätigkeit.

§ 19 (weggefallen)

§ 20 Kosten des Heilberufsausweises

Der Dienstgeber übernimmt für die Dauer des Dienstverhältnisses die Kosten für den elektronischen Heilberufsausweis (eHBA) für Ärztinnen und Ärzte.

Anhang A Tabellenentgelt für Ärztinnen und Ärzte

gültig ab 1. Juli 2025 (RK NRW ab 1.11.2025) – Werte in Euro

Entgelt-gruppe	Grund-entgelt	Entgeltstufen				
	Stufe 1	Stufe 2	Stufe 3	Stufe 4	Stufe 5	Stufe 6
I	5.499,85	5.811,63	6.034,28	6.420,21	6.880,43	7.069,68
II	7.258,93	7.867,55	8.401,96	8.713,71	9.018,00	9.322,29
III	9.092,24	9.626,62	10.391,15	–	–	–
IV	10.695,40	11.459,97	–	–	–	–

gültig ab 1. Dezember 2025

Entgelt-gruppe	Grund-entgelt	Entgeltstufen				
	Stufe 1	Stufe 2	Stufe 3	Stufe 4	Stufe 5	Stufe 6
I	5.609,85	5.927,86	6.154,97	6.548,61	7.018,01	7.211,07
II	7.404,11	8.024,90	8.570,00	8.887,98	9.198,35	9.508,74
III	9.274,08	9.819,15	10.598,97	–	–	–
IV	10.909,31	11.689,17	–	–	–	–

gültig ab 1. März 2026

Entgelt-gruppe	Grund-entgelt	Entgeltstufen				
	Stufe 1	Stufe 2	Stufe 3	Stufe 4	Stufe 5	Stufe 6
I	5.722,05	6.046,42	6.278,07	6.679,58	7.158,37	7.355,29
II	7.552,19	8.185,40	8.741,40	9.065,74	9.382,53	9.698,91
III	9.459,56	10.015,53	10.810,95	–	–	–
IV	11.127,50	11.922,95	–	–	–	–

Anhang B Überleitungs- und Besitzstandregelung

Präambel

[1]Zweck dieser Regelung ist es, zum einen sicherzustellen, dass die/der einzelne Ärztin/Arzt nach der Überleitung in die Anlage 30 zu den AVR durch diese Überleitung keine geringere Vergleichsjahresvergütung hat. [2]Zum anderen soll erreicht werden, dass die Einrichtung bei Anwendung der Anlagen 30 bis 33 zu den AVR durch die Überleitung finanziell nicht überfordert wird (Überforderungsklausel).

§ 1 Geltungsbereich

(1) Diese Übergangs- und Besitzstandsregelung gilt für alle Ärztinnen und Ärzte im Sinne des § 1 der Anlage 30 zu den AVR, die am Tag vor dem Inkrafttreten* der Anlage 30 zu den AVR durch Beschluss der jeweiligen Regionalkommission in einem Dienstverhältnis gestanden haben, das am Tag des Inkrafttretens der Anlage 30 zu den AVR durch Beschluss der jeweiligen Regionalkommission im Geltungsbereich der AVR fortbesteht, für die Dauer des ununterbrochen fortbestehenden Arbeitsverhältnisses.

(1a) [1]Diese Übergangs- und Besitzstandsregelung gilt auch für alle Ärztinnen und Ärzte im Sinne des § 1 der Anlage 30, die am 31. Dezember 2019 in einem Dienstverhältnis gestanden haben, das am 1. Januar 2020 fortbesteht, für die Dauer des ununterbrochen fortbestehenden Dienstverhältnisses. [2]In den Fällen nach Satz 1 gilt für die Besitzstandsregelung nach § 3 Anhang B der Anlage 30 anstatt (des Tags) des Inkrafttretens der Anlage 30 zu den AVR durch Beschluss der Regionalkommission der 1. Januar 2020. [3]In den Fällen nach Satz 1 gilt § 3 Anhang B der Anlage 30 mit der Maßgabe, dass

a) Absatz 5 (in der Fassung durch Beschluss der Bundeskommission vom 9.12.2010) keine Anwendung findet und
b) abweichend von § 3 Abs. 10 Satz 2 die im Jahr 2020 erhöhten Werte zugrunde zu legen sind.

(2) [1]Ein Dienstverhältnis besteht auch ununterbrochen fort bei der Verlängerung eines befristeten Dienstvertrages. [2]Unterbrechungen von bis zu einem Monat sind unschädlich.

§ 2 Überleitung

Ärztinnen und Ärzte gemäß § 1 der Anlage 30 zu den AVR werden so in das neue System übergeleitet, als ob sie seit dem Zeitpunkt, seit dem sie ununterbrochen im Geltungsbereich der AVR oder im sonstigen Bereich der katholischen Kirche tätig waren nach Anlage 30 zu den AVR eingruppiert und eingestuft worden wären.

---

* Inkrafttreten: RK Nord am 1.7.2011, RK Ost am 1.7.2012, RK NRW am 1.1.2011, RK Bayern am 1.1.2011, RK Mitte am 1.4.2011, RK BW am 1.1.2011.

§ 3 Besitzstandsregelung

(1) Ärztinnen und Ärzte, deren bisherige Vergütung (Vergleichsvergütung) das ihnen am Tag des Inkrafttretens* der Anlage 30 zu den AVR durch Beschluss der jeweiligen Regionalkommission zustehende Entgelt übersteigt, erhalten eine Besitzstandszulage.

(2) [1]Die monatliche Besitzstandszulage wird als Unterschiedsbetrag zwischen der Vergleichsjahresvergütung (Absatz 3) und dem Jahresentgelt (Absatz 4), jeweils geteilt durch 12, errechnet.

(RK Nord, NRW, Mitte, BW, Bayern): [2]Dabei sind Vergütungsveränderungen durch Beschlüsse nach § 14 AK-Ordnung nicht zu berücksichtigen.

(RK Ost): [2]Bei der Vergleichsberechnung sind die neuen Werte aus der zeitgleich mit dem Inkrafttreten* der Anlage 30 zu den AVR von der Regionalkommission festgelegten Vergütungstabelle zugrunde zu legen.

(3) [1]Die Vergleichsjahresvergütung errechnet sich als das 12-fache der am Tag vor dem Inkrafttreten* der Anlage 30 zu den AVR durch Beschluss der jeweiligen Regionalkommission zustehenden Monatsvergütung, zuzüglich des Urlaubsgeldes gemäß Anlage 14 und der Weihnachtszuwendung gemäß Abschnitt XIV Anlage 1 zu den AVR.

[2]Zur Monatsvergütung im Sinne dieser Vorschrift gehören die Regelvergütung gemäß Abschnitt III der Anlage 1, die Kinderzulage gemäß Abschnitt V der Anlage 1, Besitzstandszulagen gemäß Anlage 1b zu den AVR und weitere regelmäßig gewährte Zulagen.

(4) [1]Das Jahresentgelt errechnet sich als das 12-fache des am Tag des Inkrafttretens* der Anlage 30 zu den AVR durch Beschluss der jeweiligen Regionalkommission zustehenden Monatsentgelts zuzüglich des Leistungsentgelts gemäß § 16 der Anlage 30 zu den AVR. [2]Zum Monatsentgelt im Sinne dieser Vorschrift gehören das Tabellenentgelt gemäß § 13 der Anlage 30 zu den AVR i.V.m. Anhang A der Anlage 30 zu den AVR und weitere regelmäßig gewährte Zulagen.

(5) *(RK Nord, NRW, Mitte, BW, Bayern):* [1]Fällt der Zeitpunkt des Inkrafttretens* dieser Anlage mit dem Zeitpunkt einer linearen Vergütungserhöhung zusammen, erfolgt die Berechnung des Besitzstandes auf Basis der erhöhten Regelvergütungstabelle in Anlage 3 zu den AVR und der erhöhten Entgelttabelle in dieser Anlage. [2]Die Regionalkommissionen können durch Beschluss von der vorstehenden Regelung abweichen.

(5a) *(RK Bayern):* Für die Berechnung der Überleitung gilt: Für die Höhe aller Vergütungswerte i.S.d. § 3 Abs. 3 sind die jeweilig linear um 1,2 v.H. erhöhten Werte zu Grunde zu legen.

(5) *(RK Ost):* Ruht das Dienstverhältnis oder besteht anstelle einer Beurlaubung eine Teilzeitbeschäftigung während der Elternzeit oder während einer Beurlaubung nach Abschnitt III § 10 der Anlage 14 zu den AVR, ist die Monatsvergütung so zu berechnen, als ob die Ärztin/der Arzt im Monat nach dem Inkrafttreten* der Anlage 30 zu den AVR durch Beschluss der jeweiligen Regionalkommission die Tätigkeit im selben Umfang wie vor der Beurlaubung bzw. vor dem Ruhen wieder aufgenommen hätte.

* Inkrafttreten: RK Nord am 1.7.2011, RK Ost am 1.7.2012, RK NRW am 1.1.2011, RK Bayern am 1.1.2011, RK Mitte am 1.4.2011, RK BW am 1.1.2011.

(6) *(RK Nord, NRW, Mitte, BW, Bayern):* Ruht das Dienstverhältnis, sind die Monatsvergütung (Absatz 3) und das Monatsentgelt (Absatz 4) so zu berechnen, als ob die Ärztin/der Arzt im Monat vor dem Inkrafttreten* der Anlage 30 zu den AVR durch Beschluss der jeweiligen Regionalkommission die Tätigkeit im selben Umfang wie vor dem Ruhen wieder aufgenommen hätte.

(6) *(RK Ost):* Verringert sich nach dem Tag des Inkrafttretens* der Anlage 30 zu den AVR durch Beschluss der jeweiligen Regionalkommission die individuelle regelmäßige Arbeitszeit der Ärztin/des Arztes, reduziert sich ihre/seine Besitzstandszulage im selben Verhältnis, in dem die Arbeitszeit verringert wird; erhöht sich die Arbeitszeit, bleibt die Besitzstandszulage unverändert. Erhöht sich nach einer Verringerung der Arbeitszeit diese wieder, so lebt die Besitzstandszulage im gleichen Verhältnis wie die Arbeitszeiterhöhung, höchstens bis zur ursprünglichen Höhe, wieder auf.

(7) *(RK Nord, NRW, Mitte, BW, Bayern):* [1]Verringert sich nach dem Tag des Inkrafttretens* der Anlage 30 zu den AVR durch Beschluss der jeweiligen Regionalkommission die individuelle regelmäßige Arbeitszeit der Ärztin/des Arztes, reduziert sich ihre/seine Besitzstandszulage im selben Verhältnis, in dem die Arbeitszeit verringert wird; erhöht sich die Arbeitszeit, bleibt die Besitzstandszulage unverändert. [2]Erhöht sich nach einer Verringerung der Arbeitszeit diese wieder, so lebt die Besitzstandszulage im gleichen Verhältnis wie die Arbeitszeiterhöhung, höchstens bis zur ursprünglichen Höhe, wieder auf. [3]Diese Regelung ist entsprechend anzuwenden auf Ärztinnen und Ärzte, deren Arbeitszeit am Tag vor dem Inkrafttreten* der Anlage 30 zu den AVR durch Beschluss der jeweiligen Regionalkommission befristet verändert ist. [4]Die umstellungsbedingte Neufestsetzung der regelmäßigen wöchentlichen Arbeitszeit nach § 2 Abs. 1 dieser Anlage gilt nicht als Arbeitszeitreduzierung im Sinne dieses Absatzes.

(7) *(RK Ost):* [1]Die kinderbezogenen Entgeltbestandteile gem. Abschnitt V der Anlage 1 zu den AVR, die in die Berechnung der Besitzstandszulage nach Absatz 2 und Absatz 3 einfließen, werden als Anteil der Besitzstandszulage fortgezahlt, solange für diese Kinder Kindergeld nach dem Einkommensteuergesetz (EStG) oder nach dem Bundeskindergeldgesetz (BKGG) gezahlt wird oder ohne Berücksichtigung des § 64 oder § 65 EStG oder des § 3 oder § 4 BKGG gezahlt würde. [2]Mit dem Wegfall der Voraussetzungen reduziert sich die Besitzstandszulage entsprechend.

(8) *(RK Nord, NRW, Mitte, BW, Bayern):* [1]Die kinderbezogenen Entgeltbestandteile gem. Abschnitt V der Anlage 1 zu den AVR, die in die Berechnung der Besitzstandszulage nach Absatz 2 und Absatz 3 einfließen, werden als Anteil der Besitzstandszulage fortgezahlt, solange für diese Kinder Kindergeld nach dem Einkommensteuergesetz (EStG) oder nach dem Bundeskindergeldgesetz (BKGG) gezahlt wird oder ohne Berücksichtigung des § 64 oder § 65 EStG oder des § 3 oder § 4 BKGG gezahlt würde. [2]Mit dem Wegfall der Voraussetzungen reduziert sich die Besitzstandszulage entsprechend.

(9) *(RK Nord, NRW, Mitte, BW, Bayern):* [1]Hat der Mitarbeiter im Kalenderjahr vor Inkrafttreten dieser Anlage die Voraussetzungen für einen Anspruch auf Zusatzurlaub nach § 4 der Anlage 14 zu den AVR erfüllt, wird der sich daraus ergebende Zusatzurlaub im Kalenderjahr des Inkrafttretens* dieser Anlage gewährt. [2]Erwirbt der Mitarbeiter im Kalenderjahr des Inkrafttretens* dieser Anlage einen weiteren

---

* Inkrafttreten: RK Nord am 1.7.2011, RK Ost am 1.7.2012, RK NRW am 1.1.2011, RK Bayern am 1.1.2011, RK Mitte am 1.4.2011, RK BW am 1.1.2011.

Anspruch auf Zusatzurlaub nach dieser Anlage, werden die Ansprüche nach § 4 der Anlage 14 und die nach dieser Anlage erworbenen Ansprüche miteinander verglichen. [3]Der Mitarbeiter erhält in diesem Fall ausschließlich den jeweils höheren Anspruch auf Gewährung von Zusatzurlaub.

Anmerkung zu § 3 Abs. 9:
Fällt der Zeitpunkt des Inkrafttretens* dieser Anlage durch die Entscheidung der zuständigen Regionalkommission nicht mit dem Beginn eines Kalenderjahres zusammen, gelten die Vorschriften für die Berechnung des Zusatzurlaubs nach dieser Anlage für das gesamte Kalenderjahr, in dem die Anlage in Kraft tritt.

(10) *(RK Nord, NRW, BW, Bayern):* [1]Beim Erreichen der Stufe 3 der Entgeltgruppe III oder der Stufe 6 der Entgeltgruppe I wird die Besitzstandszulage um den Wert der Stufensteigerung, höchstens bis zur Höhe der Besitzstandszulage, reduziert. [2]Bei der Vergleichsberechnung sind die zum 1. Januar 2012 erhöhten Werte zugrunde zu legen.

(10) *(RK Mitte, Ost):* [1]Beim Erreichen der Stufe 3 der Entgeltgruppe III oder der Stufe 6 der Entgeltgruppe I wird die Besitzstandszulage um den Wert der Stufensteigerung, höchstens bis zur Höhe der Besitzstandszulage, reduziert. [2]Bei der Vergleichsberechnung sind die zum 1. Januar 2013 erhöhten Werte zugrunde zu legen.

§ 4 Überforderungsklausel

(1) Soweit bei einem Vergleich der Gesamtpersonalkosten vor und nach der Überleitung umstellungsbedingte Mehrkosten von mehr als 3 v.H. entstehen, kann das Entgelt für längstens 3 Jahre um 1,5 v.H. gekürzt werden.

(2) Die Gesamtpersonalkosten errechnen sich aus den Bruttopersonalkosten der Mitarbeiter der Einrichtung und den Arbeitgeberanteilen zur Sozialversicherung.

(3) [1]Bei der Ermittlung der Mehrkosten sind ausschließlich die Steigerungen der Gesamtpersonalkosten der Einrichtung zu berücksichtigen, die unmittelbar durch Überleitung von Mitarbeiterinnen und Mitarbeitern in die Anlagen 30 bis 33 zu den AVR entstehen. [2]Mehrkosten, die durch Neueinstellungen von Mitarbeiterinnen und Mitarbeitern und durch strukturelle Veränderungen bei Mitarbeiterinnen und Mitarbeitern, die nicht in die Anlagen 30 bis 33 zu den AVR überführt wurden (Stufenaufstiege, Tätigkeits- oder Bewährungsaufstiege, Kinderzulagen oder andere Zulagen), entstehen, bleiben bei der Ermittlung der Mehrkosten unberücksichtigt. [3]Administrative Mehrkosten, die durch die Überleitung entstehen, bleiben ebenfalls unberücksichtigt.

(4) *(RK Nord, NRW, Mitte, BW, Bayern):* [1]Macht der Dienstgeber von der Anwendung der Überforderungsklausel Gebrauch, erhöht sich die Besitzstandszulage der Bestandsmitarbeiter für die Dauer dieser Maßnahme entsprechend. [2]Die Anwendung der Überforderungsklausel darf nicht dazu führen, dass das Jahresentgelt unter die Vergleichsjahresvergütung fällt. [3]Eine entsprechende Differenz ist entsprechend Satz 1 auszugleichen.

* Inkrafttreten: RK Nord am 1.7.2011, RK Ost am 1.7.2012, RK NRW am 1.1.2011, RK Bayern am 1.1.2011, RK Mitte am 1.4.2011, RK BW am 1.1.2011.

(4) *(RK Ost):* Macht der Dienstgeber von der Anwendung der Überforderungsklausel Gebrauch, erhöht sich die Besitzstandszulage der Bestandsmitarbeiter für die Dauer dieser Maßnahme entsprechend.

(5) [1]Die Entscheidung über die Anwendung der Überforderungsklausel und die dafür maßgeblichen Berechnungen sind der zuständigen Mitarbeitervertretung vorzulegen und zu erläutern. [2]Die Entscheidung ist ferner einem Ausschuss der Bundeskommission der Arbeitsrechtlichen Kommission anzuzeigen. [3]Dazu sind die vergleichenden Gesamtpersonalkostenberechnungen vorzulegen. [4]Der Ausschuss der Bundeskommission der Arbeitsrechtlichen Kommission führt eine reine Missbrauchskontrolle durch.

(6) *(RK Nord, NRW, Mitte, BW, Bayern):* Über weitere Regelungen zur Vermeidung von Überforderungen durch die Überleitung entscheiden die Regionalkommissionen im Rahmen ihrer Zuständigkeit.

Anlage 31: Besondere Regelungen für Mitarbeiter im Pflegedienst in Krankenhäusern

Inhalt

§ 1 Geltungsbereich ... 290
§ 2 Regelmäßige Arbeitszeit ... 291
§ 3 Arbeit an Sonn- und Feiertagen ... 293
§ 4 Sonderformen der Arbeit ... 294
§ 5 Bereitschaftsdienst und Rufbereitschaft ... 295
§ 6 Ausgleich für Sonderformen der Arbeit ... 296
§ 7 Bereitschaftsdienstentgelt ... 298
§ 8 Bereitschaftszeiten ... 299
§ 9 Arbeitszeitkonto ... 299
§ 10 Teilzeitbeschäftigung ... 300
§ 11 Eingruppierung ... 301
§ 12 Tabellenentgelt ... 301
§ 12a Berechnung und Auszahlung des Entgelts ... 302
§ 12b (kein Abdruck wegen Fristablauf) ... 302
§ 12c *(RK Nord):* (kein Abdruck wegen Fristablauf) ... 302
§ 13 Stufen der Entgelttabelle ... 302
§ 13a Besondere Stufenregelung ... 304
§ 14 Allgemeine Regelungen zu den Stufen ... 304
§ 15 Leistungsentgelt bzw. Sozialkomponente ... 306
§ 16 Jahressonderzahlung ... 308
§ 17 Zusatzurlaub ... 309
§ 18 Führung auf Probe ... 311
§ 19 Führung auf Zeit ... 311
Anhang A Tabellenentgelte Mitarbeiter im Pflegedienst in Krankenhäusern – EG-Tabellen ... 312
Anhang B Tabellenentgelt Mitarbeiter im Pflegedienst in Krankenhäusern – P-Tabellen ... 314
Anhang C Stundenentgelte Mitarbeiter im Pflegedienst in Krankenhäusern ... 316
Anhang D Entgeltgruppen für Mitarbeiter im Pflegedienst in Krankenhäusern ... 318
Anhang E Überleitungs- und Besitzstandregelung ... 326
Präambel ... 326
§ 1 Geltungsbereich ... 326
§ 2 Überleitung ... 326
§ 3 Besitzstandsregelung ... 327
§ 4 Überforderungsklausel ... 328
Anhang F Überleitungsregelung für Bestandsmitarbeiter ... 329
Präambel ... 329
§ 1 Geltungsbereich ... 329
§ 2 Überleitung ... 329
§ 3 Höhergruppierung ... 331
§ 4 Weiterbildung in der Notfallpflege ... 332

Hinweise

Die Bestimmungen und Entgelttabellen beziehen sich auf die örtlichen Zuständigkeiten der Regionalkommissionen der Arbeitsrechtlichen Kommission. Dabei umfassen die folgenden Begriffe die folgenden Gebiete:

- Nord das Gebiet der Bistümer Hildesheim und Osnabrück sowie den Offizialatsbezirk Oldenburg;
- Ost das Gebiet der (Erz-)Bistümer Berlin, Dresden-Meißen, Erfurt, Görlitz, Hamburg und Magdeburg;
- NRW (Nordrhein-Westfalen) das Gebiet der (Erz-)Bistümer Aachen, Essen, Köln, Münster (ohne den Offizialatsbezirk Oldenburg) und Paderborn;
- Mitte das Gebiet der Bistümer Fulda, Limburg, Mainz, Speyer und Trier;
- BW (Baden-Württemberg) das Gebiet der (Erz-)Bistümer Freiburg und Rottenburg-Stuttgart;
- Bayern das Gebiet der (Erz-)Bistümer Augsburg, Bamberg, Eichstätt, München und Freising, Passau, Regensburg und Würzburg.

Innerhalb des Gebietes der Region Ost unterscheiden die Tabellen zwischen

- Tarifgebiet Ost als Gebiet der Bistümer Dresden-Meißen, Erfurt, Görlitz und Magdeburg sowie der Teile der Erzbistümer Berlin und Hamburg, für die das Grundgesetz der Bundesrepublik Deutschland vor dem 3. Oktober 1990 nicht galt, ausgenommen das Gebiet des Bundeslandes Berlin;
- Tarifgebiet West als Gebiet der Teile der Erzbistümer Berlin und Hamburg, für die das Grundgesetz der Bundesrepublik Deutschland vor dem 3. Oktober 1990 galt, zuzüglich des Teils des Bundeslandes Berlin, für den das Grundgesetz der Bundesrepublik Deutschland vor dem 3. Oktober 1990 nicht galt.

Einzelne Entgelttabellen beziehen sich nur auf einzelne (Erz-)Bistümer oder schließen diese ausdrücklich aus.

§ 1 Geltungsbereich

(1) Diese Anlage gilt für Mitarbeiter im Pflegedienst, die in

Krankenhäuser

a) Krankenhäusern, einschließlich psychiatrischen Fachkrankenhäusern,

deren med. Institute

b) medizinischen Instituten von Krankenhäusern oder

Heime mit eigener ärztlicher Behandlung

c) sonstigen Einrichtungen (z.B. Reha-Einrichtungen, Kureinrichtungen), in denen die betreuten Personen in ärztlicher Behandlung stehen, wenn die Behandlung durch in den Einrichtungen selbst beschäftigte Ärztinnen oder Ärzte stattfindet,

beschäftigt sind.

Anmerkung zu Absatz 1:

Fachabteilungen in psychiatrischen Zentren bzw. Rehabilitations- oder Kureinrichtungen

[1]Von dem Geltungsbereich werden auch Fachabteilungen (z. B. Pflege-, Altenpflege- und Betreuungseinrichtungen) in psychiatrischen Zentren bzw. Rehabilitations- oder Kureinrichtungen erfasst, soweit diese mit einem psychiatrischen Fachkrankenhaus bzw. einem Krankenhaus desselben Trägers einen Betrieb bilden. [2]Im Übrigen werden Altenpflegeeinrichtungen eines Krankenhauses von dem

Geltungsbereich der Anlage 31 nicht erfasst, auch soweit sie mit einem Krankenhaus desselben Trägers einen Betrieb bilden.

Anmerkung 2 zu Absatz 1:

Lehrkräfte an Krankenpflegeschulen und ähnlichen der Ausbildung dienenden Einrichtungen nach Absatz 1 fallen unter die Anlage 31, soweit diese nicht vom Geltungsbereich der Anlage 21a zu den AVR erfasst sind.

Lehrkräfte in Krankenpflegeschulen

(2) [1]Soweit für diese Mitarbeiter nachfolgend nichts anderes bestimmt ist, finden die Vorschriften des Allgemeinen Teils und der Anlagen der AVR Anwendung. [2]Abschnitte Ia, V, VII und XIV der Anlage 1, Anlagen 1b, 6 und 6a sowie § 4 und §§ 6 bis 9 der Anlage 14 zu den AVR finden keine Anwendung. [3]Anlage 5 gilt nicht mit Ausnahme von § 1 Abs. 7, Abs. 9 und Abs. 10, §§ 5 bis 5g, § 6, § 7 Abs. 7, § 9 Abs. 6 und § 10.

AVR-Anwendung

§ 2 Regelmäßige Arbeitszeit

(1) *(RK Nord, NRW, Bayern):* [1]Die regelmäßige Arbeitszeit der Mitarbeiter beträgt ausschließlich der Pausen durchschnittlich 38,5 Stunden wöchentlich. [2]Abweichend davon beträgt die regelmäßige Arbeitszeit für die Mitarbeiter im Gebiet der neuen Bundesländer Mecklenburg-Vorpommern, Brandenburg, Sachsen-Anhalt, Thüringen und Sachsen durchschnittlich 40 Stunden wöchentlich. [3]Die regelmäßige Arbeitszeit kann auf fünf Tage, aus notwendigen dienstlichen oder betrieblichen Gründen auch auf sechs Tage verteilt werden.

regelmäßige Arbeitszeit

(1) *(RK Mitte):* [1]Die regelmäßige wöchentliche Arbeitszeit der Mitarbeiter beträgt ausschließlich der Pausen durchschnittlich 39 Stunden. [2]Abweichend davon beträgt die regelmäßige Arbeitszeit für die Mitarbeiter im Gebiet der neuen Bundesländer Mecklenburg-Vorpommern, Brandenburg, Sachsen-Anhalt, Thüringen und Sachsen durchschnittlich 40 Stunden wöchentlich; ab dem 1. Januar 2023 beträgt für die Mitarbeiter in dem Gebiet der neuen Bundesländer, das in den Bereich der Regionalkommission Mitte fällt, die regelmäßige Arbeitszeit ausschließlich der Pausen durchschnittlich 39 Stunden wöchentlich. [3]Die regelmäßige Arbeitszeit kann auf fünf Tage, aus notwendigen dienstlichen oder betrieblichen Gründen auch auf sechs Tage verteilt werden.

(RK Mitte): Anmerkung zu Absatz 1:

[1]Die Mitarbeiter erhalten jeweils jährlich einen Tag Arbeitszeitverkürzung entsprechend der Regelung in § 1b der Anlage 5 zu den AVR. [2]Mit Wegfall des AZV-Tages gemäß § 1b der Anlage 5 zu den AVR entfällt zeitgleich der Anspruch nach Satz 1.

(1) *(RK BW):* [1]Die regelmäßige wöchentliche Arbeitszeit der Mitarbeiter beträgt ausschließlich der Pausen durchschnittlich 39 Stunden. [2]Abweichend davon beträgt die regelmäßige Arbeitszeit für die Mitarbeiter im Gebiet der neuen Bundesländer Mecklenburg-Vorpommern, Brandenburg, Sachsen-Anhalt, Thüringen und Sachsen durchschnittlich 40 Stunden wöchentlich. [3]Die regelmäßige Arbeitszeit kann auf fünf Tage, aus notwendigen dienstlichen oder betrieblichen Gründen auch auf sechs Tage verteilt werden.

(1) *(RK Ost):* [1]Die regelmäßige Arbeitszeit der Mitarbeiter beträgt ausschließlich der Pausen durchschnittlich 38,5 Stunden wöchentlich. [2]Abweichend davon beträgt die regelmäßige Arbeitszeit für die Mitarbeiter im Gebiet der neuen Bundesländer Mecklenburg-Vorpommern, Brandenburg, Sachsen-Anhalt, Thüringen und

Sachsen durchschnittlich 40 Stunden wöchentlich. [3]Ab dem 1. Januar 2025 beträgt die regelmäßige Arbeitszeit ausschließlich der Pausen für Mitarbeiter der in Satz 2 genannten Gebiete durchschnittlich 38,5 Stunden in der Woche. [4]Die regelmäßige Arbeitszeit der Mitarbeiter im Land Berlin beträgt abweichend ab dem 1. Januar 2021 durchschnittlich 39 Stunden in der Woche, ab dem 1. Juli 2025 38,5 Stunden in der Woche. [5]Die regelmäßige Arbeitszeit kann auf fünf Tage, aus notwendigen dienstlichen oder betrieblichen Gründen auch auf sechs Tage verteilt werden.

Teilzeitbeschäftigte im Land Berlin

(1a) *(RK Ost):* (Überleitungsregelung Berlin)

Teilzeitbeschäftigten im Land Berlin, die in ihrem Dienstvertrag eine feste Teilzeit-Wochenstundenangabe vereinbart haben, wird ein Wahlrecht dahingehend eingeräumt, dass im Zuge der Änderung der regelmäßigen durchschnittlichen wöchentliche Arbeitszeit ab dem 1. Januar 2021 die Teilzeit-Wochenstundenangabe so nach oben angepasst wird, dass die Monatsvergütung nach der Umstellung von der 38,5 Stundenwoche auf die 39 Stundenwoche ohne Berücksichtigung von Aufstiegen oder anderweitigen tariflichen Änderungen identisch bleibt. Das Wahlrecht ist spätestens bis zum 30. November 2020 auszuüben.

Durchschnitt

(2) [1]Für die Berechnung des Durchschnitts der regelmäßigen wöchentlichen Arbeitszeit ist ein Zeitraum von bis zu einem Jahr zugrunde zu legen. [2]Abweichend von Satz 1 kann bei Mitarbeitern, die ständig Wechselschicht- oder Schichtarbeit zu leisten haben, ein längerer Zeitraum zugrunde gelegt werden.

24./31. Dezember

(3) [1]Soweit es die dienstlichen oder betrieblichen Verhältnisse zulassen, wird der Mitarbeiter am 24. Dezember und am 31. Dezember unter Fortzahlung des Entgelts von der Arbeit freigestellt. [2]Kann die Freistellung nach Satz 1 aus dienstlichen oder betrieblichen Gründen nicht erfolgen, ist entsprechender Freizeitausgleich innerhalb von drei Monaten zu gewähren. [3]Die regelmäßige Arbeitszeit vermindert sich für den 24. Dezember und 31. Dezember, sofern sie auf einen Werktag fallen, um die dienstplanmäßig ausgefallenen Stunden.

Anmerkung zu Absatz 3 Satz 3:
Die Verminderung der regelmäßigen Arbeitszeit betrifft die Mitarbeiter, die wegen des Dienstplans frei haben und deshalb ohne diese Regelung nacharbeiten müssten.

Abweichung vom ArbZG durch Dienstvereinbarung

(4) Aus dringenden dienstlichen oder betrieblichen Gründen kann auf der Grundlage einer Dienstvereinbarung im Rahmen des § 7 Abs. 1, 2 und des § 12 ArbZG von den Vorschriften des Arbeitszeitgesetzes abgewichen werden.

Anmerkung zu Absatz 4: (weggefallen)

Verpflichtung Sonntags-, Feiertags-, Nacht-, Schicht-, Bereitschaftsdienst, Mehrarbeit

(5) Die Mitarbeiter sind im Rahmen begründeter dienstlicher oder betrieblicher Notwendigkeiten zur Leistung von Sonntags-, Feiertags-, Nacht-, Wechselschicht-, Schichtarbeit sowie – bei Teilzeitbeschäftigung aufgrund dienstvertraglicher Regelung oder mit ihrer Zustimmung – zu Bereitschaftsdienst, Rufbereitschaft, Überstunden und Mehrarbeit verpflichtet.

Arbeitszeitkorridor

(6) [1]Durch Dienstvereinbarung kann ein wöchentlicher Arbeitszeitkorridor von bis zu 45 Stunden eingerichtet werden. [2]Die innerhalb eines Arbeitszeitkorridors geleisteten zusätzlichen Arbeitsstunden werden im Rahmen des nach Absatz 2 Satz 1 festgelegten Zeitraums ausgeglichen.

Rahmenarbeitszeit

(7) [1]Durch Dienstvereinbarung kann in der Zeit von 6 bis 20 Uhr eine tägliche Rahmenzeit von bis zu zwölf Stunden eingeführt werden. [2]Die innerhalb der täglichen Rahmenzeit geleisteten zusätzlichen Arbeitsstunden werden im Rahmen des nach Absatz 2 Satz 1 festgelegten Zeitraums ausgeglichen.

(8) Die Absätze 6 und 7 gelten nur alternativ und nicht bei Wechselschicht- und Schichtarbeit.

(9) [1]Auf der Grundlage einer Dienstvereinbarung kann bei der Behandlung, Pflege und Betreuung von Personen die tägliche Arbeitszeit im Schichtdienst, ausschließlich der Pausen, auf bis zu 12 Stunden verlängert werden, wenn solche Dienste nach der Eigenart dieser Tätigkeit und zur Erhaltung des Wohles dieser Personen erforderlich sind. [2]In unmittelbarer Folge dürfen höchstens 5 Zwölf-Stunden-Schichten und innerhalb von zwei Wochen nicht mehr als 8 Zwölf-Stunden-Schichten geleistet werden. [3]Solche Schichten können nicht mit Bereitschaftsdienst kombiniert werden. [4]Abweichend von § 1 Abs. 10 der Anlage 5 kann bei Anordnung von Zwölf-Stunden-Schichten die Ruhezeit nicht verkürzt werden.

Verlängerung der Arbeitszeit bei Schichtdienst durch Dienstvereinbarung

Anmerkung zu § 2:
[1]Gleitzeitregelungen sind unter Wahrung der jeweils geltenden Mitbestimmungsrechte unabhängig von den Vorgaben zu Arbeitszeitkorridor und Rahmenzeit (Absätze 6 und 7) möglich. [2]Sie dürfen keine Regelungen nach Absatz 4 enthalten.

Gleitzeit

§ 3 Arbeit an Sonn- und Feiertagen

In Ergänzung zu § 2 Abs. 3 Satz 3 und Abs. 5 gilt für Sonn- und Feiertage Folgendes:

(1) [1]Die Arbeitszeit an einem gesetzlichen Feiertag, der auf einen Werktag fällt, wird durch eine entsprechende Freistellung an einem anderen Werktag bis zum Ende des dritten Kalendermonats – möglichst aber schon bis zum Ende des nächsten Kalendermonats – ausgeglichen, wenn es die betrieblichen Verhältnisse zulassen. [2]Kann ein Freizeitausgleich nicht gewährt werden, erhält der Mitarbeiter je Stunde 100 v. H. des auf eine Stunde entfallenden Anteils des monatlichen Entgelts der jeweiligen Entgeltgruppe und Stufe nach Maßgabe der Entgelttabelle [3]Ist ein Arbeitszeitkonto eingerichtet, ist eine Buchung gemäß § 9 Abs. 3 zulässig. [4]§ 6 Abs. 1 Satz 2 Buchst. d bleibt unberührt.

bei gesetzl. Feiertag als Werktag, Freizeitausgleich/ finanzielle Abgeltung

(2) [1]Für Mitarbeiter, die regelmäßig nach einem Dienstplan eingesetzt werden, der Wechselschicht- oder Schichtdienst an sieben Tagen in der Woche vorsieht, vermindert sich die regelmäßige Wochenarbeitszeit um ein Fünftel der arbeitsvertraglich vereinbarten durchschnittlichen Wochenarbeitszeit, wenn sie an einem gesetzlichen Feiertag, der auf einen Werktag fällt,

bei gesetzl. Feiertag als Werktag und Schichtdienst Reduzierung Soll-Arbeitszeit

a) Arbeitsleistung zu erbringen haben oder
b) nicht wegen des Feiertags, sondern dienstplanmäßig nicht zur Arbeit eingeteilt sind und deswegen an anderen Tagen der Woche ihre regelmäßige Arbeitszeit erbringen müssen.

[2]Absatz 1 gilt in diesen Fällen nicht. [3]§ 6 Abs. 1 Satz 2 Buchst. d bleibt unberührt.

(3) [1]Mitarbeiter, die regelmäßig an Sonn- und Feiertagen arbeiten müssen, erhalten innerhalb von zwei Wochen zwei arbeitsfreie Tage. [2]Hiervon soll ein freier Tag auf einen Sonntag fallen.

arbeitsfreie Tage

§ 4 Sonderformen der Arbeit

Wechselschichtarbeit
Wechselschicht
Nachtschicht

(1) [1]Wechselschichtarbeit ist die Arbeit nach einem Schichtplan/Dienstplan, der einen regelmäßigen Wechsel der täglichen Arbeitszeit in Wechselschichten vorsieht, bei denen der Mitarbeiter längstens nach Ablauf eines Monats erneut zu mindestens zwei Nachtschichten herangezogen wird. [2]Wechselschichten sind wechselnde Arbeitsschichten, in denen ununterbrochen bei Tag und Nacht, werktags, sonntags und feiertags gearbeitet wird. [3]Nachtschichten sind Arbeitsschichten, die mindestens zwei Stunden Nachtarbeit umfassen.

Schichtarbeit

(2) Schichtarbeit ist die Arbeit nach einem Schichtplan, der einen regelmäßigen Wechsel des Beginns der täglichen Arbeitszeit um mindestens zwei Stunden in Zeitabschnitten von längstens einem Monat vorsieht, und die innerhalb einer Zeitspanne von mindestens 13 Stunden geleistet wird.

Bereitschaftsdienst

(3) Bereitschaftsdienst leisten Mitarbeiter, die sich auf Anordnung des Dienstgebers außerhalb der regelmäßigen Arbeitszeit an einer vom Dienstgeber bestimmten Stelle aufhalten, um im Bedarfsfall die Arbeit aufzunehmen.

Rufbereitschaft

(4) [1]Rufbereitschaft leisten Mitarbeiter, die sich auf Anordnung des Dienstgebers außerhalb der regelmäßigen Arbeitszeit an einer dem Dienstgeber anzuzeigenden Stelle aufhalten, um auf Abruf die Arbeit aufzunehmen. [2]Rufbereitschaft wird nicht dadurch ausgeschlossen, dass Mitarbeiter vom Dienstgeber mit einem Mobiltelefon oder einem vergleichbaren technischen Hilfsmittel ausgestattet sind.

Nachtarbeit

(5) Nachtarbeit ist die Arbeit zwischen 21 Uhr und 6 Uhr.

Mehrarbeit

(6) Mehrarbeit sind die Arbeitsstunden, die Teilzeitbeschäftigte über die vereinbarte regelmäßige Arbeitszeit hinaus bis zur regelmäßigen wöchentlichen Arbeitszeit von Vollbeschäftigten (§ 2 Abs. 1 Satz 1) leisten.

Überstunden

(7) Überstunden sind die auf Anordnung des Dienstgebers geleisteten Arbeitsstunden, die über die im Rahmen der regelmäßigen Arbeitszeit von Vollbeschäftigten (§ 2 Abs. 1 Satz 1) für die Woche dienstplanmäßig bzw. betriebsüblich festgesetzten Arbeitsstunden hinausgehen und nicht bis zum Ende der folgenden Kalenderwoche ausgeglichen werden.

Überstunden bei

(8) Abweichend von Absatz 7 sind nur die Arbeitsstunden Überstunden, die

• Arbeitszeitkorridor

a) im Falle der Festlegung eines Arbeitszeitkorridors nach § 2 Abs. 6 über 45 Stunden oder über die vereinbarte Obergrenze hinaus,

• Rahmenarbeitszeit

b) im Falle der Einführung einer täglichen Rahmenzeit nach § 2 Abs. 7 außerhalb der Rahmenzeit,

• Schichtarbeit

c) im Falle von Wechselschicht- oder Schichtarbeit über die im Schichtplan festgelegten täglichen Arbeitsstunden einschließlich der im Schichtplan vorgesehenen Arbeitsstunden, die bezogen auf die regelmäßige wöchentliche Arbeitszeit im Schichtplanturnus nicht ausgeglichen werden,

angeordnet worden sind.

§ 5 Bereitschaftsdienst und Rufbereitschaft

Voraussetzung Bereitschaftsdienst

(1) Der Dienstgeber darf Bereitschaftsdienst nur anordnen, wenn zu erwarten ist, dass zwar Arbeit anfällt, erfahrungsgemäß aber die Zeit ohne Arbeitsleistung überwiegt.

13/16-Stunden-Dienst

(2) Abweichend von den §§ 3, 5 und 6 Abs. 2 ArbZG kann im Rahmen des § 7 ArbZG die tägliche Arbeitszeit im Sinne des Arbeitszeitgesetzes über acht Stunden hinaus verlängert werden, wenn mindestens die acht Stunden überschreitende Zeit im Rahmen von Bereitschaftsdienst geleistet wird, und zwar wie folgt:

a) bei Bereitschaftsdiensten der Stufe I bis zu insgesamt maximal 16 Stunden täglich; die gesetzlich vorgeschriebene Pause verlängert diesen Zeitraum nicht,

b) bei Bereitschaftsdiensten der Stufen II und III bis zu insgesamt maximal 13 Stunden täglich; die gesetzlich vorgeschriebene Pause verlängert diesen Zeitraum nicht.

24-Stunden-Dienst

(3) [1]Im Rahmen des § 7 ArbZG kann unter den Voraussetzungen

a) einer Prüfung alternativer Arbeitszeitmodelle,

b) einer Belastungsanalyse gemäß § 5 ArbSchG und

c) ggf. daraus resultierender Maßnahmen zur Gewährleistung des Gesundheitsschutzes

aufgrund einer Dienstvereinbarung von den Regelungen des Arbeitszeitgesetzes abgewichen werden. [2]Abweichend von den §§ 3, 5 und 6 Abs. 2 ArbZG kann die tägliche Arbeitszeit im Sinne des Arbeitszeitgesetzes über acht Stunden hinaus verlängert werden, wenn in die Arbeitszeit regelmäßig und in erheblichem Umfang Bereitschaftsdienst fällt. [3]Hierbei darf die tägliche Arbeitszeit ausschließlich der Pausen maximal 24 Stunden betragen.

Dienst ohne Ausgleich

(4) Unter den Voraussetzungen des Absatzes 3 Satz 1 kann die tägliche Arbeitszeit gemäß § 7 Abs. 2a ArbZG ohne Ausgleich verlängert werden, wobei

a) bei Bereitschaftsdiensten der Stufe I eine wöchentliche Arbeitszeit von bis zu maximal durchschnittlich 58 Stunden,

b) bei Bereitschaftsdiensten der Stufen II und III eine wöchentliche Arbeitszeit von bis zu maximal durchschnittlich 54 Stunden zulässig ist.

Ausgleichszeitraum

(5) Für den Ausgleichszeitraum nach den Absätzen 2 bis 4 gilt § 2 Abs. 2 Satz 1.

Teilzeitarbeit und Bereitschaftsdienst

(6) [1]In den Fällen, in denen Mitarbeiter Teilzeitarbeit gemäß § 10 vereinbart haben, verringern sich die Höchstgrenzen der wöchentlichen Arbeitszeit nach den Absätzen 2 bis 4 in demselben Verhältnis wie die Arbeitszeit dieser Mitarbeiter zu der regelmäßigen Arbeitszeit der Vollbeschäftigten. [2]Mit Zustimmung des Mitarbeiters oder aufgrund von dringenden dienstlichen oder betrieblichen Belangen kann hiervon abgewichen werden.

Voraussetzung Rufbereitschaft

(7) [1]Der Dienstgeber darf Rufbereitschaft nur anordnen, wenn erfahrungsgemäß lediglich in Ausnahmefällen Arbeit anfällt. [2]Durch tatsächliche Arbeitsleistung innerhalb der Rufbereitschaft kann die tägliche Höchstarbeitszeit von zehn Stunden (§ 3 ArbZG) überschritten werden (§ 7 ArbZG).

Abweichung vom ArbZG durch Dienstvereinbarung

(8) § 2 Abs. 4 bleibt im Übrigen unberührt.

Sonderregelung Heime, vgl. § 7 Abs. 3

(9) [1]Für Mitarbeiter in Einrichtungen und Heimen, die der Förderung der Gesundheit, der Erziehung, Fürsorge oder Betreuung von Kindern und Jugendlichen, der Fürsorge und Betreuung von obdachlosen, alten, gebrechlichen, erwerbsbeschränkten oder sonstigen hilfsbedürftigen Personen dienen, auch wenn diese Einrichtungen nicht der ärztlichen Behandlung der betreuten Personen dienen, gelten die Absätze 1 bis 8 mit der Maßgabe, dass die Grenzen für die Stufe I einzuhalten sind. [2]Dazu gehören auch die Mitarbeiter in Einrichtungen, in denen die betreuten Personen nicht regelmäßig ärztlich behandelt und beaufsichtigt werden (Erholungsheime).

§ 6 Ausgleich für Sonderformen der Arbeit

Zeitzuschläge

(1) [1]Der Mitarbeiter erhält neben dem Entgelt für die tatsächliche Arbeitsleistung Zeitzuschläge. [2]Die Zeitzuschläge betragen – auch bei Teilzeitbeschäftigten – je Stunde

Überstunden	a) für Überstunden	
	▪ in den Entgeltgruppen 1 bis 9b	30 v. H.,
	▪ in den Entgeltgruppen 9c bis 15	15 v. H.,
Nachtarbeit	b) für Nachtarbeit	20 v. H.,
Sonntagsarbeit	c) für Sonntagsarbeit	25 v. H.,
Feiertagsarbeit	d) bei Feiertagsarbeit	
	▪ ohne Freizeitausgleich	135 v. H.,
	▪ mit Freizeitausgleich	35 v. H.,
24./31. Dezember	e) für Arbeit am 24. Dezember und am 31. Dezember jeweils ab 6 Uhr	35 v. H.,
Samstagsarbeit	f) für Arbeit an Samstagen von 13 bis 21 Uhr, soweit diese nicht im Rahmen von Wechselschicht oder Schichtarbeit anfällt	20 v. H.

Freizeitausgleich bei Arbeitszeitkonto

des auf eine Stunde entfallenden Anteils des Tabellenentgelts der Stufe 3 der jeweiligen Entgeltgruppe. [3]Beim Zusammentreffen von Zeitzuschlägen nach Satz 2 Buchst. c bis f wird nur der höchste Zeitzuschlag gezahlt. [4]Auf Wunsch des Mitarbeiters können, soweit ein Arbeitszeitkonto (§ 9) eingerichtet ist und die dienstlichen oder betrieblichen Verhältnisse es zulassen, die nach Satz 2 zu zahlenden Zeitzuschläge entsprechend dem jeweiligen Vomhundertsatz einer Stunde in Zeit umgewandelt und ausgeglichen werden. [5]Dies gilt entsprechend für Überstunden als solche.

Anmerkung zu Absatz 1 Satz 1:

Überstunden

Bei Überstunden richtet sich die Vergütung für die tatsächliche Arbeitsleistung nach der jeweiligen Entgeltgruppe und der individuellen Stufe, höchstens jedoch nach der Stufe 4.

Anmerkung zu Absatz 1 Satz 2 Buchst. d:

Feiertagsarbeit

[1]Der Freizeitausgleich muss im Dienstplan besonders ausgewiesen und bezeichnet werden. [2]Falls kein Freizeitausgleich gewährt wird, werden als Vergütung einschließlich des Zeitzuschlags und des auf den Feiertag entfallenden Tabellenentgelts höchstens 235 v. H. gezahlt.

(2) Für Arbeitsstunden, die keine Überstunden sind und die aus dienstlichen oder betrieblichen Gründen nicht innerhalb des nach § 2 Abs. 2 Satz 1 oder 2 festgelegten Zeitraums mit Freizeit ausgeglichen werden, erhält der Mitarbeiter je Stunde 100 v.H. des auf eine Stunde entfallenden Anteils des Tabellenentgelts der jeweiligen Entgeltgruppe und Stufe.

Abgeltung nicht ausgeglichener Arbeitsstunden

Anmerkung zu Absatz 2:
Mit dem Begriff „Arbeitsstunden" sind nicht die Stunden gemeint, die im Rahmen von Gleitzeitregelungen im Sinne der Anmerkung zu § 2 anfallen, es sei denn, sie sind angeordnet worden.

Arbeitsstunden

(3) [1]Zugunsten der Mitarbeiter können für Dienste, soweit diese zu Zeiten gemäß § 6 Abs. 1 Satz 2 Buchstaben b bis f erbracht werden, die dort genannten Prozentbeträge durch Dienstvereinbarung erhöht werden. [2]Durch Dienstvereinbarungen können für die freiwillige Übernahme zusätzlich betrieblich veranlasster Dienste Zulagen oder Zuschläge zusätzlich zum ohnehin geschuldeten Entgelt vereinbart werden. [3]Die Regelungen der Mitarbeitervertretungsordnung (MAVO) sind zu beachten.

(4) [1]Für die Rufbereitschaft wird eine tägliche Pauschale je Entgeltgruppe bezahlt. [2]Sie beträgt für die Tage Montag bis Freitag das Zweifache, für Samstag, Sonntag sowie für Feiertage das Vierfache des Stundenentgelts nach Maßgabe der Entgelttabelle. [3]Maßgebend für die Bemessung der Pauschale nach Satz 2 ist der Tag, an dem die Rufbereitschaft beginnt. [4]Für die Arbeitsleistung innerhalb der Rufbereitschaft außerhalb des Aufenthaltsortes im Sinne des § 4 Abs. 4 wird die Zeit jeder einzelnen Inanspruchnahme einschließlich der hierfür erforderlichen Wegezeiten jeweils auf eine volle Stunde gerundet und mit dem Entgelt für Überstunden sowie mit etwaigen Zeitzuschlägen nach Absatz 1 bezahlt. [5]Wird die Arbeitsleistung innerhalb der Rufbereitschaft am Aufenthaltsort im Sinne des § 4 Abs. 4 telefonisch (z. B. in Form einer Auskunft) oder mittels technischer Einrichtungen erbracht, wird abweichend von Satz 4 die Summe dieser Arbeitsleistungen auf die nächste volle Stunde gerundet und mit dem Entgelt für Überstunden sowie mit etwaigen Zeitzuschlägen nach Absatz 1 bezahlt. [6]Absatz 1 Satz 4 gilt entsprechend, soweit die Buchung auf das Arbeitszeitkonto nach § 9 Abs. 3 Satz 2 zulässig ist. [7]Satz 1 gilt nicht im Falle einer stundenweisen Rufbereitschaft. [8]Eine Rufbereitschaft im Sinne von Satz 7 liegt bei einer ununterbrochenen Rufbereitschaft von weniger als zwölf Stunden vor. [9]In diesem Fall wird abweichend von den Sätzen 2 und 3 für jede Stunde der Rufbereitschaft 12,5 v. H. des Stundenentgelts nach Maßgabe der Entgelttabelle gezahlt.

Vergütung Rufbereitschaft

Anmerkung zu Absatz 4:
Zur Ermittlung der Tage einer Rufbereitschaft, für die eine Pauschale gezahlt wird, ist auf den Tag des Beginns der Rufbereitschaft abzustellen.

Ermittlung Rufbereitschaftstage

(5) [1]Mitarbeiter, die ständig Wechselschichtarbeit leisten, erhalten eine Wechselschichtzulage von 250 Euro monatlich. [2]Mitarbeiter, die nicht ständig Wechselschichtarbeit leisten, erhalten eine Wechselschichtzulage von 1,49 Euro pro Stunde. [3]Ab dem 1. Januar 2027 nehmen die vorgenannten Zulagen für Wechselschichtarbeit an allgemeinen Entgelterhöhungen teil.

Wechselschichtzulage

(6) [1]Mitarbeiter, die ständig Schichtarbeit leisten, erhalten eine Schichtzulage von 100 Euro monatlich. [2]Beschäftigte, die nicht ständig Schichtarbeit leisten, erhalten eine Schichtzulage von 0,59 Euro pro Stunde. [3]Ab dem 1. Januar 2027 nehmen die vorgenannten Zulagen für Schichtarbeit an allgemeinen Entgelterhöhungen teil.

Schichtzulage

§ 7 Bereitschaftsdienstentgelt

Vergütung Bereitschaftsdienst

(1) Zum Zwecke der Entgeltberechnung wird nach dem Maß der während des Bereitschaftsdienstes erfahrungsgemäß durchschnittlich anfallenden Arbeitsleistungen die Zeit des Bereitschaftsdienstes einschließlich der geleisteten Arbeit wie folgt als Arbeitszeit gewertet:

Stufen und Arbeitszeitbewertung Stufe	Arbeitsleistung innerhalb des Bereitschaftsdienstes	Bewertung als Arbeitszeit
I	bis zu 25 v. H.	60 v. H.
II	mehr als 25 v. H. bis 40 v. H.	75 v. H.
III	mehr als 40 v. H. bis 49 v. H.	90 v. H.

Zuweisung

(2) Die Zuweisung zu den einzelnen Stufen des Bereitschaftsdienstes erfolgt durch die Einrichtungsleitung und die Mitarbeitervertretung.

Mitarbeiter nach § 5 Abs. 9

(3) Für die Mitarbeiter gemäß § 5 Abs. 9 wird zum Zwecke der Entgeltberechnung die Zeit des Bereitschaftsdienstes einschließlich der geleisteten Arbeit mit 28,5 v.H. als Arbeitszeit gewertet.

Vergütung

(4) Das Entgelt für die nach den Absätzen 1 und 3 zum Zwecke der Entgeltberechnung als Arbeitszeit gewertete Bereitschaftsdienstzeit bestimmt sich nach Anhang C dieser Anlage.

Feiertagszuschlag

(5) [1]Die Mitarbeiter erhalten zusätzlich zu dem Entgelt nach Absatz 4 für jede nach den Absätzen 1 und 3 als Arbeitszeit gewertete Stunde, die an einem Feiertag geleistet worden ist, einen Zeitzuschlag in Höhe von 25 v.H. des Stundenentgelts ihrer jeweiligen Entgeltgruppe nach Anhang C dieser Anlage. [2]Die Mitarbeiter erhalten zusätzlich zu dem Entgelt nach Absatz 4 für die Zeit des Bereitschaftsdienstes in den Nachtstunden (§ 4 Abs. 5) je Stunde einen Zeitzuschlag in Höhe von 15 v.H. des Stundenentgelts ihrer jeweiligen Entgeltgruppe nach Anhang C dieser Anlage. [3]Im Übrigen werden für die Zeit des Bereitschaftsdienstes einschließlich der geleisteten Arbeit und für die Zeit der Rufbereitschaft Zeitzuschläge nach § 6 nicht gezahlt.

Freizeitausgleich

(6) [1]Das Bereitschaftsdienstentgelt wird gezahlt, es sei denn, dass ein Freizeitausgleich im Dienstplan vorgesehen ist, oder eine entsprechende Regelung in einer einvernehmlichen Dienstvereinbarung getroffen wird oder der Mitarbeiter dem Freizeitausgleich zustimmt. [2]In diesem Fall kann anstelle der Auszahlung des Entgelts nach Absatz 4 für die nach den Absätzen 1 und 3 gewertete Arbeitszeit bis zum Ende des dritten Kalendermonats auch durch entsprechende Freizeit abgegolten werden (Freizeitausgleich). [3]Die Möglichkeit zum Freizeitausgleich nach Satz 2 umfasst auch die dem Zeitzuschlag nach Absatz 5 1 : 1 entsprechende Arbeitszeit. [4]Für die Zeit des Freizeitausgleichs werden das Entgelt (§ 11) und die in Monatsbeträgen festgelegten Zulagen fortgezahlt. [5]Nach Ablauf der drei Monate wird das Bereitschaftsdienstentgelt am Zahltag des folgenden Kalendermonats fällig.

(7) [1]Das Bereitschaftsdienstentgelt nach den Absätzen 1, 3, 4 und 5 kann im Falle der Faktorisierung nach § 9 Abs. 3 in Freizeit abgegolten werden. [2]Dabei entspricht eine Stunde Bereitschaftsdienst

Freizeitausgleich Arbeitszeitkonto

a) nach Absatz 1
   aa) in der Stufe I — 37 Minuten,
   bb) in der Stufe II — 46 Minuten und
   cc) in der Stufe III — 55 Minuten,
b) nach Absatz 3 — 17,5 Minuten und
c) bei Feiertagsarbeit nach Absatz 5 jeweils zuzüglich — 15 Minuten.

A 31

§ 8 Bereitschaftszeiten

Bereitschaftszeit Voraussetzung

(1) [1]Bereitschaftszeiten sind die Zeiten, in denen sich der Mitarbeiter am Arbeitsplatz oder einer anderen vom Dienstgeber bestimmten Stelle zur Verfügung halten muss, um im Bedarfsfall die Arbeit selbständig, ggf. auch auf Anordnung, aufzunehmen und in denen die Zeiten ohne Arbeitsleistung überwiegen. [2]Für Mitarbeiter, in deren Tätigkeit regelmäßig und in nicht unerheblichem Umfang Bereitschaftszeiten fallen, gelten folgende Regelungen:

a) *(RK Nord, NRW, Mitte, BW, Bayern):* Bereitschaftszeiten werden zur Hälfte als tarifliche Arbeitszeit gewertet (faktorisiert).
b) *(RK Ost):* Bereitschaftszeiten werden zur Hälfte als Arbeitszeit gewertet (faktorisiert).
c) Sie werden innerhalb von Beginn und Ende der regelmäßigen täglichen Arbeitszeit nicht gesondert ausgewiesen.
d) Die Summe aus den faktorisierten Bereitschaftszeiten und der Vollarbeitszeit darf die Arbeitszeit nach § 2 Abs. 1 nicht überschreiten.
e) Die Summe aus Vollarbeits- und Bereitschaftszeiten darf durchschnittlich 48 Stunden wöchentlich nicht überschreiten.

[3]Ferner ist Voraussetzung, dass eine nicht nur vorübergehend angelegte Organisationsmaßnahme besteht, bei der regelmäßig und in nicht unerheblichem Umfang Bereitschaftszeiten anfallen.

Dienstvereinbarung

(2) Die Anwendung des Absatzes 1 bedarf einer einvernehmlichen Dienstvereinbarung.

Anmerkung zu § 8:
Diese Regelung gilt nicht für Wechselschicht- und Schichtarbeit.

§ 9 Arbeitszeitkonto

Arbeitszeitkonto

(1) [1]Durch Dienstvereinbarung kann ein Arbeitszeitkonto eingerichtet werden. [2]Soweit ein Arbeitszeitkorridor (§ 2 Abs. 6) oder eine Rahmenzeit (§ 2 Abs. 7) vereinbart wird, ist ein Arbeitszeitkonto einzurichten.

Dienstvereinbarung

(2) [1]In der Dienstvereinbarung wird festgelegt, ob das Arbeitszeitkonto in der ganzen Einrichtung oder Teilen davon eingerichtet wird. [2]Alle Mitarbeiter der Einrichtungsteile, für die ein Arbeitszeitkonto eingerichtet wird, werden von den Regelungen des Arbeitszeitkontos erfasst.

Zeitarten

(3) [1]Auf das Arbeitszeitkonto können Zeiten, die bei Anwendung des nach § 2 Abs. 2 festgelegten Zeitraums als Zeitguthaben oder als Zeitschuld bestehen bleiben, nicht durch Freizeit ausgeglichene Zeiten nach § 6 Abs. 1 Satz 5 und Abs. 2 sowie in Zeit umgewandelte Zuschläge nach § 6 Abs. 1 Satz 4 gebucht werden. [2]Weitere Kontingente (z. B. Rufbereitschafts-/Bereitschaftsdienstentgelte) können durch Dienstvereinbarung zur Buchung freigegeben werden. [3]Der Mitarbeiter entscheidet für einen in der Dienstvereinbarung festgelegten Zeitraum, welche der in Satz 1 genannten Zeiten auf das Arbeitszeitkonto gebucht werden.

Arbeitsunfähigkeit

(4) Im Falle einer unverzüglich angezeigten und durch ärztliches Attest nachgewiesenen Arbeitsunfähigkeit während eines Zeitausgleichs vom Arbeitszeitkonto (Zeiten nach Absatz 3 Satz 1 und 2) tritt eine Minderung des Zeitguthabens nicht ein.

Dienstvereinbarung

(5) In der Dienstvereinbarung sind insbesondere folgende Regelungen zu treffen:

Grenze Zeitschuld/-guthaben

a) Die höchstmögliche Zeitschuld (bis zu 40 Stunden) und das höchstzulässige Zeitguthaben (bis zu einem Vielfachen von 40 Stunden), die innerhalb eines bestimmten Zeitraums anfallen dürfen;

Frist Aufbau/Abbau

b) nach dem Umfang des beantragten Freizeitausgleichs gestaffelte Fristen für das Abbuchen von Zeitguthaben oder für den Abbau von Zeitschulden durch den Mitarbeiter;

c) die Berechtigung, das Abbuchen von Zeitguthaben zu bestimmten Zeiten (z.B. an so genannten Brückentagen) vorzusehen;

d) die Folgen, wenn der Dienstgeber einen bereits genehmigten Freizeitausgleich kurzfristig widerruft.

Langzeitkonto

(6) [1]Der Dienstgeber kann mit dem Mitarbeiter die Einrichtung eines Langzeitkontos vereinbaren. [2]In diesem Fall ist die Mitarbeitervertretung zu beteiligen und – bei Insolvenzfähigkeit des Dienstgebers – eine Regelung zur Insolvenzsicherung zu treffen.

§ 10 Teilzeitbeschäftigung

Anspruch Teilzeitarbeit bei Kind/pflegebedürftigen Angehörigen

(1) [1]Mit Mitarbeitern soll auf Antrag eine geringere als die vertraglich festgelegte Arbeitszeit vereinbart werden, wenn sie

a) mindestens ein Kind unter 18 Jahren oder

b) einen nach ärztlichem Gutachten pflegebedürftigen sonstigen Angehörigen

Arbeitszeitgestaltung

tatsächlich betreuen oder pflegen und dringende dienstliche bzw. betriebliche Belange nicht entgegenstehen. [2]Die Teilzeitbeschäftigung nach Satz 1 ist auf Antrag auf bis zu fünf Jahre zu befristen. [3]Sie kann verlängert werden; der Antrag ist spätestens sechs Monate vor Ablauf der vereinbarten Teilzeitbeschäftigung zu stellen. [4]Bei der Gestaltung der Arbeitszeit hat der Dienstgeber im Rahmen der dienstlichen bzw. betrieblichen Möglichkeiten der besonderen persönlichen Situation des Mitarbeiters nach Satz 1 Rechnung zu tragen.

(2) Mitarbeiter, die in anderen als den in Absatz 1 genannten Fällen eine Teilzeitbeschäftigung vereinbaren wollen, können von ihrem Dienstgeber verlangen, dass er mit ihnen die Möglichkeit einer Teilzeitbeschäftigung mit dem Ziel erörtert, zu einer entsprechenden Vereinbarung zu gelangen.

Erörterungspflicht

(3) Ist mit früher Vollbeschäftigten auf ihren Wunsch eine nicht befristete Teilzeitbeschäftigung vereinbart worden, sollen sie bei späterer Besetzung eines Vollzeitarbeitsplatzes bei gleicher Eignung im Rahmen der dienstlichen bzw. betrieblichen Möglichkeiten bevorzugt berücksichtigt werden.

Anspruch Vollzeitarbeit

Anmerkung zu den §§ 2 bis 10:
Bei In-Kraft-Treten dieser Anlage bestehende Gleitzeitregelungen bleiben unberührt.

§ 11 Eingruppierung

Die Eingruppierung der Mitarbeiter im Sinne des § 1 richtet sich nach den Tätigkeitsmerkmalen des Anhangs D dieser Anlage.

Tätigkeitsmerkmale, Anhang D

§ 12 Tabellenentgelt

(1) [1]Der Mitarbeiter erhält monatlich ein Tabellenentgelt. [2]Die Höhe bestimmt sich nach der Entgeltgruppe, in die er eingruppiert ist, und nach der für ihn geltenden Stufe. [3]Soweit in dieser Anlage auf bestimmte Entgeltgruppen Bezug genommen wird, entspricht

Eingruppierungsautomatik

die Entgeltgruppe	der Entgeltgruppe
P 4	3
P 6	4
P 7	7
P 8	8
P 9, P 10	9a
P 11	9b
P 12	9c
P 13	10
P 14, P 15	11
P 16	12

(2) Die Mitarbeiter erhalten Entgelt nach Anhang A und B dieser Anlage.

Anhang A und B

(3) *(RK Nord, NRW, Mitte, Ost, Bayern):* Mitarbeiter, die in eine der Entgeltgruppen 5 bis 15 bzw. P 4 bis P 16 eingruppiert sind, erhalten zuzüglich zu dem Tabellenentgelt gemäß § 12 Abs. 1 eine nicht dynamische Zulage in Höhe von monatlich 25 Euro.

Zulage Entgeltgruppen 5 bis 15

nicht dynamische Zulage

(3) *(RK BW):* Mitarbeiter, die in eine der Entgeltgruppen 5 bis 15 bzw. P 4 bis P 16 eingruppiert sind, erhalten zuzüglich zu dem Tabellenentgelt gemäß § 12 Abs. 1 eine nicht dynamische Zulage in Höhe von monatlich 35 Euro.

Pflegezulage

(4) [1]Mitarbeiter der Entgeltgruppen P 4 bis P 16 erhalten ab dem 1. Juli 2025 eine monatliche Zulage von 137,96 Euro (Pflegezulage); ab 1. Februar 2026 von 141,82 Euro. [2]Ab dem 1. Januar 2023 nimmt die Pflegezulage an allgemeinen Entgelterhöhungen teil.

Einmalzahlung

(5) *(RK Nord, NRW, Mitte, Ost, Bayern):* [1]Mitarbeiter, die in eine der Entgeltgruppen 1 bis 4 eingruppiert sind, erhalten zuzüglich zu dem Tabellenentgelt gemäß § 12 Abs. 1 einmalig im Kalenderjahr eine Einmalzahlung in Höhe von 8,4 v.H. der Stufe 2 ihrer jeweiligen Entgeltgruppe im Auszahlungsmonat. [2]Die Einmalzahlung nach Satz 1 wird mit dem Tabellenentgelt für den Monat Juli ausgezahlt.

Einmalzahlung

(5) *(RK BW):* [1]Mitarbeiter, die in eine der Entgeltgruppen 1 bis 4 eingruppiert sind, erhalten zuzüglich zu dem Tabellenentgelt gemäß § 12 Abs. 1 einmalig im Kalenderjahr eine Einmalzahlung in Höhe von 10,08 v.H. der Stufe 2 ihrer jeweiligen Entgeltgruppe im Auszahlungsmonat. [2]Die Einmalzahlung nach Satz 1 wird mit dem Tabellenentgelt für den Monat Juli ausgezahlt.

§ 12a Berechnung und Auszahlung des Entgelts

Teilzeitentgelt

Teilzeitbeschäftigte erhalten das Tabellenentgelt und alle sonstigen Entgeltbestandteile in dem Umfang, der dem Anteil ihrer individuell vereinbarten durchschnittlichen Arbeitszeit an der regelmäßigen Arbeitszeit vergleichbarer Vollzeitbeschäftigter entspricht.

§ 12b (kein Abdruck wegen Fristablauf)

§ 12c *(RK Nord):* (kein Abdruck wegen Fristablauf)

§ 13 Stufen der Entgelttabelle

Entgeltstufen Gruppen 2 bis 15

(1) [1]Die Entgeltgruppen 2 bis 15 umfassen sechs Stufen. [2]Die Abweichungen von Satz 1 sind in § 13a geregelt.

Stufenzuordnung Grundregel einschlägige Berufserfahrung

(2) [1]Bei Einstellung werden die Mitarbeiter der Stufe 1 zugeordnet, sofern keine einschlägige Berufserfahrung vorliegt. [2]Verfügt der Mitarbeiter über eine einschlägige Berufserfahrung von mindestens einem Jahr, erfolgt die Einstellung in die Stufe 2; verfügt er über eine einschlägige Berufserfahrung von mindestens drei Jahren, erfolgt in der Regel eine Zuordnung zur Stufe 3. [3]Unabhängig davon kann der Dienstgeber bei Neueinstellungen zur Deckung des Personalbedarfs Zeiten einer vorherigen beruflichen Tätigkeit ganz oder teilweise für die Stufenzuordnung berücksichtigen, wenn diese Tätigkeit für die vorgesehene Tätigkeit förderlich ist. [4]Bei Einstellung im Anschluss an ein Dienstverhältnis bei demselben Dienstgeber werden die Mitarbeiter mit einschlägiger Berufserfahrung (horizontale Wiedereinstellung) der im vorhergehenden Dienstverhältnis erworbenen Stufe zugeordnet und die im vorhergehenden Dienstverhältnis erreichte Stufenlaufzeit wird fortgeführt, soweit es zwischen den Dienstverhältnissen zu keiner längeren als einer sechsmonatigen rechtlichen Unterbrechung gekommen ist.

Anmerkung zu Absatz 2:
Ein Praktikum oder berufspraktischer Ausbildungsteil nach Abschnitt H des Teils II i.V.m. Teil III. der Anlage 7 gilt grundsätzlich als Erwerb einschlägiger Berufserfahrung.

Praktikum

(2a) [1]Wird der Mitarbeiter in unmittelbarem Anschluss an ein Dienstverhältnis im Geltungsbereich der AVR oder im sonstigen Tätigkeitsbereich der katholischen Kirche eingestellt, so erhält er

a) wenn sein bisheriges Entgelt nach dieser Anlage oder einer entsprechenden Regelung bemessen war, das Entgelt der Stufe, das er beim Fortbestehen des Dienstverhältnisses am Einstellungstag vom bisherigen Dienstgeber erhalten hätte,

b) wenn sein bisheriges Entgelt in Abweichung von den Vorschriften dieser Anlage oder einer entsprechenden Reglung bemessen war, das Entgelt der Stufe, das er am Einstellungstag von seinem bisherigen Dienstgeber erhalten würde, wenn sein Entgelt ab dem Zeitpunkt, seitdem er ununterbrochen im Geltungsbereich der AVR oder im sonstigen Tätigkeitsbereich der katholischen Kirche tätig ist, nach dieser Anlage oder einer entsprechenden Regelung bemessen worden wäre.

[2]Die im vorhergehenden Dienstverhältnis erreichte Stufenlaufzeit wird im Anschlussdienstverhältnis fortgeführt. [3]War der Mitarbeiter in Abweichung von den Vorschriften dieser Anlage oder einer entsprechenden Regelung eingruppiert, wird die bisherige erreichte Stufenlaufzeit so fortgeführt, wie wenn er ab dem Zeitpunkt, seitdem er ununterbrochen im Geltungsbereich der AVR oder im sonstigen Tätigkeitsbereich der katholischen Kirche tätig ist, nach dieser Anlage oder einer entsprechenden Regelung eingruppiert worden wäre.

Fortführung der erreichten Stufenlaufzeit

Anmerkung zu Absatz 2a:

1. Der Tätigkeit im Bereich der katholischen Kirche steht gleich eine Tätigkeit in der evangelischen Kirche, in einem Diakonischen Werk oder in einer Einrichtung, die dem Diakonischen Werk angeschlossen ist.

Tätigkeit in der katholischen Kirche

2. [1]Ein unmittelbarer Anschluss liegt nicht vor, wenn zwischen den Dienstverhältnissen ein oder mehrere Werktage – mit Ausnahme allgemein arbeitsfreier Werktage – liegen, in denen das Dienstverhältnis nicht bestand. [2]Es ist jedoch unschädlich, wenn der Mitarbeiter in dem gesamten zwischen den Dienstverhältnissen liegenden Zeitraum dienstunfähig erkrankt war oder die Zeit zur Ausführung eines Umzuges an einen anderen Ort benötigt hat. [3]Von der Voraussetzung des unmittelbaren Anschlusses kann abgewichen werden, wenn der Zeitraum zwischen dem Ende des bisherigen Dienstverhältnisses und dem Beginn des neuen Dienstverhältnisses ein Jahr nicht übersteigt.

kein unmittelbarer Anschluss

(3) [1]Die Mitarbeiter erreichen die jeweils nächste Stufe – von Stufe 3 an in Abhängigkeit von ihrer Leistung gemäß § 14 Abs. 2 – nach folgenden Zeiten einer ununterbrochenen Tätigkeit innerhalb derselben Entgeltgruppe bei ihrem Dienstgeber (Stufenlaufzeit):

Stufenlaufzeit, vgl. § 13a, ununterbrochene Tätigkeit, vgl. § 14 Abs. 3

- Stufe 2 nach einem Jahr in Stufe 1,
- Stufe 3 nach zwei Jahren in Stufe 2,
- Stufe 4 nach drei Jahren in Stufe 3,
- Stufe 5 nach vier Jahren in Stufe 4 und
- Stufe 6 nach fünf Jahren in Stufe 5.

[2]Die Abweichungen von Satz 1 sind in § 13a geregelt.

Entgeltstufen Gruppe 1, Stufenzuordnung und -laufzeit

(4) [1]Die Entgeltgruppe 1 umfasst fünf Stufen. [2]Einstellungen erfolgen in der Stufe 2 (Eingangsstufe). [3]Die jeweils nächste Stufe wird nach vier Jahren in der vorangegangenen Stufe erreicht; § 14 Abs. 2 bleibt unberührt.

§ 13a Besondere Stufenregelung

Eingangsstufe

(1) Abweichend von § 13 Abs. 1 Satz 1 ist Eingangsstufe in den Entgeltgruppen P 7 bis P 16 die Stufe 2.

Stufe 2

(2) [1]Abweichend von § 13 Abs. 3 Satz 1 wird in den Entgeltgruppen P 7 und P 8 die Stufe 3 nach drei Jahren in Stufe 2 erreicht.

Anmerkung zu Absatz 2:

keine Anwendung von Absatz 2

Absatz 2 findet keine Anwendung auf Mitarbeiter, die mindestens zur Hälfte eine oder mehrere der folgenden Tätigkeiten auszuüben haben:

- Pflege Kranker sowie Bedienung und Überwachung der Geräte in Dialyseeinheiten,
- entsprechende Tätigkeiten in Blutzentralen,
- entsprechende Tätigkeiten in besonderen Behandlungs- und Untersuchungsräumen in mindestens zwei Teilgebieten der Endoskopie,
- entsprechende Tätigkeiten in Polikliniken (Ambulanzbereichen) oder Ambulanzen/Nothilfen,
- entsprechende Tätigkeiten im EEG-Dienst,
- Erfüllung von Pflegeaufgaben an Patienten von psychiatrischen oder neurologischen Krankenhäusern, die nicht in diesen Krankenhäusern untergebracht sind,
- Betreuung von psychisch kranken Patienten bei der Arbeitstherapie in psychiatrischen oder neurologischen Krankenhäusern,
- dem zentralen Sterilisationsdienst vorstehen,
- entsprechende Tätigkeiten im Operationsdienst als Operations- bzw. Anästhesiepflegekräfte,
- entsprechende Tätigkeiten mit Verantwortlichkeit für die fachgerechte Lagerung in der großen Chirurgie,
- vorbereiten der Herz-Lungen-Maschine und herangezogen werden zur Bedienung der Maschine während der Operation,
- entsprechende Tätigkeiten in Einheiten für Intensivmedizin,
- in erheblichem Umfang der Ärztin bzw. dem Arzt bei Herzkatheterisierungen, Dilatationen oder Angiographien unmittelbar assistieren.

§ 14 Allgemeine Regelungen zu den Stufen

Monatsbeginn

(1) Die Mitarbeiter erhalten vom Beginn des Monats an, in dem die nächste Stufe erreicht wird, das Tabellenentgelt nach der neuen Stufe.

(2) [1]Bei Leistungen des Mitarbeiters, die erheblich über dem Durchschnitt liegen, kann die erforderliche Zeit für das Erreichen der Stufen 4 bis 6 jeweils verkürzt werden. [2]Bei Leistungen, die erheblich unter dem Durchschnitt liegen, kann die erforderliche Zeit für das Erreichen der Stufen 4 bis 6 jeweils verlängert werden. [3]Bei einer Verlängerung der Stufenlaufzeit hat der Dienstgeber jährlich zu prüfen, ob die Voraussetzungen für die Verlängerung noch vorliegen. [4]Für die Beratung von schriftlich begründeten Beschwerden von Mitarbeitern gegen eine Verlängerung nach Satz 2 bzw. 3 ist eine betriebliche Kommission zuständig. [5]Die Mitglieder der betrieblichen Kommission werden je zur Hälfte vom Dienstgeber und von der Mitarbeitervertretung benannt; sie müssen der Einrichtung angehören. [6]Der Dienstgeber entscheidet auf Vorschlag der Kommission darüber, ob und in welchem Umfang der Beschwerde abgeholfen werden soll.

Verkürzung und Verlängerung der Stufenlaufzeit, vgl. § 13 Abs. 3, 4

betriebliche Kommission

Anmerkung zu Absatz 2:

[1]Die Instrumente der materiellen Leistungsanreize (§ 15) und der leistungsbezogene Stufenaufstieg bestehen unabhängig voneinander und dienen unterschiedlichen Zielen. [2]Leistungsbezogene Stufenaufstiege unterstützen insbesondere die Anliegen der Personalentwicklung.

materielle Leistungsanreize

Anmerkung zu Absatz 2 Satz 2:

Bei Leistungsminderungen, die auf einem anerkannten Arbeitsunfall oder einer Berufskrankheit gemäß §§ 8 und 9 SGB VII beruhen, ist diese Ursache in geeigneter Weise zu berücksichtigen.

Leistungsminderung

Anmerkung zu Absatz 2 Satz 6:

Die Mitwirkung der Kommission erfasst nicht die Entscheidung über die leistungsbezogene Stufenzuordnung.

Mitwirkung der Kommission

(3) [1]Den Zeiten einer ununterbrochenen Tätigkeit im Sinne des § 13 Abs. 3 Satz 1 stehen gleich:

Zeiten ununterbrochener Tätigkeit, vgl. § 13 Abs. 3

a) Zeiten von Beschäftigungsverboten nach dem Mutterschutzgesetz,
b) Zeiten einer Arbeitsunfähigkeit nach Abschnitt XII der Anlage 1 zu den AVR bis zu 26 Wochen,
c) Zeiten eines bezahlten Urlaubs,
d) Zeiten eines Sonderurlaubs, bei denen der Dienstgeber vor dem Antritt schriftlich ein dienstliches bzw. betriebliches Interesse anerkannt hat,
e) Zeiten einer sonstigen Unterbrechung von weniger als einem Monat im Kalenderjahr,
f) Zeiten der vorübergehenden Übertragung einer höherwertigen Tätigkeit.

[2]Zeiten der Unterbrechung bis zu einer Dauer von jeweils drei Jahren, die nicht von Satz 1 erfasst werden, und Elternzeit bis zu jeweils fünf Jahren sind unschädlich, werden aber nicht auf die Stufenlaufzeit angerechnet. [3]Bei einer Unterbrechung von mehr als drei Jahren, bei Elternzeit von mehr als fünf Jahren, erfolgt eine Zuordnung zu der Stufe, die der vor der Unterbrechung erreichten Stufe vorangeht, jedoch nicht niedriger als bei einer Neueinstellung; die Stufenlaufzeit beginnt mit dem Tag der Arbeitsaufnahme. [4]Zeiten, in denen Mitarbeiter mit einer kürzeren als der regelmäßigen wöchentlichen Arbeitszeit eines entsprechenden Vollbeschäftigten beschäftigt waren, werden voll angerechnet.

Höhergruppierung

(4) [1] Bei Eingruppierung in eine höhere Entgeltgruppe werden die Mitarbeiter der gleichen Stufe zugeordnet, die sie in der niedrigeren Entgeltgruppe erreicht haben, mindestens jedoch der Stufe 2. [2]Fällt der Zeitpunkt der Stufensteigerung mit dem einer Höhergruppierung eines Mitarbeiters zusammen, so ist zunächst die Steigerung in der bisherigen Vergütungsgruppe vorzunehmen und danach die Höhergruppierung durchzuführen. [3]Die Stufenlaufzeit in der höheren Entgeltgruppe beginnt mit dem Tag der Höhergruppierung. [4]Bei einer Eingruppierung in eine niedrigere Entgeltgruppe ist der Mitarbeiter der in der höheren Entgeltgruppe erreichten Stufe zuzuordnen; die in der bisherigen Stufe zurückgelegte Stufenlaufzeit wird auf die Stufenlaufzeit in der niedrigeren Entgeltgruppe angerechnet. [5]Der Mitarbeiter erhält vom Beginn des Monats an, in dem die Veränderung wirksam wird, das entsprechende Tabellenentgelt aus der im Satz 1 oder Satz 4 festgelegten Stufe der betreffenden Entgeltgruppe.

Anmerkung zu Absatz 4:
Bei Eingruppierung in eine Entgeltgruppe, die einer anderen als der bisherigen Entgelttabelle zugeordnet ist (Tabellenwechsel), werden die Mitarbeiter der gleichen Stufe zugeordnet, die sie in der bisherigen Entgeltgruppe erreicht haben.

abweichende höhere Stufenzuordnung

(5) [1]Soweit es zur regionalen Differenzierung, zur Deckung des Personalbedarfs oder zur Bindung von qualifizierten Fachkräften erforderlich ist, kann sowohl Gruppen von Mitarbeitern als auch einzelnen Mitarbeitern, abweichend von dem sich aus der nach § 13, § 13a und § 14 Abs. 4 ergebenden Stufe ihrer jeweiligen Entgeltgruppe zustehenden Entgelt, ein um bis zu zwei Stufen höheres Entgelt ganz oder teilweise vorweggewährt werden. [2]Haben Mitarbeiter bereits die Stufe 5 oder die Endstufe ihrer jeweiligen Entgeltgruppe erreicht, kann ihnen unter den Voraussetzungen des Satzes 1 ein bis zu 20 v.H. der Stufe 2 ihrer jeweiligen Entgeltgruppe höheres Entgelt gezahlt werden. [3]Die Gewährung eines höheren Entgelts nach den Sätzen 1 und 2 kann zeitlich befristet erfolgen; sie ist jederzeit widerruflich. [4]Im Übrigen bleibt § 14 unberührt. [5]Die Mitbestimmungs- und Beteiligungsrechte nach der Mitarbeitervertretungsordnung (MAVO) bleiben unberührt.

(6) (kein Abdruck wegen Fristablauf)

§ 15 Leistungsentgelt bzw. Sozialkomponente

Zwecke

(1) Das Leistungsentgelt bzw. die Sozialkomponente sollen dazu beitragen, die caritativen Dienstleistungen zu verbessern.

Dienstvereinbarung

(2) [1]Ein Leistungsentgelt bzw. eine Sozialkomponente können nur durch eine ergänzende Dienstvereinbarung mit der Mitarbeitervertretung nach § 38 MAVO eingeführt werden. [2]Der persönliche Geltungsbereich einer solchen ergänzenden Dienstvereinbarung ist auf Mitarbeiter im Sinne von § 3 MAVO beschränkt. [3]Eine Dienstvereinbarung, die auch Mitarbeiter erfasst, die in den Geltungsbereich der Anlagen 32 und 33 zu den AVR fallen, ist möglich. [4]Kommt eine Dienstvereinbarung vor Ablauf des jeweiligen Kalenderjahres für das jeweilige Kalenderjahr nicht zustande, findet Absatz 4 Anwendung. [5]Für leitende Mitarbeiter nach § 3 Abs. 2 Nr. 2 bis 4 MAVO gilt Absatz 4, sofern individualrechtlich nichts anderes vereinbart wurde.

Umfang

(3) [1]Das für das Leistungsentgelt bzw. die Sozialkomponente zur Verfügung stehende Gesamtvolumen entspricht

im Jahr	2012:	1,75 v.H.,
ab dem Jahr	2013:	2,00 v.H.

der ab Inkrafttreten dieser Anlage im jeweiligen Kalenderjahr gezahlten ständigen Monatsentgelte aller unter den Geltungsbereich dieser Anlage fallenden Mitarbeiter der jeweiligen Einrichtung im Sinne von § 1 MAVO. [2]Das zur Verfügung stehende Gesamtvolumen ist zweckentsprechend zu verwenden. [3]Wird eine die Anlagen 31, 32 und 33 übergreifende Dienstvereinbarung geschlossen, können die für das Leistungsentgelt bzw. die Sozialkomponente zur Verfügung stehenden Gesamtvolumen der jeweiligen Anlagen zusammengerechnet werden.

Anmerkung zu Absatz 3 Satz 1:

Monatsentgelt

[1]Ständige Monatsentgelte sind insbesondere das Tabellenentgelt (ohne Sozialversicherungsbeiträge des Dienstgebers und dessen Beiträge für die Zusatzversorgung), die in Monatsbeträgen festgelegten Zulagen sowie Entgelt im Krankheitsfall und bei Urlaub, soweit diese Entgelte in dem betreffenden Kalenderjahr ausgezahlt worden sind; nicht einbezogen sind dagegen insbesondere Abfindungen, Aufwandsentschädigungen, Besitzstandszulagen, Einmalzahlungen, Jahressonderzahlungen, Leistungsentgelte, Strukturausgleiche, unständige Entgeltbestandteile und Entgelte der Mitarbeiter im Sinne des § 3 Abs. g des Allgemeinen Teils zu den AVR. [2]Unständige Entgeltbestandteile können betrieblich einbezogen werden.

Anmerkung zu Absatz 3:

Ab dem Jahr 2012 strebt die Arbeitsrechtliche Kommission an, den Vomhundertsatz des TVöD zu übernehmen.

Zahlung ohne Dienstvereinbarung

(4) [1]Kommt eine Dienstvereinbarung im jeweiligen Kalenderjahr für das jeweilige Kalenderjahr weder zum Leistungsentgelt noch zur Sozialkomponente zu Stande, wird aus dem nach Absatz 3 Satz 1 zur Verfügung stehenden jährlichen Gesamtvolumen mit dem Entgelt für den Monat Januar des Folgejahres eine Einmalzahlung an alle Mitarbeiter, die unter den Geltungsbereich dieser Anlage fallen, ausgeschüttet. [2]Die Auszahlung an den einzelnen Mitarbeiter erfolgt in Höhe des in Absatz 3 Satz 1 genannten Vomhundertsatzes der im jeweiligen Kalenderjahr an ihn gezahlten ständigen Monatsentgelte im Sinne der Anmerkung zu Absatz 3 Satz 1. [3]Endet das Dienstverhältnis unterjährig, ist die Einmalzahlung am letzten Tag des Dienstverhältnisses auszuschütten. [4]In den ersten 12 Monaten nach Inkrafttreten dieser Anlage wird das Leistungsentgelt nach Absatz 3 monatlich ausgezahlt. [5]Eine Dienstvereinbarung ist für diesen Zeitraum ausgeschlossen.

Einrichtung im Sinne des § 1 MAVO

(5a) [1]Soweit in einer Einrichtung im Sinne des § 1 MAVO das Gesamtvolumen aus dem Kalenderjahr 2012 nicht vollständig ausgeschüttet worden ist, ist der vorhandene Restbetrag an alle Mitarbeiter dieser Anlage mit dem Entgelt des Monats Januar 2014 auszuzahlen, sofern sie an mindestens einem Tag des Monats Januar 2014 Anspruch auf Tabellenentgelt hatten. [2]Unter Tabellenentgelt fällt: Entgelt, Urlaubsvergütung, Krankenbezüge bzw. Krankengeldzuschuss. [3]Dies gilt auch, wenn nur wegen der Höhe der Barleistungen des Sozialversicherungsträgers Krankengeldzuschuss nicht bezahlt wird. [4]Einem Anspruch auf Entgelt gleichgestellt ist der Bezug von Krankengeld nach § 45 SGB V oder entsprechender gesetzlicher Leistungen und der Bezug von Mutterschaftsgeld. [5]Im Falle eines Dienstgeberwechsels im Monat Januar 2014 wird kein weiterer Anspruch beim neuen Dienstgeber begründet.

Höhe der Auszahlung

(5b) [1]Die Höhe der Auszahlung an den einzelnen Mitarbeiter bemisst sich nach der Formel:

$$\text{Höhe der Auszahlung} = \frac{X * Y_{individuell}}{Y_{gesamt}}$$

X = im Januar 2013 vorhandener Restbetrag des Gesamtvolumens gemäß Absatz 3 Satz 1 aus dem Kalenderjahr 2012

$Y_{individuell}$ = auf den einzelnen Mitarbeiter fallender Anteil am Gesamtvolumen des Kalenderjahres 2013 gemäß Absatz 3 Satz 1 i.V.m. Abs. 4 Satz 2

Y_{gesamt} = das im Monat Januar 2014 auszuschüttende Gesamtvolumen der ständigen Monatsentgelte gemäß Absatz 3 Satz 1.

§ 16 Jahressonderzahlung

Anspruch

(1) Mitarbeiter, die am 1. Dezember im Dienstverhältnis stehen, haben Anspruch auf eine Jahressonderzahlung.

Bemessungssatz

(2) [1]Die Jahressonderzahlung beträgt bei Mitarbeitern

- in den Entgeltgruppen 1 bis 8 — 86 v. H.,
- in den Entgeltgruppen 9a bis 12 — 76 v. H. und
- in den Entgeltgruppen 13 bis 15 — 56 v. H.

Bemessungsgrundlage

Bemessungszeitpunkt

des dem Mitarbeiter in den Kalendermonaten Juli, August und September durchschnittlich gezahlten monatlichen Entgelts; unberücksichtigt bleiben hierbei das zusätzlich für Überstunden und Mehrarbeit gezahlte Entgelt (mit Ausnahme der im Dienstplan vorgesehenen Überstunden und Mehrarbeit), Leistungszulagen, Leistungs- und Erfolgsprämien. [2]Der Bemessungssatz bestimmt sich nach der Entgeltgruppe am 1. September. [3]Bei Mitarbeitern, deren Dienstverhältnis nach dem 30. September begonnen hat, tritt an die Stelle des Bemessungszeitraums der erste volle Kalendermonat des Dienstverhältnisses. [4]In den Fällen, in denen im Kalenderjahr der Geburt des Kindes während des Bemessungszeitraums eine elterngeldunschädliche Teilzeitbeschäftigung ausgeübt wird, bemisst sich die Jahressonderzahlung nach dem Beschäftigungsumfang am Tag vor dem Beginn der Elternzeit.

Anmerkung zu Absatz 2:

1. [1]Bei der Berechnung des durchschnittlich gezahlten monatlichen Entgelts werden die gezahlten Entgelte der drei Monate addiert und durch drei geteilt; dies gilt auch bei einer Änderung des Beschäftigungsumfangs. [2]Ist im Bemessungszeitraum nicht für alle Kalendertage Entgelt gezahlt worden, werden die gezahlten Entgelte der drei Monate addiert, durch die Zahl der Kalendertage mit Entgelt geteilt und sodann mit 30,67 multipliziert. [3]Zeiträume, für die Krankengeldzuschuss gezahlt worden ist, bleiben hierbei unberücksichtigt. [4]Besteht während des Bemessungszeitraums an weniger als 30 Kalendertagen Anspruch auf Entgelt, ist der letzte Kalendermonat, in dem für alle Kalendertage Anspruch auf Entgelt bestand, maßgeblich.
2. (kein Abdruck wegen Fristablauf)

[2]Ab dem Jahr 2020 gelten die in Absatz 2 Satz 1 ausgewiesenen Bemessungssätze.

(2a) (weggefallen)

(3) (weggefallen)

Bemessungssatz

(4) [1]Der Anspruch nach den Absätzen 1 bis 3 vermindert sich um ein Zwölftel für jeden Kalendermonat, in dem Mitarbeiter keinen Anspruch auf Entgelt oder Fortzahlung des Entgelts haben. [2]Die Verminderung unterbleibt für Kalendermonate,

anteilige Sonderzahlung bei Unterbrechung

1. für die Mitarbeiter kein Tabellenentgelt erhalten haben wegen
   a) Ableistung von Grundwehrdienst oder Zivildienst, wenn sie diesen vor dem 1. Dezember beendet und die Beschäftigung unverzüglich wieder aufgenommen haben,
   b) Beschäftigungsverboten nach dem Mutterschutzgesetz,
   c) Inanspruchnahme der Elternzeit nach dem Bundeselterngeld- und Elternzeitgesetz bis zum Ende des Kalenderjahres, in dem das Kind geboren ist, wenn am Tag vor Antritt der Elternzeit Entgeltanspruch bestanden hat;
2. in denen Mitarbeitern Krankengeldzuschuss gezahlt wurde oder nur wegen der Höhe des zustehenden Krankengelds ein Krankengeldzuschuss nicht gezahlt worden ist.

(5) [1]Die Jahressonderzahlung wird mit dem Tabellenentgelt für November ausgezahlt. [2]Ein Teilbetrag der Jahressonderzahlung kann zu einem früheren Zeitpunkt ausgezahlt werden.

Zahlungszeitpunkt

(6) [1]Mitarbeiter erhalten die Jahressonderzahlung auch dann, wenn ihr Dienstverhältnis vor dem 1. Dezember endet. [2]Bei Mitarbeitern, deren Dienstverhältnis vor dem 1. Dezember geendet hat, tritt an die Stelle des Bemessungszeitraums nach § 16 Abs. 2 der letzte volle Kalendermonat des Dienstverhältnisses mit der Maßgabe, dass Bemessungsgrundlage für die Jahressonderzahlung nur das Tabellenentgelt und die in Monatsbeträgen festgelegten Zulagen sind.

anteilige Sonderzahlung bei Ausscheiden

§ 17 Zusatzurlaub

(1) [1]Mitarbeiter, die ständig Wechselschichtarbeit nach § 4 Abs. 1 oder ständig Schichtarbeit nach § 4 Abs. 2 leisten und denen die Zulage nach § 6 Abs. 5 Satz 1 oder Abs. 6 Satz 1 zusteht, erhalten

ständige Wechselschicht-/Schichtarbeit, vgl. Anm. 1

a) bei Wechselschichtarbeit für je zwei zusammenhängende Monate und
b) bei Schichtarbeit für je vier zusammenhängende Monate einen Arbeitstag Zusatzurlaub.

[2]Besteht im Kalenderjahr 2019 nach Satz 1 Buchstabe a Anspruch auf mindestens drei Tage Zusatzurlaub, wird ein weiterer Tag Zusatzurlaub gewährt. [3]Im Kalenderjahr 2020 wird bei einem Anspruch auf mindestens drei Tage Zusatzurlaub nach § 17 Abs. 1 Buchstabe a ein weiterer Tag Zusatzurlaub gewährt; besteht Anspruch auf mindestens vier Tage Zusatzurlaub nach § 17 Abs. 1 Buchstabe a, wird ein zweiter zusätzlicher Tag Zusatzurlaub gewährt. [4]Ab dem Kalenderjahr 2021 wird je zwei Tage Zusatzurlaubsanspruch nach Satz 1 Buchstabe a ein zusätzlicher Tag Zusatzurlaub gewährt.

nicht ständige Wechselschicht-/Schichtarbeit

(2) Im Falle nicht ständiger Wechselschichtarbeit und nicht ständiger Schichtarbeit soll bei annähernd gleicher Belastung die Gewährung zusätzlicher Urlaubstage durch Dienstvereinbarung geregelt werden.

Nachtarbeit vgl. Anm. 2

(3) [1]Mitarbeiter erhalten bei einer Leistung im Kalenderjahr von mindestens

- 150 Nachtarbeitsstunden 1 Arbeitstag
- 300 Nachtarbeitsstunden 2 Arbeitstage
- 450 Nachtarbeitsstunden 3 Arbeitstage
- 600 Nachtarbeitsstunden 4 Arbeitstage

Zusatzurlaub im Kalenderjahr. [2]Nachtarbeitsstunden, die in Zeiträumen geleistet werden, für die Zusatzurlaub für Wechselschicht- oder Schichtarbeit zusteht, bleiben unberücksichtigt.

Nachtarbeitsstunden

(4) Bei Anwendung des Absatzes 3 werden nur die im Rahmen der regelmäßigen Arbeitszeit (§ 2) in der Zeit zwischen 21 Uhr und 6 Uhr dienstplanmäßig bzw. betriebsüblich geleisteten Nachtarbeitsstunden berücksichtigt.

Teilzeit bei Nachtarbeit

(5) [1]Bei Teilzeitbeschäftigten ist die Zahl der nach Absatz 3 geforderten Nachtarbeitsstunden entsprechend dem Verhältnis ihrer individuell vereinbarten durchschnittlichen regelmäßigen Arbeitszeit zur regelmäßigen Arbeitszeit vergleichbarer Vollzeitbeschäftigter zu kürzen. [2]Ist die vereinbarte Arbeitszeit im Durchschnitt des Urlaubsjahres auf weniger als fünf Arbeitstage in der Kalenderwoche verteilt, ist der Zusatzurlaub in entsprechender Anwendung des § 3 Abs. 5 Satz 1, Satz 3 und Satz 6 der Anlage 14 zu den AVR zu ermitteln.

Zusatzurlaub

(6) [1]Die Mitarbeiter erhalten für die Zeit der Bereitschaftsdienste in den Nachtstunden einen Zusatzurlaub in Höhe von zwei Arbeitstagen pro Kalenderjahr, sofern mindestens 288 Stunden der Bereitschaftsdienste kalenderjährlich in die Zeit zwischen 21 Uhr bis 6 Uhr fallen. [2]Absatz 3 Satz 2 und Absatz 5 gelten entsprechend.

Anmerkung zu Absatz 6: (kein Abdruck wegen Fristablauf)

Höchsturlaubstage

(7) [1]Zusatzurlaub nach dieser Anlage und sonstigen Bestimmungen mit Ausnahme von § 208 SGB IX wird nur bis zu insgesamt

- sieben Arbeitstagen im Kalenderjahr 2019,
- acht Arbeitstagen im Kalenderjahr 2020,
- neun Arbeitstagen im Kalenderjahr 2021 und
- zehn Arbeitstagen ab dem Kalenderjahr 2022

gewährt. [2]Erholungsurlaub und Zusatzurlaub (Gesamturlaub) mit Ausnahme von § 208 SGB IX dürfen

- im Kalenderjahr 2019 zusammen 37 Arbeitstage,
- im Kalenderjahr 2020 zusammen 38 Arbeitstage,
- im Kalenderjahr 2021 zusammen 39 Arbeitstage und
- ab dem Kalenderjahr 2022 zusammen 40 Arbeitstage

nicht überschreiten.

(8) Im Übrigen gelten die §§ 1 bis 3 der Anlage 14 zu den AVR mit Ausnahme von § 1 Abs. 6 Satz 2 entsprechend.

Anlage 14

Anmerkung zu den Absätzen 1, 3 und 6:

Anspruch auf Zusatzurlaub

1. [1]Der Anspruch auf Zusatzurlaub nach den Absätzen 1 und 2 bemisst sich nach der abgeleisteten Schicht- oder Wechselschichtarbeit und entsteht im laufenden Jahr, sobald die Voraussetzungen nach Absatz 1 erfüllt sind. [2]Für die Feststellung, ob ständige Wechselschichtarbeit oder ständige Schichtarbeit vorliegt, ist eine Unterbrechung durch Arbeitsbefreiung, Freizeitausgleich, bezahlten Urlaub oder Arbeitsunfähigkeit in den Grenzen des Abschnitt XII der Anlage 1 zu den AVR unschädlich.
2. Der Anspruch auf Zusatzurlaub nach Absatz 3 sowie nach Absatz 6 bemisst sich nach den abgeleisteten Nachtarbeitsstunden und entsteht im laufenden Jahr, sobald die Voraussetzungen nach Absatz 3 Satz 1 bzw. nach Absatz 6 Satz 1 erfüllt sind.

§ 18 Führung auf Probe

befristete Führungsposition auf Probe

Vgl. dazu Beschluss der BK vom 20. Juni 2024 i.V.m. Ersetzende Entscheidung des Vermittlungsausschusses ZAK vom 22. Januar 2024 „Gesamtregelung zur Befristung" Nr. 8.

(1) [1]Führungspositionen können als befristetes Dienstverhältnis bis zur Gesamtdauer von zwei Jahren vereinbart werden. [2]Innerhalb dieser Gesamtdauer ist eine höchstens zweimalige Verlängerung des Dienstvertrages zulässig. [3]Die beiderseitigen Kündigungsrechte bleiben unberührt.

Führungsposition

(2) Führungspositionen sind die ab Entgeltgruppe 10 zugewiesenen Tätigkeiten mit Weisungsbefugnis, die vor Übertragung vom Dienstgeber ausdrücklich als Führungspositionen auf Probe bezeichnet worden sind.

vorübergehende Führungsposition auf Probe

(3) [1]Besteht bereits ein Dienstverhältnis mit demselben Dienstgeber, kann dem Mitarbeiter vorübergehend eine Führungsposition bis zu der in Absatz 1 genannten Gesamtdauer übertragen werden. [2]Dem Mitarbeiter wird für die Dauer der Übertragung eine Zulage in Höhe des Unterschiedsbetrags zwischen den Tabellenentgelten nach der bisherigen Entgeltgruppe und dem sich bei Höhergruppierung nach § 14 Abs. 4 Satz 1 und 2 ergebenden Tabellenentgelt gewährt. [3]Nach Fristablauf endet die Erprobung. [4]Bei Bewährung wird die Führungsfunktion auf Dauer übertragen; ansonsten erhält der Mitarbeiter eine der bisherigen Eingruppierung entsprechende Tätigkeit.

§ 19 Führung auf Zeit

befristete Führungsposition auf Zeit

Vgl. dazu Beschluss der BK vom 20. Juni 2024 i.V.m. Ersetzende Entscheidung des Vermittlungsausschusses ZAK vom 22. Januar 2024 „Gesamtregelung zur Befristung" Nr. 8.

(1) [1]Führungspositionen können als befristetes Arbeitsverhältnis bis zur Dauer von vier Jahren vereinbart werden. [2]Folgende Verlängerungen des Arbeitsvertrages sind zulässig:

a) in den Entgeltgruppen 10 bis 12 eine höchstens zweimalige Verlängerung bis zu einer Gesamtdauer von acht Jahren,
b) ab Entgeltgruppe 13 eine höchstens dreimalige Verlängerung bis zu einer Gesamtdauer von zwölf Jahren.

[3]Zeiten in einer Führungsposition nach Buchstabe a bei demselben Dienstgeber können auf die Gesamtdauer nach Buchstabe b zur Hälfte angerechnet werden. [4]Die allgemeinen Vorschriften über die Probezeit (§ 7 Abs. 4 des Allgemeinen Teils zu den AVR) und die beiderseitigen Kündigungsrechte bleiben unberührt.

Führungsposition

(2) Führungspositionen sind die ab Entgeltgruppe 10 zugewiesenen Tätigkeiten mit Weisungsbefugnis, die vor Übertragung vom Dienstgeber ausdrücklich als Führungspositionen auf Zeit bezeichnet worden sind.

vorübergehende Führungsposition auf Zeit

(3) [1]Besteht bereits ein Dienstverhältnis mit demselben Dienstgeber, kann dem Mitarbeiter vorübergehend eine Führungsposition bis zu den in Absatz 1 genannten Fristen übertragen werden. [2]Dem Mitarbeiter wird für die Dauer der Übertragung eine Zulage gewährt in Höhe des Unterschiedsbetrags zwischen den Tabellenentgelten nach der bisherigen Entgeltgruppe und dem sich bei Höhergruppierung nach § 14 Abs. 4 Satz 1 und 2 ergebenden Tabellenentgelt, zuzüglich eines Zuschlags von 75 v.H. des Unterschiedsbetrags zwischen den Tabellenentgelten der Entgeltgruppe, die der übertragenen Funktion entspricht, zur nächsthöheren Entgeltgruppe nach § 14 Abs. 4 Satz 1 und 2. [3]Nach Fristablauf erhält der Mitarbeiter eine der bisherigen Eingruppierung entsprechende Tätigkeit; der Zuschlag entfällt.

Anhang A Tabellenentgelte Mitarbeiter im Pflegedienst in Krankenhäusern – EG-Tabellen

(RK Nord, NRW, Mitte, BW, Bayern): gültig ab 1. Juli 2025 – Werte in Euro

Entgelt-gruppe	Grundentgelt		Entwicklungsstufen			
	Stufe 1	Stufe 2	Stufe 3	Stufe 4	Stufe 5	Stufe 6
EG 15	5.669,12	6.039,84	6.453,36	7.017,89	7.598,61	7.980,65
EG 14	5.153,96	5.489,64	5.928,03	6.414,51	6.956,78	7.346,09
EG 13	4.767,62	5.135,53	5.554,35	6.009,06	6.544,14	6.834,50
EG 12	4.295,43	4.718,78	5.213,52	5.762,47	6.406,61	6.712,24
EG 11	4.153,35	4.542,72	4.908,59	5.305,54	5.848,79	6.154,45
EG 10	4.012,19	4.317,28	4.664,10	5.040,24	5.459,10	5.596,64
EG 9c	3.901,48	4.173,64	4.469,61	4.788,53	5.131,37	5.377,14
EG 9b	3.676,89	3.929,00	4.089,07	4.562,79	4.843,49	5.168,65

(RK Nord, NRW, Mitte, BW, Bayern): gültig ab 1. Februar 2026 – Werte in Euro

Entgelt-gruppe	Grundentgelt		Entwicklungsstufen			
	Stufe 1	Stufe 2	Stufe 3	Stufe 4	Stufe 5	Stufe 6
EG 15	5.827,86	6.208,96	6.634,05	7.214,39	7.811,37	8.204,11
EG 14	5.298,27	5.643,35	6.094,01	6.594,12	7.151,57	7.551,78
EG 13	4.901,11	5.279,32	5.709,87	6.177,31	6.727,38	7.025,87
EG 12	4.415,70	4.850,91	5.359,50	5.923,82	6.586,00	6.900,18
EG 11	4.269,64	4.669,92	5.046,03	5.454,10	6.012,56	6.326,77
EG 10	4.124,53	4.438,16	4.794,69	5.181,37	5.611,95	5.753,35
EG 9c	4.010,72	4.290,50	4.594,76	4.922,61	5.275,05	5.527,70
EG 9b	3.779,84	4.039,01	4.203,56	4.690,55	4.979,11	5.313,37

(RK Ost): gültig ab 1. Januar 2026 bis 31. Dezember 2026 – Werte in Euro

entspricht 102,50 % der am 1. Juli 2025 geltenden mittleren Werte der Bundeskommission

Entgelt-gruppe	Grundentgelt		Entwicklungsstufen			
	Stufe 1	Stufe 2	Stufe 3	Stufe 4	Stufe 5	Stufe 6
EG 15	5.810,85	6.190,84	6.614,69	7.193,34	7.788,58	8.180,17
EG 14	5.282,81	5.626,88	6.076,23	6.574,87	7.130,70	7.529,74
EG 13	4.886,81	5.263,92	5.693,21	6.159,29	6.707,74	7.005,56
EG 12	4.402,82	4.836,75	5.343,86	5.906,53	6.566,78	6.880,05
EG 11	4.257,18	4.656,29	5.031,30	5.438,18	5.995,01	6.308,31
EG 10	4.112,49	4.425,21	4.780,70	5.166,25	5.595,58	5.736,56
EG 9c	3.999,02	4.277,98	4.581,35	4.908,24	5.259,65	5.511,57
EG 9b	3.768,81	4.027,23	4.191,30	4.676,86	4.964,58	5.297,37

Anhang B Tabellenentgelt Mitarbeiter im Pflegedienst in Krankenhäusern – P-Tabellen

(RK Nord, NRW, Mitte, BW, Bayern): gültig ab 1. Juli 2025 – Werte in Euro

Entgelt-gruppe	Grundentgelt		Entwicklungsstufen			
	Stufe 1	Stufe 2	Stufe 3	Stufe 4	Stufe 5	Stufe 6
P 16	-	5.097,32	5.268,39	5.820,78	6.464,70	6.748,74
P 15	-	4.992,50	5.149,06	5.540,47	6.008,91	6.187,80
P 14	-	4.876,97	5.029,76	5.411,69	5.930,62	6.025,31
P 13	-	4.761,46	4.910,45	5.282,90	5.551,83	5.621,28
P 12	-	4.530,37	4.671,80	5.025,33	5.242,50	5.343,51
P 11	-	4.299,33	4.433,17	4.767,77	4.989,97	5.090,99
P 10	-	4.070,43	4.194,92	4.548,07	4.718,51	4.825,84
P 9	-	3.883,65	4.070,43	4.194,92	4.434,43	4.535,43
P 8	-	3.600,40	3.757,59	3.964,57	4.132,22	4.366,71
P 7	-	3.414,69	3.600,40	3.889,43	4.036,57	4.188,13
P 6	2.930,44	3.100,59	3.271,86	3.636,14	3.729,00	3.904,10
P 4	2.861,14	2.921,32	2.965,94	2.999,61	3.027,01	3.068,10

(RK Nord, NRW, Mitte, BW, Bayern): gültig ab 1. Februar 2026 – Werte in Euro

Entgelt-gruppe	Grundentgelt		Entwicklungsstufen			
	Stufe 1	Stufe 2	Stufe 3	Stufe 4	Stufe 5	Stufe 6
P 16	-	5.240,04	5.415,90	5.983,76	6.645,71	6.937,70
P 15	-	5.132,29	5.293,23	5.695,60	6.177,16	6.361,06
P 14	-	5.013,53	5.170,59	5.563,22	6.096,68	6.194,02
P 13	-	4.894,78	5.047,94	5.430,82	5.707,28	5.778,68
P 12	-	4.657,22	4.802,61	5.166,04	5.389,29	5.493,13
P 11	-	4.419,71	4.557,30	4.901,27	5.129,69	5.233,54
P 10	-	4.184,40	4.312,38	4.675,42	4.850,63	4.960,96
P 9	-	3.992,39	4.184,40	4.312,38	4.558,59	4.662,42
P 8	-	3.701,21	3.862,80	4.075,58	4.247,92	4.488,98
P 7	-	3.510,30	3.701,21	3.998,33	4.149,59	4.305,40
P 6	3.012,49	3.187,41	3.363,47	3.737,95	3.833,41	4.013,41
P 4	2.941,25	3.003,12	3.048,99	3.083,60	3.111,77	3.154,01

(RK Ost): gültig ab 1. Januar 2026 bis 31. Dezember 2026 – Werte in Euro

entspricht 102,50 % der am 1. Juli 2025 geltenden mittleren Werte der Bundeskommission

Entgelt-gruppe	Grundentgelt		Entwicklungsstufen			
	Stufe 1	Stufe 2	Stufe 3	Stufe 4	Stufe 5	Stufe 6
P 16	-	5.224,75	5.400,10	5.966,30	6.626,32	6.917,46
P 15	-	5.117,31	5.277,79	5.678,98	6.159,13	6.342,50
P 14	-	4.998,89	5.155,50	5.546,98	6.078,89	6.175,94
P 13	-	4.880,50	5.033,21	5.414,97	5.690,63	5.761,81
P 12	-	4.643,63	4.788,60	5.150,96	5.373,56	5.477,10
P 11	-	4.406,81	4.544,00	4.886,96	5.114,72	5.218,26
P 10	-	4.172,19	4.299,79	4.661,77	4.836,47	4.946,49
P 9	-	3.980,74	4.172,19	4.299,79	4.545,29	4.648,82
P 8	-	3.690,41	3.851,53	4.063,68	4.235,53	4.475,88
P 7	-	3.500,06	3.690,41	3.986,67	4.137,48	4.292,83
P 6	3.003,70	3.178,10	3.353,66	3.727,04	3.822,23	4.001,70
P 4	2.932,67	2.994,35	3.040,09	3.074,60	3.102,69	3.144,80

Anhang C Stundenentgelte Mitarbeiter im Pflegedienst in Krankenhäusern

(RK Nord, NRW, Mitte, BW, Bayern): Stundenentgelte Mitarbeiter im Pflegedienst in Krankenhäusern

Entgeltgruppe	Stundenentgelte für Anhang A in Euro	
	ab 1. Juli 2025	ab 1. Februar 2026
EG 15	36,23	37,24
EG 14	33,41	34,35
EG 13	31,96	32,85
EG 12	30,22	31,07
EG 11	27,65	28,42
EG 10	25,47	26,18
EG 9c	25,39	26,10
EG 9b	24,07	24,74

Entgeltgruppe	Stundenentgelte für Anhang B in Euro	
	ab 1. Juli 2025	ab 1. Februar 2026
P 16	32,85	33,77
P 15	30,68	31,54
P 14	28,99	29,80
P 13	27,17	27,93
P 12	26,16	26,89
P 11	25,22	25,93
P 10	24,08	24,75
P 9	23,70	24,36
P 8	22,66	23,29
P 7	21,70	22,31
P 6	20,11	20,67
P 4	16,99	17,47

(RK Ost): Stundenentgelte Mitarbeiter im Pflegedienst in Krankenhäusern

Entgelt-gruppe	Stundenentgelte für Anhang A in Euro gültig ab 1.1.2026 bis 31.12.2026 entspricht 102,50 % der mittleren Werte d. BK v. 1.7.2025
EG 15	37,14
EG 14	34,25
EG 13	32,76
EG 12	30,98
EG 11	28,34
EG 10	26,11
EG 9c	26,02
EG 9b	24,67

Entgelt-gruppe	Stundenentgelte für Anhang B in Euro gültig ab 1.1.2026 bis 31.12.2026 entspricht 102,50% der mittleren Werte d. BK v. 1.7.2025
P 16	33,67
P 15	31,45
P 14	29,71
P 13	27,85
P 12	26,81
P 11	25,85
P 10	24,68
P 9	24,29
P 8	23,23
P 7	22,24
P 6	20,61
P 4	17,41

Anhang D Entgeltgruppen für Mitarbeiter im Pflegedienst in Krankenhäusern

Grundsätzliche Eingruppierungsregelungen

1. Wissenschaftliche Hochschulbildung

[1]Eine abgeschlossene wissenschaftliche Hochschulbildung liegt vor, wenn das Studium an einer staatlichen Hochschule im Sinne des § 1 Hochschulrahmengesetz (HRG) oder einer nach § 70 HRG staatlich anerkannten Hochschule

a) mit einer nicht an einer Fachhochschule abgelegten ersten Staatsprüfung, Magisterprüfung oder Diplomprüfung oder

b) mit einer Magisterprüfung

beendet worden ist. [2]Diesen Prüfungen steht eine Promotion oder die Akademische Abschlussprüfung (Magisterprüfung) einer Philosophischen Fakultät nur in den Fällen gleich, in denen die Ablegung einer ersten Staatsprüfung, einer Masterprüfung oder einer Diplomprüfung nach den einschlägigen Ausbildungsvorschriften nicht vorgesehen ist. [3]Eine abgeschlossene wissenschaftliche Hochschulbildung im Sinne des Satzes 1 Buchst. a setzt voraus, dass die Abschlussprüfung in einem Studiengang abgelegt wurde, der seinerseits mindestens das Zeugnis der Hochschulreife (allgemeine Hochschulreife oder einschlägige fachgebundene Hochschulreife) oder eine andere landesrechtliche Hochschulzugangsberechtigung als Zugangsvoraussetzung erfordert, und für den Abschluss eine Regelstudienzeit von mindestens acht Semestern – ohne etwaige Praxissemester, Prüfungssemester o.Ä. – vorschreibt. [4]Ein Bachelorstudiengang erfüllt diese Voraussetzung auch dann nicht, wenn mehr als sechs Semester für den Abschluss vorgeschrieben sind. [5]Der Masterstudiengang muss nach den Regelungen des Akkreditierungsrats akkreditiert sein. [6]Ein Abschluss an einer ausländischen Hochschule gilt als abgeschlossene wissenschaftliche Hochschulbildung, wenn er von der zuständigen staatlichen Stelle als dem deutschen Hochschulabschluss vergleichbar bewertet wurde.

Anmerkung zu Satz 5:
Das Akkreditierungserfordernis ist bis zum 31. Dezember 2029 ausgesetzt.

2. Hochschulbildung

[1]Eine abgeschlossene Hochschulbildung liegt vor, wenn von einer staatlichen Hochschule im Sinne des § 1 HRG oder einer nach § 70 HRG staatlich anerkannten Hochschule ein Diplomgrad mit dem Zusatz „Fachhochschule" („FH"), ein anderer nach § 18 HRG gleichwertiger Abschlussgrad oder ein Bachelorgrad verliehen wurde. [2]Die Abschlussprüfung muss in einem Studiengang abgelegt worden sein, der seinerseits mindestens das Zeugnis der Hochschulreife (allgemeine Hochschulreife oder einschlägige fachgebundene Hochschulreife) oder eine andere landesrechtliche Hochschulzugangsberechtigung als Zugangsvoraussetzung erfordert, und für den Abschluss eine Regelstudienzeit von mindestens sechs Semestern – ohne etwaige Praxissemester, Prüfungssemester o.Ä. – vorschreibt. [3]Der Bachelorstudiengang muss nach den Regelungen des Akkreditierungsrats akkreditiert sein. Dem gleichgestellt sind Abschlüsse in akkreditierten Bachelor-

ausbildungsgängen an Berufsakademien. [4]Ein Abschluss an einer ausländischen Hochschule gilt als abgeschlossene Hochschulbildung, wenn er von der zuständigen staatlichen Stelle als dem deutschen Hochschulabschluss vergleichbar bewertet wurde.

Anmerkung zu Satz 3 und 4:
Das Akkreditierungserfordernis ist bis zum 31. Dezember 2029 ausgesetzt.

3. Übergangsregelungen zu in der DDR erworbenen Abschlüssen

[1]Aufgrund des Artikels 37 des Einigungsvertrages und der Vorschriften hierzu als gleichwertig festgestellte Abschlüsse, Prüfungen und Befähigungsnachweise stehen ab dem Zeitpunkt ihres Erwerbs den in den Tätigkeitsmerkmalen geforderten entsprechenden Anforderungen gleich. [2]Ist die Gleichwertigkeit erst nach Erfüllung zusätzlicher Erfordernisse festgestellt worden, gilt die Gleichstellung ab der Feststellung.

4. Unterstellungsverhältnisse

[1]Bei der Zahl der unterstellten oder in der Regel unterstellten bzw. beaufsichtigten oder der in dem betreffenden Bereich beschäftigten Personen zählen Teilzeitbeschäftigte entsprechend dem Verhältnis der mit ihnen im Arbeitsvertrag vereinbarten Arbeitszeit zur regelmäßigen Arbeitszeit einer/eines Vollzeitbeschäftigten. [2]Für die Eingruppierung ist es unschädlich, wenn im Organisations- und Stellenplan zur Besetzung ausgewiesene Stellen nicht besetzt sind.

5. Ständige Vertreter

Ständige Vertreter sind nicht die Vertreter in Urlaubs- und sonstigen Abwesenheitsfällen.

I. Mitarbeiter in der Pflege

Vorbemerkungen

1. Die Bezeichnung „Pflegehelfer“ umfasst auch Gesundheits- und Krankenpflegehelfer sowie Altenpflegehelfer. Die Bezeichnung „Pfleger“ umfasst Gesundheits- und Krankenpfleger, Gesundheits- und Kinderkrankenpfleger sowie Altenpfleger in allen Fachrichtungen bzw. Spezialisierungen.
2. Gesundheits- und Krankenpfleger, die die Tätigkeiten von Gesundheits- und Kinderkrankenpflegern oder von Altenpflegern ausüben, sind als Gesundheits- und Kinderkrankenpfleger bzw. als Altenpfleger eingruppiert.
3. Gesundheits- und Kinderkrankenpfleger, die die Tätigkeiten von Gesundheits- und Krankenpfleger oder von Altenpfleger ausüben, sind als Gesundheits- und Krankenpfleger bzw. als Altenpfleger eingruppiert.
4. Altenpfleger, die die Tätigkeiten von Gesundheits- und Krankenpfleger ausüben, sind als Gesundheits- und Krankenpfleger eingruppiert.

5. Nach den Tätigkeitsmerkmalen für Pfleger sind auch Hebammen und Entbindungspfleger, die die Tätigkeit von Gesundheits- und Krankenpflegern oder von Gesundheits- und Kinderkrankenpflegern auszuüben haben, eingruppiert.
6. Zu der entsprechenden Tätigkeit von Pflegehelfern bzw. von Pflegern gehört auch die Tätigkeit in Ambulanzen, Blutzentralen und Dialyseeinheiten, soweit es sich nicht überwiegend um eine Verwaltungs- oder Empfangstätigkeit handelt.
7. Die Bezeichnungen
   - Gesundheits- und Krankenpflegehelfer umfassen auch Krankenpflegehelfer,
   - Gesundheits- und Krankenpfleger umfassen auch Krankenschwestern und Krankenpfleger,
   - Gesundheits- und Kinderkrankenpfleger umfassen auch Kinderkrankenschwestern und Kinderkrankenpfleger.

a) Entgeltgruppen zu Anhang B

Entgeltgruppe P 4

Pflegehelfer mit entsprechender Tätigkeit

(Hierzu Anmerkungen Nrn. 1 bis 3)

Entgeltgruppe P 6

Pflegehelfer mit mindestens einjähriger Ausbildung und entsprechender Tätigkeit.

(Hierzu Anmerkungen Nrn. 1 bis 3)

Entgeltgruppe P 7

1 Pfleger mit mindestens dreijähriger Ausbildung und entsprechender Tätigkeit. (Hierzu Anmerkungen Nrn. 1 bis 3 und 7)

2 Operationstechnische Assistenten sowie Anästhesietechnische Assistenten mit abgeschlossener Ausbildung nach der DKG-Empfehlung vom 17. September 2013 in der jeweiligen Fassung oder nach gleichwertiger landesrechtlicher Regelung und jeweils entsprechender Tätigkeit.

(Hierzu Anmerkungen Nrn. 1 bis 3)

Entgeltgruppe P 8

1 Mitarbeiter der Entgeltgruppe P 7 Fallgruppe 1, deren Tätigkeit sich aufgrund besonderer Schwierigkeit erheblich aus der Entgeltgruppe P 7 Fallgruppe 1 heraushebt.

(Hierzu Anmerkungen Nrn. 1 bis 6)

2 Praxisanleiter in der Pflege mit berufspädagogischer Zusatzqualifikation nach bundesrechtlicher Regelung und entsprechender Tätigkeit.

(Hierzu Anmerkungen Nrn. 1 bis 3)

3 Hebammen und Entbindungspfleger mit mindestens dreijähriger Ausbildung und entsprechender Tätigkeit.

4 Mitarbeiter der Entgeltgruppe P 7 Fallgruppe 2, deren Tätigkeit sich aufgrund besonderer Schwierigkeit erheblich aus der Entgeltgruppe P 7 Fallgruppe 2 heraushebt.

(Hierzu Anmerkungen Nrn. 1 bis 6)

Entgeltgruppe P 9

1 Mitarbeiter der Entgeltgruppe P 7 Fallgruppe 1 mit abgeschlossener Fachweiterbildung und entsprechender Tätigkeit.

(Hierzu Anmerkungen Nrn. 1 bis 3 und 6)

2 Mitarbeiter der Entgeltgruppe P 7 Fallgruppe 1 mit erfolgreich abgeschlossener Fachweiterbildung zur Hygienefachkraft und entsprechender Tätigkeit.

Entgeltgruppe P 11

1. *Ab 1. Januar 2025*: Hebammen mit abgeschlossener Hochschulbildung und entsprechender Tätigkeit.
2. *Ab 1. Juli 2025*: Hebammen und Entbindungspfleger der Entgeltgruppe P 8 Fallgruppe 3, die aufgrund gleichwertiger Fähigkeiten und ihrer Erfahrungen entsprechende Tätigkeiten der Fallgruppe 1 ausüben.

Anmerkung zu Fallgruppe 1:
[1]Hebammen, denen am 1. Januar 2025 oder danach Tätigkeiten übertragen sind, die eines der Tätigkeitsmerkmale der Entgeltgruppe P 11 Fallgruppe 1 in der seit dem 1. Januar 2025 geltenden Fassung erfüllen, werden rechtlich so gestellt, als ob sie seit der Übertragung der Tätigkeit, frühestens seit dem 1. Januar 2025, in die entsprechende Entgeltgruppe eingruppiert gewesen wären. [2]Satz 1 findet so lange Anwendung, wie die Voraussetzungen eines dieser Tätigkeitsmerkmale weiterhin vorliegen, längstens jedoch, bis diese Hebammen oder Entbindungspfleger in der Entgeltgruppe P 11 Fallgruppe 1 eingruppiert sind.

Anmerkung zu Fallgruppe 2:
[1]Hebammen, denen am 1. Juli 2025 oder danach Tätigkeiten übertragen sind, die eines der Tätigkeitsmerkmale der Entgeltgruppe P 11 Fallgruppe 2 in der seit dem 1. Juli 2025 geltenden Fassung erfüllen, werden rechtlich so gestellt, als ob sie seit der Übertragung der Tätigkeit, frühestens seit dem 1. Juli 2025, in die entsprechende Entgeltgruppe eingruppiert gewesen wären. [2]Satz 1 findet so lange Anwendung, wie die Voraussetzungen eines dieser Tätigkeitsmerkmale weiterhin vorliegen, längstens jedoch, bis diese Hebammen oder Entbindungspfleger in der Entgeltgruppe P 11 Fallgruppe 2 eingruppiert sind.

b) Entgeltgruppen zu Anhang A

Entgeltgruppe 9b

Mitarbeiter mit abgeschlossener Hochschulbildung und einer den Anforderungen der Anmerkung Nr. 7 entsprechenden Tätigkeit sowie sonstige Mitarbeiter, die aufgrund gleichwertiger Fähigkeiten und ihrer Erfahrungen entsprechende Tätigkeiten ausüben.

(Hierzu Anmerkung Nr. 7)

Entgeltgruppe 9c

Mitarbeiter, deren Tätigkeit sich dadurch aus der Entgeltgruppe 9b heraushebt, dass sie besonders verantwortungsvoll ist.

Entgeltgruppe 10

Mitarbeiter, deren Tätigkeit sich mindestens zu einem Drittel durch besondere Schwierigkeit und Bedeutung aus der Entgeltgruppe 9c heraushebt.

Entgeltgruppe 11

Mitarbeiter, deren Tätigkeit sich durch besondere Schwierigkeit und Bedeutung aus der Entgeltgruppe 9c heraushebt.

Entgeltgruppe 12

Mitarbeiter, deren Tätigkeit sich durch das Maß der damit verbundenen Verantwortung erheblich aus der Entgeltgruppe 11 heraushebt.

Anmerkungen zu den Tätigkeitsmerkmalen der Entgeltgruppen P 4 bis P 9 und 9b bis 12

1. Mitarbeiter der Entgeltgruppen P 4 bis P 9, die die Grund- und Behandlungspflege zeitlich überwiegend bei
   a) an schweren Infektionskrankheiten erkrankten Patienten (z.B. Tuberkulose-Patientinnen oder -Patienten), die wegen der Ansteckungsgefahr in besonderen Infektionsabteilungen oder Infektionsstationen untergebracht sind,
   b) Kranken in geschlossenen oder halbgeschlossenen (Open-door-system) psychiatrischen Abteilungen oder Stationen,
   c) Kranken in geriatrischen Abteilungen und Stationen,
   d) Gelähmten oder an multipler Sklerose erkrankten Patienten,
   e) Patienten nach Transplantationen innerer Organe oder von Knochenmark,
   f) an AIDS (Vollbild) erkrankten Patienten,
   g) Patienten, bei denen Chemotherapien durchgeführt oder die mit Strahlen oder mit inkorporierten radioaktiven Stoffen behandelt werden,

   ausüben, erhalten für die Dauer dieser Tätigkeit eine monatliche Zulage in Höhe von 46,02 Euro.
2. Mitarbeiter der Entgeltgruppen P 4 bis P 9, die zeitlich überwiegend in Einheiten für Intensivmedizin (Stationen für Intensivbehandlungen und Intensivüberwachung sowie Wachstationen, die für Intensivüberwachung eingerichtet sind) Patienten pflegen, erhalten für die Dauer dieser Tätigkeit eine monatliche Zulage von 100 Euro.
3. [1]Mitarbeiter der Entgeltgruppen P 4 bis P 9, die die Grund- und Behandlungspflege bei schwerbrandverletzten Patienten in Einheiten für Schwerbrandverletzte, denen durch die Einsatzzentrale/Rettungsleitstelle der Feuerwehr Hamburg Schwerbrandverletzte vermittelt werden, ausüben, erhalten eine Zulage in Höhe von 1,80 Euro für jede volle Arbeitsstunde dieser Pflegetätigkeit. [2]Eine nach den Anmerkungen Nrn. 1 und 2 zustehende Zulage vermindert sich um den Betrag, der in demselben Kalendermonat nach Satz 1 zusteht.

4. Tätigkeiten, die sich aufgrund besonderer Schwierigkeit erheblich aus der Entgeltgruppe P 7 herausheben, sind
   a) Tätigkeiten in Spezialbereichen, in denen eine Fachweiterbildung nach den DKG-Empfehlungen zur Weiterbildung von Gesundheits- und (Kinder-) Krankenpflegekräften (siehe Anmerkung Nr. 6) vorgesehen ist, oder
   b) die Wahrnehmung einer der folgenden besonderen pflegerischen Aufgaben außerhalb von Spezialbereichen nach Buchstabe a:
      - Wundmanager,
      - Gefäßassistent,
      - Breast Nurse/Lactation,
      - Painnurse,
      - auf einer Stroke-Unit-Station,
      - auf einer Intermediate-Care-Station,
      - bei den Begleitenden Psychiatrischen Diensten (BPD) oder
   c) die Tätigkeit im Case- oder Caremanagement.
5. Auf Pfleger in Psychiatrien und psychiatrischen Krankenhäusern oder Einrichtungen, die aufgrund Erfüllung der Anforderung des Buchstaben a) der Anmerkung Nr. 4 in Entgeltgruppe P 8 eingruppiert sind, finden
   a) Buchstabe b) der Anmerkung Nr. 1 und
   b) Abschnitt VIII Absatz e) Satz 2 Nr. 4 erster Spiegelstrich der Anlage 1 zu den AVR keine Anwendung.
6. Bei den Fachweiterbildungen muss es sich um eine Fachweiterbildung nach § 1 der DKG-Empfehlung zur pflegerischen Fachweiterbildung in der jeweils aktuellen Fassung bzw. um eine gleichwertige Weiterbildung nach § 24 dieser DKG-Empfehlungen handeln.
7. Die hochschulische Ausbildung befähigt darüber hinaus insbesondere
   a) zur Steuerung und Gestaltung hochkomplexer Pflegeprozesse auf der Grundlage wissenschaftsbasierter oder wissenschaftsorientierter Entscheidungen,
   b) vertieftes Wissen über Grundlagen der Pflegewissenschaft, des gesellschaftlich institutionellen Rahmens des pflegerischen Handelns sowie des normativ-institutionellen Systems der Versorgung anzuwenden und die Weiterentwicklung der gesundheitlichen und pflegerischen Versorgung dadurch maßgeblich mitzugestalten,
   c) sich Forschungsgebiete der professionellen Pflege auf dem neuesten Stand der gesicherten Erkenntnisse erschließen und forschungsgestützte Problemlösungen wie auch neue Technologien in das berufliche Handeln übertragen zu können sowie berufsbezogene Fort- und Weiterbildungsbedarfe zu erkennen,
   d) sich kritisch reflexiv und analytisch sowohl mit theoretischem als auch praktischem Wissen auseinandersetzen und wissenschaftsbasiert innovative Lösungsansätze zur Verbesserung im eigenen beruflichen Handlungsfeld entwickeln und implementieren zu können und
   e) an der Entwicklung von Qualitätsmanagementkonzepten, Leitlinien und Expertenstandards mitzuwirken.

II. Leitende Mitarbeiter in der Pflege

Vorbemerkungen

1. [1]Dem Aufbau der Tätigkeitsmerkmale für Leitungskräfte in der Pflege wird folgende regelmäßige Organisationsstruktur zu Grunde gelegt:
   a) Die Gruppen- bzw. Teamleitung stellt die unterste Leitungsebene dar. Einer Gruppenbzw. einer Teamleitung sind in der Regel nicht mehr als neun Mitarbeiter unterstellt.
   b) Die Station ist die kleinste organisatorische Einheit. Einer Stationsleitung sind in der Regel nicht mehr als zwölf Mitarbeiter unterstellt.
   c) Ein Bereich bzw. eine Abteilung umfasst in der Regel mehrere Stationen. Einer Bereichs- bzw. Abteilungsleitung sind in der Regel nicht mehr als 48 Mitarbeiter unterstellt.

   [2]Die Mitarbeiter müssen fachlich unterstellt sein.
2. Soweit für vergleichbare organisatorische Einheiten von den vorstehenden Bezeichnungen abweichende Bezeichnungen verwandt werden, ist dies unbeachtlich.
3. Diese Regelungen gelten auch für Leitungskräfte in der Entbindungspflege.

a) Entgeltgruppen zu Anhang B

Entgeltgruppe P 9

Mitarbeiter als ständige Vertreter von Gruppenleitern oder Teamleitern.

(Hierzu Anmerkung)

Entgeltgruppe P 10

1 Mitarbeiter als Gruppenleiter oder Teamleiter.

2 Mitarbeiter als ständige Vertreter von Gruppenleitern oder Teamleitern der Entgeltgruppe P 11 Fallgruppe 1.

Entgeltgruppe P 11

1 Mitarbeiter als Gruppenleiter bzw. Teamleiter mit einem höheren Maß von Verantwortlichkeit oder von großen Gruppen oder Teams.

2 Mitarbeiter als ständige Vertreter von Stationsleitern.

Entgeltgruppe P 12

1 Mitarbeiter als Stationsleiter.

2 Mitarbeiter als ständige Vertreter von Stationsleitern der Entgeltgruppe P 13 oder von Bereichsleitern oder Abteilungsleitern.

Entgeltgruppe P 13

Mitarbeiter als Stationsleiter mit einem höheren Maß von Verantwortlichkeit oder von großen Stationen.

Entgeltgruppe P 14

1 Mitarbeiter als Bereichsleiter oder als Abteilungsleiter.

2 Mitarbeiter als ständige Vertreter von Bereichsleitern der Entgeltgruppe P 15.

Entgeltgruppe P 15

Mitarbeiter als Bereichsleiter oder als Abteilungsleiter, deren Tätigkeit sich durch den Umfang und die Bedeutung ihres Aufgabengebietes sowie durch große Selbständigkeit erheblich aus der Entgeltgruppe P 14 heraushebt oder von großen Bereichen bzw. Abteilungen.

Entgeltgruppe P 16

Mitarbeiter der Entgeltgruppe P 15, deren Tätigkeit sich durch das Maß der damit verbundenen Verantwortung erheblich aus der Entgeltgruppe P 15 heraushebt.

b) Entgeltgruppen zu Anhang A

Entgeltgruppe 13

1 Mitarbeiter mit abgeschlossener wissenschaftlicher Hochschulbildung und entsprechender Tätigkeit sowie sonstige Mitarbeiter, die aufgrund gleichwertiger Fähigkeiten und ihrer Erfahrungen entsprechende Tätigkeiten ausüben.

2 Mitarbeiter in Krankenhäusern und Pflegeeinrichtungen, deren Tätigkeit wegen der Schwierigkeit der Aufgaben und der Größe ihrer Verantwortung ebenso zu bewerten ist wie Tätigkeiten nach Fallgruppe 1.

Entgeltgruppe 14

1 Mitarbeiter der Entgeltgruppe 13 Fallgruppe 1, deren Tätigkeit sich mindestens zu einem Drittel

- durch besondere Schwierigkeit und Bedeutung oder
- durch das Erfordernis hochwertiger Leistungen bei besonders schwierigen Aufgaben aus der Entgeltgruppe 13 Fallgruppe 1 heraushebt.

2 Mitarbeiter in Krankenhäusern und Pflegeeinrichtungen, deren Tätigkeit wegen der Schwierigkeit der Aufgaben und der Größe ihrer Verantwortung ebenso zu bewerten ist wie Tätigkeiten nach Fallgruppe 1.

Entgeltgruppe 15

1 Mitarbeiter der Entgeltgruppe 13 Fallgruppe 1, deren Tätigkeit sich

- durch besondere Schwierigkeit und Bedeutung sowie
- erheblich durch das Maß der damit verbundenen Verantwortung aus der Entgeltgruppe 13 Fallgruppe 1 heraushebt.

2 Mitarbeiter in Krankenhäusern und Pflegeeinrichtungen, deren Tätigkeit wegen der Schwierigkeit der Aufgaben und der Größe ihrer Verantwortung ebenso zu bewerten ist wie Tätigkeiten nach Fallgruppe 1.

Anmerkung
Diese Mitarbeiter erhalten die Zulage nach den Anmerkungen Nrn. 1 und 2 zu Abschnitt I ebenfalls, wenn alle dem Gruppenleiter bzw. dem Teamleiter durch ausdrückliche Anordnung ständig unterstellten Pflegekräfte Anspruch auf die jeweilige Zulage haben.

Anhang E Überleitungs- und Besitzstandregelung

Präambel

[1]Zweck dieser Regelung ist es, zum einen sicherzustellen, dass der einzelne Mitarbeiter nach der Überleitung in die Anlage 31 zu den AVR durch diese Überleitung keine geringere Vergleichsjahresvergütung hat. [2]Zum anderen soll erreicht werden, dass die Einrichtung bei Anwendung der Anlagen 30 bis 33 zu den AVR durch die Überleitung finanziell nicht überfordert wird (Überforderungsklausel).

§ 1 Geltungsbereich

(1) Diese Übergangs- und Besitzstandsregelung gilt für alle Mitarbeiter im Sinne des § 1 der Anlage 31 zu den AVR, die am Tag vor dem Inkrafttreten* der Anlage 31 zu den AVR durch Beschluss der jeweiligen Regionalkommission in einem Dienstverhältnis gestanden haben, das am Tag des Inkrafttretens* der Anlage 31 zu den AVR durch Beschluss der jeweiligen Regionalkommission im Geltungsbereich der AVR fortbesteht, für die Dauer des ununterbrochen fortbestehenden Arbeitsverhältnisses.

(2) [1]Ein Dienstverhältnis besteht auch ununterbrochen fort bei der Verlängerung eines befristeten Dienstvertrages. [2]Unterbrechungen von bis zu einem Monat sind unschädlich.

§ 2 Überleitung

[1]Mitarbeiter gemäß § 1 der Anlage 31 zu den AVR werden so in das neue System übergeleitet, als ob sie seit dem Zeitpunkt, seit dem sie ununterbrochen im Geltungsbereich der AVR oder im sonstigen Bereich der katholischen Kirche tätig waren nach Anlage 31 zu den AVR eingruppiert und eingestuft worden wären.

[2]Dabei wird der Mitarbeiter aus den Regelvergütungsstufen gemäß § 1 Abschnitt III B der Anlage 1 zu den AVR so übergeleitet, dass die erreichte Regelvergütungsstufe zunächst mit 2 multipliziert wird. [3]Die sich hieraus ergebende (Jahres-)zahl wird nachfolgend um die seit dem letzten Stufenaufstieg zurückgelegte Zeit erhöht und als Zeiten im Sinne von § 13 Abs. 3 der Anlage 31 zu den AVR festgelegt.

---

* Inkrafttreten: RK NRW/BW/Bayern gültig ab 1.1.2011, RK Mitte gültig ab 1.4.2011, RK Nord gültig ab 1.7.2011, RK Ost mit Ausnahme von § 15 gültig ab 1.7.2012, § 15 gültig ab 1.1.2013.

§ 3 Besitzstandsregelung

(1) Mitarbeiter, deren bisherige Vergütung (Vergleichsvergütung) das ihnen am Tag des Inkrafttretens* der Anlage 31 zu den AVR durch Beschluss der jeweiligen Regionalkommission zustehende Entgelt übersteigt, erhalten eine Besitzstandszulage.

(2) [1]Die monatliche Besitzstandszulage wird als Unterschiedsbetrag zwischen der Vergleichsjahresvergütung (Absatz 3) und dem Jahresentgelt (Absatz 4), jeweils geteilt durch 12, errechnet. [2]Dabei sind Vergütungsveränderungen durch Beschlüsse nach § 11 AK-Ordnung nicht zu berücksichtigen.

(3) [1]Die Vergleichsjahresvergütung errechnet sich als das 12-fache der am Tag vor dem Inkrafttreten* der Anlage 31 zu den AVR durch Beschluss der jeweiligen Regionalkommission zustehenden Monatsvergütung, zuzüglich des Urlaubsgeldes gemäß Anlage 14 zu den AVR und der Weihnachtszuwendung gemäß Abschnitt XIV Anlage 1 zu den AVR. [2]Zur Monatsvergütung im Sinne dieser Vorschrift gehören die Regelvergütung gemäß Abschnitt III der Anlage 1, die Kinderzulage gemäß Abschnitt V der Anlage 1, Besitzstandszulagen gemäß Anlage 1b zu den AVR und weitere regelmäßig gewährte Zulagen.

(4) [1]Das Jahresentgelt errechnet sich als das 12-fache des am Tag des Inkrafttretens* der Anlage 31 zu den AVR durch Beschluss der jeweiligen Regionalkommission zustehenden Monatsentgelts zuzüglich des Leistungsentgelts gemäß § 15 der Anlage 31 zu den AVR und der Jahressonderzahlung gem. § 16 der Anlage 31 zu den AVR. [2]Zum Monatsentgelt im Sinne dieser Vorschrift gehören das Tabellenentgelt gemäß § 12 der Anlage 31 zu den AVR i.V.m. Anhang A der Anlage 31 zu den AVR und weitere regelmäßige gewährte Zulagen.

(5) [1]Fällt der Zeitpunkt des Inkrafttretens* dieser Anlage mit dem Zeitpunkt einer linearen Vergütungserhöhung zusammen, erfolgt die Berechnung des Besitzstandes auf Basis der erhöhten Regelvergütungstabelle in Anlage 3a zu den AVR und der erhöhten Entgelttabelle in dieser Anlage. [2]Die Regionalkommissionen können durch Beschluss von der vorstehenden Regelung abweichen.

(5a) *(RK Bayern):* Für die Berechnung der Überleitung gilt: Für die Höhe aller Vergütungswerte i.S.d. § 3 Abs. 3 sind die jeweilig linear um 1,2 v.H. erhöhten Werte zu Grunde zu legen.

(6) Ruht das Dienstverhältnis sind die Monatsvergütung (Absatz 3) und das Monatsentgelt (Absatz 4) so zu berechnen, als ob der Mitarbeiter im Monat vor dem Inkrafttreten* der Anlage 31 zu den AVR durch Beschluss der jeweiligen Regionalkommission die Tätigkeit im selben Umfang wie vor dem Ruhen wieder aufgenommen hätte.

(7) [1]Verringert sich nach dem Tag des Inkrafttretens* der Anlage 31 zu den AVR durch Beschluss der jeweiligen Regionalkommission die individuelle regelmäßige Arbeitszeit des Mitarbeiters, reduziert sich seine Besitzstandszulage im selben Verhältnis, in dem die Arbeitszeit verringert wird; erhöht sich die Arbeitszeit, bleibt die Besitzstandszulage unverändert. [2]Erhöht sich nach einer Verringerung der Arbeitszeit diese wieder, so lebt die Besitzstandszulage im gleichen Verhältnis wie die Arbeitszeiterhöhung, höchstens bis zur ursprünglichen Höhe, wieder

* Inkrafttreten: RK NRW/BW/Bayern gültig ab 1.1.2011, RK Mitte gültig ab 1.4.2011, RK Nord gültig ab 1.7.2011, RK Ost mit Ausnahme von § 15 gültig ab 1.7.2012, § 15 gültig ab 1.1.2013.

auf. [3]Diese Regelung ist entsprechend anzuwenden auf Mitarbeiter, deren Arbeitszeit am Tag vor dem Inkrafttreten* der Anlage 31 zu den AVR durch Beschluss der jeweiligen Regionalkommission befristet verändert ist. [4]Die umstellungsbedingte Neufestsetzung der regelmäßigen wöchentlichen Arbeitszeit nach § 2 Abs. 1 dieser Anlage gilt nicht als Arbeitszeitreduzierung im Sinne dieses Absatzes.

(8) [1]Die kinderbezogenen Entgeltbestandteile gem. Abschnitt V der Anlage 1 zu den AVR, die in die Berechnung der Besitzstandszulage nach Absatz 2 und Absatz 3 einfließen, werden als Anteil der Besitzstandszulage fortgezahlt, solange für diese Kinder Kindergeld nach dem Einkommensteuergesetz (EStG) oder nach dem Bundeskindergeldgesetz (BKGG) gezahlt wird oder ohne Berücksichtigung des § 64 oder § 65 EStG oder des § 3 oder § 4 BKGG gezahlt würde. [2]Mit dem Wegfall der Voraussetzungen reduziert sich die Besitzstandszulage entsprechend.

(9) [1]Hat der Mitarbeiter im Kalenderjahr vor Inkrafttreten dieser Anlage die Voraussetzungen für einen Anspruch auf Zusatzurlaub nach § 4 der Anlage 14 zu den AVR erfüllt, wird der sich daraus ergebende Zusatzurlaub im Kalenderjahr des Inkrafttretens* dieser Anlage gewährt. [2]Erwirbt der Mitarbeiter im Kalenderjahr des Inkrafttretens* dieser Anlage einen weiteren Anspruch auf Zusatzurlaub nach dieser Anlage, werden die Ansprüche nach § 4 der Anlage 14 und die nach dieser Anlage erworbenen Ansprüche miteinander verglichen. [3]Der Mitarbeiter erhält in diesem Fall ausschließlich den jeweils höheren Anspruch auf Gewährung von Zusatzurlaub.

Anmerkung zu Absatz 9:
Fällt der Zeitpunkt des Inkrafttretens* dieser Anlage durch die Entscheidung der zuständigen Regionalkommission nicht mit dem Beginn eines Kalenderjahres zusammen, gelten die Vorschriften für die Berechnung des Zusatzurlaubs nach dieser Anlage für das gesamte Kalenderjahr, in dem die Anlage in Kraft tritt.

§ 4 Überforderungsklausel

(1) Soweit bei einem Vergleich der Gesamtpersonalkosten vor und nach der Überleitung umstellungsbedingte Mehrkosten von mehr als 3 v.H. entstehen, kann die Einführung des Leistungsentgelts und / oder der Sozialkomponente nach § 15 der Anlage 31 zu den AVR für längstens 3 Jahre ausgesetzt werden.

(2) Die Gesamtpersonalkosten errechnen sich aus den Bruttopersonalkosten der Mitarbeiter der Einrichtung und den Arbeitgeberanteilen zur Sozialversicherung.

(3) [1]Bei der Ermittlung der Mehrkosten sind ausschließlich die Steigerungen der Gesamtpersonalkosten der Einrichtung zu berücksichtigen, die unmittelbar durch Überleitung von Mitarbeiterinnen und Mitarbeitern in die Anlagen 30 bis 33 zu den AVR entstehen. [2]Mehrkosten, die durch Neueinstellungen von Mitarbeiterinnen und Mitarbeitern und durch strukturelle Veränderungen bei Mitarbeiterinnen und Mitarbeitern, die nicht in die Anlagen 30 bis 33 zu den AVR überführt wurden (Stufenaufstiege, Tätigkeits- oder Bewährungsaufstiege, Kinderzulagen oder andere Zulagen), entstehen, bleiben bei der Ermittlung der Mehrkosten unberücksichtigt. [3]Administrative Mehrkosten, die durch die Überleitung entstehen, bleiben ebenfalls unberücksichtigt.

---

* Inkrafttreten: RK NRW/BW/Bayern gültig ab 1.1.2011, RK Mitte gültig ab 1.4.2011, RK Nord gültig ab 1.7.2011, RK Ost mit Ausnahme von § 15 gültig ab 1.7.2012, § 15 gültig ab 1.1.2013.

(4) *(RK Nord, NRW, Mitte, BW, Bayern):* [1]Macht der Dienstgeber von der Anwendung der Überforderungsklausel Gebrauch, erhöht sich die Besitzstandszulage der Bestandsmitarbeiter für die Dauer dieser Maßnahme entsprechend. [2]Die Anwendung der Überforderungsklausel darf nicht dazu führen, dass das Jahresentgelt unter die Vergleichsjahresvergütung fällt. [3]Eine entsprechende Differenz ist entsprechend Satz 1 auszugleichen.

(4) *(RK Ost):* [1]Macht der Dienstgeber von der Anwendung der Überforderungsklausel Gebrauch, erhöht sich die Besitzstandszulage der Bestandsmitarbeiter für die Dauer dieser Maßnahme entsprechend.

(5) [1]Die Entscheidung über die Anwendung der Überforderungsklausel und die dafür maßgeblichen Berechnungen sind der zuständigen Mitarbeitervertretung vorzulegen und zu erläutern. [2]Die Entscheidung ist ferner einem Ausschuss der Bundeskommission der Arbeitsrechtlichen Kommission anzuzeigen. [3]Dazu sind die vergleichenden Gesamtpersonalkostenberechnungen vorzulegen. [4]Der Ausschuss der Bundeskommission der Arbeitsrechtlichen Kommission führt eine reine Missbrauchskontrolle durch.

(6) *(RK Nord, NRW, Mitte, BW, Bayern):* Über weitere Regelungen zur Vermeidung von Überforderungen durch die Überleitung entscheiden die Regionalkommissionen im Rahmen ihrer Zuständigkeit.

Anhang F Überleitungsregelung für Bestandsmitarbeiter

Präambel

Diese Überleitungsregelung dient der Umsetzung des Bundesbeschlusses vom 8. Dezember 2016, mit welchem eine neue Entgeltordnung eingeführt wird. Sie regelt die Überleitung von Bestandsmitarbeitern in die neu eingeführte Pflegetabelle.

§ 1 Geltungsbereich

[1]Diese Überleitungsregelung gilt für Mitarbeiter im Sinne des § 1 der Anlage 31, die am Tag vor dem Inkrafttreten* der neuen Entgeltordnung in einem Dienstverhältnis standen, das am Tag des Inkrafttretens* der neuen Entgeltordnung fortbesteht, für die Dauer des ununterbrochen fortbestehenden Dienstverhältnisses. [2]Unterbrechungen von bis zu einem Monat sind unschädlich.

§ 2 Überleitung

(1) Die Überleitung der Mitarbeiter erfolgt, soweit in den nachfolgenden Absätzen nicht abweichend geregelt, stufengleich und unter Beibehaltung der in ihrer Stufe zurückgelegten Stufenlaufzeit nach folgender Zuordnungstabelle:

* RK Nord/NRW/Mitte/BW/Bayern, gültig ab 1. Januar 2017; RK Ost, gültig ab 1. September 2017.

Kr-Anwendungstabelle	Pflegetabelle
Kr 12a	P 16
Kr 11b	P 15
Kr 11a	P 14
Kr 10a	P 13
Kr 9d	P 12
Kr 9c	P 11
Kr 9b	P 10
Kr 9a	P 9
Kr 8a	P 8
Kr 7a	P 7
Kr 4a	P 6
Kr 3a	P 4

(2) [1]Aus der Stufe 1 der Entgeltgruppe Kr 7a und Kr 8a erfolgt die Überleitung in die Stufe 2 der Entgeltgruppe P 7 bzw. P 8 unter Mitnahme der in der Stufe 1 zurückgelegten Stufenlaufzeit. [2]Erfolgt die Überleitung aus der Stufe 2 der Entgeltgruppe Kr 7a oder Kr 8a, wird die Stufenlaufzeit der Stufe 1 auf die Stufenlaufzeit der Stufe 2 der Entgeltgruppe P 7 bzw. P 8 angerechnet. [3]Ist durch eine Verkürzung der Stufenlaufzeit am Tag des Inkrafttretens* der neuen Entgeltordnung die Stufenlaufzeit zum Erreichen der nächsthöheren Stufe der jeweiligen Entgeltgruppe erfüllt, beginnt in dieser nächsthöheren Stufe die Stufenlaufzeit neu. [4]Mitarbeiter in den Entgeltgruppen Kr 9a bis Kr 11a, die am Tag vor dem Inkrafttreten* der neuen Entgeltordnung in der Stufe 5 eine Stufenlaufzeit von mindestens fünf Jahren zurückgelegt haben, werden der Stufe 6 der Entgeltgruppe, in die sie gemäß Absatz 1 übergeleitet werden, zugeordnet. § 3 Abs. 1 und 2 bleibt unberührt.

(3) Mitarbeiter, die am Tag vor dem Inkrafttreten* der neuen Entgeltordnung durch Zuordnung nach Anhang B in der Fassung vom 31. Dezember 2016 in der Vergütungsgruppe Kr 5a Ziffer 9 (Hebammen/Entbindungspfleger, die durch ausdrückliche Anordnung zur/zum Vorsteherin/Vorsteher des Kreißsaals bestellt sind) eingruppiert sind, werden stufengleich und unter Beibehaltung der in ihrer Stufe zurückgelegten Stufenlaufzeit in die Entgeltgruppe P 8 übergleitet.

(4) Für Mitarbeiter, die am Tag vor dem Inkrafttreten* der neuen Entgeltordnung durch Zuordnung nach Anhang B in der Fassung vom 31. Dezember 2016 in der Vergütungsgruppe Kr 2 Ziffer 3 eingruppiert und die am Tag des Inkrafttretens* der neuen Entgeltordnung der Entgeltgruppe P 6 zugeordnet sind, ist abweichend von § 13 Abs. 1 Satz 1 der Anlage 31 zu den AVR die Endstufe die Stufe 3.

(5) [1]Mitarbeiter der Vergütungsgruppe Kr 13 Ziffer 2 und 3 der Anlage 2a zu den AVR werden in die Entgeltgruppe P 16 übergeleitet. Mitarbeiter der Vergütungsgruppe Kr 14 der Anlage 2a zu den AVR werden in die Entgeltgruppe 13 übergeleitet. [2]Die §§ 2 und 3 des Anhangs E finden entsprechend Anwendung.

---

* RK Nord/NRW/Mitte/BW/Bayern, gültig ab 1. Januar 2017; RK Ost, gültig ab 1. September 2017.

§ 3 Höhergruppierung

(1) [1]Ergibt sich nach der neuen Entgeltordnung eine höhere Entgeltgruppe, sind die Mitarbeiter auf Antrag in der Entgeltgruppe eingruppiert, die sich nach Abschnitt I der Anlage 1 zu den AVR ergibt. [2]Der Antrag kann nur innerhalb eines Jahres ab dem Tag des Inkrafttretens* der neuen Entgeltordnung gestellt werden und wirkt auf den Tag des Inkrafttretens* zurück. [3]Nach dem Tag des Inkrafttretens* der neuen Entgeltordnung eingetretene Änderungen der Stufenzuordnung in der bisherigen Entgeltgruppe bleiben bei der Stufenzuordnung unberücksichtigt. [4]Ruht das Dienstverhältnis am Tag des Inkrafttretens* der neuen Entgeltordnung, beginnt die Frist von einem Jahr mit der Wiederaufnahme der Tätigkeit; der Antrag wirkt auf den Tag des Inkrafttretens* der neuen Entgeltordnung zurück. [5]Abweichend von § 23 Allgemeiner Teil AVR beträgt die Ausschlussfrist für die Geltendmachung von Vergütungsansprüchen aufgrund Höhergruppierung ein Jahr ab dem Tag des Inkrafttretens* der neuen Entgeltordnung. [6]Ruht das Dienstverhältnis am Tag des Inkrafttretens* der neuen Entgeltordnung, beginnt die Frist von einem Jahr mit der Wiederaufnahme der Tätigkeit.

(2) [1]Die Stufenzuordnung in der höheren Entgeltgruppe richtet sich nach den Regelungen für Höhergruppierungen in der am 31. Dezember 2016 gültigen Fassung. [2]Fallen am Tag des Inkrafttretens* der neuen Entgeltordnung ein Stufenaufstieg und die Höhergruppierung zusammen, erfolgt erst der Stufenaufstieg und anschließend die Höhergruppierung.

Fassung des Absatzes § 14 Abs. 4 Satz 2 der Anlage 31 a.F. nach der Entgeltanpassung:

(4) [1]Bei Eingruppierung in eine höhere Entgeltgruppe werden die Beschäftigten derjenigen Stufe zugeordnet, in der sie mindestens ihr bisheriges Tabellenentgelt erhalten, mindestens jedoch der Stufe 2. [2]Beträgt der Unterschiedsbetrag zwischen dem derzeitigen Tabellenentgelt und dem Tabellenentgelt nach Satz 1

- *in den Entgeltgruppen 1 bis 8*
  - *vom 1. Juli 2025 an weniger als 75,26 Euro, vom 1. Februar 2026 an weniger als 77,37 Euro;*
- *in den Entgeltgruppen 9a bis 15*
  - *vom 1. Juli 2025 an weniger als 120,42 Euro,vom 1. Februar 2026 an weniger als 123,79 Euro*

so erhält die/der Beschäftigte während der betreffenden Stufenlaufzeit anstelle des Unterschiedsbetrages den vorgenannten jeweils zustehenden Garantiebetrag. [3]Wird der Mitarbeiter nicht in die nächsthöhere, sondern in eine darüber liegende Entgeltgruppe höhergruppiert, ist das Tabellenentgelt für jede dazwischen liegende Entgeltgruppe nach Satz 1 zu berechnen; Satz 2 gilt mit der Maßgabe, dass auf das derzeitige Tabellenentgelt und das Tabellenentgelt der Entgeltgruppe abzustellen ist, in die der Mitarbeiter höhergruppiert wird. [4]Die Stufenlaufzeit in der höheren Entgeltgruppe beginnt mit dem Tag der Höhergruppierung. [5]Bei einer Eingruppierung in eine niedrigere Entgeltgruppe ist der Mitarbeiter der in der höheren Entgeltgruppe erreichten Stufe zuzuordnen. [6]Der Mitarbeiter erhält vom Beginn des Monats an, in dem die Veränderung wirksam wird, das entsprechende Tabellenentgelt aus der in Satz 1 oder

* RK Nord/NRW/Mitte/BW/Bayern, gültig ab 1. Januar 2017; RK Ost, gültig ab 1. September 2017.

Satz 5 festgelegten Stufen der betreffenden Entgeltgruppe, ggf. einschließlich des Garantiebetrags.

Anmerkung zu § 14 Abs. 4 Satz 2 der Anlage 31 a.F:
Die Garantiebeträge nehmen an allgemeinen Entgeltanpassungen teil.

(3) [1]Mitarbeiter, die am Tag des Inkrafttretens* der neuen Entgeltordnung nach Absatz 1 aus den Stufen 3, 4 oder 5 der Entgeltgruppe P 7 in die Entgeltgruppe P 8 höhergruppiert werden, erhalten zusätzlich zu ihrem Tabellenentgelt der Entgeltgruppe P 8

- für die Dauer des Verbleibs in der Stufe 2 der Entgeltgruppe P 8 bei Höhergruppierung aus der Stufe 3 der Entgeltgruppe P 7,
- für die Dauer des Verbleibs in der Stufe 4 der Entgeltgruppe P 8 bei Höhergruppierung aus der Stufe 4 der Entgeltgruppe P 7,
- für die Dauer des Verbleibs in der Stufe 5 der Entgeltgruppe P 8 bei Höhergruppierung aus der Stufe 5 der Entgeltgruppe P 7

eine monatliche Zulage in Höhe von 46,02 Euro,

sofern und solange sie nach der Anmerkung Nr. 1 Absatz 1 Buchstabe b) des Anhang D der Anlage 31 zu den AVR in der Fassung vom 31.12.2016 einen Anspruch auf eine monatliche Zulage gehabt hätten. [2]Für die Dauer des Verbleibs in der Stufe 5 im Anschluss an die Stufenlaufzeit der Stufe 4 der Entgeltgruppe P 8 bei Höhergruppierung aus der Stufe 4 der Entgeltgruppe P 7 erhalten die Mitarbeiter unter den sonstigen Voraussetzungen des Satzes 1 eine monatliche Zulage in Höhe von 23,01 Euro.

(4) Mitarbeiter, die keinen Antrag nach Absatz 1 innerhalb der Ausschlussfrist stellen, verbleiben für die Dauer der unverändert auszuübenden Tätigkeit in ihrer bisherigen Entgeltgruppe.

§ 4 Weiterbildung in der Notfallpflege

[1]Die Anmerkung Nr. 6 zu den Tätigkeitsmerkmalen der Entgeltgruppen P 4 bis P 9 und 9b bis 12 wurde zum 1. Januar 2018 um die DKG-Empfehlung für die Weiterbildung Notfallpflege vom 29. November 2016 in der jeweiligen Fassung erweitert. [2]Ergibt sich für Mitarbeiter aufgrund dieser Erweiterung eine höhere Entgeltgruppe, gilt § 3 mit der Maßgabe, dass der Antrag auf Höhergruppierung bis zum 31. Dezember 2018 gestellt werden kann und auf den 1. Januar 2018 zurückwirkt.

* RK Nord/NRW/Mitte/BW/Bayern, gültig ab 1. Januar 2017; RK Ost, gültig ab 1. September 2017.

Anlage 32: Besondere Regelungen für Mitarbeiter im Pflegedienst in sonstigen Einrichtungen

Inhalt

§ 1 Geltungsbereich ... 334
§ 2 Regelmäßige Arbeitszeit ... 335
§ 3 Arbeit an Sonn- und Feiertagen ... 337
§ 4 Sonderformen der Arbeit ... 337
§ 5 Bereitschaftsdienst und Rufbereitschaft ... 338
§ 6 Ausgleich für Sonderformen der Arbeit ... 339
§ 7 Bereitschaftsdienstentgelt ... 341
§ 8 Bereitschaftszeiten ... 342
§ 9 Arbeitszeitkonto ... 343
§ 10 Teilzeitbeschäftigung ... 344
§ 11 Eingruppierung ... 344
§ 12 Tabellenentgelt ... 344
§ 12a Berechnung und Auszahlung des Entgelts ... 346
§ 12b (kein Abdruck wegen Fristablauf) ... 346
§ 12c *(RK Nord):* (kein Abdruck wegen Fristablauf) ... 346
§ 13 Stufen der Entgelttabelle ... 346
§ 13a Besondere Stufenregelung ... 347
§ 14 Allgemeine Regelungen zu den Stufen ... 348
§ 15 Leistungsentgelt bzw. Sozialkomponente ... 349
§ 16 Jahressonderzahlung ... 351
§ 17 Zusatzurlaub ... 352
§ 18 Führung auf Probe ... 354
§ 19 Führung auf Zeit ... 354
Anhang A Tabellenentgelt Mitarbeiter im Pflegedienst in sonstigen Einrichtungen – EG-Tabelle(n) ... 355
Anhang B Tabellenentgelt Mitarbeiter im Pflegedienst in sonstigen Einrichtungen – P-Tabelle(n) ... 356
Anhang C Stundenentgelt für Mitarbeiter im Pflegedienst in sonstigen Einrichtungen ... 358
Anhang D Entgeltgruppen für Mitarbeiter im Sinne des § 1 Abs. 1 Buchstaben a bis d ... 360
Anhang E Entgeltgruppen für Mitarbeiter im Sinne des § 1 Abs. 1 Buchstabe e ... 366
Anhang F Überleitungs- und Besitzstandregelung ... 369
Präambel ... 369
§ 1 Geltungsbereich ... 369
§ 2 Überleitung ... 369
§ 3 Besitzstandsregelung ... 369
§ 4 Überforderungsklausel ... 371

Anhang G	Überleitungsregelung für Bestandsmitarbeiter	372
Präambel		372
§ 1	Geltungsbereich	372
§ 2	Überleitung	373
§ 3	Höhergruppierung	374
§ 4	Weiterbildung in der Notfallpflege	375

Hinweise

Die Bestimmungen und Entgelttabellen beziehen sich auf die örtlichen Zuständigkeiten der Regionalkommissionen der Arbeitsrechtlichen Kommission. Dabei umfassen die folgenden Begriffe die folgenden Gebiete:

- Nord das Gebiet der Bistümer Hildesheim und Osnabrück sowie den Offizialatsbezirk Oldenburg;
- Ost das Gebiet der (Erz-)Bistümer Berlin, Dresden-Meißen, Erfurt, Görlitz, Hamburg und Magdeburg;
- NRW (Nordrhein-Westfalen) das Gebiet der (Erz-)Bistümer Aachen, Essen, Köln, Münster (ohne den Offizialatsbezirk Oldenburg) und Paderborn;
- Mitte das Gebiet der Bistümer Fulda, Limburg, Mainz, Speyer und Trier;
- BW (Baden-Württemberg) das Gebiet der (Erz-)Bistümer Freiburg und Rottenburg-Stuttgart;
- Bayern das Gebiet der (Erz-)Bistümer Augsburg, Bamberg, Eichstätt, München und Freising, Passau, Regensburg und Würzburg.

Innerhalb des Gebietes der Region Ost unterscheiden die Tabellen zwischen

- Tarifgebiet Ost als Gebiet der Bistümer Dresden-Meißen, Erfurt, Görlitz und Magdeburg sowie der Teile der Erzbistümer Berlin und Hamburg, für die das Grundgesetz der Bundesrepublik Deutschland vor dem 3. Oktober 1990 nicht galt, ausgenommen das Gebiet des Bundeslandes Berlin;

- Tarifgebiet West als Gebiet der Teile der Erzbistümer Berlin und Hamburg, für die das Grundgesetz der Bundesrepublik Deutschland vor dem 3. Oktober 1990 galt, zuzüglich des Teils des Bundeslandes Berlin, für den das Grundgesetz der Bundesrepublik Deutschland vor dem 3. Oktober 1990 nicht galt.

Einzelne Entgelttabellen beziehen sich nur auf einzelne (Erz-)Bistümer oder schließen diese ausdrücklich aus.

§ 1 Geltungsbereich

Pflegeeinrichtungen

(1) Diese Anlage gilt für Mitarbeiter im Pflegedienst, die in

a) Heil-, Pflege- und Entbindungseinrichtungen,

deren med. Institute

b) medizinischen Instituten von Heil- und Pflegeeinrichtungen,

Heime ohne eigene Ärztinnen und Ärzte

c) sonstigen Einrichtungen und Heimen, in denen die betreuten Personen in ärztlicher Behandlung stehen, wenn die Behandlung durch nicht in den Einrichtungen selbst beschäftigte Ärztinnen oder Ärzte stattfindet,

d) Einrichtungen und Heimen, die der Förderung der Gesundheit, der Erziehung, der Fürsorge oder Betreuung von Kindern und Jugendlichen, der Fürsorge und Betreuung von obdachlosen, alten, gebrechlichen, erwerbsbeschränkten oder sonstigen hilfsbedürftigen Personen dienen, auch wenn diese Einrichtungen nicht der ärztlichen Behandlung der betreuten Personen dienen, oder in

e) ambulanten Pflegediensten oder teilstationären Pflegeeinrichtungen

Heime der Erziehung und Betreuung

amb. und teilstationäre Pflegedienste

beschäftigt sind, soweit die Einrichtungen nicht vom Geltungsbereich der Anlage 31 erfasst werden.

Vorrang Anlage 31

Anmerkung zu Absatz 1:
Lehrkräfte an Altenpflegeschulen und ähnlichen der Ausbildung dienenden Einrichtungen nach Absatz 1 fallen unter die Anlage 32, soweit diese nicht unter die Anlage 31 bzw. unter die Anlage 21a zu den AVR fallen.

Lehrkräfte in Altenpflegeschulen

(2) [1]Soweit für diese Mitarbeiter nachfolgend nichts anderes bestimmt ist, finden die Vorschriften des Allgemeinen Teils und der Anlagen der AVR Anwendung. [2]Abschnitte Ia, V, VII und XIV der Anlage 1, Anlagen 1b, 6 und 6a sowie § 4 und §§ 6 bis 9 der Anlage 14 zu den AVR finden keine Anwendung. [3]Anlage 5 gilt nicht mit Ausnahme von § 1 Abs. 7, Abs. 9 und Abs. 10, §§ 5 bis 5g, § 6, § 7 Abs. 7, § 9 Abs. 6 und § 10.

AVR-Anwendung

§ 2 Regelmäßige Arbeitszeit

(1) *(RK Nord, NRW, BW, Bayern):* [1]Die regelmäßige Arbeitszeit der Mitarbeiter beträgt ausschließlich der Pausen durchschnittlich 39 Stunden wöchentlich. [2]Abweichend davon beträgt die regelmäßige Arbeitszeit für die Mitarbeiter im Gebiet der neuen Bundesländer Mecklenburg-Vorpommern, Brandenburg, Sachsen-Anhalt, Thüringen und Sachsen durchschnittlich 40 Stunden wöchentlich. [3]Die regelmäßige Arbeitszeit kann auf fünf Tage, aus notwendigen dienstlichen oder betrieblichen Gründen auch auf sechs Tage verteilt werden.

regelmäßige Arbeitszeit

(1) *(RK Mitte):* [1]Die regelmäßige Arbeitszeit der Mitarbeiter beträgt ausschließlich der Pausen durchschnittlich 39 Stunden wöchentlich. [2]Abweichend davon beträgt die regelmäßige Arbeitszeit für die Mitarbeiter im Gebiet der neuen Bundesländer Mecklenburg-Vorpommern, Brandenburg, Sachsen-Anhalt, Thüringen und Sachsen durchschnittlich 40 Stunden wöchentlich; ab dem 1. Januar 2023 beträgt für die Mitarbeiter in dem Gebiet der neuen Bundesländer, das in den Bereich der Regionalkommission Mitte fällt, die regelmäßige Arbeitszeit ausschließlich der Pausen durchschnittlich 39 Stunden wöchentlich. [3]Die regelmäßige Arbeitszeit kann auf fünf Tage, aus notwendigen dienstlichen oder betrieblichen Gründen auch auf sechs Tage verteilt werden.

(1) *(RK Ost):* [1]Die regelmäßige Arbeitszeit der Mitarbeiter beträgt ausschließlich der Pausen durchschnittlich 39 Stunden wöchentlich. [2]Abweichend davon beträgt die regelmäßige Arbeitszeit für die Mitarbeiter im Gebiet der neuen Bundesländer Mecklenburg-Vorpommern, Brandenburg, Sachsen-Anhalt, Thüringen und Sachsen durchschnittlich 40 Stunden wöchentlich; ab dem 1. Juli 2023 beträgt die regelmäßige Arbeitszeit ausschließlich der Pausen durchschnitlich 39 Stunden in der Woche. [3]Die regelmäßige Arbeitszeit kann auf fünf Tage, aus notwendigen dienstlichen oder betrieblichen Gründen auch auf sechs Tage verteilt werden.

Durchschnitt

(2) [1]Für die Berechnung des Durchschnitts der regelmäßigen wöchentlichen Arbeitszeit ist ein Zeitraum von bis zu einem Jahr zugrunde zu legen. [2]Abweichend von Satz 1 kann bei Mitarbeitern, die ständig Wechselschicht- oder Schichtarbeit zu leisten haben, ein längerer Zeitraum zugrunde gelegt werden.

24./31. Dezember

(3) [1]Soweit es die dienstlichen oder betrieblichen Verhältnisse zulassen, wird der Mitarbeiter am 24. Dezember und am 31. Dezember unter Fortzahlung des Entgelts von der Arbeit freigestellt. [2]Kann die Freistellung nach Satz 1 aus dienstlichen oder betrieblichen Gründen nicht erfolgen, ist entsprechender Freizeitausgleich innerhalb von drei Monaten zu gewähren. [3]Die regelmäßige Arbeitszeit vermindert sich für den 24. Dezember und 31. Dezember, sofern sie auf einen Werktag fallen, um die dienstplanmäßig ausgefallenen Stunden.

Anmerkung zu Absatz 3 Satz 3:
Die Verminderung der regelmäßigen Arbeitszeit betrifft die Mitarbeiter, die wegen des Dienstplans frei haben und deshalb ohne diese Regelung nacharbeiten müssten.

Abweichung vom ArbZG durch Dienstvereinbarung

(4) Aus dringenden dienstlichen oder betrieblichen Gründen kann auf der Grundlage einer Dienstvereinbarung im Rahmen des § 7 Abs. 1, 2 und des § 12 ArbZG von den Vorschriften des Arbeitszeitgesetzes abgewichen werden.

Anmerkung zu Absatz 4: (weggefallen)

Verpflichtung Sonntags-, Feiertags-, Nacht-, Schicht-, Bereitschaftsdienst, Mehrarbeit

(5) Die Mitarbeiter sind im Rahmen begründeter dienstlicher oder betrieblicher Notwendigkeiten zur Leistung von Sonntags-, Feiertags-, Nacht-, Wechselschicht-, Schichtarbeit sowie – bei Teilzeitbeschäftigung aufgrund dienstvertraglicher Regelung oder mit ihrer Zustimmung – zu Bereitschaftsdienst, Rufbereitschaft, Überstunden und Mehrarbeit verpflichtet.

Arbeitszeitkorridor

(6) [1]Durch Dienstvereinbarung kann ein wöchentlicher Arbeitszeitkorridor von bis zu 45 Stunden eingerichtet werden. [2]Die innerhalb eines Arbeitszeitkorridors geleisteten zusätzlichen Arbeitsstunden werden im Rahmen des nach Absatz 2 Satz 1 festgelegten Zeitraums ausgeglichen.

Rahmenarbeitszeit

(7) [1]Durch Dienstvereinbarung kann in der Zeit von 6 bis 20 Uhr eine tägliche Rahmenzeit von bis zu zwölf Stunden eingeführt werden. [2]Die innerhalb der täglichen Rahmenzeit geleisteten zusätzlichen Arbeitsstunden werden im Rahmen des nach Absatz 2 Satz 1 festgelegten Zeitraums ausgeglichen.

(8) Die Absätze 6 und 7 gelten nur alternativ und nicht bei Wechselschicht- und Schichtarbeit.

Verlängerung der Arbeitszeit im Schichtdienst durch Dienstvereinbarung

(9) [1]Auf der Grundlage einer Dienstvereinbarung kann bei der Behandlung, Pflege und Betreuung von Personen die tägliche Arbeitszeit im Schichtdienst, ausschließlich der Pausen, auf bis zu 12 Stunden verlängert werden, wenn solche Dienste nach der Eigenart dieser Tätigkeit und zur Erhaltung des Wohles dieser Personen erforderlich sind. [2]In unmittelbarer Folge dürfen höchstens 5 Zwölf-Stunden-Schichten und innerhalb von zwei Wochen nicht mehr als 8 Zwölf-Stunden-Schichten geleistet werden. [3]Solche Schichten können nicht mit Bereitschaftsdienst kombiniert werden. [4]Abweichend von § 1 Abs. 10 der Anlage 5 kann bei Anordnung von Zwölf-Stunden-Schichten die Ruhezeit nicht verkürzt werden.

Anmerkung zu § 2:

Gleitzeit

Gleitzeitregelungen sind unter Wahrung der jeweils geltenden Mitbestimmungsrechte unabhängig von den Vorgaben zu Arbeitszeitkorridor und Rahmenzeit (Absätze 6 und 7) möglich. Sie dürfen keine Regelungen nach Absatz 4 enthalten.

§ 3 Arbeit an Sonn- und Feiertagen

In Ergänzung zu § 2 Abs. 3 Satz 3 und Abs. 5 gilt für Sonn- und Feiertage Folgendes:

(1) [1]Die Arbeitszeit an einem gesetzlichen Feiertag, der auf einen Werktag fällt, wird durch eine entsprechende Freistellung an einem anderen Werktag bis zum Ende des dritten Kalendermonats – möglichst aber schon bis zum Ende des nächsten Kalendermonats – ausgeglichen, wenn es die betrieblichen Verhältnisse zulassen. [2]Kann ein Freizeitausgleich nicht gewährt werden, erhält der Mitarbeiter je Stunde 100 v. H. des auf eine Stunde entfallenden Anteils des monatlichen Entgelts der jeweiligen Entgeltgruppe und Stufe nach Maßgabe der Entgelttabelle. [3]Ist ein Arbeitszeitkonto eingerichtet, ist eine Buchung gemäß § 9 Abs. 3 zulässig. [4]§ 6 Abs. 1 Satz 2 Buchst. d bleibt unberührt.

bei gesetzl. Feiertag als Werktag Freizeitausgleich/ finanzielle Abgeltung

(2) [1]Für Mitarbeiter, die regelmäßig nach einem Dienstplan eingesetzt werden, der Wechselschicht- oder Schichtdienst an sieben Tagen in der Woche vorsieht, vermindert sich die regelmäßige Wochenarbeitszeit um ein Fünftel der arbeitsvertraglich vereinbarten durchschnittlichen Wochenarbeitszeit, wenn sie an einem gesetzlichen Feiertag, der auf einen Werktag fällt,

bei gesetzl. Feiertag als Werktag und Schichtdienst Reduzierung Soll-Arbeitszeit

a) Arbeitsleistung zu erbringen haben oder
b) nicht wegen des Feiertags, sondern dienstplanmäßig nicht zur Arbeit eingeteilt sind und deswegen an anderen Tagen der Woche ihre regelmäßige Arbeitszeit erbringen müssen.

[2]Absatz 1 gilt in diesen Fällen nicht. [3]§ 6 Abs. 1 Satz 2 Buchst. d bleibt unberührt.

(3) [1]Mitarbeiter, die regelmäßig an Sonn- und Feiertagen arbeiten müssen, erhalten innerhalb von zwei Wochen zwei arbeitsfreie Tage. [2]Hiervon soll ein freier Tag auf einen Sonntag fallen.

arbeitsfreie Tage

§ 4 Sonderformen der Arbeit

(1) [1]Wechselschichtarbeit ist die Arbeit nach einem Schichtplan/Dienstplan, der einen regelmäßigen Wechsel der täglichen Arbeitszeit in Wechselschichten vorsieht, bei denen der Mitarbeiter längstens nach Ablauf eines Monats erneut zu mindestens zwei Nachtschichten herangezogen wird. [2]Wechselschichten sind wechselnde Arbeitsschichten, in denen ununterbrochen bei Tag und Nacht, werktags, sonntags und feiertags gearbeitet wird. [3]Nachtschichten sind Arbeitsschichten, die mindestens zwei Stunden Nachtarbeit umfassen.

Wechselschichtarbeit

Wechselschicht

Nachtschicht

(2) Schichtarbeit ist die Arbeit nach einem Schichtplan, der einen regelmäßigen Wechsel des Beginns der täglichen Arbeitszeit um mindestens zwei Stunden in Zeitabschnitten von längstens einem Monat vorsieht, und die innerhalb einer Zeitspanne von mindestens 13 Stunden geleistet wird.

Schichtarbeit

(3) Bereitschaftsdienst leisten Mitarbeiter, die sich auf Anordnung des Dienstgebers außerhalb der regelmäßigen Arbeitszeit an einer vom Dienstgeber bestimmten Stelle aufhalten, um im Bedarfsfall die Arbeit aufzunehmen.

Bereitschaftsdienst

(4) [1]Rufbereitschaft leisten Mitarbeiter, die sich auf Anordnung des Dienstgebers außerhalb der regelmäßigen Arbeitszeit an einer dem Dienstgeber anzuzeigenden Stelle aufhalten, um auf Abruf die Arbeit aufzunehmen. [2]Rufbereitschaft wird

Rufbereitschaft

nicht dadurch ausgeschlossen, dass Mitarbeiter vom Dienstgeber mit einem Mobiltelefon oder einem vergleichbaren technischen Hilfsmittel ausgestattet sind.

Nachtarbeit

(5) Nachtarbeit ist die Arbeit zwischen 21 Uhr und 6 Uhr.

Mehrarbeit

(6) Mehrarbeit sind die Arbeitsstunden, die Teilzeitbeschäftigte über die vereinbarte regelmäßige Arbeitszeit hinaus bis zur regelmäßigen wöchentlichen Arbeitszeit von Vollbeschäftigten (§ 2 Abs. 1 Satz 1) leisten.

Überstunden

(7) Überstunden sind die auf Anordnung des Dienstgebers geleisteten Arbeitsstunden, die über die im Rahmen der regelmäßigen Arbeitszeit von Vollbeschäftigten (§ 2 Abs. 1 Satz 1) für die Woche dienstplanmäßig bzw. betriebsüblich festgesetzten Arbeitsstunden hinausgehen und nicht bis zum Ende der folgenden Kalenderwoche ausgeglichen werden.

Überstunden bei

(8) Abweichend von Absatz 7 sind nur die Arbeitsstunden Überstunden, die

• Arbeitszeitkorridor

a) im Falle der Festlegung eines Arbeitszeitkorridors nach § 2 Abs. 6 über 45 Stunden oder über die vereinbarte Obergrenze hinaus,

• Rahmenarbeitszeit

b) im Falle der Einführung einer täglichen Rahmenzeit nach § 2 Abs. 7 außerhalb der Rahmenzeit,

• Schichtarbeit

c) im Falle von Wechselschicht- oder Schichtarbeit über die im Schichtplan festgelegten täglichen Arbeitsstunden einschließlich der im Schichtplan vorgesehenen Arbeitsstunden, die bezogen auf die regelmäßige wöchentliche Arbeitszeit im Schichtplanturnus nicht ausgeglichen werden,

angeordnet worden sind.

§ 5 Bereitschaftsdienst und Rufbereitschaft

Voraussetzung Bereitschaftsdienst

(1) Der Dienstgeber darf Bereitschaftsdienst nur anordnen, wenn zu erwarten ist, dass zwar Arbeit anfällt, erfahrungsgemäß aber die Zeit ohne Arbeitsleistung überwiegt.

13/16-Stunden-Dienst

(2) Abweichend von den § 3, § 5 und § 6 Abs. 2 ArbZG kann im Rahmen des § 7 ArbZG die tägliche Arbeitszeit im Sinne des Arbeitszeitgesetzes über acht Stunden hinaus verlängert werden, wenn mindestens die acht Stunden überschreitende Zeit im Rahmen von Bereitschaftsdienst geleistet wird, und zwar wie folgt:

a) bei Bereitschaftsdiensten der Stufen A und B bis zu insgesamt maximal 16 Stunden täglich; die gesetzlich vorgeschriebene Pause verlängert diesen Zeitraum nicht,

b) bei Bereitschaftsdiensten der Stufen C und D bis zu insgesamt maximal 13 Stunden täglich; die gesetzlich vorgeschriebene Pause verlängert diesen Zeitraum nicht.

24-Stunden-Dienst

(3) [1]Im Rahmen des § 7 ArbZG kann unter den Voraussetzungen

a) einer Prüfung alternativer Arbeitszeitmodelle,

b) einer Belastungsanalyse gemäß § 5 ArbSchG und

c) ggf. daraus resultierender Maßnahmen zur Gewährleistung des Gesundheitsschutzes aufgrund einer Dienstvereinbarung von den Regelungen des Arbeitszeitgesetzes abgewichen werden. [2]Abweichend von den §§ 3, 5 und 6 Abs. 2 ArbZG kann die tägliche Arbeitszeit im Sinne des Arbeitszeitgesetzes über acht Stunden hinaus verlängert werden, wenn in die Arbeitszeit regelmäßig und in erheblichem Umfang Bereitschaftsdienst fällt. [3]Hierbei darf die tägliche Arbeitszeit ausschließlich der Pausen maximal 24 Stunden betragen.

Dienst ohne Ausgleich

(4) [1]Unter den Voraussetzungen des Absatzes 3 Satz 1 kann die tägliche Arbeitszeit gemäß § 7 Abs. 2a ArbZG ohne Ausgleich verlängert werden, wobei

a) bei Bereitschaftsdiensten der Stufen A und B eine wöchentliche Arbeitszeit von bis zu maximal durchschnittlich 58 Stunden,

b) bei Bereitschaftsdiensten der Stufen C und D eine wöchentliche Arbeitszeit von bis zu maximal durchschnittlich 54 Stunden

zulässig ist.

Ausgleichszeitraum

(5) Für den Ausgleichszeitraum nach den Absätzen 2 bis 4 gilt § 2 Abs. 2 Satz 1.

Teilzeitarbeit und Bereitschaftsdienst

(6) [1]In den Fällen, in denen Mitarbeiter Teilzeitarbeit gemäß § 10 vereinbart haben, verringern sich die Höchstgrenzen der wöchentlichen Arbeitszeit nach den Absätzen 2 bis 4 in demselben Verhältnis wie die Arbeitszeit dieser Mitarbeiter zu der regelmäßigen Arbeitszeit der Vollbeschäftigten. [2]Mit Zustimmung des Mitarbeiters oder aufgrund von dringenden dienstlichen oder betrieblichen Belangen kann hiervon abgewichen werden.

Voraussetzung Rufbereitschaft

(7) [1]Der Dienstgeber darf Rufbereitschaft nur anordnen, wenn erfahrungsgemäß lediglich in Ausnahmefällen Arbeit anfällt. [2]Durch tatsächliche Arbeitsleistung innerhalb der Rufbereitschaft kann die tägliche Höchstarbeitszeit von zehn Stunden (§ 3 ArbZG) überschritten werden (§ 7 ArbZG).

Abweichung vom ArbZG durch Dienstvereinbarung

(8) § 2 Abs. 4 bleibt im Übrigen unberührt.

Sonderregelung Heime, vgl. § 7, Abs. 3

(9) [1]Für Mitarbeiter in Einrichtungen und Heimen, die der Förderung der Gesundheit, der Erziehung, der Fürsorge oder Betreuung von Kindern und Jugendlichen, der Fürsorge und Betreuung von obdachlosen, alten, gebrechlichen, erwerbsbeschränkten oder sonstigen hilfsbedürftigen Personen dienen, auch wenn diese Einrichtungen nicht der ärztlichen Behandlung der betreuten Personen dienen, gelten die Absätze 1 bis 8 mit der Maßgabe, dass die Grenzen für die Stufen A und B einzuhalten sind. [2]Dazu gehören auch die Mitarbeiter in Einrichtungen, in denen die betreuten Personen nicht regelmäßig ärztlich behandelt und beaufsichtigt werden (Erholungsheime).

§ 6 Ausgleich für Sonderformen der Arbeit

Zeitzuschläge

(1) [1]Der Mitarbeiter erhält neben dem Entgelt für die tatsächliche Arbeitsleistung Zeitzuschläge. [2]Die Zeitzuschläge betragen – auch bei Teilzeitbeschäftigten – je Stunde

Überstunden

a) für Überstunden
   - in den Entgeltgruppen 1 bis 9b 30 v. H.,
   - in den Entgeltgruppen 9c bis 15 15 v. H.,

Nachtarbeit

b) für Nachtarbeit 20 v. H.,

Sonntagsarbeit c) für Sonntagsarbeit 25 v. H.,

Feiertagsarbeit d) bei Feiertagsarbeit

- ohne Freizeitausgleich 135 v. H.,
- mit Freizeitausgleich 35 v. H.,

24./31. Dezember e) für Arbeit am 24. Dezember und am 31. Dezember jeweils ab 6 Uhr 35 v. H.,

Samstagsarbeit f) für Arbeit an Samstagen von 13 bis 21 Uhr, soweit diese nicht im Rahmen von Wechselschicht oder Schichtarbeit anfällt 20 v. H.

Freizeitausgleich

Arbeitszeitkonto

des auf eine Stunde entfallenden Anteils des Tabellenentgelts der Stufe 3 der jeweiligen Entgeltgruppe. [3]Beim Zusammentreffen von Zeitzuschlägen nach Satz 2 Buchst. c bis f wird nur der höchste Zeitzuschlag gezahlt. [4]Auf Wunsch des Mitarbeiters können, soweit ein Arbeitszeitkonto (§ 9) eingerichtet ist und die dienstlichen oder betrieblichen Verhältnisse es zulassen, die nach Satz 2 zu zahlenden Zeitzuschläge entsprechend dem jeweiligen Vomhundertsatz einer Stunde in Zeit umgewandelt und ausgeglichen werden. [5]Dies gilt entsprechend für Überstunden als solche.

Anmerkung zu Absatz 1 Satz 1:

Überstunden

Bei Überstunden richtet sich die Vergütung für die tatsächliche Arbeitsleistung nach der jeweiligen Entgeltgruppe und der individuellen Stufe, höchstens jedoch nach der Stufe 4.

Anmerkung zu Absatz 1 Satz 2 Buchst. d:

Feiertagsarbeit

[1]Der Freizeitausgleich muss im Dienstplan besonders ausgewiesen und bezeichnet werden. [2]Falls kein Freizeitausgleich gewährt wird, werden als Vergütung einschließlich des Zeitzuschlags und des auf den Feiertag entfallenden Tabellenentgelts höchstens 235 v.H. gezahlt.

Abgeltung nicht ausgeglichener Arbeitsstunden

(2) Für Arbeitsstunden, die keine Überstunden sind und die aus dienstlichen oder betrieblichen Gründen nicht innerhalb des nach § 2 Abs. 2 Satz 1 oder 2 festgelegten Zeitraums mit Freizeit ausgeglichen werden, erhält der Mitarbeiter je Stunde 100 v. H. des auf eine Stunde entfallenden Anteils des Tabellenentgelts der jeweiligen Entgeltgruppe und Stufe.

Anmerkung zu Absatz 2:

Arbeitsstunden

Mit dem Begriff „Arbeitsstunden" sind nicht die Stunden gemeint, die im Rahmen von Gleitzeitregelungen im Sinne der Anmerkung zu § 2 anfallen, es sei denn, sie sind angeordnet worden.

(3) [1]Zugunsten der Mitarbeiter können für Dienste, soweit diese zu Zeiten gemäß § 6 Abs. 1 Satz 2 Buchstaben b bis f erbracht werden, die dort genannten Prozentbeträge durch Dienstvereinbarung erhöht werden. [2]Durch Dienstvereinbarungen können für die freiwillige Übernahme zusätzlich betrieblich veranlasster Dienste Zulagen oder Zuschläge zusätzlich zum ohnehin geschuldeten Entgelt vereinbart werden. [3]Die Regelungen der Mitarbeitervertretungsordnung (MAVO) sind zu beachten.

Vergütung Rufbereitschaft

(4) [1]Für die Rufbereitschaft wird eine tägliche Pauschale je Entgeltgruppe bezahlt. [2]Sie beträgt für die Tage Montag bis Freitag das Zweifache, für Samstag, Sonntag sowie für Feiertage das Vierfache des Stundenentgelts nach Maßgabe der Entgelttabelle. [3]Maßgebend für die Bemessung der Pauschale nach Satz 2 ist der Tag, an dem die Rufbereitschaft beginnt. [4]Für die Arbeitsleistung innerhalb der Rufbereitschaft außerhalb des Aufenthaltsortes im Sinne des § 4 Abs. 4 wird die Zeit jeder

einzelnen Inanspruchnahme einschließlich der hierfür erforderlichen Wegezeiten jeweils auf eine volle Stunde gerundet und mit dem Entgelt für Überstunden sowie mit etwaigen Zeitzuschlägen nach Absatz 1 bezahlt. [5]Wird die Arbeitsleistung innerhalb der Rufbereitschaft am Aufenthaltsort im Sinne des § 4 Abs. 4 telefonisch (z. B. in Form einer Auskunft) oder mittels technischer Einrichtungen erbracht, wird abweichend von Satz 4 die Summe dieser Arbeitsleistungen auf die nächste volle Stunde gerundet und mit dem Entgelt für Überstunden sowie mit etwaigen Zeitzuschlägen nach Absatz 1 bezahlt. [6]Absatz 1 Satz 4 gilt entsprechend, soweit die Buchung auf das Arbeitszeitkonto nach § 9 Abs. 3 Satz 2 zulässig ist. [7]Satz 1 gilt nicht im Falle einer stundenweisen Rufbereitschaft. [8]Eine Rufbereitschaft im Sinne von Satz 7 liegt bei einer ununterbrochenen Rufbereitschaft von weniger als zwölf Stunden vor. [9]In diesem Fall wird abweichend von den Sätzen 2 und 3 für jede Stunde der Rufbereitschaft 12,5 v. H. des Stundenentgelts nach Maßgabe der Entgelttabelle gezahlt.

Anmerkung zu Absatz 4:

Ermittlung der Tage einer Rufbereitschaft

Zur Ermittlung der Tage einer Rufbereitschaft, für die eine Pauschale gezahlt wird, ist auf den Tag des Beginns der Rufbereitschaft abzustellen.

Wechselschichtzulage

(5) [1]Mitarbeiter, die ständig Wechselschichtarbeit leisten, erhalten eine Wechselschichtzulage von 250 Euro monatlich. [2]Mitarbeiter, die nicht ständig Wechselschichtarbeit leisten, erhalten eine Wechselschichtzulage von 1,47 Euro pro Stunde. [3]Ab dem 1. Januar 2027 nehmen die vorgenannten Zulagen für Wechselschichtarbeit an allgemeinen Entgelterhöhungen teil.

(6) [1]Mitarbeiter, die ständig Schichtarbeit leisten, erhalten eine Schichtzulage von 100 Euro monatlich. [2]Mitarbeiter, die nicht ständig Schichtarbeit leisten, erhalten eine Schichtzulage von 0,59 Euro pro Stunde. [3]Ab dem 1. Januar 2027 nehmen die vorgenannten Zulagen für Schichtarbeit an allgemeinen Entgelterhöhungen teil.

§ 7 Bereitschaftsdienstentgelt

Vergütung Bereitschaftsdienst

(1) Zum Zwecke der Entgeltberechnung wird die Zeit des Bereitschaftsdienstes einschließlich der geleisteten Arbeit wie folgt als Arbeitszeit gewertet:

Stufen und Arbeitszeitbewertung

(a) [1]Nach dem Maß der während des Bereitschaftsdienstes erfahrungsgemäß durchschnittlich anfallenden Arbeitsleistungen wird die Zeit des Bereitschaftsdienstes wie folgt als Arbeitszeit gewertet:

Stufe	Arbeitsleistung innerhalb des Bereitschaftsdienstes	Bewertung als Arbeitszeit
A	0 bis zu 10 v. H.	15 v. H.
B	mehr als 10 v. H. bis 25 v. H.	25 v. H.
C	mehr als 25 v. H. bis 40 v. H.	40 v. H.
D	mehr als 40 v. H. bis 49 v. H.	55 v. H.

[2]Ein hiernach der Stufe A zugeordneter Bereitschaftsdienst wird der Stufe B zugeteilt, wenn der Mitarbeiter während des Bereitschaftsdienstes in der Zeit von 22 bis 6 Uhr erfahrungsgemäß durchschnittlich mehr als dreimal dienstlich in Anspruch genommen wird.

zusätzliche Arbeitszeit-bewertung

(b) Entsprechend der Zahl der vom Mitarbeiter je Kalendermonat abgeleisteten Bereitschaftsdienste wird die Zeit eines jeden Bereitschaftsdienstes zusätzlich wie folgt als Arbeitszeit gewertet:

Zahl der Bereitschaftsdienste im Kalendermonat	Bewertung als Arbeitszeit
1. bis 8. Bereitschaftsdienst	25 v. H.
9. bis 12. Bereitschaftsdienst	35 v. H.
13. und folgende Bereitschaftsdienste	45 v. H.

Zuweisung

(2) Die Zuweisung zu den einzelnen Stufen des Bereitschaftsdienstes erfolgt durch die Einrichtungsleitung und die Mitarbeitervertretung.

Mitarbeiter gem. § 5 Abs. 9

(3) [1]Für die Mitarbeiter gemäß § 5 Abs. 9 wird zum Zwecke der Entgeltberechnung die Zeit des Bereitschaftsdienstes einschließlich der geleisteten Arbeit mit 25 v. H. als Arbeitszeit bewertet. [2]Leistet der Mitarbeiter in einem Kalendermonat mehr als acht Bereitschaftsdienste, wird die Zeit eines jeden über acht Bereitschaftsdienste hinausgehenden Bereitschaftsdienstes zusätzlich mit 15 v. H. als Arbeitszeit gewertet.

Zeitzuschlag

(3a) Die Mitarbeiter erhalten zusätzlich zu dem Entgelt nach Absatz 3 für die Zeit des Bereitschaftsdienstes in den Nachtstunden (§ 4 Abs. 5) je Stunde einen Zeitzuschlag in Höhe von 15 v.H. des Stundenentgelts gemäß der Tabelle in Anhang C dieser Anlage.

Vergütung

(4) Das Entgelt für die nach den Absätzen 1, 3 und 3a zum Zwecke der Entgeltberechnung als Arbeitszeit gewertete Bereitschaftsdienstzeit bestimmt sich nach Anhang C dieser Anlage.

Freizeitausgleich

(5) An Mitarbeiter wird das Bereitschaftsdienstentgelt gezahlt, es sei denn, dass ein Freizeitausgleich im Dienstplan vorgesehen ist, oder eine entsprechende Regelung in einer einvernehmlichen Dienstvereinbarung getroffen wird oder der Mitarbeiter dem Freizeitausgleich zustimmt.

§ 8 Bereitschaftszeiten

Bereitschaftsdienst Voraussetzung

(1) [1]Bereitschaftszeiten sind die Zeiten, in denen sich der Mitarbeiter am Arbeitsplatz oder einer anderen vom Dienstgeber bestimmten Stelle zur Verfügung halten muss, um im Bedarfsfall die Arbeit selbständig, ggf. auch auf Anordnung, aufzunehmen und in denen die Zeiten ohne Arbeitsleistung überwiegen. [2]Für Mitarbeiter, in deren Tätigkeit regelmäßig und in nicht unerheblichem Umfang Bereitschaftszeiten fallen, gelten folgende Regelungen:

a) *(RK Nord, NRW, Mitte, BW, Bayern):* Bereitschaftszeiten werden zur Hälfte als tarifliche Arbeitszeit gewertet (faktorisiert).

b) *(RK Ost):* Bereitschaftszeiten werden zur Hälfte als Arbeitszeit gewertet (faktorisiert).

c) Sie werden innerhalb von Beginn und Ende der regelmäßigen täglichen Arbeitszeit nicht gesondert ausgewiesen.

d) Die Summe aus den faktorisierten Bereitschaftszeiten und der Vollarbeitszeit darf die Arbeitszeit nach § 2 Abs. 1 nicht überschreiten.

e) Die Summe aus Vollarbeits- und Bereitschaftszeiten darf durchschnittlich 48 Stunden wöchentlich nicht überschreiten.

[3]Ferner ist Voraussetzung, dass eine nicht nur vorübergehend angelegte Organisationsmaßnahme besteht, bei der regelmäßig und in nicht unerheblichem Umfang Bereitschaftszeiten anfallen.

Dienstvereinbarung

(2) Die Anwendung des Absatzes 1 bedarf einer einvernehmlichen Dienstvereinbarung.

Anmerkung zu § 8:
Diese Regelung gilt nicht für Wechselschicht- und Schichtarbeit.

§ 9 Arbeitszeitkonto

Arbeitszeitkonto; Dienstvereinbarung

(1) [1]Durch Dienstvereinbarung kann ein Arbeitszeitkonto eingerichtet werden. [2]Soweit ein Arbeitszeitkorridor (§ 2 Abs. 6) oder eine Rahmenzeit (§ 2 Abs. 7) vereinbart wird, ist ein Arbeitszeitkonto einzurichten.

Dienstvereinbarung

(2) [1]In der Dienstvereinbarung wird festgelegt, ob das Arbeitszeitkonto in der ganzen Einrichtung oder Teilen davon eingerichtet wird. [2]Alle Mitarbeiter der Einrichtungsteile, für die ein Arbeitszeitkonto eingerichtet wird, werden von den Regelungen des Arbeitszeitkontos erfasst.

Zeitarten

(3) [1]Auf das Arbeitszeitkonto können Zeiten, die bei Anwendung des nach § 2 Abs. 2 festgelegten Zeitraums als Zeitguthaben oder als Zeitschuld bestehen bleiben, nicht durch Freizeit ausgeglichene Zeiten nach § 6 Abs. 1 Satz 5 und Abs. 2 sowie in Zeit umgewandelte Zuschläge nach § 6 Abs. 1 Satz 4 gebucht werden. [2]Weitere Kontingente (z.B. Rufbereitschafts-/Bereitschaftsdienstentgelte) können durch Dienstvereinbarung zur Buchung freigegeben werden. [3]Der Mitarbeiter entscheidet für einen in der Dienstvereinbarung festgelegten Zeitraum, welche der in Satz 1 genannten Zeiten auf das Arbeitszeitkonto gebucht werden.

Arbeitsunfähigkeit

(4) Im Falle einer unverzüglich angezeigten und durch ärztliches Attest nachgewiesenen Arbeitsunfähigkeit während eines Zeitausgleichs vom Arbeitszeitkonto (Zeiten nach Absatz 3 Satz 1 und 2) tritt eine Minderung des Zeitguthabens nicht ein.

Dienstvereinbarung

(5) In der Dienstvereinbarung sind insbesondere folgende Regelungen zu treffen:

Grenze Zeitschuld/-guthaben

a) Die höchstmögliche Zeitschuld (bis zu 40 Stunden) und das höchstzulässige Zeitguthaben (bis zu einem Vielfachen von 40 Stunden), die innerhalb eines bestimmten Zeitraums anfallen dürfen;

Frist Aufbau/Abbau

b) nach dem Umfang des beantragten Freizeitausgleichs gestaffelte Fristen für das Abbuchen von Zeitguthaben oder für den Abbau von Zeitschulden durch den Mitarbeiter;

c) die Berechtigung, das Abbuchen von Zeitguthaben zu bestimmten Zeiten (z.B. an so genannten Brückentagen) vorzusehen;

d) die Folgen, wenn der Dienstgeber einen bereits genehmigten Freizeitausgleich kurzfristig widerruft.

Langzeitkonto

(6) [1]Der Dienstgeber kann mit dem Mitarbeiter die Einrichtung eines Langzeitkontos vereinbaren. [2]In diesem Fall ist die Mitarbeitervertretung zu beteiligen und – bei Insolvenzfähigkeit des Dienstgebers – eine Regelung zur Insolvenzsicherung zu treffen.

§ 10 Teilzeitbeschäftigung

Anspruch Teilzeitarbeit bei Kind/ pflegebedürftigen Angehörigen

(1) [1]Mit Mitarbeitern soll auf Antrag eine geringere als die vertraglich festgelegte Arbeitszeit vereinbart werden, wenn sie

a) mindestens ein Kind unter 18 Jahren oder

b) einen nach ärztlichem Gutachten pflegebedürftigen sonstigen Angehörigen

Befristung

Arbeitszeitgestaltung

tatsächlich betreuen oder pflegen und dringende dienstliche bzw. betriebliche Belange nicht entgegenstehen. [2]Die Teilzeitbeschäftigung nach Satz 1 ist auf Antrag auf bis zu fünf Jahre zu befristen. [3]Sie kann verlängert werden; der Antrag ist spätestens sechs Monate vor Ablauf der vereinbarten Teilzeitbeschäftigung zu stellen. [4]Bei der Gestaltung der Arbeitszeit hat der Dienstgeber im Rahmen der dienstlichen bzw. betrieblichen Möglichkeiten der besonderen persönlichen Situation des Mitarbeiters nach Satz 1 Rechnung zu tragen.

Erörterungspflicht

(2) Mitarbeiter, die in anderen als den in Absatz 1 genannten Fällen eine Teilzeitbeschäftigung vereinbaren wollen, können von ihrem Dienstgeber verlangen, dass er mit ihnen die Möglichkeit einer Teilzeitbeschäftigung mit dem Ziel erörtert, zu einer entsprechenden Vereinbarung zu gelangen.

Anspruch Vollzeitarbeit

(3) Ist mit früher Vollbeschäftigten auf ihren Wunsch eine nicht befristete Teilzeitbeschäftigung vereinbart worden, sollen sie bei späterer Besetzung eines Vollzeitarbeitsplatzes bei gleicher Eignung im Rahmen der dienstlichen bzw. betrieblichen Möglichkeiten bevorzugt berücksichtigt werden.

Anmerkung zu den §§ 2 bis 10:
Bei In-Kraft-Treten dieser Anlage bestehende Gleitzeitregelungen bleiben unberührt.

§ 11 Eingruppierung

Tätigkeitsmerkmale, Anhang D

Die Eingruppierung der Mitarbeiter im Sinne des § 1 Abs. 1 Buchstaben a bis d richtet sich nach den Tätigkeitsmerkmalen des Anhang D dieser Anlage, die Eingruppierung der Mitarbeiter im Sinne des § 1 Abs. 1 Buchstabe e richtet sich nach den Tätigkeitsmerkmalen des Anhang E dieser Anlage.

§ 12 Tabellenentgelt

Eingruppierungsautomatik

(1) [1]Der Mitarbeiter erhält monatlich ein Tabellenentgelt. [2]Die Höhe bestimmt sich nach der Entgeltgruppe, in die er eingruppiert ist, und nach der für ihn geltenden Stufe. [3]Soweit in dieser Anlage auf bestimmte Entgeltgruppen Bezug genommen wird, entspricht

die Entgeltgruppe	der Entgeltgruppe
P 4	3
P 6	4
P 7	7
P 8	8
P 9, P 10	9a
P 11	9b
P 12	
P 13	10
P 14, P 15	11
P 16	12.

(2) Die Mitarbeiter erhalten Entgelt nach Anhang A und B dieser Anlage.

Anhang A und B

(3) *(RK Nord, NRW, Mitte, Ost, Bayern): (RK Ost ab 1. Januar 2022)* Mitarbeiter, die in eine der Entgeltgruppen P 4 bis P 16 eingruppiert sind, erhalten zuzüglich zu dem Tabellenentgelt nach Absatz 1 eine nicht dynamische Zulage in Höhe von monatlich 25 Euro.

(3) *(RK BW):* Mitarbeiter, die in eine der Entgeltgruppen P 4 bis P 16 eingruppiert sind, erhalten zuzüglich zu dem Tabellenentgelt nach Absatz 1 eine nicht dynamische Zulage in Höhe von monatlich 35 Euro.

nicht dynamische Zulage

(4) [1]Mitarbeiter der Entgeltgruppen P 4 bis P 16 erhalten ab dem 1. Juli 2025 eine monatliche Zulage von 137,96 Euro (Pflegezulage), ab 1. Februar 2026 von 141,82 Euro. [2]Ab dem 1. Januar 2023 nimmt die Pflegezulage an allgemeinen Entgelterhöhungen teil.

Pflegezulage

(5) *(RK Ost):* [1]Mitarbeiter der Entgeltgruppen P4 bis P16, die unter den Geltungsbereich der Anlage 32 fallen, erhalten eine Einmalzahlung in Höhe von 1.000 Euro mit der Vergütung des Monats Januar 2022, wenn für sie durchgehend zwischen dem 01. März 2021 und dem 31. Dezember 2021 Anspruch auf Dienstbezüge bestanden hat. [2]Mitarbeiter nach Satz 1, die nicht alle Kalendermonate vom 01. März 2021 bis 31. Dezember 2021 Anspruch auf Bezüge aus einem Dienstverhältnis bei demselben Dienstgeber haben, erhalten eine gekürzte Einmalzahlung. [3]Sie beträgt ein Zehntel der Einmalzahlung für jeden Monat, in dem der Mitarbeiter Anspruch auf Bezüge hat. [4]Bei Beendigung des Dienstverhältnisses bzw. bei Eintritt des Ruhens des Dienstverhältnisses (§ 18 Abs.1 Satz 6 AT) vor dem 01. Januar 2022 wird die Einmalzahlung anteilig gem. Abs. 2 mit der letzten Vergütung ausbezahlt. [5]Anspruch auf Dienstbezüge im Sinne des Satzes 2 sind auch der Anspruch auf Entgeltfortzahlung aus Anlass der in § 10 AT, in Abschnitt XII Absatz b der Anlage 1 i. V. m. Abschnitt XII Absatz a Satz 2 und Satz 3 der Anlage 1, in § 2 und § 4 der Anlage 14, in § 17 der Anlage 32, und in § 3 Absatz 2 Satz 2 der Anlage 5, in § 2 Absatz 3 Satz 1 der Anlage 32 genannten Ereignisse und der Anspruch auf Krankengeldzuschuss aus Abschnitt XII Absatz c Satz 1 der Anlage. [6]§12a der Anlage 32 findet im Übrigen Anwendung.

Einmalzahlung

§ 12a Berechnung und Auszahlung des Entgelts

Teilzeitentgelt

Teilzeitbeschäftigte erhalten das Tabellenentgelt und alle sonstigen Entgeltbestandteile in dem Umfang, der dem Anteil ihrer individuell vereinbarten durchschnittlichen Arbeitszeit an der regelmäßigen Arbeitszeit vergleichbarer Vollzeitbeschäftigter entspricht.

§ 12b (kein Abdruck wegen Fristablauf)

§ 12c *(RK Nord):* (kein Abdruck wegen Fristablauf)

§ 13 Stufen der Entgelttabelle

Entgeltstufen Gruppen 2 bis 15

(1) [1]Die Entgeltgruppen 2 bis 15 umfassen sechs Stufen. [2]Die Abweichungen von Satz 1 sind in § 13a geregelt.

Stufenzuordnung Grundregel einschlägige Berufserfahrung

(2) [1]Bei Einstellung werden die Mitarbeiter der Stufe 1 zugeordnet, sofern keine einschlägige Berufserfahrung vorliegt. [2]Verfügt der Mitarbeiter über eine einschlägige Berufserfahrung von mindestens einem Jahr, erfolgt die Einstellung in die Stufe 2; verfügt er über eine einschlägige Berufserfahrung von mindestens drei Jahren, erfolgt in der Regel eine Zuordnung zur Stufe 3. [3]Unabhängig davon kann der Dienstgeber bei Neueinstellungen zur Deckung des Personalbedarfs Zeiten einer vorherigen beruflichen Tätigkeit ganz oder teilweise für die Stufenzuordnung berücksichtigen, wenn diese Tätigkeit für die vorgesehene Tätigkeit förderlich ist. [4]Bei Einstellung im Anschluss an ein Dienstverhältnis bei demselben Dienstgeber werden die Mitarbeiter mit einschlägiger Berufserfahrung (horizontale Wiedereinstellung) der im vorhergehenden Dienstverhältnis erworbenen Stufe zugeordnet und die im vorhergehenden Dienstverhältnis erreichte Stufenlaufzeit wird fortgeführt, soweit es zwischen den Dienstverhältnissen zu keiner längeren als einer sechsmonatigen rechtlichen Unterbrechung gekommen ist.

Anmerkung zu Absatz 2:

Praktikum

Ein Praktikum oder berufspraktischer Ausbildungsteil nach Abschnitt H des Teils II i.V.m. Teil III. der Anlage 7 gilt grundsätzlich als Erwerb einschlägiger Berufserfahrung.

(2a) [1]Wird der Mitarbeiter in unmittelbarem Anschluss an ein Dienstverhältnis im Geltungsbereich der AVR oder im sonstigen Tätigkeitsbereich der katholischen Kirche eingestellt, so erhält er

a) wenn sein bisheriges Entgelt nach dieser Anlage oder einer entsprechenden Regelung bemessen war, das Entgelt der Stufe, das er beim Fortbestehen des Dienstverhältnisses am Einstellungstag vom bisherigen Dienstgeber erhalten hätte,

b) wenn sein bisheriges Entgelt in Abweichung von den Vorschriften dieser Anlage oder einer entsprechenden Reglung bemessen war, das Entgelt der Stufe, das er am Einstellungstag von seinem bisherigen Dienstgeber erhalten würde, wenn sein Entgelt ab dem Zeitpunkt, seitdem er ununterbrochen im Geltungsbereich der AVR oder im sonstigen Tätigkeitsbereich der katholischen Kirche tätig ist, nach dieser Anlage oder einer entsprechenden Regelung bemessen worden wäre.

[2]Die im vorhergehenden Dienstverhältnis erreichte Stufenlaufzeit wird im Anschlussdienstverhältnis fortgeführt. [3]War der Mitarbeiter in Abweichung von den Vorschriften dieser Anlage oder einer entsprechenden Regelung eingruppiert, wird die bisherige erreichte Stufenlaufzeit so fortgeführt, wie wenn er ab dem Zeitpunkt, seitdem er ununterbrochen im Geltungsbereich der AVR oder im sonstigen Tätigkeitsbereich der katholischen Kirche tätig ist, nach dieser Anlage oder einer entsprechenden Regelung eingruppiert worden wäre.

Anmerkung zu Absatz 2a:

1. Der Tätigkeit im Bereich der katholischen Kirche steht gleich eine Tätigkeit in der evangelischen Kirche, in einem Diakonischen Werk oder in einer Einrichtung, die dem Diakonischen Werk angeschlossen ist.

Tätigkeit im Bereich der katholischen Kirche

2. [1]Ein unmittelbarer Anschluss liegt nicht vor, wenn zwischen den Dienstverhältnissen ein oder mehrere Werktage – mit Ausnahme allgemein arbeitsfreier Werktage – liegen, in denen das Dienstverhältnis nicht bestand. [2]Es ist jedoch unschädlich, wenn der Mitarbeiter in dem gesamten zwischen den Dienstverhältnissen liegenden Zeitraum dienstunfähig erkrankt war oder die Zeit zur Ausführung eines Umzuges an einen anderen Ort benötigt hat. [3]Von der Voraussetzung des unmittelbaren Anschlusses kann abgewichen werden, wenn der Zeitraum zwischen dem Ende des bisherigen Dienstverhältnisses und dem Beginn des neuen Dienstverhältnisses ein Jahr nicht übersteigt.

kein unmittelbarer Anschluss

A 32

(3) [1]Die Mitarbeiter erreichen die jeweils nächste Stufe – von Stufe 3 an in Abhängigkeit von ihrer Leistung gemäß § 14 Abs. 2 – nach folgenden Zeiten einer ununterbrochenen Tätigkeit innerhalb derselben Entgeltgruppe bei ihrem Dienstgeber (Stufenlaufzeit):

Stufenlaufzeit, vgl. § 13a

unterbrochene Tätigkeit, vgl. § 14 Abs. 3

- Stufe 2 nach einem Jahr in Stufe 1,
- Stufe 3 nach zwei Jahren in Stufe 2,
- Stufe 4 nach drei Jahren in Stufe 3,
- Stufe 5 nach vier Jahren in Stufe 4 und
- Stufe 6 nach fünf Jahren in Stufe 5.

[2]Die Abweichungen von Satz 1 sind in § 13a geregelt.

(4) [1]Die Entgeltgruppe 1 umfasst fünf Stufen. [2]Einstellungen erfolgen in der Stufe 2 (Eingangsstufe). [3]Die jeweils nächste Stufe wird nach vier Jahren in der vorangegangenen Stufe erreicht; § 14 Abs. 2 bleibt unberührt.

Entgeltstufen Gruppe 1, Stufenzuordnung und -laufzeit

§ 13a Besondere Stufenregelung

abweichende Stufenzuordnung, siehe Anhang B

(1) Abweichend von § 13 Abs. 1 Satz 1 ist Eingangsstufe in den Entgeltgruppen P 7 bis P 16 die Stufe 2.

Eingangsstufe

(2) [1]Abweichend von § 13 Abs. 3 Satz 1 wird in den Entgeltgruppen P 7 und P 8 die Stufe 3 nach drei Jahren in Stufe 2 erreicht.

Stufe 2

keine Anwendung von Abs. 2

Anmerkung zu Absatz 2:
Absatz 2 findet keine Anwendung auf Mitarbeiter, die mindestens zur Hälfte eine oder mehrere der folgenden Tätigkeiten auszuüben haben:

- Erfüllung von Pflegeaufgaben an Patienten von psychiatrischen oder neurologischen Krankenhäusern, die nicht in diesen Krankenhäusern untergebracht sind,
- dem zentralen Sterilisationsdienst vorstehen.

§ 14 Allgemeine Regelungen zu den Stufen

Monatsbeginn

(1) Die Mitarbeiter erhalten vom Beginn des Monats an, in dem die nächste Stufe erreicht wird, das Tabellenentgelt nach der neuen Stufe.

Verkürzung und Verlängerung der Stufenlaufzeit, vgl. § 13 Abs. 3, 4

betriebliche Kommission

(2) [1]Bei Leistungen des Mitarbeiters, die erheblich über dem Durchschnitt liegen, kann die erforderliche Zeit für das Erreichen der Stufen 4 bis 6 jeweils verkürzt werden. [2]Bei Leistungen, die erheblich unter dem Durchschnitt liegen, kann die erforderliche Zeit für das Erreichen der Stufen 4 bis 6 jeweils verlängert werden. [3]Bei einer Verlängerung der Stufenlaufzeit hat der Dienstgeber jährlich zu prüfen, ob die Voraussetzungen für die Verlängerung noch vorliegen. [4]Für die Beratung von schriftlich begründeten Beschwerden von Mitarbeitern gegen eine Verlängerung nach Satz 2 bzw. 3 ist eine betriebliche Kommission zuständig. [5]Die Mitglieder der betrieblichen Kommission werden je zur Hälfte vom Dienstgeber und von der Mitarbeitervertretung benannt; sie müssen der Einrichtung angehören. [6]Der Dienstgeber entscheidet auf Vorschlag der Kommission darüber, ob und in welchem Umfang der Beschwerde abgeholfen werden soll.

Leistungsanreize und Stufenaufstieg

Anmerkung zu Absatz 2:
[1]Die Instrumente der materiellen Leistungsanreize (§ 15) und der leistungsbezogene Stufenaufstieg bestehen unabhängig voneinander und dienen unterschiedlichen Zielen. [2]Leistungsbezogene Stufenaufstiege unterstützen insbesondere die Anliegen der Personalentwicklung.

Leistungsminderungen

Anmerkung zu Absatz 2 Satz 2:
Bei Leistungsminderungen, die auf einem anerkannten Arbeitsunfall oder einer Berufskrankheit gemäß §§ 8 und 9 SGB VII beruhen, ist diese Ursache in geeigneter Weise zu berücksichtigen.

Mitwirkung der Kommission

Anmerkung zu Absatz 2 Satz 6:
Die Mitwirkung der Kommission erfasst nicht die Entscheidung über die leistungsbezogene Stufenzuordnung.

Zeiten ununterbrochener Tätigkeit, vgl. § 13 Abs. 3

(3) [1]Den Zeiten einer ununterbrochenen Tätigkeit im Sinne des § 13 Abs. 3 Satz 1 stehen gleich:

a) Zeiten von Beschäftigungsverboten nach dem Mutterschutzgesetz,

b) Zeiten einer Arbeitsunfähigkeit nach Abschnitt XII der Anlage 1 zu den AVR bis zu 26 Wochen,

c) Zeiten eines bezahlten Urlaubs,

d) Zeiten eines Sonderurlaubs, bei denen der Dienstgeber vor dem Antritt schriftlich ein dienstliches bzw. betriebliches Interesse anerkannt hat,

e) Zeiten einer sonstigen Unterbrechung von weniger als einem Monat im Kalenderjahr,

f) Zeiten der vorübergehenden Übertragung einer höherwertigen Tätigkeit.

[2]Zeiten der Unterbrechung bis zu einer Dauer von jeweils drei Jahren, die nicht von Satz 1 erfasst werden, und Elternzeit bis zu jeweils fünf Jahren sind unschädlich, werden aber nicht auf die Stufenlaufzeit angerechnet. [3]Bei einer Unterbrechung von mehr als drei Jahren, bei Elternzeit von mehr als fünf Jahren, erfolgt eine Zuordnung zu der Stufe, die der vor der Unterbrechung erreichten Stufe vorangeht, jedoch nicht niedriger als bei einer Neueinstellung; die Stufenlaufzeit beginnt mit dem Tag der Arbeitsaufnahme. [4]Zeiten, in denen Mitarbeiter mit einer kürzeren als der regelmäßigen wöchentlichen Arbeitszeit eines entsprechenden Vollbeschäftigten beschäftigt waren, werden voll angerechnet.

Höhergruppierung

(4) [1]Bei Eingruppierung in eine höhere Entgeltgruppe werden die Mitarbeiter der gleichen Stufe zugeordnet, die sie in der niedrigeren Entgeltgruppe erreicht haben, mindestens jedoch der Stufe 2. [2]Fällt der Zeitpunkt der Stufensteigerung mit dem einer Höhergruppierung eines Mitarbeiters zusammen, so ist zunächst die Steigerung in der bisherigen Vergütungsgruppe vorzunehmen und danach die Höhergruppierung durchzuführen. [3]Die Stufenlaufzeit in der höheren Entgeltgruppe beginnt mit dem Tag der Höhergruppierung. [4]Bei einer Eingruppierung in eine niedrigere Entgeltgruppe ist der Mitarbeiter der in der höheren Entgeltgruppe erreichten Stufe zuzuordnen; die in der bisherigen Stufe zurückgelegte Stufenlaufzeit wird auf die Stufenlaufzeit in der niedrigeren Entgeltgruppe angerechnet. [5]Der Mitarbeiter erhält vom Beginn des Monats an, in dem die Veränderung wirksam wird, das entsprechende Tabellenentgelt aus der im Satz 1 oder Satz 4 festgelegten Stufe der betreffenden Entgeltgruppe.

Anmerkung zu Absatz 4:
Bei Eingruppierung in eine Entgeltgruppe, die einer anderen als der bisherigen Entgelttabelle zugeordnet ist (Tabellenwechsel), werden die Mitarbeiter der gleichen Stufe zugeordnet, die sie in der bisherigen Entgeltgruppe erreicht haben.

(5) [1]Soweit es zur regionalen Differenzierung, zur Deckung des Personalbedarfs oder zur Bindung von qualifizierten Fachkräften erforderlich ist, kann sowohl Gruppen von Mitarbeitern als auch einzelnen Mitarbeitern, abweichend von dem sich aus der nach § 13, § 13a und § 14 Abs. 4 ergebenden Stufe ihrer jeweiligen Entgeltgruppe zustehenden Entgelt, ein um bis zu zwei Stufen höheres Entgelt ganz oder teilweise vorweggewährt werden. [2]Haben Mitarbeiter bereits die Stufe 5 oder die Endstufe ihrer jeweiligen Entgeltgruppe erreicht, kann ihnen unter den Voraussetzungen des Satzes 1 ein bis zu 20 v.H. der Stufe 2 ihrer jeweiligen Entgeltgruppe höheres Entgelt gezahlt werden. [3]Die Gewährung eines höheren Entgelts nach den Sätzen 1 und 2 kann zeitlich befristet erfolgen; sie ist jederzeit widerruflich. [4]Im Übrigen bleibt § 14 unberührt. [5]Die Mitbestimmungs- und Beteiligungsrechte nach der Mitarbeitervertretungsordnung (MAVO) bleiben unberührt.

§ 15 Leistungsentgelt bzw. Sozialkomponente

Zwecke

(1) Das Leistungsentgelt bzw. die Sozialkomponente sollen dazu beitragen, die caritativen Dienstleistungen zu verbessern.

Dienstvereinbarung

(2) [1]Ein Leistungsentgelt bzw. eine Sozialkomponente können nur durch eine ergänzende Dienstvereinbarung mit der Mitarbeitervertretung nach § 38 MAVO eingeführt werden. [2]Der persönliche Geltungsbereich einer solchen ergänzenden Dienstvereinbarung ist auf Mitarbeiter im Sinne von § 3 MAVO beschränkt. [3]Eine Dienstvereinbarung, die auch Mitarbeiter erfasst, die in den Geltungsbereich der Anlagen 31 und 33 zu den AVR fallen, ist möglich. [4]Kommt eine Dienstvereinbarung vor Ablauf des jeweiligen Kalenderjahres für das jeweilige Kalenderjahr nicht zustande, findet Absatz 4 Anwendung. [5]Für leitende Mitarbeiter nach § 3 Abs. 2 Nr. 2 bis 4 MAVO gilt Absatz 4, sofern individualrechtlich nichts anderes vereinbart wurde.

Umfang

(3) [1]Das für das Leistungsentgelt bzw. die Sozialkomponente zur Verfügung stehende Gesamtvolumen entspricht

ab dem Jahr 2013: 2,00 v.H.

der ab Inkrafttreten dieser Anlage im jeweiligen Kalenderjahr gezahlten ständigen Monatsentgelte aller unter den Geltungsbereich dieser Anlage fallenden Mitarbeiter der jeweiligen Einrichtung im Sinne von § 1 MAVO. [2]Das zur Verfügung stehende Gesamtvolumen ist zweckentsprechend zu verwenden. [3]Wird eine die Anlagen 31, 32 und 33 übergreifende Dienstvereinbarung geschlossen, können die für das Leistungsentgelt bzw. die Sozialkomponente zur Verfügung stehenden Gesamtvolumen der jeweiligen Anlagen zusammengerechnet werden.

Anmerkung zu Absatz 3 Satz 1:

Monatsentgelt

[1]Ständige Monatsentgelte sind insbesondere das Tabellenentgelt (ohne Sozialversicherungsbeiträge des Dienstgebers und dessen Beiträge für die Zusatzversorgung), die in Monatsbeträgen festgelegten Zulagen sowie Entgelt im Krankheitsfall und bei Urlaub, soweit diese Entgelte in dem betreffenden Kalenderjahr ausgezahlt worden sind; nicht einbezogen sind dagegen insbesondere Abfindungen, Aufwandsentschädigungen, Besitzstandszulagen, Einmalzahlungen, Jahressonderzahlungen, Leistungsentgelte, Strukturausgleiche, unständige Entgeltbestandteile und Entgelte der Mitarbeiter im Sinne des § 3 Abs. g des Allgemeinen Teils zu den AVR. [2]Unständige Entgeltbestandteile können betrieblich einbezogen werden.

Anmerkung zu Absatz 3:

Ab dem Jahr 2012 strebt die Arbeitsrechtliche Kommission an, den Vomhundertsatz des TVöD zu übernehmen.

Zahlung ohne Dienstvereinbarung

(4) [1]Kommt eine Dienstvereinbarung im jeweiligen Kalenderjahr für das jeweilige Kalenderjahr weder zum Leistungsentgelt noch zur Sozialkomponente zu Stande, wird aus dem nach Absatz 3 Satz 1 zur Verfügung stehenden jährlichen Gesamtvolumen mit dem Entgelt für den Monat Januar des Folgejahres eine Einmalzahlung an alle Mitarbeiter, die unter den Geltungsbereich dieser Anlage fallen, ausgeschüttet. [2]Die Auszahlung an den einzelnen Mitarbeiter erfolgt in Höhe des in Absatz 3 Satz 1 genannten Vomhundertsatzes der im jeweiligen Kalenderjahr an ihn gezahlten ständigen Monatsentgelte im Sinne der Anmerkung zu Absatz 3 Satz 1. [3]Endet das Dienstverhältnis unterjährig, ist die Einmalzahlung am letzten Tag des Dienstverhältnisses auszuschütten. [4]In den ersten 12 Monaten nach Inkrafttreten dieser Anlage wird das Leistungsentgelt nach Absatz 3 monatlich ausgezahlt. [5]Eine Dienstvereinbarung ist für diesen Zeitraum ausgeschlossen.

(5a) [1]Soweit in einer Einrichtung im Sinne des § 1 MAVO das Gesamtvolumen aus dem Kalenderjahr 2012 nicht vollständig ausgeschüttet worden ist, ist der vorhandene Restbetrag an alle Mitarbeiter dieser Anlage mit dem Entgelt des Monats Januar 2014 auszuzahlen, sofern sie an mindestens einem Tag des Monats Januar 2014 Anspruch auf Tabellenentgelt hatten. [2]Unter Tabellenentgelt fällt: Entgelt, Urlaubsvergütung, Krankenbezüge bzw. Krankengeldzuschuss. [3]Dies gilt auch, wenn nur wegen der Höhe der Barleistungen des Sozialversicherungsträgers Krankengeldzuschuss nicht bezahlt wird. [4]Einem Anspruch auf Entgelt gleichgestellt ist der Bezug von Krankengeld nach § 45 SGB V oder entsprechender gesetzlicher Leistungen und der Bezug von Mutterschaftsgeld. [5]Im Falle eines Dienstgeberwechsels im Monat Januar 2014 wird kein weiterer Anspruch beim neuen Dienstgeber begründet.

Einrichtung im Sinne des § 1 MAVO

(5b) [1]Die Höhe der Auszahlung an den einzelnen Mitarbeiter bemisst sich nach der Formel:

Höhe der Auszahlung

$$\text{Höhe der Auszahlung} = \frac{X * Y_{individuell}}{Y_{gesamt}}$$

X = im Januar 2013 vorhandener Restbetrag des Gesamtvolumens gemäß Absatz 3 Satz 1 aus dem Kalenderjahr 2012

$Y_{individuell}$ = auf den einzelnen Mitarbeiter fallender Anteil am Gesamtvolumen des Kalenderjahres 2013 gemäß Absatz 3 Satz 1 i.V.m. Abs. 4 Satz 2

Y_{gesamt} = das im Monat Januar 2014 auszuschüttende Gesamtvolumen der ständigen Monatsentgelte gemäß Absatz 3 Satz 1.

§ 16 Jahressonderzahlung

(1) Mitarbeiter, die am 1. Dezember im Dienstverhältnis stehen, haben Anspruch auf eine Jahressonderzahlung.

Anspruch

(2) [1]Die Jahressonderzahlung beträgt,

Bemessungssatz

- in den Entgeltgruppen 1 bis 8 — 86 v.H.,
- in den Entgeltgruppen 9a bis 12 — 76 v.H. und
- in den Entgeltgruppen 13 bis 15 — 56 v.H.

des dem Mitarbeiter in den Kalendermonaten Juli, August und September durchschnittlich gezahlten monatlichen Entgelts; unberücksichtigt bleiben hierbei das zusätzlich für Überstunden und Mehrarbeit gezahlte Entgelt (mit Ausnahme der im Dienstplan vorgesehenen Überstunden und Mehrarbeit), Leistungszulagen, Leistungs- und Erfolgsprämien. [2]Der Bemessungssatz bestimmt sich nach der Entgeltgruppe am 1. September. [3]Bei Mitarbeitern, deren Dienstverhältnis nach dem 30. September begonnen hat, tritt an die Stelle des Bemessungszeitraums der erste volle Kalendermonat des Dienstverhältnisses. [4]In den Fällen, in denen im Kalenderjahr der Geburt des Kindes während des Bemessungszeitraums eine elterngeldunschädliche Teilzeitbeschäftigung ausgeübt wird, bemisst sich die Jahressonderzahlung nach dem Beschäftigungsumfang am Tag vor dem Beginn der Elternzeit.

Bemessungsgrundlage

Bemessungszeitpunkt

Berechnung des durchschnittlich gezahlten monatlichen Entgelts

Anmerkung zu Absatz 2:

1. [1]Bei der Berechnung des durchschnittlich gezahlten monatlichen Entgelts werden die gezahlten Entgelte der drei Monate addiert und durch drei geteilt; dies gilt auch bei einer Änderung des Beschäftigungsumfangs. [2]Ist im Bemessungszeitraum nicht für alle Kalendertage Entgelt gezahlt worden, werden die gezahlten Entgelte der drei Monate addiert, durch die Zahl der Kalendertage mit Entgelt geteilt und sodann mit 30,67 multipliziert. [3]Zeiträume, für die Krankengeldzuschuss gezahlt worden ist, bleiben hierbei unberücksichtigt. [4]Besteht während des Bemessungszeitraums an weniger als 30 Kalendertagen Anspruch auf Entgelt, ist der letzte Kalendermonat, in dem für alle Kalendertage Anspruch auf Entgelt bestand, maßgeblich.
2. (kein Abdruck wegen Fristablauf)

[2]Ab dem Jahr 2020 gelten die in Absatz 2 Satz 1 ausgewiesenen Bemessungssätze.

(3) (weggefallen)

anteilige Sonderzahlung bei Unterbrechung

(4) [1]Der Anspruch nach den Absätzen 1 bis 3 vermindert sich um ein Zwölftel für jeden Kalendermonat, in dem Mitarbeiter keinen Anspruch auf Entgelt oder Fortzahlung des Entgelts haben. [2]Die Verminderung unterbleibt für Kalendermonate,

1. für die Mitarbeiter kein Tabellenentgelt erhalten haben wegen
   a) Ableistung von Grundwehrdienst oder Zivildienst, wenn sie diesen vor dem 1. Dezember beendet und die Beschäftigung unverzüglich wieder aufgenommen haben,
   b) Beschäftigungsverboten nach dem Mutterschutzgesetz,
   c) Inanspruchnahme der Elternzeit nach dem Bundeselterngeld- und Elternzeitgesetz bis zum Ende des Kalenderjahres, in dem das Kind geboren ist, wenn am Tag vor Antritt der Elternzeit Entgeltanspruch bestanden hat;
2. in denen Mitarbeitern Krankengeldzuschuss gezahlt wurde oder nur wegen der Höhe des zustehenden Krankengelds ein Krankengeldzuschuss nicht gezahlt worden ist.

Zahlungszeitpunkt

(5) [1]Die Jahressonderzahlung wird mit dem Tabellenentgelt für November ausgezahlt. [2]Ein Teilbetrag der Jahressonderzahlung kann zu einem früheren Zeitpunkt ausgezahlt werden.

§ 17 Zusatzurlaub

ständige Wechselschicht, Schichtarbeit, vgl. Anm. 1

(1) Mitarbeiter, die ständig Wechselschichtarbeit nach § 4 Abs. 1 oder ständig Schichtarbeit nach § 4 Abs. 2 leisten und denen die Zulage nach § 6 Abs. 5 Satz 1 oder Abs. 6 Satz 1 zusteht, erhalten

a) bei Wechselschichtarbeit für je zwei zusammenhängende Monate und

b) bei Schichtarbeit für je vier zusammenhängende Monate

einen Arbeitstag Zusatzurlaub.

nicht ständige Wechselschicht-/Schichtarbeit

(2) Im Falle nicht ständiger Wechselschichtarbeit und nicht ständiger Schichtarbeit soll bei annähernd gleicher Belastung die Gewährung zusätzlicher Urlaubstage durch Dienstvereinbarung geregelt werden.

Nachtarbeit, vgl. Anm. 2

(3) [1]Mitarbeiter erhalten bei einer Leistung im Kalenderjahr von mindestens

- 150 Nachtarbeitsstunden 1 Arbeitstag
- 300 Nachtarbeitsstunden 2 Arbeitstage
- 450 Nachtarbeitsstunden 3 Arbeitstage
- 600 Nachtarbeitsstunden 4 Arbeitstage

Zusatzurlaub im Kalenderjahr. [2]Nachtarbeitsstunden, die in Zeiträumen geleistet werden, für die Zusatzurlaub für Wechselschicht- oder Schichtarbeit zusteht, bleiben unberücksichtigt.

Nachtarbeitsstunden

(4) [1]Bei Anwendung des Absatzes 3 werden nur die im Rahmen der regelmäßigen Arbeitszeit (§ 2) in der Zeit zwischen 21 Uhr und 6 Uhr dienstplanmäßig bzw. betriebsüblich geleisteten Nachtarbeitsstunden berücksichtigt.

Teilzeit bei Nachtarbeit

(5) [1]Bei Teilzeitbeschäftigten ist die Zahl der nach Absatz 3 geforderten Nachtarbeitsstunden entsprechend dem Verhältnis ihrer individuell vereinbarten durchschnittlichen regelmäßigen Arbeitszeit zur regelmäßigen Arbeitszeit vergleichbarer Vollzeitbeschäftigter zu kürzen. [2]Ist die vereinbarte Arbeitszeit im Durchschnitt des Urlaubsjahres auf weniger als fünf Arbeitstage in der Kalenderwoche verteilt, ist der Zusatzurlaub in entsprechender Anwendung des § 3 Abs. 5 Satz 1, Satz 3 und Satz 6 der Anlage 14 zu den AVR zu ermitteln.

Ausgleich für Zeit der Bereichtschaftsdienste in den Nachtstunden

(6) [1]Die Mitarbeiter erhalten für die Zeit der Bereitschaftsdienste in den Nachtstunden einen Zusatzurlaub in Höhe von zwei Arbeitstagen pro Kalenderjahr, sofern mindestens 288 Stunden der Bereitschaftsdienste kalenderjährlich in die Zeit zwischen 21 Uhr bis 6 Uhr fallen. [2]Absatz 3 Satz 2 und Absatz 5 gelten entsprechend.

Höchsturlaubstage

(7) [1]Zusatzurlaub nach dieser Anlage und sonstigen Bestimmungen mit Ausnahme von § 208 SGB IX wird nur bis zu insgesamt sechs Arbeitstagen im Kalenderjahr gewährt. [2]Erholungsurlaub und Zusatzurlaub (Gesamturlaub) dürfen im Kalenderjahr zusammen 35 Arbeitstage, bei Zusatzurlaub wegen Wechselschichtarbeit 36 Tage, nicht überschreiten. [3]Bei Mitarbeitern, die das 50. Lebensjahr vollendet haben, gilt abweichend von Satz 2 eine Höchstgrenze von 36 Arbeitstagen; maßgebend für die Berechnung der Urlaubsdauer ist das Lebensjahr, das im Laufe des Kalenderjahres vollendet wird.

§§ 1 bis 3 Anlage 14

(8) Im Übrigen gelten die §§ 1 bis 3 der Anlage 14 zu den AVR mit Ausnahme von § 1 Abs. 6 Satz 2 entsprechend.

Anmerkung zu den Absätzen 1, 3 und 6:

Bemessung Anspruch auf Zusatzurlaub

1. [1]Der Anspruch auf Zusatzurlaub nach den Absätzen 1 und 2 bemisst sich nach der abgeleisteten Schicht- oder Wechselschichtarbeit und entsteht im laufenden Jahr, sobald die Voraussetzungen nach Absatz 1 erfüllt sind. [2]Für die Feststellung, ob ständige Wechselschichtarbeit oder ständige Schichtarbeit vorliegt, ist eine Unterbrechung durch Arbeitsbefreiung, Freizeitausgleich, bezahlten Urlaub oder Arbeitsunfähigkeit in den Grenzen des Abschnitt XII der Anlage 1 zu den AVR unschädlich.

Nachtarbeitsstunden

2. Der Anspruch auf Zusatzurlaub nach Absatz 3 sowie nach Absatz 6 bemisst sich nach den abgeleisteten Nachtarbeitsstunden und entsteht im laufenden Jahr, sobald die Voraussetzungen nach Absatz 3 Satz 1 bzw. nach Absatz 6 Satz 1 erfüllt sind.

Vgl. dazu Beschluss der BK vom 20. Juni 2024 i.V.m. Ersetzende Entscheidung des Vermittlungsausschusses ZAK vom 22. Januar 2024 „Gesamtregelung zur Befristung" Nr. 8.

§ 18 Führung auf Probe

befristete Führungsposition auf Probe

(1) [1]Führungspositionen können als befristetes Dienstverhältnis bis zur Gesamtdauer von zwei Jahren vereinbart werden. [2]Innerhalb dieser Gesamtdauer ist eine höchstens zweimalige Verlängerung des Dienstvertrages zulässig. [3]Die beiderseitigen Kündigungsrechte bleiben unberührt.

Führungsposition

(2) Führungspositionen sind die ab Entgeltgruppe 10 zugewiesenen Tätigkeiten mit Weisungsbefugnis, die vor Übertragung vom Dienstgeber ausdrücklich als Führungspositionen auf Probe bezeichnet worden sind.

vorübergehende Führungsposition auf Probe

(3) [1]Besteht bereits ein Dienstverhältnis mit demselben Dienstgeber, kann dem Mitarbeiter vorübergehend eine Führungsposition bis zu der in Absatz 1 genannten Gesamtdauer übertragen werden. [2]Dem Mitarbeiter wird für die Dauer der Übertragung eine Zulage in Höhe des Unterschiedsbetrags zwischen den Tabellenentgelten nach der bisherigen Entgeltgruppe und dem sich bei Höhergruppierung nach § 14 Abs. 4 Satz 1 und 2 ergebenden Tabellenentgelt gewährt. [3]Nach Fristablauf endet die Erprobung. [4]Bei Bewährung wird die Führungsfunktion auf Dauer übertragen; ansonsten erhält der Mitarbeiter eine der bisherigen Eingruppierung entsprechende Tätigkeit.

§ 19 Führung auf Zeit

Vgl. dazu Beschluss der BK vom 20. Juni 2024 i.V.m. Ersetzende Entscheidung des Vermittlungsausschusses ZAK vom 22. Januar 2024 „Gesamtregelung zur Befristung" Nr. 8.

(1) [1]Führungspositionen können als befristetes Arbeitsverhältnis bis zur Dauer von vier Jahren vereinbart werden. [2]Folgende Verlängerungen des Arbeitsvertrages sind zulässig:

a) in den Entgeltgruppen 10 bis 12 eine höchstens zweimalige Verlängerung bis zu einer Gesamtdauer von acht Jahren,

b) ab Entgeltgruppe 13 eine höchstens dreimalige Verlängerung bis zu einer Gesamtdauer von zwölf Jahren.

befristete Führungsposition auf Zeit

[3]Zeiten in einer Führungsposition nach Buchstabe a bei demselben Dienstgeber können auf die Gesamtdauer nach Buchstabe b zur Hälfte angerechnet werden. [4]Die allgemeinen Vorschriften über die Probezeit (§ 7 Abs. 4 des Allgemeinen Teils zu den AVR) und die beiderseitigen Kündigungsrechte bleiben unberührt.

Führungsposition

(2) Führungspositionen sind die ab Entgeltgruppe 10 zugewiesenen Tätigkeiten mit Weisungsbefugnis, die vor Übertragung vom Dienstgeber ausdrücklich als Führungspositionen auf Zeit bezeichnet worden sind.

vorübergehende Führungsposition auf Zeit

(3) [1]Besteht bereits ein Dienstverhältnis mit demselben Dienstgeber, kann der Mitarbeiter vorübergehend eine Führungsposition bis zu den in Absatz 1 genannten Fristen übertragen werden. [2]Der Mitarbeiter wird für die Dauer der Übertragung eine Zulage gewährt in Höhe des Unterschiedsbetrags zwischen den Tabellenentgelten nach der bisherigen Entgeltgruppe und dem sich bei Höhergruppierung nach § 14 Abs. 4 Satz 1 und 2 ergebenden Tabellenentgelt, zuzüglich eines Zuschlags von 75 v. H. des Unterschiedsbetrags zwischen den Tabellenentgelten der Entgeltgruppe, die der übertragenen Funktion entspricht, zur nächsthöheren Entgeltgruppe nach § 14 Abs. 4 Satz 1 und 2. [3]Nach Fristablauf erhält der Mitarbeiter eine der bisherigen Eingruppierung entsprechende Tätigkeit; der Zuschlag entfällt.

Anhang A Tabellenentgelt Mitarbeiter im Pflegedienst in sonstigen Einrichtungen – EG-Tabelle(n)

(RK Nord, NRW, Mitte, BW, Bayern): gültig ab 1. Juli 2025 – Werte in Euro

Entgelt-gruppe	Grundentgelt		Entwicklungsstufen			
	Stufe 1	Stufe 2	Stufe 3	Stufe 4	Stufe 5	Stufe 6
EG 15	5.669,12	6.039,84	6.453,36	7.017,89	7.598,61	7.980,65
EG 14	5.153,96	5.489,64	5.928,03	6.414,51	6.956,78	7.346,09
EG 13	4.767,62	5.135,53	5.554,35	6.009,06	6.544,14	6.834,50
EG 12	4.295,43	4.718.78	5.213,52	5.762,47	6.406,61	6.712,24
EG 11	4.153,35	4.542,72	4.908,59	5.305,54	5.848,79	6.154,45
EG 10	4.012,19	4.317,28	4.664,10	5.040,24	5.459,10	5.596,64
EG 9c	3.901,48	4.173,54	4.469,61	4.788,53	5.131,37	5.377,14
EG 9b	3.676,89	3.929,00	4.089,07	4.562,79	4.843,49	5.168,65

(RK Nord, NRW, Mitte, BW, Bayern): gültig ab 1. Februar 2026 – Werte in Euro

Entgelt-gruppe	Grundentgelt		Entwicklungsstufen			
	Stufe 1	Stufe 2	Stufe 3	Stufe 4	Stufe 5	Stufe 6
EG 15	5.827,86	6.208,96	6.634,05	7.214,39	7.811,37	8.204,11
EG 14	5.298,27	5.643,35	6.094,01	6.594,12	7.151,57	7.551,78
EG 13	4.901,11	5.279,32	5.709,87	6.177,31	6.727,38	7.025,87
EG 12	4.415,70	4.850,91	5.359,50	5.923,82	6.586,00	6.900,18
EG 11	4.269,64	4.669,92	5.046,03	5.454,10	6.012,56	6.326,77
EG 10	4.124,53	4.438,16	4.794,69	5.181,37	5.611,95	5.753,35
EG 9c	4.010,72	4.290,50	4.594,76	4.922,61	5.275,05	5.527,70
EG 9b	3.779,84	4.039,01	4.203,56	4.690,55	4.979,11	5.313,37

(RK Ost): gültig ab 1. Januar 2026 bis 31. Dezember 2026 – Werte in Euro

entspricht 102,50 % der am 1. Juli 2025 geltenden mittleren Werte der Bundeskommission

Entgelt-gruppe	Grundentgelt		Entwicklungsstufen			
	Stufe 1	Stufe 2	Stufe 3	Stufe 4	Stufe 5	Stufe 6
EG 15	5.810,85	6.190,84	6.614,69	7.193,34	7.788,58	8.180,17
EG 14	5.282,81	5.626,88	6.076,23	6.574,87	7.130,70	7.529,74
EG 13	4.886,81	5.263,92	5.693,21	6.159,29	6.707,74	7.005,36
EG 12	4.402,82	4.836,75	5.343,86	5.906,53	6.566,78	6.880,05
EG 11	4.257,18	4.656,29	5.031,30	5.438,18	5.995,01	6.308,31
EG 10	4.112,49	4.425,21	4.780,70	5.166,25	5.595,58	5.736,56
EG 9c	3.999,02	4.277,98	4.581,35	4.908,24	5.259,65	5.511,57
EG 9b	3.768,81	4.027,23	4.191,30	4.676,86	4.964,58	5.297,87

Anhang B Tabellenentgelt Mitarbeiter im Pflegedienst in sonstigen Einrichtungen – P-Tabelle(n)

(RK Nord, NRW, Mitte, BW, Bayern): gültig ab 1. Juli 2025 – Werte in Euro

Entgelt-gruppe	Grundentgelt		Entwicklungsstufen			
	Stufe 1	Stufe 2	Stufe 3	Stufe 4	Stufe 5	Stufe 6
P 16	-	5.097,32	5.268,39	5.820,78	6.464,70	6.748,74
P 15	-	4.992,50	5.149,06	5.540,47	6.008,91	6.187,80
P 14	-	4.876,97	5.029,76	5.411,69	5.930,62	6.025,31
P 13	-	4.761,46	4.910,45	5.282,90	5.551,83	5.621,28
P 12	-	4.530,37	4.671,80	5.025,33	5.242,50	5.343,51
P 11	-	4.299,33	4.433,17	4.767,77	4.989,97	5.090,99
P 10	-	4.070,43	4.194,92	4.548,07	4.718,51	4.825,84
P 9	-	3.883,65	4.070,43	4.194,92	4.434,43	4.535,43
P 8	-	3.600,40	3.757,59	3.964,57	4.132,22	4.366,71
P 7	-	3.414,69	3.600,40	3.889,43	4.036,57	4.188,13
P 6	2.930,44	3.100,59	3.271,86	3.636,14	3.729,00	3.904,10
P 4	2.861,14	2.921,32	2.965,94	2.999,61	3.027,01	3.068,10

(RK Nord, NRW, Mitte, BW, Bayern): gültig ab 1. Februar 2026 – Werte in Euro

Entgelt-gruppe	Grundentgelt		Entwicklungsstufen			
	Stufe 1	Stufe 2	Stufe 3	Stufe 4	Stufe 5	Stufe 6
P 16	-	5.240,04	5.415,90	5.983,76	6.645,71	6.937,70
P 15	-	5.132,29	5.293,23	5.695,60	6.177,16	6.361,06
P 14	-	5.013,53	5.170,59	5.563,22	6.096,68	6.194,02
P 13	-	4.894,78	5.047,94	5.430,82	5.707,28	5.778,68
P 12	-	4.657,22	4.802,61	5.166,04	5.389,29	5.493,13
P 11	-	4.419,71	4.557,30	4.901,27	5.129,69	5.233,54
P 10	-	4.184,40	4.312,38	4.675,42	4.850,63	4.960,96
P 9	-	3.992,39	4.184,40	4.312,38	4.558,59	4.662,42
P 8	-	3.701,21	3.862,80	4.075,58	4.247,92	4.488,98
P 7	-	3.510,30	3.701,21	3.998,33	4.149,59	4.305,40
P 6	3.012,49	3.187,41	3.363,47	3.737,95	3.833,41	4.013,41
P 4	2.941,25	3.003,12	3.048,99	3.083,60	3.111,77	3.154,01

(RK Ost): gültig ab 1. Januar 2026 bis 31. Dezember 2026 – Werte in Euro

entspricht 102,50 % der am 1. Juli 2025 geltenden mittleren Werte der Bundeskommission

Entgelt-gruppe	Grundentgelt		Entwicklungsstufen			
	Stufe 1	Stufe 2	Stufe 3	Stufe 4	Stufe 5	Stufe 6
P 16	-	5.224,75	5.400,10	5.966,30	6.626,32	6.917,46
P 15	-	5.117,31	5.277,79	5.678,98	6.159,13	6.342,50
P 14	-	4.998,89	5.155,50	5.546,98	6.078,89	6.175,94
P 13	-	4.880,50	5.033,21	5.414,97	5.690,63	5.761,81
P 12	-	4.643,63	4.788,60	5.150,96	5.373,56	5.477,10
P 11	-	4.406,81	4.544,00	4.886,96	5.114,72	5.218,26
P 10	-	4.172,19	4.299,79	4.661,77	4.836,47	4.946,49
P 9	-	3.980,74	4.172,19	4.299,79	4.545,29	4.648,82
P 8	-	3.690,41	3.851,53	4.063,68	4.235,53	4.475,88
P 7	-	3.500,06	3.690,41	3.986,67	4.137,48	4.292,83
P 6	3.003,70	3.178,10	3.353,66	3.727,04	3.822,23	4.001,70
P 4	2.932,67	2.994,35	3.040,09	3.074,60	3.102,69	3.144,80

Anhang C Stundenentgelt für Mitarbeiter im Pflegedienst in sonstigen Einrichtungen

(RK Nord, NRW, Mitte, BW, Bayern): Stundenentgelte für Mitarbeiter im Pflegedienst in sonstigen Einrichtungen

Entgeltgruppe	Stundenentgelte für Anhang A in Euro	
	ab 1. Juli 2025	ab 1. Februar 2026
EG 15	36,23	37,24
EG 14	33,41	34,35
EG 13	31,96	32,85
EG 12	30,22	31,07
EG 11	27,65	28,42
EG 10	25,47	26,18
EG 9c	25,39	26,10
EG 9b	24,07	24,74

Entgeltgruppe	Stundenentgelte für Anhang B in Euro	
	ab 1. Juli 2025	ab 1. Februar 2026
P 16	32,85	33,77
P 15	30,68	31,54
P 14	28,99	29,80
P 13	27,17	27,93
P 12	26,16	26,89
P 11	25,22	25,93
P 10	24,08	24,75
P 9	23,70	24,36
P 8	22,66	23,29
P 7	21,70	22,31
P 6	20,11	20,67
P 4	16,99	17,47

(RK Ost): Stundenentgelte für Mitarbeiter im Pflegedienst in sonstigen Einrichtungen

Entgelt-gruppe	Stundenentgelte für Anhang A in Euro
	gültig ab 1.1.2026 bis 31.12.2026
	entspricht 102,50 % der mittleren Werte d. BK v. 1.7.2025
EG 15	37,14
EG 14	34,25
EG 13	32,76
EG 12	30,98
EG 11	28,34
EG 10	26,11
EG 9c	26,02
EG 9b	24,67

Entgelt-gruppe	Stundenentgelte für Anhang B in Euro
	gültig ab 1.1.2026 bis 31.12.2026
	entspricht 102,50% der mittleren Werte d. BK v. 1.7.2025
P 16	33,67
P 15	31,45
P 14	29,71
P 13	27,85
P 12	26,81
P 11	25,85
P 10	24,68
P 9	24,29
P 8	23,23
P 7	22,24
P 6	20,61
P 4	17,41

Anhang D Entgeltgruppen für Mitarbeiter im Sinne des § 1 Abs. 1 Buchstaben a bis d

Grundsätzliche Eingruppierungsregelungen

Es gelten die grundsätzlichen Eingruppierungsregelungen des Anhangs D der Anlage 31 zu den AVR entsprechend.

I. Mitarbeiter in der Pflege

a) Entgeltgruppen zu Anhang B

Vorbemerkungen

1. Die Bezeichnung „Pflegehelfer" umfasst auch Gesundheits- und Krankenpflegehelfer sowie Altenpflegehelfer. Die Bezeichnung „Pfleger" umfasst Gesundheits- und Krankenpfleger, Gesundheits- und Kinderkrankenpfleger sowie Altenpfleger in allen Fachrichtungen bzw. Spezialisierungen.
2. Gesundheits- und Krankenpfleger, die die Tätigkeiten von Gesundheits- und Kinderkrankenpflegern oder von Altenpflegern ausüben, sind als Gesundheits- und Kinderkrankenpfleger bzw. als Altenpfleger eingruppiert.
3. Gesundheits- und Kinderkrankenpfleger, die die Tätigkeiten von Gesundheits- und Krankenpfleger oder von Altenpfleger ausüben, sind als Gesundheits- und Krankenpfleger bzw. als Altenpfleger eingruppiert.
4. Altenpfleger, die die Tätigkeiten von Gesundheits- und Krankenpfleger ausüben, sind als Gesundheits- und Krankenpfleger eingruppiert.
5. Die Bezeichnungen
   - Gesundheits- und Krankenpflegehelfer umfassen auch Krankenpflegehelfer,
   - Gesundheits- und Krankenpfleger umfassen auch Krankenschwestern und Krankenpfleger,
   - Gesundheits- und Kinderkrankenpfleger umfassen auch Kinderkrankenschwestern und Kinderkrankenpfleger.

Entgeltgruppe P 4

Pflegehelfer mit entsprechender Tätigkeit.

(Hierzu Anmerkungen Nrn. 1 bis 3)

Entgeltgruppe P 6

Pflegehelfer mit mindestens einjähriger Ausbildung und entsprechender Tätigkeit.

(Hierzu Anmerkungen Nrn. 1 bis 3)

Entgeltgruppe P 7

Pfleger mit mindestens dreijähriger Ausbildung und entsprechender Tätigkeit.

(Hierzu Anmerkungen Nrn. 1 bis 3 und 7)

Entgeltgruppe P 8

1 Mitarbeiter der Entgeltgruppe P 7, deren Tätigkeit sich aufgrund besonderer Schwierigkeit erheblich aus der Entgeltgruppe P 7 heraushebt.

(Hierzu Anmerkungen Nrn. 1 bis 5)

2 Praxisanleiter in der Pflege mit berufspädagogischer Zusatzqualifikation nach bundesrechtlicher Regelung und entsprechender Tätigkeit.

(Hierzu Anmerkungen Nrn. 1 bis 3)

Entgeltgruppe P 9

1 Mitarbeiter der Entgeltgruppe P 7 mit abgeschlossener Fachweiterbildung und entsprechender Tätigkeit.

(Hierzu Anmerkungen Nrn. 1 bis 3 und 6)

2 Mitarbeiter der Entgeltgruppe P 7 mit erfolgreich abgeschlossener Fachweiterbildung zur Hygienefachkraft und entsprechender Tätigkeit.

Entgeltgruppe P 11

1. *Ab 1. Januar 2025*: Hebammen mit abgeschlossener Hochschulbildung und entsprechender Tätigkeit.
2. *Ab 1. Juli 2025*: Hebammen und Entbindungspfleger der Entgeltgruppe P 8 Fallgruppe 3, die aufgrund gleichwertiger Fähigkeiten und ihrer Erfahrungen entsprechende Tätigkeiten der Fallgruppe 1 ausüben.

Anmerkung zu Fallgruppe 1:
[1]Hebammen, denen am 1. Januar 2025 oder danach Tätigkeiten übertragen sind, die eines der Tätigkeitsmerkmale der Entgeltgruppe P 11 Fallgruppe 1 in der seit dem 1. Januar 2025 geltenden Fassung erfüllen, werden rechtlich so gestellt, als ob sie seit der Übertragung der Tätigkeit, frühestens seit dem 1. Januar 2025, in die entsprechende Entgeltgruppe eingruppiert gewesen wären. [2]Satz 1 findet so lange Anwendung, wie die Voraussetzungen eines dieser Tätigkeitsmerkmale weiterhin vorliegen, längstens jedoch, bis diese Hebammen oder Entbindungspfleger in der Entgeltgruppe P 11 Fallgruppe 1 eingruppiert sind.

Anmerkung zu Fallgruppe 2:
[1]Hebammen, denen am 1. Juli 2025 oder danach Tätigkeiten übertragen sind, die eines der Tätigkeitsmerkmale der Entgeltgruppe P 11 Fallgruppe 2 in der seit dem 1. Juli 2025 geltenden Fassung erfüllen, werden rechtlich so gestellt, als ob sie seit der Übertragung der Tätigkeit, frühestens seit dem 1. Juli 2025, in die entsprechende Entgeltgruppe eingruppiert gewesen wären. [2]Satz 1 findet so lange Anwendung, wie die Voraussetzungen eines dieser Tätigkeitsmerkmale weiterhin vorliegen, längstens jedoch, bis diese Hebammen oder Entbindungspfleger in der Entgeltgruppe P 11 Fallgruppe 2 eingruppiert sind.

b) Entgeltgruppen zu Anhang A

Entgeltgruppe 9b

Mitarbeiter mit abgeschlossener Hochschulbildung und einer den Anforderungen der Anmerkung Nr. 7 entsprechenden Tätigkeit sowie sonstige Mitarbeiter, die aufgrund gleichwertiger Fähigkeiten und ihrer Erfahrungen entsprechende Tätigkeiten ausüben.

(Hierzu Anmerkung Nr. 7)

Entgeltgruppe 9c

Mitarbeiter, deren Tätigkeit sich dadurch aus der Entgeltgruppe 9b heraushebt, dass sie besonders verantwortungsvoll ist.

Entgeltgruppe 10

Mitarbeiter, deren Tätigkeit sich mindestens zu einem Drittel durch besondere Schwierigkeit und Bedeutung aus der Entgeltgruppe 9c heraushebt.

Entgeltgruppe 11

Mitarbeiter, deren Tätigkeit sich durch besondere Schwierigkeit und Bedeutung aus der Entgeltgruppe 9c heraushebt.

Entgeltgruppe 12

Mitarbeiter, deren Tätigkeit sich durch das Maß der damit verbundenen Verantwortung erheblich aus der Entgeltgruppe 11 heraushebt.

Anmerkungen zu den Tätigkeitsmerkmalen der Entgeltgruppen P 4 bis P 9 und 9b bis 12

1. [1]Mitarbeiter der Entgeltgruppen P 4 bis P 9, die die Grund- und Behandlungspflege zeitlich überwiegend bei
   a) an schweren Infektionskrankheiten erkrankten Patienten (z.B. Tuberkulose-Patientinnen oder -Patienten), die wegen der Ansteckungsgefahr in besonderen Infektionsabteilungen oder Infektionsstationen untergebracht sind,
   b) Kranken in geschlossenen oder halbgeschlossenen (Open-door-system) psychiatrischen Abteilungen oder Stationen,
   c) Kranken in geriatrischen Abteilungen und Stationen,
   d) Gelähmten oder an multipler Sklerose erkrankten Patienten,
   e) Patienten nach Transplantationen innerer Organe oder von Knochenmark,
   f) an AIDS (Vollbild) erkrankten Patienten,
   g) Patienten, bei denen Chemotherapien durchgeführt oder die mit Strahlen oder mit inkorporierten radioaktiven Stoffen behandelt werden,

   ausüben, erhalten für die Dauer dieser Tätigkeit eine monatliche Zulage in Höhe von 46,02 Euro. [2]Gleiches gilt für Mitarbeiter der Entgeltgruppen P 4 bis P 9, die die Grund- und Behandlungspflege zeitlich überwiegend in der häuslichen Pflege ausüben, für die Dauer dieser Tätigkeit.

2. Mitarbeiter der Entgeltgruppen P 4 bis P 9, die zeitlich überwiegend in Einheiten für Intensivmedizin (Stationen für Intensivbehandlungen und Intensivüberwachung sowie Wachstationen, die für Intensivüberwachung eingerichtet sind) Patienten pflegen, erhalten für die Dauer dieser Tätigkeit eine monatliche Zulage von 100 Euro.
3. (weggefallen)
4. Tätigkeiten, die sich aufgrund besonderer Schwierigkeit erheblich aus der Entgeltgruppe P 7 herausheben, sind solche, die besondere, durch eine Weiterbildung erworbene Kenntnisse oder Fähigkeiten erfordern. Die schwierige Tätigkeit muss überwiegend ausgeübt werden. Die Weiterbildung muss einen Gesamtumfang von mindestens 220 Stunden (Theorie und Praxis) haben.
5. Auf Pfleger in Einrichtungen, die aufgrund Erfüllung der Anforderung der Anmerkung Nr. 4 in Entgeltgruppe P 8 eingruppiert sind, finden
   a) Buchstabe b) der Anmerkung Nr. 1 und
   b) Abschnitt VIII Absatz e) Satz 2 Nr. 4 erster Spiegelstrich der Anlage 1 zu den AVR

   keine Anwendung.
6. Bei den Fachweiterbildungen muss es sich um eine Fachweiterbildung nach § 1 der DKG-Empfehlung zur pflegerischen Fachweiterbildung in der jeweils gültigen Fassung bzw. um eine gleichwertige Weiterbildung nach § 24 dieser DKG-Empfehlungen handeln.
7. Die hochschulische Ausbildung befähigt darüber hinaus insbesondere
   a) zur Steuerung und Gestaltung hochkomplexer Pflegeprozesse auf der Grundlage wissenschaftsbasierter oder wissenschaftsorientierter Entscheidungen,
   b) vertieftes Wissen über Grundlagen der Pflegewissenschaft, des gesellschaftlich institutionellen Rahmens des pflegerischen Handelns sowie des normativ-institutionellen Systems der Versorgung anzuwenden und die Weiterentwicklung der gesundheitlichen und pflegerischen Versorgung dadurch maßgeblich mitzugestalten,
   c) sich Forschungsgebiete der professionellen Pflege auf dem neuesten Stand der gesicherten Erkenntnisse erschließen und forschungsgestützte Problemlösungen wie auch neue Technologien in das berufliche Handeln übertragen zu können sowie berufsbezogene Fort- und Weiterbildungsbedarfe zu erkennen,
   d) sich kritisch reflexiv und analytisch sowohl mit theoretischem als auch praktischem Wissen auseinandersetzen und wissenschaftsbasiert innovative Lösungsansätze zur Verbesserung im eigenen beruflichen Handlungsfeld entwickeln und implementieren zu können und
   e) an der Entwicklung von Qualitätsmanagementkonzepten, Leitlinien und Expertenstandards mitzuwirken.

II. Leitende Mitarbeiter in der Pflege

Vorbemerkungen

1. Die Mitarbeiter müssen fachlich unterstellt sein.
2. Soweit für vergleichbare organisatorische Einheiten von den nachfolgenden Bezeichnungen abweichende Bezeichnungen verwandt werden, ist dies unbeachtlich.

a) Entgeltgruppen zu Anhang B

Entgeltgruppe P 9

Mitarbeiter als ständige Vertreter von Wohnbereichs-, Wohngruppen- bzw. Teamleitern der Entgeltgruppe P 10 Fallgruppe 1.

(Hierzu Anmerkung Nr. 1)

Entgeltgruppe P 10

1 Mitarbeiter als Wohnbereichs-, Wohngruppen- bzw. Teamleiter.

2 Mitarbeiter als ständige Vertreter von Wohnbereichs-, Wohngruppen- bzw. Teamleitern der Entgeltgruppe P 11 Fallgruppe 1.

Entgeltgruppe P 11

1 Mitarbeiter als Wohnbereichs-, Wohngruppen- bzw. Teamleiter, denen mindestens 12 Mitarbeiter durch ausdrückliche Anordnung ständig unterstellt sind.

2 Mitarbeiter als ständige Vertreter von Pflegedienstleitungen der Entgeltgruppe P 12 Fallgruppe 1.

3 Mitarbeiter als ständige Vertreter von Wohnbereichs-, Wohngruppen- bzw. Teamleitern der Entgeltgruppe P 12 Fallgruppe 2.

Entgeltgruppe P 12

1 Mitarbeiter als Pflegedienstleitungen

2 Mitarbeiter als Wohnbereichs-, Wohngruppen- bzw. Teamleiter, denen mindestens 25 Mitarbeiter durch ausdrückliche Anordnung ständig unterstellt sind.

3 Mitarbeiter als ständige Vertreter von Pflegedienstleitungen der Entgeltgruppe P 13 Fallgruppe 1.

Entgeltgruppe P 13

1 Mitarbeiter als Pflegedienstleitungen, denen mindestens 50 Mitarbeiter durch ausdrückliche Anordnung ständig unterstellt sind.

2 Mitarbeiter als ständige Vertreter von Pflegedienstleitungen der Entgeltgruppe P 14 Fallgruppe 1.

Entgeltgruppe P 14

1 Mitarbeiter als Pflegedienstleitungen, denen mindestens 80 Mitarbeiter durch ausdrückliche Anordnung ständig unterstellt sind.

2 Mitarbeiter als ständige Vertreter von Pflegedienstleitungen der Entgeltgruppe P 15.

Entgeltgruppe P 15

Mitarbeiter als Pflegedienstleitung, deren Tätigkeit sich durch den Umfang und die Bedeutung ihres Aufgabengebietes sowie durch große Selbständigkeit erheblich aus der Entgeltgruppe P 14 Fallgruppe 1 heraushebt.

Entgeltgruppe P 16

Mitarbeiter der Entgeltgruppe P 15, deren Tätigkeit sich durch das Maß der damit verbundenen Verantwortung erheblich aus der Entgeltgruppe P 15 heraushebt.

b) Entgeltgruppen zu Anhang A

Entgeltgruppe 13

1 Mitarbeiter mit abgeschlossener wissenschaftlicher Hochschulbildung und entsprechender Tätigkeit sowie sonstige Mitarbeiter, die aufgrund gleichwertiger Fähigkeiten und ihrer Erfahrungen entsprechende Tätigkeiten ausüben.

2 Mitarbeiter in Krankenhäusern und Pflegeeinrichtungen, deren Tätigkeit wegen der Schwierigkeit der Aufgaben und der Größe ihrer Verantwortung ebenso zu bewerten ist wie Tätigkeiten nach Fallgruppe 1.

Entgeltgruppe 14

1 Mitarbeiter der Entgeltgruppe 13 Fallgruppe 1, deren Tätigkeit sich mindestens zu einem Drittel durch besondere Schwierigkeit und Bedeutung oder durch das Erfordernis hochwertiger Leistungen bei besonders schwierigen Aufgaben aus der Entgeltgruppe 13 Fallgruppe 1 heraushebt.

2 Mitarbeiter in Krankenhäusern und Pflegeeinrichtungen, deren Tätigkeit wegen der Schwierigkeit der Aufgaben und der Größe ihrer Verantwortung ebenso zu bewerten ist wie Tätigkeiten nach Fallgruppe 1.

Entgeltgruppe 15

1 Mitarbeiter der Entgeltgruppe 13 Fallgruppe 1, deren Tätigkeit sich

- durch besondere Schwierigkeit und Bedeutung sowie
- erheblich durch das Maß der damit verbundenen Verantwortung aus der Entgeltgruppe 13 Fallgruppe 1 heraushebt.

2 Mitarbeiter in Krankenhäusern und Pflegeeinrichtungen, deren Tätigkeit wegen der Schwierigkeit der Aufgaben und der Größe ihrer Verantwortung ebenso zu bewerten ist wie Tätigkeiten nach Fallgruppe 1.

Anmerkungen
Diese Mitarbeiter erhalten die Zulage nach den Anmerkungen Nrn. 1 und 2 zu Abschnitt I ebenfalls, wenn alle dem Gruppenleiter bzw. dem Teamleiter durch ausdrückliche Anordnung ständig unterstellten Pflegekräfte Anspruch auf die jeweilige Zulage haben.

Anhang E Entgeltgruppen für Mitarbeiter im Sinne des § 1 Abs. 1 Buchstabe e

Grundsätzliche Eingruppierungsregelungen

Es gelten die grundsätzlichen Eingruppierungsregelungen des Anhangs D der Anlage 31 zu den AVR entsprechend.

I. Mitarbeiter in der Pflege

Es gilt Abschnitt I des Anhangs D.

II. Leitende Mitarbeiter in der Pflege

Vorbemerkungen

Es gelten die Vorbemerkungen des Abschnitts II des Anhangs D.

a) Entgeltgruppen zu Anhang B

Entgeltgruppe P 8

Mitarbeiter als ständige Vertreter von Gruppenleitern bzw. Teamleitern der Entgeltgruppe P 9 Fallgruppe 1.

(Hierzu Anmerkung)

Entgeltgruppe P 9

1 Mitarbeiter als Gruppenleiter bzw. Teamleiter.

(Hierzu Anmerkung)

2 Mitarbeiter als ständige Vertreter von Pflegedienstleitungen der Entgeltgruppe P 10 Fallgruppe 1.

(Hierzu Anmerkung)

3 Mitarbeiter als ständige Vertreter von Gruppenleitern bzw. Teamleitern der Entgeltgruppe P 10 Fallgruppe 3.

(Hierzu Anmerkung)

Entgeltgruppe P 10

1 Mitarbeiter als Pflegedienstleitung.

(Hierzu Anmerkung)

2 Mitarbeiter als ständige Vertreter von Pflegedienstleitungen der Entgeltgruppe P 11 Fallgruppe 1.

(Hierzu Anmerkung)

3 Mitarbeiter als Gruppenleiter bzw. Teamleiter, denen mindestens 6 Mitarbeiter oder 4 Pflegefachkräfte durch ausdrückliche Anordnung ständig unterstellt sind.

(Hierzu Anmerkung)

4 Mitarbeiter als ständige Vertreter von Gruppenleitern bzw. Teamleitern der Entgeltgruppe P 11 Fallgruppe 3.

(Hierzu Anmerkung)

Entgeltgruppe P 11

1 Mitarbeiter als Pflegedienstleitung, denen mindestens 10 Mitarbeiter oder 6 Pflegefachkräfte durch ausdrückliche Anordnung ständig unterstellt sind.

(Hierzu Anmerkung)

2 Mitarbeiter als ständige Vertreter von Pflegedienstleitungen der Entgeltgruppe P 12 Fallgruppe 1.

(Hierzu Anmerkung)

3 Mitarbeiter als Gruppenleiter bzw. Teamleiter, denen mindestens 12 Mitarbeiter oder 8 Pflegefachkräfte durch ausdrückliche Anordnung ständig unterstellt sind.

(Hierzu Anmerkung)

Entgeltgruppe P 12

1 Mitarbeiter als Pflegedienstleitung, denen mindestens 25 Mitarbeiter oder 10 Pflegefachkräfte durch ausdrückliche Anordnung ständig unterstellt sind.

(Hierzu Anmerkung)

2 Mitarbeiter als ständige Vertreter von Pflegedienstleitungen der Entgeltgruppe P 13 Fallgruppe 1.

(Hierzu Anmerkung)

Entgeltgruppe P 13

1 Mitarbeiter als Pflegedienstleitung, denen mindestens 50 Mitarbeiter oder 23 Pflegefachkräfte durch ausdrückliche Anordnung ständig unterstellt sind.

2 Mitarbeiter als ständige Vertreter von Pflegedienstleitungen der Entgeltgruppe P 14 Fallgruppe 1.

Entgeltgruppe P 14

1 Mitarbeiter als Pflegedienstleitung, denen mindestens 75 Mitarbeiter oder 39 Pflegefachkräfte durch ausdrückliche Anordnung ständig unterstellt sind.

2 Mitarbeiter als ständige Vertreter von Pflegedienstleitungen der Entgeltgruppe P 15.

Entgeltgruppe P 15

Mitarbeiter als Pflegedienstleitung, deren Tätigkeit sich durch den Umfang und die Bedeutung ihres Aufgabengebietes sowie durch große Selbständigkeit erheblich aus der Entgeltgruppe P 14 Fallgruppe 1 heraushebt.

Entgeltgruppe P 16

Mitarbeiter der Entgeltgruppe P 15, deren Tätigkeit sich durch das Maß der damit verbundenen Verantwortung erheblich aus der Entgeltgruppe P 15 heraushebt.

Anmerkung
Mitarbeiter der Entgeltgruppen P 8 bis P 12, die die Grund- und Behandlungspflege zeitlich überwiegend in der häuslichen Pflege ausüben, erhalten für die Dauer dieser Tätigkeit eine monatliche Zulage von 46,02 Euro.

b) Entgeltgruppen zu Anhang A

Entgeltgruppe 13

1 Mitarbeiter mit abgeschlossener wissenschaftlicher Hochschulbildung und entsprechender Tätigkeit sowie sonstige Mitarbeiter, die aufgrund gleich- wertiger Fähigkeiten und ihrer Erfahrungen entsprechende Tätigkeiten ausüben.

2 Mitarbeiter in Krankenhäusern und Pflegeeinrichtungen, deren Tätigkeit wegen der Schwierigkeit der Aufgaben und der Größe ihrer Verantwortung ebenso zu bewerten ist wie Tätigkeiten nach Fallgruppe 1.

Entgeltgruppe 14

1 Mitarbeiter der Entgeltgruppe 13 Fallgruppe 1, deren Tätigkeit sich mindestens zu einem Drittel

- durch besondere Schwierigkeit und Bedeutung oder
- durch das Erfordernis hochwertiger Leistungen bei besonders schwierigen Aufgaben aus der Entgeltgruppe 13 Fallgruppe 1 heraushebt.

2 Mitarbeiter in Krankenhäusern und Pflegeeinrichtungen, deren Tätigkeit wegen der Schwierigkeit der Aufgaben und der Größe ihrer Verantwortung ebenso zu bewerten ist wie Tätigkeiten nach Fallgruppe 1.

Entgeltgruppe 15

1 Mitarbeiter der Entgeltgruppe 13 Fallgruppe 1, deren Tätigkeit sich

- durch besondere Schwierigkeit und Bedeutung sowie
- erheblich durch das Maß der damit verbundenen Verantwortung

aus der Entgeltgruppe 13 Fallgruppe 1 heraushebt.

2 Mitarbeiter in Krankenhäusern und Pflegeeinrichtungen, deren Tätigkeit wegen der Schwierigkeit der Aufgaben und der Größe ihrer Verantwortung ebenso zu bewerten ist wie Tätigkeiten nach Fallgruppe 1.

Anhang F Überleitungs- und Besitzstandregelung

Präambel

[1]Zweck dieser Regelung ist es, zum einen sicherzustellen, dass der einzelne Mitarbeiter nach der Überleitung in die Anlage 32 zu den AVR durch diese Überleitung keine geringere Vergleichsjahresvergütung hat. [2]Zum anderen soll erreicht werden, dass die Einrichtung bei Anwendung der Anlagen 30 bis 33 zu den AVR durch die Überleitung finanziell nicht überfordert wird (Überforderungsklausel).

A 32

§ 1 Geltungsbereich

(1) Diese Übergangs- und Besitzstandsregelung gilt für alle Mitarbeiter im Sinne des § 1 der Anlage 32 zu den AVR, die am Tag vor dem Inkrafttreten* der Anlage 32 zu den AVR durch Beschluss der jeweiligen Regionalkommission in einem Dienstverhältnis gestanden haben, das am Tag des Inkrafttretens* der Anlage 32 zu den AVR durch Beschluss der jeweiligen Regionalkommission im Geltungsbereich der AVR fortbesteht, für die Dauer des ununterbrochen fortbestehenden Arbeitsverhältnisses.

(2) [1]Ein Dienstverhältnis besteht auch ununterbrochen fort bei der Verlängerung eines befristeten Dienstvertrages. [2]Unterbrechungen von bis zu einem Monat sind unschädlich.

§ 2 Überleitung

[1]Mitarbeiter gemäß § 1 der Anlage 32 zu den AVR werden so in das neue System übergeleitet, als ob sie seit dem Zeitpunkt, seit dem sie ununterbrochen im Geltungsbereich der AVR oder im sonstigen Bereich der katholischen Kirche tätig waren nach Anlage 32 zu den AVR eingruppiert und eingestuft worden wären.

[2]Dabei wird der Mitarbeiter aus den Regelvergütungsstufen gemäß § 1 Abschnitt III B der Anlage 1 zu den AVR so übergeleitet, dass die erreichte Regelvergütungsstufe zunächst mit 2 multipliziert wird. [3]Die sich hieraus ergebende (Jahres-)zahl wird nachfolgend um die seit dem letzten Stufenaufstieg zurückgelegte Zeit erhöht und als Zeiten im Sinne von § 13 Abs. 3 der Anlage 32 zu den AVR festgelegt.

§ 3 Besitzstandsregelung

(1) Mitarbeiter, deren bisherige Vergütung (Vergleichsvergütung) das ihnen am Tag des Inkrafttretens* der Anlage 32 zu den AVR durch Beschluss der jeweiligen Regionalkommission zustehende Entgelt übersteigt, erhalten eine Besitzstandszulage.

---

* Inkrafttreten: RK BW/NRW/Bayern gültig ab 1.1.2011, RK Mitte gültig ab 1.4.2011, RK Nord gültig ab 1.7.2011, RK Ost mit Ausnahme von § 15 gültig ab 1.7.2012, § 15 gültig ab 1.1.2013.

(2) [1]Die monatliche Besitzstandszulage wird als Unterschiedsbetrag zwischen der Vergleichsjahresvergütung (Absatz 3) und dem Jahresentgelt (Absatz 4), jeweils geteilt durch 12, errechnet. [2]Dabei sind Vergütungsveränderungen durch Beschlüsse nach § 11 AK-Ordnung nicht zu berücksichtigen.

(2a) *(RK Ost):* (kein Abdruck wegen Fristablauf)*

(2b) *(RK Ost):* Ist der Unterschiedsbetrag nach Absatz 2 negativ (Umstellungsgewinn) und höher als 3 v.H. der Vergleichsvergütung, werden die Umstellungsgewinnanteile, die über einen Betrag von 3 v.H. des Bruttomonatsentgelts hinausgehen, erst nach der Hälfte der verbleibenden Stufenlaufzeit gewährt.

(3) [1]Die Vergleichsjahresvergütung errechnet sich als das 12-fache der am Tag vor dem Inkrafttreten* der Anlage 32 zu den AVR durch Beschluss der jeweiligen Regionalkommission zustehenden Monatsvergütung, zuzüglich des Urlaubsgeldes gemäß Anlage 14 und der Weihnachtszuwendung gemäß Abschnitt XIV Anlage 1 zu den AVR. [2]Zur Monatsvergütung im Sinne dieser Vorschrift gehören die Regelvergütung gemäß Abschnitt III der Anlage 1, die Kinderzulage gemäß Abschnitt V der Anlage 1, Besitzstandszulagen gemäß Anlage 1b zu den AVR und weitere regelmäßig gewährte Zulagen.

(4) [1]Das Jahresentgelt errechnet sich als das 12-fache des am Tag des Inkrafttretens* der Anlage 32 zu den AVR durch Beschluss der jeweiligen Regionalkommission zustehenden Monatsentgelts zuzüglich des Leistungsentgelts gemäß § 15 der Anlage 32 zu den AVR und der Jahressonderzahlung gemäß § 16 der Anlage 32 zu den AVR.

[2]Zum Monatsentgelt im Sinne dieser Vorschrift gehören das Tabellenentgelt gemäß § 12 der Anlage 32 zu den AVR i.V.m. Anhang A der Anlage 32 zu den AVR und weitere regelmäßige gewährte Zulagen.

(5) [1]Fällt der Zeitpunkt des Inkrafttretens* dieser Anlage mit dem Zeitpunkt einer linearen Vergütungserhöhung zusammen, erfolgt die Berechnung des Besitzstandes auf Basis der erhöhten Regelvergütungstabelle in Anlage 3a zu den AVR und der erhöhten Entgelttabelle in dieser Anlage. [2]Die Regionalkommissionen können durch Beschluss von der vorstehenden Regelung abweichen.

(5a) *(RK Bayern):* Für die Berechnung der Überleitung gilt: Für die Höhe aller Vergütungswerte i.S.d. § 3 Abs. 3 sind die jeweilig linear um 1,2 v.H. erhöhten Werte zu Grunde zu legen.

(6) Ruht das Dienstverhältnis sind die Monatsvergütung (Absatz 3) und das Monatsentgelt (Absatz 4) so zu berechnen, als ob der Mitarbeiter im Monat vor dem Inkrafttreten* der Anlage 32 zu den AVR durch Beschluss der jeweiligen Regionalkommission die Tätigkeit im selben Umfang wie vor dem Ruhen wieder aufgenommen hätte.

(7) [1]Verringert sich nach dem Tag des Inkrafttretens** der Anlage 32 zu den AVR durch Beschluss der jeweiligen Regionalkommission die individuelle regelmäßige Arbeitszeit des Mitarbeiters, reduziert sich seine Besitzstandszulage im selben Verhältnis, in dem die Arbeitszeit verringert wird; erhöht sich die Arbeitszeit, bleibt die Besitzstandszulage unverändert. [2]Erhöht sich nach einer Verringerung

---

* Inkrafttreten: RK BW/NRW/Bayern gültig ab 1.1.2011, RK Mitte gültig ab 1.4.2011, RK Nord gültig ab 1.7.2011, RK Ost mit Ausnahme von § 15 gültig ab 1.7.2012, § 15 gültig ab 1.1.2013.

** Inkrafttreten: RK BW/NRW/Bayern gültig ab 1.1.2011, RK Mitte gültig ab 1.4.2011, RK Nord gültig ab 1.7.2011, RK Ost mit Ausnahme von § 15 gültig ab 1.7.2012, § 15 gültig ab 1.1.2013.

der Arbeitszeit diese wieder, so lebt die Besitzstandszulage im gleichen Verhältnis wie die Arbeitszeiterhöhung, höchstens bis zur ursprünglichen Höhe, wieder auf. [3]Diese Regelung ist entsprechend anzuwenden auf Mitarbeiter, deren Arbeitszeit am Tag vor dem Inkrafttreten* der Anlage 32 zu den AVR durch Beschluss der jeweiligen Regionalkommission befristet verändert ist. [4]Die umstellungsbedingte Neufestsetzung der regelmäßigen wöchentlichen Arbeitszeit nach § 2 Abs. 1 dieser Anlage gilt nicht als Arbeitszeitreduzierung im Sinne dieses Absatzes.

(8) [1]Die kinderbezogenen Entgeltbestandteile gem. Abschnitt V der Anlage 1 zu den AVR, die in die Berechnung der Besitzstandszulage nach Absatz 2 und Absatz 3 einfließen, werden als Anteil der Besitzstandszulage fortgezahlt, solange für diese Kinder Kindergeld nach dem Einkommensteuergesetz (EStG) oder nach dem Bundeskindergeldgesetz (BKGG) gezahlt wird oder ohne Berücksichtigung des § 64 oder § 65 EStG oder des § 3 oder § 4 BKGG gezahlt würde. [2]Mit dem Wegfall der Voraussetzungen reduziert sich die Besitzstandszulage entsprechend

(9) [1]Hat der Mitarbeiter im Kalenderjahr vor Inkrafttreten dieser Anlage die Voraussetzungen für einen Anspruch auf Zusatzurlaub nach § 4 der Anlage 14 zu den AVR erfüllt, wird der sich daraus ergebende Zusatzurlaub im Kalenderjahr des Inkrafttretens* dieser Anlage gewährt. [2]Erwirbt der Mitarbeiter im Kalenderjahr des Inkrafttretens* dieser Anlage einen weiteren Anspruch auf Zusatzurlaub nach dieser Anlage, werden die Ansprüche nach § 4 der Anlage 14 und die nach dieser Anlage erworbenen Ansprüche miteinander verglichen. [3]Der Mitarbeiter erhält in diesem Fall ausschließlich den jeweils höheren Anspruch auf Gewährung von Zusatzurlaub.

Anmerkung zu Absatz 9:
Fällt der Zeitpunkt des Inkrafttretens* dieser Anlage durch die Entscheidung der zuständigen Regionalkommission nicht mit dem Beginn eines Kalenderjahres zusammen, gelten die Vorschriften für die Berechnung des Zusatzurlaubs nach dieser Anlage für das gesamte Kalenderjahr, in dem die Anlage in Kraft tritt.

§ 4 Überforderungsklausel

(1) Soweit bei einem Vergleich der Gesamtpersonalkosten vor und nach der Überleitung umstellungsbedingte Mehrkosten von mehr als 3 v.H. entstehen, kann die Einführung des Leistungsentgelts und/oder der Sozialkomponente nach § 15 der Anlage 32 zu den AVR für längstens 3 Jahre ausgesetzt werden.

(2) Die Gesamtpersonalkosten errechnen sich aus den Bruttopersonalkosten der Mitarbeiter der Einrichtung und den Arbeitgeberanteilen zur Sozialversicherung.

(3) [1]Bei der Ermittlung der Mehrkosten sind ausschließlich die Steigerungen der Gesamtpersonalkosten der Einrichtung zu berücksichtigen, die unmittelbar durch Überleitung von Mitarbeiterinnen und Mitarbeitern in die Anlagen 30 bis 33 zu den AVR entstehen. [2]Mehrkosten, die durch Neueinstellungen von Mitarbeiterinnen und Mitarbeitern und durch strukturelle Veränderungen bei Mitarbeiterinnen und Mitarbeitern, die nicht in die Anlagen 30 bis 33 zu den AVR überführt wurden (Stufenaufstiege, Tätigkeits- oder Bewährungsaufstiege, Kinderzulagen oder andere Zulagen), entstehen, bleiben bei der Ermittlung der Mehrkosten un-

* Inkrafttreten: RK BW/NRW/Bayern gültig ab 1.1.2011, RK Mitte gültig ab 1.4.2011, RK Nord gültig ab 1.7.2011, RK Ost mit Ausnahme von § 15 gültig ab 1.7.2012, § 15 gültig ab 1.1.2013.

berücksichtigt. [3]Administrative Mehrkosten, die durch die Überleitung entstehen, bleiben ebenfalls unberücksichtigt.

(4) *(RK Nord, NRW, Mitte, BW, Bayern):* [1]Macht der Dienstgeber von der Anwendung der Überforderungsklausel Gebrauch, erhöht sich die Besitzstandszulage der Bestandsmitarbeiter für die Dauer dieser Maßnahme entsprechend. [2]Die Anwendung der Überforderungsklausel darf nicht dazu führen, dass das Jahresentgelt unter die Vergleichsjahresvergütung fällt. [3]Eine entsprechende Differenz ist entsprechend Satz 1 auszugleichen.

(4) *(RK Ost):* Macht der Dienstgeber von der Anwendung der Überforderungsklausel Gebrauch, erhöht sich die Besitzstandszulage der Bestandsmitarbeiter für die Dauer dieser Maßnahme entsprechend.

(5) [1]Die Entscheidung über die Anwendung der Überforderungsklausel und die dafür maßgeblichen Berechnungen sind der zuständigen Mitarbeitervertretung vorzulegen und zu erläutern. [2]Die Entscheidung ist ferner einem Ausschuss der Bundeskommission der Arbeitsrechtlichen Kommission anzuzeigen. [3]Dazu sind die vergleichenden Gesamtpersonalkostenberechnungen vorzulegen. [4]Der Ausschuss der Bundeskommission der Arbeitsrechtlichen Kommission führt eine reine Missbrauchskontrolle durch.

(6) *(RK Nord, NRW, Mitte, BW, Bayern):* Über weitere Regelungen zur Vermeidung von Überforderungen durch die Überleitung entscheiden die Regionalkommissionen im Rahmen ihrer Zuständigkeit.

Anhang G Überleitungsregelung für Bestandsmitarbeiter

Präambel

Diese Überleitungsregelung dient der Umsetzung des Bundesbeschlusses vom 8. Dezember 2016, mit welchem eine neue Entgeltordnung eingeführt wird. Sie regelt die Überleitung von Bestandsmitarbeitern in die neu eingeführte Pflegetabelle.

§ 1 Geltungsbereich

[1]Diese Überleitungsregelung gilt für Mitarbeiter im Sinne des § 1 der Anlage 32 zu den AVR, die am Tag vor dem Inkrafttreten* der neuen Entgeltordnung in einem Dienstverhältnis standen, das am Tag des Inkrafttretens* der neuen Entgeltordnung fortbesteht, für die Dauer des ununterbrochen fortbestehenden Dienstverhältnisses. [2]Unterbrechungen von bis zu einem Monat sind unschädlich.

* RK Nord/NRW/Mitte/BW/Bayern, gültig ab 1. Januar 2017; RK Ost, gültig ab 1. September 2017.

§ 2 Überleitung

(1) Die Überleitung der Mitarbeiter erfolgt, soweit in den nachfolgenden Absätzen nicht abweichend geregelt, stufengleich und unter Beibehaltung der in ihrer Stufe zurückgelegten Stufenlaufzeit nach folgender Zuordnungstabelle:

Kr-Anwendungstabelle	Pflegetabelle
Kr 12a	P 16
Kr 11b	P 15
Kr 11a	P 14
Kr 10a	P 13
Kr 9d	P 12
Kr 9c	P 11
Kr 9b	P 10
Kr 9a	P 9
Kr 8a	P 8
Kr 7a	P 7
Kr 4a	P 6
Kr 3a	P 4

(2) [1]Aus der Stufe 1 der Entgeltgruppe Kr 7a und Kr 8a erfolgt die Überleitung in die Stufe 2 der Entgeltgruppe P 7 bzw. P 8 unter Mitnahme der in der Stufe 1 zurückgelegten Stufenlaufzeit. [2]Erfolgt die Überleitung aus der Stufe 2 der Entgeltgruppe Kr 7a oder Kr 8a, wird die Stufenlaufzeit der Stufe 1 auf die Stufenlaufzeit der Stufe 2 der Entgeltgruppe P 7 bzw. P 8 angerechnet. [3]Ist durch eine Verkürzung der Stufenlaufzeit am Tag des Inkrafttretens* der neuen Entgeltordnung die Stufenlaufzeit zum Erreichen der nächsthöheren Stufe der jeweiligen Entgeltgruppe erfüllt, beginnt in dieser nächsthöheren Stufe die Stufenlaufzeit neu. [4]Mitarbeiter in den Entgeltgruppen Kr 9a bis Kr 11a, die am Tag vor dem Inkrafttreten* der neuen Entgeltordnung in der Stufe 5 eine Stufenlaufzeit von mindestens fünf Jahren zurückgelegt haben, werden der Stufe 6 der Entgeltgruppe, in die sie gemäß Absatz 1 übergeleitet werden, zugeordnet. § 3 Abs. 1 und 2 bleibt unberührt.

(3) Für Mitarbeiter, die am Tag vor dem Inkrafttreten* der neuen Entgeltordnung durch Zuordnung nach Anhang B in der Fassung vom 31. Dezember 2016 in der Vergütungsgruppe Kr 2 Ziffer 3 eingruppiert und die am Tag des Inkrafttretens* der neuen Entgeltordnung der Entgeltgruppe P 6 zugeordnet sind, ist abweichend von § 13 Abs. 1 Satz 1 der Anlage 32 zu den AVR die Endstufe die Stufe 3.

* RK Nord/NRW/Mitte/BW/Bayern, gültig ab 1. Januar 2017; RK Ost, gültig ab 1. September 2017.

§ 3 Höhergruppierung

(1) [1]Ergibt sich nach der neuen Entgeltordnung eine höhere Entgeltgruppe, sind die Mitarbeiter auf Antrag in der Entgeltgruppe eingruppiert, die sich nach Abschnitt I der Anlage 1 zu den AVR ergibt. [2]Der Antrag kann nur innerhalb eines Jahres ab dem Tag des Inkrafttretens* der neuen Entgeltordnung gestellt werden und wirkt auf den Tag des Inkrafttretens* zurück. [3]Nach dem Tag des Inkrafttretens* der neuen Entgeltordnung eingetretene Änderungen der Stufenzuordnung in der bisherigen Entgeltgruppe bleiben bei der Stufenzuordnung unberücksichtigt. [4]Ruht das Dienstverhältnis am Tag des Inkrafttretens* der neuen Entgeltordnung, beginnt die Frist von einem Jahr mit der Wiederaufnahme der Tätigkeit; der Antrag wirkt auf den Tag des Inkrafttretens* der neuen Entgeltordnung zurück. [5]Abweichend von § 23 Allgemeiner Teil AVR beträgt die Ausschlussfrist für die Geltendmachung von Vergütungsansprüchen aufgrund Höhergruppierung ein Jahr ab dem Tag des Inkrafttretens* der neuen Entgeltordnung. [6]Ruht das Dienstverhältnis am Tag des Inkrafttretens* der neuen Entgeltordnung, beginnt die Frist von einem Jahr mit der Wiederaufnahme der Tätigkeit.

(2) [1]Die Stufenzuordnung in der höheren Entgeltgruppe richtet sich nach den Regelungen für Höhergruppierungen in der am 31. Dezember 2016 gültigen Fassung. [2]Fallen am Tag des Inkrafttretens* der neuen Entgeltordnung ein Stufenaufstieg und die Höhergruppierung zusammen, erfolgt erst der Stufenaufstieg und anschließend die Höhergruppierung.

Fassung des Absatzes § 14 Abs. 4 Satz 2 der Anlage 31 a.F. nach der Entgeltanpassung:

(4) [1]*Bei Eingruppierung in eine höhere Entgeltgruppe werden die Beschäftigten derjenigen Stufe zugeordnet, in der sie mindestens ihr bisheriges Tabellenentgelt erhalten, mindestens jedoch der Stufe 2.* [2]*Beträgt der Unterschiedsbetrag zwischen dem derzeitigen Tabellenentgelt und dem Tabellenentgelt nach Satz 1*

- *in den Entgeltgruppen 1 bis 8*
  - *vom 1. Juli 2025 an weniger als 75,26 Euro, vom 1. Februar 2026 an weniger als 77,37 Euro;*
- *in den Entgeltgruppen 9a bis 15*
  - *vom 1. Juli 2025 an weniger als 120,42 Euro, vom 1. Februar 2026 an weniger als 123,79 Euro*

so erhält die/der Beschäftigte während der betreffenden Stufenlaufzeit anstelle des Unterschiedsbetrages den vorgenannten jeweils zustehenden Garantiebetrag. [3]*Wird der Mitarbeiter nicht in die nächsthöhere, sondern in eine darüber liegende Entgeltgruppe höhergruppiert, ist das Tabellenentgelt für jede dazwischen liegende Entgeltgruppe nach Satz 1 zu berechnen; Satz 2 gilt mit der Maßgabe, dass auf das derzeitige Tabellenentgelt und das Tabellenentgelt der Entgeltgruppe abzustellen ist, in die der Mitarbeiter höhergruppiert wird.* [4]*Die Stufenlaufzeit in der höheren Entgeltgruppe beginnt mit dem Tag der Höhergruppierung.* [5]*Bei einer Eingruppierung in eine niedrigere Entgeltgruppe ist der Mitarbeiter der in der höheren Entgeltgruppe erreichten Stufe zuzuordnen.*[6]*Der Mitarbeiter erhält vom Beginn des Monats an, in dem die Veränderung wirksam wird, das entsprechende Tabellenentgelt aus der in Satz 1 oder Satz 5 festgelegten Stufen der betreffenden Entgeltgruppe, ggf. einschließlich des Garantiebetrags.*

Anmerkung zu § 14 Abs. 4 Satz 2 der Anlage 31 a.F:
Die Garantiebeträge nehmen an allgemeinen Entgeltanpassungen teil.

(3) [1]Mitarbeiter, die am Tag des Inkrafttretens* der neuen Entgeltordnung nach Absatz 1 aus den Stufen 3, 4 oder 5 der Entgeltgruppe P 7 in die Entgeltgruppe P 8 höhergruppiert werden, erhalten zusätzlich zu ihrem Tabellenentgelt der Entgeltgruppe P 8

- für die Dauer des Verbleibs in der Stufe 2 der Entgeltgruppe P 8 bei Höhergruppierung aus der Stufe 3 der Entgeltgruppe P 7,
- für die Dauer des Verbleibs in der Stufe 4 der Entgeltgruppe P 8 bei Höhergruppierung aus der Stufe 4 der Entgeltgruppe P 7,
- für die Dauer des Verbleibs in der Stufe 5 der Entgeltgruppe P 8 bei Höhergruppierung aus der Stufe 5 der Entgeltgruppe P 7

eine monatliche Zulage in Höhe von 46,02 Euro,

sofern und solange sie nach der Anmerkung Nr. 1 Absatz 1 Buchstabe b des Anhang D der Anlage 31 zu den AVR in der Fassung vom 31. Dezember 2016 einen Anspruch auf eine monatliche Zulage gehabt hätten. [2]Für die Dauer des Verbleibs in der Stufe 5 im Anschluss an die Stufenlaufzeit der Stufe 4 der Entgeltgruppe P 8 bei Höhergruppierung aus der Stufe 4 der Entgeltgruppe P 7 erhalten die Mitarbeiter unter den sonstigen Voraussetzungen des Satzes 1 eine monatliche Zulage in Höhe von 23,01 Euro.

(4) Mitarbeiter, die keinen Antrag nach Absatz 1 innerhalb der Ausschlussfrist stellen, verbleiben für die Dauer der unverändert auszuübenden Tätigkeit in ihrer bisherigen Entgeltgruppe.

§ 4 Weiterbildung in der Notfallpflege

[1]Die Anmerkung Nr. 6 zu den Tätigkeitsmerkmalen der Entgeltgruppen P 4 bis P 9 und 9b bis 12 wurde zum 1. Januar 2018 um die DKG-Empfehlung für die Weiterbildung Notfallpflege vom 29. November 2016 in der jeweiligen Fassung erweitert. [2]Ergibt sich für Mitarbeiter aufgrund dieser Erweiterung eine höhere Entgeltgruppe, gilt § 3 mit der Maßgabe, dass der Antrag auf Höhergruppierung bis zum 31. Dezember 2018 gestellt werden kann und auf den 1. Januar 2018 zurückwirkt.

* RK Nord/NRW/Mitte/BW/Bayern, gültig ab 1. Januar 2017; RK Ost, gültig ab 1. September 2017.

Anlage 33: Besondere Regelungen für Mitarbeiter im Sozial- und Erziehungsdienst

Inhalt

§ 1	Geltungsbereich	377
§ 2	Regelmäßige Arbeitszeit	378
§ 2a	*(RK Nord, NRW, Mitte, BW, Bayern):* Qualifizierung	379
§ 2a	*(RK Ost):* Qualifizierung	380
§ 3	Arbeit an Sonn- und Feiertagen	380
§ 4	Sonderformen der Arbeit	381
§ 5	Bereitschaftsdienst und Rufbereitschaft	382
§ 6	Ausgleich für Sonderformen der Arbeit	383
§ 7	Bereitschaftsdienstentgelt	386
§ 8	Bereitschaftszeiten	387
§ 9	Arbeitszeitkonto	387
§ 10	Teilzeitbeschäftigung	388
§ 11	Eingruppierung und Entgelt der Mitarbeiter im Sozial- und Erziehungsdienst	389
§ 11a	Höhergruppierung auf Antrag	391
§ 12	Tabellenentgelt	392
§ 12a	Berechnung und Auszahlung des Entgelts	392
§ 12b	(kein Abdruck wegen Fristablauf)	392
§ 12c	*(RK Nord):* (kein Abdruck wegen Fristablauf)	392
§ 12c	*(RK Ost):* (kein Abdruck wegen Fristablauf)	392
§ 13	Allgemeine Regelungen zu den Stufen	392
§ 14	Leistungsentgelt bzw. Sozialkomponente	394
§ 15	Jahressonderzahlung	396
§ 16	Zusatzurlaub	397
§ 17	Führung auf Probe	399
§ 18	Führung auf Zeit	399
§ 19	Regenerationstage/Umwandlungstage	400
§ 19a	Regenerationstage 2022	401
§ 20	Überleitung in die Anlage 33	402
Anhang A	Tabellenentgelt Mitarbeiter im Sozial- und Erziehungsdienst	403
Anhang B	Entgeltgruppen für Mitarbeiter im Sozial- und Erziehungsdienst	406
Anhang C	(derzeit nicht besetzt)	418
Anhang D	Überleitungs- und Besitzstandregelung	419
Präambel		419
§ 1	Geltungsbereich	419
§ 2	Überleitung	419
§ 3	Besitzstandsregelung	420
§ 4	Überforderungsklausel	422
Anhang E	Zuordnungstabelle	423

Anhang F Zuordnungsregelung für Bestandsmitarbeiter 424
Präambel 424
§ 1 Geltungsbereich 424
§ 2 Durchführung der Höhergruppierung 424
§ 3 Fortgeltung der Tabellenwerte 425

Hinweise

Die Bestimmungen und Entgelttabellen beziehen sich auf die örtlichen Zuständigkeiten der Regionalkommissionen der Arbeitsrechtlichen Kommission. Dabei umfassen die folgenden Begriffe die folgenden Gebiete:

- Nord das Gebiet der Bistümer Hildesheim und Osnabrück sowie den Offizialatsbezirk Oldenburg;
- Ost das Gebiet der (Erz-)Bistümer Berlin, Dresden-Meißen, Erfurt, Görlitz, Hamburg und Magdeburg;
- NRW (Nordrhein-Westfalen) das Gebiet der (Erz-)Bistümer Aachen, Essen, Köln, Münster (ohne den Offizialatsbezirk Oldenburg) und Paderborn;
- Mitte das Gebiet der Bistümer Fulda, Limburg, Mainz, Speyer und Trier;
- BW (Baden-Württemberg) das Gebiet der (Erz-)Bistümer Freiburg und Rottenburg-Stuttgart;
- Bayern das Gebiet der (Erz-)Bistümer Augsburg, Bamberg, Eichstätt, München und Freising, Passau, Regensburg und Würzburg.

Innerhalb des Gebietes der Region Ost unterscheiden die Tabellen zwischen

- Tarifgebiet Ost als Gebiet der Bistümer Dresden-Meißen, Erfurt, Görlitz und Magdeburg sowie der Teile der Erzbistümer Berlin und Hamburg, für die das Grundgesetz der Bundesrepublik Deutschland vor dem 3. Oktober 1990 nicht galt, ausgenommen das Gebiet des Bundeslandes Berlin;
- Tarifgebiet West als Gebiet der Teile der Erzbistümer Berlin und Hamburg, für die das Grundgesetz der Bundesrepublik Deutschland vor dem 3. Oktober 1990 galt, zuzüglich des Teils des Bundeslandes Berlin, für den das Grundgesetz der Bundesrepublik Deutschland vor dem 3. Oktober 1990 nicht galt.

Einzelne Entgelttabellen beziehen sich nur auf einzelne Einrichtungsarten oder schließen diese ausdrücklich aus.

§ 1 Geltungsbereich

Sozial- und Erziehungsdienst, vgl. Anhang B

(1) Diese Anlage gilt für Mitarbeiter im Sozial- und Erziehungsdienst.

AVR-Anwendung

(2) [1]Soweit für diese Mitarbeiter nachfolgend nichts anderes bestimmt ist, finden die Vorschriften des Allgemeinen Teils und der Anlagen der AVR Anwendung. [2]Abschnitte Ia, IIIA, V, VII und XIV der Anlage 1, Anlagen 1b, 2d, 3, 6 und 6a sowie § 4 und §§ 6 bis 9 der Anlage 14 zu den AVR finden keine Anwendung. [3]Anlage 5 gilt nicht mit Ausnahme von § 1 Abs. 7, Abs. 9 und Abs. 10, §§ 5 bis 5g, § 6, § 7 Abs. 7, § 9 Abs. 6 und § 10.

Mitarbeiter in befristeten Projekten

(3) *(RK Ost):* [1]Diese Anlage findet keine Anwendung auf Mitarbeiter in befristeten Projekten, wenn diese Projekte vor dem 1. Juli 2012 begonnen worden sind. [2]Für diese Mitarbeiter findet eine Umstellung nicht statt.

§ 2 Regelmäßige Arbeitszeit

regelmäßige Arbeitszeit

(1) *(RK Nord, NRW, BW, Bayern):* [1]Die regelmäßige Arbeitszeit der Mitarbeiter beträgt ausschließlich der Pausen durchschnittlich 39 Stunden wöchentlich. [2]Abweichend davon beträgt die regelmäßige Arbeitszeit für die Mitarbeiter im Gebiet der neuen Bundesländer Mecklenburg-Vorpommern, Brandenburg, Sachsen-Anhalt, Thüringen und Sachsen durchschnittlich 40 Stunden wöchentlich. [3]Die regelmäßige Arbeitszeit kann auf fünf Tage, aus notwendigen dienstlichen oder betrieblichen Gründen auch auf sechs Tage verteilt werden.

(1) *(RK Mitte):* [1]Die regelmäßige Arbeitszeit der Mitarbeiter beträgt ausschließlich der Pausen durchschnittlich 39 Stunden wöchentlich. [2]Abweichend davon beträgt die regelmäßige Arbeitszeit für die Mitarbeiter im Gebiet der neuen Bundesländer Mecklenburg-Vorpommern, Brandenburg, Sachsen-Anhalt, Thüringen und Sachsen durchschnittlich 40 Stunden wöchentlich; ab dem 1. Januar 2023 beträgt für die Mitarbeiter in dem Gebiet der neuen Bundesländer, das in den Bereich der Regionalkommission Mitte fällt, die regelmäßige Arbeitszeit ausschließlich der Pausen durchschnittlich 39 Stunden wöchentlich. [3]Die regelmäßige Arbeitszeit kann auf fünf Tage, aus notwendigen dienstlichen oder betrieblichen Gründen auch auf sechs Tage verteilt werden.

(1) *(RK Ost):* [1]Die regelmäßige Arbeitszeit der Mitarbeiter beträgt ausschließlich der Pausen durchschnittlich 39 Stunden wöchentlich. [2]Abweichend davon beträgt die regelmäßige Arbeitszeit für die Mitarbeiter im Gebiet der neuen Bundesländer Mecklenburg-Vorpommern, Brandenburg, Sachsen-Anhalt, Thüringen und Sachsen durchschnittlich 40 Stunden wöchentlich; ab dem 1. Juli 2023 beträgt die regelmäßige Arbeitszeit ausschließlich der Pausen durchschnittlich 39 Stunden in der Woche. [3]Die regelmäßige Arbeitszeit kann auf fünf Tage, aus notwendigen dienstlichen oder betrieblichen Gründen auch auf sechs Tage verteilt werden.

Durchschnitt

(2) [1]Für die Berechnung des Durchschnitts der regelmäßigen wöchentlichen Arbeitszeit ist ein Zeitraum von bis zu einem Jahr zugrunde zu legen. [2]Abweichend von Satz 1 kann bei Mitarbeitern, die ständig Wechselschicht- oder Schichtarbeit zu leisten haben, ein längerer Zeitraum zugrunde gelegt werden.

24./31. Dezember

(3) [1]Soweit es die dienstlichen oder betrieblichen Verhältnisse zulassen, wird der Mitarbeiter am 24. Dezember und am 31. Dezember unter Fortzahlung des Entgelts von der Arbeit freigestellt. [2]Kann die Freistellung nach Satz 1 aus dienstlichen oder betrieblichen Gründen nicht erfolgen, ist entsprechender Freizeitausgleich innerhalb von drei Monaten zu gewähren. [3]Die regelmäßige Arbeitszeit vermindert sich für den 24. Dezember und 31. Dezember, sofern sie auf einen Werktag fallen, um die dienstplanmäßig ausgefallenen Stunden.

Anmerkung zu Absatz 3 Satz 3:
Die Verminderung der regelmäßigen Arbeitszeit betrifft die Mitarbeiter, die wegen des Dienstplans frei haben und deshalb ohne diese Regelung nacharbeiten müssten.

Abweichung vom ArbZG durch Dienstvereinbarung

(4) Aus dringenden dienstlichen oder betrieblichen Gründen kann auf der Grundlage einer Dienstvereinbarung im Rahmen des § 7 Abs. 1, 2 und des § 12 ArbZG von den Vorschriften des Arbeitszeitgesetzes abgewichen werden.

Anmerkung zu Absatz 4:
(weggefallen)

(5) Die Mitarbeiter sind im Rahmen begründeter dienstlicher oder betrieblicher Notwendigkeiten zur Leistung von Sonntags-, Feiertags-, Nacht-, Wechselschicht-, Schichtarbeit sowie – bei Teilzeitbeschäftigung aufgrund dienstvertraglicher Regelung oder mit ihrer Zustimmung – zu Bereitschaftsdienst, Rufbereitschaft, Überstunden und Mehrarbeit verpflichtet.

Verpflichtung Sonntags-, Feiertags-, Nacht-, Schicht-, Bereitschaftsdienst, Mehrarbeit

(6) [1]Durch Dienstvereinbarung kann ein wöchentlicher Arbeitszeitkorridor von bis zu 45 Stunden eingerichtet werden. [2]Die innerhalb eines Arbeitszeitkorridors geleisteten zusätzlichen Arbeitsstunden werden im Rahmen des nach Absatz 2 Satz 1 festgelegten Zeitraums ausgeglichen.

Arbeitszeitkorridor

(7) [1]Durch Dienstvereinbarung kann in der Zeit von 6 bis 20 Uhr eine tägliche Rahmenzeit von bis zu zwölf Stunden eingeführt werden. [2]Die innerhalb der täglichen Rahmenzeit geleisteten zusätzlichen Arbeitsstunden werden im Rahmen des nach Absatz 2 Satz 1 festgelegten Zeitraums ausgeglichen.

Rahmenarbeitszeit

(8) Die Absätze 6 und 7 gelten nur alternativ und nicht bei Wechselschicht- und Schichtarbeit.

(9) [1]Auf der Grundlage einer Dienstvereinbarung kann bei der Behandlung, Pflege und Betreuung von Personen die tägliche Arbeitszeit im Schichtdienst, ausschließlich der Pausen, auf bis zu 12 Stunden verlängert werden, wenn solche Dienste nach der Eigenart dieser Tätigkeit und zur Erhaltung des Wohles dieser Personen erforderlich sind.

Verlängerung der Arbeitszeit im Schichtdienst durch Dienstvereinbarung

[2]In unmittelbarer Folge dürfen höchstens 5 Zwölf-Stunden-Schichten und innerhalb von zwei Wochen nicht mehr als 8 Zwölf-Stunden-Schichten geleistet werden. [3]Solche Schichten können nicht mit Bereitschaftsdienst kombiniert werden.

[4]Abweichend von § 1 Abs. 10 der Anlage 5 kann bei Anordnung von Zwölf-Stunden-Schichten die Ruhezeit nicht verkürzt werden.

Anmerkung zu § 2:
[1]Gleitzeitregelungen sind unter Wahrung der jeweils geltenden Mitbestimmungsrechte unabhängig von den Vorgaben zu Arbeitszeitkorridor und Rahmenzeit (Absätze 6 und 7) möglich. [2]Sie dürfen keine Regelungen nach Absatz 4 enthalten.

Gleitzeit

§ 2a *(RK Nord, NRW, Mitte, BW, Bayern):* Qualifizierung

[1]Bei Mitarbeitern im Erziehungsdienst werden – soweit gesetzliche Regelungen bestehen, zusätzlich zu diesen gesetzlichen Regelungen – im Rahmen der regelmäßigen durchschnittlichen wöchentlichen Arbeitszeit im Kalenderjahr 30 Stunden für Zwecke der Vorbereitung und Qualifizierung verwendet. [2]Bei Teilzeitbeschäftigten gilt Satz 1 entsprechend mit der Maßgabe, dass sich die Stundenzahl nach Satz 1 in dem Umfang, der dem Verhältnis ihrer individuell vereinbarten durchschnittlichen Arbeitszeit zu der regelmäßigen Arbeitszeit vergleichbarer Vollzeitmitarbeiter entspricht, reduziert. [3]Im Erziehungsdienst tätig sind insbesondere Mitarbeiter als Kinderpfleger bzw. Sozialassistent, Heilerziehungspflegehelfer, Erzieher, Heilerziehungspfleger, im handwerklichen Erziehungsdienst, als Leiter oder ständige Vertreter von Leiter von Kindertagesstätten oder Erziehungsheimen sowie andere Beschäftigte mit erzieherischer Tätigkeit in der Erziehungs- oder Eingliederungshilfe.

Qualifizierungszeit

Berufsbezeichnung

Anmerkung 1 zu Satz 3:
Soweit Berufsbezeichnungen aufgeführt sind, werden auch Mitarbeiter erfasst, die eine entsprechende Tätigkeit ohne staatliche Anerkennung oder staatliche Prüfung ausüben.

Mitarbeiter im handwerklichen Erziehungsdienst

Anmerkung 2 zu Satz 3:
Mitarbeiter im handwerklichen Erziehungsdienst müssen in Einrichtungen der Erziehungs-, Behinderten-, Suchtkranken-, Wohnungslosen- oder Straffälligenhilfe tätig sein.

§ 2a *(RK Ost):* Qualifizierung

Qualifizierungszeit

[1]Im Rahmen der regelmäßigen durchschnittlichen wöchentlichen Arbeitszeit werden – soweit gesetzliche Regelungen bestehen, zusätzlich zu diesen gesetzlichen Regelungen – im Rahmen der regelmäßigen durchschnittlichen wöchentlichen Arbeitszeit im Kalenderjahr 30 Stunden für Zwecke der Vorbereitung und Qualifizierung verwendet. [2]Bei Teilzeitbeschäftigten gilt Satz 1 entsprechend mit der Maßgabe, dass sich die Stundenzahl nach Satz 1 in dem Umfang, der dem Verhältnis ihrer individuell vereinbarten durchschnittlichen Arbeitszeit zu der regelmäßigen Arbeitszeit vergleichbarer Vollzeitbeschäftigter entspricht, reduziert.

§ 3 Arbeit an Sonn- und Feiertagen

In Ergänzung zu § 2 Abs. 3 Satz 3 und Abs. 5 gilt für Sonn- und Feiertage Folgendes:

bei gesetzl. Feiertag als Werktag Freizeitausgleich/finanzielle Abgeltung

(1) [1]Die Arbeitszeit an einem gesetzlichen Feiertag, der auf einen Werktag fällt, wird durch eine entsprechende Freistellung an einem anderen Werktag bis zum Ende des dritten Kalendermonats – möglichst aber schon bis zum Ende des nächsten Kalendermonats – ausgeglichen, wenn es die betrieblichen Verhältnisse zulassen. [2]Kann ein Freizeitausgleich nicht gewährt werden, erhält der Mitarbeiter je Stunde 100 v. H. des auf eine Stunde entfallenden Anteils des monatlichen Entgelts der jeweiligen Entgeltgruppe und Stufe nach Maßgabe der Entgelttabelle. [3]Ist ein Arbeitszeitkonto eingerichtet, ist eine Buchung gemäß § 9 Abs. 3 zulässig. [4]§ 6 Abs. 1 Satz 2 Buchst. d bleibt unberührt.

bei gesetzl. Feiertag als Werktag und Schichtdienst Reduzierung Soll-Arbeitszeit

(2) [1]Für Mitarbeiter, die regelmäßig nach einem Dienstplan eingesetzt werden, der Wechselschicht- oder Schichtdienst an sieben Tagen in der Woche vorsieht, vermindert sich die regelmäßige Wochenarbeitszeit um ein Fünftel der arbeitsvertraglich vereinbarten durchschnittlichen Wochenarbeitszeit, wenn sie an einem gesetzlichen Feiertag, der auf einen Werktag fällt,

a) Arbeitsleistung zu erbringen haben oder
b) nicht wegen des Feiertags, sondern dienstplanmäßig nicht zur Arbeit eingeteilt sind und deswegen an anderen Tagen der Woche ihre regelmäßige Arbeitszeit erbringen müssen.

[2]Absatz 1 gilt in diesen Fällen nicht. [3]§ 6 Abs. 1 Satz 2 Buchst. d bleibt unberührt.

arbeitsfreie Tage

(3) [1]Mitarbeiter, die regelmäßig an Sonn- und Feiertagen arbeiten müssen, erhalten innerhalb von zwei Wochen zwei arbeitsfreie Tage. [2]Hiervon soll ein freier Tag auf einen Sonntag fallen.

§ 4 Sonderformen der Arbeit

(1) [1]Wechselschichtarbeit ist die Arbeit nach einem Schichtplan/Dienstplan, der einen regelmäßigen Wechsel der täglichen Arbeitszeit in Wechselschichten vorsieht, bei denen der Mitarbeiter längstens nach Ablauf eines Monats erneut zu mindestens zwei Nachtschichten herangezogen wird. [2]Wechselschichten sind wechselnde Arbeitsschichten, in denen ununterbrochen bei Tag und Nacht, werktags, sonntags und feiertags gearbeitet wird. [3]Nachtschichten sind Arbeitsschichten, die mindestens zwei Stunden Nachtarbeit umfassen.

Wechselschichtarbeit
Wechselschicht
Nachtschicht

(2) Schichtarbeit ist die Arbeit nach einem Schichtplan, der einen regelmäßigen Wechsel des Beginns der täglichen Arbeitszeit um mindestens zwei Stunden in Zeitabschnitten von längstens einem Monat vorsieht, und die innerhalb einer Zeitspanne von mindestens 13 Stunden geleistet wird.

Schichtarbeit

(3) Bereitschaftsdienst leisten Mitarbeiter, die sich auf Anordnung des Dienstgebers außerhalb der regelmäßigen Arbeitszeit an einer vom Dienstgeber bestimmten Stelle aufhalten, um im Bedarfsfall die Arbeit aufzunehmen.

Bereitschaftsdienst

(4) [1]Rufbereitschaft leisten Mitarbeiter, die sich auf Anordnung des Dienstgebers außerhalb der regelmäßigen Arbeitszeit an einer dem Dienstgeber anzuzeigenden Stelle aufhalten, um auf Abruf die Arbeit aufzunehmen. [2]Rufbereitschaft wird nicht dadurch ausgeschlossen, dass Mitarbeiter vom Dienstgeber mit einem Mobiltelefon oder einem vergleichbaren technischen Hilfsmittel ausgestattet sind.

Rufbereitschaft

(5) Nachtarbeit ist die Arbeit zwischen 21 Uhr und 6 Uhr.

Nachtarbeit

(6) Mehrarbeit sind die Arbeitsstunden, die Teilzeitbeschäftigte über die vereinbarte regelmäßige Arbeitszeit hinaus bis zur regelmäßigen wöchentlichen Arbeitszeit von Vollbeschäftigten (§ 2 Abs. 1 Satz 1) leisten.

Mehrarbeit

(7) Überstunden sind die auf Anordnung des Dienstgebers geleisteten Arbeitsstunden, die über die im Rahmen der regelmäßigen Arbeitszeit von Vollbeschäftigten (§ 2 Abs. 1 Satz 1) für die Woche dienstplanmäßig bzw. betriebsüblich festgesetzten Arbeitsstunden hinausgehen und nicht bis zum Ende der folgenden Kalenderwoche ausgeglichen werden.

Überstunden

(8) Abweichend von Absatz 7 sind nur die Arbeitsstunden Überstunden, die

Überstunden bei

a) im Falle der Festlegung eines Arbeitszeitkorridors nach § 2 Abs. 6 über 45 Stunden oder über die vereinbarte Obergrenze hinaus,

• Arbeitszeitkorridor

b) im Falle der Einführung einer täglichen Rahmenzeit nach § 2 Abs. 7 außerhalb der Rahmenzeit,

• Rahmenarbeitszeit

c) im Falle von Wechselschicht- oder Schichtarbeit über die im Schichtplan festgelegten täglichen Arbeitsstunden einschließlich der im Schichtplan vorgesehenen Arbeitsstunden, die bezogen auf die regelmäßige wöchentliche Arbeitszeit im Schichtplanturnus nicht ausgeglichen werden,

• Schichtarbeit

angeordnet worden sind.

§ 5 Bereitschaftsdienst und Rufbereitschaft

Voraussetzung Bereitschaftsdienst

(1) Der Dienstgeber darf Bereitschaftsdienst nur anordnen, wenn zu erwarten ist, dass zwar Arbeit anfällt, erfahrungsgemäß aber die Zeit ohne Arbeitsleistung überwiegt.

13/16-Stunden-Dienst

(2) Abweichend von den § 3, § 5 und § 6 Abs. 2 ArbZG kann im Rahmen des § 7 ArbZG die tägliche Arbeitszeit im Sinne des Arbeitszeitgesetzes über acht Stunden hinaus verlängert werden, wenn mindestens die acht Stunden überschreitende Zeit im Rahmen von Bereitschaftsdienst geleistet wird, und zwar wie folgt:

a) bei Bereitschaftsdiensten der Stufen A und B bis zu insgesamt maximal 16 Stunden täglich; die gesetzlich vorgeschriebene Pause verlängert diesen Zeitraum nicht,

b) bei Bereitschaftsdiensten der Stufen C und D bis zu insgesamt maximal 13 Stunden täglich; die gesetzlich vorgeschriebene Pause verlängert diesen Zeitraum nicht.

24-Stunden-Dienst

(3) [1]Im Rahmen des § 7 ArbZG kann unter den Voraussetzungen

a) einer Prüfung alternativer Arbeitszeitmodelle,

b) einer Belastungsanalyse gemäß § 5 ArbSchG und

c) ggf. daraus resultierender Maßnahmen zur Gewährleistung des Gesundheitsschutzes

aufgrund einer Dienstvereinbarung von den Regelungen des Arbeitszeitgesetzes abgewichen werden.

[2]Abweichend von den § 3, § 5 und § 6 Abs. 2 ArbZG kann die tägliche Arbeitszeit im Sinne des Arbeitszeitgesetzes über acht Stunden hinaus verlängert werden, wenn in die Arbeitszeit regelmäßig und in erheblichem Umfang Bereitschaftsdienst fällt. [3]Hierbei darf die tägliche Arbeitszeit ausschließlich der Pausen maximal 24 Stunden betragen.

Dienst ohne Ausgleich

(4) Unter den Voraussetzungen des Absatzes 3 Satz 1 kann die tägliche Arbeitszeit gemäß § 7 Abs. 2a ArbZG ohne Ausgleich verlängert werden, wobei

a) bei Bereitschaftsdiensten der Stufen A und B eine wöchentliche Arbeitszeit von bis zu maximal durchschnittlich 58 Stunden,

b) bei Bereitschaftsdiensten der Stufen C und D eine wöchentliche Arbeitszeit von bis zu maximal durchschnittlich 54 Stunden

zulässig ist.

Ausgleichszeitraum

(5) Für den Ausgleichszeitraum nach den Absätzen 2 bis 4 gilt § 2 Abs. 2 Satz 1.

Teilzeitarbeit und Bereitschaftsdienst

(6) [1]In den Fällen, in denen Mitarbeiter Teilzeitarbeit gemäß § 10 vereinbart haben, verringern sich die Höchstgrenzen der wöchentlichen Arbeitszeit nach den Absätzen 2 bis 4 in demselben Verhältnis wie die Arbeitszeit dieser Mitarbeiter zu der regelmäßigen Arbeitszeit der Vollbeschäftigten. [2]Mit Zustimmung des Mitarbeiters oder aufgrund von dringenden dienstlichen oder betrieblichen Belangen

(7) [1]Der Dienstgeber darf Rufbereitschaft nur anordnen, wenn erfahrungsgemäß lediglich in Ausnahmefällen Arbeit anfällt. [2]Durch tatsächliche Arbeitsleistung innerhalb der Rufbereitschaft kann die tägliche Höchstarbeitszeit von zehn Stunden (§ 3 ArbZG) überschritten werden (§ 7 ArbZG).

Abweichung von ArbZG, durch Dienstvereinbarung

(8) § 2 Abs. 4 bleibt im Übrigen unberührt.

(9) [1]Für Mitarbeiter in Einrichtungen und Heimen, die der Förderung der Gesundheit, der Erziehung, der Fürsorge oder Betreuung von Kindern und Jugendlichen, der Fürsorge und Betreuung von obdachlosen, alten, gebrechlichen, erwerbsbeschränkten oder sonstigen hilfsbedürftigen Personen dienen, auch wenn diese Einrichtungen nicht der ärztlichen Behandlung der betreuten Personen dienen, gelten die Absätze 1 bis 8 mit der Maßgabe, dass die Grenzen für die Stufen A und B einzuhalten sind. [2]Dazu gehören auch die Mitarbeiter in Einrichtungen, in denen die betreuten Personen nicht regelmäßig ärztlich behandelt und beaufsichtigt werden (Erholungsheime).

Sonderregelung Heime, vgl. § 7 Abs. 3

A 33

§ 6 Ausgleich für Sonderformen der Arbeit

(1) [1]Der Mitarbeiter erhält neben dem Entgelt für die tatsächliche Arbeitsleistung Zeitzuschläge. [2]Die Zeitzuschläge betragen – auch bei Teilzeitbeschäftigten – je Stunde

Zeitzuschläge

a)	für Überstunden	
	▪ in den Entgeltgruppen 1 bis 9b	30 v. H.,
	▪ in den Entgeltgruppen 9c bis 15	15 v. H.,
b)	für Nachtarbeit	20 v. H.,
c)	für Sonntagsarbeit	25 v. H.,
d)	bei Feiertagsarbeit	
	▪ ohne Freizeitausgleich	135 v. H.,
	▪ mit Freizeitausgleich	35 v. H.,
e)	für Arbeit am 24. Dezember und am 31. Dezember jeweils ab 6 Uhr	35 v. H.,
f)	für Arbeit an Samstagen von 13 bis 21 Uhr, soweit diese nicht im Rahmen von Wechselschicht oder Schichtarbeit anfällt	20 v. H.

Überstunden · Nachtarbeit · Sonntagsarbeit · Feiertagsarbeit · 24./31. Dezember · Samstagsarbeit

des auf eine Stunde entfallenden Anteils des Tabellenentgelts der Stufe 3 der jeweiligen Entgeltgruppe. [3]Beim Zusammentreffen von Zeitzuschlägen nach Satz 2 Buchst. c bis f wird nur der höchste Zeitzuschlag gezahlt. [4]Auf Wunsch des Mitarbeiters können, soweit ein Arbeitszeitkonto (§ 9) eingerichtet ist und die dienstlichen oder betrieblichen Verhältnisse es zulassen, die nach Satz 2 zu zahlenden Zeitzuschläge entsprechend dem jeweiligen Vomhundertsatz einer Stunde in Zeit umgewandelt und ausgeglichen werden. [5]Dies gilt entsprechend für Überstunden als solche.

Freizeitausgleich bei Arbeitszeitkonto

Anmerkung zu Absatz 1 Satz 1:
Bei Überstunden richtet sich die Vergütung für die tatsächliche Arbeitsleistung nach der jeweiligen Entgeltgruppe und der individuellen Stufe, höchstens jedoch nach der Stufe 4.

Überstunden

Anmerkung zu Absatz 1 Satz 2 Buchst. d:

Feiertagsarbeit

[1]Der Freizeitausgleich muss im Dienstplan besonders ausgewiesen und bezeichnet werden. [2]Falls kein Freizeitausgleich gewährt wird, werden als Vergütung einschließlich des Zeitzuschlags und des auf den Feiertag entfallenden Tabellenentgelts höchstens 235 v.H. gezahlt.

Abgeltung nicht ausgeglichener Arbeitsstunden

(2) Für Arbeitsstunden, die keine Überstunden sind und die aus dienstlichen oder betrieblichen Gründen nicht innerhalb des nach § 2 Abs. 2 Satz 1 oder 2 festgelegten Zeitraums mit Freizeit ausgeglichen werden, erhält der Mitarbeiter je Stunde 100 v.H. des auf eine Stunde entfallenden Anteils des Tabellenentgelts der jeweiligen Entgeltgruppe und Stufe.

Anmerkung zu Absatz 2:

Arbeitsstunden

Mit dem Begriff „Arbeitsstunden“ sind nicht die Stunden gemeint, die im Rahmen von Gleitzeitregelungen im Sinne der Anmerkung zu § 2 anfallen, es sei denn, sie sind angeordnet worden.

(3) [1]Zugunsten der Mitarbeiter können für Dienste, soweit diese zu Zeiten gemäß § 6 Abs. 1 Satz 2 Buchstaben b bis f erbracht werden, die dort genannten Prozentbeträge durch Dienstvereinbarung erhöht werden. [2]Durch Dienstvereinbarungen können für die freiwillige Übernahme zusätzlich betrieblich veranlasster Dienste Zulagen oder Zuschläge zusätzlich zum ohnehin geschuldeten Entgelt vereinbart werden. [3]Die Regelungen der Mitarbeitervertretungsordnung (MAVO) sind zu beachten.

Vergütung Rufbereitschaft

(4) [1]Für die Rufbereitschaft wird eine tägliche Pauschale je Entgeltgruppe bezahlt. [2]Sie beträgt für die Tage Montag bis Freitag das Zweifache, für Samstag, Sonntag sowie für Feiertage das Vierfache des Stundenentgelts nach Maßgabe der Entgelttabelle. [3]Maßgebend für die Bemessung der Pauschale nach Satz 2 ist der Tag, an dem die Rufbereitschaft beginnt. [4]Für die Arbeitsleistung innerhalb der Rufbereitschaft außerhalb des Aufenthaltsortes im Sinne des § 4 Abs. 4 wird die Zeit jeder einzelnen Inanspruchnahme einschließlich der hierfür erforderlichen Wegezeiten jeweils auf eine volle Stunde gerundet und mit dem Entgelt für Überstunden sowie mit etwaigen Zeitzuschlägen nach Absatz 1 bezahlt. [5]Wird die Arbeitsleistung innerhalb der Rufbereitschaft am Aufenthaltsort im Sinne des § 4 Abs. 4 telefonisch (z. B. in Form einer Auskunft) oder mittels technischer Einrichtungen erbracht, wird abweichend von Satz 4 die Summe dieser Arbeitsleistungen auf die nächste volle Stunde gerundet und mit dem Entgelt für Überstunden sowie mit etwaigen Zeitzuschlägen nach Absatz 1 bezahlt. [6]Absatz 1 Satz 4 gilt entsprechend, soweit die Buchung auf das Arbeitszeitkonto nach § 9 Abs. 3 Satz 2 zulässig ist. [7]Satz 1 gilt nicht im Falle einer stundenweisen Rufbereitschaft. [8]Eine Rufbereitschaft im Sinne von Satz 7 liegt bei einer ununterbrochenen Rufbereitschaft von weniger als zwölf Stunden vor. [9]In diesem Fall wird abweichend von den Sätzen 2 und 3 für jede Stunde der Rufbereitschaft 12,5 v. H. des Stundenentgelts nach Maßgabe der Entgelttabelle gezahlt.

Ermittlung der Tage einer Rufbereitschaft

Anmerkung zu Absatz 4:

Zur Ermittlung der Tage einer Rufbereitschaft, für die eine Pauschale gezahlt wird, ist auf den Tag des Beginns der Rufbereitschaft abzustellen.

Wechselschichtzulage

(5) [1]Mitarbeiter, die ständig Wechselschichtarbeit leisten, erhalten eine Wechselschichtzulage von 200 Euro monatlich. [2]Mitarbeiter, die nicht ständig Wechselschichtarbeit leisten, erhalten eine Wechselschichtzulage von 1,18 Euro pro Stunde. [3]Ab dem 1. Januar 2027 nehmen die vorgenannten Zulagen für Wechselschichtarbeit an allgemeinen Entgelterhöhungen teil.

Anmerkung 1 zu Absatz 5:

[1]Soweit es sich um Mitarbeiter in Krankenhäusern handelt, betragen ab dem 1. Juli 2025 die Zulage für Wechselschichtarbeit nach § 6 Abs. 5 Satz 1 250,00 Euro monatlich und der Stundensatz nach § 6 Abs. 5 Satz 2 1,49 Euro pro Stunde. [2]Mitarbeiter in Krankenhäusern umfasst die Mitarbeiter, die in

a) Krankenhäusern, einschließlich psychiatrischen Fachkrankenhäusern,

b) medizinischen Instituten von Krankenhäusern oder

c) sonstigen Einrichtungen (z.B. Reha-Einrichtungen, Kureinrichtungen), in denen die betreuten Personen in ärztlicher Behandlung stehen, wenn die Behandlung durch in den Einrichtungen selbst beschäftigte Ärztinnen oder Ärzte stattfindet,

beschäftigt sind. [3]Hiervon sind auch Mitarbeiter in Fachabteilungen (z. B. Pflege-, Altenpflege- und Betreuungseinrichtungen) in psychiatrischen Zentren bzw. Rehabilitations- oder Kureinrichtungen erfasst, soweit diese mit einem psychiatrischen Fachkrankenhaus bzw. einem Krankenhaus desselben Trägers einen Betrieb bilden. [4]Im Übrigen werden Mitarbeiter in Altenpflegeeinrichtungen eines Krankenhauses von der Begriffsbestimmung in Satz 1 nicht erfasst, auch soweit sie mit einem Krankenhaus desselben Trägers einen Betrieb bilden. [5]Lehrkräfte an Krankenpflegeschulen und ähnlichen der Ausbildung dienenden Einrichtungen nach Satz 1 fallen unter die Mitarbeiter, soweit diese nicht vom Geltungsbereich der Anlage 21a erfasst sind.

Anmerkung 2 zu Abs. 5:

[1]Soweit es sich um Mitarbeiter in Pflege- und Betreuungseinrichtungen handelt, betragen ab dem 1. Juli 2025 die Zulage für Wechselschichtarbeit nach § 6 Abs. 5 Satz 1 monatlich 250,00 Euro und der Stundensatz nach § 6 Abs. 5 Satz 2 pro Stunde 1,47 Euro. [2]Mitarbeiter in Pflege- und Betreuungseinrichtungen umfasst die Mitarbeiter, die in

a) Heil-, Pflege- und Entbindungseinrichtungen,

b) medizinischen Instituten von Heil- und Pflegeeinrichtungen,

c) sonstigen Einrichtungen und Heimen, in denen die betreuten Personen in ärztlicher Behandlung stehen, wenn die Behandlung durch nicht in den Einrichtungen selbst beschäftigte Ärztinnen oder Ärzte stattfindet,

d) Einrichtungen und Heimen, die der Förderung der Gesundheit, der Erziehung, der Fürsorge oder Betreuung von Kindern und Jugendlichen, der Fürsorge und Betreuung von obdachlosen, alten, gebrechlichen, erwerbsbeschränkten oder sonstigen hilfsbedürftigen Personen dienen, auch wenn diese Einrichtungen nicht der ärztlichen Behandlung der betreuten Personen dienen, oder in

e) ambulanten Pflegediensten oder teilstationären Pflegeeinrichtungen

beschäftigt sind, soweit deren Einrichtungen nicht unter Anmerkung 1 zu § 6 Abs. 5 fallen. [3]Lehrkräfte an Altenpflegeschulen und ähnlichen der Ausbildung dienenden Einrichtungen nach Satz 1 fallen unter die Mitarbeiter, soweit diese nicht unter die Anmerkung 1 zu § 6 Abs. 5 bzw. unter die Anlage 21a fallen.

(6) [1]Mitarbeiter, die ständig Schichtarbeit leisten, erhalten eine Schichtzulage von 100 Euro monatlich. [2]Mitarbeiter, die nicht ständig Schichtarbeit leisten, erhalten eine Schichtzulage von 0,59 Euro pro Stunde. [3]Ab dem 1. Januar 2027 nehmen die vorgenannten Zulagen für Schichtarbeit an allgemeinen Entgelterhöhungen teil.

§ 7 Bereitschaftsdienstentgelt

Vergütung Bereitschaftsdienst

(1) Zum Zwecke der Entgeltberechnung wird die Zeit des Bereitschaftsdienstes einschließlich der geleisteten Arbeit wie folgt als Arbeitszeit gewertet:

(a) [1]Nach dem Maß der während des Bereitschaftsdienstes erfahrungsgemäß durchschnittlich anfallenden Arbeitsleistungen wird die Zeit des Bereitschaftsdienstes wie folgt als Arbeitszeit gewertet:

Stufe	Arbeitsleistung innerhalb des Bereitschaftsdienstes	Bewertung als Arbeitszeit
A	0 bis 10 v. H.	15 v. H.
B	mehr als 10 v. H. bis 25 v. H.	25 v. H.
C	mehr als 25 v. H. bis 40 v. H.	40 v. H.
D	mehr als 40 bis 49 v. H.	55 v. H.

[2]Ein hiernach der Stufe A zugeordneter Bereitschaftsdienst wird der Stufe B zugeteilt, wenn der Mitarbeiter während des Bereitschaftsdienstes in der Zeit von 22 bis 6 Uhr erfahrungsgemäß durchschnittlich mehr als dreimal dienstlich in Anspruch genommen wird.

zusätzliche Arbeitszeitbewertung

(b) Entsprechend der Zahl der vom Mitarbeiter je Kalendermonat abgeleisteten Bereitschaftsdienste wird die Zeit eines jeden Bereitschaftsdienstes zusätzlich wie folgt als Arbeitszeit gewertet:

Zahl der Bereitschaftsdienste im Kalendermonat	Bewertung als Arbeitszeit
1. bis 8. Bereitschaftsdienst	25. v. H.
9. bis 12. Bereitschaftsdienst	35 v. H.
13. und folgende Bereitschaftsdienste	45 v. H.

Zuweisung

(2) Die Zuweisung zu den einzelnen Stufen des Bereitschaftsdienstes erfolgt durch die Einrichtungsleitung und die Mitarbeitervertretung.

Mitarbeiter gem. § 5 Abs. 9

(3) [1]Für die Mitarbeiter gemäß § 5 Abs. 9 wird zum Zwecke der Entgeltberechnung die Zeit des Bereitschaftsdienstes einschließlich der geleisteten Arbeit mit 25 v.H. als Arbeitszeit bewertet. [2]Leistet der Mitarbeiter in einem Kalendermonat mehr als acht Bereitschaftsdienste, wird die Zeit eines jeden über acht Bereitschaftsdienste hinausgehenden Bereitschaftsdienstes zusätzlich mit 15 v.H. als Arbeitszeit gewertet.

Zeitzuschlag

(3a) Die Mitarbeiter erhalten zusätzlich zu dem Entgelt nach Absatz 3 für die Zeit des Bereitschaftsdienstes in den Nachtstunden (§ 4 Abs. 5) je Stunde einen Zeitzuschlag in Höhe von 15 v.H. des auf eine Stunde umgerechneten individuellen Tabellenentgelts.

Vergütung

(4) Das Entgelt für die nach den Absätzen 1, 3 und 3a zum Zwecke der Entgeltberechnung als Arbeitszeit gewertete Bereitschaftsdienstzeit bestimmt sich nach dem auf eine Stunde umgerechneten individuellen Tabellenentgelt.

(5) An Mitarbeiter wird das Bereitschaftsdienstentgelt gezahlt, es sei denn, dass ein Freizeitausgleich im Dienstplan vorgesehen ist, oder eine entsprechende Regelung in einer einvernehmlichen Dienstvereinbarung getroffen wird oder der Mitarbeiter dem Freizeitausgleich zustimmt.

Freizeitausgleich

§ 8 Bereitschaftszeiten

(1) [1]Bereitschaftszeiten sind die Zeiten, in denen sich der Mitarbeiter am Arbeitsplatz oder einer anderen vom Dienstgeber bestimmten Stelle zur Verfügung halten muss, um im Bedarfsfall die Arbeit selbständig, ggf. auch auf Anordnung, aufzunehmen und in denen die Zeiten ohne Arbeitsleistung überwiegen. [2]Für Mitarbeiter, in deren Tätigkeit regelmäßig und in nicht unerheblichem Umfang Bereitschaftszeiten fallen, gelten folgende Regelungen:

Bereitschaftszeit Voraussetzung

a) *(RK Nord, NRW, Mitte, BW, Bayern):* Bereitschaftszeiten werden zur Hälfte als tarifliche Arbeitszeit gewertet (faktorisiert).

a) *(RK Ost):* Bereitschaftsdiensten werden zur Hälfte als Arbeitszeit gewertet (faktorisiert).

b) Sie werden innerhalb von Beginn und Ende der regelmäßigen täglichen Arbeitszeit nicht gesondert ausgewiesen.

c) Die Summe aus den faktorisierten Bereitschaftszeiten und der Vollarbeitszeit darf die Arbeitszeit nach § 2 Abs. 1 nicht überschreiten.

d) Die Summe aus Vollarbeits- und Bereitschaftszeiten darf durchschnittlich 48 Stunden wöchentlich nicht überschreiten.

[3]Ferner ist Voraussetzung, dass eine nicht nur vorübergehend angelegte Organisationsmaßnahme besteht, bei der regelmäßig und in nicht unerheblichem Umfang Bereitschaftszeiten anfallen.

(2) Die Anwendung des Absatzes 1 bedarf einer einvernehmlichen Dienstvereinbarung.

Dienstvereinbarung

Anmerkung zu § 8:
Diese Regelung gilt nicht für Wechselschicht- und Schichtarbeit.

§ 9 Arbeitszeitkonto

(1) [1]Durch Dienstvereinbarung kann ein Arbeitszeitkonto eingerichtet werden. [2]Soweit ein Arbeitszeitkorridor (§ 2 Abs. 6) oder eine Rahmenzeit (§ 2 Abs. 7) vereinbart wird, ist ein Arbeitszeitkonto einzurichten.

Arbeitszeitkonto

(2) [1]In der Dienstvereinbarung wird festgelegt, ob das Arbeitszeitkonto in der ganzen Einrichtung oder Teilen davon eingerichtet wird. [2]Alle Mitarbeiter der Einrichtungsteile, für die ein Arbeitszeitkonto eingerichtet wird, werden von den Regelungen des Arbeitszeitkontos erfasst.

Dienstvereinbarung

(3) [1]Auf das Arbeitszeitkonto können Zeiten, die bei Anwendung des nach § 2 Abs. 2 festgelegten Zeitraums als Zeitguthaben oder als Zeitschuld bestehen bleiben, nicht durch Freizeit ausgeglichene Zeiten nach § 6 Abs. 1 Satz 5 und Abs. 2 sowie in Zeit umgewandelte Zuschläge nach § 6 Abs. 1 Satz 4 gebucht werden. [2]Weitere Kontingente (z. B. Rufbereitschafts-/Bereitschaftsdienstentgelte) können

Zeitarten

durch Dienstvereinbarung zur Buchung freigegeben werden. [3]Der Mitarbeiter entscheidet für einen in der Dienstvereinbarung festgelegten Zeitraum, welche der in Satz 1 genannten Zeiten auf das Arbeitszeitkonto gebucht werden.

Arbeitsunfähigkeit

(4) Im Falle einer unverzüglich angezeigten und durch ärztliches Attest nachgewiesenen Arbeitsunfähigkeit während eines Zeitausgleichs vom Arbeitszeitkonto (Zeiten nach Absatz 3 Satz 1 und 2) tritt eine Minderung des Zeitguthabens nicht ein.

Dienstvereinbarung

(5) In der Dienstvereinbarung sind insbesondere folgende Regelungen zu treffen:

Grenze Zeitschuld/-guthaben

a) Die höchstmögliche Zeitschuld (bis zu 40 Stunden) und das höchstzulässige Zeitguthaben (bis zu einem Vielfachen von 40 Stunden), die innerhalb eines bestimmten Zeitraums anfallen dürfen;

Frist Aufbau/Abbau

b) nach dem Umfang des beantragten Freizeitausgleichs gestaffelte Fristen für das Abbuchen von Zeitguthaben oder für den Abbau von Zeitschulden durch den Mitarbeiter;

c) die Berechtigung, das Abbuchen von Zeitguthaben zu bestimmten Zeiten (z.B. an so genannten Brückentagen) vorzusehen;

d) die Folgen, wenn der Dienstgeber einen bereits genehmigten Freizeitausgleich kurzfristig widerruft.

Langzeitkonto

(6) [1]Der Dienstgeber kann mit dem Mitarbeiter die Einrichtung eines Langzeitkontos vereinbaren. [2]In diesem Fall ist die Mitarbeitervertretung zu beteiligen und – bei Insolvenzfähigkeit des Dienstgebers – eine Regelung zur Insolvenzsicherung zu treffen.

§ 10 Teilzeitbeschäftigung

Anspruch Teilzeitarbeit bei Kind/pflegebedürftigen Angehörigen

(1) [1]Mit Mitarbeitern soll auf Antrag eine geringere als die vertraglich festgelegte Arbeitszeit vereinbart werden, wenn sie

a) mindestens ein Kind unter 18 Jahren oder

b) einen nach ärztlichem Gutachten pflegebedürftigen sonstigen Angehörigen

Befristung

Arbeitszeitgestaltung

tatsächlich betreuen oder pflegen und dringende dienstliche bzw. betriebliche Belange nicht entgegenstehen. [2]Die Teilzeitbeschäftigung nach Satz 1 ist auf Antrag auf bis zu fünf Jahre zu befristen. [3]Sie kann verlängert werden; der Antrag ist spätestens sechs Monate vor Ablauf der vereinbarten Teilzeitbeschäftigung zu stellen. [4]Bei der Gestaltung der Arbeitszeit hat der Dienstgeber im Rahmen der dienstlichen bzw. betrieblichen Möglichkeiten der besonderen persönlichen Situation des Mitarbeiters nach Satz 1 Rechnung zu tragen.

Erörterungspflicht

(2) Mitarbeiter, die in anderen als den in Absatz 1 genannten Fällen eine Teilzeitbeschäftigung vereinbaren wollen, können von ihrem Dienstgeber verlangen, dass er mit ihnen die Möglichkeit einer Teilzeitbeschäftigung mit dem Ziel erörtert, zu einer entsprechenden Vereinbarung zu gelangen.

Anspruch Vollzeitarbeit

(3) Ist mit früher Vollbeschäftigten auf ihren Wunsch eine nicht befristete Teilzeitbeschäftigung vereinbart worden, sollen sie bei späterer Besetzung eines Vollzeitarbeitsplatzes bei gleicher Eignung im Rahmen der dienstlichen bzw. betrieblichen Möglichkeiten bevorzugt berücksichtigt werden.

Anmerkung zu den §§ 2 bis 10:
Bei In-Kraft-Treten dieser Anlage bestehende Gleitzeitregelungen bleiben unberührt.

§ 11 Eingruppierung und Entgelt der Mitarbeiter im Sozial- und Erziehungsdienst

Tätigkeitsmerkmale, Anhang B

(1) Die Eingruppierung der Mitarbeiter im Sozial- und Erziehungsdienst richtet sich nach den Tätigkeitsmerkmalen des Anhang B dieser Anlage.

Stufenzuordnung

(2) [1]Die Entgeltgruppen S 2 bis S 18 umfassen sechs Stufen. [2]Bei Einstellung werden die Mitarbeiter der Stufe 1 zugeordnet, sofern keine einschlägige Berufserfahrung vorliegt. [3]Verfügt der Mitarbeiter über eine einschlägige Berufserfahrung von mindestens einem Jahr, erfolgt die Einstellung in die Stufe 2; verfügt er über eine einschlägige Berufserfahrung von mindestens drei Jahren, erfolgt in der Regel eine Zuordnung zur Stufe 3. [4]Unabhängig davon kann der Dienstgeber bei Neueinstellungen zur Deckung des Personalbedarfs Zeiten einer vorherigen beruflichen Tätigkeit ganz oder teilweise für die Stufenzuordnung berücksichtigen, wenn diese Tätigkeit für die vorgesehene Tätigkeit förderlich ist. [5]Bei Einstellung im Anschluss an ein Dienstverhältnis bei demselben Dienstgeber werden die Mitarbeiter mit einschlägiger Berufserfahrung (horizontale Wiedereinstellung) der im vorhergehenden Dienstverhältnis erworbenen Stufe zugeordnet und die im vorhergehenden Dienstverhältnis erreichte Stufenlaufzeit wird fortgeführt, soweit es zwischen den Dienstverhältnissen zu keiner längeren als einer sechsmonatigen rechtlichen Unterbrechung gekommen ist.

Anmerkung zu Absatz 2 Satz 3:

Praktikum

[1]Ein Berufspraktikum nach abgelegtem Examen oder eine praktische Ausbildung nach abgelegter theoretischer schulischer Teilprüfung gilt grundsätzlich als Erwerb einschlägiger Berufserfahrung. [2]Als Erwerb einer einjährigen einschlägigen Berufserfahrung gilt entsprechend auch die fachpraktische Ausbildung im Rahmen einer abgeschlossenen praxisintegrierten Ausbildung zum Erzieher nach landesgesetzlichen Regelungen und im Rahmen einer abgeschlossenen praxisintegrierten Ausbildung zum Heilerziehungspfleger nach landesgesetzlichen Regelungen.

Unmittelbare Vorbeschäftigung/kirchlicher Dienst

(2a) [1]Wird der Mitarbeiter in unmittelbarem Anschluss an ein Dienstverhältnis im Geltungsbereich der AVR oder im sonstigen Tätigkeitsbereich der katholischen Kirche eingestellt, so erhält er

a) wenn sein bisheriges Entgelt nach dieser Anlage oder einer entsprechenden Regelung bemessen war, das Entgelt der Stufe, das er beim Fortbestehen des Dienstverhältnisses am Einstellungstag vom bisherigen Dienstgeber erhalten hätte,

b) wenn sein bisheriges Entgelt in Abweichung von den Vorschriften dieser Anlage oder einer entsprechenden Reglung bemessen war, das Entgelt der Stufe, das er am Einstellungstag von seinem bisherigen Dienstgeber erhalten würde, wenn sein Entgelt ab dem Zeitpunkt, seitdem er ununterbrochen im Geltungsbereich der AVR oder im sonstigen Tätigkeitsbereich der katholischen Kirche tätig ist, nach dieser Anlage oder einer entsprechenden Regelung bemessen worden wäre.

[2]Die im vorhergehenden Dienstverhältnis erreichte Stufenlaufzeit wird im Anschlussdienstverhältnis fortgeführt. [3]War der Mitarbeiter in Abweichung von den Vorschriften dieser Anlage oder einer entsprechenden Regelung eingruppiert, wird die bisherige erreichte Stufenlaufzeit so fortgeführt, wie wenn er ab dem Zeitpunkt, seitdem er ununterbrochen im Geltungsbereich der AVR oder im sonstigen Tätigkeitsbereich der katholischen Kirche tätig ist, nach dieser Anlage oder einer entsprechenden Regelung eingruppiert worden wäre.

Anmerkung zu Absatz 2a:

Tätigkeit im Bereich der katholischen Kirche

1. Der Tätigkeit im Bereich der katholischen Kirche steht gleich eine Tätigkeit in der evangelischen Kirche, in einem Diakonischen Werk oder in einer Einrichtung, die dem Diakonischen Werk angeschlossen ist.

kein unmittelbarer Anschluss

2. [1]Ein unmittelbarer Anschluss liegt nicht vor, wenn zwischen den Dienstverhältnissen ein oder mehrere Werktage – mit Ausnahme allgemein arbeitsfreier Werktage – liegen, in denen das Dienstverhältnis nicht bestand. [2]Es ist jedoch unschädlich, wenn der Mitarbeiter in dem gesamten zwischen den Dienstverhältnissen liegenden Zeitraum dienstunfähig erkrankt war oder die Zeit zur Ausführung eines Umzuges an einen anderen Ort benötigt hat. [3]Von der Voraussetzung des unmittelbaren Anschlusses kann abgewichen werden, wenn der Zeitraum zwischen dem Ende des bisherigen Dienstverhältnisses und dem Beginn des neuen Dienstverhältnisses ein Jahr nicht übersteigt.

Stufenlaufzeit

ununterbrochene Tätigkeit, vgl. § 13 Abs. 3

(3) Die Mitarbeiter erreichen die jeweils nächste Stufe – von Stufe 3 an in Abhängigkeit von ihrer Leistung gemäß § 13 Abs. 2 – nach folgenden Zeiten einer ununterbrochenen Tätigkeit innerhalb derselben Entgeltgruppe bei ihrem Dienstgeber (Stufenlaufzeit):

- Stufe 2 nach einem Jahr in Stufe 1,
- Stufe 3 nach zwei Jahren in Stufe 2,
- Stufe 4 nach drei Jahren in Stufe 3,
- Stufe 5 nach vier Jahren in Stufe 4 und
- Stufe 6 nach fünf Jahren in Stufe 5.

Anmerkung zu Absatz 3:

(1) [1]Mitarbeiter, die nach Anhang B dieser Anlage – Entgeltgruppen für Mitarbeiter im Sozial- und Erziehungsdienst eingruppiert sind und die am 1. Oktober 2024 in Stufe 2 eine Stufenlaufzeit von mehr als zwei Jahren absolviert haben, werden zum 1. Oktober 2024 der Stufe 3 zugeordnet. [2]Mitarbeiter, die nach Anhang B dieser Anlage – Entgeltgruppen für Mitarbeiter im Sozial- und Erziehungsdienst eingruppiert sind und die am 1. Oktober 2024 in Stufe 3 eine Stufenlaufzeit von mehr als drei Jahren absolviert haben, werden zum 1. Oktober 2024 der Stufe 4 zugeordnet.

(2) [1]Mitarbeiter mit Eingruppierung in der Entgeltgruppe S 4 bei Tätigkeiten der Fallgruppe 2 und Mitarbeiter mit Eingruppierung in der Entgeltgruppe S 8b bei Tätigkeiten in der Fallgruppe 2, die am 1. Oktober 2024 in Stufe 4 eine Stufenlaufzeit von mehr als vier Jahren absolviert haben, werden zum 1. Oktober 2024 der Stufe 5 zugeordnet. [2]Mitarbeiter mit Eingruppierung in der Entgeltgruppe S 8b bei Tätigkeiten der Fallgruppen 1, 3, 4 oder 5, die am 1. Oktober 2024 in der Stufe 4 eine Stufenlaufzeit von mehr als vier Jahren absolviert haben, werden zum 1. Oktober 2024 der Stufe 5 zugeordnet. [3]Mitarbeiter mit

Eingruppierung in der Entgeltgruppe S 8b bei Tätigkeiten der Fallgruppen 1 3, 4 oder 5, die am 1. Oktober 2024 in der Stufe 5 eine Stufenlaufzeit von mehr als fünf Jahren absolviert haben, werden zum 1. Oktober 2024 der Stufe 6 zugeordnet.

(3) Für die Stufenzuordnung gemäß den Absätzen 1 und 2 gilt, dass die ab dem 1. Oktober 2024 zugeordnete Stufe jeweils neu zu laufen beginnt

(4) Soweit in dieser Anlage auf bestimmte Entgeltgruppen Bezug genommen wird, entspricht

Entgeltgruppe

die Entgeltgruppe	der Entgeltgruppe
S 2	2
S 3	4
S 4	5
S 5	6
S 6 bis S 8b	8
S 9 bis S 11a	9a
S 11b bis S 13	9b
S 14	9c
S 15 und S 16	10
S 17	11
S 18	12.

(5) [1]Mitarbeiter, die in einer der Entgeltgruppen S 2 bis S 11a eingruppiert sind, erhalten ab dem 1. Januar 2023 eine monatliche SuE-Zulage in Höhe von 130,00 Euro. [2]Mitarbeiter, die in den Entgeltgruppen S 11b, S 12 bei Tätigkeiten der Ziffer 1, S 14, oder S 15 bei Tätigkeiten der Ziffer 7 eingruppiert sind, erhalten ab dem 1. Januar 2023 eine monatliche SuE-Zulage in Höhe von 180,00 Euro. [3]Die Zulage wird nur für Zeiträume gezahlt, in denen Mitarbeiter einen Anspruch auf Entgelt oder Fortzahlung des Entgelts haben.

SuE-Zulage

§ 11a Höhergruppierung auf Antrag

[1]Ergibt sich für Mitarbeiter, die am 31. Dezember 2022 in Anlage 33 eingruppiert waren, aufgrund der Änderungen ab 1. Januar 2023 in Anhang B der Anlage 33 eine höhere Eingruppierung, sind diese Mitarbeiter nur auf Antrag gemäß § 11 in diese Entgeltgruppe eingruppiert. [2]Der Antrag nach Satz 1 kann nur bis zum 30. Juni 2023 gestellt werden (Ausschlussfrist) und wirkt jeweils auf den 1. Juli 2022 zurück. [3]Nach dem 1. Januar 2023 eingetretene Änderungen der Stufenzuordnung in der bisherigen Entgeltgruppe bleiben bei der Stufenzuordnung in der höheren Entgeltgruppe unberücksichtigt.

Ausschlussfrist

A 33

§ 12 Tabellenentgelt

Eingruppierungsautomatik

(1) [1]Der Mitarbeiter erhält monatlich ein Tabellenentgelt. [2]Die Höhe bestimmt sich nach der Entgeltgruppe, in die er eingruppiert ist, und nach der für ihn geltenden Stufe.

Anhang A

(2) Die Mitarbeiter erhalten Entgelt nach Anhang A dieser Anlage.

§ 12a Berechnung und Auszahlung des Entgelts

Teilzeitentgelt

Teilzeitbeschäftigte erhalten das Tabellenentgelt und alle sonstigen Entgeltbestandteile in dem Umfang, der dem Anteil ihrer individuell vereinbarten durchschnittlichen Arbeitszeit an der regelmäßigen Arbeitszeit vergleichbarer Vollzeitbeschäftigter entspricht.

§ 12b (kein Abdruck wegen Fristablauf)

§ 12c *(RK Nord):* (kein Abdruck wegen Fristablauf)

§ 12c *(RK Ost):* (kein Abdruck wegen Fristablauf)

§ 13 Allgemeine Regelungen zu den Stufen

Monatsbeginn

(1) Die Mitarbeiter erhalten vom Beginn des Monats an, in dem die nächste Stufe erreicht wird, das Tabellenentgelt nach der neuen Stufe.

Verkürzung und Verlängerung der Stufenlaufzeit, vgl. § 11 Abs. 3

betriebliche Kommission

(2) [1]Bei Leistungen des Mitarbeiters, die erheblich über dem Durchschnitt liegen, kann die erforderliche Zeit für das Erreichen der Stufen 4 bis 6 jeweils verkürzt werden. [2]Bei Leistungen, die erheblich unter dem Durchschnitt liegen, kann die erforderliche Zeit für das Erreichen der Stufen 4 bis 6 jeweils verlängert werden. [3]Bei einer Verlängerung der Stufenlaufzeit hat der Dienstgeber jährlich zu prüfen, ob die Voraussetzungen für die Verlängerung noch vorliegen. [4]Für die Beratung von schriftlich begründeten Beschwerden von Mitarbeitern gegen eine Verlängerung nach Satz 2 bzw. 3 ist eine betriebliche Kommission zuständig. [5]Die Mitglieder der betrieblichen Kommission werden je zur Hälfte vom Dienstgeber und von der Mitarbeitervertretung benannt; sie müssen der Einrichtung angehören. [6]Der Dienstgeber entscheidet auf Vorschlag der Kommission darüber, ob und in welchem Umfang der Beschwerde abgeholfen werden soll.

Anmerkung zu Absatz 2:

materielle Leistungsanreize und Stufenaufstieg

[1]Die Instrumente der materiellen Leistungsanreize (§ 14) und der leistungsbezogene Stufenaufstieg bestehen unabhängig voneinander und dienen unterschiedlichen Zielen. [2]Leistungsbezogene Stufenaufstiege unterstützen insbesondere die Anliegen der Personalentwicklung.

Anmerkung zu Absatz 2 Satz 2:

Leistungsminderungen

Bei Leistungsminderungen, die auf einem anerkannten Arbeitsunfall oder einer Berufskrankheit gemäß §§ 8 und 9 SGB VII beruhen, ist diese Ursache in geeigneter Weise zu berücksichtigen.

Anmerkung zu Absatz 2 Satz 6:
Die Mitwirkung der Kommission erfasst nicht die Entscheidung über die leistungsbezogene Stufenzuordnung.

Mitwirkung der Kommission

(3) [1]Den Zeiten einer ununterbrochenen Tätigkeit im Sinne des § 11 Abs. 3 stehen gleich:

Zeiten ununterbrochener Tätigkeit, vgl. § 11 Abs. 3

a) Zeiten von Beschäftigungsverboten nach dem Mutterschutzgesetz,
b) Zeiten einer Arbeitsunfähigkeit nach Abschnitt XII der Anlage 1 zu den AVR bis zu 26 Wochen,
c) Zeiten eines bezahlten Urlaubs,
d) Zeiten eines Sonderurlaubs, bei denen der Dienstgeber vor dem Antritt schriftlich ein dienstliches bzw. betriebliches Interesse anerkannt hat,
e) Zeiten einer sonstigen Unterbrechung von weniger als einem Monat im Kalenderjahr,
f) Zeiten der vorübergehenden Übertragung einer höherwertigen Tätigkeit.

[2]Zeiten der Unterbrechung bis zu einer Dauer von jeweils drei Jahren, die nicht von Satz 1 erfasst werden, und Elternzeit bis zu jeweils fünf Jahren sind unschädlich, werden aber nicht auf die Stufenlaufzeit angerechnet. [3]Bei einer Unterbrechung von mehr als drei Jahren, bei Elternzeit von mehr als fünf Jahren, erfolgt eine Zuordnung zu der Stufe, die der vor der Unterbrechung erreichten Stufe vorangeht, jedoch nicht niedriger als bei einer Neueinstellung; die Stufenlaufzeit beginnt mit dem Tag der Arbeitsaufnahme. [4]Zeiten, in denen Mitarbeiter mit einer kürzeren als der regelmäßigen wöchentlichen Arbeitszeit eines entsprechenden Vollbeschäftigten beschäftigt waren, werden voll angerechnet.

A 33

(4) [1]Bei Eingruppierung in eine höhere Entgeltgruppe werden die Mitarbeiter der gleichen Stufe zugeordnet, die sie in der niedrigeren Entgeltgruppe erreicht haben. [2] Fällt der Zeitpunkt der Stufensteigerung mit dem einer Höhergruppierung eines Mitarbeiters zusammen, so ist zunächst die Steigerung in der bisherigen Vergütungsgruppe vorzunehmen und danach die Höhergruppierung durchzuführen. [3]Die Stufenlaufzeit in der höheren Entgeltgruppe beginnt mit dem Tag der Höhergruppierung. [4]Bei einer Eingruppierung in eine niedrigere Entgeltgruppe ist der Mitarbeiter der in der höheren Entgeltgruppe erreichten Stufe zuzuordnen; die in der bisherigen Stufe zurückgelegte Stufenlaufzeit wird auf die Stufenlaufzeit in der niedrigeren Entgeltgruppe angerechnet. [5]Der Mitarbeiter erhält vom Beginn des Monats an, in dem die Veränderung wirksam wird, das entsprechende Tabellenentgelt aus der in Satz 1 oder Satz 4 festgelegten Stufe der betreffenden Entgeltgruppe. [6]Beträgt bei Höhergruppierungen der Unterschiedsbetrag zwischen dem derzeitigen Tabellenentgelt und dem Tabellenentgelt nach Satz 1

Höhergruppierung

Herabgruppierung

- in den Entgeltgruppen S 2 bis S 8b
  - vom 1. Juli 2025 an weniger als 75,26 Euro, vom 1. Februar 2026 an weniger als 77,37 Euro;
- in den Entgeltgruppen S 9 bis S 18
  - vom 1. Juli 2025 an weniger als 120,42 Euro, vom 1. Februar 2026 an weniger als 123,79 Euro

erhält der Mitarbeiter während der betreffenden Stufenlaufzeit anstelle des Unterschiedsbetrages den vorgenannten jeweils zustehenden Garantiebetrag. [7]Wird der Mitarbeiter nicht in die nächsthöhere, sondern in eine darüber liegende Entgeltgruppe höhergruppiert, gilt Satz 6 mit der Maßgabe, dass auf das derzeitige Tabellenentgelt und das Tabellenentgelt der Entgeltgruppe abzustellen ist, in die der Mitarbeiter höhergruppiert wird. [8]Bei der Höhergruppierung aus der Entgeltgruppe S 8b in die S 9 wird die bisher in der jeweiligen Stufe der Entgeltgruppe S 8b zurückgelegte Stufenlaufzeit auf die Stufenlaufzeit in der Entgeltgruppe S 9 angerechnet; ist damit am Tag der Höhergruppierung die Stufenlaufzeit zum Erreichen der nächsthöheren Stufe der Entgeltgruppe S 9 erfüllt, ist der Mitarbeiter in diese eingruppiert und die Stufenlaufzeit beginnt in dieser nächsthöheren Stufe neu. [9]Die Regelungen nach Satz 8 sind befristet bis zum 30. September 2024.

Anmerkung zu Absatz 4:
Bei Eingruppierung in eine Entgeltgruppe, die einer anderen als der bisherigen Entgelttabelle zugeordnet ist (Tabellenwechsel), werden die Mitarbeiter der gleichen Stufe zugeordnet, die sie in der bisherigen Entgeltgruppe erreicht haben.

Anmerkung zu Absatz 4 Satz 1:
Die Garantiebeträge nehmen an allgemeinen Entgeltanpassungen teil.

(5) [1]Soweit es zur regionalen Differenzierung, zur Deckung des Personalbedarfs oder zur Bindung von qualifizierten Fachkräften erforderlich ist, kann sowohl Gruppen von Mitarbeitern als auch einzelnen Mitarbeitern, abweichend von dem sich aus der nach § 11 Abs. 2, Abs. 2a, Abs. 3 und § 13 Abs. 4 ergebenden Stufe ihrer jeweiligen Entgeltgruppe zustehenden Entgelt, ein um bis zu zwei Stufen höheres Entgelt ganz oder teilweise vorweggewährt werden. [2]Haben Mitarbeiter bereits die Stufe 5 oder die Endstufe ihrer jeweiligen Entgeltgruppe erreicht, kann ihnen unter den Voraussetzungen des Satzes 1 ein bis zu 20 v.H. der Stufe 2 ihrer jeweiligen Entgeltgruppe höheres Entgelt gezahlt werden. [3]Die Gewährung eines höheren Entgelts nach den Sätzen 1 und 2 kann zeitlich befristet erfolgen; sie ist jederzeit widerruflich. [4]Im Übrigen bleibt § 13 unberührt. [5]Die Mitbestimmungs- und Beteiligungsrechte nach der Mitarbeitervertretungsordnung (MAVO) bleiben unberührt.

§ 14 Leistungsentgelt bzw. Sozialkomponente

Zwecke

(1) Das Leistungsentgelt bzw. die Sozialkomponente sollen dazu beitragen, die caritativen Dienstleistungen zu verbessern.

Dienstvereinbarung

(2) [1]Ein Leistungsentgelt bzw. eine Sozialkomponente können nur durch eine ergänzende Dienstvereinbarung mit der Mitarbeitervertretung nach § 38 MAVO eingeführt werden. [2]Der persönliche Geltungsbereich einer solchen ergänzenden Dienstvereinbarung ist auf Mitarbeiter im Sinne von § 3 MAVO beschränkt. [3]Eine Dienstvereinbarung, die auch Mitarbeiter erfasst, die in den Geltungsbereich der Anlagen 31 und 32 zu den AVR fallen, ist möglich. [4]Kommt eine Dienstvereinbarung vor Ablauf des jeweiligen Kalenderjahres für das jeweilige Kalenderjahr nicht zustande, findet Absatz 4 Anwendung. [5]Für leitende Mitarbeiter nach § 3 Abs. 2 Nr. 2 bis 4 MAVO gilt Absatz 4, sofern individualrechtlich nichts anderes vereinbart wurde.

(3) [1]Das für das Leistungsentgelt bzw. die Sozialkomponente zur Verfügung stehende Gesamtvolumen entspricht

Umfang

ab dem Jahr 2013: 2,00 v.H.

der ab Inkrafttreten dieser Anlage im jeweiligen Kalenderjahr gezahlten ständigen Monatsentgelte aller unter den Geltungsbereich dieser Anlage fallenden Mitarbeiter der jeweiligen Einrichtung im Sinne von § 1 MAVO. [2]Das zur Verfügung stehende Gesamtvolumen ist zweckentsprechend zu verwenden. [3]Wird eine die Anlagen 31, 32 und 33 übergreifende Dienstvereinbarung geschlossen, können die für das Leistungsentgelt bzw. die Sozialkomponente zur Verfügung stehenden Gesamtvolumen der jeweiligen Anlagen zusammengerechnet werden.

Pflichtzahlung

Anmerkung zu Absatz 3 Satz 1:
[1]Ständige Monatsentgelte sind insbesondere das Tabellenentgelt (ohne Sozialversicherungsbeiträge des Dienstgebers und dessen Beiträge für die Zusatzversorgung), die in Monatsbeträgen festgelegten Zulagen sowie Entgelt im Krankheitsfall und bei Urlaub, soweit diese Entgelte in dem betreffenden Kalenderjahr ausgezahlt worden sind; nicht einbezogen sind dagegen insbesondere Abfindungen, Aufwandsentschädigungen, Besitzstandszulagen, Einmalzahlungen, Jahressonderzahlungen, Leistungsentgelte, Strukturausgleiche, unständige Entgeltbestandteile und Entgelte der Mitarbeiter im Sinne des § 3 Absatz g des Allgemeinen Teils zu den AVR. [2]Unständige Entgeltbestandteile können betrieblich einbezogen werden.

ständige Monatsentgelte

A 33

Anmerkung zu Absatz 3:
Ab dem Jahr 2012 strebt die Arbeitsrechtliche Kommission an, den Vomhundertsatz des TVöD zu übernehmen.

(4) [1]Kommt eine Dienstvereinbarung im jeweiligen Kalenderjahr für das jeweilige Kalenderjahr weder zum Leistungsentgelt noch zur Sozialkomponente zu Stande, wird aus dem nach Absatz 3 Satz 1 zur Verfügung stehenden jährlichen Gesamtvolumen mit dem Entgelt für den Monat Januar des Folgejahres eine Einmalzahlung an alle Mitarbeiter, die unter den Geltungsbereich dieser Anlage fallen, ausgeschüttet. [2]Die Auszahlung an den einzelnen Mitarbeiter erfolgt in Höhe des in Absatz 3 Satz 1 genannten Vomhundertsatzes der im jeweiligen Kalenderjahr an ihn gezahlten ständigen Monatsentgelte im Sinne der Anmerkung zu Absatz 3 Satz 1. [3]Endet das Dienstverhältnis unterjährig, ist die Einmalzahlung am letzten Tag des Dienstverhältnisses auszuschütten. [4]In den ersten 12 Monaten nach Inkrafttreten dieser Anlage wird das Leistungsentgelt nach Absatz 3 monatlich ausgezahlt. [5]Eine Dienstvereinbarung ist für diesen Zeitraum ausgeschlossen.

Monatsentgelt

(5a) [1]Soweit in einer Einrichtung im Sinne des § 1 MAVO das Gesamtvolumen aus dem Kalenderjahr 2012 nicht vollständig ausgeschüttet worden ist, ist der vorhandene Restbetrag an alle Mitarbeiter dieser Anlage mit dem Entgelt des Monats Januar 2014 auszuzahlen, sofern sie an mindestens einem Tag des Monats Januar 2014 Anspruch auf Tabellenentgelt hatten. [2]Unter Tabellenentgelt fällt: Entgelt, Urlaubsvergütung, Krankenbezüge bzw. Krankengeldzuschuss. [3]Dies gilt auch, wenn nur wegen der Höhe der Barleistungen des Sozialversicherungsträgers Krankengeldzuschuss nicht bezahlt wird. [4]Einem Anspruch auf Entgelt gleichgestellt ist der Bezug von Krankengeld nach § 45 SGB V oder entsprechender gesetzlicher Leistungen und der Bezug von Mutterschaftsgeld. [5]Im Falle eines Dienstgeberwechsels im Monat Januar 2014 wird kein weiterer Anspruch beim neuen Dienstgeber begründet.

Einrichtung im Sinne des § 1 MAVO

Höhe der Auszahlung

(5b) [1]Die Höhe der Auszahlung an den einzelnen Mitarbeiter bemisst sich nach der Formel:

$$\text{Höhe der Auszahlung} = \frac{X * Y_{individuell}}{Y_{gesamt}}$$

X = im Januar 2013 vorhandener Restbetrag des Gesamtvolumens gemäß Absatz 3 Satz 1 aus dem Kalenderjahr 2012

$Y_{individuell}$ = auf den einzelnen Mitarbeiter fallender Anteil am Gesamtvolumen des Kalenderjahres 2013 gemäß Absatz 3 Satz 1 i.V.m. Abs. 4 Satz 2

Y_{gesamt} = das im Monat Januar 2014 auszuschüttende Gesamtvolumen der ständigen Monatsentgelte gemäß Absatz 3 Satz 1.

§ 15 Jahressonderzahlung

Anspruch

(1) Mitarbeiter, die am 1. Dezember im Dienstverhältnis stehen, haben Anspruch auf eine Jahressonderzahlung.

Bemessungssatz

(2) [1]Die Jahressonderzahlung beträgt,

- in den Entgeltgruppen 1 bis 8 86 v.H.,
- in den Entgeltgruppen 9a bis 12 76 v.H. und
- in den Entgeltgruppen 13 bis 15 56 v.H.

Bemessungsgrundlage

Bemessungszeitpunkt

des dem Mitarbeiter in den Kalendermonaten Juli, August und September durchschnittlich gezahlten monatlichen Entgelts; unberücksichtigt bleiben hierbei das zusätzlich für Überstunden und Mehrarbeit gezahlte Entgelt (mit Ausnahme der im Dienstplan vorgesehenen Überstunden und Mehrarbeit), Leistungszulagen, Leistungs- und Erfolgsprämien. [2]Der Bemessungssatz bestimmt sich nach der Entgeltgruppe am 1. September. [3]Bei Mitarbeitern, deren Dienstverhältnis nach dem 30. September begonnen hat, tritt an die Stelle des Bemessungszeitraums der erste volle Kalendermonat des Dienstverhältnisses. [4]In den Fällen, in denen im Kalenderjahr der Geburt des Kindes während des Bemessungszeitraums eine elterngeldunschädliche Teilzeitbeschäftigung ausgeübt wird, bemisst sich die Jahressonderzahlung nach dem Beschäftigungsumfang am Tag vor dem Beginn der Elternzeit.

Anmerkung zu Absatz 2:

1. [1]Bei der Berechnung des durchschnittlich gezahlten monatlichen Entgelts werden die gezahlten Entgelte der drei Monate addiert und durch drei geteilt; dies gilt auch bei einer Änderung des Beschäftigungsumfangs. [2]Ist im Bemessungszeitraum nicht für alle Kalendertage Entgelt gezahlt worden, werden die gezahlten Entgelte der drei Monate addiert, durch die Zahl der Kalendertage mit Entgelt geteilt und sodann mit 30,67 multipliziert. [3]Zeiträume, für die Krankengeldzuschuss gezahlt worden ist, bleiben hierbei unberücksichtigt. [4]Besteht während des Bemessungszeitraums an weniger als 30 Kalendertagen Anspruch auf Entgelt, ist der letzte Kalendermonat, in dem für alle Kalendertage Anspruch auf Entgelt bestand, maßgeblich.
2. (kein Abdruck wegen Fristablauf)

(2a) Für die Jahressonderzahlung von Mitarbeitern in der Entgeltgruppe S 9 findet der in Absatz 2 Satz 1 für die Entgeltgruppen 1 bis 8 ausgewiesene Prozentsatz Anwendung.

Mitarbeiter EG S9

(3) (weggefallen)

(4) [1]Der Anspruch nach den Absätzen 1 bis 3 vermindert sich um ein Zwölftel für jeden Kalendermonat, in dem Mitarbeiter keinen Anspruch auf Entgelt oder Fortzahlung des Entgelts haben. [2]Die Verminderung unterbleibt für Kalendermonate,

anteilige Sonderzahlung bei Unterbrechung

1. für die Mitarbeiter kein Tabellenentgelt erhalten haben wegen
   a) Ableistung von Grundwehrdienst oder Zivildienst, wenn sie diesen vor dem 1. Dezember beendet und die Beschäftigung unverzüglich wieder aufgenommen haben,
   b) Beschäftigungsverboten nach dem Mutterschutzgesetz,
   c) Inanspruchnahme der Elternzeit nach dem Bundeselterngeld- und Elternzeitgesetz bis zum Ende des Kalenderjahres, in dem das Kind geboren ist, wenn am Tag vor Antritt der Elternzeit Entgeltanspruch bestanden hat;
2. in denen Mitarbeitern Krankengeldzuschuss gezahlt wurde oder nur wegen der Höhe des zustehenden Krankengelds ein Krankengeldzuschuss nicht gezahlt worden ist.

(5) [1]Die Jahressonderzahlung wird mit dem Tabellenentgelt für November ausgezahlt. [2]Ein Teilbetrag der Jahressonderzahlung kann zu einem früheren Zeitpunkt ausgezahlt werden.

Zahlungszeitpunkt

§ 16 Zusatzurlaub

(1) Mitarbeiter, die ständig Wechselschichtarbeit nach § 4 Abs. 1 oder ständig Schichtarbeit nach § 4 Abs. 2 leisten und denen die Zulage nach § 6 Abs. 5 Satz 1 oder Abs. 6 Satz 1 zusteht, erhalten

ständige Wechselschicht-/Schichtarbeit, vgl. Anm. 1

a) bei Wechselschichtarbeit für je zwei zusammenhängende Monate und

b) bei Schichtarbeit für je vier zusammenhängende Monate

einen Arbeitstag Zusatzurlaub.

(2) Im Falle nicht ständiger Wechselschichtarbeit und nicht ständiger Schichtarbeit soll bei annähernd gleicher Belastung die Gewährung zusätzlicher Urlaubstage durch Dienstvereinbarung geregelt werden.

nicht ständige Wechselschicht-/Schichtarbeit

(3) [1]Mitarbeiter erhalten bei einer Leistung im Kalenderjahr von mindestens

Nachtarbeit, vgl. Anm. 2

- 150 Nachtarbeitsstunden 1 Arbeitstag
- 300 Nachtarbeitsstunden 2 Arbeitstage
- 450 Nachtarbeitsstunden 3 Arbeitstage
- 600 Nachtarbeitsstunden 4 Arbeitstage

A 33

Zusatzurlaub im Kalenderjahr. [2]Nachtarbeitsstunden, die in Zeiträumen geleistet werden, für die Zusatzurlaub für Wechselschicht- oder Schichtarbeit zusteht, bleiben unberücksichtigt.

Nachtarbeitsstunden

(4) [1]Bei Anwendung des Absatzes 3 werden nur die im Rahmen der regelmäßigen Arbeitszeit (§ 2) in der Zeit zwischen 21 Uhr und 6 Uhr dienstplanmäßig bzw. betriebsüblich geleisteten Nachtarbeitsstunden berücksichtigt.

Teilzeit bei Nachtarbeit

(5) [1]Bei Teilzeitbeschäftigten ist die Zahl der nach Absatz 3 geforderten Nachtarbeitsstunden entsprechend dem Verhältnis ihrer individuell vereinbarten durchschnittlichen regelmäßigen Arbeitszeit zur regelmäßigen Arbeitszeit vergleichbarer Vollzeitbeschäftigter zu kürzen. [2]Ist die vereinbarte Arbeitszeit im Durchschnitt des Urlaubsjahres auf weniger als fünf Arbeitstage in der Kalenderwoche verteilt, ist der Zusatzurlaub in entsprechender Anwendung des § 3 Abs. 5 Satz 1, Satz 3 und Satz 4 der Anlage 14 zu den AVR zu ermitteln.

Zusatzurlaub

(6) [1]Die Mitarbeiter erhalten für die Zeit der Bereitschaftsdienste in den Nachtstunden einen Zusatzurlaub in Höhe von zwei Arbeitstagen pro Kalenderjahr, sofern mindestens 288 Stunden der Bereitschaftsdienste kalenderjährlich in die Zeit zwischen 21 Uhr bis 6 Uhr fallen. [2]Absatz 3 Satz 2 und Absatz 5 gelten entsprechend.

Anmerkung zu Absatz 6:
(kein Abdruck wegen Fristablauf)

Höchsturlaubstage

(7) [1]Zusatzurlaub nach dieser Anlage und sonstigen Bestimmungen mit Ausnahme von § 208 SGB IX wird nur bis zu insgesamt sechs Arbeitstagen im Kalenderjahr gewährt. [2]Erholungsurlaub und Zusatzurlaub (Gesamturlaub) dürfen im Kalenderjahr zusammen 35 Arbeitstage, bei Zusatzurlaub wegen Wechselschichtarbeit 36 Tage, nicht überschreiten. [3]Bei Mitarbeitern, die das 50. Lebensjahr vollendet haben, gilt abweichend von Satz 2 eine Höchstgrenze von 36 Arbeitstagen; maßgebend für die Berechnung der Urlaubsdauer ist das Lebensjahr, das im Laufe des Kalenderjahres vollendet wird.

Anlage 14

(8) Im Übrigen gelten die §§ 1 bis 3 der Anlage 14 zu den AVR mit Ausnahme von § 1 Abs. 6 Satz 2 entsprechend.

Anmerkung zu den Absätzen 1, 3 und 6:

Anspruch auf Zusatzurlaub

1. [1]Der Anspruch auf Zusatzurlaub nach den Absätzen 1 und 2 bemisst sich nach der abgeleisteten Schicht- oder Wechselschichtarbeit und entsteht im laufenden Jahr, sobald die Voraussetzungen nach Absatz 1 erfüllt sind. [2]Für die Feststellung, ob ständige Wechselschichtarbeit oder ständige Schichtarbeit vorliegt, ist eine Unterbrechung durch Arbeitsbefreiung, Freizeitausgleich, bezahlten Urlaub oder Arbeitsunfähigkeit in den Grenzen des Abschnitt XII der Anlage 1 zu den AVR unschädlich.
2. Der Anspruch auf Zusatzurlaub nach Absatz 3 sowie nach Absatz 6 bemisst sich nach den abgeleisteten Nachtarbeitsstunden und entsteht im laufenden Jahr, sobald die Voraussetzungen nach Absatz 3 Satz 1 bzw. nach Absatz 6 Satz 1 erfüllt sind.

§ 17 Führung auf Probe

Vgl. dazu Beschluss der BK vom 20. Juni 2024 i.V.m. Ersetzende Entscheidung des Vermittlungsausschusses ZAK vom 22. Januar 2024 „Gesamtregelung zur Befristung" Nr. 8.

befristete Führungsposition auf Probe

(1) [1]Führungspositionen können als befristetes Dienstverhältnis bis zur Gesamtdauer von zwei Jahren vereinbart werden. [2]Innerhalb dieser Gesamtdauer ist eine höchstens zweimalige Verlängerung des Dienstvertrages zulässig. [3]Die beiderseitigen Kündigungsrechte bleiben unberührt.

Führungsposition

(2) Führungspositionen sind die ab Entgeltgruppe 10 zugewiesenen Tätigkeiten mit Weisungsbefugnis, die vor Übertragung vom Dienstgeber ausdrücklich als Führungspositionen auf Probe bezeichnet worden sind.

vorübergehende Führungsposition auf Probe

(3) [1]Besteht bereits ein Dienstverhältnis mit demselben Dienstgeber, kann dem Mitarbeiter vorübergehend eine Führungsposition bis zu der in Absatz 1 genannten Gesamtdauer übertragen werden. [2]Dem Mitarbeiter wird für die Dauer der Übertragung eine Zulage in Höhe des Unterschiedsbetrags zwischen den Tabellenentgelten nach der bisherigen Entgeltgruppe und dem sich bei Höhergruppierung nach § 13 Abs. 4 Satz 1 und 2 ergebenden Tabellenentgelt gewährt. [3]Nach Fristablauf endet die Erprobung. [4]Bei Bewährung wird die Führungsfunktion auf Dauer übertragen; ansonsten erhält der Mitarbeiter eine der bisherigen Eingruppierung entsprechende Tätigkeit.

§ 18 Führung auf Zeit

Vgl. dazu Beschluss der BK vom 20. Juni 2024 i.V.m. Ersetzende Entscheidung des Vermittlungsausschusses ZAK vom 22. Januar 2024 „Gesamtregelung zur Befristung" Nr. 8.

befristete Führungsposition auf Zeit

(1) [1]Führungspositionen können als befristetes Arbeitsverhältnis bis zur Dauer von vier Jahren vereinbart werden. [2]Folgende Verlängerungen des Arbeitsvertrages sind zulässig:

a) in den Entgeltgruppen 10 bis 12 eine höchstens zweimalige Verlängerung bis zu einer Gesamtdauer von acht Jahren,
b) ab Entgeltgruppe 13 eine höchstens dreimalige Verlängerung bis zu einer Gesamtdauer von zwölf Jahren.

[3]Zeiten in einer Führungsposition nach Buchstabe a bei demselben Dienstgeber können auf die Gesamtdauer nach Buchstabe b zur Hälfte angerechnet werden. [4]Die allgemeinen Vorschriften über die Probezeit (§ 7 Abs. 4 des Allgemeinen Teils zu den AVR) und die beiderseitigen Kündigungsrechte bleiben unberührt.

Führungsposition

(2) Führungspositionen sind die ab Entgeltgruppe 10 zugewiesenen Tätigkeiten mit Weisungsbefugnis, die vor Übertragung vom Dienstgeber ausdrücklich als Führungspositionen auf Zeit bezeichnet worden sind.

vorübergehende Führungsposition auf Zeit

(3) [1]Besteht bereits ein Dienstverhältnis mit demselben Dienstgeber, kann dem Mitarbeiter vorübergehend eine Führungsposition bis zu den in Absatz 1 genannten Fristen übertragen werden. [2]Dem Mitarbeiter wird für die Dauer der Übertragung eine Zulage gewährt in Höhe des Unterschiedsbetrags zwischen den Tabellenentgelten nach der bisherigen Entgeltgruppe und dem sich bei Höhergruppierung nach § 13 Abs. 4 Satz 1 und 2 ergebenden Tabellenentgelt, zuzüglich eines Zuschlags von 75 v.H. des Unterschiedsbetrags zwischen den Tabellenentgelten der Entgeltgruppe, die der übertragenen Funktion entspricht, zur nächsthöheren Entgeltgruppe nach § 13 Abs. 4 Satz 1 und 2. [3]Nach Fristablauf erhält der Mitarbeiter eine der biserigen Eingruppierung entsprechende Tätigkeit; der Zuschlag entfällt.

§ 19 Regenerationstage/Umwandlungstage

Anspruch auf Arbeitsbefreiung und Zulagen

(1) [1]Mitarbeiter, die nach Anhang B der Anlage 33 eingruppiert sind, haben ab dem Kalenderjahr 2023 bei Verteilung der wöchentlichen Arbeitszeit auf fünf Tage in der Kalenderwoche Anspruch auf zwei Arbeitstage Arbeitsbefreiung unter Fortzahlung des Entgelts (Dienstbezüge) und der in Monatsbeträgen festgelegten Zulagen (Regenerationstage). [2]Wird die wöchentliche Arbeitszeit an weniger als fünf Tagen in der Woche erbracht, vermindert sich der Anspruch auf die Regenerationstage entsprechend. [3]Maßgeblich für die Verminderung nach Satz 2 sind die jeweiligen Verhältnisse zum Zeitpunkt der Antragstellung nach Absatz 2 Satz 2. [4]Verändert sich im Zeitraum zwischen der Antragstellung und dem gewährten Regenerationstag die Verteilung der wöchentlichen Arbeitszeit, erhöht oder vermindert sich der Anspruch auf die Regenerationstage entsprechend. [5]Verbleibt bei den Berechnungen nach den Sätzen 2 oder 4 ein Bruchteil, der mindestens einen halben Regenerationstag ergibt, wird er auf einen vollen Regenerationstag aufgerundet; Bruchteile von weniger als einem halben Regenerationstag bleiben unberücksichtigt.

Anmerkung zu Satz 1:

Reduktion des Anspruchs

[1]Der Anspruch reduziert sich auf einen Regenerationstag, wenn in dem Kalenderjahr nicht für mindestens vier Kalendermonate Anspruch auf Entgelt bestanden hat. [2]Anspruch auf Entgelt im Sinne des Satzes 1 sind hier auch der Anspruch auf Entgeltfortzahlung (§ 10 AT, Abschnitt XII Abs. a und b der Anlage 1, § 2 der Anlage 14, § 2 Abs. 3 Satz 1 der Anlage 33, § 16 der Anlage 33) und der Anspruch auf Krankengeldzuschuss, auch wenn dieser wegen der Höhe der Barleistungen des Sozialversicherungsträgers nicht gezahlt wird. [3]Einem Anspruch auf Entgelt gleichgestellt ist der Bezug von Krankengeld nach § 45 SGB V oder entsprechender gesetzlicher Leistungen, Leistungen nach § 56 IfSG, Kurzarbeitergeld und Leistungen nach §§ 18 bis 20 MuSchG oder nach § 24i SGB V.

entgegenstehende betriebliche/ dienstliche Gründe

(2) [1]Bei der Festlegung der Lage der Regenerationstage sind die Wünsche des Mitarbeiters zu berücksichtigen, sofern dem keine dringenden dienstlichen/betrieblichen Gründe entgegenstehen. [2]Der Mitarbeiter hat den/die Regenerationstag/e spätestens vier Wochen vor dem gewünschten Zeitpunkt der Gewährung in Textform gegenüber dem Dienstgeber geltend zu machen. [3]Der Dienstgeber entscheidet über die Gewährung der Regenerationstage bis spätestens zwei Wochen vor diesen und teilt dies dem Mitarbeiter in Textform mit. [4]Im gegenseitigen Einvernehmen ist unter Berücksichtigung der aktuellen dienstlichen/betrieblichen Verhältnisse abweichend von den Sätzen 2 und 3 auch eine kurzfristige Gewährung von Regenerationstagen möglich. [5]Regenerationstage, für die im laufenden Kalenderjahr keine Arbeitsbefreiung nach Satz 1 erfolgt ist, verfallen. [6]Abweichend von Satz 5 verfallen Regenerationstage, die wegen dringender betrieblicher/dienstlicher Gründe im laufenden Kalenderjahr nicht gewährt worden sind, spätestens am 30. September des Folgejahres.

Umwandlungstage

(3) [1]Mitarbeiter, die Anspruch auf eine monatliche SuE-Zulage gemäß § 11 Abs. 5 haben, können bis zum 31. Oktober des laufenden Kalenderjahres in Textform geltend machen, statt der ihnen zustehenden SuE-Zulage im Folgejahr bis zu zwei Arbeitstage Arbeitsbefreiung unter Fortzahlung des Entgelts (Dienstbezüge) und der in Monatsbeträgen festgelegten Zulagen in Anspruch zu nehmen (Umwandlungstage). [2]Mitarbeiter, die erstmalig einen Anspruch auf eine SuE-Zulage gemäß § 11 Abs. 5 erwerben, können nach Ablauf von drei Kalendermonaten nach Auf-

nahme des Dienstverhältnisses (Neubegründung des Dienstverhältnisses oder Tätigkeitswechsel) die Geltendmachung der Umwandlungstage für das laufende Kalenderjahr erklären. [3]Die SuE-Zulage wird jeweils nach der erfolgten Arbeitsbefreiung gekürzt. [4]Der Kürzungsbetrag ergibt sich aus dem individuell ermittelten Stundenentgelt bezogen auf die an dem Umwandlungstag dienstplanmäßig bzw. betrieblich festgelegten Arbeitsstunden. [5]Besteht zum Zeitpunkt der Beantragung kein Dienstplan bzw. keine betrieblich festgelegte Arbeitszeit, so ist die an dem Umwandlungstag zu leistende Arbeitszeit dadurch zu ermitteln, dass die arbeitsvertraglich vereinbarte regelmäßige durchschnittliche wöchentliche Arbeitszeit durch die Anzahl der Arbeitstage zu teilen ist, die der Mitarbeiter in der Woche zu leisten hat, in der der Umwandlungstag liegt. [6]Der Mitarbeiter hat den/die Umwandlungstag/e spätestens vier Wochen vor dem gewünschten Zeitpunkt der Gewährung in Textform gegenüber dem Dienstgeber geltend zu machen. [7]Der Dienstgeber entscheidet über die Gewährung der Umwandlungstage bis spätestens zwei Wochen vor diesen und teilt dies der/dem Beschäftigten in Textform mit. [8]Bei der Festlegung der Lage der Umwandlungstage sind die Wünsche des Mitarbeiters zu berücksichtigen, sofern dem keine dringenden dienstlichen/betrieblichen Gründe entgegenstehen. [9]Im gegenseitigen Einvernehmen ist unter Berücksichtigung der aktuellen dienstlichen/betrieblichen Verhältnisse abweichend von den Sätzen 6 und 7 auch eine kurzfristige Gewährung von Umwandlungstagen möglich. [10]Eine im Vorjahr nach Satz 1 oder im laufenden Kalenderjahr nach Satz 2 beantragte Umwandlung der SuE-Zulage wirkt längstens bis zum Ende des laufenden Kalenderjahres.

Anmerkung zu Abs. 3 Satz 1:
Eine Umwandlung der SuE-Zulage ist erstmals für das Jahr 2024 möglich.

ab 2024

Anmerkung zu Abs. 3 Satz 4:
Zur Ermittlung des auf eine Stunde entfallenden Anteils sind die in Monatsbeträgen festgelegten Entgeltbestandteile durch das 4,348-fache der regelmäßigen wöchentlichen Arbeitszeit zu teilen.

Ermittlung des Stundenanteils

Anmerkung zu § 19:
Bei den Regenerations- und Umwandlungstagen handelt es sich nicht um Urlaubs-/Zusatzurlaubstage.

keine Urlaubs-/Zusatzurlaubstage

§ 19a Regenerationstage 2022

Anspruch auf Arbeitsbefreiung und Zulagen

[1]Mitarbeiter, die nach Anhang B der Anlage 33 eingruppiert sind, haben im Kalenderjahr 2022 bei Verteilung der wöchentlichen Arbeitszeit auf fünf Tage in der Kalenderwoche Anspruch auf zwei Arbeitstage Arbeitsbefreiung unter Fortzahlung des Entgelts (Dienstbezüge) und der in Monatsbeträgen festgelegten Zulagen (Regenerationstage). [2]Wird die wöchentliche Arbeitszeit an weniger als fünf Tagen in der Woche erbracht, vermindert sich der Anspruch auf die Regenerationstage entsprechend. [3]Maßgeblich für die Verminderung nach Satz 2 sind die jeweiligen Verhältnisse zum Zeitpunkt der Antragstellung.[4]Verändert sich im Zeitraum zwischen der Antragstellung und dem gewährten Regenerationstag die Verteilung der wöchentlichen Arbeitszeit, erhöht oder vermindert sich der Anspruch auf die Regenerationstage entsprechend. [5]Verbleibt bei den Berechnungen nach den Sätzen 2 oder 4 ein Bruchteil, der mindestens einen halben Regenerationstag ergibt, wird er auf einen vollen Regenerationstag aufgerundet; Bruchteile von weniger als

einem halben Regenerationstag bleiben unberücksichtigt. [6]Die Regenerationstage für das Kalenderjahr 2022 verfallen spätestens am 30. September 2023.

Anmerkung zu Satz 1:

Reduktion des Anspruchs

[1]Der Anspruch reduziert sich auf einen Regenerationstag, wenn in dem Kalenderjahr nicht für mindestens vier Kalendermonate Anspruch auf Entgelt bestanden hat. [2]Anspruch auf Entgelt im Sinne des Satzes 1 sind hier auch der Anspruch auf Entgeltfortzahlung (§ 10 AT, Abschnitt XII Abs. a und b der Anlage 1, § 2 der Anlage 14, § 2 Abs. 3 Satz 1 der Anlage 33, § 16 der Anlage 33) und der Anspruch auf Krankengeldzuschuss, auch wenn dieser wegen der Höhe der Barleistungen des Sozialversicherungsträgers nicht gezahlt wird. [3]Einem Anspruch auf Entgelt gleichgestellt ist der Bezug von Krankengeld nach § 45 SGB V oder entsprechender gesetzlicher Leistungen, Leistungen nach § 56 IfSG, Kurzarbeitergeld und Leistungen nach §§ 18 bis 20 MuSchG oder nach § 24i SGB V.

Anmerkung zu § 19a:

keine Urlaubs-/Zusatzurlaubstage

Bei den Regenerationstagen handelt es sich nicht um Urlaubs-/Zusatzurlaubstage.

§ 20 Überleitung in die Anlage 33

Ausschlussfrist der Überleitung

(1) [1]Ergibt sich für Mitarbeiter, die am 31. Dezember 2022 in Anlage 2 eingruppiert sind, aufgrund der Änderungen ab 1. Januar 2023 in Anhang B der Anlage 33 eine Eingruppierung in Anlage 33, sind sie nur auf Antrag in der Anlage 33 eingruppiert. [2]Der Antrag kann nur bis zum 31. Dezember 2023 gestellt werden (Ausschlussfrist) und wirkt jeweils auf den 1. Januar 2023 zurück.

Neueingruppierung

(2) [1]Mitarbeiter, die von ihrem Antragsrecht nach Absatz 1 Gebrauch machen, erhalten ab dem 1. Januar 2023 Entgelt nach einer Entgeltgruppe, in die sie nach § 11 i.V.m. Anhang B der Anlage 33 eingruppiert sind. [2]Für die Überleitung dieser Mitarbeiter gilt § 2 Anhang D der Anlage 33 mit der Maßgabe, dass nach dem 1. Januar 2023 eingetretene Änderungen der Stufenzuordnung in der bisherigen Vergütungsgruppe sowie nach dem 1. Januar 2023 erfolgte Bewährungsaufstiege bei der Überleitung unberücksichtigt bleiben.

Anhang A Tabellenentgelt Mitarbeiter im Sozial- und Erziehungsdienst

(RK Nord, NRW, Mitte, BW, Bayern): gültig ab 1. Juli 2025 – Werte in Euro

Entgelt-gruppe	Grundentgelt		Entwicklungsstufen			
	Stufe 1	Stufe 2	Stufe 3	Stufe 4	Stufe 5	Stufe 6
S 18	4.591,95	4.708,94	5.288,55	5.723,21	6.375,22	6.773,65
S 17	4.233,84	4.527,84	4.998,73	5.288,55	5.868,09	6.208,58
S 16	4.147,17	4.433,68	4.752,42	5.143,62	5.578,29	5.839,11
S 15	4.000,66	4.274,25	4.564,08	4.897,32	5.433,43	5.665,23
S 14	3.962,44	4.232,66	4.554,71	4.882,30	5.244,56	5.498,11
S 13	3.869,68	4.132,98	4.491,62	4.781,38	5.143,62	5.324,74
S 12	3.859,50	4.122,07	4.465,71	4.769,97	5.146,70	5.306,08
S 11b	3.808,48	4.067,31	4.249,15	4.712,82	5.075,04	5.292,38
S 11a	3.741,49	3.994,28	4.174,59	4.636,51	4.998,73	5.216,07
S 10	3.504,81	3.829,79	3.996,37	4.494,03	4.899,97	5.233,39
S 9	3.549,30	3.781,54	4.053,20	4.455,27	4.835,59	5.128,99
S 8b	3.481,39	3.708,79	3.980,49	4.380,82	4.759,33	5.049,51
S 8a	3.413,85	3.636,31	3.868,50	4.092,49	4.311,44	4.541,67
S 7	3.333,59	3.550,19	3.765,70	3.987,31	4.153,80	4.404,69
S 6	nicht besetzt					
S 5	nicht besetzt					
S 4	3.201,81	3.408,76	3.597,33	3.725,30	3.848,61	4.043,12
S 3	3.034,89	3.229,62	3.410,78	3.577,12	3.653,23	3.744,14
S 2	2.829,14	2.948,41	3.036,64	3.132,45	3.240,19	3.347,95

(RK Nord, NRW, Mitte, BW, Bayern): gültig ab 1. Februar 2026 – Werte in Euro

Entgelt-gruppe	Grundentgelt		Entwicklungsstufen			
	Stufe 1	Stufe 2	Stufe 3	Stufe 4	Stufe 5	Stufe 6
S 18	4.720,52	4.840,79	5.436,63	5.883,46	6.553,73	6.963,31
S 17	4.352,39	4.654,62	5.138,69	5.436,63	6.032,40	6.382,42
S 16	4.263,29	4.557,82	4.885,49	5.287,64	5.734,48	6.002,61
S 15	4.112,68	4.393,93	4.691,87	5.034,44	5.585,57	5.823,86
S 14	4.073,39	4.351,17	4.682,24	5.019,00	5.391,41	5.652,06
S 13	3.978,03	4.248,70	4.617,39	4.915,26	5.287,64	5.473,83
S 12	3.967,57	4.237,49	4.590,75	4.903,53	5.290,81	5.454,65
S 11b	3.915,12	4.181,19	4.368,13	4.844,78	5.217,14	5.440,57
S 11a	3.846,25	4.106,12	4.291,48	4.766,33	5.138,69	5.362,12
S 10	3.602,94	3.937,02	4.108,27	4.619,86	5.037,17	5.379,92
S 9	3.648,68	3.887,42	4.166,69	4.580,02	4.970,99	5.272,60
S 8b	3.578,87	3.812,64	4.091,94	4.503,48	4.892,59	5.190,90
S 8a	3.509,44	3.738,13	3.976,82	4.207,08	4.432,16	4.668,84
S 7	3.426,93	3.649,60	3.871,14	4.098,95	4.270,11	4.528,02
S 6	nicht besetzt					
S 5	nicht besetzt					
S 4	3.291,46	3.504,21	3.698,06	3.829,61	3.956,37	4.156,33
S 3	3.119,87	3.320,05	3.506,28	3.677,28	3.755,52	3.848,98
S 2	2.908,36	3.030,97	3.121,67	3.220,16	3.330,92	3.441,69

(RK Ost): gültig ab 1. Januar 2026 bis 31. Dezember 2026 – Werte in Euro

entspricht 102,50 % der am 1. Juli 2025 geltenden mittleren Werte der Bundeskommission

Entgelt-gruppe	Grundentgelt		Entwicklungsstufen			
	Stufe 1	Stufe 2	Stufe 3	Stufe 4	Stufe 5	Stufe 6
S 18	4.706,75	4.826,66	5.420,76	5.866,29	6.534,60	6.942,99
S 17	4.339,69	4.641,04	5.123,70	5.420,76	6.014,79	6.363,79
S 16	4.250,85	4.544,52	4.871,23	5.272,21	5.717,75	5.985,09
S 15	4.100,68	4.381,11	4.678,18	5.019,75	5.569,27	5.806,86
S 14	4.061,50	4.338,48	4.668,58	5.004,36	5.375,67	5.635,56
S 13	3.966,42	4.236,30	4.603,91	4.900,91	5.272,21	5.457,86
S 12	3.955,99	4.225,12	4.577,35	4.889,22	5.275,37	5.438,73
S 11b	3.903,69	4.168,99	4.355,38	4.830,64	5.201,92	5.424,69
S 11a	3.835,03	4.094,14	4.278,95	4.752,42	5.123,70	5.346,47
S 10	3.592,43	3.925,53	4.096,28	4.606,38	5.022,47	5.364,22
S 9	3.638,03	3.876,08	4.154,53	4.566,65	4.956,48	5.257,21
S 8b	3.568,42	3.801,51	4.080,00	4.490,34	4.878,31	5.175,75
S 8a	3.499,20	3.727,22	3.965,21	4.194,80	4.419,23	4.655,21
S 7	3.416,93	3.638,94	3.859,84	4.086,99	4.257,65	4.514,81
S 6	nicht besetzt					
S 5	nicht besetzt					
S 4	3.281,86	3.493,98	3.687,26	3.818,43	3.944,83	4.144,20
S 3	3.110,76	3.310,36	3.496,05	3.666,55	3.744,56	3.837,74
S 2	2.899,87	3.022,12	3.112,56	3.210,76	3.321,19	3.431,65

Anhang B Entgeltgruppen für Mitarbeiter im Sozial- und Erziehungsdienst

S 2

Mitarbeiter in der Tätigkeit von Kinderpflegern, Sozialassistenten und Heilerziehungs(pflege)helfern mit staatlicher Anerkennung oder mit staatlicher Prüfung.[3b]

S 3

Kinderpfleger, Sozialassistenten und Heilerziehungs(pflege)helfer mit staatlicher Anerkennung oder mit staatlicher Prüfung und entsprechender Tätigkeit sowie sonstige Mitarbeiter, die aufgrund gleichwertiger Fähigkeiten und ihrer Erfahrungen entsprechende Tätigkeiten ausüben.[3b]

S 4

1 Kinderpfleger, Sozialassistenten und Heilerziehungs(pflege)helfer mit staatlicher Anerkennung oder mit staatlicher Prüfung und entsprechender Tätigkeit sowie sonstige Mitarbeiter, die aufgrund gleichwertiger Fähigkeiten und ihrer Erfahrungen entsprechende Tätigkeiten ausüben, mit schwierigen fachlichen Tätigkeiten.[2, 3b]

2 Mitarbeiter in der Tätigkeit von Erziehern, Heilerziehungspflegern, Heilerziehern mit staatlicher Anerkennung [3a]

3 Mitarbeiter mit abgeschlossener Berufsausbildung in der beruflichen Ausbildung/ Anleitung in Einrichtungen der Erziehungs-, Behinderten-, Suchtkranken-, Wohnungslosen- oder Straffälligenhilfe [21]

4 Mitarbeiter mit abgeschlossener Berufsausbildung als Handwerker oder Facharbeiter oder entsprechender abgeschlossener Berufsausbildung als Gruppenleiter in einer Werkstatt für behinderte Menschen

S 5 (derzeit nicht besetzt)

S 6 (derzeit nicht besetzt)

S 7

1 (weggefallen)

2 (weggefallen)

3 Mitarbeiter mit abgeschlossener Berufsausbildung in der beruflichen Ausbildung/ Anleitung in Einrichtungen der Erziehungs-, Behinderten-, Suchtkranken-, Wohnungslosen- oder Straffälligenhilfe [1, 21, 26, 27]

4 Mitarbeiter mit abgeschlossener Berufsausbildung als Handwerker oder Facharbeiter oder entsprechender abgeschlossener Berufsausbildung und mit sonderpädagogischer Zusatzqualifikation als Gruppenleiter in einer Werkstatt für behinderte Menschen [1, 14]

5 (weggefallen)

6 (weggefallen)

7 (weggefallen)

S 8a

1 Erzieher, Heilerziehungspfleger, Heilerzieher mit staatlicher Anerkennung und entsprechender Tätigkeit sowie sonstige Mitarbeiter, die aufgrund gleichwertiger Fähigkeiten und ihrer Erfahrungen entsprechende Tätigkeiten ausüben.[1, 3a, 5]

2 Mitarbeiter mit abgeschlossener Berufsausbildung und einer abgeschlossenen Weiterbildung als geprüfte Fachkraft für Arbeits- und Berufsförderung als Gruppenleiterin/Gruppenleiter in Ausbildungs- oder Berufsförderungswerkstätten oder in Werkstätten für behinderte Menschen.[1]

3 Arbeitserzieher mit staatlicher Anerkennung und entsprechender Tätigkeit.[1]

4 Mitarbeiter mit Meisterprüfung in der beruflichen Ausbildung/Anleitung in Einrichtungen der Erziehungs-, Behinderten-, Suchtkranken-, Wohnungslosen- oder Straffälligenhilfe.[21, 22]

5 Mitarbeiter mit Meisterprüfung/Techniker als Gruppenleiter in einer Werkstatt für behinderte Menschen.[20]

S 8b

1 Erzieher, Heilerziehungspfleger, Heilerzieher mit staatlicher Anerkennung und entsprechender Tätigkeit sowie sonstige Mitarbeiter, die aufgrund gleichwertiger Fähigkeiten und ihrer Erfahrungen entsprechende Tätigkeiten ausüben, mit besonders schwierigen fachlichen Tätigkeiten[1, 3a, 5, 6]

2 Mitarbeiter in der Tätigkeit von Sozialarbeitern bzw. Sozialpädagogen mit staatlicher Anerkennung[1]

3 Mitarbeiter mit Meisterprüfung/Techniker und mit sonderpädagogischer Zusatzqualifikation oder Arbeitserzieher mit staatlicher Anerkennung als Gruppenleiter in einer Werkstatt für behinderte Menschen[1, 14, 20]

4 Mitarbeiter mit Meisterprüfung/Erzieher am Arbeitsplatz in der beruflichen Ausbildung/Anleitung in Einrichtungen der Erziehungs-, Behinderten-, Suchtkranken, Wohnungslosen- oder Straffälligenhilfe[1, 21, 22, 26, 27]

5 Arbeitserzieher mit staatlicher Anerkennung und entsprechender Tätigkeit als verantwortlicher Leiter eines Arbeitsbereiches, wenn ihnen mindestens zwei Mitarbeiter durch ausdrückliche Anordnung ständig unterstellt sind[1]

S 9

1 Erzieher/Heilerziehungspfleger/Heilerzieher mit staatlicher Anerkennung und entsprechender Tätigkeit mit besonders schwierigen fachlichen Tätigkeiten und mit fachlichen koordinierenden Aufgaben für mindestens zwei Mitarbeiter im Erziehungsdienst[1, 3a, 5, 6, 30]

2 (weggefallen)

3 Mitarbeiter als Leiter von Kindertagesstätten[1, 8]

4 Mitarbeiter, die durch ausdrückliche Anordnung als ständige Vertreter von Leitern von Kindertagesstätten mit einer Durchschnittsbelegung von mindestens 40 Plätzen bestellt sind[1, 4, 8, 9]

5 Heilpädagogen mit staatlicher Anerkennung und entsprechender Tätigkeit[1, 7]

S 10

1 (weggefallen)

2 (weggefallen)

3 Handwerksmeister, Industriemeister oder Gärtnermeister im handwerklichen Erziehungsdienst als Leiter von großen Ausbildungs- oder Berufsförderungswerkstätten oder Werkstätten für behinderte Menschen [1]

4 Mitarbeiter als technische Leiter einer Werkstatt für behinderte Menschen [1, 16]

5 Mitarbeiter mit Meisterprüfung/Techniker und mit sonderpädagogischer Zusatzqualifikation oder Arbeitserzieher mit staatlicher Anerkennung in einer Werkstatt für behinderte Menschen als Leiter einer Abteilung [1, 14, 19, 20]

6 Mitarbeiter als Leiter eines Teilbereiches in der beruflichen Ausbildung/Anleitung in Einrichtungen der Erziehungs-, Behinderten-, Suchtkranken-, Wohnungslosen- oder Straffälligenhilfe [1, 21, 23]

7 Heilpädagogen mit staatlicher Anerkennung/Erzieher mit staatlicher Anerkennung und mit sonderpädagogischer Zusatzausbildung mit entsprechender Tätigkeit in Sonderschulen und Einrichtungen, die der Vorbereitung auf den Sonderschulbesuch dienen [1, 7, 18]

8 Heilpädagogen mit staatlicher Anerkennung und entsprechender Tätigkeit

a) in der Erziehungsberatung, der psychosozialen Beratung, der Frühförderung, der Pflegeelternberatung [1, 7]

b) in gruppenergänzenden Diensten in Einrichtungen der Erziehungs-, Behinderten- oder Gefährdetenhilfe [1, 7]

c) als Leiter einer Gruppe in Einrichtungen der Erziehungs-, Behinderten- oder Gefährdetenhilfe [1, 7]

d) in entsprechenden eigenverantwortlichen Tätigkeiten [1, 7]

S 11a

Mitarbeiter, die durch ausdrückliche Anordnung als ständige Vertreter von Leitern von Kindertagesstätten für Menschen mit Behinderung im Sinne von § 2 SGB IX oder für Kinder und Jugendliche mit wesentlichen Erziehungsschwierigkeiten oder von Tagesstätten für erwachsene Menschen mit Behinderung im Sinne von § 2 SGB IX bestellt sind [1, 4, 8]

S 11b

Sozialarbeiter und Sozialpädagogen mit staatlicher Anerkennung sowie Heilpädagogen mit abgeschlossener Hochschulbildung und – soweit nach dem jeweiligen Landesrecht vorgesehen – mit staatlicher Anerkennung mit jeweils entsprechender Tätigkeit sowie sonstige Mitarbeiter, die aufgrund gleichwertiger Fähigkeiten und ihrer Erfahrungen entsprechende Tätigkeiten ausüben [13]

S 12

1 Sozialarbeiter und Sozialpädagogen mit staatlicher Anerkennung sowie Heilpädagogen mit abgeschlossener Hochschulbildung und – soweit nach dem jeweiligen Landesrecht vorgesehen – mit staatlicher Anerkennung mit jeweils entsprechen-

der Tätigkeit sowie sonstige Mitarbeiter, die aufgrund gleichwertiger Fähigkeiten und ihrer Erfahrungen entsprechende Tätigkeiten ausüben, mit schwierigen Tätigkeiten [11, 13, 28]

2 Mitarbeiter als Leiter einer Werkstatt für behinderte Menschen [15, 32]

3 Mitarbeiter als technische Leiter einer Werkstatt für behinderte Menschen mit einer Durchschnittsbelegung von mindestens 180 Plätzen [17, 32]

4 Mitarbeiter als Leiter des Bereiches der beruflichen Ausbildung/Anleitung mit einer Durchschnittsbelegung von mindestens 60 Plätzen oder mindestens sechs Gruppen in Einrichtungen der Erziehungs-, Behinderten-, Suchtkranken-, Wohnungslosen- oder Straffälligenhilfe [21, 24, 25, 32]

5 Mitarbeiter als Leiter von mindestens drei Teilbereichen in der beruflichen Ausbildung/Anleitung in Einrichtungen der Erziehungs-, Behinderten-, Suchtkranken-, Wohnungslosen- oder Straffälligenhilfe [21, 23, 32]

S 13

1 (weggefallen)

2 (weggefallen)

3 (weggefallen)

4 (weggefallen)

5 (weggefallen)

6 Handwerksmeister, Industriemeister oder Gärtnermeister im handwerklichen Erziehungsdienst als Leiter von Ausbildungs- oder Berufsförderungswerkstätten oder Werkstätten für behinderte Menschen, die sich durch den Umfang und die Bedeutung ihres Aufgabengebietes wesentlich aus der Entgeltgruppe S 10 Fallgruppe 3 herausheben [1, 32]

7 Mitarbeiter als Leiter von Kindertagesstätten mit einer Durchschnittsbelegung von mindestens 40 Plätzen [1, 8, 9, 32]

8 Mitarbeiter, die durch ausdrückliche Anordnung als ständige Vertreter von Leitern von Kindertagesstätten mit einer Durchschnittsbelegung von mindestens 70 Plätzen bestellt sind [1, 4, 8, 9, 32]

S 14

Sozialarbeiter und Sozialpädagogen mit staatlicher Anerkennung sowie Heilpädagogen mit abgeschlossener Hochschulbildung und – soweit nach dem jeweiligen Landesrecht vorgesehen – mit staatlicher Anerkennung mit jeweils entsprechender Tätigkeit sowie sonstige Mitarbeiter, die aufgrund gleichwertiger Fähigkeiten und ihrer Erfahrungen entsprechende Tätigkeiten ausüben, die Entscheidungen zur Vermeidung der Gefährdung des Kindeswohls treffen und in Zusammenarbeit mit dem Familiengericht bzw. Betreuungsgericht Maßnahmen einleiten, welche zur Gefahrenabwehr erforderlich sind, oder mit gleichwertigen Tätigkeiten, die für die Entscheidung zur zwangsweisen Unterbringung von Menschen mit psychischen Krankheiten erforderlich sind (z.B. Sozialpsychiatrischer Dienst der örtlichen Stellen der Städte, Gemeinden und Landkreise). [12, 13]

S 15

1 (weggefallen)

2 (weggefallen)

3 (weggefallen)

4 (weggefallen)

5 (weggefallen)

6 (weggefallen)

7 Sozialarbeiter und Sozialpädagogen mit staatlicher Anerkennung sowie Heilpädagogen mit abgeschlossener Hochschulbildung und – soweit nach dem jeweiligen Landesrecht vorgesehen – mit staatlicher Anerkennung mit jeweils entsprechender Tätigkeit sowie sonstige Mitarbeiter, die aufgrund gleichwertiger Fähigkeiten und ihrer Erfahrungen entsprechende Tätigkeiten ausüben, deren Tätigkeit sich mindestens zu einem Drittel durch besondere Schwierigkeit und Bedeutung aus der Entgeltgruppe S 12 heraushebt [13]

8 Mitarbeiter als Leiter von Kindertagesstätten mit einer Durchschnittsbelegung von mindestens 70 Plätzen [1, 8, 9, 32]

9 Mitarbeiter, die durch ausdrückliche Anordnung als ständige Vertreter von Leitern von Kindertagesstätten mit einer Durchschnittsbelegung von mindestens 100 Plätzen bestellt sind [1, 4, 8, 9, 32]

10 Mitarbeiter als Leiter von Kindertagesstätten für Menschen mit Behinderung im Sinne von § 2 SGB IX oder für Kinder und Jugendliche mit wesentlichen Erziehungsschwierigkeiten oder von Tagesstätten für erwachsene Menschen mit Behinderung im Sinne von § 2 SGB IX [1, 8, 32]

11 Mitarbeiter, die durch ausdrückliche Anordnung als ständige Vertreter von Leitern von Kindertagesstätten für Menschen mit Behinderung im Sinne von § 2 SGB IX oder für Kinder und Jugendliche mit wesentlichen Erziehungsschwierigkeiten oder von Tagesstätten für erwachsene Menschen mit Behinderung im Sinne von § 2 SGB IX mit einer Durchschnittsbelegung von mindestens 40 Plätzen bestellt sind [1, 4, 8, 9, 32]

12 Mitarbeiter, die durch ausdrückliche Anordnung als ständige Vertreter von Leitern von Heimen der Erziehungs-, Behinderten- oder Gefährdetenhilfe bestellt sind [1, 4, 10, 32]

S 16

1 (weggefallen)

2 (weggefallen)

3 (weggefallen)

4 (weggefallen)

5 Mitarbeiter als Leiter von Kindertagesstätten mit einer Durchschnittsbelegung von mindestens 100 Plätzen [1, 8, 9, 32]

6 Mitarbeiter, die durch ausdrückliche Anordnung als ständige Vertreter von Leitern von Kindertagesstätten mit einer Durchschnittsbelegung von mindestens 130 Plätzen bestellt sind [1, 4, 8, 9, 32]

7 Mitarbeiter als Leiter von Kindertagesstätten für Menschen mit Behinderung im Sinne von § 2 SGB IX oder für Kinder und Jugendliche mit wesentlichen Erziehungsschwierigkeiten oder von Tagesstätten für erwachsene Menschen mit Behinderung im Sinne von § 2 SGB IX mit einer Durchschnittsbelegung von mindestens 40 Plätzen [1, 8, 9, 32]

8 Mitarbeiter, die durch ausdrückliche Anordnung als ständige Vertreter von Leitern von Kindertagesstätten für Menschen mit Behinderung im Sinne von § 2 SGB IX oder für Kinder- und Jugendliche mit wesentlichen Erziehungsschwierigkeiten oder von Tagesstätten für erwachsene Menschen mit Behinderung im Sinne von § 2 SGB IX mit einer Durchschnittsbelegung von mindestens 70 Plätzen bestellt sind [1, 4, 8, 9, 32]

9 Mitarbeiter als Leiter von Heimen der Erziehungs-, Behinderten- oder Gefährdetenhilfe [1, 10, 32]

10 Mitarbeiter, die durch ausdrückliche Anordnung als ständige Vertreter von Leitern von Heimen der Erziehungs-, Behinderten- oder Gefährdetenhilfe mit einer Durchschnittsbelegung von mindestens 50 Plätzen bestellt sind [1, 4, 9, 10, 32]

A 33

S 17

1 (weggefallen)

2 (weggefallen)

3 (weggefallen)

4 Mitarbeiter, die durch ausdrückliche Anordnung als ständige Vertreter von Leitern von Heimen der Erziehungs-, Behinderten- oder Gefährdetenhilfe mit einer Durchschnittsbelegung von mindestens 90 Plätzen bestellt sind [1, 4, 9, 10, 32]

5 Sozialarbeiter und Sozialpädagogen mit staatlicher Anerkennung sowie Heilpädagogen mit abgeschlossener Hochschulbildung und – soweit nach dem jeweiligen Landesrecht vorgesehen – mit staatlicher Anerkennung mit jeweils entsprechender Tätigkeit sowie sonstige Mitarbeiter, die aufgrund gleichwertiger Fähigkeiten und ihrer Erfahrungen entsprechende Tätigkeiten ausüben, deren Tätigkeit sich durch besondere Schwierigkeit und Bedeutung aus der Entgeltgruppe S 12 heraushebt [13]

6 Kinder- und Jugendlichenpsychotherapeuten und Psychagogen mit staatlicher Anerkennung oder staatlich anerkannter Prüfung und entsprechender Tätigkeit [29]

7 Mitarbeiter als Leiter des Bereiches der beruflichen Ausbildung/Anleitung mit einer Durchschnittsbelegung von mindestens 120 Plätzen oder mindestens zwölf Gruppen in Einrichtungen der Erziehungs-, Behinderten-, Suchtkranken-, Wohnungslosen- oder Straffälligenhilfe [9, 21, 24, 25, 32]

8 Mitarbeiter als technischer Leiter einer Werkstatt für behinderte Menschen mit einer Durchschnittsbelegung von mindestens 300 Plätzen [16, 17, 32]

9 Mitarbeiter als Leiter einer Werkstatt für behinderte Menschen mit einer Durchschnittsbelegung von mindestens 120 Plätzen [15, 17, 32]

10 Mitarbeiter als Leiter von Kindertagesstätten mit einer Durchschnittsbelegung von mindestens 130 Plätzen [1, 8, 9, 32]

11 Mitarbeiter, die durch ausdrückliche Anordnung als ständige Vertreter von Leitern von Kindertagesstätten mit einer Durchschnittsbelegung von mindestens 180 Plätzen bestellt sind [1, 4, 8, 9, 32]

12 Mitarbeiter als Leiter von Kindertagesstätten für Menschen mit Behinderung im Sinne von § 2 SGB IX oder für Kinder- und Jugendliche mit wesentlichen Erziehungsschwierigkeiten oder von Tagesstätten für erwachsene Menschen mit Behinderung im Sinne von § 2 SGB IX mit einer Durchschnittsbelegung von mindestens 70 Plätzen [1, 8, 9, 32]

13 Mitarbeiter, die durch ausdrückliche Anordnung als ständige Vertreter von Leitern von Kindertagesstätten für Menschen mit Behinderung im Sinne von § 2 SGB IX oder für Kinder- und Jugendliche mit wesentlichen Erziehungsschwierigkeiten oder von Tagesstätten für erwachsene Menschen mit Behinderung im Sinne von § 2 SGB IX mit einer Durchschnittsbelegung von mindestens 90 Plätzen bestellt sind [1, 4, 8, 9, 32]

S 18

1 (weggefallen)

2 Sozialarbeiter und Sozialpädagogen mit staatlicher Anerkennung sowie Heilpädagogen mit abgeschlossener Hochschulbildung und – soweit nach dem jeweiligen Landesrecht vorgesehen – mit staatlicher Anerkennung mit jeweils entsprechender Tätigkeit sowie sonstige Mitarbeiter, die aufgrund gleichwertiger Fähigkeiten und ihrer Erfahrungen entsprechende Tätigkeiten ausüben, deren Tätigkeit sich durch das Maß der damit verbundenen Verantwortung erheblich aus der Entgeltgruppe S 17 Fallgruppe 5 heraushebt [13]

3 Mitarbeiter als Leiter des Bereiches der beruflichen Ausbildung mit einer Durchschnittsbelegung von mindestens 180 Plätzen in Einrichtungen der Erziehungs-, Behinderten-, Suchtkranken-, Wohnungslosen- oder Straffälligenhilfe [9, 24, 32]

4 Mitarbeiter mit abgeschlossener Fachhochschulausbildung in der Tätigkeit als Leiter/innen einer Werkstatt für behinderte Menschen mit einer Durchschnittsbelegung von mindestens 180 Plätzen [15, 17, 32]

5 Mitarbeiter als Leiter von Kindertagesstätten mit einer Durchschnittsbelegung von mindestens 180 Plätzen [1, 8, 9, 32]

6 Mitarbeiter als Leiter von Kindertagesstätten für Menschen mit Behinderung im Sinne von § 2 SGB IX oder für Kinder- und Jugendliche mit wesentlichen Erziehungsschwierigkeiten oder von Tagesstätten für erwachsene Menschen mit Behinderung im Sinne von § 2 SGB IX mit einer Durchschnittsbelegung von mindestens 90 Plätzen [1, 8, 9, 32]

7 Mitarbeiter als Leiter von Heimen der Erziehungs-, Behinderten- oder Gefährdetenhilfe mit einer Durchschnittsbelegung von mindestens 50 Plätzen [1, 9, 10, 32]

Anmerkungen zu den Tätigkeitsmerkmalen der Entgeltgruppen S 2 bis S 18 (Anhang B zur Anlage 33)

1 a) [1]Mitarbeiter, denen entsprechende Tätigkeiten als Praxisanleiter in der Ausbildung von Erziehern, von Kinderpflegern, von Sozialassistenten, von Heilerziehungspflegern oder von Heilerziehungspflegehelfern übertragen sind und die die übertragene Tätigkeit mit einem zeitlichen Anteil von mindestens 15 v.H. an ihrer Gesamttätigkeit ausüben, erhalten ab dem 1. Januar 2023 für die Dauer dieser Tätigkeit eine Zulage in Höhe von 70,00 Euro monatlich. [2]Die Zulage wird nur für Zeiträume gezahlt, in denen Mitarbeiter einen Anspruch

auf Dienstbezüge oder Fortzahlung der Dienstbezüge (§ 10 AT, Abschnitt XII Abs. a und b der Anlage 1, § 2 der Anlage 14, § 2 Abs. 3 Satz 1 der Anlage 33, § 16 der Anlage 33) haben.

b) [1]Mitarbeiter nach Abs. a Satz 1, die an mindestens einem Tag zwischen dem 1. Juli 2022 und dem 31. Dezember 2022 Anspruch auf Dienstbezüge haben, erhalten eine Einmalzahlung in Höhe von 490 Euro, die spätestens bis zum 31. März 2023 ausgezahlt wird. [2]§ 12a der Anlage 33 findet Anwendung. [3]Der Anspruch nach Satz 1 vermindert sich um ein Sechstel für jeden Kalendermonat im Zeitraum Juli bis Dezember 2022, in dem der Mitarbeiter nicht mindestens an einem Tag Anspruch auf Dienstbezüge hat und Anspruch auf die Praxisanleiterzulage gehabt hätte. [4]Anspruch auf Dienstbezüge im Sinne des Satzes 3 sind hier auch der Anspruch auf Entgeltfortzahlung aus Anlass der in § 10 AT, in Abschnitt XII Abs. a und b der Anlage 1, in § 2 der Anlage 14, in § 2 Abs. 3 Satz 1 der Anlage 33 und in § 16 der Anlage 33 genannten Ereignisse sowie der Anspruch auf Krankengeldzuschuss aus Abschnitt XII Abs. c Satz 1 der Anlage 1, auch wenn dieser wegen der Höhe der Barleistungen des Sozialversicherers nicht gezahlt wird. [5]Einem Anspruch auf Dienstbezüge gleichgestellt ist der Bezug von Krankengeld nach § 45 SGB V oder entsprechender gesetzlicher Leistungen und Leistungen nach §§ 18 bis 20 MuSchG oder § 24i SGB V.

(RK BW): Anmerkung zu Nr. 1b der Anmerkungen zu den Tätigkeitsmerkmalen der Entgeltgruppen S 2 bis S 18:
Der Auszahlungszeitraum der festgelegten Einmalzahlungen des Beschlusses der Bundeskommission der Arbeitsrechtlichen Kommission vom 20. Oktober 2022 zur Tarifrunde Sozial- und Erziehungsdienst, Änderungen in der Anlage 33 wird dahingehend konkretisiert, dass die jeweiligen Einmalzahlungen ab dem 1. Januar 2023 fällig werden und spätestens bis zum 31. März 2023 auszuzahlen sind. Vor dem 1. Januar 2023 erfolgte Auszahlungen werden darauf angerechnet.

(RK Nord): Anmerkung zu Nr. 1b der Anmerkungen zu den Tätigkeitsmerkmalen der Entgeltgruppen S 2 bis S 18:
Die RK Nord hat die Regelung am 10. Januar 2023 beschlossen, sodass die jeweiligen Einmalzahlungen ab diesem Datum fällig werden und spätestens bis zum 31. März 2023 auszuzahlen sind.

2 Schwierige fachliche Tätigkeiten sind z. B.

a) Tätigkeiten in Einrichtungen für behinderte Menschen im Sinne des § 2 SGB IX, in Einrichtungen für Personen, die Hilfen nach § 67 SGB XII erhalten und in psychiatrischen Kliniken,

b) alleinverantwortliche Betreuung von Gruppen z. B. in Randzeiten,

c) Tätigkeiten in Integrationsgruppen (Erziehungsgruppen, denen besondere Aufgaben in der gemeinsamen Förderung behinderter und nicht behinderter Kinder zugewiesen sind) mit einem Anteil von mindestens einem Drittel von behinderten Menschen im Sinne des § 2 SGB IX in Einrichtungen der Kindertagesbetreuung,

d) Tätigkeiten in Gruppen von behinderten Menschen im Sinne des § 2 SGB IX, in Gruppen von Personen, die Hilfen nach § 67 SGB XII erhalten oder in Gruppen von Kindern und Jugendlichen mit wesentlichen Erziehungsschwierigkeiten,

e) Tätigkeiten in geschlossenen (gesicherten) Gruppen.

3a [1]Als entsprechende Tätigkeit von Erziehern gilt auch die Tätigkeit in Schulkindergärten, Ganztagsangeboten für Schulkinder, Vorklassen oder Vermittlungsgruppen für nicht schulpflichtige Kinder und die Betreuung von über 18jährigen Personen (z.B. in Einrichtungen für behinderte Menschen im Sinne des § 2 SGB IX oder in Einrichtungen der Gefährdetenhilfe).

(RK Bayern): [2]Dies gilt im Geltungsbereich der AVR in Bayern befristet bis zum 31. Dezember 2029 auch für die Tätigkeit als Pädagogische Fachkraft für Grundschulkindbetreuung. [3]Satz 2 gilt für am 31. Dezember 2029 bestehende Dienstverhältnisse fort, solange die Tätigkeit als Pädagogische Fachkraft für Grundschulkindbetreuung ausgeübt wird.

3b Als entsprechende Tätigkeit von Kinderpflegern gilt auch die Tätigkeit in Schulkindergärten, Ganztagsangeboten für Schulkinder, Vorklassen oder Vermittlungsgruppen für nicht schulpflichtige Kinder und die Betreuung von über 18jährigen Personen (z.B. in Einrichtungen für behinderte Menschen im Sinne des § 2 SGB IX oder in Einrichtungen der Gefährdetenhilfe).

4 [1]Ständige Vertreter sind nicht Vertreter in Urlaubs- und sonstigen Abwesenheitsfällen. [2]Je Kindertagesstätte soll ein ständiger Vertreter des Leiters bestellt werden.

5 Nach diesem Tätigkeitsmerkmal sind auch

a) Kindergärtner und Hortner mit staatlicher Anerkennung oder staatlicher Prüfung,

b) Kinderkrankenschwester/-pfleger, die in Kinderkrippen tätig sind,

c) Krankenschwestern/-pfleger, Kinderkrankenschwestern/-pfleger, Altenpfleger mit staatlicher Anerkennung in Einrichtungen der Behindertenhilfe,

d) Arbeitserzieher, sofern ihnen die im Tätigkeitsmerkmal beschriebenen Aufgaben übertragen sind und keine speziellere Eingruppierungsziffer zutrifft,

eingruppiert.

6 Besonders schwierige fachliche Tätigkeiten sind z. B. die

a) Tätigkeiten in Integrationsgruppen (Erziehungsgruppen, denen besondere Aufgaben in der gemeinsamen Förderung behinderter und nicht behinderter Kinder zugewiesen sind) mit einem Anteil von mindestens einem Drittel von behinderten Menschen im Sinne des § 2 SGB IX in Einrichtungen der Kindertagesbetreuung,

b) Tätigkeiten in Gruppen von behinderten Menschen im Sinne des § 2 SGB IX, von Personen, die Hilfen nach § 67 SGB XII erhalten oder von Kindern und Jugendlichen mit wesentlichen Erziehungsschwierigkeiten,

c) Tätigkeiten in Jugendzentren/Häusern der offenen Tür,

d) Tätigkeiten in geschlossenen (gesicherten) Gruppen,

e) fachlichen Koordinierungstätigkeiten für mindestens vier Mitarbeiter mindestens der Entgeltgruppe S 6,

f) Tätigkeiten einer Facherzieherin/eines Facherziehers mit entsprechender abgeschlossener Fort- bzw. Weiterbildung im Umfang von mindestens 160 Stunden,

g) Tätigkeiten in Gruppen mit einem Anteil von mindestens 15 Prozent von Kindern und Jugendlichen mit einem erhöhten Förderbedarf,

h) Tätigkeiten von Mitarbeitern, die vom Dienstgeber zur insoweit erfahrenen Fachkraft nach § 8a SGB VIII (Kinderschutzfachkraft) bestellt worden sind,

i) Tätigkeiten in Abteilungen oder Stationen psychiatrischer Kliniken.

7 Unter Heilpädagogen mit staatlicher Anerkennung sind Mitarbeiter zu verstehen, die einen nach Maßgabe der Rahmenvereinbarung über die Ausbildung und Prüfung an Fachschulen (Beschluss der Kultusministerkonferenz vom 7. November 2002) gestalteten Ausbildungsgang für Heilpädagogen mit der vorgeschriebenen Prüfung erfolgreich abgeschlossen und die Berechtigung zur Führung der Berufsbezeichnung „staatlich anerkannter Heilpädagoge" erworben haben.

8 Kindertagesstätten im Sinne dieses Tarifmerkmals sind Krippen, Kindergärten, Horte, Kinderbetreuungsstuben, Kinderhäuser und Kindertageseinrichtungen der örtlichen Kindererholungsfürsorge.

9 [1]Der Ermittlung der Durchschnittsbelegung ist für das jeweilige Kalenderjahr grundsätzlich die Zahl der vom 1. Januar bis 31. Dezember des vorangegangenen Kalenderjahres vergebenen, je Tag gleichzeitig belegbaren Plätze zugrunde zu legen. [2]Eine Unterschreitung der maßgeblichen je Tag gleichzeitig belegbaren Plätze von nicht mehr als 7,5 v.H. führt nicht zur Herabgruppierung. [3]Eine Unterschreitung um mehr als 7,5 v.H. führt erst dann zur Herabgruppierung, wenn die maßgebliche Platzzahl drei Jahre hintereinander unterschritten wird. [4]Die Unterschreitung der maßgeblich je Tag gleichzeitig belegbaren Plätze führt auch dann nicht zu einer Herabgruppierung, wenn aufgrund von zu betreuenden Kindern mit erhöhtem oder wesentlich erhöhtem Förderungsbedarf entsprechende Betreuungsanforderungen festgestellt werden. [5]Eine Unterschreitung auf Grund vom Dienstgeber verantworteter Maßnahmen (z.B. Qualitätsverbesserungen) führt ebenfalls nicht zur Herabgruppierung. [6]Hiervon bleiben organisatorische Maßnahmen infolge demografischer Handlungsnotwendigkeiten unberührt.

10 Heime der Erziehungs-, Behinderten- oder Jugendhilfe sind Heime, in denen überwiegend Personen ständig leben, die Hilfen nach den §§ 53ff. SGB XII oder § 67 SGB XII erhalten, oder in denen überwiegend Kinder oder Jugendliche oder junge Erwachsene mit wesentlichen Erziehungsschwierigkeiten ständig leben.

11 Schwierige Tätigkeiten sind z. B. die

a) Beratung von Suchtmittel-Abhängigen,

b) begleitende Fürsorge für Heimbewohner und nachgehende Fürsorge für ehemalige Heimbewohner,

c) begleitende Fürsorge für Strafgefangene und nachgehende Fürsorge für ehemalige Strafgefangene,

d) Koordinierung der Arbeiten mehrerer Mitarbeiter mindestens der Entgeltgruppe S 9,

e) Tätigkeiten in der Unterstützung/Assistenz von behinderten Menschen im Sinne des § 2 SGB IX, bei denen in mindestens vier der neun Lebensbereiche im Sinne von § 118 SGB IX nicht nur vorübergehende Beeinträchtigungen der Aktivität und Teilhabe vorliegen,

f) Tätigkeiten in der Schulsozialarbeit,

g) Tätigkeiten in der Unterstützung/Assistenz von Menschen mit multiplen psychosozialen Beeinträchtigungen,

h) Tätigkeit in gruppenergänzenden Diensten oder als Leiter einer Gruppe in Einrichtungen der Erziehungs-, Behinderten- oder Gefährdetenhilfe oder eine dem entsprechende eigenverantwortliche Tätigkeit,

i) schwierige Fachberatung,

j) schwierige fachlich koordinierende Tätigkeit,

k) Beratung von HIV-Infizierten oder an AIDS erkrankten Personen.

12 Unter die Entgeltgruppe S 14 fallen auch Mitarbeiter mit dem Abschluss Diplompädagoge, Erziehungswissenschaftler (Bachelor/Master) oder Kindheitspädagoge (Bachelor/Master), die aufgrund gleichwertiger Fähigkeiten und ihrer Erfahrungen entsprechende Tätigkeiten von Sozialarbeitern bzw. Sozialpädagogen mit staatlicher Anerkennung ausüben, denen Tätigkeiten der Entgeltgruppe S 14 übertragen sind.

13 [1]Eine abgeschlossene Hochschulbildung liegt vor, wenn von einer staatlichen Hochschule im Sinne des § 1 HRG oder einer nach § 70 HRG staatlich anerkannten Hochschule ein Diplomgrad mit dem Zusatz „Fachhochschule“ („FH“), ein anderer nach § 18 HRG gleichwertiger Abschlussgrad oder ein Bachelorgrad verliehen wurde. [2]Die Abschlussprüfung muss in einem Studiengang abgelegt worden sein, der seinerseits mindestens das Zeugnis der Hochschulreife (allgemeine Hochschulreife oder einschlägige fachgebundene Hochschulreife) oder eine andere landesrechtliche Hochschulzugangsberechtigung als Zugangsvoraussetzung erfordert, und für den Abschluss eine Regelstudienzeit von mindestens sechs Semestern – ohne etwaige Praxissemester, Prüfungssemester o.Ä. – vorschreibt. [3]Der Bachelorstudiengang muss nach den Regelungen des Akkreditierungsrats akkreditiert sein. [4]Dem gleichgestellt sind Abschlüsse in akkreditierten Bachelorausbildungsgängen an Berufsakademien. [5]Ein Abschluss an einer ausländischen Hochschule gilt als abgeschlossene Hochschulbildung, wenn er von der zuständigen staatlichen Stelle als dem deutschen Hochschulabschluss vergleichbar bewertet wurde.

Anmerkung zu Satz 3 und 4:
Das Akkreditierungserfordernis ist bis zum 31. Dezember 2029 ausgesetzt.

14 Voraussetzung für die Eingruppierung ist, dass der Mitarbeiter über eine sonderpädagogische Zusatzqualifikation im Sinne der Werkstättenverordnung nach dem Neunten Buch des Sozialgesetzbuches oder über eine der sonderpädagogischen Zusatzqualifikation gleichgestellte Qualifikation verfügt.

15 [1]Der Werkstattleiter soll in der Regel über einen Fachhochschulabschluss im kaufmännischen oder technischen Bereich oder einen gleichwertigen Bildungsstand, über ausreichende Berufserfahrung und eine sonderpädagogische Zusatzqualifikation verfügen. [2]Entsprechende Berufsqualifikationen aus dem sozialen Bereich reichen aus, wenn die zur Leitung einer Werkstatt erforderlichen Kenntnisse und Fähigkeiten im kaufmännischen und technischen Bereich anderweitig erworben worden sind. [3]Ihm muss die technische, kaufmännische, verwaltungs- und personalmäßige Leitung der Werkstatt obliegen.

16 Nach diesem Tätigkeitsmerkmal ist nur der Mitarbeiter eingruppiert, dem die Verantwortung für den technischen Bereich der Werkstatt nach Weisung des Leiters der Werkstatt für behinderte Menschen obliegt.

17 [1]Der Ermittlung der Durchschnittsbelegung ist die Zahl der tatsächlich belegten, nicht jedoch die Zahl der vorhandenen Plätze zugrunde zu legen. [2]Vorübergehend oder für kurze Zeit, z.B. wegen Erkrankung, nicht belegte Plätze sind mitzurechnen. [3]Der Ermittlung der Durchschnittsbelegung ist ein längerer Zeitraum zugrunde zu legen. Zeiten, in denen die Einrichtung vorübergehend nicht oder nur gering belegt ist, sind außer Betracht zu lassen. [4]Bei der Feststellung der Durchschnittsbelegung ist von der täglichen Höchstbelegung auszugehen.

18 Die sonderpädagogische Zusatzqualifikation verlangt, dass sie durch einen mindestens einjährigen Lehrgang oder in einer mindestens zweijährigen berufsbegleitenden Ausbildung vermittelt worden ist; die Ausbildung muss mit einer staatlichen oder staatlich anerkannten Prüfung abgeschlossen werden.

19 Nach diesem Tätigkeitsmerkmal ist der Gruppenleiter eingruppiert, dem die Leitung eines Arbeitsbereichs (z. B. Holz, Metall) übertragen ist und dem zusätzlich mindestens zwei weitere Gruppen zugeordnet sind.

20 Unter Techniker im Sinne dieses Tätigkeitsmerkmals sind Mitarbeiter zu verstehen, die

a) einen nach Maßgabe der Rahmenordnung für die Ausbildung von Technikern (Beschluss der Kultusministerkonferenz vom 27. April 1964 bzw. vom 18. Januar 1973) gestalteten Ausbildungsgang mit der vorgeschriebenen Prüfung erfolgreich abgeschlossen und die Berechtigung zur Führung der Berufsbezeichnung „Staatlich geprüfter Techniker" bzw. „Techniker mit staatlicher Abschlussprüfung" mit einem die Fachrichtung bezeichnenden Zusatz erworben haben, oder

b) einem nach Maßgabe über Fachschulen mit zweijähriger Ausbildungsdauer (Beschluss der Kultusministerkonferenz vom 27. Oktober 1980) gestalteten Ausbildungsgang mit der vorgeschriebenen Prüfung erfolgreich abgeschlossen und die Berechtigung zur Führung der ihrer Fachrichtung/Schwerpunkt zugeordneten Berufsbezeichnung „Staatlich geprüfter Techniker" erworben haben.

21 Berufliche Anleitung umfasst im Wesentlichen Arbeitstraining, Arbeitsanleitung und Arbeitstherapie im Rahmen der medizinischen, beruflichen und sozialen Rehabilitation sowie der Resozialisierung.

22 Dem Mitarbeiter mit Meisterprüfung sind gleichgestellt Techniker im Sinne der Anmerkung 20 sowie Mitarbeiter, die einen vergleichbaren Ausbildungsgang mit vorgeschriebener Prüfung erfolgreich abgeschlossen haben (z. B. staatlich geprüfte Betriebswirte, staatlich geprüfte Ökotrophologen).

23 [1]Ein Teilbereich ist die Zusammenfassung von mehreren Ausbildungs- oder Anleitungsgruppen. [2]Eine Gruppe ist eine Organisationseinheit, in der mehrere auszubildende oder anzuleitende Personen zusammengefasst sind und für die ein Ausbilder/Anleiter verantwortlich ist.

24 Die Leitung des Bereiches der beruflichen Ausbildung/Anleitung umfasst im Wesentlichen die Verantwortung für Organisation, Koordination, Überwachung und Planung der beruflichen Ausbildung/Anleitung in einer Einrichtung.

25 Eine Gruppe ist eine Organisationseinheit, in der mehrere auszubildende oder anzuleitende Personen zusammengefasst sind und für die ein Ausbilder/Anleiter verantwortlich ist.

26 Voraussetzung für die Eingruppierung von Mitarbeitern mit abgeschlossener Berufsausbildung/Meisterprüfung ist

a) in Einrichtungen der Suchtkranken-, Wohnungslosen- oder Straffälligenhilfe, dass der Mitarbeiter über eine sonderpädagogische Zusatzqualifikation verfügt, die der sonderpädagogischen Zusatzqualifikation im Sinne der Werkstättenverordnung nach dem Neunten Sozialgesetzbuch entspricht,

b) in Einrichtungen der Erziehungshilfe, dass der Mitarbeiter über eine sonderpädagogische Zusatzqualifikation verfügt, die den Richtlinien über die Ausbilder-Fortbildung des Bundesverbandes katholischer Einrichtungen und Dienste der Erziehungshilfe (BVkE) entspricht.

27 Voraussetzung für die Eingruppierung ist in Einrichtungen der Behindertenhilfe, dass der Mitarbeiter anstelle der sonderpädagogischen Zusatzqualifikation über die Ausbildereignungsprüfung verfügt.

28 [1]Für Mitarbeiter, die am Tag vor dem Inkrafttreten der Anlage 33 zu den AVR durch Beschluss der jeweiligen Regionalkommission in einem Dienstverhältnis gestanden haben, das am Tag des Inkrafttretens der Anlage 33 zu den AVR durch Beschluss der jeweiligen Regionalkommission im Geltungsbereich der AVR fortbesteht und die bis zum Tag vor dem Inkrafttreten der Anlage 33 zu den AVR durch Beschluss der jeweiligen Regionalkommission in Vergütungsgruppe 4b der Anlage 2d eingruppiert waren, ohne dass der Bewährungsaufstieg von Vergütungsgruppe 4b in 4a der Anlage 2d vollzogen wurde, wird innerhalb eines Zeitraumes von längstens 4 Jahren ab dem Tag des Inkrafttretens der Anlage 33 zu den AVR durch Beschluss der jeweiligen Regionalkommission zum Zeitpunkt des fiktiven Bewährungsaufstiegs eine entsprechende Neuberechnung des Besitzstandes vorgenommen. [2]Hierbei ist der Mitarbeiter so zu stellen, als hätte er den Bewährungsaufstieg erreicht.

29 Unter dieses Tätigkeitsmerkmal fallen nicht Mitarbeiter mit abgeschlossener wissenschaftlicher Hochschulbildung und entsprechender Tätigkeit.

30 [1]Der Dienstgeber kann zur Deckung des Personalbedarfs eine monatliche Zulage an den Mitarbeiter zahlen, deren Höhe mindestens 180,00 Euro betragen soll. [2]Hat der Dienstgeber bereits vor dem 1. April 2020 eine solche Zulage an den Mitarbeiter gezahlt, kann er an diesen Mitarbeiter weiterhin eine monatliche Zulage zahlen, deren Höhe mindestens 80,00 Euro betragen soll.

31 Der Dienstgeber kann zur Deckung des Personalbedarfs an Mitarbeiter mit koordinierender Tätigkeit (Anmerkung 11, Buchstabe e) oder als Leiter einer Gruppe (Anmerkung 11, Buchstabe h, 2. Alternative) eine monatliche Zulage zahlen, deren Höhe mindestens 180,00 Euro betragen soll.

32 [1]Der Dienstgeber kann zur Deckung des Personalbedarfs eine monatliche Zulage an den Mitarbeiter zahlen, deren Höhe mindestens 180,00 Euro betragen soll. [2]Die Regelung ist befristet bis zum 31. Dezember 2027.

Anhang C (derzeit nicht besetzt)

Anhang D Überleitungs- und Besitzstandregelung

Präambel

[1]Zweck dieser Regelung ist es, zum einen sicherzustellen, dass der einzelne Mitarbeiter nach der Überleitung in die Anlage 33 zu den AVR durch diese Überleitung keine geringere Vergleichsjahresvergütung hat. [2]Zum anderen soll erreicht werden, dass die Einrichtung bei Anwendung der Anlagen 30 bis 33 zu den AVR durch die Überleitung finanziell nicht überfordert wird (Überforderungsklausel).

§ 1 Geltungsbereich

(1) Diese Übergangs- und Besitzstandsregelung gilt für alle Mitarbeiter im Sinne des § 1 der Anlage 33 zu den AVR, die am Tag vor dem Inkrafttreten* der Anlage 33 zu den AVR durch Beschluss der jeweiligen Regionalkommission in einem Dienstverhältnis gestanden haben, das am Tag des Inkrafttretens* der Anlage 33 zu den AVR durch Beschluss der jeweiligen Regionalkommission im Geltungsbereich der AVR fortbesteht, für die Dauer des ununterbrochen fortbestehenden Dienstverhältnisses.

(2) Ein Dienstverhältnis besteht auch ununterbrochen fort bei der Verlängerung eines befristeten Dienstvertrages. Unterbrechungen von bis zu einem Monat sind unschädlich.

§ 2 Überleitung

[1]Mitarbeiter gemäß § 1 der Anlage 33 zu den AVR werden so in das neue System übergeleitet, als ob sie seit dem Zeitpunkt, seit dem sie ununterbrochen im Geltungsbereich der AVR oder im sonstigen Bereich der katholischen Kirche tätig waren nach Anlage 33 zu den AVR eingruppiert und eingestuft worden wären.

(RK Nord, NRW, Mitte, BW, Bayern): [2]Dabei wird der Mitarbeiter aus den Regelvergütungsstufen gemäß § 1 Abschnitt III A der Anlage 1 zu den AVR so übergeleitet, dass die erreichte Regelvergütungsstufe zunächst mit 2 multipliziert wird. [3]Die sich hieraus ergebende (Jahres-)zahl wird nachfolgend um die seit dem letzten Stufenaufstieg zurückgelegte Zeit erhöht und als Zeiten im Sinne von § 11 Abs. 2 Satz 6 bis 8 der Anlage 33 zu den AVR festgelegt.

(RK Ost): [2]Dabei wird der Mitarbeiter aus den Regelvergütungsstufen gemäß § 1 Abschnitt III B der Anlage 1 zu den AVR so übergeleitet, dass die erreichte Regelvergütungsstufe zunächst mit 2 multipliziert wird. [3]Die sich hieraus ergebende (Jahres-)zahl wird nachfolgend um die seit dem letzten Stufenaufstieg zurückgelegte Zeit erhöht und als Zeiten im Sinne von § 13 Abs. 3 der Anlage 32 zu den AVR festgelegt.

* Inkrafttreten: RK BW/NRW/Bayern gültig ab 1.1.2011, RK Mitte gültig ab 1.4.2011, RK Nord gültig ab 1.7.2011, RK Ost mit Ausnahme von § 14 gültig ab 1.7.2012, § 14 gültig ab 1.1.2013.

§ 3 Besitzstandsregelung

(1) Mitarbeiter, deren bisherige Vergütung (Vergleichsvergütung) das ihnen am Tag des Inkrafttretens* der Anlage 33 zu den AVR durch Beschluss der jeweiligen Regionalkommission zustehende Entgelt übersteigt, erhalten eine Besitzstandszulage.

(2) [1]Die monatliche Besitzstandszulage wird als Unterschiedsbetrag zwischen der Vergleichsjahresvergütung (Absatz 3) und dem Jahresentgelt (Absatz 4), jeweils geteilt durch 12, errechnet. [2]Dabei sind Vergütungsveränderungen durch Beschlüsse nach § 11 AK-Ordnung nicht zu berücksichtigen.

(2a) *(RK Ost):* (kein Abdruck wegen Fristablauf)

(2b) *(RK Ost):* Ist der Unterschiedsbetrag nach Absatz 2 negativ (Umstellungsgewinn) und höher als 3 v.H. der Vergleichsvergütung, werden die Umstellungsgewinnanteile, die über einen Betrag von 3 v.H. des Bruttomonatsentgelts hinausgehen, erst nach der Hälfte der verbleibenden Stufenlaufzeit gewährt.

(3) [1]Die Vergleichsjahresvergütung errechnet sich als das 12-fache der am Tag vor dem Inkrafttreten* der Anlage 33 zu den AVR durch Beschluss der jeweiligen Regionalkommission zustehenden Monatsvergütung, zuzüglich des Urlaubsgeldes gemäß Anlage 14 und der Weihnachtszuwendung gemäß Abschnitt XIV Anlage 1 zu den AVR.

[2]Zur Monatsvergütung im Sinne dieser Vorschrift gehören die Regelvergütung gemäß Abschnitt III der Anlage 1, die Kinderzulage gemäß Abschnitt V der Anlage 1, Besitzstandszulagen gemäß Anlage 1b zu den AVR und weitere regelmäßig gewährte Zulagen.

(4) [1]Das Jahresentgelt errechnet sich als das 12-fache des am Tag des Inkrafttretens* der Anlage 33 zu den AVR durch Beschluss der jeweiligen Regionalkommission zustehenden Monatsentgelts zuzüglich dem Leistungsentgelt gemäß § 14 der Anlage 33 zu den AVR und der Jahressonderzahlung gemäß § 15 der Anlage 33 zu den AVR.

[2]Zum Monatsentgelt im Sinne dieser Vorschrift gehören das Tabellenentgelt gemäß §§ 11, 12 der Anlage 33 zu den AVR i.V.m. Anhang A der Anlage 33 zu den AVR und weitere regelmäßige gewährte Zulagen.

(5) [1]Fällt der Zeitpunkt des Inkrafttretens* dieser Anlage mit dem Zeitpunkt einer linearen Vergütungserhöhung zusammen, erfolgt die Berechnung des Besitzstandes auf Basis der erhöhten Regelvergütungstabelle in Anlage 3 zu den AVR und der erhöhten Entgelttabelle in dieser Anlage. [2]Die Regionalkommissionen können durch Beschluss von der vorstehenden Regelung abweichen.

(5a) *(RK Bayern):* Für die Berechnung der Überleitung gilt: Für die Höhe aller Vergütungswerte i.S.d. § 3 Abs. 3 sind die jeweilig linear um 1,2 v.H. erhöhten Werte zu Grunde zu legen.

* Inkrafttreten: RK BW/NRW/Bayern gültig ab 1.1.2011, RK Mitte gültig ab 1.4.2011, RK Nord gültig ab 1.7.2011, RK Ost mit Ausnahme von § 14 gültig ab 1.7.2012, § 14 gültig ab 1.1.2013.

(6) Ruht das Dienstverhältnis sind die Monatsvergütung (Absatz 3) und das Monatsentgelt (Absatz 4) so zu berechnen, als ob der Mitarbeiter im Monat vor dem Inkrafttreten* der Anlage 33 zu den AVR durch Beschluss der jeweiligen Regionalkommission die Tätigkeit im selben Umfang wie vor dem Ruhen wieder aufgenommen hätte.

(7) [1]Verringert sich nach dem Tag des Inkrafttretens* der Anlage 33 zu den AVR durch Beschluss der jeweiligen Regionalkommission die individuelle regelmäßige Arbeitszeit des Mitarbeiters, reduziert sich seine Besitzstandszulage im selben Verhältnis, in dem die Arbeitszeit verringert wird; erhöht sich die Arbeitszeit, bleibt die Besitzstandszulage unverändert. [2]Erhöht sich nach einer Verringerung der Arbeitszeit diese wieder, so lebt die Besitzstandszulage im gleichen Verhältnis wie die Arbeitszeiterhöhung, höchstens bis zur ursprünglichen Höhe, wieder auf. [3]Diese Regelung ist entsprechend anzuwenden auf Mitarbeiter, deren Arbeitszeit am Tag vor dem Inkrafttreten* der Anlage 33 zu den AVR durch Beschluss der jeweiligen Regionalkommission befristet verändert ist. [4]Die umstellungsbedingte Neufestsetzung der regelmäßigen wöchentlichen Arbeitszeit nach § 2 Abs. 1 dieser Anlage gilt nicht als Arbeitszeitreduzierung im Sinne dieses Absatzes.

(8) [1]Die kinderbezogenen Entgeltbestandteile gemäß Abschnitt V der Anlage 1 zu den AVR, die in die Berechnung der Besitzstandszulage nach Absatz 2 und Absatz 3 einfließen, werden als Anteil der Besitzstandszulage fortgezahlt, solange für diese Kinder Kindergeld nach dem Einkommensteuergesetz (EStG) oder nach dem Bundeskindergeldgesetz (BKGG) gezahlt wird oder ohne Berücksichtigung des § 64 oder § 65 EStG oder des § 3 oder § 4 BKGG gezahlt würde. [2]Mit dem Wegfall der Voraussetzungen reduziert sich die Besitzstandszulage entsprechend.

(9) [1]Hat der Mitarbeiter im Kalenderjahr vor Inkrafttreten* dieser Anlage die Voraussetzungen für einen Anspruch auf Zusatzurlaub nach § 4 der Anlage 14 zu den AVR erfüllt, wird der sich daraus ergebende Zusatzurlaub im Kalenderjahr des Inkrafttretens* dieser Anlage gewährt. [2]Erwirbt der Mitarbeiter im Kalenderjahr des Inkrafttretens* dieser Anlage einen weiteren Anspruch auf Zusatzurlaub nach dieser Anlage, werden die Ansprüche nach § 4 der Anlage 14 und die nach dieser Anlage erworbenen Ansprüche miteinander verglichen. [3]Der Mitarbeiter erhält in diesem Fall ausschließlich den jeweils höheren Anspruch auf Gewährung von Zusatzurlaub.

Anmerkung zu § 3 Abs. 9:
Fällt der Zeitpunkt des Inkrafttretens* dieser Anlage durch die Entscheidung der zuständigen Regionalkommission nicht mit dem Beginn eines Kalenderjahres zusammen, gelten die Vorschriften für die Berechnung des Zusatzurlaubs nach dieser Anlage für das gesamte Kalenderjahr, in dem die Anlage in Kraft tritt.

* Inkrafttreten: RK BW/NRW/Bayern gültig ab 1.1.2011, RK Mitte gültig ab 1.4.2011, RK Nord gültig ab 1.7.2011, RK Ost mit Ausnahme von § 14 gültig ab 1.7.2012, § 14 gültig ab 1.1.2013.

§ 4 Überforderungsklausel

(1) Soweit bei einem Vergleich der Gesamtpersonalkosten vor und nach der Überleitung umstellungsbedingte Mehrkosten von mehr als 3 v.H. entstehen, kann die Einführung des Leistungsentgelts und / oder der Sozialkomponente nach § 14 der Anlage 33 zu den AVR für längstens 3 Jahre ausgesetzt werden.

(2) Die Gesamtpersonalkosten errechnen sich aus den Bruttopersonalkosten der Mitarbeiter der Einrichtung und den Arbeitgeberanteilen zur Sozialversicherung.

(3) [1]Bei der Ermittlung der Mehrkosten sind ausschließlich die Steigerungen der Gesamtpersonalkosten der Einrichtung zu berücksichtigen, die unmittelbar durch Überleitung von Mitarbeiterinnen und Mitarbeitern in die Anlagen 30 bis 33 zu den AVR entstehen. [2]Mehrkosten, die durch Neueinstellungen von Mitarbeiterinnen und Mitarbeitern und durch strukturelle Veränderungen bei Mitarbeiterinnen und Mitarbeitern, die nicht in die Anlagen 30 bis 33 zu den AVR überführt wurden (Stufenaufstiege, Tätigkeits- oder Bewährungsaufstiege, Kinderzulagen oder andere Zulagen), entstehen, bleiben bei der Ermittlung der Mehrkosten unberüc ksichtigt. [3]Administrative Mehrkosten, die durch die Überleitung entstehen, bleiben ebenfalls unberücksichtigt.

(4) *(RK Nord, NRW, Mitte, BW, Bayern):* [1]Macht der Dienstgeber von der Anwendung der Überforderungsklausel Gebrauch, erhöht sich die Besitzstandszulage der Bestandsmitarbeiter für die Dauer dieser Maßnahme entsprechend. [2]Die Anwendung der Überforderungsklausel darf nicht dazu führen, dass das Jahresentgelt unter die Vergleichsjahresvergütung fällt. [3]Eine entsprechende Differenz ist entsprechend Satz 1 auszugleichen.

(4) *(RK Ost):* Macht der Dienstgeber von der Anwendung der Überforderungsklausel Gebrauch, erhöht sich die Besitzstandszulage der Bestandsmitarbeiter für die Dauer dieser Maßnahme entsprechend.

(5) [1]Die Entscheidung über die Anwendung der Überforderungsklausel und die dafür maßgeblichen Berechnungen sind der zuständigen Mitarbeitervertretung vorzulegen und zu erläutern. [2]Die Entscheidung ist ferner einem Ausschuss der Bundeskommission der Arbeitsrechtlichen Kommission anzuzeigen. [3]Dazu sind die vergleichenden Gesamtpersonalkostenberechnungen vorzulegen. [4]Der Ausschuss der Bundeskommission der Arbeitsrechtlichen Kommission führt eine reine Missbrauchskontrolle durch.

(6) *(RK Nord, NRW, Mitte, BW, Bayern):* Über weitere Regelungen zur Vermeidung von Überforderungen durch die Überleitung entscheiden die Regionalkommissionen im Rahmen ihrer Zuständigkeit.

Anhang E Zuordnungstabelle

Zuordnung der Vergütungsgruppen für Mitarbeiter, die am Tag vor dem Inkrafttreten der Anlage 33 zu den AVR durch Beschluss der jeweiligen Regionalkommission in einem Dienstverhältnis gestanden haben, das am Tag des Inkrafttretens der Anlage 33 zu den AVR durch Beschluss der jeweiligen Regionalkommission im Geltungsbereich der AVR fortbesteht.

Vergütungsgruppe (AVR) alt	Entgeltgruppe (SuE)
Anlage 2d	Anhang B zur Anlage 33
9	S 2
8 mit Aufstieg nach 7	S 3
7 7 mit Aufstieg nach 6b	S 4
-	S 5
6b mit Aufstieg nach 5c 6b mit Aufsieg nach 5c + Vergütungsgruppenzulage	S 6
5c ohne Aufsieg + Vergütungsgruppenzulage	S 7
5c mit Aufstieg nach 5b	S 8
5b ohne Aufstieg + Vergütungsgruppenzulage	S 9
5b mit Aufstieg nach 4b	S 10
5b mit Aufstieg nach 4b + Vergütungsgruppenzulage	S 11
4b (Ziff. 17, 17a, 20, 21, 23 und 24) mit Aufstieg nach 4a	S 12
4b ohne Aufstieg + Vergütungsgruppenzulage	S 13
-	S 14
4b mit Aufstieg nach 4a, (soweit nicht in S12)	S 15
4a ohne Aufstieg + Vergütungsgruppenzulage	S 16
4a mit Aufstieg nach 3	S 17
3 mit Aufstieg nach 2	S 18
2 mit Aufstieg nach 1b	Keine Überleitung in Anlage 33 zu den AVR
1b	Keine Überleitung in Anlage 33 zu den AVR
1b mit Aufstieg nach 1a	Keine Überleitung in Anlage 33 zu den AVR
1a	Keine Überleitung in Anlage 33 zu den AVR
Anlage 2	
3 Ziff. 19a	S17

Anhang F Zuordnungsregelung für Bestandsmitarbeiter

Präambel

Diese Zuordnungsregelung dient der Umsetzung des Bundesbeschlusses vom 10. Dezember 2015 zur Umsetzung der Tarifeinigung im Sozial- und Erziehungsdienst vom 30. September 2015, welcher im Zuständigkeitsbereich der Regionalkommissionen durch Beschluss der jeweiligen Regionalkommission in Kraft tritt. Sie legt die Durchführung der Höhergruppierung fest und stellt sicher, dass der einzelne Mitarbeiter durch die Änderung der Tabellenwerte kein geringeres Tabellenentgelt hat.

§ 1 Geltungsbereich

Diese Zuordnungsregelung gilt für Mitarbeiter, die am Tag vor dem Inkrafttreten des Bundesbeschlusses durch Beschluss der jeweiligen Regionalkommission in einem Dienstverhältnis standen, das am Tag des Inkrafttretens des Bundesbeschlusses durch Beschluss der jeweiligen Regionalkommission fortbesteht.

§ 2 Durchführung der Höhergruppierung

(1) Bei Mitarbeitern der nachfolgend aufgeführten Entgeltgruppen erfolgt die Höhergruppierung stufengleich und unter Beibehaltung der in ihrer Stufe zurückgelegten Stufenlaufzeit.

Entgeltgruppe alt	Entgeltgruppe neu
S 6 Fallgruppe 1	S 8a
S 6 Fallgruppe 2	S 7 Fallgruppe 7
S 6 Fallgruppe 3	S 7 Fallgruppe 3
S 6 Fallgruppe 4	S 7 Fallgruppe 5
S 6 Fallgruppe 5	S 7 Fallgruppe 4
S 6 Fallgruppe 6	S 7 Fallgruppe 6
S 7 Fallgruppe 1	S 9 Fallgruppe 3
S 7 Fallgruppe 2	S 9 Fallgruppe 4
S 8 Fallgruppe 1	S 8b Fallgruppe 1*

* Mitarbeiter, die bereits mindestens sechs Jahre in der Stufe 4 zurückgelegt haben, steigen unmittelbar in die Stufe 5 auf, Mitarbeiter, die bereits mindestens acht Jahre in der Stufe 5 zurückgelegt haben, steigen unmittelbar in die Stufe 6 auf. Ansprüche für die Vergangenheit entstehen nicht, überschießende Stufenlaufzeiten finden keine Berücksichtigung.

Entgeltgruppe alt	Entgeltgruppe neu
S 8 Fallgruppe 2	S 9 Fallgruppe 5*
S 8 Fallgruppe 5	S 8b Fallgruppe 2
S 8 Fallgruppe 6	S 8b Fallgruppe 3**
S 8 Fallgruppe 7	S 8b Fallgruppe 4**
S 8 Fallgruppe 8	S 8b Fallgruppe 5**
S 11	S 11b

(2) Für alle anderen Mitarbeiter erfolgt die Höhergruppierung nach § 13 Abs. 4 der Anlage 33 zu den AVR. Die Zuordnung zu einer höheren Entgeltgruppe erfolgt bei diesen Mitarbeitern nur auf Antrag. Der Antrag kann innerhalb einer Frist von 12 Monaten ab dem Tag des Inkrafttretens in der jeweiligen Regionalkommission gestellt werden. Der Antrag wirkt auf den Tag des Inkrafttretens in der jeweiligen Regionalkommission zurück. Ruht das Dienstverhältnis beginnt die Frist mit der Wiederaufnahme der Tätigkeit. Fallen bei diesen Mitarbeitern am Tag des Inkrafttretens in der jeweiligen Regionalkommission der Stufenaufstieg und die Höhergruppierung zusammen, erfolgt erst der Stufenaufstieg und anschließend die Höhergruppierung.

§ 3 Fortgeltung der Tabellenwerte

Für Mitarbeiter der Stufen 1 und 2 der Entgeltgruppe S 9 Fallgruppe 1 gelten die vor dem Inkrafttreten in der jeweiligen Regionalkommission festgelegten Tabellenwerte weiter, bis sie die Stufe 3 erreicht haben.

* Mitarbeiter, die bereits mindestens vier Jahre in Stufe 4 zurückgelegt haben, steigen unmittelbar in Stufe 5 auf, Mitarbeiter, die bereits mindestens fünf Jahre in Stufe 5 zurückgelegt haben, steigen unmittelbar in die Stufe 6 auf. Ansprüche für die Vergangenheit entstehen nicht, überschießende Stufenlaufzeiten finden keine Berücksichtigung.

** Mitarbeiter, die bereits mindestens sechs Jahre in der Stufe 4 zurückgelegt haben, steigen unmittelbar in die Stufe 5 auf, Mitarbeiter, die bereits mindestens acht Jahre in der Stufe 5 zurückgelegt haben, steigen unmittelbar in die Stufe 6 auf. Ansprüche für die Vergangenheit entstehen nicht, überschießende Stufenlaufzeiten finden keine Berücksichtigung.

Zentrale
Arbeitsrechtliche
Kommission
(ZAK)

ZAK-Beschlüsse

Inhalt

Entgeltumwandlung ... 428
Ordnung für den Arbeitsschutz im liturgischen Bereich ... 430
§ 1 Geltungsbereich ... 430
§ 2 Begriffsbestimmungen ... 430
§ 3 Arbeitszeit ... 430
§ 4 Ruhepausen ... 430
§ 5 Ruhezeit ... 431
§ 6 Arbeit an Sonn- und Feiertagen ... 431
§ 7 Inkrafttreten ... 431
Kinderbezogene Entgeltbestandteile ... 431
Arbeitsvertragsformular ... 432
Arbeitsvertragliche Folgen bei Dienstgeberwechsel ... 432
Gesamtregelung zur Befristung ... 433

Entgeltumwandlung

Beschluss der Zentral-KODA gem. § 3 Abs. 1 Ziff. 1 Zentral-KODA-Ordnung (ZKO) vom 15. April 2002, zuletzt geändert durch Beschluss vom 8. November 2018

Unter Bezugnahme § 19 Abs. 1 und § 20 Abs. 1 Betriebsrentengesetz (BetrAVG) beschließt die Zentral-KODA gemäß § 3 Abs. 1 Ziffer 1 ZKO folgende Regelung:

(1) [1]Der Mitarbeiter (Arbeitnehmer und zu seiner Ausbildung Beschäftigte) hat Anspruch auf Entgeltumwandlung bei der Kasse, bei der auch seine zusätzliche betriebliche Altersversorgung (Pflichtversicherung) durchgeführt wird. [2]Voraussetzung ist, dass die dafür zuständige Kasse satzungsrechtlich die entsprechende Möglichkeit schafft. [3]Im Einzelfall können die Vertragsparteien bei Vorliegen eines sachlichen Grundes arbeitsvertraglich vereinbaren, dass die Entgeltumwandlung bei einer anderen Kasse oder Einrichtung erfolgt. [4]Die Regelung gilt unabhängig davon, ob der Mitarbeiter die steuerliche Förderung durch Steuerfreiheit nach § 3 Nr. 63 Satz 1 EStG oder durch Sonderausgabenabzug nach § 10a EStG (einschließlich Zulagenförderung nach §§ 79 ff. EStG) in Anspruch nimmt.

(1a) Soweit aufgrund staatlicher Refinanzierungsbedingungen für bestimmte Berufsgruppen die Entgeltumwandlung ausgeschlossen ist, besteht auch kein Anspruch nach dieser Regelung.

(1b) [1]Der Höchstbetrag der Entgeltumwandlung einschließlich des Arbeitgeberzuschusses nach § 1a Abs. 1a BetrAVG wird begrenzt auf kalenderjährlich 8 Prozent der Beitragsbemessungsgrenze in der allgemeinen Rentenversicherung. [2]Im Einvernehmen zwischen Dienstgeber und Dienstnehmer können auch höhere Beträge umgewandelt werden.

(2) [1]Möglichkeiten der Inanspruchnahme von Steuerfreiheit, einer pauschalen Besteuerung sowie einer Zulagenförderung sowie damit verbundener Sozialversicherungsfreiheit finden zunächst Anwendung auf Aufwendungen (Beiträge bzw. Umlagen) des Dienstgebers, sodann auf umgewandelte Entgeltbestandteile des Mitarbeiters. [2]Dies gilt für den Fall von Zuwendungen des Dienstgebers an eine Pensionskasse zum Aufbau einer nicht kapitalgedeckten Altersversorgung im Sinne des § 3 Nr. 56 EStG auch im Verhältnis zu einer Steuerfreiheit nach § 3 Nr. 63 EStG; der Mitarbeiter wird hierzu notwendige Erklärungen abgeben. [3]Erfolgt

eine pauschale Besteuerung des Beitrags nach § 40b EStG in der am 31. Dezember 2004 geltenden Fassung, trägt der Mitarbeiter die Pauschalsteuer. [4]Dies gilt auch soweit nach § 40b EStG beim Aufbau einer nicht kapitalgedeckten betrieblichen Altersversorgung aus umgewandelten Entgeltbestandteilen finanzierte Zuwendungen der Pauschalsteuer unterworfen werden.

(3) Bemessungsgrundlage für Ansprüche und Forderungen zwischen Dienstgeber und Mitarbeiter bleibt das Entgelt, das sich ohne die Entgeltumwandlung ergeben würde.

(4) [1]Bietet die für die Pflichtversicherung zuständige Kasse keine rechtliche Möglichkeit für die Durchführung der Entgeltumwandlung, soll die zuständige arbeitsrechtliche Kommission eine andere Kasse festlegen, bei der die Entgeltumwandlung durchgeführt werden kann. [2]Nimmt die zuständige arbeitsrechtliche Kommission eine solche Festlegung nicht vor, kann der Mitarbeiter verlangen, dass die Entgeltumwandlung bei der KZVK Köln oder einer anderen Kasse durchzuführen ist, bei der nach den Regelungen der arbeitsrechtlichen Kommissionen die Pflichtversicherung durchgeführt werden kann.

(5) [1]Der Dienstgeber leistet den gesetzlichen Zuschuss nach § 1a Abs. 1a BetrAVG an den Pensionsfonds, die Pensionskasse oder die Direktversicherung soweit möglich auf den Vertrag, in dem die Entgeltumwandlung erfolgt. [2]Der Zuschuss ist spätestens zum Zahlungstermin des Dezembergehaltes fällig. [3]Scheidet der Mitarbeiter vorher aus, ist der Zuschuss zum Zeitpunkt des Ausscheidens fällig. [4]Aus abrechnungstechnischen und steuerlichen Gründen soll der Zuschuss einmal im Jahr gezahlt werden.

Übergangsvorschrift:

[1]Im Zeitraum vom 1. Januar 2019 bis zum 31. Dezember 2021 ist der Arbeitgeberzuschuss nach § 1a Absatz 1a des Betriebsrentengesetzes (BetrAVG) auch bei solchen Entgeltumwandlungsvereinbarungen zu erbringen, die vor dem 1. Januar 2019 geschlossen worden sind, wenn am 31. Dezember 2018 der Anspruch auf den Zuschuss nach den Absätzen 5.1 bis 5.2 des Beschlusses zur Entgeltumwandlung in der bis zum 31. Dezember 2018 geltenden Fassung bestanden hat*. [2]Dies gilt auch ab dem Zeitpunkt des Eintritts einer Verpflichtung zur gesetzlichen Krankenversicherung, soweit am 31. Dezember 2018 ein Anspruch auf den Zuschuss nur deshalb nicht bestanden hat, weil keine Krankenversicherungspflicht gegeben war.

* Absatz 5.1 bis 5.2 in der am 31. Dezember 2018 geltenden Fassung lauteten:

(5.1) [1]Wandelt ein krankenversicherungspflichtig Beschäftigter Entgelt um, leistet der Arbeitgeber in jedem Monat, in dem Arbeitsentgelt umgewandelt wird, einen Zuschuss in Höhe von 13 % des jeweiligen sozialversicherungsfrei in die zusätzliche betriebliche Altersversorgung umgewandelten Betrages. [2]Der Zuschuss wird vom Dienstgeber an die zuständige Altersvorsorgeeinrichtung abgeführt. [3]Der Zuschuss wird nicht gewährt im Falle der Nettoumwandlung (Riester-Rente).

(5.2) [1]Für umgewandelte Beiträge, die unter Berücksichtigung des Höchstbetrages im Jahresdurchschnitt sozialversicherungspflichtig sind, besteht kein Anspruch auf Zuschuss. [2]Der Zuschuss errechnet sich in diesem Fall aus dem höchstmöglichen zuschussfähigen Umwandlungsbetrag einschließlich des Zuschusses, so dass der Zuschuss zusammen mit den eingezahlten Beträgen des Beschäftigten die sozialversicherungsfreie Höchstgrenze erreicht. [3]Für darüber hinaus umgewandelte Beträge besteht kein Anspruch auf Zuschuss. [4]Diese darüber hinaus vom Beschäftigten umgewandelten Beträge sind ggf. entsprechend den gesetzlichen Vorgaben zu verbeitragen und zu versteuern.

(6) Der Anspruch auf Entgeltumwandlung besteht, solange er gesetzlich ermöglicht wird.

ZAK

Ordnung für den Arbeitsschutz im liturgischen Bereich

Beschluss der Zentral-KODA gem. § 3 Abs. 1 Ziffer 3 b) Zentral-KODA Ordnung vom 1. Juli 2004

§ 1 Geltungsbereich

(1) [1]Diese Ordnung gilt für Tätigkeiten von Mitarbeitern im liturgischen Bereich, auf die gem. § 18 Abs. 1 Nr. 4 ArbZG das Arbeitszeitgesetz nicht anzuwenden ist. [2]In den liturgischen Bereich fallen nur solche Aufgaben, die für die Vorbereitung, Durchführung und Nachbereitung von Gottesdiensten und/oder aus damit im Zusammenhang stehenden Gründen notwendig sind.

(2) Weitere berufliche Tätigkeiten sind bei der Ermittlung der höchstzulässigen Arbeitszeit zu berücksichtigen.

(3) Für die Ruhezeit von Mitarbeitern, denen in demselben oder einem anderen Arbeitsverhältnis auch Tätigkeiten außerhalb des liturgischen Bereichs übertragen sind, ist diese Ordnung anzuwenden, wenn die nach Ablauf der Ruhezeit zu verrichtende Tätigkeit in den Geltungsbereich dieser Ordnung fällt.

§ 2 Begriffsbestimmungen

Hinsichtlich der in dieser Ordnung verwendeten Begriffe wird § 2 des Arbeitszeitgesetzes vom 6. Juni 1994 (BGBl. I S. 1170) für entsprechend anwendbar erklärt.

§ 3 Arbeitszeit

(1) Die Arbeitszeit ist dienstplanmäßig auf höchstens 6 Tage in der Woche zu verteilen.

(2) [1]Die tägliche Arbeitszeit darf 8 Stunden nicht überschreiten. [2]Sie kann auf bis zu 10 Stunden nur verlängert werden, wenn innerhalb von 26 Wochen im Durchschnitt 8 Stunden täglich nicht überschritten werden.

(3) Die tägliche Arbeitszeit kann an Ostern und Weihnachten an bis zu drei aufeinanderfolgenden Tagen sowie an bis zu 8 besonderen Gemeindefesttagen auf bis zu 12 Stunden verlängert werden, wenn die über 8 Stunden hinausgehende Arbeitszeit innerhalb von 4 Wochen ausgeglichen wird.

(4) [1]Zusammen mit Beschäftigungsverhältnissen außerhalb des liturgischen Bereichs soll die wöchentliche Arbeitszeit 48 Stunden nicht überschreiten. [2]Bei Abschluss eines Arbeitsvertrages hat der Dienstgeber zu überprüfen, ob und gegebenenfalls mit welchem zeitlichen Umfang weitere Arbeitsverhältnisse bestehen.

§ 4 Ruhepausen

[1]Die Arbeit ist durch im Voraus feststehende Ruhepausen von mindestens 30 Minuten bei einer Arbeitszeit von mehr als 6 bis zu 9 Stunden und von mindestens 45 Minuten bei einer Arbeitszeit von mehr als 9 Stunden insgesamt zu unterbrechen. [2]Die Pausen nach Satz 1 können in Zeitabschnitte von jeweils mindestens 15 Minuten aufgeteilt werden. [3]Länger als 6 Stunden hintereinander dürfen Mitarbeiter nicht ohne Ruhepause beschäftigt werden.

§ 5 Ruhezeit

(1) Mitarbeiter müssen nach Beendigung der täglichen Arbeitszeit eine ununterbrochene Ruhezeit von mindestens 11 Stunden haben.

(2) [1]Soweit die zeitliche Lage der Gottesdienste oder andere Tätigkeiten im Sinne des § 1 Abs. 1 Satz 2 dies erfordern, kann die Mindestdauer der Ruhezeit bis zu fünf Mal innerhalb von vier Wochen auf bis zu 9 Stunden verkürzt werden, wenn die Kürzung der Ruhezeit innerhalb von vier Wochen durch Verlängerung anderer Ruhezeiten auf jeweils mindestens 12 Stunden ausgeglichen wird. [2]Diese Verkürzung darf nicht öfter als zwei Mal aufeinander erfolgen.

(3) Die Ruhezeit kann an Ostern und Weihnachten an bis zu zwei aufeinanderfolgenden Tagen sowie vor oder nach der täglichen Arbeitszeit an einem besonderen Gemeindefeiertag (z. B. Patronatsfest) auf bis zu 7 Stunden verkürzt werden, wenn die Verkürzung innerhalb von 2 Wochen durch Verlängerung anderer Ruhezeiten ausgeglichen wird.

§ 6 Arbeit an Sonn- und Feiertagen

(1) An Sonn- und Feiertagen dürfen Mitarbeiter nur zu Tätigkeiten im Sinne des § 1 Abs. 1 Satz 2 herangezogen werden.

(2) Werden Mitarbeiter an einem auf einen Werktag fallenden gesetzlichen Feiertag oder an einem Werktag, an dem aufgrund einer besonderen kirchlichen Feiertagsregelung oder betrieblichen Regelung nicht gearbeitet wird, dienstplanmäßig beschäftigt, wird die geleistete Arbeit dadurch ausgeglichen, dass die Mitarbeiter

a) innerhalb der nächsten 4 Wochen einen zusätzlichen arbeitsfreien Tag erhalten oder

b) einmal im Jahr für je 2 Wochenfeiertage einen arbeitsfreien Samstag mit dem darauffolgenden Sonntag erhalten.

§ 7 Inkrafttreten

Diese Ordnung tritt am 1. Januar 2006 in Kraft. Arbeitszeitschutzregelungen, die von in Art. 7 GrO genannten Kommissionen beschlossen und spätestens bis zum 1. Januar 2006 in Kraft gesetzt sind, bleiben einschließlich etwaiger künftiger Änderungen unberührt.

Kinderbezogene Entgeltbestandteile

Beschluss der Zentral-KODA gemäß § 10 Abs. 3 in Verbindung mit § 3 Abs. 1 Ziffer 3. lit. d Zentral-KODA-Ordnung vom 6. November 2008

[1]Kinderbezogene Entgeltbestandteile, auf die zum Zeitpunkt des Wechsels von einem Dienstgeber im Bereich der Grundordnung des kirchlichen Dienstes im Rahmen kirchlicher Arbeitsverhältnisse (GrO) zu einem anderen Dienstgeber Anspruch besteht, werden vom neuen Dienstgeber als Besitzstand weitergezahlt, so lange den Beschäftigten nach dem Einkommensteuergesetz (EStG) oder nach dem Bundeskindergeldgesetz (BKGG) Kindergeld gezahlt wird oder ohne Berücksichtigung der §§ 64 oder 65 EStG oder der §§ 3 oder 4 BKGG gezahlt würde. [2]An die Stelle des bisherigen Besitzstands tritt eine andere geldwerte Leistung, wenn diese in

der aufgrund von Art. 7 GrO errichteten zuständigen Kommission ausdrücklich als kinderbezogener Entgeltbestandteil gekennzeichnet worden ist. [3]Diese Regelung gilt für alle Mitarbeiterinnen und Mitarbeiter, die zwischen dem 1. Januar 2009 und dem 31. Dezember 2012 den kirchlichen Dienstgeber wechseln, jeweils für die Dauer von insgesamt vier Jahren. [4]Nach zwei Jahren halbiert sich der jeweilige Besitzstandswahrungsanspruch.

[5]Günstigere Besitzstandswahrungsklauseln in bestehenden und künftigen Regelungen der zuständigen Kommissionen bleiben unberührt.

Arbeitsvertragsformular

Beschluss der Zentral-KODA gemäß § 3 Abs. 1 Nr. 2 Zentral-KODA-Ordnung vom 6. November 2008

In die Arbeitsvertragsformulare ist folgender Passus aufzunehmen:

„Die Grundordnung des kirchlichen Dienstes ist Bestandteil des Arbeitsvertrages."

Arbeitsvertragliche Folgen bei Dienstgeberwechsel

Die Zentrale Kommission der Zentral-KODA hat am 23. November 2016 gem. § 3 Abs.1 Nr. 3 d Zentral-KODA-Ordnung die nachfolgende Ordnung beschlossen:

Ordnung über die Rechtsfolgen eines Dienstgeberwechsels im Geltungsbereich der Grundordnung des kirchlichen Dienstes im Rahmen kirchlicher Arbeitsverhältnisse

Bei jedem Wechsel eines oder einer Beschäftigten von einem Dienstgeber im Bereich der Grundordnung des kirchlichen Dienstes im Rahmen kirchlicher Arbeitsverhältnisse zu einem anderen Dienstgeber im Bereich der Grundordnung, für den ein anderer arbeitsrechtlicher Regelungsbereich gilt (Wechsel in der Zuständigkeit der nach Art. 7 Grundordnung gebildeten Kommission), gilt Folgendes:

1. Bei der Zuordnung zur Stufe der Entgelttabelle erfolgt grundsätzlich keine Anrechnung von Vordienstzeiten. Soweit die Unterbrechung zwischen den Arbeitsverhältnissen nicht mehr als 6 Monate beträgt, darf der oder die Beschäftigte jedoch nicht mehr als eine Entwicklungsstufe gegenüber dem vorherigen Arbeitsverhältnis mit einschlägiger beruflicher Tätigkeit zurückgestuft werden.

   Weichen die Entgeltsysteme der verschiedenen Kommissionen hinsichtlich der Anzahl der Stufen und oder hinsichtlich der regulären Verweildauer in den Stufen innerhalb derselben Entgeltgruppe voneinander ab, erfolgt die Stufenzuordnung im neuen Kommissionsrecht unter Anrechnung der einschlägigen beruflichen Tätigkeiten, soweit diese bei einem früheren Dienstgeber im Geltungsbereich der Grundordnung geleistet wurden und die Unterbrechung zwischen den Arbeitsverhältnissen nicht mehr als 6 Monate beträgt. Die sich daraus ergebende Stufenzuordnung kann um eine Stufe abgesenkt werden.

2. Der oder die Beschäftigte erhält auf Antrag vom bisherigen Dienstgeber die Jahressonderzahlung bzw. das Weihnachtsgeld beim Ausscheiden anteilig auch dann, wenn das Arbeitsverhältnis vor einem festgelegten Stichtag endet. Der Anspruch nach Satz 1 beträgt ein Zwölftel für jeden Kalendermonat, in dem der oder die Beschäftigte Anspruch auf Entgelt oder Fortzahlung des Entgelts hat. Als Monat gilt eine Beschäftigungszeit von mehr als 15 Kalendertagen.

Diese Regelungen zur Jahressonderzahlung bzw. zum Weihnachtsgeld sind sinngemäß auch auf Regelungen zum Leistungsentgelt bzw. zur Sozialkomponente bei Dienstgeberwechsel im oben genannten Sinne anzuwenden.

3. Für die Berechnung von Kündigungsfristen werden Vorbeschäftigungszeiten aus einem vorherigen Arbeitsverhältnis mit einem Faktor von 0,5 berücksichtigt (Vorbeschäftigungszeiten von mehr als 6 Monaten werden hierbei wie ein volles Jahr angerechnet). Alle anderen Regelungen, welche darüber hinaus an die Beschäftigungszeit anknüpfen, bleiben hiervon unberührt; dies gilt insbesondere für die Unkündbarkeit und die Regelungen über die Probezeit.
4. Von den vorstehenden Vorschriften abweichende, für die Beschäftigten günstigere Regelungen in den Arbeitsvertragsordnungen bleiben unberührt.
5. Diese Ordnung tritt rückwirkend zum 1. Juni 2016 in Kraft. Sie tritt an die Stelle der „Ordnung über die Anrechnung von Vordienstzeiten zur Anerkennung von Stufenlaufzeiten“ (Beschluss der Zentral-KODA vom 12.11.2009).

Gesamtregelung zur Befristung

Ersetzende Entscheidung des Vermittlungsausschusses der Zentralen Arbeitsrechtlichen Kommission (ZAK) vom 22. Januar 2024 zuletzt geändert mit Beschluss vom 13. November 2025

Der Vermittlungsausschuss trifft einstimmig die folgende ersetzende Entscheidung:

1. [1]Die Befristung von Dienstverträgen zwischen derselben/demselben Beschäftigten und demselben Dienstgeber ist höchstens bis zur Dauer von insgesamt 6 Jahren oder innerhalb dieses Zeitraums bis zur Höchstzahl von 12 Verlängerungen zulässig. [2]Frühere Befristungszeiträume werden auf die Befristungshöchstdauer nach Satz 1 angerechnet, es sei denn, diese liegen bei Begründung des Dienstverhältnisses länger als 12 Jahre zurück. [3]Die Sätze 1 und 2 gelten entsprechend für die Vereinbarung auflösend bedingter Dienstverträge. [4]Die Sätze 1 bis 3 gelten nicht, wenn die Befristung oder auflösende Bedingung sich aus der unmittelbaren Anwendung von arbeitsrechtlichen Regelungen der einzelnen Arbeitsrechtlichen Kommissionen ergibt. [5]Eine Vereinbarung, die die Beendigung des Dienstverhältnisses mit dem Erreichen der Regelaltersgrenze ohne Kündigung vorsieht (§ 41 Abs. 2 SGBVI), gilt nicht als Befristung im Sinne des Satzes 1.
2. [1]Die Vereinbarung eines befristeten Dienstvertrages ohne Vorliegen eines sachlichen Grundes ist grundsätzlich unzulässig. [2]Abweichend von Satz 1 ist die kalendermäßige Befristung eines Dienstvertrages ohne Vorliegen eines sachlichen Grundes i.S.d. § 14 Abs. 1 Teilzeit- und Befristungsgesetz (TzBfG) für den unter Buchstabe a) genannten Fall bis zur Dauer von 12 Monaten, für die unter den Buchstaben b) und c) genannten Fälle bis zur Dauer von 21 Monaten und den unter d) genannten Fällen bis zur Dauer von 24 Monaten zulässig, wenn
   a) der/die Beschäftigte erstmals in einem Dienstverhältnis bei dem Dienstgeber erprobt wird;
   b) eine Einrichtung* eine neue Aufgabe übernimmt oder ein neues Projekt durchführt, deren dauerhafte Fortführung oder dessen dauerhafter Fortbestand im Zeitpunkt

* Der Einrichtungsbegriff wird im Sinne der MAVO verwendet.

der Begründung des Dienstverhältnisses ungewiss ist, und die befristete Einstellung der Deckung eines dadurch neu entstehenden Beschäftigungsbedarfs dient;

c) der/die Beschäftigte aus Drittmitteln vergütet wird, die nur für begrenzte Zeit zur Verfügung stehen oder deren dauerhafte Verfügbarkeit im Zeitpunkt der Begründung des Dienstverhältnisses ungewiss ist;

d) sich der/die Beschäftigte mit fortdauerndem Förderungsbedarf, zu Beschäftigungsbeginn in einer öffentlich geförderten Beschäftigungsmaßnahme (z.B. nach SGB II, SGB III) befindet und im Rahmen von Maßnahmen der Beschäftigung und/oder Qualifizierung zur Erlangung eines Arbeitsplatzes und/oder Erhaltung der Beschäftigungsfähigkeit eine fachliche und/oder sozialpädagogische Anleitung erhält oder für die Eingliederungsleistungen gewährt werden.

[3]Bis zur Gesamtdauer nach Satz 2 ist in diesen Fällen auch die höchstens zweimalige Verlängerung eines kalendermäßig befristeten Dienstvertrages zulässig. [4]Eine Befristung nach Satz 2 ist nicht zulässig, wenn mit demselben Dienstgeber bereits zuvor ein befristetes oder unbefristetes Dienstverhältnis bestanden hat.

3. Abweichend von Nr. 1 und 2 dürfen Dienstverhältnisse nach gesetzlich geregelten Sondertatbeständen i.S.d. § 23 TzBfG, insbesondere nach dem Gesetz über befristete Arbeitsverträge mit Ärzten in der Weiterbildung (ÄArbVG) und dem Gesetz über befristete Arbeitsverträge in der Wissenschaft (WissZeitVG), auch über die genannten Höchstgrenzen hinaus befristet werden.
4. In Dienstvereinbarungen kann geregelt werden, bei welchen Tatbeständen bzw. Fallgestaltungen abweichend von Nr. 1 eine über 6 Jahre hinausgehende Befristung von Dienstverhältnissen sowie abweichend von Nr. 2 Buchstaben b) und c) eine über 21 Monate hinausgehende Befristung möglich ist.
5. Beschäftigte in einem befristeten Dienstverhältnis werden bei der Besetzung von Arbeitsplätzen bevorzugt berücksichtigt, wenn die sachlichen und persönlichen Voraussetzungen gegeben sind.
6. Wurden Dienstverträge unter Missachtung der Nr. 1–5 oder dort in Bezug genommener Regelungen vereinbart, gelten die Dienstverhältnisse als auf unbestimmte Zeit abgeschlossen.
7. [1]Die Regelung tritt zum 1. Juni 2024 in Kraft. [2]Sie gilt für alle Dienstverträge, die ab 1. Juni 2024 befristet abgeschlossen werden. [3]Sie ersetzt die ersetzende Entscheidung des Vermittlungsausschusses der Zentral-KODA vom 28. Oktober 2019 „Sachgrundlose Befristung von Arbeitsverträgen“.
8. [1]Die Arbeitsrechtlichen Kommissionen können bis 6 Monate nach Inkraftsetzung dieser Regelung entscheiden, ob sie anstelle der Regelung der Zentralen Arbeitsrechtlichen Kommission die bislang in eigener Zuständigkeit beschlossenen Regelungen beibehalten oder unverändert wieder in Kraft setzen. [2]Betreffen diese nur einen Teil der hier geregelten Rechtsfragen, gelten ergänzend die hier getroffenen Regelungen.

BK-Beschluss vom 20. Juni 2024

I. Der Vermittlungsausschuss der Zentralen Arbeitsrechtlichen Kommission hat mit der ersetzenden Entscheidung vom 22. Januar 2024 eine „Gesamtregelung zur Befristung" getroffen. Die Regelungen ersetzen die Entscheidung vom 28. Oktober 2019. Der Beschluss tritt zum 1. Juni 2024 in Kraft. Entsprechend Nummer 8 der Entscheidung kann die Arbeitsrechtliche Kommission die bislang in eigener Zuständigkeit beschlossenen Regelungen unverändert wieder in Kraft setzten. Die AVR enthalten Regelungen zum Befristungsrecht. Sie sollten für den Fall, dass sie durch die Ersetzende Entscheidung des Vermittlungsausschusses außer Kraft gesetzt wurden, wieder in Kraft gesetzt werden.

II. Die Bundeskommission bestätigt in Anwendung dessen unter Wiederinkraftsetzung der unveränderten Regelungen mit Stand vom 31. Mai 2024 zum 1. Juni 2024

§ 19 Absatz 5 AT AVR,

§ 18 Anlage 30 AVR,

§§ 18 und 19 Anlage 31 AVR,

§§ 18 und 19 Anlage 32 AVR und

§§ 17 und 18 Anlage 33 AVR.

Ordnungen

Inhalt

Grundordnung des kirchlichen Dienstes 440
Ordnung der Arbeitsrechtlichen Kommission des Deutschen Caritasverbandes e.V. 448
Wahlordnung der Mitarbeiterseite gemäß § 4 Abs. 4 der Ordnung der Arbeitsrechtlichen Kommission des Deutschen Caritasverbandes 468
Entsendeordnung für die Vertreter(innen) der Gewerkschaften gemäß § 5 Abs. 8 473
Wahlordnung der Dienstgeberseite gemäß § 6 Abs. 6 der Ordnung der Arbeitsrechtlichen Kommission des Deutschen Caritasverbandes 476
Verfahrensregelung zu Änderungen der Ordnung der Arbeitsrechtlichen Kommission nach § 10 Abs. 2 Ziffer 13 der Satzung des Deutschen Caritasverbandes e. V. 482
Rahmenordnung für eine Mitarbeitervertretungsordnung 485

Grundordnung des kirchlichen Dienstes

Inhalt

Artikel 1	Geltungsbereich	440
Artikel 2	Eigenart und Grundprinzipien des kirchlichen Dienstes	441
Artikel 3	Ausprägungen katholischer Identität und Verantwortung für den Erhalt und die Stärkung des christlichen Profils	442
Artikel 4	Handlungsaufträge und Ziele für die Dienstgeber	442
Artikel 5	Fort- und Weiterbildung	443
Artikel 6	Anforderungen bei der Begründung des Dienstverhältnisses	444
Artikel 7	Anforderungen im bestehenden Dienstverhältnis	444
Artikel 8	Mitarbeitervertretungsrecht	445
Artikel 9	Gestaltung der Arbeitsbedingungen im kirchlichen Dienst	445
Artikel 10	Koalitionsfreiheit	446
Artikel 11	Gerichtlicher Rechtsschutz	446
Artikel 12	Evaluation	447

vom 22. September 1993 in der Fassung des Beschlusses der Vollversammlung des Verbandes der Diözesen Deutschlands vom 22.11.2022

Die katholischen (Erz-)Bischöfe in der Bundesrepublik Deutschland erlassen, jeweils für ihren Bereich,

- in Verantwortung für den Auftrag der Kirche, der Berufung aller Menschen zur Gemeinschaft mit Gott und untereinander zu dienen,
- in Wahrnehmung der der Kirche durch das Grundgesetz garantierten Freiheit, ihre Angelegenheiten selbstständig innerhalb der Schranken des für alle geltenden Gesetze zu ordnen,
- zur Sicherung der Glaubwürdigkeit der Einrichtungen, die die Kirche unterhält und anerkennt, um ihren Auftrag in der Gesellschaft wirksam wahrnehmen zu können,
- in Erfüllung ihrer Pflicht und Verantwortung gegenüber der Dienstgemeinschaft unter besonderer Berücksichtigung der Grundsätze, welche die Katholische Soziallehre herausgearbeitet hat,

die folgende **Grundordnung des kirchlichen Dienstes**

Artikel 1 Geltungsbereich

(1) Diese Grundordnung enthält die spezifischen Grundlagen des kirchlichen Dienstes und regelt Anforderungen und Erwartungen an die Dienstgeber und Mitarbeitenden der Einrichtungen der katholischen Kirche.

(2) [1]Kirchliche Einrichtungen im Sinne dieser Ordnung sind alle Organisationen in öffentlich-rechtlicher oder privater Rechtsform, die als Wesens- und Lebensäußerung der katholischen Kirche einen Auftrag im Einklang mit dem Selbstverständnis der Kirche wahrnehmen und mit ihren Amtsträgerinnen und Amtsträgern in besonderer Weise verbunden sind. [2]Für vorwiegend gewinnorientierte kirchliche Einrichtungen findet diese Grundordnung keine Anwendung.

(3) Mitarbeitende im Sinne dieser Ordnung sind insbesondere

a) Personen, die aufgrund eines Arbeits- oder eines kirchlichen Beamten-verhältnisses tätig sind,
b) Kleriker und Kandidaten für das Weiheamt,
c) Ordensangehörige, Personen im Noviziat und Postulat,
d) Führungskräfte, die aufgrund eines Organdienstverhältnisses tätig sind,
e) zu ihrer Berufsausbildung tätige Personen
f) ehrenamtlich Tätige, die Organmitglieder sind.

(4) Dienstgeber im Sinne dieser Ordnung ist der jeweilige Rechtsträger der Einrichtung.

(5) Diese Grundordnung gilt für

a) die (Erz-)Diözesen,
b) die Kirchengemeinden und Kirchenstiftungen,
c) die Verbände von Kirchengemeinden,
d) die Diözesancaritasverbände und deren Gliederungen, soweit sie öffentliche juristische Personen des kanonischen Rechts sind,
e) die sonstigen dem Diözesanbischof unterstellten öffentlichen juristischen Personen des kanonischen Rechts,
f) die sonstigen kirchlichen Rechtsträger, unbeschadet ihrer Rechtsform, die der bischöflichen Gesetzgebungsgewalt unterliegen

und deren rechtlich unselbstständige Einrichtungen.

(6) [1]Kirchliche Rechtsträger, die nicht der bischöflichen Gesetzgebungsgewalt unterliegen, sind verpflichtet, diese Grundordnung in ihr Statut verbindlich zu übernehmen; sofern ein kirchlicher Rechtsträger in der Rechtsform einer Körperschaft des öffentlichen Rechts über kein Statut verfügt, ist eine notarielle Beglaubigung der Grundordnungsübernahme und anschließende Veröffentlichung dieser Erklärung ausreichend. [2]Wenn sie dieser Verpflichtung nicht nachkommen, haben sie im Hinblick auf die arbeitsrechtlichen Beziehungen nicht am Selbstbestimmungsrecht der Kirche gemäß Art. 140 GG i.V.m. Art. 137 Abs. 3 WRV teil.

Artikel 2 Eigenart und Grundprinzipien des kirchlichen Dienstes

(1) [1]Der Dienst in der Kirche ist ausgerichtet an der Botschaft Jesu Christi. [2]Alle kirchlichen Einrichtungen sind sichtbare und erlebbare Orte der Kirche und dem Auftrag Christi verpflichtet. [3]Sie sind Ausdruck der christlichen Hoffnung auf die zeichenhafte Verwirklichung des Reiches Gottes in der Welt (Sendungsauftrag).

(2) Alle in den Einrichtungen der Kirche Tätigen, gleich ob sie haupt- oder ehrenamtlich, ob sie leitend oder ausführend beschäftigt sind und unbeschadet des Umstandes, ob es sich um Christen, andersgläubige oder religiös ungebundene Mitarbeitende handelt, arbeiten gemeinsam daran, dass die Einrichtung ihren Teil am Sendungsauftrag der Kirche erfüllen kann (Dienstgemeinschaft).

(3) Der Sendungsauftrag verbindet alle Mitglieder der Dienstgemeinschaft und verpflichtet sie zur vertrauensvollen Zusammenarbeit.

(4) [1]Die Kirche sieht sich in ihrem Wirken dem christlichen Auftrag verpflichtet, alle Menschen zu den Grundvollzügen der Kirche einzuladen. [2]Dazu zählen die Verkündigung und

Verbreitung des Evangeliums (*kerygma-martyria*), die gemeinsamen gottesdienstlichen Feiern (*leiturgia*), der Dienst am Mitmenschen (*diakonia*) sowie die gelebte Gemeinschaft (*koinonia*). [3]Diese Grundvollzüge bedingen sich gegenseitig, sind untrennbar miteinander verbunden und haben denselben Stellenwert.

Artikel 3 Ausprägungen katholischer Identität und Verantwortung für den Erhalt und die Stärkung des christlichen Profils

(1) [1]Katholische Einrichtungen sind geprägt durch das christliche Gottes- und Menschenbild. [2]Das Gebot der Nächstenliebe gehört gemeinsam mit der Gottesliebe zum Kern des christlichen Glaubens. [3]Das Leben ist ein Geschenk aus der Hand Gottes, das zu schützen und zu achten ist. [4]Auf dieser Grundlage arbeiten kirchliche Einrichtungen mit allen Menschen guten Willens zusammen.

(2) [1]Vielfalt in kirchlichen Einrichtungen ist eine Bereicherung. [2]Alle Mitarbeitenden können unabhängig von ihren konkreten Aufgaben, ihrer Herkunft, ihrer Religion, ihres Alters, ihrer Behinderung, ihres Geschlechts, ihrer sexuellen Identität und ihrer Lebensform Repräsentantinnen und Repräsentanten der unbedingten Liebe Gottes und damit einer den Menschen dienenden Kirche sein. [3]Vorausgesetzt werden eine positive Grundhaltung und Offenheit gegenüber der Botschaft des Evangeliums und die Bereitschaft, den christlichen Charakter der Einrichtung zu achten und dazu beizutragen, ihn im eigenen Aufgabenfeld zur Geltung zu bringen.

(3) [1]Die Verantwortung für den Schutz und die Stärkung des kirchlichen Charakters der Einrichtung kommt zuallererst dem Dienstgeber zu. [2]Er hat dafür Sorge zu tragen, dass alle Mitarbeitenden ihren besonderen Auftrag glaubwürdig erfüllen können. [3]Er ist insbesondere dafür verantwortlich, geeignete und befähigte Mitarbeitende zu gewinnen, die bereit und in der Lage sind, den kirchlichen Charakter der Einrichtung zu erhalten und zu fördern.

(4) [1]Die Arbeit an der christlichen Identität der Einrichtung ist eine Pflicht und eine Gemeinschaftsaufgabe aller und ein permanenter, dynamischer Prozess. [2]Der Dienstgeber ist in Zusammenarbeit mit den Mitarbeitenden verpflichtet, das christliche Profil der Einrichtung fortwährend weiterzuentwickeln und zu schärfen. [3]Unerlässlich ist, dass das Profil nicht nur in Leitbildern und Konzepten verankert ist, sondern auch als christliche Kultur in den Einrichtungen von Leitung und Mitarbeiterschaft mitgestaltet, von allen mit Leben gefüllt und für die Menschen, die kirchliche Angebote wahrnehmen, erfahrbar wird.

Artikel 4 Handlungsaufträge und Ziele für die Dienstgeber

[1]Zu den wechselseitigen Pflichten von Dienstgeber und Mitarbeitenden gehört die Verwirklichung des Sendungsauftrags und die gemeinsame Sorge für alle in der Kirche Tätigen. [2]Dabei sind auch folgende Handlungsaufträge und Ziele zu beachten, für deren Umsetzung im Rahmen der vorhandenen personellen und materiellen Ressourcen in erster Linie der Dienstgeber verantwortlich ist:

a) [1]Bestehende Benachteiligungen aufgrund des Geschlechts sind zu beseitigen, künftige Benachteiligungen zu verhindern. [2]Dazu gehört auch die Gleichstellung von Frauen und Männern im kirchlichen Dienst. [3]Der Dienstgeber ist verpflichtet, die Vereinbarkeit von Familie, Pflege und Beruf zu fördern.

b) [1]Die kirchlichen Dienstgeber setzen sich in besonderer Weise für den Schutz der Würde und Integrität aller Personen in ihren Einrichtungen, insbesondere von Minderjährigen und schutz- oder hilfebedürftigen Erwachsenen, ein. [2]Die Prävention gegen sexualisierte Gewalt ist integraler Bestandteil der kirchlichen Arbeit.

c) [1]Führung in der Kirche fördert die Entfaltung der fachlichen Qualifikationen und Charismen der Mitarbeitenden im Rahmen ihrer beruflichen Tätigkeit. [2]Der Dienstgeber entwickelt Konzepte guter Mitarbeiterführung unter besonderer Berücksichtigung des christlichen Menschenbildes und setzt diese konsequent um. [3]Führungskräfte in kirchlichen Einrichtungen sind einem kooperativen, wertschätzenden Führungsstil verpflichtet. [4]Eine angemessene und transparente Kommunikation über Hierarchie- und Berufsgrenzen hinweg ist Grundbedingung einer vertrauensvollen und wertschätzenden Zusammenarbeit.

d) [1]Der Dienstgeber nimmt seine Verantwortung für die physische, psychische und seelische Gesundheit aller Mitarbeitenden in der Einrichtung während des Dienstes ernst. [2]Arbeitssicherheit und Gesundheitsschutz sind wichtige Leitungsaufgaben.

e) Kirchliche Einrichtungen fördern die Teilhabe von Menschen mit Behinderung im Arbeitsleben.

f) [1]Die wirtschaftliche Betätigung kirchlicher Einrichtungen hat stets der Verwirklichung des kirchlichen Sendungsauftrages zu dienen. [2]Die Standards einer an den kirchlichen Zwecken und christlichen Werten ausgerichteten Unternehmensführung sind einzuhalten. [3]Diese sind insbesondere durch die Beachtung der Grundsätze einer guten Finanzwirtschaft, eine wirksame und qualifizierte Aufsicht, Transparenz und den Aufbau von funktionsfähigen Kontroll- und Überwachungssystemen gekennzeichnet. [4]Kirchliche Einrichtungen übernehmen Verantwortung für ethisch-nachhaltiges Investieren kirchlichen Vermögens. [5]Der Dienstgeber verpflichtet sich, die eigene Organisation wirtschaftlich und ökologisch nachhaltig aufzustellen; dies gilt insbesondere für den Umgang mit Arbeitsplätzen.

g) Der Dienstgeber sorgt dafür, dass Positionen, die dem christlichen Menschenbild widersprechen, keinen Platz in kirchlichen Einrichtungen haben.

Artikel 5 Fort- und Weiterbildung

(1) [1]Alle Mitarbeitenden haben Anspruch auf berufliche Fort- und Weiterbildung. [2]Diese umfasst die fachlichen Erfordernisse, ebenso wie die ethischen und religiösen Aspekte des Dienstes und Hilfestellungen zur Bewältigung der spezifischen Belastungen der einzelnen Tätigkeiten.

(2) [1]Allen Mitgliedern der Dienstgemeinschaft sollen verpflichtende Fort- und Weiterbildungen angeboten werden, in denen sie berufs- und tätigkeitsbezogen spezifische religiöse und ethische Kompetenzen erwerben können, um die Menschen, die die kirchlichen Dienste in Anspruch nehmen, in ihrer religiösen Praxis zu unterstützen und um das christliche Selbstverständnis der Einrichtung zu stärken. [2]Darüber hinaus sollen für die Mitarbeitenden freiwillige Angebote zu Spiritualität und Seelsorge gemacht werden, um sich mit den eigenen Sinn- und Glaubensfragen des Lebens zu beschäftigen. [3]Die (Erz-)Diözesen und die Verbände der Caritas unterstützen die Träger in der gemeinsamen Sorge, den Mitarbeitenden im kirchlichen Dienst eine ansprechende christliche Unternehmenskultur anzubieten und religiöse und spirituelle Angebote zu unterbreiten.

(3) [1]Die Kosten für Fort- und Weiterbildung trägt in der Regel der Dienstgeber. [2]Das Nähere regeln die einschlägigen Ordnungen.

Artikel 6 Anforderungen bei der Begründung des Dienstverhältnisses

(1) [1]Der Dienstgeber muss bei der Einstellung darauf achten, dass Bewerberinnen und Bewerber fachlich befähigt und persönlich geeignet sind, um die vorgesehenen Aufgaben zu erfüllen. [2]Im Bewerbungsverfahren sind die Bewerberinnen und Bewerber mit den christlichen Zielen und Werten der Einrichtung vertraut zu machen, damit sie ihr Handeln am katholischen Selbstverständnis ausrichten und den übertragenen Aufgaben gerecht werden können. [3]Im Bewerbungsverfahren ist der Kernbereich privater Lebensgestaltung zu wahren. [4]Mit der Vertragsunterzeichnung bringen die Bewerberinnen und Bewerber zum Ausdruck, dass sie die Ziele und Werte der kirchlichen Einrichtung anerkennen.

(2) Von allen Mitarbeitenden wird im Rahmen ihrer Tätigkeit die Identifikation mit den Zielen und Werten der katholischen Einrichtung erwartet.

(3) Pastorale und katechetische Tätigkeiten können nur Personen übertragen werden, die der katholischen Kirche angehören.

(4) [1]Personen, die das katholische Profil der Einrichtung inhaltlich prägen, mitverantworten und nach außen repräsentieren, kommt eine besondere Verantwortung für die katholische Identität der Einrichtung zu. [2]Sie müssen daher katholisch sein.

(5) [1]Wer sich kirchenfeindlich betätigt, wird nicht eingestellt. [2]Das gilt auch für Personen, die aus der katholischen Kirche ausgetreten sind. [3]Artikel 7 Abs. 3 und Abs. 4 gelten entsprechend.

Artikel 7 Anforderungen im bestehenden Dienstverhältnis

(1) Dienstgeber und Mitarbeitende übernehmen gemeinsam Verantwortung für die glaubwürdige Erfüllung des Sendungsauftrags in der Einrichtung.

(2) [1]Die Anforderungen erstrecken sich in erster Linie auf das Verhalten im Dienst. [2]Außerdienstliches Verhalten ist rechtlich nur bedeutsam, wenn es öffentlich wahrnehmbar ist, grundlegende Werte der katholischen Kirche verletzt und dadurch deren Glaubwürdigkeit beeinträchtigt wird. [3]Der Kernbereich privater Lebensgestaltung, insbesondere Beziehungsleben und Intimsphäre, bleibt rechtlichen Bewertungen entzogen. [4]Besondere kirchliche Anforderungen an Kleriker, Kandidaten für das Weiheamt, Ordensangehörige sowie Personen im Noviziat und Postulat bleiben hiervon unberührt.

(3) [1]Kirchenfeindliche Betätigungen, die nach den konkreten Umständen objektiv geeignet sind, die Glaubwürdigkeit der Kirche zu beeinträchtigen, können rechtlich geahndet werden. [2]Kirchenfeindliche Betätigungen erfassen Handlungen, die öffentlich wahrnehmbar sind und sich gegen die Kirche oder deren Werteordnung richten. [3]Hierzu zählen insbesondere

- das öffentliche Eintreten gegen tragende Grundsätze der katholischen Kirche (z.B. die Propagierung der Abtreibung oder von Fremdenhass),
- die Herabwürdigung von katholischen Glaubensinhalten, Riten oder Gebräuchen,
- die Propagierung von religiösen und weltanschaulichen Überzeugungen, die im Widerspruch zu katholischen Glaubensinhalten stehen, während der Arbeitszeit oder im dienstlichen Zusammenhang, auch die Werbung für andere Religions- oder Weltanschauungsgemeinschaften.

(4) [1]Bei katholischen Mitarbeitenden führt der Austritt aus der katholischen Kirche in der Regel zu einer Beendigung des der Beschäftigung zugrundeliegenden Rechtsverhältnisses. [2]Von einer Beendigung kann in diesen Fällen ausnahmsweise abgesehen werden, wenn schwerwiegende Gründe des Einzelfalles diese als unangemessen erscheinen lassen.

(5) [1]Erfüllen Mitarbeitende die Anforderungen nicht mehr, so muss der Dienstgeber zunächst durch Beratung und Aufklärung darauf hinwirken, dass sie den Anforderungen wieder genügen. [2]Im konkreten Fall ist zu prüfen, ob schon ein solches klärendes Gespräch, eine Abmahnung oder eine andere Maßnahme (z. B. Versetzung, Änderungskündigung) geeignet sind, dem Verstoß gegen die Anforderungen zu begegnen. [3]Wenn alle milderen, weniger belastenden Mittel ausgeschöpft sind, kommt als äußerste, allerletzte Maßnahme („ultima ratio") eine Beendigung des der Beschäftigung zugrundeliegenden Rechtsverhältnisses in Betracht.

Artikel 8 Mitarbeitervertretungsrecht

(1) Zur Sicherung ihrer Selbstbestimmung in der Arbeitsorganisation kirchlicher Einrichtungen wählen die Mitarbeitenden nach Maßgabe kirchengesetzlicher Regelung Mitarbeitervertretungen, die an Entscheidungen des Dienstgebers beteiligt werden und die mit den Dienstgebern zum Wohl der Einrichtung und der Dienstnehmer zusammenwirken.

(2) Der Dienst in der Kirche verpflichtet Dienstgeber und Mitarbeitervertretung in besonderer Weise, vertrauensvoll zusammenzuarbeiten und sich bei der Erfüllung der Aufgaben gegenseitig zu unterstützen.

(3) Dienstvereinbarungen, die nach Maßgabe der jeweils geltenden Mitarbeitervertretungsordnung vereinbart werden, gelten unmittelbar und zwingend.

(4) [1]Bei jeder die Mindestgröße erfüllenden Einrichtung ist der Dienstgeber verpflichtet, darauf hinzuwirken, dass eine Mitarbeitervertretung gebildet wird. [2]Zur Förderung und Unterstützung ihrer Arbeit werden auf der Ebene der (Erz-)Diözesen und des Verbandes der Diözesen Deutschlands (Deutsche Bischofskonferenz) Arbeitsgemeinschaften der Mitarbeitervertretungen gebildet. [3]Die zur Wahrnehmung ihrer Aufgaben notwendigen Kosten tragen die jeweiligen (Erz-)Diözesen bzw. der Verband der Diözesen Deutschlands.

(5) Das Nähere regelt die jeweils geltende Mitarbeitervertretungsordnung (MAVO).

Artikel 9 Gestaltung der Arbeitsbedingungen im kirchlichen Dienst

(1) [1]Die zivilrechtlichen Arbeitsbedingungen im kirchlichen Dienst werden durch paritätisch von Vertreterinnen und Vertretern der Mitarbeitenden und der Dienstgeber besetzte Arbeitsrechtliche Kommissionen ausgehandelt und beschlossen (Dritter Weg). [2]Die Parität ist dabei in formeller wie materieller Hinsicht zu gewährleisten.

(2) [1]Die Zusammenarbeit in den Arbeitsrechtlichen Kommissionen ist durch das Konsensprinzip geprägt; Beschlüsse bedürfen einer qualifizierten Mehrheit. [2]Die Vertreterinnen und Vertreter der Mitarbeitenden in den Arbeitsrechtlichen Kommissionen sind durch unmittelbare oder mittelbare demokratische Wahl legitimiert.

(3) [1]Interessengegensätze zwischen Dienstgebern und Mitarbeitenden bei der Festlegung kirchlicher Arbeitsvertragsbedingungen sollen durch Verhandlung und wechselseitiges Nachgeben gelöst werden. [2]Streik und Aussperrung widersprechen diesem Grunderfordernis und scheiden daher aus. [3]Kirchliche Dienstgeber schließen keine Tarifverträge mit

GrO

tariffähigen Arbeitnehmerkoalitionen (Gewerkschaften) ab. [4]Kommt ein Beschluss in der Arbeitsrechtlichen Kommission nicht zustande, können beide Seiten der Kommission ein verbindliches Vermittlungsverfahren unter neutralem Vorsitz einleiten. [5]Das verbindliche Vermittlungsverfahren muss mit einem Beschluss enden, der eine Regelung zu dem Gegenstand des Verfahrens enthält oder die Feststellung, dass keine Regelung in diesem Verfahren erfolgt.

(4) [1]Um Rechtswirksamkeit zu erlangen, bedürfen die Beschlüsse der Arbeitsrechtlichen Kommissionen der bischöflichen Inkraftsetzung für die jeweilige (Erz-)Diözese. [2]Für die kirchlichen Dienstgeber gelten die durch die Arbeitsrechtlichen Kommissionen beschlossenen und vom Diözesanbischof in Kraft gesetzten Beschlüsse unmittelbar und zwingend. [3]Der Dienstgeber hat sicherzustellen, dass diese Beschlüsse arbeitsvertraglich ordnungsgemäß in Bezug genommen werden. [4]Die Mitarbeitenden haben Anspruch auf die Anwendung der einschlägigen kirchlichen Arbeitsvertragsordnungen, nach denen sich ihre zivilrechtlichen Arbeitsbedingungen richten.

(5) [1]Für Streitigkeiten über die Auslegung und ordnungsgemäße Einbeziehung der jeweils geltenden Arbeitsvertragsordnungen sind kirchliche Schlichtungsstellen zuständig. [2]Dies schließt die Anrufung staatlicher Gerichte bei Streitigkeiten im Zusammenhang mit dem Individualarbeitsverhältnis nicht aus.

(6) Die nähere Ausgestaltung des kirchlichen Arbeitsrechtsregelungsverfahrens erfolgt in den jeweiligen Ordnungen der Arbeitsrechtlichen Kommissionen.

Artikel 10 Koalitionsfreiheit

(1) Die Mitarbeitenden des kirchlichen Dienstes können sich in Ausübung ihrer Koalitionsfreiheit zur Beeinflussung der Gestaltung ihrer Arbeits- und Wirtschaftsbedingungen in Koalitionen zusammenschließen, diesen beitreten und sich in ihnen betätigen.

(2) Die Koalitionen sind berechtigt, im Rahmen der verfassungsrechtlichen Grenzen innerhalb der kirchlichen Einrichtung für den Beitritt zu diesen Koalitionen zu werben, über deren Aufgabe zu informieren sowie Koalitionsmitglieder zu betreuen.

(3) Die ausreichende organisatorische Einbindung von Gewerkschaften in die Arbeitsrechtlichen Kommissionen des Dritten Weges ist gewährleistet.

(4) Die Koalitionsfreiheit entbindet die Vertreter der Koalition nicht von der Pflicht, das verfassungsmäßige Selbstbestimmungsrecht der Kirche zur Gestaltung der sozialen Ordnung ihres Dienstes zu achten und die Eigenart des kirchlichen Dienstes zu respektieren.

(5) Das Nähere regeln die jeweiligen Ordnungen der Arbeitsrechtlichen Kommissionen.

Artikel 11 Gerichtlicher Rechtsschutz

(1) Soweit die Arbeitsverhältnisse kirchlicher Mitarbeitender dem staatlichen Arbeitsrecht unterliegen, sind die staatlichen Arbeitsgerichte für den gerichtlichen Rechtsschutz zuständig.

(2) [1]Für Rechtsstreitigkeiten auf den Gebieten der kirchlichen Ordnungen für ein Arbeitsvertrags- und des Mitarbeitervertretungsrechts bestehen für den gerichtlichen Rechtsschutz unabhängige kirchliche Gerichte. [2]Für Regelungsstreitigkeiten auf dem Gebiet des kirchlichen Mitarbeitervertretungsrechts sind Einigungsstellen zuständig.

(3) [1]Die Richter und Richterinnen sind von Weisungen unabhängig und nur an Gesetz und Recht gebunden. [2]Zum Richter bzw. zur Richterin kann berufen werden, wer katholisch ist und in der Ausübung der allen Kirchenmitgliedern zustehenden Rechte nicht behindert ist sowie die Gewähr dafür bietet, jederzeit für das kirchliche Gemeinwohl einzutreten.

(4) Näheres regelt die Kirchliche Arbeitsgerichtsordnung (KAGO).

Artikel 12 Evaluation

Der Verband der Diözesen Deutschlands wird fünf Jahre nach Inkrafttreten der Grundordnung die Zweckmäßigkeit und Wirksamkeit einer Überprüfung unterziehen und dem Ständigen Rat der Deutschen Bischofskonferenz berichten.

Ordnung der Arbeitsrechtlichen Kommission des Deutschen Caritasverbandes e.V.

Inhalt

§ 1	Stellung und Aufgabe	448
§ 2	Zusammensetzung und Konstituierung	450
§ 3	Leitung und Kommissionsgeschäftsstelle	451
§ 4	Gewählte Vertreter(innen) der Mitarbeiter(innen) – Mitarbeiterseite	452
§ 5	Entsandte Vertreter(innen) der Gewerkschaften – Mitarbeiterseite	452
§ 6	Gewählte und bestimmte Vertreter(innen) der Dienstgeber – Dienstgeberseite	453
§ 7	Leitungsausschüsse	454
§ 8	Mitgliederversammlungen	455
§ 9	Längerfristige Verhinderung oder vorzeitige Beendigung der Mitgliedschaft	455
§ 10	Geschäftsstellen	456
§ 11	Rechtsstellung der Mitglieder, Freistellung und Kostenersatz	456
§ 12	Arbeitsweise	457
§ 13	Zuständigkeiten der Bundeskommission und der Regionalkommissionen	458
§ 14	Einrichtungsspezifische Regelungen	460
§ 15	Ausschüsse	461
§ 16	Beschlüsse	461
§ 17	Ältestenrat	462
§ 18	Vermittlungsverfahren	462
§ 19	Vermittlungsausschuss	463
§ 20	Ergänzende Vermittlungsverfahren	464
§ 21	Inkrafttreten der Beschlüsse	464
§ 22	Kostenersatz	465
§ 23	Budget	466
§ 24	Schlussbestimmungen	467

gültig ab 1. Januar 2026

§ 1 Stellung und Aufgabe

(1) Die Arbeitsrechtliche Kommission ist auf der Grundlage des Artikels 7 der Grundordnung des kirchlichen Dienstes im Rahmen kirchlicher Arbeitsverhältnisse (Grundordnung) die von den deutschen Bischöfen für die Einrichtungen im Bereich des Deutschen Caritasverbandes anerkannte Kommission zur Ordnung des kircheneigenen Arbeitsvertragsrechts.

(2) [1]Diese Ordnung gilt für kirchliche Rechtsträger unbeschadet ihrer Rechtsform, die die Grundordnung in ihrer jeweils geltenden Fassung für ihren Bereich rechtsverbindlich in ihr Statut übernommen und sich dafür entschieden haben, die Arbeitsvertragsrichtlinien des Deutschen Caritasverbandes (AVR) anzuwenden. [2]Sofern ein Rechtsträger in der Rechtsform einer Körperschaft des öffentlichen Rechts über kein solches Statut verfügt, ist eine notarielle Erklärung der Grundordnungsübernahme und anschließende Veröffentlichung dieser Erklärung ausreichend.

(3) [1]Die Arbeitsrechtliche Kommission ist eine ständige Kommission besonderer Art der Delegiertenversammlung des Deutschen Caritasverbandes (vgl. § 8 Abs. 6 seiner Satzung). [2]Entscheidungen der Arbeitsrechtlichen Kommission bedürfen nicht der Zustimmung der Delegiertenversammlung.

(4) [1]Aufgabe der Arbeitsrechtlichen Kommission ist die Beschlussfassung von Rechtsnormen über Inhalt, Abschluss und Beendigung von Dienstverhältnissen mit kirchlichen Rechtsträgern im Bereich des Deutschen Caritasverbandes. [2]Die durch die Kommission nach Maßgabe dieser Ordnung beschlossenen und vom Diözesanbischof in Kraft gesetzten arbeitsrechtlichen Regelungen gelten unmittelbar und zwingend. [3]Beschlüsse der Zentral-KODA im Rahmen ihrer Beschlusskompetenz gemäß § 3 Abs. 1 Zentral-KODA-Ordnung gehen mit ihrer Inkraftsetzung in allen Diözesen den Beschlüssen der Arbeitsrechtlichen Kommission vor. [4]Empfehlungen der Zentral-KODA gemäß § 3 Abs. 3 Zentral-KODA-Ordnung soll die Arbeitsrechtliche Kommission berücksichtigen. [5]Regelungsbefugnisse in anderen diözesanen Ordnungen bleiben unberührt. [6]Beide Seiten der Arbeitsrechtlichen Kommission wirken mit bei der Gestaltung der notwendigen Grundlagen ihrer Arbeit an den AVR. [7]Den beiden Seiten obliegt insoweit die notwendige Interessenvertretung der Mitarbeiter und Dienstgeber.

(4a) Aufgabe der Arbeitsrechtlichen Kommission ist auch die Beratung und Beschlussfassung zu arbeitsrechtlichen Regelungen durch Tarifverträge anderer Tarifvertragsparteien nach §§ 3ff. AEntG, die durch gesetzliche Regelung einem Zustimmungserfordernis durch paritätisch besetzte Kommissionen zur Festlegung von Arbeitsbedingungen auf der Grundlage kirchlichen Rechts für den Bereich kirchlicher Arbeitgeber in der Pflegebranche gebildet sind, unterliegen.

(5) [1]Beantragt ein kirchlicher Rechtsträger den Wechsel in den Zuständigkeitsbereich der Arbeitsrechtlichen Kommission, entscheidet der jeweilige Diözesanbischof nach Zustimmung beider Seiten jeweils der abgebenden Kommission und der aufnehmenden Arbeitsrechtlichen Kommission. [2]Beantragt ein kirchlicher Rechtsträger den Wechsel aus dem Zuständigkeitsbereich der Arbeitsrechtlichen Kommission, entscheidet der jeweilige Diözesanbischof nach Zustimmung beider Seiten jeweils der abgebenden Arbeitsrechtlichen Kommission und der aufnehmenden Kommission. [3]Anträge nach den Sätzen 1 und 2 bedürfen der schriftlichen Begründung. [4]Die Entscheidungen sind den Kommissionen mitzuteilen.

(6) [1]Der Diözesanbischof kann für mehrere kirchliche Rechtsträger eine eigene Ordnung erlassen. [2]Die Entscheidung über den Erlass einer solchen Ordnung erfolgt im Benehmen mit beiden Seiten der Arbeitsrechtlichen Kommission. [3]Die Entscheidung ist der Kommission mitzuteilen.

(7) [1]Die Amtsperiode der Arbeitsrechtlichen Kommission dauert vier Jahre. [2]Die am 1. Januar 2017 begonnene Amtsperiode dauert abweichend fünf Jahre und endet am 31. Dezember 2021. [3]Das Verfahren für die Wahlen bzw. die Entsendung für die darauffolgende Amtsperiode ab dem 1. Januar 2022 beginnt nach dem Tag, an dem die Delegiertenversammlung den Beschluss über diese Verlängerung der Amtsperiode nach Satz 2 gefasst hat.* [4]Alle bis zum Tag des Beschlusses der Delegiertenversammlung bereits erfolgten Wahlen und wahlvorbereitenden Handlungen verlieren ihre Gültigkeit.

* Der Tag, an dem die Delegiertenversammlung den Beschluss über die Verlängerung der Amtsperiode gefasst hat, ist der 13. Oktober 2020.

§ 2 Zusammensetzung und Konstituierung

(1) [1]Der Arbeitsrechtlichen Kommission gehören als Mitglieder eine gleiche Anzahl von Personen als Vertreter(innen) von Dienstgebern und Mitarbeiter(inne)n an. [2]Sie besteht aus einer Bundeskommission, sechs Regionalkommissionen und dem/der Vorsitzenden nach § 3 Abs. 1. [3]Die Mitarbeiterseite und die Dienstgeberseite der Arbeitsrechtlichen Kommission wählen jeweils Leitungsausschüsse gemäß § 7.

(2) [1]Die Bundeskommission besteht unter Wahrung der Parität aus 28 gewählten Vertreter(inne)n der Mitarbeiter(innen) und aus weiteren entsandten Vertreter(inne)n der Gewerkschaften als Mitglieder der Mitarbeiterseite sowie aus 28 gewählten Vertreter(inne)n der Dienstgeber und aus weiteren Vertreter(inne)n der Dienstgeber als Mitglieder der Dienstgeberseite. [2]Der Leitungsausschuss der Mitarbeiterseite besteht aus sieben Vertreter(inne)n der Mitarbeiter(innen) und der Leitungsausschuss der Dienstgeberseite aus sieben Vertreter(inne)n der Dienstgeber, die jeweils Mitglieder der Arbeitsrechtlichen Kommission sind.

(3) [1]Die Regionalkommissionen bestehen unter Wahrung der Parität

- für die Region Nord aus sechs gewählten Vertreter(inne)n der Mitarbeiter(innen) und aus weiteren entsandten Vertreter(inne)n der Gewerkschaften als Mitglieder der Mitarbeiterseite sowie aus sechs gewählten oder von den Diözesan-Caritasverbänden bestimmten Vertreter(inne)n der Dienstgeber und aus weiteren Vertreter(inne)n der Dienstgeber als Mitglieder der Dienstgeberseite,
- für die Region Ost aus zwölf gewählten Vertreter(inne)n der Mitarbeiter(innen) und aus weiteren entsandten Vertreter(inne)n der Gewerkschaften als Mitglieder der Mitarbeiterseite sowie aus zwölf gewählten oder von den Diözesan-Caritasverbänden bestimmten Vertreter(inne)n der Dienstgeber und aus weiteren Vertreter(inne)n der Dienstgeber als Mitglieder der Dienstgeberseite,
- für die Region Nordrhein-Westfalen aus zehn gewählten Vertreter(inne)n der Mitarbeiter(innen) und aus weiteren entsandten Vertreter(inne)n der Gewerkschaften als Mitglieder der Mitarbeiterseite sowie aus zehn gewählten oder von den Diözesan-Caritasverbänden bestimmten Vertreter(inne)n der Dienstgeber und aus weiteren Vertreter(inne)n der Dienstgeber als Mitglieder der Dienstgeberseite,
- für die Region Mitte aus zehn gewählten Vertreter(inne)n der Mitarbeiter(innen) und aus weiteren entsandten Vertreter(inne)n der Gewerkschaften als Mitglieder der Mitarbeiterseite sowie aus zehn gewählten oder von den Diözesan-Caritasverbänden bestimmten Vertreter(inne)n der Dienstgeber und aus weiteren Vertreter(inne)n der Dienstgeber als Mitglieder der Dienstgeberseite,
- für die Region Baden-Württemberg aus sechs gewählten Vertreter(inne)n der Mitarbeiter(innen) und aus weiteren entsandten Vertreter(inne)n der Gewerkschaften als Mitglieder der Mitarbeiterseite sowie aus sechs gewählten oder von den Diözesan-Caritasverbänden bestimmten Vertreter(inne)n der Dienstgeber und aus weiteren Vertreter(inne)n der Dienstgeber als Mitglieder der Dienstgeberseite,
- für die Region Bayern aus 14 gewählten Vertreter(inne)n der Mitarbeiter(innen) und aus weiteren entsandten Vertreter(inne)n der Gewerkschaften als Mitglieder der Mitarbeiterseite sowie aus 14 gewählten oder von den Diözesan-Caritasverbänden bestimmten Vertreter(inne)n der Dienstgeber und aus weiteren Vertreter(inne)n der Dienstgeber als Mitglieder der Dienstgeberseite.

(4) Die neu gewählten Regionalkommissionen konstituieren sich spätestens zwei Monate und die neu gewählte Bundeskommission konstituiert sich spätestens drei Monate nach Beginn der Amtsperiode.

§ 3 Leitung und Kommissionsgeschäftsstelle

(1) [1]Der Vorstand des Deutschen Caritasverbandes betraut ein Mitglied des Kuratoriums (vgl. § 16 Abs. 10 seiner Satzung) mit der Wahrnehmung der Aufgabe des Vorsitzes der Bundeskommission der Arbeitsrechtlichen Kommission. [2]Das Mitglied des Kuratoriums führt in der Bundeskommission den Vorsitz und repräsentiert die Arbeitsrechtliche Kommission nach außen. [3]Der/Die Vorsitzende wirkt auf eine sachgerechte Beratung und Beschlussfassung hin. [4]Er/Sie hat das Recht zur Teilnahme an allen Sitzungen der Arbeitsrechtlichen Kommission. [5]Das gilt auch für die gemeinsamen Sitzungen der Leitungsausschüsse (§ 7 Abs. 6). [6]Ist das Mitglied des Kuratoriums an der Ausübung des Amtes verhindert und wird im Benehmen mit den Leitungsausschüssen der Mitarbeiterseite und der Dienstgeberseite kein anderes Kuratoriumsmitglied mit der Aufgabe betraut, übernimmt das für Personal zuständige Vorstandsmitglied den Vorsitz in der Bundeskommission für den Zeitraum der Verhinderung.

(2) Der/Die Vorsitzende der Bundeskommission hat kein Stimmrecht und ist zur unparteiischen Amtsführung verpflichtet.

(3) [1]Die Regionalkommissionen wählen jeweils für ihre Kommission eine(n) Vorsitzende(n) und eine(n) stellvertretende(n) Vorsitzende(n). [2]Der/Die Vorsitzende und der/die stellvertretende Vorsitzende einer Regionalkommissionen werden zu Beginn der Amtsperiode mit der Maßgabe gewählt, dass diese Funktionen abwechselnd von einem/einer Vertreter(in) der Mitarbeiterseite und der Dienstgeberseite wahrgenommen werden und die Funktionen nach Ablauf der Hälfte der Amtsperiode wechseln. [3]Können sich die Mitglieder der Regionalkommissionen nicht darüber einigen, wer zuerst den Vorsitz übernimmt, entscheidet das Los. [4]Beide Seiten der Regionalkommissionen schlagen für die Funktionen des/der Vorsitzende(n) und des/der stellvertretende(n) Vorsitzende(n) jeweils ein Mitglied vor. [5]Die Wahlen erfolgen durch die Mehrheit der Gesamtheit der Mitglieder der Regionalkommissionen in geheimer Abstimmung; sie werden von der Kommissionsgeschäftsstelle durchgeführt. [6]Aufgabe des/der Vorsitzenden ist die Leitung der Sitzungen der Regionalkommissionen mit Unterstützung der stellvertretenden Vorsitzenden. [7]Bei der konstituierenden Sitzung und bis zur Wahl des/der Vorsitzenden leitet das nach Lebensjahren älteste Mitglied die Sitzung. [8]Scheidet der/die Vorsitzende oder der/die stellvertretende Vorsitzende vorzeitig aus dem Amt aus, findet für den Rest der Amtsperiode eine Nachwahl statt.

(4) [1]Die Arbeitsrechtliche Kommission hat eine Geschäftsstelle (Kommissionsgeschäftsstelle); diese kann Regionalstellen einrichten. [2]Sie wird von dem/der Geschäftsführer(in) der Arbeitsrechtlichen Kommission geleitet, den/die der Vorstand bestimmt. [3]Die Kommissionsgeschäftsstelle übernimmt die laufenden Geschäfte der Bundeskommission und der Regionalkommissionen im Einvernehmen mit den jeweiligen Vorsitzenden. [4]Das Nähere regelt eine Geschäftsordnung, die der Vorstand im Einvernehmen mit den Leitungsausschüssen der Mitarbeiterseite und der Dienstgeberseite erlässt.

(5) [1]Das für Personalfragen zuständige Mitglied des Vorstands des Deutschen Caritasverbandes hat ein Recht zur Teilnahme an den Sitzungen der Bundeskommission. [2]Der Wunsch der Teilnahme ist vorher anzuzeigen.

§ 4 Gewählte Vertreter(innen) der Mitarbeiter(innen) – Mitarbeiterseite

(1) [1]Für die Mitarbeiterseite in den jeweiligen Regionalkommissionen werden in jedem in dem Gebiet der jeweiligen Regionalkommission liegenden (Erz-)Bistum sowie im Offizialatsbezirk Oldenburg jeweils zwei Mitglieder, in den (Erz-)Bistümern Freiburg und Rottenburg-Stuttgart jeweils drei Mitglieder, für einen Zeitraum von vier Jahren (Amtsperiode) gewählt. [2]Wiederwahl ist möglich.

(2) [1]Für die Mitarbeiterseite in der Bundeskommission wird in jedem (Erz-)Bistum sowie im Offizialatsbezirk Oldenburg jeweils ein Mitglied für einen Zeitraum von vier Jahren (Amtsperiode) gewählt. [2]Wiederwahl ist möglich. [3]Das Mitglied der Bundeskommission ist zugleich eines der Mitglieder einer Regionalkommission nach Absatz 1.

(3) [1]Wählbar als Vertreter(in) der Mitarbeiter(innen) nach den Absätzen 1 und 2 ist derjenige/diejenige, dessen/deren Dienstverhältnis sich nach den Richtlinien für Arbeitsverträge in den Einrichtungen des Deutschen Caritasverbandes regelt und der/die nach der Mitarbeitervertretungsordnung des jeweiligen (Erz-)Bistums das passive Wahlrecht besitzt. [2]Nicht wählbar ist, wer Mitglied des Vorbereitungsausschusses gemäß § 2 oder eines Wahlvorstandes gemäß § 3 der Wahlordnung für die Vertreter(innen) der Mitarbeiter(innen) in der Arbeitsrechtlichen Kommission ist.

(4) Das Nähere regelt die Wahlordnung für die Vertreter(innen) der Mitarbeiter(innen) in der Arbeitsrechtlichen Kommission, die Bestandteil dieser Ordnung ist.

§ 5 Entsandte Vertreter(innen) der Gewerkschaften – Mitarbeiterseite

(1) Die Mitwirkung von tariffähigen Arbeitnehmerkoalitionen (Gewerkschaften) auf der Mitarbeiterseite der Arbeitsrechtlichen Kommissionen ist gewährleistet.

(2) Berechtigt zur Entsendung von Vertreter(inne)n sind Gewerkschaften, die nach ihrer Satzung für Regelungsbereiche oder Teile der Regelungsbereiche der Bundes- oder jeweiligen Regionalkommissionen örtlich und sachlich zuständig sind.

(3) [1]Mitwirkungsberechtigte Gewerkschaften können Vertreter(innen) in die Arbeitsrechtliche Kommission entsenden. [2]Die Anzahl der Vertreter(innen), die von diesen Gewerkschaften entsandt werden, richtet sich nach dem zahlenmäßigen Verhältnis der im Zeitpunkt der Entsendung in den Gewerkschaften zusammengeschlossenen kirchlichen Mitarbeiterinnen und Mitarbeitern im örtlichen und sachlichen Zuständigkeitsbereich der Bundes- oder jeweiligen Regionalkommissionen (Organisationsstärke).

(4) [1]Ungeachtet der jeweiligen Organisationsstärke wird gewährleistet, dass bei der Bundes- oder den jeweiligen Regionalkommissionen mit bis zu zehn Mitgliedern der Mitarbeiter(innen) mindestens ein Sitz, mit bis zu 20 Mitgliedern der Mitarbeiter(innen) mindestens zwei Sitze und mit bis zu 30 Mitglieder der Mitarbeiter(innen) mindestens drei Sitze für Vertreter(innen) der Gewerkschaften vorbehalten werden. [2]Weist eine Gewerkschaft spätestens sieben Monate vor Beginn einer Amtsperiode eine höhere Organisationsstärke als zehn Prozent der Mitarbeiter(innen) im Geltungsbereich der Bundes- oder der jeweiligen Regionalkommissionen nach, erhöht sich die Zahl der Sitze für diese Amtsperiode entsprechend.

(5) Mitwirkungsberechtigte Gewerkschaften können daher derzeit nach § 2 Abs. 2 in die Bundeskommission bis zu drei Vertreter(innen) und nach § 2 Abs. 3 in die Regionalkommission Nord bis zu einem/einer Vertreter(in), in die Regionalkommission Ost bis zu zwei Vertreter(innen), in die Regionalkommission Nordrhein-Westfalen bis zu einem/einer Vertreter(in), in die Regionalkommission Mitte bis zu einem/einer Vertreter(in), in die Regional-

kommission Baden-Württemberg bis zu einem/einer Vertreter(in) und in die Regionalkommission Bayern bis zwei Vertreter(innen) entsenden.

(6) Eine Entsendung von Vertreter(inne)n der Gewerkschaften entfällt, wenn die Mitgliedschaft in der Arbeitsrechtlichen Kommission von keiner Gewerkschaft beansprucht wird.

(7) Die Entsendung von Vertreter(inne)n der Gewerkschaften erfolgt für eine Amtsperiode gemäß § 1 Abs. 7 vor deren Beginn.

(8) Das Nähere regelt die Entsendeordnung für die Vertreter(innen) der Gewerkschaften in der Arbeitsrechtlichen Kommission, die Bestandteil dieser Ordnung ist.

§ 6 Gewählte und bestimmte Vertreter(innen) der Dienstgeber – Dienstgeberseite

(1) [1]Für die Dienstgeberseite in den jeweiligen Regionalkommissionen wird von den Vertreter(inne)n der Rechtsträger in jedem in dem Gebiet der jeweiligen Regionalkommission liegenden (Erz-)Bistum sowie im Offizialatsbezirk Oldenburg jeweils ein Mitglied, in den (Erz-) Bistümern Freiburg und Rottenburg-Stuttgart jeweils zwei Mitglieder, für einen Zeitraum von vier Jahren (Amtsperiode) gewählt. [2]Wiederwahl ist möglich.

(2) [1]Jeder Diözesan-Caritasverband sowie der Landes-Caritasverband für Oldenburg bestimmt zusätzlich jeweils ein weiteres Mitglied der Dienstgeberseite in die entsprechende Regionalkommission für eine Amtsperiode gemäß § 1 Abs. 7 vor deren Beginn. [2]Das so bestimmte Mitglied koordiniert in Abstimmung mit dem/der nach Absatz 1 gewählten Vertreter(in) die Interessen der Dienstgeber im Gebiet des jeweiligen Diözesan-Caritasverbandes beziehungsweise des Landes-Caritasverbandes für Oldenburg.

(3) [1]Die Mitglieder der Dienstgeberseite in der Bundeskommission werden durch die gewählten und bestimmten Mitglieder der Dienstgeberseite aller Regionalkommissionen in einer gemeinsamen Wahlversammlung für einen Zeitraum von vier Jahren (Amtsperiode) gewählt. [2]Von den 28 Mitgliedern der Bundeskommission müssen mindestens 14 Vertreter(innen) Mitglied einer Regionalkommission sein. [3]Jede Regionalkommission muss mit mindestens zwei Mitgliedern vertreten sein. [4]Wiederwahl ist möglich.

(4) [1]Wählbar beziehungsweise bestimmbar als Vertreter(in) der Dienstgeber ist derjenige/diejenige, der/die Mitglied eines Organs eines kirchlich-caritativen Rechtsträgers ist, das zur gesetzlichen Vertretung berufen ist, oder der/die leitende(r) Mitarbeiter(in) eines kirchlichen Rechtsträgers im Bereich des Deutschen Caritasverbandes nach der Mitarbeitervertretungsordnung des jeweiligen (Erz-)Bistums ist. [2]Als Vertreter(in) der Dienstgeber können nur Personen gewählt bzw. bestimmt werden, die bei Anstellungsträgern im Geltungsbereich der Grundordnung tätig sind. [3]Nicht wählbar beziehungsweise bestimmbar ist, wer Mitglied des Vorbereitungsausschusses nach § 2 oder eines Wahlvorstandes nach § 3 der Wahlordnung für die Vertreter(innen) der Dienstgeber in der Arbeitsrechtlichen Kommission ist.

(5) [1]Zur Wahrung der Parität werden für die nach § 5 entsandten Vertreter(innen) der Gewerkschaften in der Bundes- und in den Regionalkommissionen weitere Mitglieder der Dienstgeberseite in gleicher Zahl in die entsprechenden Bundes- oder Regionalkommissionen gewählt. [2]Diese weiteren Mitglieder der Dienstgeberseite müssen Mitglied eines Organs eines kirchlichen Rechtsträgers oder leitende Mitarbeiter(innen) nach der Mitarbeitervertretungsordnung des jeweiligen (Erz-)Bistums, dem Betriebsverfassungsgesetz oder den Personalvertretungsgesetzen des Bundes- oder der Länder sein sowie die Voraussetzungen des § 6 Abs. 4 Satz 3 AK-Ordnung erfüllen.

(6) Das Nähere regelt die Wahlordnung für die Vertreter(innen) der Dienstgeber in der Arbeitsrechtlichen Kommission, die Bestandteil dieser Ordnung ist.

AK-O

§ 7 Leitungsausschüsse

(1) Der Leitungsausschuss der Mitarbeiterseite besteht aus sieben Vertreter(inne)n der Mitarbeiter(innen), der Leitungsausschuss der Dienstgeberseite aus sieben Vertreter(inne)n der Dienstgeber.

(2) [1]Die Mitglieder der Mitarbeiterseite der Arbeitsrechtlichen Kommission wählen für die jeweilige Amtsperiode aus ihrer Mitte sieben Vertreter(innen) als Leitungsausschuss der Mitarbeiterseite. [2]Mindestens vier Mitglieder des Leitungsausschusses müssen Mitglieder der Bundeskommission sein.

(3) [1]Die Mitglieder der Dienstgeberseite der Arbeitsrechtlichen Kommission wählen für die jeweilige Amtsperiode aus ihrer Mitte sieben Vertreter(innen) als Leitungsausschuss der Dienstgeberseite. [2]Mindestens vier Mitglieder des Leitungsausschusses müssen Mitglieder der Bundeskommission sein.

(4) [1]Die Wahlen zum Leitungsausschuss erfolgen auf beiden Seiten anlässlich ihrer jeweils ersten Mitgliederversammlung zu Beginn der jeweiligen Amtsperiode in geheimer Abstimmung. [2]Das Nähere regeln die Geschäftsordnungen der beiden Seiten.

(5) [1]Die Leitungsausschüsse konstituieren sich spätestens zwei Monate nach Beginn der Amtsperiode. [2]Bis zu den Wahlen führen die Mitglieder des Leitungsausschusses der vorherigen Amtsperiode die laufenden Geschäfte weiter, soweit sie erneut Mitglied der Arbeitsrechtlichen Kommission sind. [3]Sie bereiten insbesondere die erste Mitgliederversammlung vor.

(6) [1]Die Leitungsausschüsse bereiten gemeinsam die Sitzungen der Bundeskommission vor. [2]Sie schlagen die Tagesordnung vor und erarbeiten Beschlussanträge, die zur Entscheidung der Bundeskommission gestellt werden. [3]Die Leitungsausschüsse geben sich eine gemeinsame Geschäftsordnung. [4]Die Mitglieder des Leitungsausschusses der Mitarbeiter- beziehungsweise der Dienstgeberseite, die nicht Mitglieder der Bundeskommission sind, können als Gäste an den Sitzungen der Bundeskommission teilnehmen.

(7) [1]Der Leitungsausschuss der Mitarbeiterseite leitet die Mitarbeiterseite nach innen und vertritt sie nach außen auf der Grundlage der Beschlüsse der Mitgliederversammlungen. [2]Die Verantwortung für das Budget der Mitarbeiterseite und für die Umsetzung des Budgets der Mitarbeiterseite liegt beim Leitungsausschuss. [3]Er legt die Richtlinien für die Führung der laufenden Geschäfte fest und ist für die Fach- und Dienstaufsicht über die hauptamtlichen Mitarbeiter(innen) der Mitarbeiterseite verantwortlich. [4]Die Fach- und Dienstaufsicht ist im Rahmen der geltenden Gesetze und tariflichen Bestimmungen wahrzunehmen. [5]Er organisiert die Kommunikation auf der Mitarbeiterseite der Arbeitsrechtlichen Kommission.

(8) [1]Der Leitungsausschuss der Dienstgeberseite leitet die Dienstgeberseite nach innen und vertritt sie nach außen auf der Grundlage der Beschlüsse der Mitgliederversammlungen. [2]Die Verantwortung für das Budget der Dienstgeberseite und für die Umsetzung des Budgets der Dienstgeberseite liegt beim Leitungsausschuss. [3]Er legt die Richtlinien für die Führung der laufenden Geschäfte fest und ist für die Fach- und Dienstaufsicht über die hauptamtlichen Mitarbeiter(innen) der Dienstgeberseite verantwortlich. [4]Die Fach- und Dienstaufsicht ist im Rahmen der geltenden Gesetze und tariflichen Bestimmungen wahrzunehmen. [5]Er organisiert die Kommunikation auf der Dienstgeberseite der Arbeitsrechtlichen Kommission.

§ 8 Mitgliederversammlungen

(1) [1]Auf Bundesebene finden jeweils auf Dienstgeber- und auf Mitarbeiterseite Mitgliederversammlungen statt. [2]Sie setzen sich zusammen aus allen Mitgliedern der Bundeskommission und der Regionalkommissionen der jeweiligen Seite.

(2) Aufgaben der Mitgliederversammlungen sind die Wahl des Leitungsausschusses der jeweiligen Seite nach § 7, Wahlen der Vertreter(innen) ihrer Seite, soweit diese oder eine andere Ordnung die Vertretung der jeweiligen Seite vorsehen, sowie der Beschluss von Grundsätzen des tarifpolitischen Vorgehens.

(3) Die Mitgliederversammlungen geben sich jeweils eine Geschäftsordnung.

§ 9 Längerfristige Verhinderung oder vorzeitige Beendigung der Mitgliedschaft

(1) [1]Ist ein gewähltes beziehungsweise bestimmtes Mitglied der Arbeitsrechtlichen Kommission längerfristig an der Ausübung des Amtes verhindert, kann der/die Vorsitzende der Arbeitsrechtlichen Kommission die Verhinderung des Mitglieds schriftlich feststellen. [2]Das Mitglied soll zuvor angehört werden. [3]Eine Verhinderung ist längerfristig, wenn sie voraussichtlich länger als drei Monate andauern wird. [4]Fälle der längerfristigen Verhinderung sind insbesondere Krankheit, Beschäftigungsverbote, Elternzeit, Betreuung von im eigenen Haushalt lebenden Kindern unter 14 Jahren, Sorge für nahe Angehörige und Sonderurlaub. [5]Nach der Feststellung der Verhinderung ernennt der Vorsitzende auf Vorschlag des jeweiligen Leitungsausschusses schriftlich ein Ersatzmitglied. [6]Ist das Mitglied ausschließlich Mitglied einer Regionalkommission, ernennt der Vorsitzende bzw. der stellvertretende Vorsitzende für die jeweilige Seite auf Vorschlag der betroffenen Seite der Regionalkommission schriftlich ein Ersatzmitglied. [7]§§ 4 Abs. 3, 6 Abs. 4 und Abs. 5, § 7 Wahlordnung der Mitarbeiterseite, § 9 Wahlordnung der Dienstgeberseite und § 6 Entsendeordnung gelten entsprechend. [8]Ab dem Zeitpunkt seiner Ernennung werden dem Ersatzmitglied alle Rechte und Pflichten eines Mitglieds der Arbeitsrechtlichen Kommission übertragen. [9]Die Ersatzmitgliedschaft endet mit der Erklärung des Wegfalls der Verhinderung durch das verhinderte Mitglied. [10]Die Erklärung nach Satz 9 muss gegenüber dem Vorsitzenden in Textform erfolgen und den Zeitpunkt des Wegfalls der Verhinderung enthalten. [11]Sie kann nicht rückwirkend erfolgen.

(2) [1]In der Zeit nach der Wahl und vor Ablauf der Amtsperiode endet die Mitgliedschaft eines Mitglieds der Arbeitsrechtlichen Kommission durch

1. Wegfall der Voraussetzungen für die Wählbarkeit bzw. Bestimmbarkeit nach §§ 4 Abs. 3, 6 Abs. 4 oder Abs. 5;
2. Ausscheiden aus dem kirchlichen Dienst in der (Erz-)Diözese, in der das Mitglied gewählt oder für die es bestimmt wurde; für gewählte Mitglieder der Dienstgeberseite der Bundeskommission endet die Mitgliedschaft durch Ausscheiden aus dem kirchlichen Dienst;
3. Abberufung eines Mitglieds durch die entsendende Gewerkschaft oder Beendigung der Mitgliedschaft einer Gewerkschaft gemäß § 6 Entsendeordnung;
4. rechtskräftige Feststellung der Wirksamkeit der dienstgeberseitigen Kündigung durch das Arbeitsgericht bei gewählten oder bestimmten Mitgliedern;
5. grobe Vernachlässigung oder Verletzung der Befugnisse und Pflichten;

6. Nichtantritt des Amtes durch Erklärung in Textform gegenüber der Kommissionsgeschäftsstelle;
7. Niederlegung des Amtes durch Erklärung in Textform gegenüber dem Vorsitzenden;
8. Tod des Mitglieds.

[2]In Fällen nach Abs. 2 Satz 1 Nr. 1 erfolgt eine Feststellung durch den Leitungsausschuss der jeweiligen Seite. [3]In Fällen nach Abs. 2 Satz 1 Nr. 5 entscheidet das Kirchliche Arbeitsgericht nach Anrufung durch einen Beschluss der jeweiligen Kommission.

(3) [1]Bei Ausscheiden eines Mitglieds nach Abs. 2 bestimmt die jeweils betroffene Seite ein Mitglied ihrer Seite aus der betroffenen Kommission, welches das Stimmrecht des ausgeschiedenen Mitglieds bis zur Wahl oder Bestimmung eines neuen Mitglieds ausübt und teilt dies dem Vorsitzenden in Textform mit. [2]Die Wahl oder Bestimmung ist unverzüglich durchzuführen.

(4) Abs. 3 gilt entsprechend für den Fall, dass ein Sitz der Kommission nicht besetzt werden kann, weil das Wahlverfahren zu keinem Ergebnis geführt hat.

§ 10 Geschäftsstellen

(1) [1]Die Mitarbeiterseite und die Dienstgeberseite haben jeweils eigene Geschäftsstellen. [2]Diese sind mit eigenen Mitarbeiter(innen) besetzt, die nicht Mitglied der Kommission sind und die beim Deutschen Caritasverband e.V. in einem Beschäftigungsverhältnis stehen. [3]Entscheidungen über diese Dienstverhältnisse trifft der Leitungsausschuss der jeweiligen Seite. [4]In Ausnahmefällen können für die Seiten der Kommission auch Personen auf Honorarbasis tätig werden.

(2) [1]Die Geschäftsstellen beraten und unterstützen die Mitglieder der jeweiligen Seite der Bundeskommission und der Regionalkommissionen bei der Beschlussfassung und die jeweiligen Leitungsausschüsse bei deren Aufgaben.[2]Die jeweilige Geschäftsstelle führt die laufenden Geschäfte der eigenen Seite entsprechend der vom Leitungsausschuss festgelegten Richtlinien.

(3) Die Personen können mit Zustimmung der eigenen Seiten beratend an den Sitzungen der Kommissionen und der Ausschüsse sowie den internen Beratungen teilnehmen.

§ 11 Rechtsstellung der Mitglieder, Freistellung und Kostenersatz

(1) [1]Für die Mitglieder der Arbeitsrechtlichen Kommission steht die Wahrnehmung von Aufgaben als Mitglied der Kommission der arbeitsvertraglich vereinbarten Tätigkeit im Rahmen ihres Dienstverhältnisses beziehungsweise der Tätigkeit als Mitglied eines Organs eines kirchlichen Rechtsträgers im Bereich des Deutschen Caritasverbandes gleich. [2]Die Tätigkeit nach dieser Ordnung ist Dienst im Sinne von beamtenrechtlichen Unfallfürsorgebestimmungen.

(2) Die Mitglieder der Arbeitsrechtlichen Kommission sind in der Ausübung ihres Amtes zu unterstützen und dürfen dabei weder behindert noch aufgrund ihrer Tätigkeit benachteiligt oder begünstigt werden.

(3) [1]Für ihre Tätigkeit sind die Mitglieder der Mitarbeiterseite der Arbeitsrechtlichen Kommission in notwendigem Umfang zur ordnungsgemäßen Durchführung ihrer Aufgaben ohne Minderung der Bezüge und des Erholungsurlaubs von ihren dienstlichen Aufgaben

freizustellen. [2]Zu den Aufgaben gehört auch die Pflege einer angemessenen Rückbindung zu denen, die sie repräsentieren. [3]Die Freistellung enthält den Anspruch auf Reduzierung der dienstlichen Aufgaben und erfolgt bis zum Ablauf der jeweiligen Amtsperiode. [4]Für die Mitglieder der Dienstgeberseite erfolgt grundsätzlich anstelle der Freistellungen jeweils ein pauschalierter Kostenersatz an den jeweiligen Anstellungsträger. [5]Über die Höhe der Pauschale entscheidet der Caritasrat und teilt dies der Arbeitsrechtlichen Kommission mit.

(4) [1]Die Mitglieder der Mitarbeiterseite in den Regionalkommissionen sind auf Antrag zur ordnungsgemäßen Durchführung ihrer Aufgaben jeweils bis zu 30 v.H. der durchschnittlichen regelmäßigen Arbeitszeit eines/einer Vollzeitbeschäftigten freizustellen [2]Für die Mitglieder der Dienstgeberseite in den Regionalkommissionen beträgt der pauschalierte Kostenersatz für den Anstellungsträger jeweils bis zu 20 v.H. der durchschnittlichen regelmäßigen Arbeitszeit eines/einer Vollzeitbeschäftigten. [3]Weitere 10 v.H. der durchschnittlichen regelmäßigen Arbeitszeit eines/einer Vollzeitbeschäftigten werden dem Budget der Dienstgeberseite zugerechnet. [4]Für den/die Vorsitzende/n und den/die stellvertretende/n Vorsitzende/n der Regionalkommissionen nach § 3 Absatz 3 erhöht sich der Freistellungsumfang bzw. der pauschalierte Kostenersatz um weitere 10 v.H. der durchschnittlichen regelmäßigen Arbeitszeit eines/einer Vollzeitbeschäftigten.

(5) [1]Die Mitglieder der Mitarbeiterseite in der Bundeskommission sind auf Antrag zur ordnungsgemäßen Durchführung ihrer Aufgaben jeweils bis zu 20 v.H. der durchschnittlichen regelmäßigen Arbeitszeit eines/einer Vollzeitbeschäftigten freizustellen. [2]Für die Mitglieder der Dienstgeberseite in der Bundeskommission beträgt der pauschalierte Kostenersatz für den Anstellungsträger jeweils bis zu 10 v.H. der durchschnittlichen regelmäßigen Arbeitszeit eines/einer Vollzeitbeschäftigten. [3]Weitere 10 v.H. der durchschnittlichen regelmäßigen Arbeitszeit eines/einer Vollzeitbeschäftigten werden dem Budget der Dienstgeberseite zugerechnet.

(6) [1]Die Mitglieder der Mitarbeiterseite im Leitungssauschuss sind auf Antrag zur ordnungsgemäßen Durchführung ihrer Aufgaben jeweils bis zu 35 v.H. der durchschnittlichen regelmäßigen Arbeitszeit eines/einer Vollzeitbeschäftigten freizustellen. [2]Für die Mitglieder der Dienstgeberseite im Leitungsausschuss beträgt der pauschalierte Kostenersatz für den Anstellungsträger jeweils bis zu 25 v.H. der durchschnittlichen regelmäßigen Arbeitszeit eines/einer Vollzeitbeschäftigten. [3]Weitere 10 v.H. der durchschnittlichen regelmäßigen Arbeitszeit eines/einer Vollzeitbeschäftigten werden dem Budget der Dienstgeberseite zugerechnet.

(7) [1]Die Mitglieder der Kommissionen sind nur an ihr Gewissen und die Gesetze gebunden. [2]Dies gilt auch bei Stimmrechtsübertragungen.

(8) [1]Für die Mitglieder der Mitarbeiterseite der Arbeitsrechtlichen Kommission gelten die Schutzbestimmungen, wie sie für Mitglieder der Mitarbeitervertretungen nach der Mitarbeitervertretungsordnung des jeweiligen (Erz-)Bistums gelten. [2]Dies gilt ebenfalls innerhalb eines Jahres nach Beendigung der Amtszeit, es sei denn, die Mitgliedschaft ist nach § 9 vorzeitig beendet worden.

§ 12 Arbeitsweise

(1) [1]Die Sitzungen der Bundeskommission, der Regionalkommissionen, der Leitungsausschüsse und der Mitgliederversammlungen finden bei Bedarf und als Präsenzsitzungen statt. [2]Eine Sitzung hat außerdem stattzufinden, wenn dies von der Hälfte der Mitglieder des jeweiligen Gremiums schriftlich und unter Angabe von Gründen verlangt wird.

(2) [1]Die Sitzungen können auch mittels einer Videokonferenz durchgeführt werden. [2]Die Teilnehmer einer Videokonferenz haben dafür Sorge zu tragen, dass Dritte vom Inhalt der

Sitzung keine Kenntnis nehmen können. [3]Für Sitzungen der Bundeskommission und der Leitungsausschüsse treffen beide Leitungsausschüsse gemeinsam die Entscheidung über die Durchführung einer Videokonferenz. [4]Für Sitzungen der Regionalkommissionen trifft der Vorsitzende im beiderseitigen Einvernehmen mit dem stellvertretenden Vorsitzenden die Entscheidung über die Durchführung einer Videokonferenz. [5]Für Sitzungen der Mitgliederversammlungen treffen die jeweiligen Leitungsausschüsse diese Entscheidung. [6]Widerspricht mindestens ein Viertel der Mitglieder der Durchführung der Sitzung mittels einer Videokonferenz, findet eine Präsenzsitzung statt; der Widerspruch ist gegenüber der jeweiligen Geschäftsstelle in Textform abzugeben. [7]Die Beschlussfassung und die Durchführung von Wahlen durch Abstimmung in einer Sitzung mittels Videokonferenz sind zulässig. [8]Dies gilt auch für den Fall der geheimen Abstimmung, wenn sichergestellt ist, dass das Abstimmungsgeheimnis gewahrt ist.

(3) Die Einladung mit Bekanntgabe der Tagesordnung soll für die Sitzungen der Bundes- und der Regionalkommissionen drei Wochen vor dem Sitzungstermin erfolgen.

(4) [1]Sind Mitglieder verhindert, an einer Sitzung teilzunehmen, so ist die Übertragung des Stimmrechtes auf ein anderes Mitglied zulässig. [2]Ein Mitglied kann zusätzlich nicht mehr als ein übertragenes Stimmrecht ausüben. [3]Die Übertragung des Stimmrechtes ist bei Sitzungen der Bundeskommission, der Regionalkommissionen sowie der Leitungsausschüsse dem/der jeweiligen Vorsitzenden in Textform über die Kommissionsgeschäftsstelle, bei Mitgliederversammlungen an die jeweilige seitige Geschäftsstelle nachzuweisen.

(5) [1]Anträge an die jeweiligen Kommissionen können nur deren Mitglieder stellen. [2]Abweichend hiervon werden Anträge nach § 14 von der (Gesamt-)Mitarbeitervertretung oder dem Dienstgeber oder von beiden gemeinsam gestellt.

(6) [1]Die Sitzungen der Arbeitsrechtlichen Kommission und ihrer Ausschüsse sind nicht öffentlich. [2]Eine Aufzeichnung ist unzulässig, es sei denn, alle anwesenden Mitglieder stimmen dem zu. [3]Zu den Sitzungen können Sachverständige hinzugezogen werden.

(7) Die Bundeskommission, die Regionalkommissionen, die Leitungsausschüsse sowie die Mitgliederversammlungen geben sich jeweils eine Geschäftsordnung.

§ 13 Zuständigkeiten der Bundeskommission und der Regionalkommissionen

(1) [1]Die Bundeskommission ist örtlich und sachlich bundesweit umfassend zuständig mit Ausnahme der Bereiche, die ausschließlich den Regionalkommissionen zugewiesen sind. [2]In den ausschließlich den Regionalkommissionen zugewiesenen Bereichen bestehen Bandbreiten; sie betragen für die Festlegung der Höhe aller Vergütungsbestandteile von den mittleren Werten 15 v.H. Differenz nach oben und nach unten, für die Festlegung des Umfangs der regelmäßigen Arbeitszeit und des Umfangs des Erholungsurlaubs von den mittleren Werten 10 v.H. Differenz nach oben und nach unten. [3]Die Bundeskommission legt die mittleren Werte fest. [4]Die Bundeskommission kann die Geltung der mittleren Werte zeitlich befristen. [5]Nach Ablauf des Geltungszeitraums besteht für die Regionalkommissionen keine Möglichkeit, neue Werte zur Höhe der Vergütungsbestandteile, zum Umfang der regelmäßigen Arbeitszeit und zum Umfang des Erholungsurlaubs zu beschließen. [6]Es gelten die zu diesem Zeitpunkt gültigen Werte der Regionalkommission unverändert fort. [7]Beschlüsse nach § 14 sind weiterhin zulässig. [8]Die Bandbreiten gelten nicht für Beschlüsse nach § 14. [9]Soweit in staatlichen Gesetzen Beteiligungsrechte für die Mitarbeiter- und Dienstgeberseite von paritätisch besetzten Kommissionen vorgesehen sind, werden diese jeweils durch die Mitarbeiter- und Dienstgeberseite der Bundeskommission der Arbeitsrechtlichen Kommission wahrgenommen.

(2) Die Regionalkommissionen sind örtlich zuständig für die Einrichtungen ihrer Region und zwar

- die Regionalkommission Nord für das Gebiet der Bistümer Hildesheim und Osnabrück sowie den Offizialatsbezirk Oldenburg;
- die Regionalkommission Ost für das Gebiet der (Erz-)Bistümer Berlin, Dresden-Meißen, Erfurt, Görlitz, Hamburg und Magdeburg;
- die Regionalkommission Nordrhein-Westfalen für das Gebiet der (Erz-)Bistümer Aachen, Essen, Köln, Münster (ohne den Offizialatsbezirk Oldenburg) und Paderborn;
- die Regionalkommission Mitte für das Gebiet der Bistümer Fulda, Limburg, Mainz, Speyer und Trier;
- die Regionalkommission Baden-Württemberg für das Gebiet der (Erz-)Bistümer Freiburg und Rottenburg-Stuttgart;
- die Regionalkommission Bayern für das Gebiet der (Erz-)Bistümer Augsburg, Bamberg, Eichstätt, München und Freising, Passau, Regensburg und Würzburg.

(3) [1]Die Regionalkommissionen sind sachlich ausschließlich zuständig für die Festlegung der Höhe aller Vergütungsbestandteile, des Umfangs der regelmäßigen Arbeitszeit und des Umfangs des Erholungsurlaubs. [2]Dabei haben sie die nach Absatz 1 festgelegten Bandbreiten einzuhalten. [3]Fasst die Bundeskommission nach Aufforderung durch den Beschluss einer Regionalkommission nicht innerhalb von sechs Monaten einen Beschluss zur Festsetzung eines mittleren Wertes, kann die Regionalkommission einen eigenen Beschluss nach Absatz 3 Satz 1 fassen. [4]Beschlüsse einer Regionalkommission, die außerhalb der festgelegten Bandbreite liegen, sind als Beschluss der äußersten als zulässig festgelegte Bandbreite auszulegen.

(4) [1]Die Regionalkommissionen können zudem Regelungen der Beschäftigungssicherung beschließen. [2]Soweit diese Regelungen im Widerspruch zu Regelungen der Bundeskommission stehen, gehen die Regelungen der Regionalkommissionen vor.

(5) Die Regionalkommissionen können durch Beschluss bei der Bundeskommission beantragen, von einer festgelegten Bandbreite abweichen zu dürfen.

(6) [1]Die Regionalkommissionen können durch Beschluss eigene Regelungszuständigkeiten zeitlich befristet an die Bundeskommission übertragen, die Bundeskommission kann durch Beschluss eigene Regelungszuständigkeiten zeitlich befristet an eine oder mehrere Regionalkommissionen übertragen. [2]Erfolgt ein solcher Beschluss, bedarf die Übertragung der Zustimmung durch die Kommissionen, die diese Zuständigkeiten erhalten.

(7) [1]Die Regionalkommissionen können durch Beschluss die Bundeskommission auffordern, in einer der Bundeskommission zugeordneten Regelungszuständigkeit einen Beschluss zu fassen, wenn sie dazu einen eigenen Regelungsvorschlag vorlegen. [2]Fasst die Bundeskommission nicht innerhalb von sechs Monaten einen Beschluss mit dieser oder einer anderen Regelung, kann die Regionalkommission anstelle der Bundeskommission einen eigenen Beschluss fassen. [3]Dies gilt auch für den Fall, dass die Bundeskommission nach Aufforderung durch Beschluss einer Regionalkommission keine mittleren Werte für die Höhe der Vergütungsbestandteile, des Umfangs der regelmäßigen Arbeitszeit und des Umfangs des Erholungsurlaubs innerhalb von sechs Monaten festlegt; dann kann die Regionalkommission die Höhe der Vergütungsbestandteile, den Umfang der regelmäßigen Arbeitszeit und den Umfang des Erholungsurlaubs ohne mittlere Werte verändern. [4]Fasst die Bundeskommission nach Ablauf von sechs Monaten einen Beschluss entsprechend dem Regelungsvorschlag der Regionalkommission oder mit einer anderen Regelung, erlischt die Beschlusskompetenz der Regionalkommission. [5]Soweit die von der Regionalkommission beschlossenen Regelungen

im Widerspruch zu späteren Beschlüssen der Bundeskommission stehen, gehen die Regelungen der Bundeskommission vor. [6]Dabei hat die Bundeskommission eine Übergangsregelung festzulegen. [7]Soweit diese Übergangsregelung nicht erfolgt, gelten die Beschlüsse der Regionalkommission weiter.

(8) Die Bundeskommission und die Regionalkommissionen haben auch eine Zuständigkeit für spartenspezifische Regelungen.

(9) Für die Beratungen und Beschlüsse nach § 1 Abs. 4a ist die Bundeskommission zuständig.

§ 14 Einrichtungsspezifische Regelungen

(1) [1]Jede (Gesamt-)Mitarbeitervertretung oder jeder Dienstgeber oder beide gemeinsam können für die Gesamtheit der Einrichtungen eines Trägers, für eine Einrichtung oder für Teile einer Einrichtung einen schriftlich zu begründenden Antrag an die zuständige Regionalkommission stellen, von den durch die Regionalkommission festgelegten Regelungen abzuweichen. [2]Zur Begründung hat der Antragsteller geeignete Unterlagen vorzulegen. [3]Bei Anträgen einer (Gesamt-)Mitarbeitervertretung reicht eine substantiierte Darstellung aus. [4]Die Regionalkommission kann von dem Dienstgeber der Einrichtung geeignete Unterlagen anfordern.

(2) Für Anträge, die die Gesamtheit der Einrichtungen eines Trägers betreffen, die im Zuständigkeitsbereich von mehreren Regionalkommissionen liegen, ist in Abweichung von § 13 Abs. 2 die Regionalkommission zuständig, in der der Träger seinen Sitz hat.

(3) [1]Über einen Antrag nach Absatz 1 entscheidet eine Unterkommission der Regionalkommission (Absatz 4) innerhalb von drei Monaten durch Beschluss. [2]Soweit sie Abweichungen zulässt, sind diese zeitlich zu befristen. [3]Die Frist nach Satz 1 beginnt mit der Feststellung der Vollständigkeit der eingereichten Unterlagen durch die Geschäftsstelle.

(4) [1]Für Anträge nach Absatz 1 werden Unterkommissionen der Regionalkommission eingerichtet. [2]Die Unterkommissionen werden aus Mitgliedern der Regionalkommission besetzt. [3]Sie bestehen aus zwei Vertreter(inne)n der Mitarbeiter(innen) und zwei Vertreter(inne)n der Dienstgeber. [4]Die Regionalkommission kann eine Erhöhung auf jeweils drei Vertreter(innen) jeder Seite beschließen. [5]Die Besetzung und das Verfahren regelt die Regionalkommission. [6]Ein Mitglied der Unterkommission wird von den Mitgliedern dieser Unterkommission zum/zur Vorsitzenden, ein anderes Mitglied zum/zur stellvertretenden Vorsitzenden bestimmt. [7]Die Anstellungsträger der Mitglieder der Unterkommission sollen nicht in einem unmittelbaren Konkurrenzverhältnis zur antragstellenden Einrichtung stehen. [8]Die Mitglieder der Unterkommission führen Gespräche mit der betroffenen (Gesamt-) Mitarbeitervertretung und dem betroffenen Dienstgeber. [9]Sie können Sachverständige hinzuziehen.

(5) Fasst die Unterkommission der Regionalkommission zu dem Antrag einen einstimmigen Beschluss oder einen Beschluss mit der Mehrheit von drei Viertel der Mitglieder der Unterkommission oder wird der Antrag einstimmig oder mit drei Viertel der Mitglieder der Unterkommission abgelehnt, ist ihre Entscheidung abschließend.

(6) [1]Erreicht ein Antrag in der Unterkommission der Regionalkommission nicht die erforderliche Mehrheit, stimmen ihm jedoch die Hälfte der Mitglieder der Unterkommission zu, oder entscheidet die Unterkommission der Regionalkommission aus Gründen, die der Antragsteller nicht zu vertreten hat, nicht innerhalb von drei Monaten über den Antrag, kann der Antragsteller innerhalb eines Monats ein Vermittlungsverfahren nach Absatz 8 einleiten. [2]Die Anrufung des Vermittlungsausschusses beendet das Verfahren vor der Unterkommission.

(7) Für die Tätigkeit der Regionalkommissionen nach dieser Bestimmung kann von dem betroffenen Dienstgeber eine Beratungsgebühr und/oder eine Beschlussgebühr erhoben werden; Grundlage ist eine Gebührenordnung, die der Caritasrat des Deutschen Caritasverbandes auf Antrag des/der Vorsitzenden der Bundeskommission erlässt

(8) [1]Für Vermittlungsverfahren nach Absatz 6 wird der Vermittlungsausschuss nach § 19 Abs. 1 tätig. [2]Wer bereits gegen Entgelt als Sachverständiger in dem Verfahren in der Unterkommission im Sinne des Abs. 4 Satz 9 tätig war, kann nicht Mitglied des Vermittlungsausschusses sein. [3]Dieser entscheidet abweichend von § 18 Abs. 4 durch Spruch mit der Mehrheit seiner Mitglieder. [4]Eine Stimmenthaltung ist nicht möglich. [5]Der Spruch tritt an die Stelle eines Beschlusses der Unterkommission der Regionalkommission. [6]§ 18 Abs. 2 und 3 gelten entsprechend. [7]Entscheidet der Vermittlungsausschuss nicht binnen eines Monats, wird die Fälligkeit der anzuwendenden Regelungen insoweit aufgeschoben, wie eine Abweichung im Vermittlungsverfahren beantragt wird. [8]Die Obergrenze ist der ursprünglich gestellte Antrag.

(9) Wird im Vermittlungsausschuss die Befangenheit eines Mitglieds des Vermittlungsausschusses festgestellt, rückt das Mitglied der jeweiligen Seite aus dem erweiterten Vermittlungsausschuss nach.

§ 15 Ausschüsse

(1) [1]Die Kommissionen können zur Behandlung bestimmter Sachthemen Ausschüsse bilden. [2]Diese bereiten die Beschlüsse der Kommissionen vor.

(2) Das Nähere regeln die Geschäftsordnungen der Kommissionen.

§ 16 Beschlüsse

(1) [1]Beschlüsse der Kommissionen von Rechtsnormen über Inhalt, Abschluss und Beendigung von Dienstverhältnissen sowie Beschlüsse der Kommissionen nach § 9 Abs. 2 bedürfen jeweils einer Mehrheit von drei Viertel ihrer Mitglieder. [2]Dies gilt nicht für Sprüche nach § 18 Abs. 7.

(1a) Beschlüsse der Kommission nach § 1 Abs. 4a bedürfen jeweils einer Mehrheit von zwei Drittel ihrer Mitglieder.

(2) [1]Die sonstigen Beschlüsse der Kommissionen bedürfen der Mehrheit ihrer Mitglieder. [2]Sonstige Beschlüsse sind auch Beschlüsse nach § 13 Abs. 6.

(3) [1]In Eilfällen und in Angelegenheiten, für die eine mündliche Verhandlung entbehrlich ist, können Beschlüsse der Kommissionen durch schriftliche Stimmabgabe herbeigeführt werden. [2]Sie bedürfen der Einstimmigkeit. [3]Über die Einleitung des schriftlichen Verfahrens entscheidet der/die Vorsitzende der jeweiligen Kommission. [4]Das Ergebnis der schriftlichen Stimmabgabe wird von der Geschäftsstelle festgestellt und den jeweiligen Kommissionsmitgliedern schriftlich mitgeteilt.

(4) Auf Antrag eines Mitglieds einer Kommission findet eine Beschlussfassung in geheimer Abstimmung statt.

AK-O

§ 17 Ältestenrat

(1) Erhält ein Antrag nicht die Mehrheit von drei Viertel der Mitglieder der Bundeskommission, stimmen jedoch mindestens die Hälfte ihrer Mitglieder dem Beschluss zu, kann innerhalb von einem Monat mindestens die Hälfte der Mitglieder der Bundeskommission durch Antrag den Ältestenrat anrufen, der durch die Erarbeitung eines Vermittlungsvorschlages auf eine gütliche Einigung hinwirken soll.

(2) Der Ältestenrat setzt sich zusammen aus dem/der Vorsitzenden der Bundeskommission, der/die dem Ältestenrat vorsteht, jeweils zwei Mitgliedern der Mitarbeiterseite und der Dienstgeberseite, die jeweils von beiden Seiten der Bundeskommission benannt werden, und dem/der Geschäftsführer(in).

(3) Die Regionalkommissionen können in ihren Geschäftsordnungen ein entsprechendes Verfahren vorsehen.

§ 18 Vermittlungsverfahren

(1) [1]Im Anschluss an ein gescheitertes Verfahren nach § 17 Abs. 1 oder anstelle eines solchen Verfahrens kann mindestens die Hälfte der Mitglieder der Bundeskommission innerhalb von einem Monat durch Antrag den Vermittlungsausschuss zur Vorlage eines Vermittlungsvorschlags anrufen (Vermittlungsverfahren erste Stufe). [2]Die Mitglieder der Bundeskommission, die nicht für den Antrag gestimmt haben, haben die Möglichkeit, schriftlich Stellung zu nehmen, sich zu positionieren, Gegenvorstellungen und eigene Forderungen einzubringen, soweit dies nicht bereits geschehen ist.

(2) [1]Die Einladungen zu den Sitzungen des Vermittlungsausschusses erfolgen durch die beiden Vorsitzenden. [2]Eine Sitzung findet nur in Anwesenheit der beiden Vorsitzenden oder ihrer Stellvertreter(innen) statt. [3]Für jedes Vermittlungsverfahren wird jeweils zu Beginn des Verfahrens einvernehmlich von den Mitgliedern festgelegt, welche(r) der beiden Vorsitzenden die Sitzung nach pflichtgemäßem Ermessen leitet und welche(r) unterstützend teilnimmt. [4]Kommt keine solche einvernehmliche Festlegung zustande, entscheidet das Los. [5]Der/Die leitende Vorsitzende kann im Benehmen mit dem/der weiteren Vorsitzenden Sachverständige hinzuziehen.

(2a) [1]Anstelle von Präsenzsitzungen können die Sitzungen des Vermittlungsausschusses auch mittels Videokonferenz durchgeführt werden, wenn jeweils sichergestellt ist, dass allen Mitgliedern des Vermittlungsausschusses die technischen Mittel für die Teilnahme an der Videokonferenz zur Verfügung stehen. [2]Die Teilnehmer einer Videokonferenz haben dafür Sorge zu tragen, dass Dritte vom Inhalt der Sitzung keine Kenntnis nehmen können. [3]Eine Aufzeichnung ist unzulässig. [4]Über die Durchführung einer Sitzung mittels Videokonferenz und die Auswahl der Videokonferenzsoftware entscheiden die beiden Vorsitzenden im beiderseitigen Einvernehmen.

(3) [1]Die beiden Vorsitzenden unterbreiten dem Vermittlungsausschuss nach Beratungen einen gemeinsamen Vorschlag. [2]Bei der Abstimmung über diesen Vorschlag haben die beiden Vorsitzenden eine einzige gemeinsame Stimme. [3]Auch andere Mitglieder des Vermittlungsausschusses können Vorschläge unterbreiten. [4]Werden sie zur Abstimmung gestellt, gilt Satz 2 entsprechend.

(4) [1]Das Vermittlungsverfahren erster Stufe wird durch den Vermittlungsausschuss mit einem Vermittlungsvorschlag oder mit der Feststellung abgeschlossen, keinen Vermittlungsvorschlag unterbreiten zu können. [2]Einem Vermittlungsvorschlag muss die Mehrheit der

stimmberechtigten Mitglieder des Vermittlungsausschusses zustimmen. [3]Der Vermittlungsausschuss legt den Vermittlungsvorschlag der jeweiligen Kommission zur Entscheidung vor. [4]Wird dem Vermittlungsvorschlag nicht zugestimmt, bleibt es bei der bisherigen Rechtslage.

(5) [1]Im Anschluss an ein gescheitertes Vermittlungsverfahren erster Stufe nach Absatz 1 kann mindestens die Hälfte der Mitglieder der Bundeskommission durch Antrag den erweiterten Vermittlungsausschuss anrufen (Vermittlungsverfahren zweite Stufe). [2]Die Mitglieder der Bundeskommission, die nicht für den Antrag gestimmt haben, haben die Möglichkeit, schriftlich Stellung zu nehmen, sich zu positionieren, Gegenvorstellungen und eigene Forderungen einzubringen, soweit dies nicht bereits geschehen ist.

(6) Für das Vermittlungsverfahren zweiter Stufe gelten die Absätze 2 und 3 entsprechend.

(7) [1]Der erweiterte Vermittlungsausschuss hat durch Spruch zu entscheiden. [2]Der Spruch hat eine Regelung zu enthalten. [3]Der erweiterte Vermittlungsausschuss entscheidet mit der Mehrheit seiner stimmberechtigten Mitglieder. [4]Eine Stimmenthaltung ist nicht zulässig. [5]Stellen die Vorsitzenden im Vermittlungsverfahren zweiter Stufe fest, dass sie sich nicht einigen können, kann auf Antrag eines Mitglieds des erweiterten Vermittlungsausschusses einschließlich der Vorsitzenden durch Losverfahren bestimmt werden, welcher/welche der beiden Vorsitzenden bei der Abstimmung über den Vorschlag das Stimmrecht ausübt. [6]Erhält der Vorschlag in der Abstimmung die erforderliche Mehrheit, wird er zum Spruch des erweiterten Vermittlungsausschusses. [7]Der Spruch tritt an die Stelle eines Beschlusses der Bundeskommission. [8]Die Vorsitzenden teilen das Ergebnis zeitnah der jeweiligen Kommission mit.

(8) [1]Die Bundeskommission kann innerhalb eines Monats nach der Bekanntgabe den Spruch des Vermittlungsausschusses mit der Mehrheit ihrer Mitglieder durch einen eigenen Beschluss ersetzen. [2]Erst nach Ablauf dieser Frist ist der Spruch des erweiterten Vermittlungsausschusses nach § 21 in Kraft zu setzen.

(9) Für die Regionalkommissionen gilt § 18 entsprechend.

(10) Der Vermittlungsvorschlag oder der Spruch eines Vermittlungsausschusses einer Kommission haben die örtlichen und sachlichen Regelungszuständigkeiten ihrer jeweiligen Kommission nach § 13 einzuhalten.

§ 19 Vermittlungsausschuss

(1) [1]Der Vermittlungsausschuss nach § 18 Abs. 1 setzt sich unter Wahrung der Parität zusammen aus je einem/einer Vorsitzenden der beiden Seiten, der/die nicht Mitglied der Arbeitsrechtlichen Kommission ist, je einem Mitglied der Mitarbeiterseite und der Dienstgeberseite der Bundeskommission sowie je einem Mitglied der Mitarbeiterseite und Dienstgeberseite, das nicht Mitglied der Arbeitsrechtlichen Kommission ist. [2]Der/Die Vorsitzende der beiden Seiten haben jeweils eine(n) Stellvertreter(in), der/die bei Verhinderung des/der Vorsitzenden tätig wird.

(2) [1]Der erweiterte Vermittlungsausschuss nach § 18 Abs. 5 setzt sich zusammen aus den Mitgliedern des Vermittlungsausschusses gemäß Absatz 1 und aus je einem weiteren Mitglied der Mitarbeiterseite und der Dienstgeberseite der Bundeskommission sowie je einem weiteren Mitglied der Mitarbeiterseite und der Dienstgeberseite, das nicht Mitglied der Arbeitsrechtlichen Kommission ist.

(3) [1]Die Mitglieder des Vermittlungsausschusses und des erweiterten Vermittlungsausschusses werden zu Beginn der jeweiligen Amtsperiode der Arbeitsrechtlichen Kommission gewählt. [2]Die beiden Vorsitzenden des Vermittlungsausschusses und ihre Stellvertreter(innen) werden in einem gemeinsamen Wahlgang durch geheime Abstimmung von den Mitgliedern

der Bundeskommission mit der Mehrheit ihrer Mitglieder gewählt; die Wahl wird von der Kommissionsgeschäftsstelle vorbereitet und durchgeführt. [3]Kommt in den ersten beiden Wahlgängen diese Mehrheit nicht zustande, reicht im dritten Wahlgang die einfache Mehrheit der Stimmen. [4]Wird auch diese nicht erreicht, wählen die Dienstgeber- und die Mitarbeiterseite getrennt je eine/n Vorsitzende/n mit mindestens der Mehrheit ihrer Stimmen. [5]Die übrigen Mitglieder des Vermittlungsausschusses werden jeweils von den beiden Seiten der Bundeskommission mit der Mehrheit ihrer Mitglieder gewählt.

(4) [1]Die Vorsitzenden des Vermittlungsausschusses dürfen bei keinem kirchlichen Rechtsträger beschäftigt sein oder keinem vertretungsberechtigten Leitungsorgan eines kirchlichen Rechtsträgers angehören, der in den Geltungsbereich der Kommission fällt. [2]Sie sollen der katholischen Kirche angehören und über fundierte Kenntnisse und Erfahrungen im Arbeitsrecht verfügen. [3]Sie dürfen nicht in der Ausübung der allen Kirchenmitgliedern zustehenden Rechte behindert sein und müssen die Gewähr dafür bieten, dass sie jederzeit für das kirchliche Gemeinwohl eintreten.

(5) [1]Die Amtszeit der Mitglieder des Vermittlungsausschusses einschließlich der Vorsitzenden und ihrer Stellvertreter beginnt mit ihrer Wahl und endet mit dem Ablauf der Amtsperiode der Arbeitsrechtlichen Kommission gemäß § 1 Abs. 7. [2]Wiederwahl ist zulässig. [3]Die Amtszeit eines Mitglieds endet vorzeitig, wenn es von seinem Amt im Vermittlungsausschuss zurücktritt, wenn es als Mitglied der Bundeskommission vorzeitig aus der Bundeskommission ausscheidet oder wenn es dauerhaft krankheitsbedingt oder aus anderen Gründen an der Wahrnehmung des Amtes verhindert ist. [4]Die dauerhafte Verhinderung ist durch den/die Vorsitzende/n der Arbeitsrechtlichen Kommission festzustellen. [5]Dann findet für den Rest der Amtszeit eine erneute Wahl statt.

(6) [1]Eine Stimmrechtsübertragung ist für Mitglieder des Vermittlungsausschusses, die nicht Vorsitzende(r) oder Stellvertreter(in) sind, möglich. [2]Ein Mitglied des Vermittlungsausschusses kann zusätzlich nicht mehr als ein übertragenes Stimmrecht ausüben. [3]Die Übertragung des Stimmrechts ist der Geschäftsstelle in Textform nachzuweisen.

(7) [1]Die Mitglieder des Vermittlungsausschusses sind nur an ihr Gewissen und die Gesetze gebunden. [2]Dies gilt auch bei Stimmrechtsübertragungen.

(8) [1]Die Vorsitzenden und die Mitglieder des Vermittlungsausschusses, die nicht Mitglieder der Arbeitsrechtlichen Kommission sind, erhalten eine angemessene Aufwandsentschädigung, deren Höhe der/die Vorsitzende der Bundeskommission festlegt.

(9) [1]Für die Regionalkommissionen gilt § 19 entsprechend.

§ 20 Ergänzende Vermittlungsverfahren

Die Kommissionen können ergänzende Vermittlungsverfahren in ihren Geschäftsordnungen festlegen oder für den Einzelfall beschließen.

§ 21 Inkrafttreten der Beschlüsse

(1) Die Beschlüsse der Arbeitsrechtlichen Kommission (Bundeskommission bzw. Regionalkommissionen) einschließlich der Begründung sind durch die Kommissionsgeschäftsstelle dem/der jeweiligen Vorsitzenden zuzuleiten und von ihm/ihr zu unterzeichnen.

(2) [1]Beschlüsse der Bundeskommission einschließlich der Begründung werden danach von der Geschäftsführung der Arbeitsrechtlichen Kommission allen (Erz-)Diözesen zur In-

kraftsetzung zugeleitet. [2]Beschlüsse der Regionalkommissionen einschließlich der Begründung werden von der Geschäftsführung der Arbeitsrechtlichen Kommission nur denjenigen (Erz-)Diözesen zur Inkraftsetzung zugeleitet, die von dem Inhalt des Beschlusses regional erfasst werden (vgl. § 13 Abs. 2 AK-Ordnung). [3]Die Beschlüsse sind von der jeweiligen Kommission mit einem Inkraftsetzungsdatum zu versehen. [4]Der Beschluss ist zu dem durch die Kommission festgesetzten Zeitpunkt, oder beim Fehlen einer Festlegung durch die Kommission zum 1. des Monats, der auf den Beschluss der Kommission folgt, in Kraft zu setzen.

(3) [1]Sieht sich ein Diözesanbischof nicht in der Lage, einen Beschluss der Arbeitsrechtlichen Kommission (Bundeskommission bzw. Regionalkommissionen) in Kraft zu setzen, weil er offensichtlich gegen kirchenrechtliche Normen oder gegen Vorgaben der katholischen Glaubens- und Sittenlehre verstößt, so legt er innerhalb von sechs Wochen nach Zugang des Beschlusses unter Angabe der Gründe bei der Geschäftsführung der Arbeitsrechtlichen Kommission Einspruch ein. [2]Dabei können Gegenvorschläge unterbreitet werden.

(4) Wird bis zum Ablauf einer Frist von sechs Wochen nach Zugang des Beschlusses bei der (Erz-)Diözese kein Einspruch erhoben, sind die Beschlüsse vom Diözesanbischof in Kraft zu setzen und im Amtsblatt der (Erz-)Diözese zu veröffentlichen.

(5) [1]Im Falle eines Einspruchs berät die Arbeitsrechtliche Kommission (Bundeskommission bzw. Regionalkommissionen) die Angelegenheit nochmals. [2]Fasst sie einen neuen Beschluss oder bestätigt sie ihren bisherigen Beschluss, so leitet sie diesen dem Diözesanbischof zur Inkraftsetzung zu.

(6) [1]Sieht sich ein Diözesanbischof weiterhin nicht in der Lage, den bestätigten oder geänderten Beschluss der Arbeitsrechtlichen Kommission (Bundeskommission bzw. Regionalkommissionen) in Kraft zu setzen, so gilt er in der entsprechenden (Erz-)Diözese nicht. [2]Stimmt der Diözesanbischof dem bestätigten oder geänderten Beschluss zu, ist der Beschluss zu dem durch die jeweilige Kommission festgesetzten Zeitpunkt, oder beim Fehlen einer Festlegung durch die Kommission zum 1. des Monats, der auf den Beschluss der Kommission folgt, in Kraft zu setzen und in den diözesanen Amtsblättern zu veröffentlichen.

(7) Die Beschlüsse der Bundeskommission sollen zusätzlich in der Verbandszeitschrift „neue caritas" veröffentlicht werden.

§ 22 Kostenersatz

(1) Zur Finanzierung der Arbeitsrechtlichen Kommission erhebt der Deutsche Caritasverband von den Diözesan-Caritasverbänden und dem Landes-Caritasverband für Oldenburg einen Mitgliedsbeitrag.

(2) Zu den Kosten gehören insbesondere

- die Kosten für die durch eine Freistellung eines Vertreters/einer Vertreterin der Mitarbeiter(innen) dem jeweiligen Anstellungsträger entstehenden Personalkosten und für die durch eine Erstattung für eine(n) Vertreter(in) der Dienstgeber entstehenden pauschalierten Personalkosten;
- die Kosten aller Sitzungen der Arbeitsrechtlichen Kommission und ihrer Ausschüsse, der Ältestenräte sowie der Vermittlungsausschüsse;
- die Reisekosten (Fahrt, Unterkunft und Verpflegung sowie Sachkosten) der Mitglieder dieser Gremien anlässlich ihrer Sitzungen sowie anderer Tätigkeiten für die Arbeitsrechtliche Kommission;

- die Kosten der Geschäftsstellen der Mitarbeiterseite und der Dienstgeberseite sowie der Kommissionsgeschäftsstelle mit den jeweiligen Personal- und Sachkosten;
- die einem/einer Vertreter(in) der Mitarbeiter(innen) als Mitglied der Kommission entstehenden notwendigen Sachkosten;
- die Kosten für Schulungsveranstaltungen, soweit diese Kenntnisse vermitteln, die für die Arbeit in der Kommission erforderlich sind;
- die für die Durchführung des Verfahrens vor den kirchlichen Arbeitsgerichten notwendigen Auslagen der Verfahrensbeteiligten;
- weitere notwendige Kosten, die die Arbeitsrechtliche Kommission, die Mitarbeiter- oder Dienstgeberseite nach anderen Vorschriften zu tragen hat;
- die Kosten der zentralen Schlichtungsstelle.

(3) Die in jedem Diözesan-Caritasverband und im Landes-Caritasverband für Oldenburg anfallenden Mitgliedsbeiträge für die Kosten der Arbeitsrechtlichen Kommission werden von jedem Verband in einem geeigneten Verfahren bei den Mitgliedern des jeweiligen Verbandsbereichs erhoben.

(4) Die durch die Entsendung von Vertreter(inne)n der Gewerkschaften anfallenden Personal- und Sachkosten trägt die jeweilige Gewerkschaft.

§ 23 Budget

(1) Über das Budget der Arbeitsrechtlichen Kommission entscheidet auf Vorschlag des Vorstandes des Deutschen Caritasverbandes die Delegiertenversammlung.

(2) [1]Das Budget für die Arbeitsrechtliche Kommission ist Teil der Finanzmittel des Deutschen Caritasverbandes, für die der Vorstand des Deutschen Caritasverbandes verantwortlich ist. [2]Der Vorstand des Deutschen Caritasverbandes überträgt die Verantwortung für die Teilbudgets der Arbeitsrechtlichen Kommission auf die Mitglieder der beiden Leitungsausschüsse bzw. die Kommissionsgeschäftsführung. [3]Kosten, die durch Entscheidungen der Leitungsausschüsse bzw. der Kommissionsgeschäftsführung im Rahmen der übertragenen Aufgaben entstehen, sind aus den jeweiligen Teilbudgets zu tragen.

(3) [1]Die Leitungsausschüsse der beiden Seiten und die Kommissionsgeschäftsstelle können für den Umgang mit ihren jeweiligen Teilbudgets ein eigenes Regelwerk erstellen. [2]Das Regelwerk steht unter dem Genehmigungsvorbehalt des Vorstandes des Deutschen Caritasverbandes.

(4) [1]Die Höhe des Budgets für die jeweilige Amtsperiode soll abgestimmt auf Basis der bedarfsorientierten Planung festgelegt werden. [2]Zwingende Beteiligte der Budgetplanung sind der Personalvorstand, die beiden Leitungsausschüsse der Arbeitsrechtlichen Kommission, die Leitungen der seitigen Geschäftsstellen, sowie der/die Kommissionsgeschäftsführer/in.

(5) Die Arbeitsrechtliche Kommission berichtet über den Vorstand des Deutschen Caritasverbandes der Delegiertenversammlung jährlich von ihrer Arbeit und legt einen Rechenschaftsbericht vor.

§ 24 Schlussbestimmungen

(1) [1]Diese Ordnung tritt am 1. Januar 2026 in Kraft. [2]Abweichend von Satz 1 tritt die Änderung in § 3 Abs. 1 der AK-Ordnung am 16. Oktober 2025 in Kraft.

(2) [1]Diese Ordnung sowie ihre mitgeltenden Ordnungen und Regelungen können nur nach der Verfahrensregelung zu Änderungen der Ordnung der Arbeitsrechtlichen Kommission nach § 10 Abs. 2 Ziffer 13 der Satzung des Deutschen Caritasverbandes geändert werden. [2]Die Verfahrensregelung ist Bestandteil dieser Ordnung; Satz 1 gilt entsprechend.

Wahlordnung der Mitarbeiterseite gemäß § 4 Abs. 4 der Ordnung der Arbeitsrechtlichen Kommission des Deutschen Caritasverbandes

Inhalt

§ 1 Gegenstand 468
§ 2 Vorbereitungsausschuss 468
§ 3 Wahlvorstand 469
§ 4 Durchführung der Wahlen 470
§ 5 Ergebnis der Wahlen 471
§ 6 Anfechtung der Wahlen 471
§ 7 Ausscheiden eines Vertreters/einer Vertreterin 471
§ 8 Kosten der Wahl 472

§ 1 Gegenstand

Diese Wahlordnung regelt gemäß § 4 Abs. 4 der Ordnung der Arbeitsrechtlichen Kommission des Deutschen Caritasverbandes (AK-Ordnung) die Wahl der Vertreter(innen) der Mitarbeiter(innen) in den Regionalkommissionen und in der Bundeskommission der Arbeitsrechtlichen Kommission.

§ 2 Vorbereitungsausschuss

(1) [1]Die Wahl der Vertreter(innen) der Mitarbeiter(innen) in den Regionalkommissionen und in der Bundeskommission leitet ein Vorbereitungsausschuss (Ausschuss), der aus drei Mitgliedern besteht. [2]Er wird von der Mitgliederversammlung der Mitarbeiterseite gewählt. [3]Die Mitglieder des Ausschusses müssen die Voraussetzungen des § 4 Abs. 3 AK-Ordnung erfüllen. [4]Sie dürfen weder für die Arbeitsrechtliche Kommission kandidieren noch einer Wahlversammlung oder einem Wahlvorstand angehören. [5]Auf die Mitglieder des Ausschusses findet § 11 Abs. 8 AK-Ordnung bis einschließlich sechs Monate nach Bekanntgabe des Wahlergebnisses entsprechende Anwendung.

(2) [1]Die Mitglieder des Ausschusses sind spätestens neun Monate vor Ablauf der Amtsperiode zu wählen.[2]Abweichend von Satz 1 sind die Mitglieder des Ausschusses für die Wahlen zur Amtsperiode ab dem 1. Januar 2022 spätestens zwölf Monate vor Ablauf der Amtsperiode zu wählen.

(3) [1]Der Ausschuss tritt innerhalb von vier Wochen nach seiner Wahl zur konstituierenden Sitzung zusammen. [2]Er erlässt einen Wahlaufruf, der in der Verbandszeitschrift „neue caritas“ und geeigneten diözesanen Medien veröffentlicht wird, und setzt den Zeitpunkt fest, bis zu dem die Wahlhandlungen in den einzelnen (Erz-)Bistümern und im Offizialatsbezirk Oldenburg durchgeführt sein müssen. [3]Er fordert die Mitarbeitervertretung eines jeden Diözesan-Caritasverbandes und des Landes-Caritasverbandes für Oldenburg oder die diözesane Arbeitsgemeinschaft der Mitarbeitervertretungen, soweit deren Zuständigkeit im jeweiligen Bistum durch bischöfliche Regelung festgelegt ist, auf, unverzüglich einen Wahlvorstand zu bilden. [4]Besteht zu diesem Zeitpunkt keine Mitarbeitervertretung, so ist unverzüglich eine Mitarbeiterversammlung einzuberufen, die den Wahlvorstand bildet.

(4) Der Ausschuss soll Hinweise zur Wahl und andere Hilfsmittel erarbeiten und die Wahlvorstände bei der Durchführung ihrer Aufgaben unterstützen.

(5) Der Ausschuss übernimmt zudem die Aufgaben nach der Entsendeordnung für die Vertreter(innen) der Gewerkschaften.

§ 3 Wahlvorstand

(1) [1]Die Mitarbeitervertretung eines jeden Diözesan-Caritasverbandes und des Landes-Caritasverbandes für Oldenburg oder die diözesane Arbeitsgemeinschaft der Mitarbeitervertretungen, soweit deren Zuständigkeit im jeweiligen Bistum durch bischöfliche Regelung festgelegt ist, bildet für ihren Bereich einen Wahlvorstand, der jeweils aus drei Mitgliedern besteht und der sich bis spätestens sechs Monate vor Ablauf der Amtsperiode konstituieren muss. [2]Abweichend von Satz 1 sind die Mitglieder des Wahlvorstandes für die Wahlen zur Amtsperiode ab dem 1. Januar 2022 spätestens zehn Monate vor Ablauf der Amtsperiode zu wählen. [3]Die Mitglieder müssen die Voraussetzungen des § 4 Abs. 3 AK-Ordnung erfüllen. [4]Sie dürfen weder für die Arbeitsrechtliche Kommission kandidieren noch dem Vorbereitungsausschuss angehören. [5]Auf die Mitglieder des Wahlvorstandes findet § 11 Abs. 8 AK-Ordnung bis einschließlich sechs Monate nach Bekanntgabe des Wahlergebnisses entsprechende Anwendung.

(2) [1]Der Wahlvorstand erstellt eine Liste der Mitarbeitervertretungen in Einrichtungen, die auf dem Gebiet des (Erz-)Bistums liegen und die in den Geltungsbereich der Richtlinien für Arbeitsverträge in den Einrichtungen des Deutschen Caritasverbandes fallen (§ 2 Abs. 1 AT AVR). [2]Dazu gehören auch die Mitarbeitervertretungen von Kirchengemeinden/-stiftungen, wenn in ihren Bereich eine Einrichtung fällt, deren Mitarbeiter(innen) unter den Geltungsbereich der Richtlinien fallen. [3]Nur die in der Liste aufgeführten Mitarbeitervertretungen nehmen an der Wahl teil.

(3) [1]Der Wahlvorstand soll an diese Mitarbeitervertretungen spätestens sechs Wochen nach seiner Konstituierung Wahlbenachrichtigungen versenden. [2]Mitarbeitervertretungen, die keine Wahlbenachrichtigung bis spätestens vier Monate vor Ablauf der Amtsperiode erhalten haben, können gegen die Nichteintragung in der Aufstellung innerhalb einer Ausschlussfrist von zwei Wochen Einspruch einlegen. [3]Abweichend von Satz 2 können Mitarbeitervertretungen, die für die Wahlen zur Amtsperiode ab dem 1. Januar 2022 keine Wahlbenachrichtigung bis spätestens acht Monate vor Ablauf der Amtsperiode erhalten haben, gegen die Nichteintragung in der Aufstellung innerhalb einer Ausschlussfrist von zwei Wochen Einspruch einlegen. [4]Der Wahlvorstand entscheidet über den Einspruch.

(4) Der Wahlvorstand fordert die Mitarbeitervertretungen auf, innerhalb einer festgelegten Frist schriftliche Wahlvorschläge jeweils für die Wahl des Vertreters/der Vertreterin der Mitarbeiter(innen) in der jeweiligen Regionalkommission und für die Wahl des Vertreters/der Vertreterin der Mitarbeiter(innen) in der Bundeskommission abzugeben.

(5) Der Wahlvorschlag für den jeweiligen Wahldurchgang muss enthalten:

a) den Namen des Kandidaten/der Kandidatin;

b) den Namen der Einrichtung;

c) die Erklärung des Kandidaten/der Kandidatin, dass er/sie der Benennung zustimmt;

d) die Erklärung des Kandidaten/der Kandidatin, dass er/sie das passive Wahlrecht gemäß der Mitarbeitervertretungsordnung des jeweiligen (Erz-)Bistums besitzt;

WahlO

e) die Erklärung des Kandidaten/der Kandidatin, dass er/sie am Wahltag alle Wählbarkeitsvoraussetzungen erfüllt;

f) die Unterschrift des/der Vorsitzenden oder eines Mitglieds der Mitarbeitervertretung.

(6) Der Wahlvorstand bestätigt schriftlich den Eingang eines Wahlvorschlags gegenüber dem/der Vorgeschlagenen und dem/der Vorschlagenden.

(7) [1]Der Wahlvorstand prüft, ob die Voraussetzungen für eine Kandidatur gegeben sind. [2]Ist das nicht der Fall, weist er den Wahlvorschlag zurück.

(8) [1]Der Wahlvorstand erstellt anhand der eingegangenen Wahlvorschläge Kandidat(inn)enlisten für die jeweilige Wahl. [2]Sie enthält die Namen der Wahlbewerber(innen) in alphabetischer Reihenfolge und die Namen der Einrichtungen. [3]Dieselbe Person kann für eine Amtsperiode nur in einer Diözese kandidieren.

§ 4 Durchführung der Wahlen

(1) [1]Der Wahlvorstand beruft die diözesane Wahlversammlung ein, indem er die nach § 3 Abs. 2 dieser Wahlordnung wahlberechtigten Mitarbeitervertretungen auffordert, jeweils eine(n) Vertreter(in) zur diözesanen Wahlversammlung zu entsenden. [2]Die diözesane Wahlversammlung wählt die Vertreter(innen) in der jeweiligen Regionalkommission sowie den/die Vertreter(in) der Mitarbeiter(innen) in der Bundeskommission und tritt spätestens zwei Monate vor dem Ende der Amtsperiode zusammen. [3]Der Wahlvorstand leitet die Wahlversammlung. [4]Die Einladung und die Kandidat(inn)enlisten müssen mindestens zwei Wochen vorher abgesandt werden.

(2) Der Wahlvorstand muss die Mitteilung über den Termin der Wahlversammlung und die Kandidat(inn)enlisten mindestens zwei Wochen vorher an die Kandidat(inn)en absenden.

(3) [1]Für die Wahl der Vertreter(innen) der Mitarbeiter(innen) in der jeweiligen Regionalkommission jedes (Erz-)Bistums sowie im Offizialatsbezirk Oldenburg und für die Wahl des Vertreters/der Vertreterin der Mitarbeiter(innen) in der Bundeskommission erstellt der Wahlvorstand anhand der Kandidat(inn)enlisten jeweils die Stimmzettel, die die Namen in alphabetischer Reihenfolge enthalten. [2]Die Listen sind getrennt zu erstellen für eine Wahl des Vertreters/der Vertreterin der Mitarbeiter(innen) in der Bundeskommission, der/die gleichzeitig als Vertreter(in) der Mitarbeiter(innen) in der jeweiligen Regionalkommission gewählt wird, und für eine Wahl eines weiteren Vertreters/einer weiteren Vertreterin der Mitarbeiter(innen) in der jeweiligen Regionalkommission, in den (Erz-)Bistümern Freiburg und Rottenburg-Stuttgart der zwei weiteren Vertreter(innen).

(4) Jede(r) Kandidat(in) hat das Recht, sich in der Wahlversammlung vor der Wahl vorzustellen.

(5) [1]Es finden geheime Wahlen statt. [2]Bemerkungen und Hinzufügungen auf dem Stimmzettel oder das Ankreuzen von mehreren Namen machen diesen ungültig. [3]Abweichend zu Satz 1 können bei der Wahl für die Mitglieder der Regionalkommission aus den (Erz-)Bistümern Freiburg und Rottenburg-Stuttgart bis zu zwei Kandidat(inn)en angekreuzt werden. [4]Der Wahlvorstand nimmt die Auszählung vor und gibt das Wahlergebnis bekannt.

(6) [1]Gewählt als der/die Vertreter(in) der Mitarbeiter(innen) in der Bundeskommission ist der/die Kandidat(in), der/die die meisten Stimmen erhalten hat. [2]Er/Sie ist gleichzeitig als Vertreter(in) der Mitarbeiter(innen) in der jeweiligen Regionalkommission gewählt. [3]Gewählt als der/die Vertreter(in) ausschließlich in der jeweiligen Regionalkommission ist der/

die Kandidat(in), der/die die meisten Stimmen erhalten hat; abweichend davon sind in den (Erz-)Bistümern Freiburg und Rottenburg-Stuttgart die zwei Kandidat(inn)en gewählt, die die meisten Stimmen erhalten haben.

(7) [1]Bei Stimmengleichheit findet zwischen den stimmengleichen Kandidat(inn)en eine Stichwahl statt. [2]Besteht auch danach Stimmengleichheit, entscheidet das Los.

§ 5 Ergebnis der Wahlen

[1]Der Wahlvorstand teilt die Ergebnisse der Wahlen in dem (Erz-)Bistum und im Offizialatsbezirk Oldenburg unverzüglich dem Vorbereitungsausschuss mit und soll für die Veröffentlichung im kirchlichen Amtsblatt des (Erz-)Bistums Sorge tragen. [2]Der Ausschuss gibt das Ergebnis der gesamten Wahlen durch Veröffentlichung in der Verbandszeitschrift „neue caritas“ bekannt.

§ 6 Anfechtung der Wahlen

(1) [1]Jede wahlberechtigte Mitarbeitervertretung und jede(r) Wahlbewerber(in) hat das Recht, die Wahl wegen eines Verstoßes gegen geltendes Recht innerhalb einer Frist von zwei Wochen nach Bekanntgabe des Wahlergebnisses in der Verbandszeitschrift „neue caritas“ anzufechten. [2]Die Anfechtung ist gegenüber dem zuständigen Wahlvorstand schriftlich zu erklären.

(2) [1]Der Wahlvorstand entscheidet über Anfechtungen innerhalb von zwei Wochen nach Zugang der Wahlanfechtung und teilt die Entscheidung der Person oder den Personen schriftlich mit, die die Wahl angefochten hat oder haben. [2]Er informiert den/die Betroffene(n) und den Ausschuss schriftlich über die Anfechtung und die Entscheidung. [3]Unzulässige und/oder unbegründete Anfechtungen weist der Wahlvorstand zurück. [4]Stellt er fest, dass gegen wesentliche Vorschriften des Wahlrechts, der Wählbarkeit oder des Wahlverfahrens verstoßen wurde und dadurch das Wahlergebnis beeinflusst sein kann, so erklärt er die Wahl für ungültig; in diesem Falle ist die Wahl unverzüglich zu wiederholen. [5]Im Falle einer sonstigen begründeten Wahlanfechtung berichtigt er den durch Verstoß verursachten Fehler. [6]Die Entscheidung über eine Wahlwiederholung wird in der Verbandszeitschrift neue caritas veröffentlicht.

(3) Gegen die Entscheidung des Wahlvorstandes nach Abs. 2 Satz 1 ist die Klage beim Kirchlichen Arbeitsgericht innerhalb einer Ausschlussfrist von zwei Wochen nach Bekanntgabe der Entscheidung des Wahlvorstandes zulässig.

(4) [1]Bis zur endgültigen Entscheidung bleibt der/die Betroffene im Amt. [2]Eine für ungültig erklärte Wahl lässt die Wirksamkeit der zwischenzeitlich durch die Regionalkommissionen und durch die Bundeskommission getroffenen Entscheidungen unberührt.

§ 7 Ausscheiden eines Vertreters/einer Vertreterin

(1) [1]Scheidet ein(e) gewählte(r) Vertreter(in) der Mitarbeiter(innen) als Mitglied einer Regionalkommission aus, welches Mitglied einer Regionalkommission, aber nicht Mitglied der Bundeskommission ist, so wählt die Mitarbeiterseite in der jeweiligen Regionalkommission für den Rest der Amtsperiode ein neues Mitglied auf Vorschlag der jeweiligen diözesanen Ar-

beitsgemeinschaft der Mitarbeitervertretungen beziehungsweise der Arbeitsgemeinschaft der Mitarbeitervertretungen im Offizialatsbezirk Oldenburg.[2]Ist in einem (Erz-)Bistum eine diözesane Arbeitsgemeinschaft nicht gebildet, tritt an ihre Stelle die Mitarbeitervertretung beim Diözesan-Caritasverband.

(2) [1]Scheidet ein(e) Vertreter(in) der Mitarbeiter(innen) aus, welches Mitglied einer Regionalkommission und Mitglied der Bundeskommission ist, so wählt die Mitarbeiterseite der Bundeskommission für den Rest der Amtsperiode ein neues Mitglied auf Vorschlag der jeweiligen diözesanen Arbeitsgemeinschaft der Mitarbeitervertretungen beziehungsweise der Arbeitsgemeinschaft der Mitarbeitervertretungen im Offizialatsbezirk Oldenburg für die jeweilige Regionalkommission und Bundeskommission nach. [2]War ein(e) Vertreter(in) der Mitarbeiter(innen) bereits Mitglied der Regionalkommission und soll dieses auf Vorschlag der jeweiligen diözesanen Arbeitsgemeinschaft der Mitarbeitervertretungen beziehungsweise der Arbeitsgemeinschaft der Mitarbeitervertretungen im Offizialatsbezirk Oldenburg für das ausgeschiedene Mitglied in der Bundeskommission nachrücken, so wählt die Mitarbeiterseite der Bundeskommission dieses Mitglied für den Rest der Amtsperiode nach. [3]Auf Vorschlag der jeweiligen diözesanen Arbeitsgemeinschaft der Mitarbeitervertretungen beziehungsweise der Arbeitsgemeinschaft der Mitarbeitervertretungen im Offizialatsbezirk Oldenburg wählt die jeweilige Regionalkommission hiernach ein weiteres Mitglied nach, welches ausschließlich Mitglied in der Regionalkommission ist.[4]War der/die ausgeschiedene Vertreter(in) Mitglied des Leitungsausschusses, so kann das neu zu bestellende Mitglied im Leitungsausschuss ein anderes sein als das neu in die Bundeskommission berufene Mitglied.

§ 8 Kosten der Wahl

[1]Die durch die Arbeit des Vorbereitungsausschusses verursachten Kosten trägt der Deutsche Caritasverband. [2]Die entsprechenden Kosten eines Wahlvorstandes übernehmen der jeweilige Diözesan-Caritasverband und der Landes-Caritasverband für Oldenburg. [3]Die Reisekosten der Mitglieder der Wahlversammlung und der Kandidat(inn)en werden von der Einrichtung getragen, in der der/die betreffende Mitarbeiter(in) tätig ist.

Entsendeordnung für die Vertreter(innen) der Gewerkschaften gemäß § 5 Abs. 8 der Ordnung der Arbeitsrechtlichen Kommission des Deutschen Caritasverbandes e.V.

Inhalt

§ 1	Gegenstand	473
§ 2	Zuständigkeit	473
§ 3	Vorbereitung	473
§ 4	Durchführung der Entsendung	474
§ 5	Ergebnis der Entsendung	474
§ 6	Vorzeitiges Ausscheiden	475
§ 7	Kosten	475

§ 1 Gegenstand

Diese Entsendeordnung regelt gemäß § 5 Abs. 8 der Ordnung der Arbeitsrechtlichen Kommission des Deutschen Caritasverbandes (AK-Ordnung) die Entsendung von Vertreter(inne)n der Gewerkschaften auf der Mitarbeiterseite in die Bundeskommission und die Regionalkommissionen der Arbeitsrechtlichen Kommission.

§ 2 Zuständigkeit

Für die Entsendung der Vertreter(innen) der Mitarbeiter(innen) in der Bundeskommission und den Regionalkommissionen ist der Vorbereitungsausschuss (Ausschuss) nach § 2 der Wahlordnung der Mitarbeiterseite zuständig.

§ 3 Vorbereitung

(1) [1]Spätestens acht Monate vor dem Ende der Amtsperiode veröffentlicht der Ausschuss in der Verbandszeitschrift „neue caritas" eine Bekanntmachung über die Bildung der Arbeitsrechtlichen Kommission für eine neuen Amtsperiode und ruft in dieser Veröffentlichung die tariffähigen Arbeitnehmerkoalitionen (Gewerkschaften) auf, sich innerhalb von zwei Monaten nach der Bekanntmachung (Anzeigefrist) an der Entsendung von Vertreter(inne)n in der Kommission zu beteiligen. [2]Zusätzlich soll eine Pressemitteilung über diesen Aufruf erscheinen. [3]Hierbei ist die Zahl der für die Gewerkschaften vorgesehenen Sitze in der Bundeskommission und in den Regionalkommissionen auf Mitarbeiterseite mitzuteilen.

(2) [1]Gewerkschaften, die sich an der Entsendung von Vertreter(inne)n in die Arbeitsrechtliche Kommission beteiligen wollen, zeigen dies gegenüber dem Ausschuss über die Kommissionsgeschäftsstelle schriftlich an. [2]Die Anzeige kann nur bis zum Ablauf der Anzeigefrist abgegeben werden. [3]Anzeigen, die nach dieser Frist eingereicht werden, können nicht mehr berücksichtigt werden (Ausschlussfrist).

Ent-O

(3) [1]Berechtigt zur Entsendung von Vertreter(inne)n sind Gewerkschaften, die nach ihrer Satzung für Regelungsbereiche oder Teile der Regelungsbereiche der jeweiligen Kommission örtlich und sachlich zuständig sind. [2]Erfüllt eine Gewerkschaft diese Voraussetzungen nicht, wird sie hierüber durch den Ausschuss schriftlich in Kenntnis gesetzt. [3]Gegen die Entscheidung des Ausschusses ist Klage beim Kirchlichen Arbeitsgericht innerhalb einer Ausschlussfrist von zwei Wochen nach Bekanntgabe der Feststellung zulässig. [4]Die Frist beginnt zu laufen, wenn die Gewerkschaft über den Rechtsbehelf, das Gericht und die einzuhaltende Frist schriftlich belehrt worden ist.

§ 4 Durchführung der Entsendung

(1) [1]Nach Ablauf der Anzeigefrist lädt der Ausschuss die anzeigenden und mitwirkungsberechtigten Gewerkschaften zu einer Sitzung mit dem Ziel ein, dass sich die Gewerkschaften untereinander auf die zahlenmäßige Verteilung der vorbehaltenen Sitze einigen. [2]Die Sitzung wird von den Mitgliedern des Ausschusses geleitet, das Ergebnis durch die Kommissionsgeschäftsstelle in einem Protokoll festgehalten.

(2) [1]Nimmt nur eine Gewerkschaft Sitze für eine Regional- oder für die Bundeskommission in Anspruch, erhält diese Gewerkschaft die für die Gewerkschaften vorbehaltenen Sitze. [2]Nehmen mehrere Gewerkschaften Sitze für eine Regional- oder für die Bundeskommission in Anspruch, einigen sich diese Gewerkschaften untereinander auf die zahlenmäßige Verteilung der für die Gewerkschaften vorbehaltenen Sitze. [3]Sie können sich dabei an ihrer Organisationsstärke orientieren.

(3) [1]Kommt es zu einer zahlenmäßigen Einigung, benennen die Gewerkschaften spätestens drei Monate vor dem Ende der Amtsperiode ihre Vertreter(innen) in der Arbeitsrechtlichen Kommission. [2]Die Kommissionsgeschäftsstelle unterrichtet unverzüglich nach der Einigung beide Seiten der Arbeitsrechtlichen Kommission lediglich über die Zahl der von den Gewerkschaften in Anspruch genommenen Sitze.

(4) [1]Kommt eine zahlenmäßige Einigung nicht innerhalb von vier Wochen ab dem Tag der Sitzung nach Absatz 1 zustande, gelten die Einigungsgespräche als gescheitert. [2]In diesem Fall entscheidet der Ausschuss über die Verteilung der Sitze. [3]Die Entscheidung ist den Gewerkschaften schriftlich mitzuteilen. [4]Gegen die Entscheidung des Ausschusses ist Klage beim Kirchlichen Arbeitsgericht innerhalb einer Ausschlussfrist von zwei Wochen nach Bekanntgabe der Entscheidung zulässig. [5]Die Frist beginnt nur zu laufen, wenn die Gewerkschaften über den Rechtsbehelf, das Gericht, bei dem der Rechtsbehelf anzubringen ist, den Sitz und die einzuhaltende Frist schriftlich belehrt worden sind. [6]Das Kirchliche Arbeitsgericht entscheidet insbesondere aufgrund der Mitgliederzahlen, die ihm gegenüber glaubhaft zu machen sind. [7]Die Glaubhaftmachung der Mitgliederzahl kann insbesondere durch eine eidesstattliche Versicherung erfolgen, die ein Mitglied des Vertretungsorgans der Gewerkschaft vor einem Notar abgibt.

§ 5 Ergebnis der Entsendung

(1) Der Ausschuss gibt das Ergebnis der Entsendung durch Veröffentlichung in der Verbandszeitschrift „neue caritas“ bekannt.

(2) Die bis zu einem endgültigen Ergebnis der Entsendung durch die Bundeskommission oder durch die Regionalkommissionen getroffenen Entscheidungen sind wirksam.

§ 6 Vorzeitiges Ausscheiden

(1) [1]Scheidet ein(e) entsandte(r) Vertreter(in) während einer Amtsperiode aus der Kommission aus oder wird er/sie abberufen, entsendet die jeweilige Gewerkschaft unverzüglich eine(n) neue(n) Vertreter(in) und gibt dies der Kommissionsgeschäftsstelle schriftlich bekannt.

(2) [1]Beendet eine Gewerkschaft während einer Amtsperiode die Mitgliedschaft in einer Kommission, können sich die verbleibenden Gewerkschaften einigen, welche von ihnen für die restliche Amtsperiode den Sitz des ausscheidenden Mitglieds übernimmt. [2]Kommt eine Einigung nicht innerhalb von sechs Wochen zustande, entscheidet das Los.

(3) [1]Beenden alle Gewerkschaften während einer Amtsperiode die Mitgliedschaft in einer Kommission, entfallen diese Sitze.

§ 7 Kosten

Die den Gewerkschaften durch die Entsendung entstehenden Kosten tragen diese selbst.

Wahlordnung der Dienstgeberseite gemäß § 6 Abs. 6 der Ordnung der Arbeitsrechtlichen Kommission des Deutschen Caritasverbandes

Inhalt

§ 1	Gegenstand	476
§ 2	Vorbereitungsausschuss	476
§ 3	Wahlvorstand	477
§ 4	Durchführung der Wahlen für die Regionalkommissionen	477
§ 5	Durchführung der Wahl für die Bundeskommission	478
§ 6	Durchführung der Wahlen für die weiteren Mitglieder	479
§ 7	Ergebnis der Wahl	480
§ 8	Anfechtung der Wahl	480
§ 9	Ausscheiden eines Vertreters/einer Vertreterin	481
§ 10	Kosten der Wahl	481
§ 11	Bestimmung der Vertreter(innen) der Diözesan-Caritasverbände	481

§ 1 Gegenstand

Diese Wahlordnung regelt gemäß § 6 Abs. 6 der Ordnung der Arbeitsrechtlichen Kommission des Deutschen Caritasverbandes (AK-Ordnung) die Wahl und die Bestimmung der Vertreter(innen) der Dienstgeber in den Regionalkommissionen und in der Bundeskommission der Arbeitsrechtlichen Kommission.

§ 2 Vorbereitungsausschuss

(1) [1]Die Wahl der Vertreter(innen) der Dienstgeber in der Bundeskommission und in den Regionalkommissionen leitet ein Vorbereitungsausschuss (Ausschuss), der aus drei Mitgliedern besteht. [2]Er wird von der Mitgliederversammlung der Dienstgeberseite gewählt. [3]Die Mitglieder des Ausschusses dürfen weder für die Arbeitsrechtliche Kommission kandidieren noch einer Wahlversammlung oder einem Wahlvorstand angehören.

(2) Die Mitglieder des Ausschusses sind spätestens zwölf Monate vor Ablauf der Amtsperiode zu wählen.

(3) [1]Der Ausschuss tritt innerhalb von vier Wochen nach seiner Wahl zur konstituierenden Sitzung zusammen. [2]Er erlässt einen Wahlaufruf, der in der Verbandszeitschrift „neue caritas“ und geeigneten diözesanen Medien veröffentlicht wird, und setzt den Zeitpunkt fest, bis zu dem die Wahlhandlungen in den einzelnen (Erz-)Bistümern und im Offizialatsbezirk Oldenburg durchgeführt sein müssen. [3]Er fordert die jeweiligen Diözesan-Caritasverbände und den Landes-Caritasverband für Oldenburg auf, unverzüglich einen Wahlvorstand zu bilden.

(4) Der Ausschuss soll Hinweise zur Wahl und andere Hilfsmittel erarbeiten und die Wahlvorstände bei der Durchführung ihrer Aufgaben unterstützen.

§ 3 Wahlvorstand

(1) [1]Jeder Diözesan-Caritasverband und der Landes-Caritasverband für Oldenburg bildet für seinen Bereich einen Wahlvorstand, der jeweils aus drei Mitgliedern besteht und der sich bis spätestens zehn Monate vor Ablauf der Amtsperiode konstituieren muss. [2]Die Mitglieder dürfen weder für die Arbeitsrechtliche Kommission kandidieren noch einer Wahlversammlung oder dem Vorbereitungsausschuss angehören.

(2) [1]Der Wahlvorstand erstellt eine Liste der Rechtsträger, die mit ihrer/ihren Einrichtung(en) Mitglied im jeweiligen Diözesan-Caritasverband oder im Landes-Caritasverband für Oldenburg sind und die in den Geltungsbereich der Richtlinien für Arbeitsverträge in den Einrichtungen des Deutschen Caritasverbandes fallen (§ 2 Abs. 1 AT AVR). [2]Nur die in der Liste aufgeführten Rechtsträger nehmen an der Wahl teil.

(3) [1]Der Wahlvorstand soll an diese Rechtsträger spätestens sechs Wochen nach seiner Konstituierung Wahlbenachrichtigungen versenden. [2]Rechtsträger, die keine Wahlbenachrichtigung bis spätestens acht Monate vor Ablauf der Amtsperiode erhalten haben, können gegen die Nichteintragung in der Aufstellung innerhalb einer Ausschlussfrist von zwei Wochen Einspruch einlegen. [3]Der Wahlvorstand entscheidet über den Einspruch.

(4) Der Wahlvorstand fordert die Rechtsträger auf, innerhalb einer festgelegten Frist Wahlvorschläge in Textform gemäß § 126 b BGB jeweils für die Wahl des Vertreters/der Vertreterin der Dienstgeber in der jeweiligen Regionalkommission abzugeben.

(5) Der Wahlvorschlag muss enthalten:

a) den Namen des Kandidaten/der Kandidatin;

b) den Namen des Rechtsträgers und die ausgeübte Tätigkeit;

c) die Erklärung des Kandidaten/der Kandidatin, dass er/sie der Benennung zustimmt;

d) die Erklärung des Kandidaten/der Kandidatin, dass er/sie Mitglied eines Organs eines kirchlichen Rechtsträgers im Bereich des Deutschen Caritasverbandes ist, das zur gesetzlichen Vertretung berufen ist, oder leitende(r) Mitarbeiter(in) eines kirchlich-caritativen Rechtsträgers nach der Mitarbeitervertretungsordnung des jeweiligen (Erz-) Bistums ist;

e) die Erklärung des Kandidaten/der Kandidatin, dass er/sie am Wahltag alle Wählbarkeitsvoraussetzungen erfüllt.

(6) Der Wahlvorstand bestätigt in Textform gemäß § 126 b BGB den Eingang eines Wahlvorschlages gegenüber dem/der Vorgeschlagenen und dem/der Vorschlagenden.

(7) [1]Der Wahlvorstand prüft, ob die Voraussetzungen für eine Kandidatur gegeben sind. [2]Ist das nicht der Fall, weist er den Wahlvorschlag zurück.

(8) [1]Der Wahlvorstand erstellt anhand der eingegangenen Wahlvorschläge eine Kandidat(inn)enliste für die Wahl. [2]Sie enthält die Namen der Wahlbewerber(innen) in alphabetischer Reihenfolge, die Namen der Träger und die ausgeübten Tätigkeiten. [3]Dieselbe Person kann für eine Amtsperiode nur in einer Diözese kandidieren.

§ 4 Durchführung der Wahlen für die Regionalkommissionen

(1) [1]Der Wahlvorstand beruft die diözesane Wahlversammlung ein, indem er die nach § 3 Abs. 2 dieser Wahlordnung wahlberechtigten Rechtsträger auffordert, jeweils eine(n) Vertreter(in) zur diözesanen Wahlversammlung zu entsenden. [2]Die Wahlversammlung kann auch

mittels einer Videokonferenz durchgeführt werden, wenn sichergestellt ist, dass die Wahl geheim durchgeführt wird. [3]Die wahlberechtigten Rechtsträger haben bei bis zu 1000 Mitarbeitern eine Stimme. [4]Bei Rechtsträgern mit mehr als 1000 Mitarbeitern erhöht sich die Stimmzahl für je angefangene weitere 1000 Mitarbeiter um eine Stimme, bis zu höchstens 3 Stimmen je Rechtsträger. [5]Die diözesane Wahlversammlung wählt den/die Vertreter(in) der Dienstgeber in der jeweiligen Regionalkommission und tritt spätestens zwei Monate vor dem Ende der Amtsperiode zusammen. [6]Der Wahlvorstand leitet die Wahlversammlung. [7]Die Einladung und die Kandidat(inn)enliste müssen mindestens zwei Wochen vorher versandt werden.

(2) Der Wahlvorstand muss die Mitteilung über den Termin der Wahlversammlung und die Kandidat(inn)enliste mindestens zwei Wochen vorher an die Kandidat(inn)en absenden.

(3) Für die Wahl des Vertreters/der Vertreterin der Dienstgeber in der jeweiligen Regionalkommission erstellt der Wahlvorstand anhand der Kandidat(inn)enliste jeweils die Stimmzettel, die die Namen in alphabetischer Reihenfolge enthalten.

(4) Jede(r) Kandidat(in) hat das Recht, sich in der Wahlversammlung vor der Wahl vorzustellen.

(5) [1]Es findet eine geheime Wahl statt. [2]Bemerkungen und Hinzufügungen auf dem Stimmzettel oder das Ankreuzen von mehreren Namen machen diesen ungültig. [3]Abweichend von Satz 2 können bei der Wahl der Mitglieder der Regionalkommission aus den (Erz-)Bistümern Freiburg und Rottenburg-Stuttgart bis zu zwei Kandidaten angekreuzt werden. [4]Der Wahlvorstand nimmt die Auszählung vor und gibt das Wahlergebnis gegenüber dem Vorbereitungsausschuss bekannt.

(6) Gewählt als Vertreter(in) der Dienstgeber in der jeweiligen Regionalkommission ist der/die Kandidat(in), der/die die meisten Stimmen erhalten hat, abweichend davon sind in den (Erz-) Bistümern Freiburg und Rottenburg-Stuttgart die zwei Kandidat(inn)en gewählt, die die meisten Stimmen erhalten haben.

(7) [1]Bei Stimmengleichheit findet zwischen den stimmengleichen Kandidat(inn)en eine Stichwahl statt. [2]Besteht auch danach Stimmengleichheit, entscheidet das Los.

§ 5 Durchführung der Wahl für die Bundeskommission

(1) [1]Die 28 Vertreter(innen) der Dienstgeberseite in der Bundeskommission werden durch die nach § 4 dieser Wahlordnung gewählten und bestimmten Mitglieder der Dienstgeberseite in den Regionalkommissionen gewählt; nicht wahlberechtigt sind die weiteren Vertreter(innen) der Dienstgeberseite der jeweiligen Regionalkommissionen nach § 6 Abs. 5 AK-Ordnung. [2]Zu diesem Zweck findet nach der Wahl der Mitglieder der Regionalkommissionen eine gemeinsame Wahlversammlung dieser Mitglieder (Bundeswahlversammlung) statt. [3]Die weiteren Vertreter(innen) der Dienstgeberseite der jeweiligen Regionalkommissionen nach § 6 Abs. 5 AK-Ordnung sind ab dem Zeitpunkt der Feststellung ihrer Wahl wahlberechtigt.

(2) [1]Die Bundeswahlversammlung wird durch den Ausschuss nach § 2 dieser Wahlordnung durchgeführt. [2]Er kann dabei durch die Geschäftsstelle der Dienstgeberseite unterstützt werden. [3]Der Ausschuss fordert die gewählten und bestimmten Mitglieder der Dienstgeberseite in den Regionalkommissionen unverzüglich nach den Wahlen in die Regionalkommissionen auf, Kandidat(inn)en für die Bundeskommission innerhalb einer Ausschlussfrist von drei Wochen in Textform zu benennen. [4]Ebenfalls ein Vorschlagsrecht hat die Deutsche Ordensobernkonferenz, die Bundeskonferenz der hauptamtlichen Vorstände und Geschäftsführungen der Ortscaritasverbände, die Personal- und Einrichtungsfachverbände, sowie andere

rechtlich selbständige Zusammenschlüsse überdiözesan tätiger caritativer Träger. [5]Zugleich setzt er einen Termin für die Bundeswahlversammlung und lädt mit einer Frist von drei Wochen dazu ein. [6]Die Bundeswahlversammlung muss spätestens einen Monat vor dem Ende der Amtsperiode stattfinden.

(3) [1]Der Ausschuss erstellt eine Kandidat(inn)enliste für die wahlberechtigten Mitglieder. [2]Jede(r) Kandidat(in) hat das Recht, sich in der Bundeswahlversammlung vor der Wahl vorzustellen.

(4) [1]Die Wahlen erfolgen in geheimer Abstimmung. [2]Von den 28 Mitgliedern der Bundeskommission müssen 14 Vertreter(innen) Mitglied einer Regionalkommission sein; jede Regionalkommission muss dabei mit mindestens zwei Mitgliedern vertreten sein. [3]Die verbleibenden 14 Mitglieder können die Gliederungen und Fachverbände, die Orden und Träger stellen.

(5) [1]Gewählt als der/die Vertreter(in) in der Bundeskommission ist der/die Kandidat(in), der/die die meisten Stimmen erhalten hat. [2]Bei Stimmengleichheit findet zwischen den stimmengleichen Kandidat(inn)en eine Stichwahl statt. [3]Besteht auch danach Stimmengleichheit, entscheidet das Los.

§ 6 Durchführung der Wahlen für die weiteren Mitglieder

(1) Gemäß § 6 Abs. 5 AK-Ordnung werden für die nach § 5 AK-Ordnung entsandten Vertreter(innen) der Gewerkschaften in der Bundes- und in den Regionalkommissionen weitere Mitglieder der Dienstgeberseite in die entsprechenden Bundes- oder Regionalkommissionen gewählt.

(2) Die Wahlen erfolgen zur Wahrung der Parität, wenn und in dem Umfang, in dem Gewerkschaften nach § 4 der Entsendeordnung für die Vertreter(innen) der Gewerkschaften Sitze in der Bundes- oder den jeweiligen Regionalkommissionen in Anspruch nehmen.

(3) [1]In den Regionalkommissionen werden die weiteren Vertreter(innen) der Dienstgeberseite durch die gewählten und bestimmten Mitglieder der Dienstgeberseite der jeweiligen Regionalkommissionen gewählt. [2]Zu diesem Zweck findet vor der Konstituierung der jeweiligen Regionalkommissionen eine gemeinsame Wahlversammlung dieser Mitglieder statt.

(4) [1]Die Wahlversammlung der Regionalkommissionen wird durch die Geschäftsstelle der Dienstgeberseite durchgeführt. [2]Die Geschäftsstelle fordert die gewählten und bestimmten Mitglieder der Dienstgeberseite in den Regionalkommissionen auf, weitere Kandidat(inn)en für die weiteren Mitglieder der Dienstgeberseite der Regionalkommission innerhalb einer Ausschlussfrist von drei Wochen in Textform zu benennen. [3]Zugleich setzt sie einen Termin für die Wahlversammlung und lädt mit einer Frist von drei Wochen dazu ein.

(5) [1]Die Geschäftsstelle erstellt eine Kandidat(inn)enliste für die wahlberechtigten Mitglieder. [2]Jede(r) Kandidat(in) hat das Recht, sich in der Wahlversammlung vor der Wahl vorzustellen. [3]Die Wahlen erfolgen in geheimer Abstimmung. [4]Gewählt als weitere/n Vertreter(in) in der Regionalkommission ist der/die Kandidat(in), der/die die meisten Stimmen erhalten hat. [5]Bei Stimmengleichheit findet zwischen den stimmengleichen Kandidat(inn)en eine Stichwahl statt. [6]Besteht auch danach Stimmengleichheit, entscheidet das Los.

(6) [1]In der Bundeskommission werden die weiteren Vertreter(innen) der Dienstgeberseite durch die gewählten und bestimmten Mitglieder der Dienstgeberseite der Regionalkommissionen gewählt; nicht wahlberechtigt sind die weiteren Vertreter(innen) der Dienstgeberseite der jeweiligen Regionalkommissionen nach § 6 Abs. 5 AK-Ordnung. [2]Zu diesem Zweck findet vor der Konstituierung der Bundeskommission eine gemeinsame Wahlversammlung

dieser Mitglieder statt. [3]Diese Wahlversammlung kann zeitgleich mit der Bundeswahlversammlung nach § 5 dieser Wahlordnung stattfinden.

(7) [1]Die Wahlversammlung wird durch den Ausschuss nach § 2 dieser Wahlordnung durchgeführt. [2]Er kann dabei durch die Geschäftsstelle der Dienstgeberseite unterstützt werden. [3]Der Ausschuss fordert die gewählten und bestimmten Mitglieder der Dienstgeberseite in den Regionalkommissionen auf, weitere Kandidat(inn)en für die Bundeskommission innerhalb einer Ausschlussfrist von drei Wochen in Textform zu benennen. [4]Zugleich setzt er einen Termin für die Wahlversammlung und lädt mit einer Frist von drei Wochen dazu ein.

(8) [1]Der Ausschuss erstellt eine Kandidat(inn)enliste für die wahlberechtigten Mitglieder. [2]Jede(r) Kandidat(in) hat das Recht, sich in der Wahlversammlung vor der Wahl vorzustellen. [3]Die Wahlen erfolgen in geheimer Abstimmung. [4]Gewählt als weitere/n Vertreter(in) in der Bundeskommission ist der/die Kandidat(in), der/die die meisten Stimmen erhalten hat. [5]Bei Stimmengleichheit findet zwischen den stimmengleichen Kandidat(inn)en eine Stichwahl statt. [6]Besteht auch danach Stimmengleichheit, entscheidet das Los.

(9) [1]Beenden Gewerkschaften während einer Amtsperiode die Mitgliedschaft in der Bundes- oder in einer Regionalkommission nach § 6 Abs. 3 Entsendeordnung Gewerkschaften, endet die Mitgliedschaft der weiteren Vertreter(innen) in dieser Kommission. [2]Endet nur die Mitgliedschaft eines weiteren Vertreters, scheidet zuerst der Vertreter mit der geringeren Stimmenzahl bei der Wahl aus. [3]Bei Stimmengleichheit trifft die Dienstgeberseite in der jeweiligen Kommission eine Entscheidung.

§ 7 Ergebnis der Wahl

[1]Der Wahlvorstand teilt das Ergebnis der Wahl in dem (Erz-)Bistum und im Offizialatsbezirk Oldenburg unverzüglich dem Vorbereitungsausschuss mit und soll für die Veröffentlichung im kirchlichen Amtsblatt des (Erz-)Bistums Sorge tragen. [2]Der Ausschuss gibt das Ergebnis der gesamten Wahl durch Veröffentlichung in der Verbandszeitschrift „neue caritas" bekannt.

§ 8 Anfechtung der Wahl

(1) [1]Jede(r) Wahlberechtigte und jede(r) Wahlbewerber(in) hat das Recht, die Wahl wegen eines Verstoßes gegen geltendes Recht innerhalb einer Frist von zwei Wochen nach Bekanntgabe des Wahlergebnisses in der Verbandszeitschrift „neue caritas" anzufechten. [2]Die Anfechtung ist gegenüber dem zuständigen Wahlvorstand schriftlich zu erklären.

(2) [1]Der Wahlvorstand entscheidet über Anfechtungen innerhalb von zwei Wochen nach Zugang der Wahlanfechtung und teilt die Entscheidung der Person oder den Personen schriftlich mit, die die Wahl angefochten hat oder haben. [2]Er informiert den/die Betroffene(n) und den Ausschuss schriftlich über die Anfechtung und die Entscheidung. [3]Unzulässige und/oder unbegründete Anfechtungen weist der Wahlvorstand zurück. [4]Stellt er fest, dass gegen wesentliche Vorschriften des Wahlrechts, der Wählbarkeit oder des Wahlverfahrens verstoßen wurde und dadurch das Wahlergebnis beeinflusst sein kann, so erklärt er die Wahl für ungültig; in diesem Falle ist die Wahl unverzüglich zu wiederholen. [5]Im Falle einer sonstigen begründeten Wahlanfechtung berichtigt er den durch Verstoß verursachten Fehler. [6]Die Entscheidung über eine Wahlwiederholung wird in der Verbandszeitschrift „neue caritas" veröffentlicht.

(3) Gegen die Entscheidung des Wahlvorstandes nach Abs. 2 Satz 1 ist die Klage beim Kirchlichen Arbeitsgericht innerhalb einer Ausschlussfrist von zwei Wochen nach Bekanntgabe der Entscheidung des Wahlvorstandes zulässig.

(4) [1]Bis zur endgültigen Entscheidung bleibt der/die Betroffene im Amt. [2]Eine für ungültig erklärte Wahl lässt die Wirksamkeit der zwischenzeitlich durch die Regionalkommissionen und durch die Bundeskommission getroffenen Entscheidungen unberührt.

§ 9 Ausscheiden eines Vertreters/einer Vertreterin

(1) [1]Scheidet ein(e) gewählte(r) Vertreter(in) der Dienstgeber als Mitglied einer Regionalkommission nach § 6 Abs. 1 AK-Ordnung aus, so bestimmt die Dienstgeberseite in der jeweiligen Regionalkommission für den Rest der Amtsperiode ein neues Mitglied. [2]Scheidet ein(e) nach § 6 Abs. 2 AK-Ordnung bestimmte(r) Vertreter(in) als Mitglied einer Regionalkommission aus, dann benennt das entsendende Gremium ein neues Mitglied.

(2) [1]Scheidet ein(e) Vertreter(in) der Dienstgeber als Mitglied der Bundeskommission nach § 6 Abs. 3 AK-Ordnung aus, so bestimmt die Dienstgeberseite in der Bundeskommission für den Rest der Amtsperiode ein neues Mitglied. [2]War der/die ausgeschiedene Vertreter(in) Mitglied des Leitungsausschusses der Bundeskommission, so kann das neu zu bestellende Mitglied im Leitungsausschuss ein anderes sein als das neu in die Bundeskommission berufene Mitglied.

(3) [1]Scheidet ein(e) Vertreter(in) der Dienstgeber als weiteres Mitglied der Bundes- oder einer Regionalkommission nach § 6 Abs. 5 AK-Ordnung aus, so bestimmt die Dienstgeberseite in der Bundes- oder der jeweiligen Regionalkommission für den Rest der Amtsperiode ein neues Mitglied. [2]War der/die ausgeschiedene Vertreter(in) Mitglied des Leitungsausschusses der Bundeskommission, so kann das neu zu bestellende Mitglied im Leitungsausschuss ein anderes sein als das neu in die Bundeskommission berufene Mitglied.

§ 10 Kosten der Wahl

[1]Die durch den Vorbereitungsausschuss verursachten Kosten trägt der Deutsche Caritasverband. [2]Die Kosten eines Wahlvorstandes übernehmen der jeweilige Diözesan-Caritasverband und der Landes-Caritasverband für Oldenburg. [3]Die Reisekosten der Mitglieder der Wahlversammlung und der Kandidat(inn)en werden von dem Rechtsträger getragen.

§ 11 Bestimmung der Vertreter(innen) der Diözesan-Caritasverbände

[1]Die nach § 6 Abs. 2 AK-Ordnung bestimmten Vertreter(innen) einer Regionalkommission werden von dem jeweils nach der Satzung des Diözesan-Caritasverbandes und des Landes-Caritasverbandes für Oldenburg zuständigen Organ bestimmt. [2]Fehlt eine Zuweisung dieser Aufgabe in der Satzung, ist der Vorstand des Diözesan-Caritasverbandes und des Landes-Caritasverbandes für Oldenburg zuständig. [3]Die Bestimmung erfolgt in unmittelbarem zeitlichen Zusammenhang mit der Wahl nach dieser Wahlordnung.

Verfahrensregelung zu Änderungen der Ordnung der Arbeitsrechtlichen Kommission nach § 10 Abs. 2 Ziffer 13 der Satzung des Deutschen Caritasverbandes e. V.

Inhalt

Grundsätze 482
Anträge 482
Errichten einer Arbeitsgruppe 482
Arbeitsweise der Arbeitsgruppe 483
Beschlüsse der Delegiertenversammlung 484
Schluss 484

Grundsätze

1. [1]Nach § 10 Abs. 2 Ziffer 13 der Satzung des Deutschen Caritasverbandes werden die Ordnung der Arbeitsrechtlichen Kommission und deren Änderungen durch die Delegiertenversammlung beschlossen. [2]Nach Artikel 9 Abs. 1 der Grundordnung des kirchlichen Dienstes kommen Rechtsnormen über den Inhalt der Arbeitsverhältnisse in den Einrichtungen und Diensten des Deutschen Caritasverbandes zustande durch Beschlüsse der Arbeitsrechtlichen Kommission, die mit Vertreterinnen und Vertretern der Dienstgeber und der Mitarbeiter paritätisch besetzt sind.
2. Um das Verhandlungsgleichgewicht bei der Tarifgestaltung zu sichern, sollen bei Änderungen der Ordnung der Arbeitsrechtlichen Kommission die Mitglieder der beiden Seiten der Arbeitsrechtlichen Kommission beteiligt werden.
3. Beteiligte an diesem Verfahren über Änderungen der Ordnung der Arbeitsrechtlichen Kommission sind damit die stimmberechtigten Mitglieder der Delegiertenversammlung, die Mitglieder beider Seiten der Arbeitsrechtlichen Kommission, der Vorstand des Deutschen Caritasverbandes sowie die/der Vorsitzende der Arbeitsrechtlichen Kommission.

Anträge

4. [1]Alle Verfahrensbeteiligten nach Ziffer 3 können Anträge auf Änderungen der Ordnung der Arbeitsrechtlichen Kommission stellen. [2]Diese Anträge sollen die Themen oder Bestimmungen nennen, die geändert werden sollen und eine Begründung enthalten. [3]Sie können einen Formulierungsvorschlag beinhalten. [4]Anträge sind an die Kommissionsgeschäftsstelle der Arbeitsrechtlichen Kommission im Deutschen Caritasverband zu richten.

Errichten einer Arbeitsgruppe

5. [1]Zur sachgerechten Bearbeitung der Anträge auf Änderungen der Ordnung der Arbeitsrechtlichen Kommission wird eine Arbeitsgruppe errichtet, die bei Bedarf zusammenkommt. [2]Der Bedarf entsteht, wenn Verfahrensbeteiligte Anträge gestellt haben. [3]Die

Arbeitsgruppe soll die Anträge in einer angemessenen Zeit, im Regelfall innerhalb von sechs Monaten, beraten und entscheiden, ob sie für diese Anträge eine Beschlussfassung durch die Delegiertenversammlung empfiehlt.

6. [1]Der Arbeitsgruppe gehören stimmberechtigte Mitglieder der Delegiertenversammlung sowie Mitglieder der Mitarbeiterseite der Arbeitsrechtlichen Kommission und Mitglieder der Dienstgeberseite der Arbeitsrechtlichen Kommission an. [2]Jede dieser drei Gruppen entsendet sechs Personen stimmberechtigt in die Arbeitsgruppe. [3]Die Mitarbeiterseite und die Dienstgeberseite haben das Recht, jeweils ein Mandat an die Geschäftsführung ihrer jeweiligen Geschäftsstelle zu vergeben. [4]Beratend nimmt an den Sitzungen der Arbeitsgruppe der / die Vorsitzende der Arbeitsrechtlichen Kommission und das für Personal zuständige Vorstandsmitglied des Deutschen Caritasverbandes teil [5]Die Mitarbeiter- und die Dienstgeberseite der Arbeitsrechtlichen Kommission können jeweils eine eigene Beratung nach § 10 AK-Ordnung hinzuziehen. [6]Die Geschäftsführung der Arbeitsgruppe hat die Kommissionsgeschäftsstelle der Arbeitsrechtlichen Kommission im Deutschen Caritasverband.
7. [1]Die Vertreterinnen und Vertreter der Delegiertenversammlung in der Arbeitsgruppe sollen die unterschiedlichen Regionen, Verbände und Hilfebereiche angemessen repräsentieren. [2]Die von der Delegiertenversammlung bestimmten Vertreterinnen und Vertreter können nicht zugleich Mitglieder der Arbeitsrechtlichen Kommission sein.
8. [1]Die Vertreterinnen und Vertreter der drei Gruppen der Arbeitsgruppe werden für einen Zeitraum von vier Jahren (Amtsperiode) bestimmt. [2]Die Amtsperiode beginnt am 01. November 2018. [3]Die Mitgliedschaft in der Arbeitsgruppe endet, sobald die Mitgliedschaft in der Delegiertenversammlung oder in der Arbeitsrechtlichen Kommission endet. [4]Für die Geschäftsführung der jeweiligen Geschäftsstelle im Sinne von Ziffer 6 Satz 3 endet die Mitgliedschaft in der Arbeitsgruppe, wenn das Mandat entzogen wird oder die Tätigkeit als Geschäftsführung in der Geschäftsstelle endet.

Arbeitsweise der Arbeitsgruppe

9. [1]Das vom Vorstand des Deutschen Caritasverbandes für den Vorsitz in der Arbeitsrechtlichen Kommission beauftragte Mitglied des Kuratoriums führt in der Arbeitsgruppe den Vorsitz ohne Stimmrecht. [2]Ist das Mitglied des Kuratoriums an der Ausübung des Vorsitzes verhindert und wird im Benehmen mit den jeweiligen Gruppen (Ziffer 6 Satz 1) kein anderes Kuratoriumsmitglied mit der Aufgabe betraut, übernimmt das für Personal zuständige Vorstandsmitglied den Vorsitz in der Arbeitsgruppe für den Zeitraum der Verhinderung.
10. [1]Der/Die Vorsitzende wirkt auf eine sachgerechte Beratung und Beschlussfassung hin. [2]Sie/Er lädt zu den Sitzungen der Arbeitsgruppe ein, legt die Tagesordnung fest und leitet die Sitzungen.
11. [1]Die Arbeitsgruppe berät über Anträge auf Änderungen der Ordnung der Arbeitsrechtlichen Kommission mit dem Ziel, einen möglichst hohen Konsens unter allen Beteiligten herzustellen. [2]Die Arbeitsgruppe kann deshalb Anträge modifizieren oder eigene Regelungen erarbeiten.
12. [1]Die Arbeitsgruppe kann Antragsteller zu einem Gespräch einladen, um den Austausch der Argumente und Überlegungen zu erleichtern. [2]Sie kann Sachverständige hinzuziehen.

13. [1]Beschlussempfehlungen der Arbeitsgruppe an die Delegiertenversammlung bedürfen der Zustimmung der Mehrheit der Vertreterinnen und Vertreter der Delegiertenversammlung, der Vertreterinnen und Vertreter der Mitarbeiterseite der Arbeitsrechtlichen Kommission und der Vertreterinnen und Vertreter der Dienstgeberseite der Arbeitsrechtlichen Kommission. [2]Eine Beschlussempfehlung liegt vor, wenn mindestens zwölf Zustimmungen vorliegen, wobei aus den Gruppen der Delegiertenversammlung, der Mitarbeiterseite sowie der Dienstgeberseite der Arbeitsrechtlichen Kommission jeweils mindestens vier Mitglieder zustimmen müssen.

    [3]Sind Vertreterinnen und Vertreter der Gruppen verhindert, an einer Sitzung teilzunehmen, so ist die Übertragung des Stimmrechtes auf eine andere Vertreterin oder einen anderen Vertreter dieser Gruppe zulässig. [4]Eine Vertreterin oder ein Vertreter kann zusätzlich nicht mehr als ein übertragenes Stimmrecht ausüben. [5]Die Übertragung des Stimmrechtes ist dem/der Vorsitzenden in Textform nachzuweisen.
14. Kommen keine Beschlussempfehlungen zustande, sind die Anträge abgelehnt.
15. [1]Die Arbeitsgruppe macht ihre Entscheidungen transparent. [2]Empfehlungen zur Beschlussfassung von Anträgen auf Änderungen der Ordnung der Arbeitsrechtlichen Kommission durch die Delegiertenversammlung werden den Mitgliedern der Delegiertenversammlung mit Erläuterungen zugeleitet. [3]Antragssteller von Anträgen, zu denen keine Beschlussempfehlungen erfolgt sind, erhalten eine begründete Stellungnahme der Arbeitsgruppe. [4]Alle Verfahrensbeteiligten werden über Anträge auf Änderungen der Ordnung der Arbeitsrechtlichen Kommission und die dazu ergangenen Entscheidungen der Arbeitsgruppe informiert.

Beschlüsse der Delegiertenversammlung

16. Die Delegiertenversammlung stimmt bei Änderungen der Ordnung der Arbeitsrechtlichen Kommission nur über die von der Arbeitsgruppe abgegebenen Beschlussempfehlungen ab.
17. [1]Die Delegiertenversammlung kann den Beschlussempfehlungen der Arbeitsgruppe nur unverändert zustimmen. [2]Sie beschließt keine von den Beschlussempfehlungen der Arbeitsgruppe abweichenden Änderungen der Ordnung der Arbeitsrechtlichen Kommission.
18. [1]Wird den Beschlussempfehlungen der Arbeitsgruppe in der Delegiertenversammlung zugestimmt, ändert dies die Ordnung. [2]Werden die Beschlussempfehlungen in der Delegiertenversammlung abgelehnt, bleibt es bei der bisherigen Ordnung der Arbeitsrechtlichen Kommission.
19. Die Arbeitsgruppe kann die von der Delegiertenversammlung abgelehnten Beschlussempfehlungen erneut beraten mit dem Ziel, durch eine modifizierte Beschlussempfehlung eine Zustimmung in der Delegiertenversammlung zu erreichen.

Schluss

20. [1]Diese Verfahrensregelung, zuletzt geändert am 16. Oktober 2025, wurde von der Delegiertenversammlung am 18. Oktober 2018 mit Mehrheit ihrer Mitglieder beschlossen. [2]Sie kann von der Delegiertenversammlung mit Mehrheit ihrer Mitglieder wieder aufgehoben werden.

Rahmenordnung für eine Mitarbeitervertretungsordnung

Inhalt

Präambel ... 487
I. Allgemeine Vorschriften ... 487
§ 1 Geltungsbereich ... 487
§ 1a Bildung von Mitarbeitervertretungen ... 488
§ 1b Gemeinsame Mitarbeitervertretung ... 488
§ 2 Dienstgeber ... 489
§ 3 Mitarbeiterinnen und Mitarbeiter ... 489
§ 4 Mitarbeiterversammlung ... 489
§ 5 Mitarbeitervertretung ... 490
II. Die Mitarbeitervertretung ... 490
§ 6 Voraussetzung für die Bildung der Mitarbeitervertretung – Zusammensetzung der Mitarbeitervertretung ... 490
§ 7 Aktives Wahlrecht ... 491
§ 8 Passives Wahlrecht ... 491
§ 9 Vorbereitung der Wahl ... 491
§ 10 Dienstgeber – Vorbereitungen zur Bildung einer Mitarbeitervertretung ... 492
§ 11 Durchführung der Wahl ... 493
§§ 11a bis c Vereinfachtes Wahlverfahren ... 494
§ 11a Voraussetzungen ... 494
§ 11b Vorbereitung der Wahl ... 494
§ 11c Durchführung der Wahl ... 494
§ 12 Anfechtung der Wahl ... 495
§ 13 Amtszeit der Mitarbeitervertretung ... 495
§ 13a Weiterführung der Geschäfte ... 496
§ 13b Ersatzmitglied, Verhinderung des ordentlichen Mitglieds und ruhende Mitgliedschaft ... 496
§ 13c Erlöschen der Mitgliedschaft ... 496
§ 13d Übergangsmandat ... 496
§ 13e Restmandat ... 497
§ 14 Tätigkeit der Mitarbeitervertretung ... 497
§ 15 Rechtsstellung der Mitarbeitervertretung ... 498
§ 16 Schulung der Mitarbeitervertretung und des Wahlausschusses ... 499
§ 17 Kosten der Mitarbeitervertretung ... 500
§ 18 Schutz der Mitglieder der Mitarbeitervertretung ... 501
§ 19 Kündigungsschutz ... 501
§ 20 Schweigepflicht ... 502
III. Die Mitarbeiterversammlung ... 502
§ 21 Einberufung der Mitarbeiterversammlung ... 502
§ 22 Aufgaben und Verfahren der Mitarbeiterversammlung ... 503
IIIa. Sonderregelungen für gemeinsame Mitarbeitervertretungen ... 503
§ 22a Sonderregelungen für gemeinsame Mitarbeitervertretungen nach § 1b ... 503

IV.	Besondere Formen der Vertretung von Mitarbeiterinnen und Mitarbeitern	504
§ 23	Sondervertretung	504
§ 24	Gesamtmitarbeitervertretung und erweiterte Gesamtmitarbeitervertretung*	504
§ 25	Arbeitsgemeinschaften der Mitarbeitervertretungen	506
V.	Zusammenarbeit zwischen Dienstgeber und Mitarbeitervertretung	507
§ 26	Allgemeine Aufgaben der Mitarbeitervertretung	507
§ 27	Information	508
§ 27a	Information in wirtschaftlichen Angelegenheiten	508
§ 27b	Wirtschaftsausschuss	509
§ 27c	Einrichtungsspezifische Regelungen	511
§ 28	Formen der Beteiligung, Dienstvereinbarung	511
§ 28a	Aufgaben und Beteiligung der Mitarbeitervertretung zum Schutz schwerbehinderter Menschen	511
§ 29	Anhörung und Mitberatung	512
§ 30	Anhörung und Mitberatung bei ordentlicher Kündigung	513
§ 30a	Anhörung und Mitberatung bei Massenentlassungen	514
§ 31	Anhörung und Mitberatung bei außerordentlicher Kündigung	514
§ 32	Vorschlagsrecht	514
§ 33	Zustimmung	515
§ 34	Zustimmung bei Einstellung und Anstellung	516
§ 35	Zustimmung bei sonstigen persönlichen Angelegenheiten	517
§ 36	Zustimmung bei Angelegenheiten der Dienststelle	517
§ 37	Antragsrecht	518
§ 38	Dienstvereinbarungen	519
§ 39	Gemeinsame Sitzungen und Gespräche	520
VI.	Einigungsstelle	521
§ 40	Bildung der Einigungsstelle – Aufgaben	521
§ 41	Zusammensetzung – Besetzung	521
§ 42	Rechtsstellung der Mitglieder	522
§ 43	Berufungsvoraussetzungen	522
§ 44	Berufung der Mitglieder	522
§ 45	Zuständigkeit	523
§ 46	Verfahren	524
§ 47	Einigungsspruch	525
VII.	Sprecherinnen und Sprecher der Jugendlichen und der Auszubildenden, Vertrauensperson der schwerbehinderten Mitarbeiterinnen und Mitarbeiter, Vertrauensmann der Zivildienstleistenden	525
§ 48	Wahl und Anzahl der Sprecherinnen und Sprecher der Jugendlichen und der Auszubildenden	525
§ 49	Versammlung der Jugendlichen und Auszubildenden	526
§ 50	Amtszeit der Sprecherinnen und Sprecher der Jugendlichen und Auszubildenden	526
§ 51	Mitwirkung der Sprecherinnen und Sprecher der Jugendlichen und Auszubildenden	526
§ 52	Mitwirkung der Vertrauensperson der schwerbehinderten Mitarbeiterinnen und Mitarbeiter	527
§ 53	(derzeit nicht besetzt)	527

VIII.	Schulen, Hochschulen	528
§ 54	Schulen und Hochschulen	528
IX.	Schlussbestimmungen	528
§ 55	Zwingende Wirkung	528
§ 56	Inkrafttreten	528

zuletzt geändert durch Beschluss der Vollversammlung des Verbandes der Diözesen Deutschlands vom 19. Juni 2017 sowie Änderungen aufgrund der Corona-Pandemie ab 1. April 2020

Präambel

[1]Grundlage und Ausgangspunkt für den kirchlichen Dienst ist die Sendung der Kirche. [2]Diese Sendung umfasst die Verkündigung des Evangeliums, den Gottesdienst und die sakramentale Verbindung der Menschen mit Jesus Christus sowie den aus dem Glauben erwachsenden Dienst am Nächsten. [3]Daraus ergibt sich als Eigenart des kirchlichen Dienstes seine religiöse Dimension. [4]Als Maßstab für ihre Tätigkeit ist sie Dienstgebern und Mitarbeiterinnen und Mitarbeitern vorgegeben, die als Dienstgemeinschaft den Auftrag der Einrichtung erfüllen und so an der Sendung der Kirche mitwirken. [5]Weil die Mitarbeiterinnen und Mitarbeiter den Dienst in der Kirche mitgestalten und mitverantworten und an seiner religiösen Grundlage und Zielsetzung teilhaben, sollen sie auch aktiv an der Gestaltung und Entscheidung über die sie betreffenden Angelegenheiten mitwirken unter Beachtung der Verfasstheit der Kirche, ihres Auftrages und der kirchlichen Dienstverfassung. [6]Dies erfordert von Dienstgebern und Mitarbeiterinnen und Mitarbeitern die Bereitschaft zu gemeinsam getragener Verantwortung und vertrauensvoller Zusammenarbeit. [7]Deshalb wird aufgrund des Rechts der katholischen Kirche, ihre Angelegenheiten selbst zu regeln, unter Bezugnahme auf die Grundordnung des kirchlichen Dienstes im Rahmen kirchlicher Arbeitsverhältnisse in ihrer jeweiligen Fassung die folgende Ordnung für Mitarbeitervertretungen erlassen.

I. Allgemeine Vorschriften

§ 1 Geltungsbereich

(1) Diese Mitarbeitervertretungsordnung gilt für die Dienststellen, Einrichtungen und sonstigen selbständig geführten Stellen – nachfolgend als Einrichtung(en) bezeichnet –

1. der (Erz-)Diözesen,
2. der Kirchengemeinden und Kirchenstiftungen,
3. der Verbände von Kirchengemeinden,
4. der Diözesancaritasverbände und deren Gliederungen, soweit sie öffentliche juristische Personen des kanonischen Rechts sind,
5. der sonstigen dem Diözesanbischof unterstellten öffentlichen juristischen Personen des kanonischen Rechts,
6. der sonstigen kirchlichen Rechtsträger, unbeschadet ihrer Rechtsform, die der bischöflichen Gesetzgebungsgewalt unterliegen.

(2) [1]Diese Mitarbeitervertretungsordnung ist auch anzuwenden bei den kirchlichen Rechtsträgern, die nicht der bischöflichen Gesetzgebungsgewalt unterliegen, wenn sie die Grund-

ordnung des kirchlichen Dienstes im Rahmen kirchlicher Arbeitsverhältnisse durch Übernahme in ihr Statut verbindlich übernommen haben. [2]Sofern ein kirchlicher Rechtsträger in der Rechtsform einer Körperschaft des öffentlichen Rechts über kein Statut verfügt, ist eine notarielle Erklärung der Grundordnungsübernahme und anschließende Veröffentlichung dieser Erklärung ausreichend. [3]Wenn sie dieser Verpflichtung nicht nachkommen, haben sie im Hinblick auf die arbeitsrechtlichen Beziehungen nicht am Selbstbestimmungsrecht der Kirche gemäß Art. 140 GG i.V.m. Art. 137 Abs. 3 WRV teil.

(3) [1]In den Fällen des Abs. 2 ist in allen Einrichtungen eines mehrdiözesanen oder überdiözesanen Rechtsträgers die Mitarbeitervertretungsordnung der (Erz-) Diözese anzuwenden, in der sich der Sitz der Hauptniederlassung (Hauptsitz) befindet. [2]Abweichend von Satz 1 kann auf Antrag eines mehrdiözesan oder überdiözesan tätigen Rechtsträgers der Diözesanbischof des Hauptsitzes im Einvernehmen mit den anderen Diözesanbischöfen, in deren (Erz-) Diözese der Rechtsträger tätig ist, bestimmen, dass in den Einrichtungen des Rechtsträgers die Mitarbeitervertretungsordnung der (Erz-) Diözese angewandt wird, in der die jeweilige Einrichtung ihren Sitz hat, oder eine Mitarbeitervertretungsordnung eigens für den Rechtsträger erlassen.

§ 1a Bildung von Mitarbeitervertretungen

(1) In den Einrichtungen der in § 1 genannten kirchlichen Rechtsträger sind Mitarbeitervertretungen nach Maßgabe der folgenden Vorschriften zu bilden.

(2) [1]Unbeschadet des Abs. 1 kann der Rechtsträger mit Zustimmung der betroffenen Mitarbeitervertretung regeln, was als Einrichtung gilt. [2]Sind mehrere Mitarbeitervertretungen betroffen, ist die Zustimmung der Mehrheit der betroffenen Mitarbeitervertretungen erforderlich.

§ 1b Gemeinsame Mitarbeitervertretung*

(1) [1]Die Mitarbeitervertretungen und Dienstgeber mehrerer Einrichtungen verschiedener Rechtsträger können durch eine gemeinsame Dienstvereinbarung die Bildung einer gemeinsamen Mitarbeitervertretung vereinbaren, soweit dies der wirksamen und zweckmäßigen Interessenvertretung der Mitarbeiterinnen und Mitarbeiter dient. [2]Dienstgeber und Mitarbeitervertretungen können nach vorheriger Stellungnahme der betroffenen Mitarbeiterinnen und Mitarbeiter Einrichtungen einbeziehen, in denen Mitarbeitervertretungen nicht gebildet sind. [3]Die auf Grundlage dieser Dienstvereinbarung gewählte Mitarbeitervertretung tritt an die Stelle der bisher bestehenden Mitarbeitervertretungen. [4]Sind in keiner der Einrichtungen Mitarbeitervertretungen gebildet, so können die Rechtsträger nach vorheriger Stellungnahme der betroffenen Mitarbeiterinnen und Mitarbeiter die Bildung einer gemeinsamen Mitarbeitervertretung vereinbaren, soweit die Gesamtheit der Einrichtungen die Voraussetzungen des § 6 Abs. 1 erfüllt.

(2) [1]Die Dienstvereinbarung nach Abs. 1 Satz 1 und die Regelung nach Abs. 1 Satz 4 bedürfen der Genehmigung durch den Ordinarius. [2]Sie sind, soweit sie keine andere Regelung treffen, für die folgende Wahl und die Amtszeit der aus ihr hervorgehenden Mitarbeitervertretung wirksam. [3]Für die gemeinsamen Mitarbeitervertretungen gelten die Vorschriften dieser Ordnung nach Maßgabe des § 22a.

* Muster für eine diözesane Fassung.

§ 2 Dienstgeber

(1) Dienstgeber im Sinne dieser Ordnung ist der Rechtsträger der Einrichtung.

(2) [1]Für den Dienstgeber handelt dessen vertretungsberechtigtes Organ oder die von ihm bestellte Leitung. [2]Der Dienstgeber kann eine Mitarbeiterin oder einen Mitarbeiter in leitender Stellung schriftlich beauftragten, ihn zu vertreten.

§ 3 Mitarbeiterinnen und Mitarbeiter

(1) [1]Mitarbeiterinnen und Mitarbeiter im Sinne dieser Ordnung sind alle Personen, die bei einem Dienstgeber

1. aufgrund eines Dienst- oder Arbeitsverhältnisses,
2. als Ordensmitglied an einem Arbeitsplatz in einer Einrichtung der eigenen Gemeinschaft,
3. aufgrund eines Gestellungsvertrages oder
4. zu ihrer Ausbildung

tätig sind. [2]Personen, die dem Dienstgeber zur Arbeitsleistung überlassen werden im Sinne des Arbeitnehmerüberlassungsgesetzes, sind keine Mitarbeiterinnen und Mitarbeiter im Sinne dieser Ordnung.

(2) [1]Als Mitarbeiterinnen und Mitarbeiter gelten nicht:

1. die Mitglieder eines Organs, das zur gesetzlichen Vertretung berufen ist,
2. Leiterinnen und Leiter von Einrichtungen im Sinne des § 1,
3. Mitarbeiterinnen und Mitarbeiter, die zur selbstständigen Entscheidung über Einstellungen, Anstellungen oder Kündigungen befugt sind,
4. sonstige Mitarbeiterinnen und Mitarbeiter in leitender Stellung,
5. Geistliche einschließlich Ordensgeistliche im Bereich des § 1 Abs. 1 Nrn. 2 und 3,
6. Personen, deren Beschäftigung oder Ausbildung überwiegend ihrer Heilung, Wiedereingewöhnung, beruflichen und sozialen Rehabilitation oder Erziehung dient.

[2]Die Entscheidung des Dienstgebers zu den Nrn. 3 und 4 bedarf der Beteiligung der Mitarbeitervertretung gemäß § 29 Abs. 1 Nr. 18. [3]Die Entscheidung bedarf bei den in § 1 Abs. 1 genannten Rechtsträgern der Genehmigung des Ordinarius. [4]Die Entscheidung ist der Mitarbeitervertretung schriftlich mitzuteilen.

(3) [1]Die besondere Stellung der Geistlichen gegenüber dem Diözesanbischof und die der Ordensleute gegenüber den Ordensoberen werden durch diese Ordnung nicht berührt. [2]Eine Mitwirkung in den persönlichen Angelegenheiten findet nicht statt.

§ 4 Mitarbeiterversammlung

[1]Die Mitarbeiterversammlung besteht aus den Mitarbeiterinnen und Mitarbeitern sowie den Personen, die in der Einrichtung eingegliedert sind, um mit den dort beschäftigten Mitarbeiterinnen und Mitarbeitern den arbeitstechnischen Zweck der Einrichtung durch weisungsgebundene Tätigkeit zu verwirklichen. [2]Der Dienstgeber sowie Personen im Sinne des § 3 Abs. 2 Nr. 1 bis 4nehmen auf Einladung der Mitarbeitervertretung an der Mitarbeiterver-

sammlung teil. [3]Kann nach den dienstlichen Verhältnissen eine gemeinsame Versammlung nicht stattfinden, so sind Teilversammlungen zulässig.

§ 5 Mitarbeitervertretung

Die Mitarbeitervertretung ist das von den aktiv Wahlberechtigten (§ 7) gewählte Organ, das die ihm nach dieser Ordnung zustehenden Aufgaben und Verantwortungen wahrnimmt.

II. Die Mitarbeitervertretung

§ 6 Voraussetzung für die Bildung der Mitarbeitervertretung – Zusammensetzung der Mitarbeitervertretung

(1) Die Bildung einer Mitarbeitervertretung setzt voraus, dass in der Einrichtung in der Regel mindestens fünf Wahlberechtigte (§ 7) beschäftigt werden, von denen mindestens drei wählbar sind (§ 8).

(2) [1]Die Mitarbeitervertretung besteht aus

1 Mitglied bei 5 – 15 Wahlberechtigten,

3 Mitgliedern bei 16 – 50 Wahlberechtigten,

5 Mitgliedern bei 51 – 100 Wahlberechtigten,

7 Mitgliedern bei 101 – 200 Wahlberechtigten,

9 Mitgliedern bei 201 – 300 Wahlberechtigten,

11 Mitgliedern bei 301 – 600 Wahlberechtigten,

13 Mitgliedern bei 601 – 1000 Wahlberechtigten,

15 Mitgliedern bei 1.001 und mehr Wahlberechtigten.

[2]In Einrichtungen mit mehr als 1.500 Wahlberechtigten gemäß § 7 erhöht sich die Zahl der Mitglieder in der Mitarbeitervertretung für je angefangene weitere 500 Wahlberechtigte um zwei Mitglieder. [3]Falls die Zahl der Wahlbewerberinnen und Wahlbewerber geringer ist als die nach Satz 1 und Satz 2 vorgesehene Zahl an Mitgliedern, setzt sich die Mitarbeitervertretung aus der höchstmöglichen Zahl von Mitgliedern zusammen. [4]Satz 3 gilt entsprechend, wenn die nach Satz 1 und Satz 2 vorgesehene Zahl an Mitgliedern nicht erreicht wird, weil zu wenig Kandidatinnen und Kandidaten gewählt werden oder weil eine gewählte Kandidatin oder ein gewählter Kandidat die Wahl nicht annimmt und kein Ersatzmitglied vorhanden ist.

(3) [1]Für die Wahl einer Mitarbeitervertretung in einer Einrichtung mit einer oder mehreren nicht selbstständig geführten Stellen kann der Dienstgeber eine Regelung treffen, die eine Vertretung auch der Mitarbeiterinnen und Mitarbeiter der nicht selbstständig geführten Stellen in Abweichung von § 11 Abs. 6 durch einen Vertreter gewährleistet, und zwar nach der Maßgabe der jeweiligen Zahl der wahlberechtigten Mitarbeiterinnen und Mitarbeiter in den Einrichtungen. [2]Eine solche Regelung bedarf der Zustimmung der Mitarbeitervertretung.

(4) [1]Der Mitarbeitervertretung sollen jeweils Vertreter der Dienstbereiche und Gruppen angehören. [2]Die Geschlechter sollen in der Mitarbeitervertretung entsprechend ihrem zahlenmäßigen Verhältnis in der Einrichtung vertreten sein.

(5) Maßgebend für die Zahl der Mitglieder ist der Tag, bis zu dem Wahlvorschläge eingereicht werden können (§ 9 Abs. 5 Satz 1).

§ 7 Aktives Wahlrecht

(1) Wahlberechtigt sind alle Mitarbeiterinnen und Mitarbeiter, die am Wahltag das 18. Lebensjahr vollendet haben und seit mindestens sechs Monaten ohne Unterbrechung in einer Einrichtung desselben Dienstgebers tätig sind.

(2) [1]Wer zu einer Einrichtung abgeordnet ist, wird nach Ablauf von drei Monaten in ihr wahlberechtigt; im gleichen Zeitpunkt erlischt das Wahlrecht bei der früheren Einrichtung. [2]Satz 1 gilt nicht, wenn feststeht, dass die Mitarbeiterin oder der Mitarbeiter binnen weiterer sechs Monate in die frühere Einrichtung zurückkehren wird.

(2a) [1]Personen, die dem Dienstgeber zur Arbeitsleistung überlassen werden im Sinne des Arbeitnehmerüberlassungsgesetzes, sind wahlberechtigt, wenn sie am Wahltag länger als sechs Monate in der Einrichtung eingesetzt worden sind. [2]Mehrere Beschäftigungszeiten einer Leiharbeitnehmerin oder eines Leiharbeitnehmers bei demselben Dienstgeber werden zusammengerechnet.

(3) Mitarbeiterinnen und Mitarbeiter in einem Ausbildungsverhältnis sind nur bei der Einrichtung wahlberechtigt, von der sie eingestellt sind.

(4) Nicht wahlberechtigt sind Mitarbeiterinnen und Mitarbeiter,

1. für die zur Besorgung aller ihrer Angelegenheiten ein Betreuer nicht nur vorübergehend bestellt ist,
2. die am Wahltag für mindestens noch sechs Monate unter Wegfall der Bezüge beurlaubt sind,
3. die sich am Wahltag in der Freistellungsphase eines nach dem Blockmodell vereinbarten Altersteilzeitarbeitsverhältnisses befinden.

§ 8 Passives Wahlrecht

(1) Wählbar sind die wahlberechtigten Mitarbeiterinnen und Mitarbeiter, die am Wahltag seit mindestens einem Jahr ohne Unterbrechung im kirchlichen Dienst stehen, davon mindestens seit sechs Monaten in einer Einrichtung desselben Dienstgebers tätig sind.

(2) Nicht wählbar sind Mitarbeiterinnen und Mitarbeiter, die zur selbstständigen Entscheidung in anderen als den in § 3 Abs. 2 Nr. 3 genannten Personalangelegenheiten befugt sind.

§ 9 Vorbereitung der Wahl

(1) [1]Spätestens acht Wochen vor Ablauf der Amtszeit der Mitarbeitervertretung bestimmt die Mitarbeitervertretung den Wahltag. [2]Er soll spätestens zwei Wochen vor Ablauf der Amtszeit der Mitarbeitervertretung liegen.

(2) [1]Die Mitarbeitervertretung bestellt spätestens acht Wochen vor Ablauf ihrer Amtszeit die Mitglieder des Wahlausschusses. [2]Er besteht aus drei oder fünf Mitgliedern, die, wenn sie Mitarbeiterinnen oder Mitarbeiter sind, wahlberechtigt sein müssen. [3]Der Wahlausschuss wählt seine Vorsitzende oder seinen Vorsitzenden.

(3) [1]Scheidet ein Mitglied des Wahlausschusses aus, so hat die Mitarbeitervertretung unverzüglich ein neues Mitglied zu bestellen. [2]Kandidiert ein Mitglied des Wahlausschusses für die Mitarbeitervertretung, so scheidet es aus dem Wahlausschuss aus.

(4) [1]Der Dienstgeber stellt dem Wahlausschuss zur Aufstellung des Wählerverzeichnisses spätestens sieben Wochen vor Ablauf der Amtszeit eine Liste aller Mitarbeiterinnen und Mitarbeiter und der Personen, die dem Dienstgeber zur Arbeitsleistung überlassen werden im Sinne des Arbeitnehmerüberlassungsgesetzes mit den erforderlichen Angaben zur Verfügung. [2]Der Wahlausschuss erstellt jeweils eine Liste der wahlberechtigten und wählbaren Personen und legt sie mindestens vier Wochen vor der Wahl für die Dauer von einer Woche zur Einsicht aus. [3]Die oder der Vorsitzende des Wahlausschusses gibt bekannt, an welchem Ort, für welche Dauer und von welchem Tage an die Listen zur Einsicht ausliegen. [4]Jede wahlberechtigte und/oder wählbare Person, die geltend macht, wahlberechtigt und/oder wählbar zu sein, kann während der Auslegungsfrist gegen die Eintragung oder Nichteintragung in die nach Satz 2 zu erstellenden Listen Einspruch einlegen. [5]Der Wahlausschuss entscheidet über den Einspruch.

(5) [1]Der Wahlausschuss hat sodann die Wahlberechtigten aufzufordern, schriftliche Wahlvorschläge, die jeweils von mindestens drei Wahlberechtigten unterzeichnet sein müssen, bis zu einem von ihm festzusetzenden Termin einzureichen. [2]Der Wahlvorschlag muss die Erklärung der Kandidatin oder des Kandidaten enthalten, dass sie oder er der Benennung zustimmt. [3]Der Wahlausschuss hat in ausreichender Zahl Formulare für Wahlvorschläge auszulegen.

(6) Die Kandidatenliste soll mindestens doppelt soviel Wahlbewerberinnen und Wahlbewerber enthalten wie Mitglieder nach § 6 Abs. 2 zu wählen sind.

(7) Der Wahlausschuss prüft die Wählbarkeit und lässt sich von der Wahlbewerberin oder dem Wahlbewerber bestätigen, dass kein Ausschlussgrund im Sinne des § 8 vorliegt.

(8) [1]Spätestens eine Woche vor der Wahl sind die Namen der zur Wahl vorgeschlagenen und vom Wahlausschuss für wählbar erklärten Mitarbeiterinnen und Mitarbeiter in alphabetischer Reihenfolge durch Aushang bekannt zu geben. [2]Danach ist die Kandidatur unwiderruflich.

§ 10 Dienstgeber – Vorbereitungen zur Bildung einer Mitarbeitervertretung

(1) [1]Wenn in einer Einrichtung die Voraussetzungen für die Bildung einer Mitarbeitervertretung vorliegen, hat der Dienstgeber spätestens nach drei Monaten zu einer Mitarbeiterversammlung einzuladen. [2]Er leitet sie und kann sich hierbei vertreten lassen. [3]Die Mitarbeiterversammlung wählt den Wahlausschuss, der auch den Wahltag bestimmt. [4]Im Falle des Ausscheidens eines Mitglieds bestellt der Wahlausschuss unverzüglich ein neues Mitglied.

(1a) Absatz 1 gilt auch,

1. wenn die Mitarbeitervertretung ihrer Verpflichtung gemäß § 9 Abs. 1 und 2 nicht nachkommt,
2. im Falle des § 12 Abs. 5 Satz 2,
3. im Falle des § 13 Abs. 2 Satz 3,
4. in den Fällen des § 13a nach Ablauf des Zeitraumes, in dem die Mitarbeitervertretung die Geschäfte fortgeführt hat,
5. nach Feststellung der Nichtigkeit der Wahl der Mitarbeitervertretung durch rechtskräftige Entscheidung der kirchlichen Gerichte für Arbeitssachen in anderen als den in § 12 genannten Fällen, wenn ein ordnungsgemäßer Wahlausschuss nicht mehr besteht.

(2) Kommt die Bildung eines Wahlausschusses nicht zustande, so hat auf Antrag mindestens eines Zehntels der Wahlberechtigten und nach Ablauf eines Jahres der Dienstgeber erneut eine Mitarbeiterversammlung zur Bildung eines Wahlausschusses einzuberufen.

(3) In neuen Einrichtungen entfallen für die erste Wahl die in den §§ 7 Abs. 1 und 8 Abs. 1 festgelegten Zeiten.

§ 11 Durchführung der Wahl

(1) [1]Die Wahl der Mitarbeitervertretung erfolgt unmittelbar und geheim. [2]Für die Durchführung der Wahl ist der Wahlausschuss verantwortlich.

(2) [1]Die Wahl erfolgt durch Abgabe eines Stimmzettels. [2]Der Stimmzettel enthält in alphabetischer Reihenfolge die Namen aller zur Wahl stehenden Mitarbeiterinnen und Mitarbeiter (§ 9 Abs. 8 Satz 1). [3]Die Abgabe der Stimme erfolgt durch Ankreuzen eines oder mehrerer Namen. [4]Es können so viele Namen angekreuzt werden, wie Mitglieder zu wählen sind. [5]Der Wahlzettel ist in Anwesenheit von mindestens zwei Mitgliedern des Wahlausschusses in die bereitgestellte Urne zu werfen. [6]Die Stimmabgabe ist in der Liste der Wahlberechtigten zu vermerken.

(3) Bemerkungen auf dem Wahlzettel und das Ankreuzen von Namen von mehr Personen, als zu wählen sind, machen den Stimmzettel ungültig.

(4) [1]Im Falle der Verhinderung ist eine vorzeitige Stimmabgabe durch Briefwahl möglich. [2]Der Stimmzettel ist in dem für die Wahl vorgesehenen Umschlag und zusammen mit dem persönlich unterzeichneten Wahlschein in einem weiteren verschlossenen Umschlag mit der Aufschrift „Briefwahl" und der Angabe des Absenders dem Wahlausschuss zuzuleiten. [3]Diesen Umschlag hat der Wahlausschuss bis zum Wahltag aufzubewahren und am Wahltag die Stimmabgabe in der Liste der Wahlberechtigten zu vermerken, den Umschlag zu öffnen und den für die Wahl bestimmten Umschlag in die Urne zu werfen. [4]Die Briefwahl ist nur bis zum Abschluss der Wahl am Wahltag möglich.

(4a) [1]Der Wahlausschuss kann anordnen, dass die Wahlberechtigten ihr Wahlrecht statt im Wege der Urnenwahl durch Briefwahl ausüben. [2]Für ihre Durchführung ist Abs. 4 entsprechend anzuwenden.

(5) [1]Nach Ablauf der festgesetzten Wahlzeit stellt der Wahlausschuss öffentlich fest, wie viel Stimmen auf die einzelnen Gewählten entfallen sind und ermittelt ihre Reihenfolge nach der Stimmenzahl. [2]Das Ergebnis ist in einem Protokoll festzuhalten, das vom Wahlausschuss zu unterzeichnen ist.

(6) [1]Als Mitglieder der Mitarbeitervertretung sind diejenigen gewählt, die die meisten Stimmen erhalten haben. [2]Alle in der nach der Stimmenzahl entsprechenden Reihenfolge den gewählten Mitgliedern folgenden Mitarbeiterinnen und Mitarbeiter sind Ersatzmitglieder. [3]Bei gleicher Stimmenzahl entscheidet das Los.

(7) [1]Das Ergebnis der Wahl wird vom Wahlausschuss am Ende der Wahlhandlung bekannt gegeben. [2]Der Wahlausschuss stellt fest, ob jede oder jeder Gewählte die Wahl annimmt. [3]Bei Nichtannahme gilt an ihrer oder seiner Stelle die Mitarbeiterin oder der Mitarbeiter mit der nächstfolgenden Stimmenzahl als gewählt. [4]Mitglieder und Ersatzmitglieder der Mitarbeitervertretung werden durch Aushang bekannt gegeben.

(8) [1]Die gesamten Wahlunterlagen sind für die Dauer der Amtszeit der gewählten Mitarbeitervertretung aufzubewahren. [2]Die Kosten der Wahl trägt der Dienstgeber.

§§ 11a bis c Vereinfachtes Wahlverfahren*

§ 11a Voraussetzungen

(1) In Einrichtungen mit bis zu 20 Wahlberechtigten ist die Mitarbeitervertretung anstelle des Verfahrens nach den §§ 9 bis 11 im vereinfachten Wahlverfahren zu wählen.**

(2) Absatz 1 findet keine Anwendung, wenn die Mitarbeiterversammlung mit der Mehrheit der Anwesenden, mindestens jedoch einem Drittel der Wahlberechtigten spätestens acht Wochen vor Beginn des einheitlichen Wahlzeitraums die Durchführung der Wahl nach den §§ 9 bis 11 beschließt.

§ 11b Vorbereitung der Wahl

(1) Spätestens drei Wochen vor Ablauf ihrer Amtszeit lädt die Mitarbeitervertretung die Wahlberechtigten durch Aushang oder in sonst geeigneter Weise, die den Wahlberechtigten die Möglichkeit der Kenntnisnahme gibt, zur Wahlversammlung ein und legt gleichzeitig die Liste der Wahlberechtigten aus.

(2) Ist in einer Einrichtung eine Mitarbeitervertretung nicht vorhanden, so handelt der Dienstgeber gemäß Abs. 1.

§ 11c Durchführung der Wahl

(1) [1]Die Wahlversammlung wird von einer Wahlleiterin oder einem Wahlleiter geleitet, die oder der mit einfacher Stimmenmehrheit gewählt wird. [2]Im Bedarfsfall kann die Wahlversammlung zur Unterstützung der Wahlleiterin oder des Wahlleiters Wahlhelfer bestimmen.

(2) [1]Mitarbeitervertreterinnen und Mitarbeitervertreter und Ersatzmitglieder werden in einem gemeinsamen Wahlgang gewählt. [2]Jede wahlberechtigte Person kann Kandidatinnen und Kandidaten zur Wahl vorschlagen.

(3) [1]Die Wahl erfolgt durch Abgabe des Stimmzettels. [2]Auf dem Stimmzettel sind von der Wahlleiterin oder dem Wahlleiter die Kandidatinnen und Kandidaten in alphabetischer Reihenfolge unter Angabe von Name und Vorname aufzuführen. [3]Die Wahlleiterin oder der Wahlleiter trifft Vorkehrungen, dass die Wählerinnen und Wähler ihre Stimme geheim abgeben können. [4]Unverzüglich nach Beendigung der Wahlhandlung zählt sie oder er öffentlich die Stimmen aus und gibt das Ergebnis bekannt.

(4) § 9 Abs. 7, § 11 Abs. 2 Sätze 3, 4 und 6, § 11 Abs. 6 bis 8 und § 12 gelten entsprechend; an die Stelle des Wahlausschusses tritt die Wahlleiterin oder der Wahlleiter.

---

* Muster für eine diözesane Wahlordnung.

** Die Zahl der wahlberechtigten Mitarbeiterinnen und Mitarbeiter kann abweichend hiervon durch diözesane Regelung festgelegt werden.

§ 12 Anfechtung der Wahl

(1) [1]Jede wahlberechtigte Person oder der Dienstgeber hat das Recht die Wahl wegen eines Verstoßes gegen die §§ 6 bis 11c innerhalb einer Frist von einer Woche nach Bekanntgabe des Wahlergebnisses schriftlich anzufechten. [2]Die Anfechtungserklärung ist dem Wahlausschuss zuzuleiten.

(2) [1]Unzulässige oder unbegründete Anfechtungen weist der Wahlausschuss zurück. [2]Stellt er fest, dass die Anfechtung begründet ist und dadurch das Wahlergebnis beeinflusst sein kann, so erklärt er die Wahl für ungültig; in diesem Falle ist die Wahl unverzüglich zu wiederholen. [3]Im Falle einer sonstigen begründeten Wahlanfechtung berichtigt er den durch den Verstoß verursachten Fehler.

(3) Gegen die Entscheidung des Wahlausschusses ist die Klage beim Kirchlichen Arbeitsgericht innerhalb einer Ausschlussfrist von zwei Wochen nach Bekanntgabe der Entscheidung zulässig.

(4) Eine für ungültig erklärte Wahl lässt die Wirksamkeit der zwischenzeitlich durch die Mitarbeitervertretung getroffenen Entscheidungen unberührt.

(5) [1]Die Wiederholung einer erfolgreich angefochtenen Wahl obliegt dem Wahlausschuss. [2]Besteht kein ordnungsgemäß besetzter Wahlausschuss (§ 9 Abs. 2 Satz 2) mehr, so findet § 10 Anwendung.

§ 13 Amtszeit der Mitarbeitervertretung

(1) Die regelmäßigen Wahlen zur Mitarbeitervertretung finden alle vier Jahre in der Zeit vom 1. März bis 30. Juni (einheitlicher Wahlzeitraum) statt.*

(2) [1]Die Amtszeit beginnt mit dem Tag der Wahl oder, wenn zu diesem Zeitpunkt noch eine Mitarbeitervertretung besteht, mit Ablauf der Amtszeit dieser Mitarbeitervertretung. [2]Sie beträgt vier Jahre. [3]Sie endet jedoch vorbehaltlich der Regelung in Abs. 5 spätestens am 30. Juni des Jahres, in dem nach Abs. 1 die regelmäßigen Mitarbeitervertretungswahlen stattfinden.**

(3) Außerhalb des einheitlichen Wahlzeitraumes findet eine Neuwahl statt, wenn

1. an dem Tag, an dem die Hälfte der Amtszeit seit Amtsbeginn abgelaufen ist, die Zahl der Wahlberechtigten um die Hälfte, mindestens aber um 50, gestiegen oder gesunken ist,
2. die Gesamtzahl der Mitglieder der Mitarbeitervertretung auch nach Eintreten sämtlicher Ersatzmitglieder um mehr als die Hälfte der ursprünglich vorhandenen Mitgliederzahl gesunken ist,
3. die Mitarbeitervertretung mit der Mehrheit ihrer Mitglieder ihren Rücktritt beschlossen hat,
4. die Wahl der Mitarbeitervertretung mit Erfolg angefochten worden ist,
5. die Mitarbeiterversammlung der Mitarbeitervertretung gemäß § 22 Abs. 2 das Misstrauen ausgesprochen hat,
6. die Mitarbeitervertretung im Falle grober Vernachlässigung oder Verletzung der Befugnisse und Verpflichtungen als Mitarbeitervertretung durch rechtskräftige Entscheidung der kirchlichen Gerichte für Arbeitssachen aufgelöst ist.

* Beginn und Ende des einheitlichen Wahlzeitraumes können abweichend durch diözesane Regelung festgelegt werden.

** Muster für eine diözesane Ordnung.

(4) Außerhalb des einheitlichen Wahlzeitraumes ist die Mitarbeitervertretung zu wählen, wenn in einer Einrichtung keine Mitarbeitervertretung besteht und die Voraussetzungen für die Bildung der Mitarbeitervertretung (§ 10) vorliegen.

(5) [1]Hat außerhalb des einheitlichen Wahlzeitraumes eine Wahl stattgefunden, so ist die Mitarbeitervertretung in dem auf die Wahl folgenden nächsten einheitlichen Wahlzeitraum neu zu wählen. [2]Hat die Amtszeit der Mitarbeitervertretung zu Beginn des nächsten einheitlichen Wahlzeitraumes noch nicht ein Jahr betragen, so ist die Mitarbeitervertretung in dem übernächsten einheitlichen Wahlzeitraum neu zu wählen.

§ 13a Weiterführung der Geschäfte

[1]Ist bei Ablauf der Amtszeit (§ 13 Abs. 2) noch keine neue Mitarbeitervertretung gewählt, führt die Mitarbeitervertretung die Geschäfte bis zur Übernahme durch die neugewählte Mitarbeitervertretung fort, längstens für die Dauer von sechs Monaten vom Tag der Beendigung der Amtszeit an gerechnet. [2]Dies gilt auch in den Fällen des § 13 Abs. 3 Nrn. 1 bis 3.

§ 13b Ersatzmitglied, Verhinderung des ordentlichen Mitglieds und ruhende Mitgliedschaft

(1) Scheidet ein Mitglied der Mitarbeitervertretung während der Amtszeit vorzeitig aus, so tritt an seine Stelle das nächstberechtigte Ersatzmitglied (§ 11 Abs. 6 Satz 2).

(2) [1]Im Falle einer zeitweiligen Verhinderung eines Mitglieds tritt für die Dauer der Verhinderung das nächstberechtigte Ersatzmitglied ein. [2]Die Mitarbeitervertretung entscheidet darüber, ob eine zeitweilige Verhinderung vorliegt.

(3) [1]Die Mitgliedschaft in der Mitarbeitervertretung ruht, solange dem Mitglied die Ausübung seines Dienstes untersagt ist. [2]Für die Dauer des Ruhens tritt das nächstberechtigte Ersatzmitglied ein.

§ 13c Erlöschen der Mitgliedschaft

Die Mitgliedschaft in der Mitarbeitervertretung erlischt durch

1. Ablauf der Amtszeit der Mitarbeitervertretung,
2. Niederlegung des Amtes,
3. Ausscheiden aus der Einrichtung oder Eintritt in die Freistellungsphase eines nach dem Blockmodell vereinbarten Altersteilzeitarbeitsverhältnisses,
4. rechtskräftige Entscheidung der kirchlichen Gerichte für Arbeitssachen, die den Verlust der Wählbarkeit oder eine grobe Vernachlässigung oder Verletzung der Befugnisse und Pflichten als Mitglied der Mitarbeitervertretung festgestellt hat.

§ 13d Übergangsmandat

(1) [1]Wird eine Einrichtung gespalten, so bleibt deren Mitarbeitervertretung im Amt und führt die Geschäfte für die ihr bislang zugeordneten Teile einer Einrichtung weiter, soweit sie

die Voraussetzungen des § 6 Abs. 1 erfüllen und nicht in eine Einrichtung eingegliedert werden, in der eine Mitarbeitervertretung besteht (Übergangsmandat). [2]Die Mitarbeitervertretung hat insbesondere unverzüglich Wahlausschüsse zu bestellen. [3]Das Übergangsmandat endet, sobald in den Teilen einer Einrichtung eine neue Mitarbeitervertretung gewählt und das Wahlergebnis bekannt gegeben ist, spätestens jedoch sechs Monate nach Wirksamwerden der Spaltung. [4]Durch Dienstvereinbarung kann das Übergangsmandat um bis zu weitere sechs Monate verlängert werden.

(2) [1]Werden Einrichtungen oder Teile von Einrichtungen zu einer Einrichtung zusammengelegt, so nimmt die Mitarbeitervertretung der nach der Zahl der Wahlberechtigten größten Einrichtung oder des größten Teils einer Einrichtung das Übergangsmandat wahr. [2]Absatz 1 gilt entsprechend.

(3) Die Absätze 1 und 2 gelten auch, wenn die Spaltung oder Zusammenlegung von Einrichtungen und Teilen von Einrichtungen im Zusammenhang mit einer Betriebsveräußerung oder einer Umwandlung nach dem Umwandlungsgesetz erfolgt.

(4) [1]Führt eine Spaltung, Zusammenlegung oder Übertragung dazu, dass eine ehemals nicht in den Geltungsbereich nach § 1 fallende Einrichtung oder ein Teil einer Einrichtung nunmehr in den Geltungsbereich dieser Ordnung fällt, so gelten Abs. 1 und 2 entsprechend. [2]Die nicht nach dieser Ordnung gebildete Arbeitnehmervertretung handelt dann als Mitarbeitervertretung. [3]Bestehende Vereinbarungen zwischen dem Dienstgeber und der nicht nach dieser Ordnung gebildeten Arbeitnehmervertretung erlöschen und zuvor eingeleitete Beteiligungsverfahren enden.

§ 13e Restmandat

Geht eine Einrichtung durch Stilllegung, Spaltung oder Zusammenlegung unter, so bleibt deren Mitarbeitervertretung so lange im Amt, wie dies zur Wahrnehmung der damit im Zusammenhang stehenden Beteiligungsrechte erforderlich ist.

§ 14 Tätigkeit der Mitarbeitervertretung

(1) [1]Die Mitarbeitervertretung wählt bei ihrem ersten Zusammentreten, das innerhalb einer Woche nach der Wahl stattfinden soll und von der oder dem Vorsitzenden des Wahlausschusses einzuberufen ist, mit einfacher Mehrheit aus den Mitgliedern ihre Vorsitzende oder ihren Vorsitzenden. [2]Die oder der Vorsitzende soll katholisch sein. [3]Außerdem sollen eine stellvertretende Vorsitzende oder ein stellvertretender Vorsitzender und eine Schriftführerin oder ein Schriftführer gewählt werden. [4]Die oder der Vorsitzende der Mitarbeitervertretung oder im Falle ihrer oder seiner Verhinderung deren Stellvertreterin oder Stellvertreter vertritt die Mitarbeitervertretung im Rahmen der von ihr gefassten Beschlüsse. [5]Zur Entgegennahme von Erklärungen sind die oder der Vorsitzende, deren Stellvertreterin oder Stellvertreter oder ein von der Mitarbeitervertretung zu benennendes Mitglied berechtigt.

(2) [1]Die Mitarbeitervertretung kann ihrer oder ihrem Vorsitzenden mit Zweidrittelmehrheit der Mitglieder das Vertrauen entziehen. [2]In diesem Fall hat eine Neuwahl der oder des Vorsitzenden stattzufinden.

(3) [1]Die oder der Vorsitzende oder bei Verhinderung deren Stellvertreterin oder Stellvertreter beruft die Mitarbeitervertretung unter Angabe der Tagesordnung zu den Sitzungen ein und leitet sie. [2]Sie oder er hat die Mitarbeitervertretung einzuberufen, wenn die Mehrheit der Mitglieder es verlangt.

(4) [1]Die Sitzungen der Mitarbeitervertretung sind nicht öffentlich. [2]Sie finden in der Regel während der Arbeitszeit in der Einrichtung statt. [3]Bei Anberaumung und Dauer der Sitzung ist auf die dienstlichen Erfordernisse Rücksicht zu nehmen.[4]Kann die Sitzung der Mitarbeitervertretung wegen eines unabwendbaren Ereignisses nicht durch die körperliche Anwesenheit eines oder mehrerer Mitglieder durchgeführt werden, kann die Teilnahme einzelner oder aller Mitglieder an der Sitzung auch mittels neuer Informations- und Kommunikationstechnologien erfolgen, wenn sichergestellt ist, dass Dritte vom Inhalt der Sitzung keine Kenntnis nehmen können. [5]Im Hinblick auf die Beschlussfähigkeit gelten die an der virtuellen Sitzung teilnehmenden Mitglieder als anwesend im Sinne des Abs. 5 S. 1.

(5) [1]Die Mitarbeitervertretung ist beschlussfähig, wenn mehr als die Hälfte ihrer Mitglieder anwesend ist. [2]Die Mitarbeitervertretung beschließt mit Stimmenmehrheit der anwesenden Mitglieder. [3]Bei Stimmengleichheit gilt ein Antrag als abgelehnt.

(6) [1]Über die Sitzung der Mitarbeitervertretung ist eine Niederschrift zu fertigen, die die Namen der An- und Abwesenden, die Tagesordnung, den Wortlaut der Beschlüsse und das jeweilige Stimmenverhältnis enthalten muss. [2]Die Niederschrift ist von der oder dem Vorsitzenden zu unterzeichnen. [3]Soweit die Leiterin oder der Leiter der Dienststelle oder deren Beauftragte oder Beauftragter an der Sitzung teilgenommen haben, ist ihnen der entsprechende Teil der Niederschrift abschriftlich zuzuleiten.

(7) Der Dienstgeber hat dafür Sorge zu tragen, dass die Unterlagen der Mitarbeitervertretung in der Einrichtung verwahrt werden können.

(8) Die Mitarbeitervertretung kann sich eine Geschäftsordnung geben.

(9) [1]Die Mitarbeitervertretung kann in ihrer Geschäftsordnung bestimmen, dass Beschlüsse im Umlaufverfahren gefasst werden können, sofern dabei Einstimmigkeit erzielt wird. [2]Beschlüsse nach Satz 1 sind spätestens in der Niederschrift der nächsten Sitzung im Wortlaut festzuhalten.

(10) [1]Die Mitarbeitervertretung kann aus ihrer Mitte Ausschüsse bilden, denen mindestens drei Mitglieder der Mitarbeitervertretung angehören müssen. [2]Den Ausschüssen können Aufgaben zur selbstständigen Erledigung übertragen werden; dies gilt nicht für die Beteiligung bei Kündigungen sowie für den Abschluss und die Kündigung von Dienstvereinbarungen. [3]Die Übertragung von Aufgaben zur selbstständigen Erledigung erfordert eine Dreiviertelmehrheit der Mitglieder. [4]Die Mitarbeitervertretung kann die Übertragung von Aufgaben zur selbstständigen Erledigung durch Beschluss mit Stimmenmehrheit ihrer Mitglieder widerrufen. [5]Die Übertragung und der Widerruf sind dem Dienstgeber schriftlich anzuzeigen.

§ 15 Rechtsstellung der Mitarbeitervertretung*

(1) Die Mitglieder der Mitarbeitervertretung führen ihr Amt unentgeltlich als Ehrenamt.

(2) [1]Die Mitglieder der Mitarbeitervertretung sind zur ordnungsgemäßen Durchführung ihrer Aufgaben im notwendigen Umfang von der dienstlichen Tätigkeit freizustellen. [2]Die Freistellung beinhaltet den Anspruch auf Reduzierung der übertragenen Aufgaben.

* Abs. 3 ist Muster für eine diözesane Fassung.

(3) [1]Auf Antrag der Mitarbeitervertretung sind von ihrer dienstlichen Tätigkeit jeweils für die Hälfte der durchschnittlichen regelmäßigen Arbeitszeit einer oder eines Vollbeschäftigten freizustellen in Einrichtungen mit – im Zeitpunkt der Wahl – mehr als

- 300 Wahlberechtigten zwei Mitglieder der Mitarbeitervertretung,
- 600 Wahlberechtigten drei Mitglieder der Mitarbeitervertretung,
- 1.000 Wahlberechtigten vier Mitglieder der Mitarbeitervertretung,
- 1.500 Wahlberechtigten sechs Mitglieder der Mitarbeitervertretung.

[2]Darüber hinaus erhöht sich für je angefangene weitere 500 Wahlberechtigte die Zahl der Freistellungen um zwei Mitglieder der Mitarbeitervertretung. [3]Dienstgeber und Mitarbeitervertretung können sich für die Dauer der Amtszeit dahingehend einigen, dass das Freistellungskontingent auf mehr oder weniger Mitarbeitervertreterinnen oder Mitarbeitervertreter verteilt werden kann.

(3a) [1]Einem Mitglied der Mitarbeitervertretung, das von seiner dienstlichen Tätigkeit völlig freigestellt war, ist innerhalb eines Jahres nach Beendigung der Freistellung im Rahmen der Möglichkeiten der Einrichtung Gelegenheit zu geben, eine wegen der Freistellung unterbliebene einrichtungsübliche berufliche Entwicklung nachzuholen. [2]Für ein Mitglied im Sinne des Satzes 1, das drei volle aufeinanderfolgende Amtszeiten freigestellt war, erhöht sich der Zeitraum nach Satz 1 auf zwei Jahre.

(4) [1]Zum Ausgleich für die Tätigkeit als Mitglied der Mitarbeitervertretung, die aus einrichtungsbedingten Gründen außerhalb der Arbeitszeit durchzuführen ist, hat das Mitglied der Mitarbeitervertretung Anspruch auf entsprechende Arbeitsbefreiung unter Fortzahlung des Arbeitsentgelts. [2]Kann ein Mitglied der Mitarbeitervertretung die Lage seiner Arbeitszeit ganz oder teilweise selbst bestimmen, hat es die Tätigkeit als Mitglied der Mitarbeitervertretung außerhalb seiner Arbeitszeit dem Dienstgeber zuvor mitzuteilen. [3]Gibt dieser nach Mitteilung keine Möglichkeit zur Tätigkeit innerhalb der Arbeitszeit, liegt ein einrichtungsbedingter Grund vor. [4]Einrichtungsbedingte Gründe liegen auch vor, wenn die Tätigkeit als Mitglied der Mitarbeitervertretung wegen der unterschiedlichen Arbeitszeiten der Mitglieder der Mitarbeitervertretung nicht innerhalb der persönlichen Arbeitszeit erfolgen kann. [5]Die Arbeitsbefreiung soll vor Ablauf der nächsten sechs Kalendermonate gewährt werden. [6]Ist dies aus einrichtungsbedingten Gründen nicht möglich, kann der Dienstgeber die aufgewendete Zeit wie Mehrarbeit vergüten.

(5) Kommt es in den Fällen nach den Absätzen 2 und 4 nicht zu einer Einigung, entscheidet auf Antrag der Mitarbeitervertretung die Einigungsstelle.

(6) Für Reisezeiten von Mitgliedern der Mitarbeitervertretung gelten die für die Einrichtung bestehenden Bestimmungen.

§ 16 Schulung der Mitarbeitervertretung und des Wahlausschusses

(1) [1]Den Mitgliedern der Mitarbeitervertretung ist auf Antrag der Mitarbeitervertretung während ihrer Amtszeit bis zu insgesamt drei Wochen Arbeitsbefreiung unter Fortzahlung der Bezüge für die Teilnahme an Schulungsveranstaltungen zu gewähren, wenn diese die für die Arbeit in der Mitarbeitervertretung erforderlichen Kenntnisse vermitteln, von der (Erz-)Diözese oder dem Diözesan-Caritasverband als geeignet anerkannt sind und dringende dienstliche oder betriebliche Erfordernisse einer Teilnahme nicht entgegenstehen. [2]Bei Mitgliedschaft in mehreren Mitarbeitervertretungen kann der Anspruch nur einmal geltend gemacht werden. [3]Teilzeitbeschäftigten Mitgliedern der Mitarbeitervertretung, deren Teil-

MAVO

nahme an Schulungsveranstaltungen außerhalb ihrer persönlichen Arbeitszeit liegt, steht ein Anspruch auf Freizeitausgleich pro Schulungstag zu, jedoch höchstens bis zur Arbeitszeit eines vollbeschäftigten Mitglieds der Mitarbeitervertretung.

(1a) Abs. 1 gilt auch für das mit der höchsten Stimmenzahl gewählte Ersatzmitglied (§ 11 Abs. 6 Satz 2), wenn wegen

1. ständiger Heranziehung,
2. häufiger Vertretung eines Mitglieds der Mitarbeitervertretung für längere Zeit oder
3. absehbaren Nachrückens in das Amt als Mitglied der Mitarbeitervertretung in kurzer Frist die Teilnahme an Schulungsveranstaltungen erforderlich ist.

(2) [1]Die Mitglieder des Wahlausschusses erhalten für ihre Tätigkeit und für Schulungsmaßnahmen die Kenntnisse für diese Tätigkeit vermitteln, Arbeitsbefreiung, soweit dies zur ordnungsgemäßen Durchführung der Aufgaben erforderlich ist. [2]Abs. 1 Satz 2 gilt entsprechend.

(3) Die Mitglieder der Mitarbeitervertretung(en) im Wirtschaftsausschuss erhalten während ihrer Amtszeit für Schulungsmaßnahmen im Hinblick auf ihre Tätigkeit im Wirtschaftsausschuss auf Antrag zusätzlich eine Arbeitsbefreiung von einer Woche.

§ 17 Kosten der Mitarbeitervertretung*

(1) [1]Der Dienstgeber trägt die durch die Tätigkeit der Mitarbeitervertretung entstehenden und für die Wahrnehmung ihrer Aufgaben erforderlichen Kosten einschließlich der Reisekosten im Rahmen der für den Dienstgeber bestehenden Bestimmungen. [2]Zu den erforderlichen Kosten gehören auch

- die Kosten für die Teilnahme an Schulungsveranstaltungen im Sinne des § 16;
- die Kosten, die durch die Beiziehung sachkundiger Personen entstehen, soweit diese zur ordnungsgemäßen Erfüllung der Aufgaben notwendig ist und der Dienstgeber der Kostenübernahme vorher zugestimmt hat; die Zustimmung darf nicht missbräuchlich verweigert werden;
- die Kosten der Beauftragung eines Bevollmächtigten in Verfahren vor der Einigungsstelle, soweit der Vorsitzende der Einigungsstelle feststellt, dass die Bevollmächtigung zur Wahrung der Rechte des Bevollmächtigenden notwendig ist;
- die Kosten der Beauftragung eines Bevollmächtigten in Verfahren vor den kirchlichen Gerichten für Arbeitssachen, soweit die Bevollmächtigung zur Wahrung der Rechte des Bevollmächtigenden notwendig ist.

(2) Der Dienstgeber stellt unter Berücksichtigung der bei ihm vorhandenen Gegebenheiten die sachlichen und personellen Hilfen zur Verfügung.

(3) [1]Absätze 1 und 2 gelten entsprechend für gemeinsame Mitarbeitervertretungen (§ 1b) und erweiterte Gesamtmitarbeitervertretungen (§ 24 Abs. 2), mit der Maßgabe, dass die Kosten von den beteiligten Dienstgebern entsprechend dem Verhältnis der Zahl der Mitarbeiterinnen und Mitarbeiter im Zeitpunkt der Bildung getragen werden. [2]Die beteiligten Dienstgeber haften als Gesamtschuldner.

---

* Abs. 3 ist Muster für eine diözesane Fassung.

§ 18 Schutz der Mitglieder der Mitarbeitervertretung

(1) Die Mitglieder der Mitarbeitervertretung dürfen in der Ausübung ihres Amtes nicht behindert und aufgrund ihrer Tätigkeit weder benachteiligt noch begünstigt werden.

(1a) Das Arbeitsentgelt von Mitgliedern der Mitarbeitervertretung darf einschließlich eines Zeitraums von einem Jahr nach Beendigung der Mitgliedschaft nicht geringer bemessen werden als das Arbeitsentgelt vergleichbarer Mitarbeiterinnen und Mitarbeiter mit einrichtungsüblicher Entwicklung.

(1b) Die Mitglieder der Mitarbeitervertretung dürfen von Maßnahmen der beruflichen Bildung innerhalb und außerhalb der Einrichtung nicht ausgeschlossen werden.

(2) [1]Mitglieder der Mitarbeitervertretung können gegen ihren Willen in eine andere Einrichtung nur versetzt oder abgeordnet werden, wenn dies auch unter Berücksichtigung dieser Mitgliedschaft aus wichtigen dienstlichen Gründen unvermeidbar ist und die Mitarbeitervertretung gemäß § 33 zugestimmt hat. [2]Dies gilt auch im Falle einer Zuweisung oder Personalgestellung an einen anderen Rechtsträger.

(3) Erleidet eine Mitarbeiterin oder ein Mitarbeiter, die oder der Anspruch auf Unfallfürsorge nach beamtenrechtlichen Grundsätzen hat, anlässlich der Wahrnehmung von Rechten oder in Erfüllung von Pflichten nach dieser Ordnung einen Unfall, der im Sinne der beamtenrechtlichen Unfallfürsorgevorschriften ein Dienstunfall wäre, so sind diese Vorschriften entsprechend anzuwenden.

(4) [1]Beantragt eine in einem Berufsausbildungsverhältnis stehende Mitarbeiterin oder ein in einem Berufsausbildungsverhältnis stehender Mitarbeiter, die oder der Mitglied der Mitarbeitervertretung oder Sprecherin oder Sprecher der Jugendlichen und der Auszubildenden ist, spätestens einen Monat vor Beendigung des Ausbildungsverhältnisses für den Fall des erfolgreichen Abschlusses ihrer oder seiner Ausbildung schriftlich die Weiterbeschäftigung, so bedarf die Ablehnung des Antrages durch den Dienstgeber der Zustimmung der Mitarbeitervertretung gemäß § 33, wenn der Dienstgeber gleichzeitig andere Auszubildende weiterbeschäftigt. [2]Die Zustimmung kann nur verweigert werden, wenn der durch Tatsachen begründete Verdacht besteht, dass die Ablehnung der Weiterbeschäftigung wegen der Tätigkeit als Mitarbeitervertreterin oder Mitarbeitervertreter erfolgt. [3]Verweigert die Mitarbeitervertretung die vom Dienstgeber beantragte Zustimmung, so kann dieser gemäß § 33 Abs. 4 das Kirchliche Arbeitsgericht anrufen.

§ 19 Kündigungsschutz

(1) [1]Einem Mitglied der Mitarbeitervertretung kann nur gekündigt werden, wenn ein Grund für eine außerordentliche Kündigung vorliegt. [2]Abweichend von Satz 1 kann in den Fällen des Artikels 5 der Grundordnung des kirchlichen Dienstes im Rahmen kirchlicher Arbeitsverhältnisse auch eine ordentliche Kündigung ausgesprochen werden. [3]Die Sätze 1 und 2 gelten ebenfalls innerhalb eines Jahres nach Beendigung der Amtszeit es sei denn die Mitgliedschaft ist nach § 13c Nrn. 2, 4 erloschen.

(2) [1]Nach Ablauf der Probezeit darf einem Mitglied des Wahlausschusses vom Zeitpunkt seiner Bestellung an, einer Wahlbewerberin oder einem Wahlbewerber vom Zeitpunkt der Aufstellung des Wahlvorschlages an, jeweils bis sechs Monate nach Bekanntgabe des Wahlergebnisses nur gekündigt werden, wenn ein Grund für eine außerordentliche Kündigung vorliegt. [2]Für die ordentliche Kündigung gilt Abs. 1 Satz 2 entsprechend.

(3) [1]Die ordentliche Kündigung eines Mitglieds der Mitarbeitervertretung, eines Mitglieds des Wahlausschusses oder einer Wahlbewerberin oder eines Wahlbewerbers ist auch zulässig, wenn eine Einrichtung geschlossen wird, frühestens jedoch zum Zeitpunkt der Schließung der Einrichtung, es sei denn, dass die Kündigung zu einem früheren Zeitpunkt durch zwingende betriebliche Erfordernisse bedingt ist. [2]Wird nur ein Teil der Einrichtung geschlossen, so sind die in Satz 1 genannten Mitarbeiterinnen und Mitarbeiter in einen anderen Teil der Einrichtung zu übernehmen. [3]Ist dies aus betrieblichen Gründen nicht möglich, gilt Satz 1.

§ 20 Schweigepflicht

[1]Die Mitglieder und die Ersatzmitglieder der Mitarbeitervertretung haben über dienstliche Angelegenheiten oder Tatsachen, die ihnen aufgrund ihrer Zugehörigkeit zur Mitarbeitervertretung bekannt geworden sind, Stillschweigen zu bewahren. [2]Dies gilt auch für die Zeit nach Ausscheiden aus der Mitarbeitervertretung. [3]Die Schweigepflicht besteht nicht für solche dienstlichen Angelegenheiten oder Tatsachen, die offenkundig sind oder ihrer Bedeutung nach keiner Geheimhaltung bedürfen. [4]Die Schweigepflicht gilt ferner nicht gegenüber Mitgliedern der Mitarbeitervertretung sowie gegenüber der Gesamtmitarbeitervertretung. [5]Eine Verletzung der Schweigepflicht stellt in der Regel eine grobe Pflichtverletzung im Sinne des § 13c Nr. 4 dar.

III. Die Mitarbeiterversammlung

§ 21 Einberufung der Mitarbeiterversammlung

(1) [1]Die Mitarbeiterversammlung (§ 4) ist nicht öffentlich. [2]Sie wird von der oder dem Vorsitzenden der Mitarbeitervertretung einberufen und geleitet. [3]Die Einladung hat unter Angabe der Tagesordnung mindestens eine Woche vor dem Termin durch Aushang oder in sonst geeigneter Weise, die den Teilnehmern der Mitarbeiterversammlung die Möglichkeit der Kenntnisnahme gibt, zu erfolgen.

(2) [1]Die Mitarbeiterversammlung hat mindestens einmal im Jahr stattzufinden. [2]Auf ihr hat die oder der Vorsitzende der Mitarbeitervertretung einen Tätigkeitsbericht zu erstatten.

(3) [1]Auf Verlangen von einem Drittel der Wahlberechtigten hat die oder der Vorsitzende der Mitarbeitervertretung die Mitarbeiterversammlung unter Angabe der Tagesordnung innerhalb von zwei Wochen einzuberufen. [2]Das Gleiche gilt, wenn der Dienstgeber aus besonderem Grunde die Einberufung verlangt. [3]In diesem Fall ist in der Tagesordnung der Grund anzugeben. [4]An dieser Versammlung nimmt der Dienstgeber teil.

(4) [1]Jährlich findet eine Mitarbeiterversammlung während der Arbeitszeit statt, sofern nicht dienstliche Gründe eine andere Regelung erfordern. [2]Die Zeit der Teilnahme an dieser Mitarbeiterversammlung und die zusätzliche Wegezeit sind wie Arbeitszeit zu vergüten, auch wenn die Mitarbeiterversammlung außerhalb der Arbeitszeit stattfindet. [3]Notwendige Fahrtkosten für jährlich höchstens zwei Mitarbeiterversammlungen sowie für die auf Verlangen des Dienstgebers einberufene Mitarbeiterversammlung (Abs. 3) werden von dem Dienstgeber nach den bei ihm geltenden Regelungen erstattet.

§ 22 Aufgaben und Verfahren der Mitarbeiterversammlung

(1) [1]Die Mitarbeiterversammlung befasst sich mit allen Angelegenheiten, die zur Zuständigkeit der Mitarbeitervertretung gehören. [2]In diesem Rahmen ist die Mitarbeitervertretung der Mitarbeiterversammlung berichtspflichtig. [3]Sie kann der Mitarbeitervertretung Anträge unterbreiten und zu den Beschlüssen der Mitarbeitervertretung Stellung nehmen.

(2) Spricht mindestens die Hälfte der Wahlberechtigten in einer Mitarbeiterversammlung der Mitarbeitervertretung das Misstrauen aus, so findet eine Neuwahl statt (§ 13 Abs. 3 Nr. 5).

(3) [1]Jede ordnungsgemäß einberufene Mitarbeiterversammlung ist ohne Rücksicht auf die Zahl der erschienenen Mitglieder beschlussfähig. [2]Die Beschlüsse bedürfen der einfachen Mehrheit aller anwesenden Mitarbeiterinnen und Mitarbeiter. [3]Anträge der Mitarbeiterversammlung gelten bei Stimmengleichheit als abgelehnt.

(4) [1]Anträge und Beschlüsse sind in einer Niederschrift festzuhalten und von der oder dem Vorsitzenden und der Schriftführerin oder dem Schriftführer der Mitarbeitervertretung zu unterzeichnen. [2]Der Niederschrift soll eine Anwesenheitsliste beigefügt werden. [3]Bei Teilversammlungen (§ 4 Satz 2) und im Falle des Abs. 2 ist eine Anwesenheitsliste beizufügen.

IIIa. Sonderregelungen für gemeinsame Mitarbeitervertretungen*

§ 22a Sonderregelungen für gemeinsame Mitarbeitervertretungen nach § 1b

(1) [1]Die dem Dienstgeber gegenüber der Mitarbeitervertretung nach dieser Ordnung obliegenden Pflichten obliegen bei der gemeinsamen Mitarbeitervertretung den betroffenen Dienstgebern gemeinschaftlich. [2]Dies gilt auch für die Einberufung der Mitarbeiterversammlung zur Vorbereitung der Wahl einer gemeinsamen Mitarbeitervertretung (§ 10) sowie die Führung des gemeinsamen Gesprächs nach § 39 Abs. 1 Satz 1. [3]Die Informationspflicht des Dienstgebers nach § 27 Abs. 1, § 27a und die Verpflichtungen aus den Beteiligungsrechten nach §§ 29 bis 37 sind auf die jeweils eigenen Mitarbeiterinnen und Mitarbeiter beschränkt. [4]Die betroffenen Dienstgeber können sich gegenseitig ermächtigen, die Aufgaben füreinander wahrzunehmen.

(2) Die §§ 7 Absätze 1 und 2, 8 Abs. 1 und 13c Ziffer 3 erste Alternative finden mit der Maßgabe Anwendung, dass der Wechsel einer Mitarbeiterin oder eines Mitarbeiters zu einem kirchlichen Dienstgeber innerhalb des Zuständigkeitsbereichs der Mitarbeitervertretung nicht den Verlust des Wahlrechts, der Wählbarkeit oder der Mitgliedschaft in der Mitarbeitervertretung zur Folge hat.

(3) Für die Wahl der gemeinsamen Mitarbeitervertretung gelten die §§ 9 bis 11c, soweit das Wahlverfahren nicht durch besondere diözesane Verordnung geregelt wird.

(4) Die Mitarbeiterversammlung ist die Versammlung aller Mitarbeiterinnen und Mitarbeiter der Einrichtungen, für die eine gemeinsame Mitarbeitervertretung gemäß § 1b gebildet ist.

* Muster für eine diözesane Fassung.

IV. Besondere Formen der Vertretung von Mitarbeiterinnen und Mitarbeitern

§ 23 Sondervertretung*

(1) Mitarbeiterinnen und Mitarbeiter, die von ihrem Dienstgeber einer Einrichtung eines anderen kirchlichen oder nichtkirchlichen Rechtsträgers zugeordnet worden sind, bilden eine Sondervertretung.

(2) [1]Die Sondervertretung wirkt mit bei Maßnahmen, die vom Dienstgeber getroffen werden. [2]Bei Zuordnung zu einem kirchlichen Rechtsträger ist im Übrigen die Mitarbeitervertretung der Einrichtung zuständig.

(3) Das Nähere, einschließlich der Einzelheiten des Wahlverfahrens, wird in Sonderbestimmungen geregelt.

§ 24 Gesamtmitarbeitervertretung und erweiterte Gesamtmitarbeitervertretung*

(1) Bestehen bei einem Dienstgeber (§ 2) mehrere Mitarbeitervertretungen, so ist auf Antrag von zwei Dritteln der Mitarbeitervertretungen oder wenn die befürwortenden Mitarbeitervertretungen mehr als die Hälfte der in die Wählerlisten eingetragenen Wahlberechtigten repräsentieren, eine Gesamtmitarbeitervertretung zu bilden.

(2) Die Mitarbeitervertretungen mehrerer Einrichtungen mehrerer Rechtsträger bilden, wenn die einheitliche und beherrschende Leitung der beteiligten selbständigen kirchlichen Einrichtungen bei einem Rechtsträger liegt, auf Antrag von zwei Dritteln der Mitarbeitervertretungen oder wenn die befürwortenden Mitarbeitervertretungen mehr als die Hälfte der in die Wählerlisten eingetragenen Wahlberechtigten repräsentieren, eine erweiterte Gesamtmitarbeitervertretung.

(3) [1]Befürwortet mindestens eine Mitarbeitervertretung die Bildung einer Gesamtmitarbeitervertretung oder erweiterten Gesamtmitarbeitervertretung, teilt sie dies der nach der Zahl der in die Wählerlisten eingetragenen Wahlberechtigten größten Mitarbeitervertretung mit. [2]Diese lädt binnen drei Monaten zu einer gemeinsamen Sitzung aller Mitglieder der betroffenen Mitarbeitervertretungen zur Beratung über die Bildung einer Gesamtmitarbeitervertretung oder erweiterten Gesamtmitarbeitervertretung ein. [3]Der Dienstgeber stellt den Mitarbeitervertretungen die notwendigen Informationen zur Verfügung, insbesondere die Zahl und Größe der Mitarbeitervertretungen, deren Anschriften und die Zahl der jeweils in die Wählerlisten eingetragenen Wahlberechtigten im Zeitpunkt der Antragstellung. [4]Die Mitglieder der betroffenen Mitarbeitervertretungen sind für die gemeinsame Sitzung im notwendigen Umfang von der dienstlichen Tätigkeit freizustellen. [5]Der Dienstgeber stellt einen geeigneten Raum mit angemessener Ausstattung zur Verfügung und erstattet die notwendigen Reisekosten zu der gemeinsamen Sitzung. [6]Die Abstimmungsergebnisse der einzelnen Mitarbeitervertretungen werden von dem/der Vorsitzenden der nach der Zahl der in die Wählerlisten eingetragenen Wahlberechtigten größten Mitarbeitervertretung erfasst; er/sie teilt die Ergebnisse dem Dienstgeber und allen betroffenen Mitarbeitervertretungen schriftlich mit. [7]Die Bildung der Gesamtmitarbeitervertretung oder der erweiterten Gesamtmitarbeitervertretung kann beim Kirchlichen Arbeitsgericht innerhalb einer Ausschlussfrist

* Muster für eine diözesane Fassung.

von zwei Wochen nach Bekanntgabe der Entscheidung angefochten werden, wenn gegen wesentliche Bestimmungen verstoßen worden ist. [8]Zur Anfechtung berechtigt ist jede Mitarbeitervertretung oder der Dienstgeber. [9]Liegen die Voraussetzungen für die Bildung einer Gesamtmitarbeitervertretung oder erweiterten Gesamtmitarbeitervertretung vor, lädt die nach der Zahl der in die Wählerlisten eingetragenen Wahlberechtigten größte Mitarbeitervertretung nach Ablauf der Anfechtungsfrist zur konstituierenden Sitzung der Gesamtmitarbeitervertretung oder erweiterten Gesamtmitarbeitervertretung ein.

(4) [1]Jede Mitarbeitervertretung entsendet in die Gesamtmitarbeitervertretung oder erweiterte Gesamtmitarbeitervertretung ein Mitglied. [2]Außerdem wählen die Sprecherinnen oder Sprecher der Jugendlichen und Auszubildenden und die Vertrauenspersonen der schwerbehinderten Mitarbeiterinnen und Mitarbeiter der beteiligten Mitarbeitervertretungen aus ihrer Mitte je eine Vertreterin oder einen Vertreter und je eine Ersatzvertreterin oder einen Ersatzvertreter in die Gesamtmitarbeitervertretung oder erweiterte Gesamtmitarbeitervertretung. [3]Durch Dienstvereinbarung können Mitgliederzahl und Zusammensetzung abweichend geregelt werden. [4]Durch Dienstvereinbarung kann geregelt werden, ob und in welchem Umfang Mitglieder der Gesamtmitarbeitervertretung oder der erweiterten Gesamtmitarbeitervertretung pauschal freigestellt werden sollen.

(5) [1]Jedes Mitglied der Gesamtmitarbeitervertretung oder erweiterten Gesamtmitarbeitervertretung hat so viele Stimmen, wie der Mitarbeitervertretung, die es entsandt hat, Mitglieder bei der letzten Wahl nach § 6 Abs. 2 zustanden. [2]Entsendet eine Mitarbeitervertretung mehrere Mitglieder, so stehen ihnen die Stimmen nach Satz 1 anteilig zu. [3]Durch Dienstvereinbarung kann die Stimmengewichtung abweichend geregelt werden.

(6) [1]Die Gesamtmitarbeitervertretung oder erweiterte Gesamtmitarbeitervertretung ist zuständig für die Angelegenheiten der Mitarbeitervertretung, soweit sie die Mitarbeiterinnen und Mitarbeiter aus mehreren oder allen Einrichtungen betreffen und diese nicht durch die einzelnen Mitarbeitervertretungen in ihren Einrichtungen geregelt werden können. [2]Ihre Zuständigkeit erstreckt sich auch auf Einrichtungen ohne Mitarbeitervertretung. [3]In allen übrigen Angelegenheiten ist die Mitarbeitervertretung der Einrichtung zuständig, unabhängig davon, wer für den Dienstgeber handelt. [4]Die Mitarbeitervertretung kann durch Beschluss, das Verhandlungsmandat auf die Gesamtmitarbeitervertretung oder erweiterte Gesamtmitarbeitervertretung übertragen; die materielle Entscheidungsbefugnis bleibt jedoch stets der Mitarbeitervertretung vorbehalten. [5]Die Gesamtmitarbeitervertretung oder erweiterte Gesamtmitarbeitervertretung ist der einzelnen Mitarbeitervertretung der Einrichtung nicht übergeordnet.

(7) Die Mitgliedschaft in der Gesamtmitarbeitervertretung oder erweiterten Gesamtmitarbeitervertretung erlischt nach Maßgabe des § 13c oder durch Abberufung durch die entsendende Mitarbeitervertretung.

(8) Die Auflösung der einmal errichteten Gesamtmitarbeitervertretung oder erweiterten Gesamtmitarbeitervertretung bedarf der Zustimmung von zwei Dritteln der Mitarbeitervertretungen oder von Mitarbeitervertretungen, die mehr als die Hälfte der in die Wählerlisten eingetragenen Wahlberechtigten repräsentieren.

(9) Für die Gesamtmitarbeitervertretung und erweiterte Gesamtmitarbeitervertretung gelten im Übrigen die Bestimmungen dieser Ordnung sinngemäß mit Ausnahme des § 15 Abs. 3.

§ 25 Arbeitsgemeinschaften der Mitarbeitervertretungen*

(1) Die Mitarbeitervertretungen im Anwendungsbereich dieser Ordnung bilden die „Diözesane Arbeitsgemeinschaft der Mitarbeitervertretungen im (Erz-)Bistum ...".

(2) Zweck der Arbeitsgemeinschaft ist

1. gegenseitige Information und Erfahrungsaustausch mit den vertretenen Mitarbeitervertretungen,
2. Beratung der Mitarbeitervertretungen in Angelegenheiten des Mitarbeitervertretungsrechtes,
3. Beratung der Mitarbeitervertretungen im Falle des § 38 Abs. 2,
4. Förderung der Anwendung der Mitarbeitervertretungsordnung,
5. Sorge um die Schulung der Mitarbeitervertreterinnen und Mitarbeitervertreter,
6. Erarbeitung von Vorschlägen zur Fortentwicklung der Mitarbeitervertretungsordnung,
7. Abgabe von Stellungnahmen zu Vorhaben der Bistums-/Regional-KODA und der Arbeitsrechtlichen Kommission des Deutschen Caritasverbandes jeweils nach Aufforderung durch die Vorsitzende oder den Vorsitzenden der Kommission,
8. Erstellung von Beisitzerlisten nach § 44 Abs. 2 Satz 1,
9. Mitwirkung bei der Wahl zu einer nach Artikel 7 GrO zu bildenden Kommission zur Ordnung des Arbeitsvertragsrechts, soweit eine Ordnung dies vorsieht,
10. Mitwirkung bei der Besetzung der Kirchlichen Arbeitsgerichte nach Maßgabe der Vorschriften der KAGO,
11. Beratung der Mitarbeitervertretungen bei der Bildung einer Gesamtmitarbeitervertretung oder erweiterten Gesamtmitarbeitervertretung nach § 24.

(3) [1]Organe der Arbeitsgemeinschaft sind

- die Mitgliederversammlung
- der Vorstand.

[2]Zusammensetzung der Mitgliederversammlung und Wahl des Vorstandes werden in Sonderbestimmungen geregelt.

(4) [1]Das (Erz-)Bistum trägt im Rahmen der der Arbeitsgemeinschaft im (Erz-)Bistumshaushalt zur Wahrnehmung der Aufgaben zur Verfügung gestellten Mittel die notwendigen Kosten einschließlich der Reisekosten entsprechend der für das (Erz-)Bistum geltenden Reisekostenregelung. [2]Für die Teilnahme an der Mitgliederversammlung und für die Tätigkeit des Vorstandes besteht Anspruch auf Arbeitsbefreiung, soweit dies zur ordnungsgemäßen Durchführung der Aufgaben der Arbeitsgemeinschaft erforderlich ist und kein unabwendbares dienstliches oder betriebliches Interesse entgegensteht. [3]§ 15 Abs. 4 gilt entsprechend. [4]Regelungen zur Erstattung der Kosten der Freistellung werden in Sonderbestimmungen geregelt. [5]Den Mitgliedern des Vorstandes ist im zeitlichen Umfang des Anspruchs nach § 16 Abs. 1 Satz 1 Arbeitsbefreiung unter Fortzahlung der Bezüge für die Teilnahme an solchen Schulungsveranstaltungen zu gewähren, welche die für die Arbeit in der Arbeitsgemeinschaft erforderlichen Kenntnisse vermitteln.

* Absätze 1 bis 4 sind Muster für eine diözesane Fassung.

(5) [1]Die Arbeitsgemeinschaft kann sich mit Arbeitsgemeinschaften anderer (Erz-)Diözesen zu einer Bundesarbeitsgemeinschaft der Mitarbeitervertretungen zur Wahrung folgender Aufgaben zusammenschließen:

1. Förderung des Informations- und Erfahrungsaustausches unter ihren Mitgliedern,
2. Erarbeitung von Vorschlägen zur Anwendung des Mitarbeitervertretungsrechts,
3. Erarbeitung von Vorschlägen zur Entwicklung der Rahmenordnung für eine Mitarbeitervertretungsordnung,
4. Kontaktpflege mit der Kommission für Personalwesen des Verbandes der Diözesen Deutschlands,
5. Abgabe von Stellungnahmen zu Vorhaben der Zentral-KODA nach Aufforderung durch die Vorsitzende oder den Vorsitzenden der Kommission,
6. Mitwirkung bei der Besetzung des Kirchlichen Arbeitsgerichtshofes nach Maßgabe der Vorschriften der KAGO.

[2]Das Nähere bestimmt die Vollversammlung des Verbandes der Diözesen Deutschlands.

V. Zusammenarbeit zwischen Dienstgeber und Mitarbeitervertretung

§ 26 Allgemeine Aufgaben der Mitarbeitervertretung

(1) [1]Der Dienst in der Kirche verpflichtet Dienstgeber und Mitarbeitervertretung in besonderer Weise, vertrauensvoll zusammenzuarbeiten und sich bei der Erfüllung der Aufgaben gegenseitig zu unterstützen. [2]Dienstgeber und Mitarbeitervertretung haben darauf zu achten, dass alle Mitarbeiterinnen und Mitarbeiter nach Recht und Billigkeit behandelt werden. [3]In ihrer Mitverantwortung für die Aufgabe der Einrichtung soll auch die Mitarbeitervertretung bei den Mitarbeiterinnen und Mitarbeitern das Verständnis für den Auftrag der Kirche stärken und für eine gute Zusammenarbeit innerhalb der Dienstgemeinschaft eintreten.

(2) [1]Der Mitarbeitervertretung sind auf Verlangen die zur Durchführung ihrer Aufgaben erforderlichen Unterlagen vorzulegen. [2]Personalakten dürfen nur mit schriftlicher Zustimmung der Mitarbeiterin oder des Mitarbeiters eingesehen werden.

(3) Die Mitarbeitervertretung hat folgende allgemeine Aufgaben:

1. Maßnahmen, die der Einrichtung und den Mitarbeiterinnen und Mitarbeitern dienen, anzuregen,
2. Anregungen und Beschwerden von Mitarbeiterinnen und Mitarbeitern sowie derjenigen Personen, die dem Dienstgeber zur Arbeitsleistung überlassen werden im Rahmen der Arbeitnehmerüberlassung, entgegenzunehmen und, falls sie berechtigt erscheinen, vorzutragen und auf ihre Erledigung hinzuwirken,
3. die Eingliederung und berufliche Entwicklung schwerbehinderter und anderer schutzbedürftiger, insbesondere älterer Mitarbeiterinnen und Mitarbeiter zu fördern,
4. die Eingliederung ausländischer Mitarbeiterinnen und Mitarbeiter in die Einrichtung und das Verständnis zwischen ihnen und den anderen Mitarbeiterinnen und Mitarbeitern zu fördern,
5. Maßnahmen zur beruflichen Förderung schwerbehinderter Mitarbeiterinnen und Mitarbeiter anzuregen,

MAVO

6. mit den Sprecherinnen oder Sprechern der Jugendlichen und der Auszubildenden zur Förderung der Belange der jugendlichen Mitarbeiterinnen und Mitarbeiter und der Auszubildenden zusammenzuarbeiten,
7. sich für die Durchführung der Vorschriften über den Arbeitsschutz, die Unfallverhütung und die Gesundheitsförderung in der Einrichtung einzusetzen,
8. auf frauen- und familienfreundliche Arbeitsbedingungen hinzuwirken,
9. die Mitglieder der Mitarbeiterseite in den Kommissionen zur Behandlung von Beschwerden gegen Leistungsbeurteilungen und zur Kontrolle des Systems der Leistungsfeststellung und -bezahlung zu benennen, soweit dies in einer kirchlichen Arbeitsvertragsordnung vorgesehen ist,
10. Durchsetzung der Entgeltgleichheit von Frauen und Männern in der Einrichtung und Wahrnehmung der im Entgelttransparenzgesetz (EntgTranspG) vorgesehenen Aufgaben der betrieblichen Interessenvertretung.

(3a) Auf Verlangen der Mitarbeiterin oder des Mitarbeiters ist ein Mitglied der Mitarbeitervertretung hinzuzuziehen bei einem Gespräch mit dem Dienstgeber über

1. personen-, verhaltens- oder betriebsbedingte Schwierigkeiten, die zur Gefährdung des Dienst- oder Arbeitsverhältnisses führen können oder
2. den Abschluss eines Änderungs- oder Aufhebungsvertrages.

(4) Die Mitarbeitervertretung wirkt an der Wahl zu einer nach Artikel 7 GrO zu bildenden Kommission zur Ordnung des Arbeitsvertragsrechts mit, soweit eine Ordnung dies vorsieht.

§ 27 Information

(1) [1]Dienstgeber und Mitarbeitervertretung informieren sich gegenseitig über die Angelegenheiten, welche die Dienstgemeinschaft betreffen. [2]Auf Wunsch findet eine Aussprache statt.

(2) Der Dienstgeber informiert die Mitarbeitervertretung insbesondere über

- Stellenausschreibungen,
- Änderungen und Ergänzungen des Stellenplanes,
- Behandlung der von der Mitarbeitervertretung vorgetragenen Anregungen und Beschwerden,
- Bewerbungen von schwerbehinderten Menschen und Vermittlungsvorschläge nach § 164 Abs. 1 Satz 4 SGB IX,
- Einrichtungen von Langzeitkonten und deren Inhalt,
- den für ihren Zuständigkeitsbereich maßgeblichen Inhalt des Verzeichnisses gemäß § 163 Abs. 1 SGB IX sowie der Anzeige gemäß § 163 Abs. 2 Satz 1 SGB IX.

§ 27a Information in wirtschaftlichen Angelegenheiten

(1) [1]Der Dienstgeber einer Einrichtung, in der in der Regel mehr als 50 Mitarbeiterinnen und Mitarbeiter ständig beschäftigt sind und deren Betrieb überwiegend durch Zuwendungen der öffentlichen Hand, aus Leistungs- und Vergütungsvereinbarungen mit Kostenträgern oder Zahlungen sonstiger nichtkirchlicher Dritter finanziert wird, hat die Mitarbeiterver-

tretung über die wirtschaftlichen Angelegenheiten der Einrichtung rechtzeitig, mindestens aber einmal im Kalenderjahr unter Vorlage der erforderlichen Unterlagen schriftlich zu unterrichten, sowie die sich daraus ergebenden Auswirkungen auf die Personalplanung darzustellen. [2]Die Mitarbeitervertretung kann Anregungen geben. [3]Soweit es zur ordnungsgemäßen Erfüllung der Aufgaben der Mitarbeitervertretung erforderlich ist, hat der Dienstgeber sachkundige Mitarbeiterinnen und Mitarbeiter zur Verfügung zu stellen; er hat hierbei die Vorschläge der Mitarbeitervertretung zu berücksichtigen, soweit einrichtungsbedingte Notwendigkeiten nicht entgegenstehen. [4]Für diese Mitarbeiterinnen und Mitarbeiter gilt § 20 entsprechend. [5]Besteht eine Gesamtmitarbeitervertretung oder erweiterte Gesamtmitarbeitervertretung, so ist diese anstelle der Mitarbeitervertretung zu informieren.

(2) Zu den wirtschaftlichen Angelegenheiten im Sinne dieser Vorschrift gehören insbesondere

1. die wirtschaftliche und finanzielle Lage der Einrichtung;
2. Rationalisierungsvorhaben;
3. Änderung der Arbeitsmethoden, insbesondere die Einführung neuer Arbeitsmethoden;
4. Fragen des einrichtungsbezogenen Umweltschutzes;
5. die Einschränkung oder Stilllegung von Einrichtungen oder von Einrichtungsteilen;
6. die Verlegung von Einrichtungen oder Einrichtungsteilen;
7. der Zusammenschluss oder die Spaltung von Einrichtungen;
8. die Änderung der Organisation oder des Zwecks der Einrichtung sowie
9. sonstige Vorgänge und Vorhaben, welche die Interessen der Mitarbeiterinnen und Mitarbeiter der Einrichtung wesentlich berühren können.

(3) [1]Als erforderliche Unterlagen im Sinne des Abs. 1 sind diejenigen Unterlagen vorzulegen, die ein den tatsächlichen Verhältnissen entsprechendes Bild der Einrichtung vermitteln. [2]Sofern für die Einrichtung nach den Vorschriften des Handels- oder Steuerrechts Rechnungs-, Buchführungs- und Aufzeichnungspflichten bestehen, sind dies der Jahresabschluss nach den jeweils maßgeblichen Gliederungsvorschriften sowie der Anhang und, sofern zu erstellen, der Lagebericht; für Einrichtungen einer Körperschaft des öffentlichen Rechts sind dies der auf die Einrichtung bezogene Teil des Haushalts und der Jahresrechnung.

(4) In Einrichtungen im Sinne des Abs. 1 mit in der Regel nicht mehr als 50 ständig beschäftigten Mitarbeiterinnen und Mitarbeitern hat der Dienstgeber mindestens einmal in jedem Kalenderjahr in einer Mitarbeiterversammlung über das Personal- und Sozialwesen der Einrichtung und über die wirtschaftliche Lage und Entwicklung der Einrichtung zu berichten.

(5) Die Informationspflicht besteht nicht, soweit dadurch Betriebs- oder Geschäftsgeheimnisse gefährdet werden.

§ 27b Wirtschaftsausschuss

(1) [1]Sofern in Einrichtungen, deren Betrieb überwiegend durch Zuwendungen der öffentlichen Hand, aus Leistungs- und Vergütungsvereinbarungen mit Kostenträgern oder Zahlungen sonstiger nichtkirchlicher Dritter finanziert wird, eine Gesamtmitarbeitervertretung oder erweiterte Gesamtmitarbeitervertretung gebildet wurde und diese mehr als 100 Mitarbeiterinnen und Mitarbeiter repräsentiert, kann ein Wirtschaftsausschuss gebildet werden. [2]Gehören den Einrichtungen, für die die Gesamtmitarbeitervertretung oder die erweiterte Gesamtmitarbeitervertretung zuständig ist, auch nicht überwiegend drittmittelfinanzierte

Einrichtungen an, so ist der Wirtschaftsausschuss für diese Einrichtungen nicht zuständig. [3]Der Wirtschaftsausschuss hat die Aufgabe, wirtschaftliche Angelegenheiten mit dem Dienstgeber zu beraten und die Gesamtmitarbeitervertretung oder erweiterte Gesamtmitarbeitervertretung nach jeder Sitzung zu unterrichten. [4]§ 27a Abs. 2 MAVO findet entsprechende Anwendung.

(2) Wenn eine Gesamtmitarbeitervertretung oder erweiterte Gesamtmitarbeitervertretung nicht vorhanden ist, kann die Mitarbeitervertretung in einer Einrichtung, deren Betrieb überwiegend durch Zuwendungen der öffentlichen Hand, aus Leistungs- und Vergütungsvereinbarungen mit Kostenträgern oder Zahlungen sonstiger nichtkirchlicher Dritter finanziert wird und die regelmäßig mindestens 200 Mitarbeiterinnen und Mitarbeiter beschäftigt, einen Wirtschaftsausschuss bilden.

(3) [1]Der Dienstgeber hat den Wirtschaftsausschuss rechtzeitig und umfassend über die wirtschaftlichen Angelegenheiten der Einrichtung(en) unter Vorlage der erforderlichen Unterlagen zu unterrichten, soweit dadurch nicht Betriebs- und Geschäftsgeheimnisse gefährdet werden. [2]Der Dienstgeber stellt darüber hinaus die sich daraus ergebenden Auswirkungen auf die Personalplanung dar.

(4) [1]Der Wirtschaftsausschuss besteht aus mindestens drei und höchstens sieben von der Gesamtmitarbeitervertretung oder erweiterten Gesamtmitarbeitervertretung entsandten Mitgliedern, die als Mitarbeiterinnen und Mitarbeiter einschließlich der in § 3 Abs. 2 Satz 1 Nr. 2 bis 5 genannten Personen den Einrichtungen angehören müssen. [2]Der Wirtschaftsausschuss wählt mit einfacher Mehrheit aus dem Kreis seiner Mitglieder eine/einen Vorsitzende/n. [3]Die Mitglieder sollen die zur Erfüllung ihrer Aufgaben erforderliche fachliche und persönliche Eignung besitzen. [4]Mindestens ein Mitglied des Wirtschaftsausschusses gehört der Gesamtmitarbeitervertretung oder erweiterten Gesamtmitarbeitervertretung an. [5]Die Mitglieder des Wirtschaftsausschusses können jederzeit abberufen werden. [6]Darüber hinaus erlischt die Mitgliedschaft im Wirtschaftsausschuss nach Maßgabe des § 13c. [7]Sofern der Wirtschaftsausschuss nach Abs. 2 gebildet wird, finden die Sätze 1 bis 6 entsprechend Anwendung.

(5) Für die Sitzungen des Wirtschaftsausschusses gelten folgende Regelungen:

(a) Der Wirtschaftsausschuss soll vierteljährlich einmal zusammentreten.

(b) An den Sitzungen des Wirtschaftsausschusses hat der Dienstgeber oder sein Vertreter teilzunehmen. Er kann sachkundige Dienstnehmer der Einrichtung einschließlich der in § 3 Abs. 2 Ziffern 2 – 5 genannten Personen hinzuziehen. Für die Hinzuziehung und die Verschwiegenheitspflicht von Sachverständigen gilt § 20 entsprechend.

(c) Die Mitglieder des Wirtschaftsausschusses sind berechtigt, in die nach § 27a Abs. 3 vorzulegenden Unterlagen Einsicht zu nehmen.

(d) Der Jahresabschluss ist dem Wirtschaftsausschuss unter Beteiligung der Gesamtmitarbeitervertretung oder erweiterten Gesamtmitarbeitervertretung, im Fall der Bildung nach Abs. 2 unter Beteiligung der Mitarbeitervertretung, zu erläutern.

(6) Wird eine Auskunft über wirtschaftliche Angelegenheiten im Sinne des Abs. 3 entgegen dem Verlangen des Wirtschaftsausschusses nicht, nicht rechtzeitig oder nur ungenügend erteilt und kommt hierüber zwischen Dienstgeber und Wirtschaftsausschuss eine Einigung nicht zu Stande, so entscheidet auf Antrag des den Wirtschaftsausschusses bildenden Organs die Einigungsstelle.

§ 27c Einrichtungsspezifische Regelungen

Die Mitarbeitervertretung kann Anträge auf abweichende Gestaltung der Arbeitsentgelte und sonstigen Arbeitsbedingungen gegenüber einer nach Artikel 7 GrO gebildeten Kommission zur Ordnung des Arbeitsvertragsrechts stellen, soweit die für die Kommission geltende Ordnung dies vorsieht.

§ 28 Formen der Beteiligung, Dienstvereinbarung

(1) [1]Die Beteiligung der Mitarbeitervertretung an Entscheidungen des Dienstgebers vollzieht sich im Rahmen der Zuständigkeit der Einrichtung nach den §§ 29 bis 37. [2]Formen der Beteiligung sind:

- Anhörung und Mitberatung,
- Vorschlagsrecht,
- Zustimmung,
- Antragsrecht.

(2) Dienstvereinbarungen sind im Rahmen des § 38 zulässig.

§ 28a Aufgaben und Beteiligung der Mitarbeitervertretung zum Schutz schwerbehinderter Menschen

(1) [1]Die Mitarbeitervertretung fördert die Eingliederung schwerbehinderter Menschen. [2]Sie achtet darauf, dass die dem Dienstgeber nach §§ 154, 155, 164, 166 und 167 SGB IX obliegenden Verpflichtungen erfüllt werden und wirkt auf die Wahl einer Vertrauensperson der schwerbehinderten Mitarbeiterinnen und Mitarbeiter hin.

(2) [1]Der Dienstgeber trifft mit der Vertrauensperson der schwerbehinderten Mitarbeiterinnen und Mitarbeiter und der Mitarbeitervertretung in Zusammenarbeit mit dem Beauftragten des Dienstgebers gemäß § 181 SGB IX eine verbindliche Inklusionsvereinbarung. [2]Auf Verlangen der Vertrauensperson der schwerbehinderten Mitarbeiterinnen und Mitarbeiter wird unter Beteiligung der Mitarbeitervertretung hierüber verhandelt. [3]Ist eine Vertrauensperson der schwerbehinderten Mitarbeiterinnen und Mitarbeiter nicht vorhanden, so steht das Recht, die Aufnahme von Verhandlungen zu verlangen, der Mitarbeitervertretung zu. [4]Der Dienstgeber oder die Vertrauensperson der schwerbehinderten Mitarbeiterinnen und Mitarbeiter können das Integrationsamt einladen, sich an den Verhandlungen über die Inklusionsvereinbarung zu beteiligen. [5]Der Agentur für Arbeit und dem Integrationsamt, die für den Sitz des Dienstgebers zuständig sind, wird die Vereinbarung übermittelt. [6]Der Inhalt der Inklusionsvereinbarung richtet sich nach § 166 Abs. 2 SGB IX.

(3) Treten ernsthafte Schwierigkeiten in einem Beschäftigungsverhältnis einer schwerbehinderten Mitarbeiterin oder eines schwerbehinderten Mitarbeiters auf, die dieses Beschäftigungsverhältnis gefährden können, sind zunächst unter möglichst frühzeitiger Einschaltung des Beauftragten des Dienstgebers nach § 181 SGB IX, der Vertrauensperson der schwerbehinderten Mitarbeiterinnen und Mitarbeiter und der Mitarbeitervertretung sowie des Integrationsamtes alle Möglichkeiten und alle zur Verfügung stehenden Hilfen zu erörtern, mit denen die Schwierigkeiten beseitigt werden können und das Beschäftigungsverhältnis möglichst dauerhaft fortgesetzt werden kann.

§ 29 Anhörung und Mitberatung

(1) Das Recht der Anhörung und der Mitberatung ist bei folgenden Angelegenheiten gegeben:

1. Maßnahmen innerbetrieblicher Information und Zusammenarbeit,
2. Änderung von Beginn und Ende der täglichen Arbeitszeit einschließlich der Pausen sowie der Verteilung der Arbeitszeit auf die einzelnen Wochentage für Mitarbeiterinnen und Mitarbeiter für pastorale Dienste oder religiöse Unterweisung, die zu ihrer Tätigkeit der ausdrücklichen bischöflichen Sendung oder Beauftragung bedürfen, sowie für Mitarbeiterinnen und Mitarbeiter im liturgischen Dienst,
3. Regelung der Ordnung in der Einrichtung (Haus- und Heimordnungen),
4. Festlegung von Richtlinien zur Durchführung des Stellenplans,
5. Verpflichtung zur Teilnahme oder Auswahl der Teilnehmerinnen oder Teilnehmer an beruflichen Fort- und Weiterbildungsmaßnahmen,
6. Durchführung beruflicher Fort- und Weiterbildungsmaßnahmen, die die Einrichtung für ihre Mitarbeiterinnen und Mitarbeiter anbietet,
7. Einführung von Unterstützungen, Vorschüssen, Darlehen und entsprechenden sozialen Zuwendungen sowie deren Einstellung,
8. Fassung von Musterdienst- und Musterarbeitsverträgen,
9. Regelung zur Erstattung dienstlicher Auslagen,
10. Abordnung von mehr als drei Monaten, Versetzung an eine andere Einrichtung, Zuweisung oder Personalgestellung an einen anderen Rechtsträger von Mitarbeiterinnen und Mitarbeitern für pastorale Dienste oder religiöse Unterweisung, die zu ihrer Tätigkeit der ausdrücklichen bischöflichen Sendung oder Beauftragung bedürfen,
11. vorzeitige Versetzung in den Ruhestand, wenn die Mitarbeiterin oder der Mitarbeiter die Mitwirkung beantragt,
12. Entlassung aus einem Probe- oder Widerrufsverhältnis in Anwendung beamtenrechtlicher Bestimmungen, wenn die Mitarbeiterin oder der Mitarbeiter die Mitwirkung beantragt,
13. Überlassung von Wohnungen, die für Mitarbeiterinnen oder Mitarbeiter vorgesehen sind,
14. grundlegende Änderungen von Arbeitsmethoden,
15. Maßnahmen zur Hebung der Arbeitsleistung und zur Erleichterung des Arbeitsablaufes,
16. Festlegung von Grundsätzen für die Gestaltung von Arbeitsplätzen,
17. Schließung, Einschränkung, Verlegung oder Zusammenlegung von Einrichtungen oder wesentlichen Teilen von ihnen,
18. Bestellung zur Mitarbeiterin oder zum Mitarbeiter in leitender Stellung gemäß § 3 Abs. 2 Nrn. 3 und 4,
19. Zurückweisung von Bewerbungen schwerbehinderter Menschen um einen freien Arbeitsplatz, soweit die Beschäftigungspflicht des §154 Abs. 1 SGB IX noch nicht erfüllt ist.

(2) [1]In den in Abs. 1 genannten Fällen wird die Mitarbeitervertretung zu der vom Dienstgeber beabsichtigten Maßnahme oder Entscheidung angehört. [2]Diese ist der Mitarbeitervertretung rechtzeitig mitzuteilen.

(3) [1]Erhebt die Mitarbeitervertretung binnen einer Frist von einer Woche keine Einwendungen, so gilt die vorbereitete Maßnahme oder Entscheidung als nicht beanstandet. [2]Auf Antrag der Mitarbeitervertretung kann der Dienstgeber eine Fristverlängerung um eine weitere Woche bewilligen. [3]Erhebt die Mitarbeitervertretung Einwendungen, so werden die Einwendungen in einer gemeinsamen Sitzung von Dienstgeber und Mitarbeitervertretung mit dem Ziel der Verständigung beraten.

(4) Hält die Mitarbeitervertretung auch danach ihre Einwendungen aufrecht und will der Dienstgeber den Einwendungen nicht Rechnung tragen, so teilt er dies der Mitarbeitervertretung schriftlich mit.

(5) [1]Der Dienstgeber kann bei Maßnahmen oder Entscheidungen, die der Anhörung und Mitberatung der Mitarbeitervertretung bedürfen und der Natur der Sache nach keinen Aufschub dulden, bis zur endgültigen Entscheidung vorläufige Regelungen treffen. [2]Die Mitarbeitervertretung ist über die getroffene Regelung unverzüglich zu verständigen.

§ 30 Anhörung und Mitberatung bei ordentlicher Kündigung

(1) [1]Der Mitarbeitervertretung ist vor jeder ordentlichen Kündigung durch den Dienstgeber schriftlich die Absicht der Kündigung mitzuteilen. [2]Bestand das Arbeitsverhältnis im Zeitpunkt der beabsichtigten Kündigung bereits mindestens sechs Monate, so hat er auch die Gründe der Kündigung darzulegen.

(2) [1]Will die Mitarbeitervertretung gegen die Kündigung Einwendungen geltend machen, so hat sie diese unter Angabe der Gründe dem Dienstgeber spätestens innerhalb einer Woche schriftlich mitzuteilen. [2]Erhebt die Mitarbeitervertretung innerhalb der Frist keine Einwendungen, so gilt die beabsichtigte Kündigung als nicht beanstandet. [3]Erhebt die Mitarbeitervertretung Einwendungen und hält der Dienstgeber an der Kündigungsabsicht fest, so werden die Einwendungen in einer gemeinsamen Sitzung von Dienstgeber und Mitarbeitervertretung mit dem Ziel einer Verständigung beraten. [4]Der Dienstgeber setzt den Termin der gemeinsamen Sitzung fest und lädt hierzu ein.

(3) [1]Als Einwendung kann insbesondere geltend gemacht werden, dass nach Ansicht der Mitarbeitervertretung

1. die Kündigung gegen ein Gesetz, eine Rechtsverordnung, kircheneigene Ordnung oder sonstiges geltendes Recht verstößt,
2. der Dienstgeber bei der Auswahl der zu kündigenden Mitarbeiterin oder des zu kündigenden Mitarbeiters soziale Gesichtspunkte nicht oder nicht ausreichend berücksichtigt hat,
3. die zu kündigende Mitarbeiterin oder der zu kündigende Mitarbeiter an einem anderen Arbeitsplatz in einer Einrichtung desselben Dienstgebers weiter beschäftigt werden kann,
4. die Weiterbeschäftigung der Mitarbeiterin oder des Mitarbeiters nach zumutbaren Umschulungs- oder Fortbildungsmaßnahmen möglich ist oder
5. eine Weiterbeschäftigung der Mitarbeiterin oder des Mitarbeiters unter geänderten Vertragsbedingungen möglich ist und die Mitarbeiterin oder der Mitarbeiter sein Einverständnis hiermit erklärt hat.

[2]Diese Einwendungen bedürfen der Schriftform und der Angabe der konkreten, auf den Einzelfall bezogenen Gründe.

(4) Kündigt der Dienstgeber, obwohl die Mitarbeitervertretung Einwendungen gemäß Abs. 3 Nrn. 1 bis 5 erhoben hat, so hat er der Mitarbeiterin oder dem Mitarbeiter mit der Kündigung eine Abschrift der Einwendungen der Mitarbeitervertretung zuzuleiten.

(5) Eine ohne Einhaltung des Verfahrens nach den Absätzen 1 und 2 ausgesprochene Kündigung ist unwirksam.

§ 30a Anhörung und Mitberatung bei Massenentlassungen

[1]Beabsichtigt der Dienstgeber, nach § 17 Abs. 1 des Kündigungsschutzgesetzes anzeigepflichtige Entlassungen vorzunehmen, hat er der Mitarbeitervertretung rechtzeitig die zweckdienlichen Auskünfte zu erteilen und sie schriftlich insbesondere zu unterrichten über

1. die Gründe für die geplanten Entlassungen,
2. die Zahl und die Berufsgruppen der zu entlassenden Mitarbeiterinnen und Mitarbeiter,
3. die Zahl und die Berufsgruppen der in der Regel beschäftigten Mitarbeiterinnen und Mitarbeiter,
4. den Zeitraum, in dem die Entlassungen vorgenommen werden sollen,
5. die vorgesehenen Kriterien für die Auswahl der zu entlassenden Mitarbeiterinnen und Mitarbeiter,
6. die für die Berechnung etwaiger Abfindungen vorgesehenen Kriterien.

[2]Dienstgeber und Mitarbeitervertretung haben insbesondere die Möglichkeiten zu beraten, Entlassungen zu vermeiden oder einzuschränken und ihre Folgen zu mildern.

§ 31 Anhörung und Mitberatung bei außerordentlicher Kündigung

(1) Der Mitarbeitervertretung sind vor einer außerordentlichen Kündigung durch den Dienstgeber schriftlich die Absicht der Kündigung und die Gründe hierfür mitzuteilen.

(2) [1]Will die Mitarbeitervertretung gegen die Kündigung Einwendungen geltend machen, so hat sie diese unter Angabe der Gründe dem Dienstgeber spätestens innerhalb von drei Tagen schriftlich mitzuteilen. [2]Diese Frist kann vom Dienstgeber auf 48 Stunden verkürzt werden. [3]Erhebt die Mitarbeitervertretung innerhalb der Frist keine Einwendungen, so gilt die beabsichtigte Kündigung als nicht beanstandet. [4]Erhebt die Mitarbeitervertretung Einwendungen, so entscheidet der Dienstgeber über den Ausspruch der außerordentlichen Kündigung.

(3) Eine ohne Einhaltung des Verfahrens nach den Absätzen 1 und 2 ausgesprochene Kündigung ist unwirksam.

§ 32 Vorschlagsrecht

(1) Die Mitarbeitervertretung hat in folgenden Angelegenheiten ein Vorschlagsrecht:

1. Maßnahmen innerbetrieblicher Information und Zusammenarbeit,
2. Änderung von Beginn und Ende der täglichen Arbeitszeit einschließlich der Pausen sowie der Verteilung der Arbeitszeit auf die einzelnen Wochentage für Mitarbeiterinnen und Mitarbeiter für pastorale Dienste oder religiöse Unterweisung, die zu ihrer Tätigkeit

der ausdrücklichen bischöflichen Sendung oder Beauftragung bedürfen, sowie für Mitarbeiterinnen und Mitarbeiter im liturgischen Dienst,

3. Regelung der Ordnung in der Einrichtung (Haus- und Heimordnungen),
4. Durchführung beruflicher Fort- und Weiterbildungsmaßnahmen, die die Einrichtung für ihre Mitarbeiterinnen und Mitarbeiter anbietet,
5. Regelung zur Erstattung dienstlicher Auslagen,
6. Einführung von Unterstützungen, Vorschüssen, Darlehen und entsprechenden sozialen Zuwendungen und deren Einstellung,
7. Überlassung von Wohnungen, die für Mitarbeiterinnen und Mitarbeiter vorgesehen sind,
8. grundlegende Änderungen von Arbeitsmethoden,
9. Maßnahmen zur Hebung der Arbeitsleistung und zur Erleichterung des Arbeitsablaufes,
10. Festlegung von Grundsätzen für die Gestaltung von Arbeitsplätzen,
11. Regelungen gemäß § 6 Abs. 3,
12. Sicherung der Beschäftigung, insbesondere eine flexible Gestaltung der Arbeitszeit, die Förderung von Teilzeitarbeit und Altersteilzeit, neue Formen der Arbeitsorganisation, Änderungen der Arbeitsverfahren und Arbeitsabläufe, die Qualifizierung der Mitarbeiterinnen und Mitarbeiter, Alternativen zur Ausgliederung von Arbeit oder ihrer Vergabe an andere Unternehmen.

(2) [1]Will der Dienstgeber einem Vorschlag der Mitarbeitervertretung im Sinne des Abs. 1 nicht entsprechen, so ist die Angelegenheit in einer gemeinsamen Sitzung von Dienstgeber und Mitarbeitervertretung mit dem Ziel der Einigung zu beraten. [2]Kommt es nicht zu einer Einigung, so teilt der Dienstgeber die Ablehnung des Vorschlages der Mitarbeitervertretung schriftlich mit.

§ 33 Zustimmung

(1) In den Angelegenheiten der §§ 34 bis 36 sowie des § 18 Absätze 2 und 4 kann der Dienstgeber die von ihm beabsichtigte Maßnahme oder Entscheidung nur mit Zustimmung der Mitarbeitervertretung treffen.

(2) [1]Der Dienstgeber unterrichtet die Mitarbeitervertretung von der beabsichtigten Maßnahme oder Entscheidung und beantragt ihre Zustimmung. [2]Die Zustimmung gilt als erteilt, wenn die Mitarbeitervertretung nicht binnen einer Woche nach Eingang des Antrages bei ihr Einwendungen erhebt. [3]Auf Antrag der Mitarbeitervertretung kann der Dienstgeber die Frist um eine weitere Woche verlängern. [4]Wenn Entscheidungen nach Ansicht des Dienstgebers eilbedürftig sind, so kann er die Frist auf drei Tage, bei Anstellungen und Einstellungen auch bis zu 24 Stunden unter Angabe der Gründe verkürzen. [5]Eine Fristverkürzung in den Fällen des § 1a Abs. 2 ist ausgeschlossen.

(3) [1]Erhebt die Mitarbeitervertretung Einwendungen, so haben Dienstgeber und Mitarbeitervertretung mit dem Ziel der Einigung zu verhandeln, falls nicht der Dienstgeber von der beabsichtigten Maßnahme oder Entscheidung Abstand nimmt. [2]Der Dienstgeber setzt den Termin für die Verhandlung fest und lädt dazu ein. [3]Die Mitarbeitervertretung erklärt innerhalb von drei Tagen nach Abschluss der Verhandlung, ob sie die Zustimmung erteilt oder verweigert. [4]Äußert sie sich innerhalb dieser Frist nicht, gilt die Zustimmung als erteilt.

(4) Hat die Mitarbeitervertretung die Zustimmung verweigert, so kann der Dienstgeber in den Fällen der § 34, § 35 und § 36 Abs. 1 Nr. 13 das Kirchliche Arbeitsgericht, in den Fällen des § 36 Nr. 1 bis 12 die Einigungsstelle anrufen.

(5) [1]Der Dienstgeber kann in Angelegenheiten der §§ 34 bis 36, die der Natur der Sache nach keinen Aufschub dulden, bis zur endgültigen Entscheidung vorläufige Regelungen treffen. [2]Er hat unverzüglich der Mitarbeitervertretung die vorläufige Regelung mitzuteilen und zu begründen und das Verfahren nach den Absätzen 2 bis 4 einzuleiten oder fortzusetzen. [3]Das Recht, vorläufige Regelungen zu treffen, ist in den Fällen des § 1a Abs.2 ausgeschlossen.

§ 34 Zustimmung bei Einstellung und Anstellung

(1) [1]Einstellungen bedürfen der Zustimmung der Mitarbeitervertretung. [2]Eine Einstellung liegt vor, wenn eine Person in die Einrichtung eingegliedert wird, um zusammen mit den dort beschäftigten Mitarbeiterinnen und Mitarbeitern den arbeitstechnischen Zweck der Einrichtung durch weisungsgebundene Tätigkeit zu verwirklichen. [3]Zustimmungspflichtig ist auch die Beschäftigung von Personen, die dem Dienstgeber zur Arbeitsleistung überlassen werden im Sinne des Arbeitnehmerüberlassungsgesetzes (§ 3 Abs. 1 S. 2). [4]Der Zustimmung der Mitarbeitervertretung bedarf es nicht im Falle von

1. Mitarbeiterinnen und Mitarbeitern für pastorale Dienste oder religiöse Unterweisung, die zu ihrer Tätigkeit der ausdrücklichen bischöflichen Sendung oder Beauftragung bedürfen,
2. Mitarbeiterinnen und Mitarbeitern, deren Tätigkeit geringfügig im Sinne von § 8 Abs. 1 Nr. 2 SGB IV ist,
3. Personen im Sinne des § 3 Abs. 2.

(2) [1]Die Mitarbeitervertretung kann die Zustimmung nur verweigern, wenn

1. die Maßnahme gegen ein Gesetz, eine Rechtsverordnung, kircheneigene Ordnungen oder sonstiges geltendes Recht verstößt,
2. durch bestimmte Tatsachen der Verdacht begründet wird, dass die Bewerberin oder der Bewerber durch ihr oder sein Verhalten den Arbeitsfrieden in der Einrichtung in einer Weise stören wird, die insgesamt für die Einrichtung unzuträglich ist oder
3. der Dienstgeber eine Person, die ihm zur Arbeitsleistung überlassen wird im Sinne des Arbeitnehmerüberlassungsgesetzes, länger als sechs Monate beschäftigen will. [2]Mehrere Beschäftigungen einer Leiharbeitnehmerin oder eines Leiharbeitnehmers bei demselben Dienstgeber werden zusammengerechnet.

(3) [1]Bei Einstellungsverfahren ist die Mitarbeitervertretung für ihre Mitwirkung über die Person der oder des Einzustellenden zu unterrichten. [2]Die Information umfasst den zeitlichen Umfang des Einsatzes, den Einsatzort, die Arbeitsaufgaben dieser Personen sowie die rechtliche Grundlage des Personaleinsatzes. [3]Bei Personen, die dem Dienstgeber zur Arbeitsleistung überlassen werden im Sinne des Arbeitnehmerüberlassungsgesetzes, ist die Mitarbeitervertretung darüber hinaus über das Vorliegen einer Arbeitnehmerüberlassungserlaubnis beim Verleiher zu informieren. [4]Der Mitarbeitervertretung sind auf Verlangen ein Verzeichnis der eingegangenen einrichtungsinternen Bewerbungen sowie der Bewerbungen von Schwerbehinderten zu überlassen und Einsicht in die Bewerbungsunterlagen der oder des Einzustellenden zu gewähren. [5]Anstelle der Überlassung eines Verzeichnisses können auch die erforderlichen Bewerbungsunterlagen zur Einsichtnahme vorgelegt werden.

§ 35 Zustimmung bei sonstigen persönlichen Angelegenheiten

(1) Die Entscheidung des Dienstgebers bedarf in folgenden persönlichen Angelegenheiten von Mitarbeiterinnen und Mitarbeitern der Zustimmung der Mitarbeitervertretung:

1. Eingruppierung von Mitarbeiterinnen und Mitarbeitern,
2. Höhergruppierung oder Beförderung von Mitarbeiterinnen und Mitarbeitern,
3. Rückgruppierung von Mitarbeiterinnen und Mitarbeitern,
4. nicht nur vorübergehende Übertragung einer höher oder niedriger zu bewertenden Tätigkeit,
5. Abordnung von mehr als drei Monaten, Versetzung an eine andere Einrichtung, Zuweisung oder Personalgestellung an einen anderen Rechtsträger, es sei denn, dass es sich um Mitarbeiterinnen oder Mitarbeiter für pastorale Dienste oder religiöse Unterweisung handelt, die zu ihrer Tätigkeit der ausdrücklichen bischöflichen Sendung oder Beauftragung bedürfen,
6. Versagen und Widerruf der Genehmigung einer Nebentätigkeit sowie Untersagung einer Nebentätigkeit,
7. Weiterbeschäftigung über die Altersgrenze hinaus,
8. Hinausschiebung des Eintritts in den Ruhestand wegen Erreichens der Altersgrenze,
9. Anordnungen, welche die Freiheit in der Wahl der Wohnung beschränken mit Ausnahme der Dienstwohnung, die die Mitarbeiterin oder der Mitarbeiter kraft Amtes beziehen muss,
10. Auswahl der Ärztin oder des Arztes zur Beurteilung der Leistungsfähigkeit der Mitarbeiterin oder des Mitarbeiters, sofern nicht die Betriebsärztin/der Betriebsarzt beauftragt werden soll, soweit eine kirchliche Arbeitsvertragsordnung dies vorsieht.*

(2) Die Mitarbeitervertretung kann die Zustimmung nur verweigern, wenn

1. die Maßnahme gegen ein Gesetz, eine Rechtsverordnung, kircheneigene Ordnungen, eine Dienstvereinbarung oder sonstiges geltendes Recht verstößt,
2. der durch bestimmte Tatsachen begründete Verdacht besteht, dass durch die Maßnahme die Mitarbeiterin oder der Mitarbeiter ohne sachliche Gründe bevorzugt oder benachteiligt werden soll.

§ 36 Zustimmung bei Angelegenheiten der Dienststelle

(1) Die Entscheidung bei folgenden Angelegenheiten der Dienststelle bedarf der Zustimmung der Mitarbeitervertretung, soweit nicht eine kirchliche Arbeitsvertragsordnung oder sonstige Rechtsnorm Anwendung findet:

1. Änderung von Beginn und Ende der täglichen Arbeitszeit einschließlich der Pausen sowie der Verteilung der Arbeitszeit auf die einzelnen Wochentage,
2. Festlegung der Richtlinien zum Urlaubsplan und zur Urlaubsregelung,
3. Planung und Durchführung von Veranstaltungen für die Mitarbeiterinnen und Mitarbeiter,

* Abs. 1 Nr. 10 ist ein Muster für eine diözesane Fassung.

4. Errichtung, Verwaltung und Auflösung sozialer Einrichtungen,
5. Inhalt von Personalfragebogen für Mitarbeiterinnen und Mitarbeiter,
6. Beurteilungsrichtlinien für Mitarbeiterinnen und Mitarbeiter,
7. Richtlinien für die Gewährung von Unterstützungen, Vorschüssen, Darlehen und entsprechenden sozialen Zuwendungen,
8. Durchführung der Ausbildung, soweit nicht durch Rechtsnormen oder durch Ausbildungsvertrag geregelt,
9. Einführung und Anwendung technischer Einrichtungen, die dazu bestimmt sind, das Verhalten oder die Leistung der Mitarbeiterinnen und Mitarbeiter zu überwachen,
10. Maßnahmen zur Verhütung von Dienst- und Arbeitsunfällen und sonstigen Gesundheitsschädigungen,
11. Maßnahmen zum Ausgleich und zur Milderung von wesentlichen wirtschaftlichen Nachteilen für die Mitarbeiterinnen und Mitarbeiter wegen Schließung, Einschränkung, Verlegung oder Zusammenlegung von Einrichtungen oder wesentlichen Teilen von ihnen,
12. Zuweisung zu den einzelnen Stufen des Bereitschaftsdienstes, soweit eine kirchliche Arbeitsvertragsordnung dies vorsieht,
13. Regelung einer Einrichtung nach § 1a Abs. 2. Die Mitarbeitervertretung kann die Zustimmung nur verweigern, wenn die Regelung missbräuchlich erfolgt.

(2) Abs. 1 Nr. 1 findet keine Anwendung auf Mitarbeiterinnen und Mitarbeiter für pastorale Dienste oder religiöse Unterweisung, die zu ihrer Tätigkeit der ausdrücklichen bischöflichen Sendung oder Beauftragung bedürfen, sowie auf Mitarbeiterinnen und Mitarbeiter im liturgischen Dienst.

(3) Muss für eine Einrichtung oder für einen Teil der Einrichtung die tägliche Arbeitszeit gemäß Abs. 1 Nr. 1 nach Erfordernissen, die die Einrichtung nicht voraussehen kann, unregelmäßig oder kurzfristig festgesetzt werden, ist die Beteiligung der Mitarbeitervertretung auf die Grundsätze für die Aufstellung der Dienstpläne, insbesondere für die Anordnung von Arbeitsbereitschaft, Mehrarbeit und Überstunden beschränkt.

§ 37 Antragsrecht

(1) Die Mitarbeitervertretung hat in folgenden Angelegenheiten ein Antragsrecht, soweit nicht eine kirchliche Arbeitsvertragsordnung oder sonstige Rechtsnorm Anwendung findet:

1. Änderung von Beginn und Ende der täglichen Arbeitszeit einschließlich der Pausen sowie der Verteilung der Arbeitszeit auf die einzelnen Wochentage,
2. Festlegung der Richtlinien zum Urlaubsplan und zur Urlaubsregelung,
3. Planung und Durchführung von Veranstaltungen für die Mitarbeiterinnen und Mitarbeiter,
4. Errichtung, Verwaltung und Auflösung sozialer Einrichtungen,
5. Inhalt von Personalfragebogen für Mitarbeiterinnen und Mitarbeiter,
6. Beurteilungsrichtlinien für Mitarbeiterinnen und Mitarbeiter,
7. Richtlinien für die Gewährung von Unterstützungen, Vorschüssen, Darlehen und entsprechenden sozialen Zuwendungen,

8. Durchführung der Ausbildung, soweit nicht durch Rechtsnormen oder durch Ausbildungsvertrag geregelt,
9. Einführung und Anwendung technischer Einrichtungen, die dazu bestimmt sind, das Verhalten oder die Leistung der Mitarbeiterinnen und Mitarbeiter zu überwachen,
10. Maßnahmen zur Verhütung von Dienst- und Arbeitsunfällen und sonstigen Gesundheitsschädigungen,
11. Maßnahmen zum Ausgleich und zur Milderung von wesentlichen wirtschaftlichen Nachteilen für die Mitarbeiterinnen und Mitarbeiter wegen Schließung, Einschränkung, Verlegung oder Zusammenlegung von Einrichtungen oder wesentlichen Teilen von ihnen,
12. Zuweisung zu den einzelnen Stufen des Bereitschaftsdienstes, soweit eine kirchliche Arbeitsvertragsordnung dies vorsieht.

(2) § 36 Absätze 2 und 3 gelten entsprechend.

(3) [1]Will der Dienstgeber einem Antrag der Mitarbeitervertretung im Sinne des Abs. 1 nicht entsprechen, so teilt er ihr dies schriftlich mit. [2]Die Angelegenheit ist danach in einer gemeinsamen Sitzung von Dienstgeber und Mitarbeitervertretung zu beraten. [3]Kommt es nicht zu einer Einigung, so kann die Mitarbeitervertretung die Einigungsstelle anrufen.

§ 38 Dienstvereinbarungen

(1) Dienstvereinbarungen sind in folgenden Angelegenheiten zulässig:

1. Arbeitsentgelte und sonstige Arbeitsbedingungen, die in Rechtsnormen, insbesondere in kirchlichen Arbeitsvertragsordnungen, geregelt sind oder üblicherweise geregelt werden, wenn eine Rechtsnorm den Abschluss ergänzender Dienstvereinbarungen ausdrücklich zulässt,
2. Änderung von Beginn und Ende der täglichen Arbeitszeit einschließlich der Pausen sowie der Verteilung der Arbeitszeit auf die einzelnen Wochentage; § 36 Abs. 2 gilt entsprechend,
3. Festlegung der Richtlinien zum Urlaubsplan und zur Urlaubsregelung,
4. Planung und Durchführung von Veranstaltungen für die Mitarbeiterinnen und Mitarbeiter,
5. Errichtung, Verwaltung und Auflösung sozialer Einrichtungen,
6. Inhalt von Personalfragebogen für Mitarbeiterinnen und Mitarbeiter,
7. Beurteilungsrichtlinien für Mitarbeiterinnen und Mitarbeiter,
8. Richtlinien für die Gewährung von Unterstützungen, Vorschüssen, Darlehen und entsprechenden sozialen Zuwendungen,
9. Durchführung der Ausbildung, soweit nicht durch Rechtsnormen oder durch Ausbildungsvertrag geregelt,
10. Durchführung der Qualifizierung der Mitarbeiterinnen und Mitarbeiter,
11. Einführung und Anwendung technischer Einrichtungen, die dazu bestimmt sind, das Verhalten oder die Leistung der Mitarbeiterinnen und Mitarbeiter zu überwachen,
12. Maßnahmen zur Verhütung von Dienst- und Arbeitsunfällen und sonstigen Gesundheitsschädigungen,

13. Maßnahmen zum Ausgleich und zur Milderung von wesentlichen wirtschaftlichen Nachteilen für die Mitarbeiterinnen und Mitarbeiter wegen Schließung, Einschränkung, Verlegung oder Zusammenlegung von Einrichtungen oder wesentlichen Teilen von ihnen,
14. Festsetzungen nach § 1b und § 24 Absätze 4 und 5. Im Falle der Freistellung nach Maßgabe des § 24 Abs. 4 S. 4 steht das Antragsrecht der Gesamt-Mitarbeitervertretung oder der erweiterten Gesamtmitarbeitervertretung zu,
15. Verlängerungen des Übergangsmandats nach § 13d Abs. 1 Satz 4,
16. vorübergehende Verkürzung oder Verlängerung der einrichtungsüblichen Arbeitszeit, insbesondere die Einführung von Kurzarbeit nach dem SGB III.

(2) [1]Zur Verhandlung und zum Abschluss von Dienstvereinbarungen im Sinne des Abs. 1 Nr. 1 kann die Mitarbeitervertretung Vertreter der Diözesanen Arbeitsgemeinschaft der Mitarbeitervertretungen oder Vertreter einer in der Einrichtung vertretenen Koalition im Sinne des Art. 6 GrO beratend hinzuziehen. [2]Die Aufnahme von Verhandlungen ist der Diözesanen Arbeitsgemeinschaft oder einer in der Einrichtung vertretenen Koalition durch die Mitarbeitervertretung anzuzeigen.

(3) [1]Dienstvereinbarungen dürfen Rechtsnormen, insbesondere kirchlichen Arbeitsvertragsordnungen, nicht widersprechen. [2]Bestehende Dienstvereinbarungen werden mit dem Inkrafttreten einer Rechtsnorm gemäß Satz 1 unwirksam.

(3a) [1]Dienstvereinbarungen gelten unmittelbar und zwingend. [2]Werden Mitarbeiterinnen oder Mitarbeitern durch die Dienstvereinbarung Rechte eingeräumt, so ist ein Verzicht auf sie nur mit Zustimmung der Mitarbeitervertretung zulässig.

(4) [1]Dienstvereinbarungen werden durch Dienstgeber und Mitarbeitervertretung gemeinsam beschlossen, sind schriftlich niederzulegen, von beiden Seiten zu unterzeichnen und in geeigneter Weise bekannt zu machen. [2]Dienstvereinbarungen können von beiden Seiten mit einer Frist von drei Monaten zum Monatsende schriftlich gekündigt werden.

(5) [1]Im Falle der Kündigung wirkt die Dienstvereinbarung in den Angelegenheiten des Abs. 1 Nr. 2 bis 13 nach. [2]In Dienstvereinbarungen nach Abs. 1 Nr. 1 kann festgelegt werden, ob und in welchem Umfang darin begründete Rechte der Mitarbeiterinnen und Mitarbeiter bei Außerkrafttreten der Dienstvereinbarung fortgelten sollen. [3]Eine darüber hinausgehende Nachwirkung ist ausgeschlossen.

§ 39 Gemeinsame Sitzungen und Gespräche

(1) [1]Dienstgeber und Mitarbeitervertretung kommen mindestens einmal jährlich zu einer gemeinsamen Sitzung zusammen. [2]Eine gemeinsame Sitzung findet ferner dann statt, wenn Dienstgeber oder Mitarbeitervertretung dies aus besonderem Grund wünschen. [3]Zur gemeinsamen Sitzung lädt der Dienstgeber unter Angabe des Grundes und nach vorheriger einvernehmlicher Terminabstimmung mit der Mitarbeitervertretung ein. [4]Die Tagesordnung und das Besprechungsergebnis sind in einer Niederschrift festzuhalten, die vom Dienstgeber und von der oder dem Vorsitzenden der Mitarbeitervertretung zu unterzeichnen ist. [5]Dienstgeber und Mitarbeitervertretung erhalten eine Ausfertigung der Niederschrift.

(2) Außer zu den gemeinsamen Sitzungen sollen Dienstgeber und Mitarbeitervertretung regelmäßig zu Gesprächen über allgemeine Fragen des Dienstbetriebes und der Dienstgemeinschaft sowie zum Austausch von Anregungen und Erfahrungen zusammentreffen.

VI. Einigungsstelle

§ 40 Bildung der Einigungsstelle – Aufgaben

(1) Für den Bereich der (Erz-)Diözese wird beim (Erz-)Bischöflichen Ordinariat/Generalvikariat in ... eine ständige Einigungsstelle gebildet.*

(2) Für die Einigungsstelle wird eine Geschäftsstelle eingerichtet.

(3) [1]Die Einigungsstelle wirkt in den Fällen des § 45 (Regelungsstreitigkeiten) auf eine Einigung zwischen Dienstgeber und Mitarbeitervertretung hin. [2]Kommt eine Einigung nicht zustande, ersetzt der Spruch der Einigungsstelle die erforderliche Zustimmung der Mitarbeitervertretung (§ 45 Abs. 1) oder tritt an die Stelle einer Einigung zwischen Dienstgeber und Mitarbeitervertretung (§ 45 Absätze 2 und 3) sowie zwischen Dienstgeber und dem den Wirtschaftsausschuss bildenden Organ (§ 45 Abs. 4).

§ 41 Zusammensetzung – Besetzung

(1) Die Einigungsstelle besteht aus

(a) der oder dem Vorsitzenden und der oder dem stellvertretenden Vorsitzenden,

(b) jeweils ...** Beisitzerinnen oder Beisitzern aus den Kreisen der Dienstgeber und der Mitarbeiter, die auf getrennten Listen geführt werden (Listen-Beisitzerinnen und Listen-Beisitzer),

(c) Beisitzerinnen oder Beisitzern, die jeweils für die Durchführung des Verfahrens von der Antragstellerin oder dem Antragsteller und von der Antragsgegnerin oder dem Antragsgegner zu benennen sind (Ad-hoc-Beisitzerinnen und Ad-hoc-Beisitzer).

(2) [1]Die Einigungsstelle tritt zusammen und entscheidet in der Besetzung mit der oder dem Vorsitzenden, je einer Beisitzerin oder einem Beisitzer aus den beiden Beisitzerlisten und je einer oder einem von der Antragstellerin oder dem Antragsteller und der Antragsgegnerin oder dem Antragsgegner benannten Ad-hoc-Beisitzerinnen und Ad-hoc-Beisitzer. [2]Die Teilnahme der Listen-Beisitzerinnen und Listen-Beisitzer an der mündlichen Verhandlung bestimmt sich nach der alphabetischen Reihenfolge in der jeweiligen Beisitzerliste. [3]Bei Verhinderung einer Listen-Beisitzerin oder eines Listen-Beisitzers tritt an dessen Stelle die Beisitzerin oder der Beisitzer, welche oder welcher der Reihenfolge nach an nächster Stelle steht.

(3) Ist die oder der Vorsitzende an der Ausübung ihres oder seines Amtes gehindert, tritt an ihre oder seine Stelle die oder der stellvertretende Vorsitzende.

* Die Bildung einer gemeinsamen Einigungsstelle durch mehrere Diözesen wird nicht ausformuliert, ist jedoch möglich.

** Die Zahl der Beisitzerinnen und Beisitzer bleibt der Festlegung durch die Diözesen vorbehalten; es müssen jedoch mindestens jeweils zwei Personen benannt werden.

§ 42 Rechtsstellung der Mitglieder

(1) [1]Die Mitglieder der Einigungsstelle sind unabhängig und nur an Gesetz und Recht gebunden. [2]Sie dürfen in der Übernahme und Ausübung ihres Amtes weder beschränkt, benachteiligt noch bevorzugt werden. [3]Sie unterliegen der Schweigepflicht auch nach dem Ausscheiden aus dem Amt.

(2) [1]Die Tätigkeit der Mitglieder der Einigungsstelle ist ehrenamtlich. [2]Die Mitglieder erhalten Auslagenersatz gemäß den in der (Erz-)Diözese ... jeweils geltenden reisekostenrechtlichen Vorschriften. [3]Der oder dem Vorsitzenden und der oder dem stellvertretenden Vorsitzenden kann eine Aufwandsentschädigung gewährt werden.

(3) Die Beisitzerinnen und Beisitzer werden für die Teilnahme an Sitzungen der Einigungsstelle im notwendigen Umfang von ihrer dienstlichen Tätigkeit freigestellt.

(4) Auf die von der Diözesanen Arbeitsgemeinschaft der Mitarbeitervertretungen bestellten Beisitzerinnen und Beisitzer finden die §§ 18 und 19 entsprechende Anwendung.

§ 43 Berufungsvoraussetzungen

(1) [1]Die Mitglieder der Einigungsstelle müssen der katholischen Kirche angehören, dürfen in der Ausübung der allen Kirchenmitgliedern zustehenden Rechte nicht behindert sein und müssen die Gewähr dafür bieten, jederzeit für das kirchliche Gemeinwohl einzutreten. [2]Wer als Vorsitzende/r oder beisitzende/r Richter/in eines kirchlichen Gerichts für Arbeitssachen tätig ist, darf nicht gleichzeitig der Einigungsstelle angehören.

(2) Die oder der Vorsitzende und die oder der stellvertretende Vorsitzende sollen im Arbeitsrecht oder Personalwesen erfahrene Personen sein und dürfen innerhalb des Geltungsbereichs dieser Ordnung keinen kirchlichen Beruf ausüben.

(3) [1]Zur Listen-Beisitzerin oder zum Listen-Beisitzer aus den Kreisen der Dienstgeber und zur oder zum vom Dienstgeber benannten Ad-hoc-Beisitzerin oder Ad-hoc-Beisitzer kann bestellt werden, wer gemäß § 3 Abs. 2 Nummern 1 bis 5 nicht als Mitarbeiterin oder Mitarbeiter gilt. [2]Zur Listen-Beisitzerin oder zum Listen-Beisitzer aus den Krisen der Mitarbeiter und zur oder zum von der Mitarbeitervertretung benannten Ad-hoc-Beisitzerin oder Ad-hoc-Beisitzer kann bestellt werden, wer gemäß § 8 die Voraussetzungen für die Wählbarkeit in die Mitarbeitervertretung erfüllt und im Dienst eines kirchlichen Anstellungsträgers im Geltungsbereich dieser Ordnung steht.

(4) Mitarbeiterinnen und Mitarbeiter, die im Personalwesen tätig sind oder mit der Rechtsberatung der Mitarbeitervertretungen betraut sind, können nicht zur Listen-Beisitzerin oder zum Listen-Beisitzer bestellt werden.

(5) Die Amtszeit der Mitglieder der Einigungsstelle beträgt fünf Jahre.

§ 44 Berufung der Mitglieder

(1) [1]Die oder der Vorsitzende und die oder der stellvertretende Vorsitzende werden aufgrund eines Vorschlags der Listen-Beisitzerinnen und Listen-Beisitzer vom Diözesanbischof ernannt. [2]Die Abgabe eines Vorschlags bedarf einer Zweidrittelmehrheit der Listen-Beisitzerinnen und Listen-Beisitzer. [3]Kommt ein Vorschlag innerhalb einer vom Diözesanbischof gesetzten Frist nicht zustande, ernennt der Diözesanbischof die Vorsitzende oder den Vorsitzenden und die stellvertretende Vorsitzende oder den stellvertretenden Vorsitzenden

nach vorheriger Anhörung des Domkapitels als Konsultorenkollegium und /oder des Diözesanvermögensverwaltungsrates* und des Vorstandes/der Vorstände der diözesanen Arbeitsgemeinschaft(en) der Mitarbeitervertretungen. [4]Sind zum Ende der Amtszeit die oder der neue Vorsitzende und die oder der stellvertretende Vorsitzende noch nicht ernannt, führen die oder der bisherige Vorsitzende und deren Stellvertreterin oder Stellvertreter die Geschäfte bis zur Ernennung der Nachfolgerinnen und Nachfolger weiter.

(2) [1]Die Bestellung der Listen-Beisitzerinnen und Listen-Beisitzer erfolgt aufgrund von jeweils vom Generalvikar sowie dem Vorstand/den Vorständen der diözesanen Arbeitsgemeinschaft/en der Mitarbeitervertretungen zu erstellenden Beisitzerlisten, in denen die Namen in alphabetischer Reihenfolge geführt werden.** [2]Bei der Aufstellung der Liste der Beisitzerinnen und Beisitzer aus den Kreisen der Dienstgeber werden Personen aus Einrichtungen der Caritas, die vom zuständigen Diözesancaritasverband benannt werden, angemessen berücksichtigt.

(3) Das Amt eines Mitglieds der Einigungsstelle endet vor Ablauf der Amtszeit

(a) mit dem Rücktritt

(b) mit der Feststellung des Wegfalls der Berufungsvoraussetzungen durch den Diözesanbischof.

(4) [1]Bei vorzeitigem Ausscheiden des Vorsitzenden oder des stellvertretenden Vorsitzenden ernennt der Diözesanbischof die Nachfolgerin oder den Nachfolger für die Dauer der verbleibenden Amtszeit. [2]Bei vorzeitigem Ausscheiden einer Listen-Beisitzerin oder eines Listen-Beisitzers haben der Generalvikar bzw. der Vorstand der diözesanen Arbeitsgemeinschaft der Mitarbeitervertretungen die Beisitzerliste für die Dauer der verbleibenden Amtszeit zu ergänzen.

§ 45 Zuständigkeit

(1) Auf Antrag des Dienstgebers findet das Verfahren vor der Einigungsstelle in folgenden Fällen statt:

1. bei Streitigkeiten über Änderung von Beginn und Ende der täglichen Arbeitszeit einschließlich der Pausen sowie der Verteilung der Arbeitszeit auf die einzelnen Wochentage (§ 36 Abs. 1 Nr. 1),
2. bei Streitigkeiten über Festlegung der Richtlinien zum Urlaubsplan und zur Urlaubsregelung (§ 36 Abs. 1 Nr. 2),
3. bei Streitigkeiten über Planung und Durchführung von Veranstaltungen für die Mitarbeiterinnen und Mitarbeiter (§ 36 Abs. 1 Nr. 3),
4. bei Streitigkeiten über Errichtung, Verwaltung und Auflösung sozialer Einrichtungen (§ 36 Abs. 1 Nr. 4),
5. bei Streitigkeiten über Inhalt von Personalfragebogen für Mitarbeiterinnen und Mitarbeiter (§ 36 Abs. 1 Nr. 5),
6. bei Streitigkeiten über Beurteilungsrichtlinien für Mitarbeiterinnen und Mitarbeiter (§ 36 Abs. 1 Nr. 6),

* Das Nähere regelt das diözesane Recht.

** Die Festlegung der Zahl der Beisitzer bleibt der Regelung durch diözesanes Recht überlassen.

7. bei Streitigkeiten über Richtlinien für die Gewährung von Unterstützungen, Vorschüssen, Darlehen und entsprechenden sozialen Zuwendungen (§ 36 Abs. 1 Nr. 7),
8. bei Streitigkeiten über die Durchführung der Ausbildung, soweit nicht durch Rechtsvorschriften oder durch Ausbildungsvertrag geregelt (§ 36 Abs. 1 Nr. 8),
9. bei Streitigkeiten über Einführung und Anwendung technischer Einrichtungen, die dazu bestimmt sind, das Verhalten oder die Leistung der Mitarbeiterinnen und Mitarbeiter zu überwachen (§ 36 Abs. 1 Nr. 9),
10. bei Streitigkeiten über Maßnahmen zu Verhütung von Dienst- und Arbeitsunfällen und sonstigen Gesundheitsschädigungen (§ 36 Abs. 1 Nr. 10),
11. bei Streitigkeiten über Maßnahmen zum Ausgleich und zur Milderung von wesentlichen wirtschaftlichen Nachteilen für die Mitarbeiterinnen und Mitarbeiter wegen Schließung, Einschränkung, Verlegung oder Zusammenlegung von Einrichtungen oder wesentlichen Teilen von ihnen (§ 36 Abs. 1 Nr. 11),
12. bei Streitigkeiten über die Zuweisung zu den einzelnen Stufen des Bereitschaftsdienstes (§ 36 Abs. 1 Nr. 12).

(2) Darüber hinaus findet auf Antrag des Dienstgebers das Verfahren vor der Einigungsstelle statt bei Streitigkeiten über die Versetzung, Abordnung, Zuweisung oder Personalgestellung eines Mitglieds der Mitarbeitervertretung (§ 18 Abs. 2).

(3) Auf Antrag der Mitarbeitervertretung findet das Verfahren vor der Einigungsstelle in folgenden Fällen statt:

1. bei Streitigkeiten über die Freistellung eines Mitglieds der Mitarbeitervertretung (§ 15 Abs. 5),
2. bei Streitigkeiten im Falle der Ablehnung von Anträgen der Mitarbeitervertretung (§ 37 Abs. 3).

(4) Auf Antrag des den Wirtschaftsausschuss bildenden Organs findet das Verfahren im Falle des § 27b Abs. 6 vor der Einigungsstelle statt.

§ 46 Verfahren

(1) [1]Der Antrag ist schriftlich in doppelter Ausführung über die Geschäftsstelle an den Vorsitzenden zu richten. [2]Er soll die Antragstellerin oder den Antragsteller, die Antragsgegnerin oder den Antragsgegner und den Streitgegenstand bezeichnen und eine Begründung enthalten. [3]Die oder der Vorsitzende bereitet die Verhandlung der Einigungsstelle vor, übersendet den Antrag an die Antragsgegnerin oder den Antragsgegner und bestimmt eine Frist zur schriftlichen Erwiderung. [4]Die Antragserwiderung übermittelt er an die Antragstellerin oder den Antragsteller und bestimmt einen Termin, bis zu dem abschließend schriftsätzlich vorzutragen ist.

(2) [1]Sieht die oder der Vorsitzende nach Eingang der Antragserwiderung aufgrund der Aktenlage eine Möglichkeit der Einigung, unterbreitet sie oder er schriftlich einen begründeten Einigungsvorschlag. [2]Erfolgt eine Einigung, beurkundet die oder der Vorsitzende diese und übersendet den Beteiligten eine Abschrift.

(3) [1]Erfolgt keine Einigung, bestimmt die oder der Vorsitzende einen Termin zur mündlichen Verhandlung vor der Einigungsstelle. [2]Sie oder er kann Antragstellerin oder Antragsteller und Antragsgegnerin oder Antragsgegner eine Frist zur Äußerung setzen. [3]Die oder der Vorsitzende veranlasst unter Einhaltung einer angemessenen Ladungsfrist die Ladung der Beteiligten und die Benennung der Ad-hoc-Beisitzerinnen und Ad-hoc-Beisitzer durch die Beteiligten.

(4) [1]Die Verhandlung vor der Einigungsstelle ist nicht öffentlich. [2]Die oder der Vorsitzende leitet die Verhandlung. [3]Sie oder er führt in den Sach- und Streitgegenstand ein. [4]Die Einigungsstelle erörtert mit den Beteiligten das gesamte Streitverhältnis und gibt ihnen Gelegenheit zur Stellungnahme. [5]Im Falle der Nichteinigung stellen die Beteiligten die wechselseitigen Anträge. [6]Über die mündliche Verhandlung ist ein Protokoll zu fertigen.

§ 47 Einigungsspruch

(1) Kommt eine Einigung in der mündlichen Verhandlung zustande, wird dies beurkundet und den Beteiligten eine Abschrift der Urkunden übersandt.

(2) [1]Kommt eine Einigung der Beteiligten nicht zustande, so entscheidet die Einigungsstelle durch Spruch. [2]Der Spruch der Einigungsstelle ergeht unter angemessener Berücksichtigung der Belange der Einrichtung des Dienstgebers sowie der betroffenen Mitarbeiter nach billigem Ermessen. [3]Der Spruch ist schriftlich abzufassen.

(3) [1]Der Spruch der Einigungsstelle ersetzt die nicht zustande gekommene Einigung zwischen Dienstgeber und Mitarbeitervertretung beziehungsweise Gesamtmitarbeitervertretung. [2]Der Spruch bindet die Beteiligten. [3]Der Dienstgeber kann durch den Spruch nur insoweit gebunden werden, als für die Maßnahmen finanzielle Deckung in seinen Haushalts-, Wirtschafts- und Finanzierungsplänen ausgewiesen ist.

(4) [1]Rechtliche Mängel des Spruchs oder des Verfahrens der Einigungsstelle können durch den Dienstgeber oder die Mitarbeitervertretung beim Kirchlichen Arbeitsgericht geltend gemacht werden; die Überschreitung der Grenzen des Ermessens kann nur binnen einer Frist von zwei Wochen nach Zugang des Spruchs beim Kirchlichen Arbeitsgericht geltend gemacht werden. [2]Beruft sich der Dienstgeber im Fall des Absatzes 3 Satz 3 auf die fehlende finanzielle Deckung, können dieser Einwand sowie rechtliche Mängel des Spruchs oder des Verfahrens vor der Einigungsstelle nur innerhalb einer Frist von vier Wochen nach Zugang des Spruchs geltend gemacht werden.

(5) [1]Das Verfahren vor der Einigungsstelle ist kostenfrei. [2]Die durch Tätigwerden der Einigungsstelle entstehenden Kosten trägt die (Erz-)Diözese. [3]Jeder Verfahrensbeteiligte trägt seine Auslagen selbst; der Mitarbeitervertretung werden gemäß § 17 Abs. 1 die notwendigen Auslagen erstattet.

VII. Sprecherinnen und Sprecher der Jugendlichen und der Auszubildenden, Vertrauensperson der schwerbehinderten Mitarbeiterinnen und Mitarbeiter, Vertrauensmann der Zivildienstleistenden

§ 48 Wahl und Anzahl der Sprecherinnen und Sprecher der Jugendlichen und der Auszubildenden

[1]In Einrichtungen mit in der Regel mindestens fünf Mitarbeiterinnen oder Mitarbeitern, die das 18. Lebensjahr noch nicht vollendet haben (Jugendliche) oder die zu ihrer Berufsausbildung beschäftigt sind und das 25. Lebensjahr noch nicht vollendet haben (Auszubildende), werden von diesen Sprecherinnen und Sprecher der Jugendlichen und der Auszubildenden gewählt. [2]Als Sprecherinnen und Sprecher können Mitarbeiterinnen und Mitarbeiter vom

MAVO

vollendeten 16. Lebensjahr bis zum vollendeten 26. Lebensjahr gewählt werden. [3]Es werden gewählt

- eine Sprecherin oder ein Sprecher bei fünf bis zehn Jugendlichen und Auszubildenden sowie
- drei Sprecherinnen oder Sprecher bei mehr als zehn Jugendlichen und Auszubildenden.

§ 49 Versammlung der Jugendlichen und Auszubildenden

(1) [1]Die Sprecherinnen und Sprecher der Jugendlichen und Auszubildenden können vor oder nach einer Mitarbeiterversammlung im Einvernehmen mit der Mitarbeitervertretung eine Versammlung der Jugendlichen und Auszubildenden einberufen. [2]Im Einvernehmen mit der Mitarbeitervertretung und dem Dienstgeber kann die Versammlung der Jugendlichen und Auszubildenden auch zu einem anderen Zeitpunkt einberufen werden. [3]Der Dienstgeber ist zu diesen Versammlungen unter Mitteilung der Tagesordnung einzuladen. [4]Er ist berechtigt, in der Versammlung zu sprechen. [5]§ 2 Abs. 2 Satz 2 findet Anwendung. [6]An den Versammlungen kann die oder der Vorsitzende der Mitarbeitervertretung oder ein beauftragtes Mitglied der Mitarbeitervertretung teilnehmen. [7]Die Versammlung der Jugendlichen und Auszubildenden befasst sich mit Angelegenheiten, die zur Zuständigkeit der Mitarbeitervertretung gehören, soweit sie Jugendliche und Auszubildende betreffen.

(2) § 21 Abs. 4 gilt entsprechend.

§ 50 Amtszeit der Sprecherinnen und Sprecher der Jugendlichen und Auszubildenden

[1]Die Amtszeit der Sprecherinnen und Sprecher der Jugendlichen und der Auszubildenden beträgt zwei Jahre. [2]Die Sprecherinnen und Sprecher der Jugendlichen und der Auszubildenden bleiben im Amt, auch wenn sie während der Amtszeit das 26. Lebensjahr vollendet haben.

§ 51 Mitwirkung der Sprecherinnen und Sprecher der Jugendlichen und Auszubildenden

(1) [1]Die Sprecherinnen und Sprecher der Jugendlichen und der Auszubildenden nehmen an den Sitzungen der Mitarbeitervertretung teil. [2]Sie haben, soweit Angelegenheiten der Jugendlichen und Auszubildenden beraten werden,

1. das Recht, vor und während der Sitzungen der Mitarbeitervertretung Anträge zu stellen. Auf ihren Antrag hat die oder der Vorsitzende der Mitarbeitervertretung eine Sitzung in angemessener Frist einzuberufen und den Gegenstand, dessen Beratung beantragt wird, auf die Tagesordnung zu setzen,
2. Stimmrecht,
3. das Recht, zu Besprechungen mit dem Dienstgeber eine Sprecherin oder einen Sprecher der Jugendlichen und Auszubildenden zu entsenden.

(2) [1]Für eine Sprecherin oder einen Sprecher der Jugendlichen und der Auszubildenden gelten im Übrigen die anwendbaren Bestimmungen der §§ 7 bis 20 sinngemäß. [2]Die gleich-

zeitige Kandidatur für das Amt einer Sprecherin oder eines Sprechers der Jugendlichen und Auszubildenden und das Amt der Mitarbeitervertreterin oder des Mitarbeitervertreters ist ausgeschlossen.

§ 52 Mitwirkung der Vertrauensperson der schwerbehinderten Mitarbeiterinnen und Mitarbeiter

(1) [1]Die entsprechend den Vorschriften des Sozialgesetzbuches IX gewählte Vertrauensperson der schwerbehinderten Mitarbeiterinnen und Mitarbeiter nimmt an den Sitzungen der Mitarbeitervertretung teil. [2]Die Vertrauensperson hat, soweit Angelegenheiten der schwerbehinderten Menschen beraten werden,

1. das Recht, vor und während der Sitzungen der Mitarbeitervertretung Anträge zu stellen. Auf ihren Antrag hat die oder der Vorsitzende der Mitarbeitervertretung eine Sitzung in angemessener Frist einzuberufen und den Gegenstand, dessen Beratung beantragt wird, auf die Tagesordnung zu setzen,
2. Stimmrecht,
3. das Recht, an Besprechungen bei dem Dienstgeber teilzunehmen.

(2) [1]Der Dienstgeber hat die Vertrauensperson der schwerbehinderten Mitarbeiterinnen und Mitarbeiter in allen Angelegenheiten, die einen einzelnen oder die schwerbehinderten Menschen als Gruppe berühren, unverzüglich und umfassend zu unterrichten und vor einer Entscheidung anzuhören; er hat ihr die getroffene Entscheidung unverzüglich mitzuteilen. [2]Ist dies bei einem Beschluss der Mitarbeitervertretung nicht geschehen oder erachtet die Vertrauensperson der schwerbehinderten Mitarbeiterinnen und Mitarbeiter einen Beschluss der Mitarbeitervertretung als eine erhebliche Beeinträchtigung wichtiger Interessen schwerbehinderter Menschen, wird auf ihren Antrag der Beschluss für die Dauer von einer Woche vom Zeitpunkt der Beschlussfassung ausgesetzt. [3]Durch die Aussetzung wird eine Frist nicht verlängert.

(3) [1]Die Vertrauensperson der schwerbehinderten Mitarbeiterinnen und Mitarbeiter hat das Recht, mindestens einmal im Jahr eine Versammlung der schwerbehinderten Mitarbeiter und Mitarbeiterinnen in der Dienststelle durchzuführen. [2]Die für die Mitarbeiterversammlung geltenden Vorschriften der §§ 21, 22 gelten entsprechend.

(4) Die Räume und der Geschäftsbedarf, die der Dienstgeber der Mitarbeitervertretung für deren Sitzungen, Sprechstunden und laufenden Geschäftsbedarf zur Verfügung stellt, stehen für die gleichen Zwecke auch der Vertrauensperson der schwerbehinderten Mitarbeiterinnen und Mitarbeiter zur Verfügung, soweit hierfür nicht eigene Räume und sachliche Mittel zur Verfügung gestellt werden.

(5) [1]Für die Vertrauensperson der schwerbehinderten Mitarbeiterinnen und Mitarbeiter gelten die §§ 15 bis 20 entsprechend. [2]Weitergehende persönliche Rechte und Pflichten, die sich aus den Bestimmungen des SGB IX ergeben, bleiben hiervon unberührt.

§ 53 (derzeit nicht besetzt)

VIII. Schulen, Hochschulen

§ 54 Schulen und Hochschulen

(1) Die Ordnung gilt auch für die Schulen und Hochschulen im Anwendungsbereich des § 1.*

(2) [1]Bei Hochschulen finden die für die Einstellung und Anstellung sowie die Eingruppierung geltenden Vorschriften keine Anwendung, soweit es sich um hauptberuflich Lehrende handelt, die in einem förmlichen Berufungsverfahren berufen werden. [2]Lehrbeauftragte an Hochschulen sind keine Mitarbeiterinnen oder Mitarbeiter im Sinne dieser Ordnung.

IX. Schlussbestimmungen

§ 55 Zwingende Wirkung

Durch anderweitige Regelungen oder Vereinbarung kann das Mitarbeitervertretungsrecht nicht abweichend von dieser Ordnung geregelt werden.

§ 56 Inkrafttreten

(1) Vorstehende Ordnung gilt ab ...

(2) [1]Beim Inkrafttreten bestehende Mitarbeitervertretungen bleiben für die Dauer ihrer Amtszeit bestehen. [2]Sie führen ihre Tätigkeit weiter nach Maßgabe der Bestimmungen in den Abschnitten III, IV, V und VI.

---

* Für Mitarbeiterinnen und Mitarbeiter an Schulen, die im Dienste eines Bundeslandes stehen, können Sonderregelungen getroffen werden.

Stichwortverzeichnis

A

Abgeltung
- der Bereitschaftsdienste und Rufbereitschaften 139, 142, 272, 296, 298, 339, 341, 383, 386
- der Sonn- und Feiertagsarbeit 266, 293, 337, 380
- der Überstunden 153, 272, 296, 339, 383
- des Urlaubsanspruches 224

Abordnung 16
Abrechnung der Bezüge 44
Abtretungsverbot der Vergütung 46
Abtretung von Ansprüchen gegen Dritte 47
Altersgrenze 24, 36, 43, 218, 236
Altersteilzeit
- Änderungsvertrag 233
- Arbeitszeit 233
- Aufstockungsleistungen 233
- Beendigung 235
- Bezüge 233
- Blockmodell 233, 234, 235
- Dienstvereinbarung 236
- Flexible Altersteilzeitarbeit (Falter) 236
- Geltungsbereich 231
- Krankheit 235
- Nebentätigkeit 235
- Vereinbarung 233
- Voraussetzungen 233

Altersversorgung, zusätzliche 52, 196
Änderungskündigung 22
Anfangsregelvergütung 32, 33
Anrechnung
- auf das Sterbegeld 56
- überzahlter Bezüge 46
- überzahlter Krankengeldzuschuss 49

Anrechnung von Zeiten 29
Ansteckungsgefahren 15
Anzeigepflicht bei Arbeitsunfähigkeit 50
Arbeit an Feiertagen 134, 155, 266, 268, 272, 293, 296, 298, 339, 341, 380, 383, 386
Arbeit an Samstagen 135, 155, 268, 272, 296, 339, 383
Arbeit an Sonntagen 134, 155, 272, 296, 339, 383
Arbeit an Vorfesttagen 135, 265, 272, 292, 296, 336, 339, 378, 383
Arbeit, dienstplanmäßige 132, 153, 265, 267, 291, 294, 335, 337, 378, 381
Arbeit, im Schichtdienst 134, 135, 265, 266, 267, 274, 292, 293, 294, 297, 336, 337, 341, 379, 380, 381, 384, 385
Arbeit, in der Nacht 133, 134, 155, 265, 267, 272, 291, 294, 296, 335, 337, 339, 378, 381, 383
Arbeit, nicht dienstplanmäßige 136
Arbeitsbefreiung
- aus persönlichen Gründen 16
- für Arbeit an Vorfesttagen 135, 265, 292, 336, 378
- für Feiertagsarbeit 135, 266, 293, 380
- für geleistete Überstunden 153, 154, 272, 296, 339, 383

Arbeitsbeginn und -ende 133
Arbeitsbereitschaft 132
Arbeitsbeschaffungsmaßnahme 12
Arbeitsfähigkeit 15
Arbeitsgericht 21, 26
Arbeitsjubiläum 229
Arbeitsteilzeit
- Teilzeitmodell 233
- Urlaub 234

Arbeitsunfähigkeit
- Anzeigepflicht und -nachweis 50
- ärztl. Bescheinigung 50
- Ausbildungsverhältnisse 163
- Krankenbezüge 47
- verursacht durch einen Dritten 51

Arbeitsunfall
- Krankenbezüge 47
- Kündigung 22

Arbeitsversäumnis 16
Arbeitsvertrag 15
Arbeitsvorgang 28
Arbeitszeit 16, 130, 265, 291, 335, 378
- 12-Stunden-Schichten 265, 292, 336, 378
- Altersteilzeit 233
- Arbeitszeitdokumentation 276
- Arbeitszeitkonto 149, 152, 299, 343, 387
- Auszubildende 159

- Beginn und Ende 133
- bei Dienstreisen 138
- Bereitschaftsdienst 139, 140, 142, 268, 272, 274, 291, 294, 296, 335, 337, 339, 378, 381, 383
- Bereitschaftszeit 299, 342, 387
- dienstplanmäßige 133
- Kurzarbeit 136, 137
- Kurzpausen 132
- Kurzzeitkonto 149
- Langzeitkonto 152
- Nachtarbeit 133, 265, 267, 272, 291, 294, 296, 335, 337, 339, 378, 381, 383
- Nebentätigkeit 132
- nicht dienstplanmäßige 136
- Praktikanten 159, 192
- Reduzierung 133
- regelmäßige 130, 131, 265, 291, 335, 378
- Rufbereitschaft 139, 140, 142, 268, 272, 274, 295, 296, 298, 338, 339, 341, 382, 383, 386
- Ruhepausen 132
- Ruhezeit 133
- Saisonarbeit 132
- Sonderregelung zur Arbeitszeitregelung 144
- Verkürzung durch freie Tage 134
- Verlängerung der regelmäßigen Arbeitszeit 130, 131, 132

Arbeitszeitverkürzung durch freie Tage 134

Arbeitzeit
- Arbeitsbereitschaft 132

Arztbesuch
- Arbeitsbefreiung wegen 16

Ärzte
- Arbeitszeit, -dokumentation 265, 276
- Bereitschaftsdienst, Rufbereitschaft 265, 268, 274
- Chefärzte 12, 277
- Eingruppierung 277
- Einsatzzuschlag im Rettungsdienst 264
- Entgelt 278
- Entgelttabelle 283
- Führung auf Zeit / Führung auf Probe 282
- Leistungsentgelte 281
- Sonderformen der Arbeit 267, 272
- Sonn- und Feiertagsarbeit 266
- Stufenregelungen 279, 280
- Teilnahme an Ausbildung, Nebentätigkeit und Rettungsdienst 13, 46
- Teilzeit 276, 278
- Zusatzurlaub 281

Ärztl. Untersuchung 15

Auflösungsvertrag 24

Aufschlag bei Urlaubsvergütung 221

Aufstockungsleistungen bei Altersteilzeit 233

Ausbildungsdauer 168, 183
- 165, 167

Ausbildungsfahrten
- Entschädigung 162

Ausbildungsmittel 163

Ausbildungsvergütung 160, 166, 167, 168, 171, 173, 180, 182

Ausbildungsverhältnisse 12

Ausbildungsvertrag 159

Ausbildungsvoraussetzung, Eingruppierung bei nicht erfüllter 31

Ausbildungszeit
- 164, 165

Ausnahmen vom Geltungsbereich 12

Ausschlussfrist 21, 27, 219

Außerordentliche Kündigung 23

Ausübung einer höherwertigen Tätigkeit, vorübergehend 30

Auszahlung
- der Vergütung/des Entgelts 45
- der vermögenswirksamen Leistungen 212
- des Sterbegeldes 56
- des Urlaubsgeldes 227

Auszubildende
- Prämie 62

B

Ballungsraumzulage 43

Beanstandung der Abrechnung 46

Beendigung des Ausbildungsverhältnisses 166, 168, 177

Beendigung des Dienstverhältnisses
- Befristung 21, 24
- Krankenbezüge bei 48, 49

- sonstige 24
- verminderte Erwerbsfähigkeit 23

Beendigung des Dienstverhältnisses s. Kündigung
- Altersteilzeit 235

Befristetes Dienstverhältnis
- Beendigung 21, 24

Beihilfen 214, 215
Belohnung, Geschenke 14, 161
Bereitschaftsdienst, Ärzte, Mitarbeiter im Pflegedienst und Sozial- und Erziehungsdienst 265, 268, 292, 294, 295, 336, 337, 338, 379, 381, 382
- Arbeitszeitgesetz, Abweichungen durch Dienstvereinbarung 268, 269, 295, 296, 338, 339
- Ärzte 268, 274
- Entgeltberechnung 274, 275, 276, 298, 341, 342, 386, 387
- Freizeitausgleich 275, 298, 342, 387
- Geltungsbereich 264, 290, 334, 377
- Pauschale Abgeltung 143
- Pflegedienst 295, 298, 338, 341
- Voraussetzungen 268, 294, 295, 337, 338, 381, 382
- Zeitzuschlag 272, 296, 340, 383

Bereitschaftsdienst, Mitarbeiter 139
- Freizeitausgleich 139
- Pauschale Abgeltung 140
- Teilzeit 139
- Vergütungsberechnung 139
- Voraussetzungen 139
- Zeitzuschlag 156

Bereitschaftszeit 299, 342, 387
Berufskrankheit 22, 47
Berufsunfähigkeit 23
Beschäftigungs- und Qualifizierungsmaßnahmen 12
Beschäftigungsverbote nach MuSchG 29, 248, 250, 280, 305, 309, 348, 352, 393, 397
Beschäftigungszeit 19, 20, 21, 22
Bescheinigung, ärztliche 50
Besitzstandsregelungen 59
Betreuungsmaßnahmen 12
Betriebliche Altersvorsorge 52, 196
Beurlaubung ohne Bezüge 227
Bewährungsaufstieg 29
Bildungsurlaub 18
Blockmodell Altersteilzeit 233
Buchungsgebühren 44
Bundeselterngeld- und Elternzeitgesetz (BEEG) 45, 53, 54, 55, 305, 393
Bundeselterngeldund Elternzeitgesetz (BEEG) 349
Bundeskindergeldgesetz 44, 53
Bundeswehr 20

C

Chefärzte 12
Corona-Einmalzahlung 32

D

Diakonisches Werk 20, 30, 35, 39, 55, 226
Diensbefreiung
- für Feiertagsarbeit 135

Dienstbefreiung
- aus persönlichen Gründen 16
- für Arbeit an Vorfesttagen 265, 292, 336, 378
- für Feiertagsarbeit 266, 293, 380
- für geleistete Überstunden 153, 154, 272, 296, 339, 383

Dienstbezüge 21
- Altersteilzeit 233
- Bestandteile 31
- für Teile eines Kalendermonats 45
- für teilzeitbeschäftigte Mitarbeiter 32

Dienstfähigkeit 15
Dienstgemeinschaft 12
Dienstkleidung 26
Dienstpflichten
- allgemeine 13
- besondere 13

Dienstreisen
- Arbeitszeit 138
- Kostenerstattung 217

Dienstvereinbarung
- Bereitschaftsdienst 268, 295, 339, 382
- durchschnittliche wöchentliche Arbeitszeit 130, 265, 291, 335, 378

- freiwillige Dienste 156, 296, 297, 340, 384
- Kurzpausen 132
- Langzeitkonto 152
- Mobilzeit 149
- Sonderregelung zur Arbeitszeitregelung 144, 145

Dienstvertrag 15
Dienstwohnungen 44
Dienstzeit 20
Diözesane Regelungen 12
Dozenten 36
Duales Studium 172, 179

E

Ehegattenbezogene Besitzstandszulage 60
Eheschließung, Arbeitsbefreiung wegen 16
Ehrenämter, Arbeitsbefreiung wegen 16
Eingruppierung 28, 277, 301, 344, 389
Einsatzzuschlag Rettungsdienst 47, 264
Einstellung 15
Einstellungsuntersuchung 15
Elternzeit 305, 349, 393
Entgelt 278, 301, 302, 344, 346, 392
Entgeltgruppe
- Ärzte 278, 279
- Pflegedienst ambulant und teilstationär 344, 346, 366, 367, 368
- Pflegedienst Heime 344, 346
- Pflegedienst Krankenhäuser 301, 302, 319, 320, 321, 322, 324, 325
- Sozial- und Erziehungsdienst 392

Entgeltgruppenzulage 301, 302
Entgeltstufen
- Ärzte 278, 279, 280
- Pflegedienst Heime 344, 346, 348
- Pflegedienst Krankenhäuser 301, 302, 304
- Sozial- und Erziehungsdienst 392, 394

Entwicklungshelfer 20
Erholungsurlaub 21, 163
- Abgeltung des 224
- Anspruch auf 218
- Antrag auf 218
- Arbeitsunfähigkeit während des 219
- Aufschlag während des 221
- bei Beendigung des Dienstverhältnisses 224
- Bezüge während des 220
- Dauer 222
- Erwerbstätigkeit im 218, 221
- Gewährung 219
- Teilung 219
- Teilurlaub 219
- Übertragung 219
- Verfall 219
- Wartezeit beim 219
- Zwölftelung 219

Erkrankung
- Anzeigepflicht und -nachweis 50
- ärztl. Bescheinigung 50
- Ausbildungsverhältnisse 163
- Krankenbezüge 47
- verursacht durch einen Dritten 51

Erkrankung von Angehörigen, Arbeitsbefreiung wegen 16
Erprobung veränderter Vergütungsstrukturen 237
Erreichen der Regelalterrente 24
Erschwerniszulagen 43
Erstkommunion, Arbeitsbefreiung wegen 16
Erwerbsunfähigkeit 24
Evangelische Kirche 20, 30, 35, 39, 55, 226
Exerzitien 18

F

Fachabteilung, kleine 269
Fahrdienste 259
Fahrradleasing 46
Fälligkeit der Bezüge 44
Falter, flexible Teilzeitarbeit 236
Familienheimfahrten 162, 192
Feiertagsarbeit 134, 135, 155, 266, 293, 380
Fernbleiben vom Dienst 16
Firmung, Arbeitsbefreiung wegen 16
Forderungsübergang bei Dritthaftung 51
Form des Dienstvertrages 15
Fortbildungskosten, Rückzahlung 19
Fortbildung, Weiterbildung 13, 18, 19
Freie Wochenenden (Ärzte) 266

Freistellung von der Arbeit aus persönlichen Gründen 16
Freistellung von Haftungsansprüchen 14
Freistellung vor staatlicher Prüfung 163
Freizeitausgleich
- für Bereitschaftsdienst 139, 142, 275, 298, 342, 387
- für Sonn-, Feier- und Vorfesttagsarbeit 134, 135, 266, 272, 293, 296, 340, 380, 383
- für Überstunden 153, 267, 272, 273, 294, 296, 297, 338, 340, 381, 383, 384
Führung auf Zeit / Führung auf Probe 282, 311, 354, 399
Fürsorge bei Krankheit 21

G

Geburt, Arbeitsbefreiung wegen 16
Geburtsbeihilfe 215
Gehalt
- Abtretungsverbot 46
- allgemeine Regelung 21
- Arbeitsunfähigkeit 48
- Auszahlung 44
- Bestandteile 31
- Erholungsurlaub 220
- Fälligkeit 45
- Frist zur Geltendmachung 27
- Kinderzulage 36
- Regelvergütung 32, 126, 128
- Rückforderung 27, 46
- Sonderleistungen 46
- Tabellenentgelt 278, 301, 344, 392
- Teilzeitbeschäftigung 32, 278, 302, 346, 392
Geltendmachen von Ansprüchen
- allgemein 27
- Anrechnung von Zeiten 21
- Ausnahmen von 12
- Geltungsbereich der AVR 12
- Urlaub 222
Geschenke, Belohnungen 14

H

Haftung des Mitarbeiters 14
Haftungsansprüche, Freistellung von 14
häusliche Gemeinschaft 143
Haus- und Heimordnung 13
Hebammenausbildung, akademische 180
Heilberufsausweis 283
Heilerziehungspfleger
- Ausbildung 183
- Berufspraktikum 187
Heilkur, Heilverfahren 47, 218
Herabgruppierung 22, 34
Hinterbliebene, Zuwendung im Todesfall 55
Hochzeit, Arbeitsbefreiung wegen 16
Höhergruppierung 32, 280, 306, 349, 394
Höherwertige Tätigkeit
- vorübergehende Ausübung einer 30

I

Inflationsausgleichsprämie 62
Insolvenzschutz Wertguthaben 152
Integrationsprojekte, -firma 238, 240
Intensivzulage 326, 366

J

Jahressonderzahlung 160, 165 166, 168, 169, 171, 176, 182, 308, 351, 396
Jubiläumsdienstzeit 229
Jubiläumszuwendung 229, 230

K

Kinderzulage 36
Kirchliche Zusatzversorgungskasse 196
Kleidung 26
Kommunion und Konfirmation, Arbeitsbefreiung wegen 16
Kontoführungsgebühren 45
Krankenbezüge 21, 47, 163
- bei Schadensersatzansprüchen gegen Dritte 51
Krankengeldzuschuss 47
Krankentransport
- Eingruppierung 120
Krankheit, Anzeigepflicht 50
- während des Erholungsurlaubs 219

Kündigung
- Änderungs- 22
- Ausbildungsverhältnis 164
- außerordentliche 23
- bei §16i SGB II-Maßnahmen 23
- -frist 21, 22, 23
- -gründe 22, 23
- ordentliche 21
- Schriftform der 23
- unkündbare Mitarbeiter 22

Kurverfahren 47, 218
Kurzarbeit 136
Kurzpausen 132
Kurzzeitkonto 149

L

Langzeitkonto 152
Lehrkräfte Altenpflege und Gesundheits-/ Sozialwesen 245
Lehrkräfte, besondere Regelung 36, 241
Lehrkrankenhäuser, akademische 13
Leistungen, Geltendmachen von Ansprüchen 27
Leistungen, vermögenswirksame 211
Leistungsentgelt 281, 306, 349, 394
Leistungsminderung 22
Leistungszulage 41

M

Mehrarbeit 154, 267, 294, 297, 338, 340, 381, 384
Mindestlohn
- Ausschlussfrist 27
- Praktikantenvergütung 192

Mitarbeiter 12
- in Beschäftigungsmaßnahmen 12
- teilzeitbeschäftigte 32
- unkündbare 22, 23

Mitteilung bei durch Dritte herbeigeführte Arbeitsunfähigkeit 51
Mitteilung der Anlageart bei vermögenswirksamen Leistungen 212
Mitteilung Weiterarbeit 164
Mobilzeit 149
Modellprojekte 237

N

Nachtarbeit
- Voraussetzungen 134, 267, 294, 338, 381
- Zusatzurlaub 223, 281, 309, 352, 397
- Zuschlag 156, 272, 296, 340, 383

Nachtarbeitnehmer 133
Nebenabreden zum Dienstvertrag 15
Nebentätigkeit 13
- Altersteilzeit 235
- des leitenden Arztes 13

Neueinstellung, Regelvergütung bei 32
nicht vollbeschäftigte Mitarbeiter 32, 278, 302, 346, 392
Niederkunft der Ehefrau, Lebenspartnerin, Lebensgefährtin, Arbeitsbefreiung wegen 16
Notarztwagen 13, 14, 264

O

ordentliche Kündigung 21
Ortszuschlag Stufe 2 – Besitzstandszulage 60

P

Pauschale Abgeltung der Bereitschaftsdienste, Rufbereitschaft 140, 143
Pauschale Überstundenvergütung 154
Pausen 132
Pensionskasse der Caritas 201, 202
Personalakte 14
persönliche Angelegenheiten, Arbeitsbefreiung für 16
Pflegedienst/ Heime 334
- Arbeitszeit 335
- Arbeitszeitkonto 343
- Bereitschaftsdienstentgelt 342, 358, 359
- Bereitschaftsdienst, Rufbereitschaft 338, 341
- Bereitschaftszeit 342
- Eingruppierung 344
- Entgelt 344, 346
- Entgelttabelle 356
- Führung auf Zeit, Führung auf Probe 354
- Jahressonderzahlung 351

- Leistungsentgelte 349
- Sonderformen der Arbeit 337, 339
- Stufenregelungen 346, 347, 348
- Stundenentgelttabelle 358, 359
- Tätigkeitsmerkmale 319, 360, 366
- Teilzeit 344
- Überleitung, Besitzstand 369, 372, 373
- Zusatzurlaub 352

Pflegedienst / Krankenhaus
- Arbeitszeit 291
- Arbeitszeitkonto 299
- Bereitschaftsdienstentgelt 298, 316, 317
- Bereitschaftsdienst, Rufbereitschaft 295, 298
- Bereitschaftszeit 299
- Eingruppierung 301
- Entgelt 301, 302
- Entgelttabelle 314, 355, 356, 357
- Führung auf Zeit, Führung auf Probe 311
- Jahressonderzahlung 308
- Kr-Anwendungstabelle 315
- Leistungsentgelte 306
- Sonderformen der Arbeit 294, 296
- Sonn- und Feiertagsarbeit 293
- Stufenregelungen 302, 304
- Stundenentgelttabelle 316, 317
- Teilzeit 300
- Überleitung, Besitzstand 326, 327, 328
- Zusatzurlaub 309

Pflegezulage 302, 345
Pflichten des Mitarbeiters 13
Praktikanten nach abgelegtem Examen 181
Praktikanten nach Ausbildungsordnungen 193, 194
Praktikanten nach BBiG 191, 192, 193
Probezeit, Kündigung in der 15

Q

Qualifizierung Erziehungsdienst 379, 380

R

regelmäßige Arbeitszeit 130, 131, 132, 265, 291, 335, 378
Regelvergütung 32, 33, 34, 128
Regelvergütung bei Neueinstellung 32
Regelvergütungsstufe, Steigerung 32, 33, 34
Regenerationstage 400, 401
Rehabilitation 12
Reisekosten 217
Religiöse Feiern, Arbeitsbefreiung wegen 16
Rente wegen verminderter Erwerbsfähigkeit 23
Resozialisierung 12
Rettungsdienst 13, 14, 47, 264
- Eingruppierung 118

Rückzahlung der Weihnachtszuwendung 53
Rückzahlung zuviel gezahlter Bezüge 45, 49
Rufbereitschaft, allgemein 139
- Freizeitausgleich 140
- Pauschale Abgeltung 140
- Vergeltungsberechnung 140
- Voraussetzungen 139

Rufbereitschaft, Ärzte, Mitarbeiter in der Pflege und Sozial- und Erziehungsdienst
- Ärzte 268
- Entgeltberechnung 273, 297, 341, 384
- Freizeitausgleich 273, 297, 341, 384
- Geltungsbereich 264, 290, 334, 377
- Pauschale Abgeltung 143
- Pflegedienst 295, 338
- Sozial- und Erziehungsdienst 382
- Teilzeit 139, 265, 292, 335, 378
- Voraussetzungen 269, 294, 338, 381
- Zeitzuschlag 156, 273, 297, 341, 384

Ruhepausen 132
Ruhezeit 133

S

Sachbezüge 43, 161
Saisonarbeit 132
Samstagsarbeit 135, 296, 340, 383
Schaden durch Mitarbeiter, Ersatzansprüche 14

Schadensersatzansprüche gegen Dritte, Abtretung 51
Schichtarbeit 134, 267, 294, 337, 381
- Zulage 39, 274, 297, 341, 385
- Zusatzurlaub 223, 281, 309, 352, 397
Schlichtungsstelle 26
Schlichtungsverfahren 26
Schließung der Einrichtung 22
Schriftform der Kündigung 23
Schriftform des Ausbildungsvertrages 159
Schriftform des Dienstvertrages 15
Schutzkleidung 26, 164
Schweigepflicht 13, 162
Schwerbehinderte
- Zusatzurlaub 219, 222, 228, 309, 352, 397
Schwerbehinderte,
- Zusatzurlaub 281
Sockelbetragszulage 59
Sonderleistungen der Mitarbeiter 46
Sonderurlaub 18, 21, 227
Sonntagsarbeit 134, 155, 265, 293, 380
Sozialkomponente 281, 306, 349, 394
Sozial- und Erziehungsdienst 377, 378, 379, 380, 381, 382, 383, 386, 387, 388, 389, 392, 394, 396, 397, 399
- Arbeitszeit 378
- Arbeitszeitkonto 387
- Bereitschaftsdienst, Rufbereitschaft 382, 386
- Bereitschaftszeit 387
- Eingruppierung 389
- Entgelt 389, 392
- Entgelttabelle 403, 405
- Führung auf Zeit, Führung auf Probe 399
- Jahressonderzahlung 396
- Leistungsentgelte 394
- Qualifizierung 379, 380
- Regenerationstage 400
- Sonderformen der Arbeit 381, 383
- Sonn- und Feiertagsarbeit 380
- Teilzeit 388
- Überleitung, Besitzstand 419, 420, 422
- Zuordnungregelung 424
- Zuordnungsregelung 424, 425
- Zusatzurlaub 397
Staatsbürgerliche Pflichten, Arbeitsbefreiung wegen 17
Stellenzulage 41
Sterbegeld 55
Studiengänge, duale 172, 179
Studiengebühren 174
- Rückzahlung 177
Stufenberechnung bei Regelvergütung 32, 33, 34, 279, 280, 302, 304, 346, 347, 392
Stufenlaufzeit 33, 303, 347, 390
Stundenvergütung 156, 272, 296, 340, 383
SuE-Zulage 391

T

Tabellenentgelt 278, 301, 302, 344, 346, 392
Tabellenwechsel 349, 394
Tätigkeit
- Eingruppierung 28
- vorübergehende Ausübung einer höherwertigen 30
Taufe, Arbeitsbefreiung wegen 16
Teilzeitbeschäftigung
- Altersteilzeit 231, 232, 233, 234, 235, 236
- Anspruch auf 134
- Ärzte 276, 278
- Beschäftigungs- und Dienstzeit 19, 20
- Dienstbezüge 32, 278, 302, 346, 392
- Pflegedienst 300, 302, 344, 346
- Sozial- und Erziehungsdienst 388, 392
Tod von Angehörigen, Arbeitsbefreiung wegen 16
Trennungsgeld 216
TVöD-Anwender 262

U

Überleitungsregelungen
- Ärzte 284, 285, 287
- Mitarbeiter unter 21/23 Jahren 57
- Pflegedienst 326, 327, 328, 329, 331, 332, 369, 370, 371, 372, 374, 375,
- Sozial- und Erziehungsdienst 419, 420, 422, 424, 425
- Stufenzuordnung 57

Übernahme von Einrichtungen, Beschäftigungszeit bei 19
Überstunden
- Anordnung 153, 265, 292, 336, 379
- Begriff 153, 267, 294, 338, 381
- -vergütung 154, 156, 272, 296, 340, 383
Übertragung einer höherwertigen Tätigkeit
- vertretungsweise 30
- vorübergehend 30
Übertragung von Erholungsurlaub 219
Überzahlung 46
Umsetzung 16
Umwandlungstage 400
Umzug des Mitarbeiters, Arbeitsbefreiung wegen 16
Umzugskosten 216
Unkündbarkeit 22
- Sonderregelung für unkündbare Mitarbeiter 22
Untersuchungen, ärztliche 15, 161
Urlaub 21, 163, 218, 220, 222, 223, 225, 226, 227
- Abgeltung des 224
- Anspruch auf 218
- Antrag auf 218
- Arbeitsunfähigkeit während des 219
- Aufschlag während des 221
- bei Beendigung des Dienstverhältnisses 224
- Bezüge während des 220
- Dauer 222
- Erkrankung während des 219
- Erwerbstätigkeit im 218, 221
- Gewährung 219
- Teilung 219
- Übertragung 219
- Verfall 219
- Wartezeit beim 219
- Zwöftelung 219
Urlaubsgeld 21, 160, 171, 172, 177, 182, 225, 226, 227
- Anrechnung von Leistungen 227
- Anspruchsvoraussetzungen 225
- Auszahlung 227
- Höhe 226

V

Vereinbarung
- des Dienstverhältnisses 15
- über Altersteilzeit 233
- über Beendigung des Dienstverhältnisses 24
- zusätzliche 15
Vergütung
- Abtretungsverbot 46
- allgemeine Regelung 21
- Arbeitsunfähigkeit 48
- Auszahlung 44
- Bestandteile 31
- Erholungsurlaub 220
- Fälligkeit 45
- Frist zur Geltendmachung 27
- Kinderzulage 36, 37
- Regelvergütung 32, 33, 34, 126, 128
- Rückforderung 27, 46
- Sonderleistungen 46
- Tabellenentgelt 278, 301, 344, 392
- Teilzeitbeschäftigung 32, 278, 302, 346, 392
Vergütungsgrupp
- Pflegedienst ambulant und teilstationär 366
- Pflegedienst Krankenhäuser 325
Vergütungsgruppe 28, 31
- allgemeine Vergütungsgruppen 64, 65, 66 67, 69, 70, 72, 76, 79, 84, 87, 89, 90, 91
- Ärzte 278, 279
- im Rettungsdienst/Krankentransport 118, 119
- im Sozial- und Erziehungsdienst 102, 103, 104, 105, 107, 109, 110, 111, 112
- Pflegedienst ambulant und teilstationär 344, 366, 367, 368
- Pflegedienst Heime 344, 346
- Pflegedienst Krankenhäuser 301, 302, 320, 321, 322, 324, 325
- Sozial- und Erziehungsdienst 392, 418
Verkürzung der Arbeitszeit durch freie Tage 134
Vermögenswirksame Leistungen 211, 212, 213
- Änderungen der Anlage 212

- Entstehung und Fälligkeit des Anspruchs 212
- Mitteilung der Anlageart 212
- Nachweis bei Anlage nach 213
- Voraussetzungen und Höhe 211

Verpflegung, Verpflichtung zur Teilnahme 43
Verschwiegenheit 13
Versetzung 16
Versorgung, zusätzliche im Alter und für Hinterbliebene 196, 198, 199, 200, 201, 202, 203, 204, 205, 206, 207, 208, 209, 210
vertrauensärztliche Untersuchung 15
vertretungsweise Übertragung einer höherwertigen Tätigkeit 30
Vorfesttagsarbeit 135, 265, 292, 336, 378
vorläufiges Zeugnis 25
vorübergehende Übertragung einer höherwertigen Tätigkeit 30

W

Wechselschichtarbeit 134, 267, 294, 337, 381
- Zulage 39, 161, 274, 297, 341, 384
- Zusatzurlaub 223, 281, 309, 352, 397

Wechselschichtzulage 297, 341, 384
Weihnachtszuwendung 52, 53, 54, 55, 165, 171, 172, 177, 182
Weiterbeschäftigung über die Regelaltersgrenze hinaus 25
Weiterbildung der Mitarbeiter 13, 19, 379, 380
Werkdienstwohnungen 44
Wesen der Caritas 11
Woche 132
Wochenende, freie (Ärzte) 266
Wohn- und Werkstattzulage 40
Wohnungswechsel des Mitarbeiters, Arbeitsbefreiung wegen 16

Z

Zeitaufstieg 29
Zeitzuschlag 155, 272, 296, 340, 383
Zeugnis 25, 163
Zulage
- Auszubildende 161, 166, 168, 171, 174, 175, 180, 184
- dynamisch 345
- Praxisanleiter 413

Zusatzbestimmungen zu den Bezügen 44
Zusatzurlaub
- Allgemein 223, 224
- Ärzte 281
- Pflegedienst 309, 352
- Sozial- und Erziehungsdienst 397
- Studiengänge, dual 175

Zusatzversorgung 52, 196, 198, 199, 200, 201, 202, 203, 204, 205, 206, 207, 208, 209, 210
Zuschuss zum Krankengeld 49, 50
Zuweisung eines anderen Arbeitsplatzes 16
Zuwendung 52, 53, 54, 55
Zuwendung im Todesfall 55
Zwölfstundenschichten 265, 292, 336, 378